预算管理一体化系统
技术标准实用教程

王建勋　王小龙　等编著

中国财经出版传媒集团
经济科学出版社
Economic Science Press

图书在版编目（CIP）数据

预算管理一体化系统技术标准实用教程/王建勋等编著.—北京：经济科学出版社，2020.9
ISBN 978-7-5218-1863-5

Ⅰ.①预… Ⅱ.①王… Ⅲ.①预算管理-教材 Ⅳ.①F810.3

中国版本图书馆 CIP 数据核字（2020）第 173247 号

责任编辑：于海汛　李　林
责任校对：杨　海　郑淑艳
责任印制：李　鹏　范　艳

预算管理一体化系统技术标准实用教程
王建勋　王小龙　等编著
经济科学出版社出版、发行　新华书店经销
社址：北京市海淀区阜成路甲 28 号　邮编：100142
总编部电话：010-88191217　发行部电话：010-88191522
网址：www.esp.com.cn
电子邮箱：esp@esp.com.cn
天猫网店：经济科学出版社旗舰店
网址：http://jjkxcbs.tmall.com
北京季蜂印刷有限公司印装
787×1092　16 开　43 印张　940000 字
2020 年 12 月第 1 版　2020 年 12 月第 1 次印刷
ISBN 978-7-5218-1863-5　定价：160.00 元
（图书出现印装问题，本社负责调换。电话：010-88191510）
（版权所有　侵权必究　打击盗版　举报热线：010-88191661
QQ：2242791300　营销中心电话：010-88191537
电子邮箱：dbts@esp.com.cn）

《预算管理一体化系统技术标准实用教程》编委会名单

主　　任　　王建勋　　王小龙　　李敬辉

副 主 任　　赵彦朝　　唐龙生

编写人员　　张冠勇　　王蜀军　　潘海燕　　罗　彬　　孙美娟
　　　　　　　韩　迪　　朱　飞　　石　晶　　董　宇　　曾纪才
　　　　　　　贺　超　　张　奇　　刘述文　　雷瑞恒　　吴开兵
　　　　　　　桂　明　　于贵锁

前　言

　　党的十八大以来，以习近平同志为核心的党中央高度重视网信事业发展，强调要以信息化推进国家治理体系和治理能力现代化，更好用信息化手段感知社会态势、畅通沟通渠道、辅助科学决策。党的十九届四中全会审议通过的《中共中央关于坚持和完善中国特色社会主义制度、推进国家治理体系和治理能力现代化若干重大问题的决定》，又一次从制度建设角度对信息化提出了新要求，指出要"建立健全运用互联网、大数据、人工智能等技术手段进行行政管理的制度规则。推进数字政府建设，加强数据有序共享，依法保护个人信息"。习近平总书记亲自研究部署网信工作，始终坚持把网信工作放在新时代治国理政方略的重要位置，网信工作已成为新时代治国理政方略的重要内容。财政部门深入学习领会习近平总书记重要讲话和指示批示精神，高度重视财政网信工作，切实把思想统一到习近平总书记讲话精神和中央决策部署上来，把信息化广泛深入应用到财政管理各个环节中，充分发挥了信息化这一"新治理手段"的作用。

　　财政是国家治理的基础和重要支柱，按照习近平总书记在党的十九大报告中提出的"建立全面规范透明、标准科学、约束有力的预算制度，全面实施绩效管理"新要求，迫切需要加快建立完善与国家治理体系和治理能力相适应的现代财政制度。2019年6月，财政部党组审议通过《财政信息化三年重点工作规划》和《财政核心业务一体化系统实施方案》，提出以推进预算管理一体化系统建设为依托，构建现代信息技术条件下"制度＋技术"的管理机制，解决当前各级财政预算管理存在的问题，运用信息化手段推动深化预算制度改革，提升财政预算管理的现代化水平。2020年初，财政部制定印发了《预算管理一体化规范》（以下简称《规范》）和《预算管理一体化系统技术标准》（以下简称《技术标准》）。《规范》将预算管理全流程作为一个整体进行综合与规范，是预算管理一体化建设思想的集中体现，为推进预算管理一体化建设提供了制度依据。《技术标准》按照软件工程设计方法，从技术实现角度统一了预算管理模式和业务数据结构，为预算管理一体化系统建设提供了重要指导和遵循。

《技术标准》作为《规范》的技术延伸，依据《规范》对业务流程进行了功能设计，完成了业务活动、数据实体、控制规则的分析提炼，保证了预算管理一体化理念和要求的落地执行。为准确描述《技术标准》的含义、内容及使用方法，促进系统开发人员加深理解和准确把握，更好地在系统建设过程中加以应用，财政部预算管理一体化建设技术组组织编写了《预算管理一体化系统技术标准实用教程》（以下简称《教程》），对《技术标准》进行了细化解读，进一步明确了《技术标准》的使用方式和要求。《教程》从系统建设角度，围绕预算管理主要业务描述了系统架构设计和功能设计，示例说明了《技术标准》所列逻辑库表、数据要素和代码集的具体应用，并从常见问题解答、本地化扩展、数据汇总上报、外部接口等方面，进一步明确了技术标准对预算管理一体化系统建设的相关要求。

《教程》作为《技术标准》的有益补充，将重点应用到预算管理一体化系统建设、培训等多个方面。希望通过《教程》的导引，帮助地方财政部门、相关软件公司准确理解和把握《技术标准》，在预算管理一体化系统规划设计、建设改造过程中严格落实《技术标准》，切实转化学习成果，加快构建符合预算管理一体化目标的信息系统，为全面支撑深化预算制度改革奠定坚实的技术基础。

《预算管理一体化系统技术标准实用教程》
编写委员会
2020 年 9 月

CONTENTS 目录

第 1 章　概述 ········· 1
  1.1　预算管理一体化系统 ········· 1
  1.2　预算管理一体化系统技术标准 ········· 3
  1.3　预算管理一体化系统技术标准实用教程 ········· 5

第 2 章　系统架构设计 ········· 8
  2.1　总体规划 ········· 8
  2.2　应用架构 ········· 8
  2.3　部署架构 ········· 10
  2.4　数据架构 ········· 11
  2.5　技术架构 ········· 12
  2.6　应用安全架构 ········· 13

第 3 章　系统功能设计 ········· 15
  3.1　基础信息管理 ········· 15
  3.2　项目库管理 ········· 91
  3.3　预算编制 ········· 138
  3.4　预算批复 ········· 169
  3.5　预算调整和调剂 ········· 191
  3.6　预算执行 ········· 222
  3.7　会计核算 ········· 372
  3.8　决算和报告 ········· 430
  3.9　重要专题说明 ········· 503

第 4 章　其他说明 ········· 589
  4.1　本地化扩展说明 ········· 589
  4.2　数据汇总标准应用说明 ········· 598

  4.3 外部接口说明 …………………………………………………………… 629

参考文献 …………………………………………………………………… 677
后记 ………………………………………………………………………… 678

第 1 章

概 述

习近平总书记在党的十九大报告中提出:"建立全面规范透明、标准科学、约束有力的预算制度。"[①] 党的十九届四中全会重要决定从坚持和完善中国特色社会主义制度、推进国家治理体系和治理能力现代化的高度,进一步明确要完善标准科学、规范透明、约束有力的预算制度,为进一步深化预算制度改革指明了方向。预算管理一体化系统建设紧紧围绕完善标准科学、规范透明、约束有力的预算制度的要求,按照全国统一的财政业务规范和技术标准,以系统性思维整合预算管理全流程,将统一的管理规则嵌入系统,构建基于现代信息技术条件下"制度+技术"的管理机制,全面提高预算管理规范化、标准化和自动化水平。预算管理一体化系统的全面实施,将为全面深化预算制度改革打下坚实基础,为现代财政制度运行提供根本保障,更好地发挥财政在国家治理中的基础和重要支柱作用。

1.1 预算管理一体化系统

1.1.1 建设目标和思路

为深入贯彻落实党的十九大对预算制度改革提出的新要求,进一步规范预算管理,硬化预算约束,运用信息化手段全面深化预算制度改革,财政部于 2019 年制定印发了《财政信息化三年重点工作规划》和《财政核心业务一体化系统实施方案》,全面规划推进预算管理一体化系统建设工作。其中,《财政信息化三年重点工作规划》明确提出未来三年的财政信息化工作目标,即基本构建形成以财政核心业务一体化系统(现调整为预算管理一体化系统)为基础、集中化部署为手段、大数据应用为途径、财政云平台为支撑的现代财政信息化体系。在此基础上,《财政核心业务一体化系统实施方案》明确了预算管理一体化系统建设具体工作目标和思路。

---

① 《决胜全面建成小康社会 夺取新时代中国特色社会主义伟大胜利——在中国共产党第十九次全国代表大会上的报告》,中华人民共和国中央人民政府官网,2017 年 10 月 27 日。

1. 功能涵盖预算编制、预算执行、决算管理等业务，实现关联业务间和上下级财政间的工作协同和数据共享

预算编制支持上下级财政间、政府预算与部门预算间的无缝衔接，反映预算动态变化情况，系统实现对各预算管理环节操作留痕，嵌入控制规则，实现预算管理风险识别和预警，全面强化预算约束。预算执行包括资金支付、账务核算等业务流程，反映总预算以及部门（单位）预算的执行过程，实现财政资金支付从中央到地方、从财政到部门、从部门到支付对象的准确记录和自动化审核控制，实时反映预算执行情况，确保资金及时、准确支付到指定账户。决算与财务报告管理涵盖财政、部门和单位，准确反映总预算支出、部门（单位）各项资金收支余及资产负债情况。

2. 实现数据集中统一管理

各省级财政部门要按照数据大集中要求，以预算管理一体化系统为主体，遵循财政部制定的财政业务规范和技术标准，实现对本省各级财政及部门（单位）预算编制、预算执行、会计核算、决算管理等数据的省级集中和规范统一，避免数出多门，为全国财政数据大集中和全国汇总分析奠定坚实基础。

3. 统一核心业务规范和技术标准

财政部组织制定全国统一的财政业务规范和技术标准，通过出台制度办法推动规范和标准在全国的贯彻执行。在统一技术标准的基础上，各省对已有系统进行改造，可结合自身需要对统一需求进行扩充，另外也可选择引进其他先进省的系统。鼓励各省相互学习借鉴、取长补短，充分利用已有资源。

4. 预算管理一体化系统建设不推广统一软件，由各地方不同软件进行支撑

鼓励软件公司广泛参与，形成公平竞争，鼓励新技术的研究和应用，不断推动财政软件的进步与升级。

1.1.2　建设内容

基于上述目标和思路，按照建立全面规范透明、标准科学、约束有力的预算制度要求，根据全国统一的财政业务规范和技术标准，采用"业务规范＋技术控制"的方式，利用云计算、微服务、分布式等技术手段，构建财政、部门（单位）用户共同使用的技术先进、运转高效的预算管理一体化系统，形成以资金管理为目标，以项目为主线，涵盖基础信息、项目库、预算编制、预算批复、预算调整和调剂、预算执行、会计核算、决算和报告等的业务管理闭环；横向实现各业务的顺向衔接、逆向反馈、环环相扣，支撑全口径政府预算编制，构建严控、高效的资金支付机制，提高业务办理的自动化水平，集聚预算单位的各类预算管理数据；纵向强化上下级转移支付预算的紧密衔接、严丝合缝，构建转移支付资金跨层级、全链条的关联追踪机制，支撑财政总决算、全国政府综合财务报告等的合并汇总生成，实现全国预算管理数据的动态展示，整体实现对预算管理全流程的动态反映和有效控制，保障预算管理的规范高效，为加快建立现代财政制度提供有力支撑。

1.1.3　建设意义

1. 全面深化预算制度改革的现实需要

全面深化预算制度改革对财政预算管理的科学化、精细化水平提出了更高的要求，必须有先进的信息技术支撑。目前，各级财政的预算管理规则和信息系统缺少一体化设计、一体化推进，不能实现一体化管理，难以发挥合力，距离党的十九大要求的"建立全面规范透明、标准科学、约束有力的预算制度"目标存在一定差距。建设预算管理一体化系统以统一预算管理规则为核心，以信息系统为主要载体，将统一的管理规则嵌入信息系统，通过信息技术提高项目储备、预算编审、预算调整和调剂、资金支付、会计核算、决算和报告等工作的自动化水平，实现对预算管理全流程的动态反映和有效控制，保证预算管理规范高效。预算管理一体化系统建设抓住了预算管理的薄弱环节和症结所在，是全面深化预算制度改革的重要突破口，系统建设的顺利推进必将对今后财政预算工作产生重要而深远的影响。

2. 加强财政资金监管的迫切需要

当前我国进入经济发展新常态，财政收入增速放缓，财政支出刚性越来越大，财政运行风险因素累积，财政可持续性面临诸多挑战，财政管理对资金监管和风险防控的要求越来越高。通过预算管理一体化系统的建设和实施，有利于提高预算编制水平，清理虚报虚高的预算支出项目，杜绝虚增财政收入和支出等行为；有利于硬化支出预算执行约束，严控预算追加事项，防止违反预算规定乱开口子；有利于提升财政资金配置效率，辅助积极财政政策的有效精准实施，保障好支撑经济社会发展和关系民生福祉的重点项目，提高财政资金的使用效益；有利于加强中央与地方协同配合，增强财政统筹能力，提高财政系统贯彻党中央、国务院决策部署的执行力。

3. 提高管理效能的有效手段

财政管理和改革工作的急迫性、复杂度以及艰巨性，迫切需要财政信息化运用科学先进的技术手段，快速响应需求、创新管理方式，更好地支撑财政改革和管理。在预算管理一体化系统建设中结合实际情况，鼓励并充分利用云计算、大数据、人工智能等新技术，有利于推动财政治理理念、工具、手段等方面的全方位变革，有效提升财政管理效能，是财政信息化发挥"新治理手段"作用的集中体现。

1.2　预算管理一体化系统技术标准

1.2.1　编制过程

根据《财政信息化三年重点工作规划》和《财政核心业务一体化系统实施方

案》工作部署，建设预算管理一体化系统要先行研究制定全国统一的财政业务规范和技术标准，从业务源头实现财政资金管理的规范统一，从技术上为预算管理一体化系统建设和整合提供标准遵循。2019年6月，财政部成立预算管理一体化建设业务组、技术组，启动业务规范和技术标准制定工作。技术组主要负责技术标准的编写，前期，技术组全程参与业务规范的研究制定，深入理解业务流程和管理规则，认真做好业务积累和理论储备。在此基础上，技术组按照软件工程的设计原理和方法，经过深入研究分析，提出了技术标准的框架提纲，并组织召开财政技术专家座谈会，对框架提纲的科学性、合理性进行了充分论证。2019年9月，技术组从地方财政部门抽调技术骨干充实力量，按照框架提纲全力推进技术标准的研究制定。2019年10月，技术组又邀请长期从事财政信息化工作的外部专家集中研讨，从流程优化、库表设计等方面对技术标准了进行细化完善。2019年10月底、11月底两次征求部内单位、地方财政部门和70多家软件公司意见。其间，通过座谈会、视频会、现场调研等多种形式积极拓宽反馈渠道，促进意见交流；同时，为了验证技术标准对预算管理一体化系统建设的指导作用，技术组还会同业务人员、外部专家共同对技术标准进行了原型验证。根据各方反馈意见和原型验证情况，技术组从规范性、准确性、完整性等方面对技术标准进行了修改完善。12月底，形成技术标准送审稿上报部领导。2020年1月，技术标准与业务规范一起通过部党组会审议。3月，《预算管理一体化系统技术标准V1.0》（以下简称《标准》）正式印发执行。

1.2.2 编制原则

1. 科学性原则

严格贯彻落实财政部党组决策部署，符合《财政信息化三年重点工作规划》工作思路，满足当前财政信息化建设需要，注重与全国系统化、横向一体化和纵向集中化建设要求保持一致。

2. 规范性原则

对标《预算管理一体化规范（试行）》（以下简称《规范》），统筹考虑财政信息化建设资源、各层面工作内容和信息化建设过程，建立全国统一的核心业务数据结构和框架体系，实现数据的标准化管理，逐步提高系统建设的统一性。

3. 适用性原则

坚持实用性和可操作性，注重标准的落地实施，确保标准适时、适度，既能实现中央的统一业务要求，又能满足地方的实际管理需要。

4. 成熟性原则

严格遵循软件工程的设计原理和方法，参照现有国家、行业成熟、较为广泛使用的技术标准规范，充分考虑和继承已有成果，设计的标准具有实际应用基础。

5. 前瞻性原则

既考虑当前财政信息化的技术和应用水平，也对未来的发展趋势有所预期，确保标准能够随技术的发展以及财政业务的变化得以兼容性的扩充。

1.2.3 主要内容

《标准》规定了预算管理一体化系统建设有关的数据结构规范，包括逻辑库表、库表要素、代码集、与外部接口标准以及全国汇总数据标准等，适用于预算管理一体化系统的设计、开发、与外部系统对接、内外部数据交换共享等。《标准》设计逻辑库表179张，库表要素870个，代码集143个，绘制业务流程图147个、数据实体关系图34个，正文内容合计26万余字。主要章节包括概述、系统描述、数据描述、数据技术标准、其他技术标准五部分以及预算管理一体化系统外部接口标准、全国数据汇总标准等附录内容。其中，概述介绍了《标准》制定的背景、目的、应用范围等；系统描述阐述了预算管理各环节的业务流程、数据信息和控制规则；数据描述说明了预算管理各环节涉及的数据实体、属性和关联关系；数据技术标准定义了系统设计的逻辑库表、库表要素和代码集，规范了逻辑库表结构，并对表内字段、业务主键、表间关系进行了细化和说明；其他技术标准描述了预算管理一体化系统建设所需的其他非功能性标准，重点从系统安全标准、性能标准以及标准的运维管理等方面进行了专题说明。

《标准》作为《规范》的技术延伸，对《规范》进行了全面细致的流程梳理和功能再造，完成了业务活动、数据实体、控制规则的分析提炼，按照一个整体对预算管理主体业务数据结构进行了规范统一，形成了全国统一的逻辑标准库，为开展预算管理一体化系统建设提供了有效指导，为各级财政部门实现对预算管理的动态反映和有效控制形成标准约束。

1.3 预算管理一体化系统技术标准实用教程

1.3.1 编写背景

《标准》是预算管理一体化系统建设的重要依据和技术遵循，是规范全国预算管理、统一数据标准、开展数据汇总和动态监控的技术基础和重要保证，地方财政部门和软件公司必须严格遵照《标准》建设实施预算管理一体化系统，确保数据结构一致、库表要素统一。考虑到《标准》作为技术规范性文件，应用范围广，覆盖用户多，以及目前各地正在积极推进预算管理一体化系统建设，为准确传达《标准》的含义、内容及使用方法，更好地促进系统建设人员加深理解和灵活掌握，进一步推动《标准》的落地执行，技术组成员组织编写了《预算管理一体化系统技术标准实用教程》（以下简称《教程》），作为技术标准的培训教材，指导辅助地方财政部门和软件公司开发建设预算管理一体化系统。

1.3.2 主要内容

《教程》主要包括以下内容：一是概述。介绍预算管理一体化系统、技术标准以及本书的总体情况。二是系统架构设计。按照预算管理一体化工作思路，从系统开发角度，基于技术标准，整体描述预算管理一体化系统的应用架构、部署架构、数据架构、技术架构和应用安全架构。三是系统功能设计。基于技术标准，围绕基础信息管理、项目库管理、预算编制、预算批复、预算调整和调剂、预算执行、会计核算、决算和报告等主要业务进行功能设计，示例说明了逻辑库表、库表要素和代码集的具体应用，并以一些典型流程为例，解读技术标准，对常见问题进行回答。四是其他说明。从本地化扩展、数据汇总上报、外部接口等方面，进一步明确技术标准对系统建设的具体要求。

1.3.3 编写目的

1. 针对《标准》进行细化和解读

《教程》基于《标准》编制，对《标准》中重要的逻辑库表、库表要素和代码集等进行更为详细的描述和释义，同时从预算管理一体化系统功能设计角度出发，将系统功能与逻辑库表相结合，详细描述了表间关系和要素使用，便于系统开发人员理解和应用《标准》。

2. 针对常见问题进行解析

在编写《教程》过程中，围绕地方财政部门和软件公司在《标准》理解和应用中出现的问题和难点，分章节进行解释说明，进一步提高《标准》的实用性和可操作性，对《标准》形成有益的补充。

3. 针对重要业务专题实现进行分析设计

《教程》在《标准》的基础上，示例说明逻辑库表、库表要素和代码集的具体应用，围绕项目全生命周期管理、预拨指标核销、上下级转移支付动态追踪等重要业务专题，阐述了实现思路和库表应用，为预算管理一体化系统重要业务环节实现提供指导和参考。

1.3.4 文档约定

本书库表示例主要包括以下三种方式：

（1）逻辑库表字段示例：逻辑库表在本书中第一次出现时，列出该库表的全部字段信息，示例如表1-1所示。

表 1-1　　　　　　　　　　逻辑库表字段示例

<table>
<tr><td colspan="4" align="center">××××表（××_××_××）</td></tr>
<tr><td>序号</td><td>字段</td><td>字段值</td><td>备注</td></tr>
<tr><td>1</td><td>××××</td><td>××××</td><td>××××</td></tr>
<tr><td>2</td><td>××××</td><td>××××</td><td>××××</td></tr>
<tr><td>3</td><td>××××</td><td>××××</td><td>××××</td></tr>
<tr><td>4</td><td>××××</td><td>××××</td><td>××××</td></tr>
<tr><td>5</td><td>××××</td><td>××××</td><td>××××</td></tr>
</table>

（2）逻辑库表主要字段示例：逻辑库表在前文示例中出现过，且当前业务活动只与该库表部分字段有关联时，只列出该库表主键信息和关联字段信息，其他用省略号表示，示例如表 1-2 所示。

表 1-2　　　　　　　逻辑库表主键信息和关联字段信息

<table>
<tr><td colspan="4" align="center">××××表（××_××_××）</td></tr>
<tr><td>序号</td><td>字段</td><td>字段值</td><td>备注</td></tr>
<tr><td>1</td><td>××××</td><td>××××</td><td>××××</td></tr>
<tr><td>⋮</td><td>⋮</td><td>⋮</td><td>⋮</td></tr>
<tr><td>×</td><td>××××</td><td>××××</td><td>××××</td></tr>
<tr><td>×</td><td>××××</td><td>××××</td><td>××××</td></tr>
<tr><td>⋮</td><td>⋮</td><td>⋮</td><td>⋮</td></tr>
</table>

（3）逻辑库表字段变化示例：逻辑库表在前文示例中出现过，且当前业务活动中该库表只有部分字段发生变化时，只列出该库表关键字段信息（位于表顶端）和变化字段信息（位于省略号之间），为区分关键字段和变化字段，部分字段未按顺序列示，示例如表 1-3 所示。

表 1-3　　　　　　　逻辑库表关键字段信息和变化字段信息

<table>
<tr><td colspan="4" align="center">××××表（××_××_××）</td></tr>
<tr><td>序号</td><td>字段</td><td>字段值</td><td>备注</td></tr>
<tr><td>1</td><td>××××</td><td>××××</td><td>××××</td></tr>
<tr><td>⋮</td><td>⋮</td><td>⋮</td><td>⋮</td></tr>
<tr><td>×</td><td>××××</td><td>××××</td><td>××××</td></tr>
<tr><td>×</td><td>××××</td><td>××××</td><td>××××</td></tr>
<tr><td>⋮</td><td>⋮</td><td>⋮</td><td>⋮</td></tr>
</table>

第 2 章

系统架构设计

2.1 总体规划

按照软件工程的方法和理念，结合通用的系统架构设计，本章提出预算管理一体化系统架构通用模型，内容包括应用架构、部署架构、数据架构、技术架构、应用安全架构等。需要说明的是，本章涉及的架构设计主要为开展预算管理一体化系统建设提供参考依据，不做硬性要求。地方财政部门在系统建设时应对照《规范》和《标准》相关要求，结合自身实际情况并遵循以下原则进行系统架构设计。

1. 标准先行原则

系统架构设计严格遵循《标准》，能够支撑《规范》要求的管理流程、管理规则和管理要素，能够按照全国数据汇总标准实现地方与中央的数据汇总需求，能够按照外部接口标准实现与外部系统的数据交换需求。

2. 适度设计原则

系统架构设计既要考虑现有系统问题和未来业务发展对系统架构的需求，也要考虑系统引入新技术的成本和风险，在具备适度前瞻性的前提下，系统架构应该尽量简化以缩短新系统的实施周期。

3. 数据可溯原则

系统架构设计需使用必要的技术手段，确保预算管理项目全生命周期管理、上下级转移支付动态追踪等重点业务数据正向可追踪、逆向可溯源。

2.2 应用架构

预算管理一体化系统建设以《规范》为业务驱动、以《标准》为技术支撑，业务上覆盖预算管理全流程，技术上采用分层解耦的架构理念，横向实现与本级各专项系统、银行等外部系统对接，解决各环节财政业务衔接不通畅、业务协同和信息共享不充分等问题；纵向达成与全国预算管理数据汇总系统上传下达，解决各级财政管理规范和数据标准不统一、难以实现数据追踪和汇总等问题，形成如图 2-1 所示的应用架构。

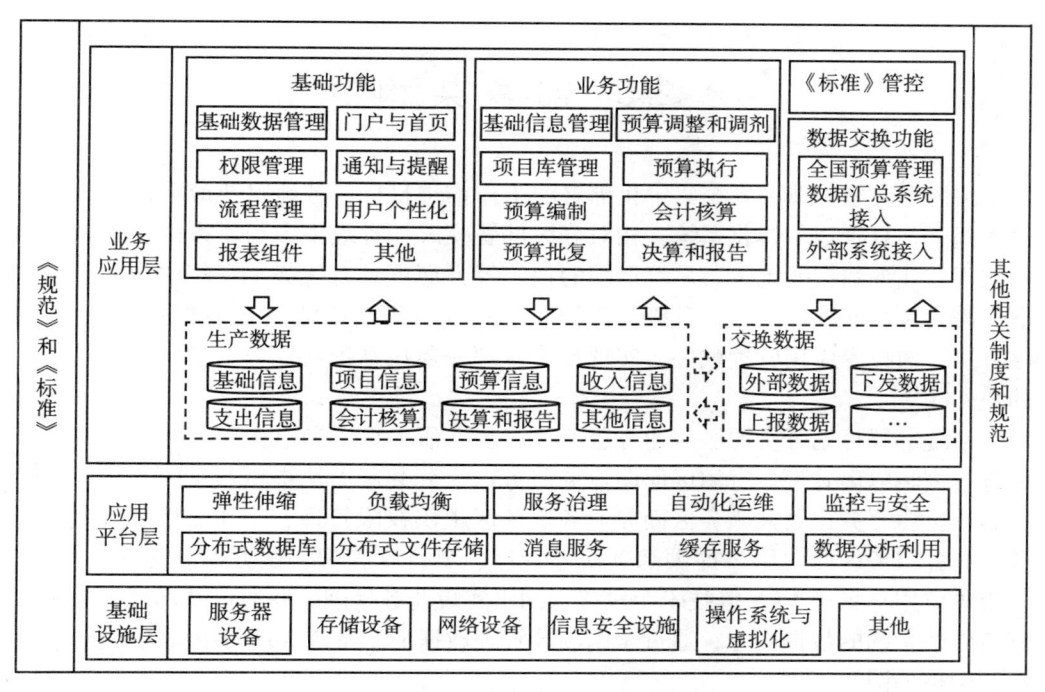

图 2-1　预算管理一体化系统应用架构

系统总共划分为 3 层，分别为基础设施层、应用平台层、业务应用层，系统建设遵循《规范》和《标准》相关要求及财政其他相关制度和规范。

基础设施层为应用平台层提供所需的软硬件基础设施，包括服务器设备、存储设备、网络设备、信息安全设施及机房设施等，服务器设备有机架式服务器、刀片服务器等；存储设备主要有磁盘存储设备、磁带存储设备等；机房设施主要有电源、UPS、机柜、空调、消防设备、网路布线、环境监测、视频监控等；信息安全设施包含 UKEY、签名验证服务、安全网关等。

应用平台层为业务应用层提供开发和运行的平台，包括分布式数据库、分布式文件存储、监控和安全、自动化运维、弹性发布等，支撑业务应用发布、运维和监控管理，为业务应用提供所需的计算、存储、服务等资源。

业务应用层实现预算管理一体化业务管理，包括业务应用和业务数据两部分。业务应用可以划分为基础功能、业务功能、《标准》管控和数据交换功能。基础功能提供公共服务能力，包括基础数据管理服务、报表组件等；业务功能提供预算管理业务能力，包括预算编制、预算执行、会计核算等；《标准》管控功能提供标准管理和维护能力，包括标准接收和反馈、标准管理、标准自检等；数据交换功能实现了与全国预算管理数据汇总系统及其他外部系统的对接，产生的数据存放在交换数据区。

业务数据分为生产数据和交换数据，其中，生产数据是基础功能和业务功能产生的数据；交换数据是和中央交换的数据（如技术标准、地方财政预算数据等）及外部系统的交换数据。

2.3 部署架构

按照财政核心业务系统集中化部署的工作推进目标,各地财政应采用省级集中模式部署预算管理一体化系统。相对分级部署模式,省级集中部署模式在管理目标的实现、业务数据的统一、系统运维的稳定等方面更具有优势。在集中化部署模式下,需为系统开发、测试、升级等流程建立对应的管理制度,并借助容器编排、弹性伸缩、监控等应用管理软件,实现预算管理一体化系统对业务需求、业务量变化的快速响应。

系统部署可划分资源区、业务服务区、公共服务区,通过安全网络策略对各分区进行逻辑隔离管理。资源区面向业务服务区、公共服务区提供数据库存储、文件存储等资源服务;公共服务区面向业务服务区提供权限管理、工作流管理等基础服务;业务服务区面向用户提供基础信息管理、项目库管理、预算编制等业务服务。各级单位用户采用 VPN 等技术手段接入网络实现业务处理,并通过外部接入服务管理与外部系统的数据交互,通过全国预算管理数据汇总系统管理与中央的数据交互,部署架构如图 2-2 所示。

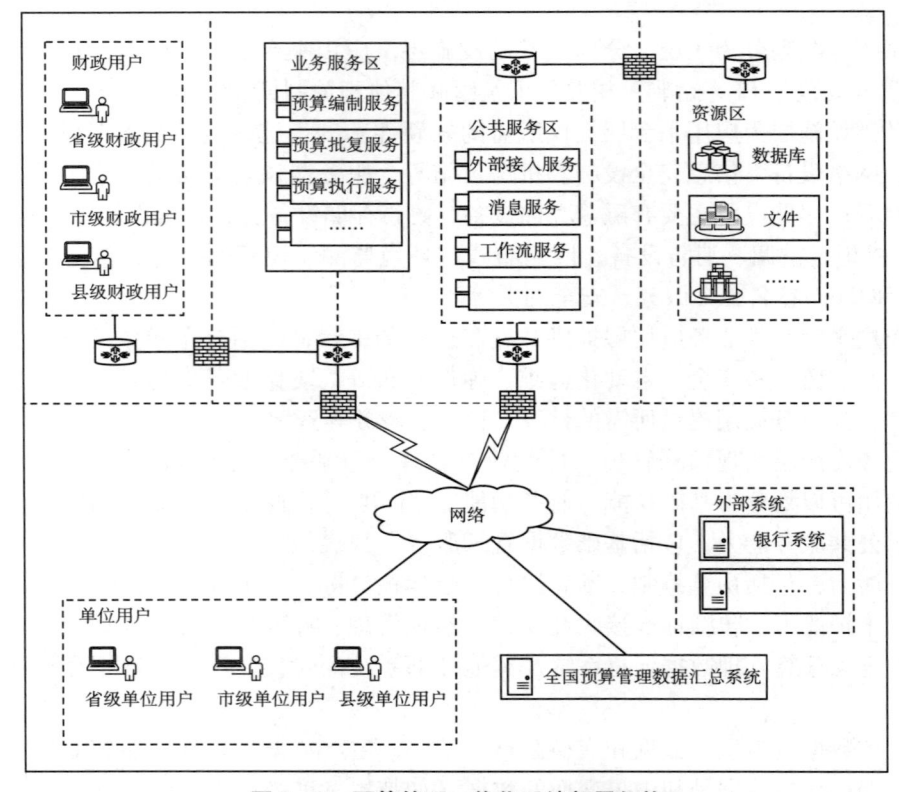

图 2-2 预算管理一体化系统部署架构

2.4 数 据 架 构

地方财政部门可根据数据的类型、用途、来源和归属等建立预算数据分区管理机制，实现数据资源安全读写和分析利用，参照数据用途将预算数据划分为地方前置数据区、业务数据区、数据分析区和外部数据交换区。

地方前置数据区用来存放和中央交互的数据。中央下发的数据包括逻辑标准库信息、基础数据、业务数据（如转移支付信息）等，地方上报数据包括基础信息、项目信息、收入信息、支出信息、会计核算、决算和报告、地方扩展信息等。

业务数据区存放预算管理一体化系统产生的生产数据，包括基础信息、项目信息、收入信息、支出信息、会计核算、决算和报告等。

外部数据交换区存放与外部系统交互的数据，例如支付管理与采购系统衔接所需的采购数据等。

数据分析区从业务数据区、外部数据交换区按照规则抽取分析数据，按照统一数据标准和统计口径，实现对海量数据的采集、计算、存储、加工、建模、分析和展现。

数据架构如图 2-3 所示。

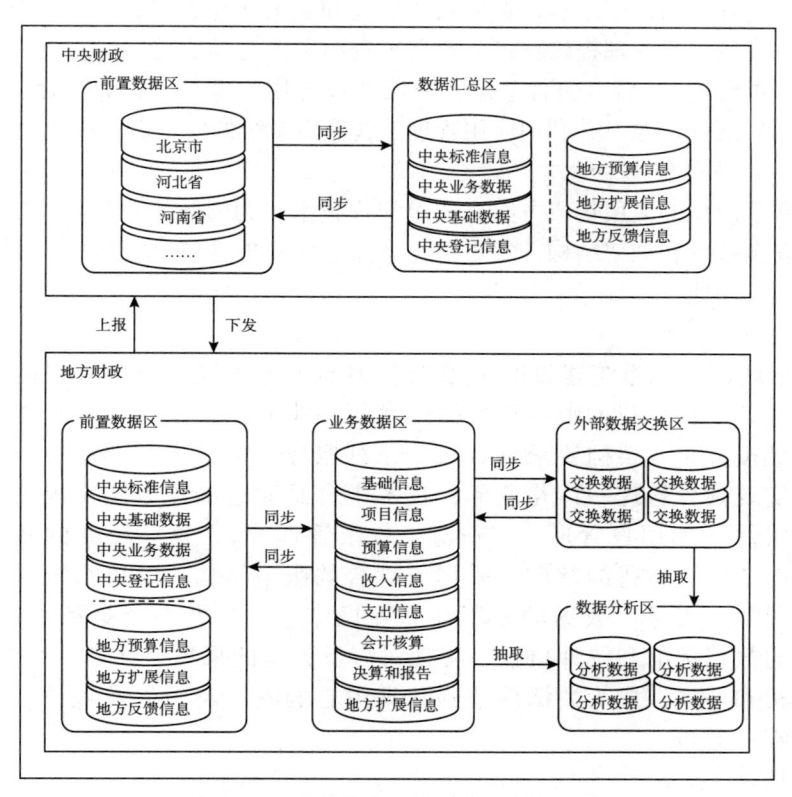

图 2-3 预算管理一体化系统数据架构

2.5 技术架构

考虑到财政业务需求具备复杂度高、变化快的特点，预算管理一体化系统在设计时应充分考虑界面层的灵活性、业务层的稳定性与应用管理层的可维护性，具体设计思路如图 2-4 所示（根据财政业务特点与当前技术发展方向对技术架构进行建议性描述，不涉及技术选型，具体技术实现由地方财政部门自行选择）。

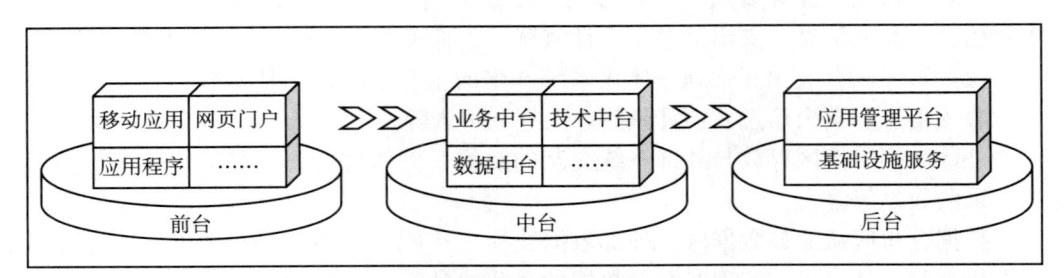

图 2-4 预算管理一体化系统技术架构

预算管理一体化系统可以划分为前台、中台、后台三层架构，前台主要是业务接入层，通过统一门户管理实现页面功能展现和页面操作逻辑；中台是前台业务支撑层，通过应用中台管理提供技术、数据等资源和能力的支持（如业务中台、技术中台、数据中台等）；后台包含基础设施服务和应用管理平台，为前台、中台应用提供所需的软硬件资源，并利用应用管理工具保障系统的安全性、稳定性、可靠性。

1. 统一门户管理

采取基于门户的应用集成方案，通过门户技术，为财政用户提供稳定、可伸缩和可靠的安全基础和框架结构，实现单点登录、统一安全认证、统一界面框架和公共组件管理等功能。

2. 应用中台管理

地方财政部门在系统建设时可根据能力输出的不同，分类建立能力复用中台，包含业务中台、技术中台和数据中台等。业务中台是将预算管理一体化系统的业务域按分布式架构要求拆分成一系列服务，前台通过调用服务以及对服务的编排实现预算管理一体化业务；技术中台是通过抽象方法实现的财政应用公共服务组件（如用户管理、工作流、权限管理等），这些公共的基础服务组件是整个财政应用运行的基础，采用松耦合的服务结构，解决系统互联互通问题，提高业务、服务、数据的复用性和互操作性；数据中台是利用数据技术，按照统一的数据标准和统计口径，实现对海量数据的采集、计算、存储、加工、建模、分析和展现，成为数据落地到数据中心的统一路径以及将数据推送到数据应用的唯一通道。

3. 基础设施服务

由标准的计算设备、存储设备、网络设备及相关的服务软件组成，对资源进行虚拟化管理，对外提供统一的存储服务。同时，依靠虚拟化技术实现任务管理调度、高可用管理和自动化部署等。

4. 应用管理平台

提供高可靠、高性能的应用管理服务，涵盖了开发流水线、镜像构造、软件仓库、应用编排、应用性能监控等功能。

2.6 应用安全架构

本节在《标准》中"5.2.6 应用安全要求"的内容基础上进行补充说明。

预算管理一体化系统采取多层安全和防范措施，通过建立合理的安全体系，对用户进行身份认证和权限管理，统一对外信息交换，防止系统外非法用户的侵入和系统内用户的非法探测和恶意泄密。

系统设计要保护用户身份的安全，实现功能权限和数据权限控制，保证客户端与服务器以及服务器之间的数据传输安全、关键数据的存储安全。对于关键业务操作要提供安全审计功能，提供数据完整性保证及行为的不可抵赖性保障，系统关键应用具有日志记录功能，可以对操作过程进行追踪和回溯。应用安全架构如图 2-5 所示。

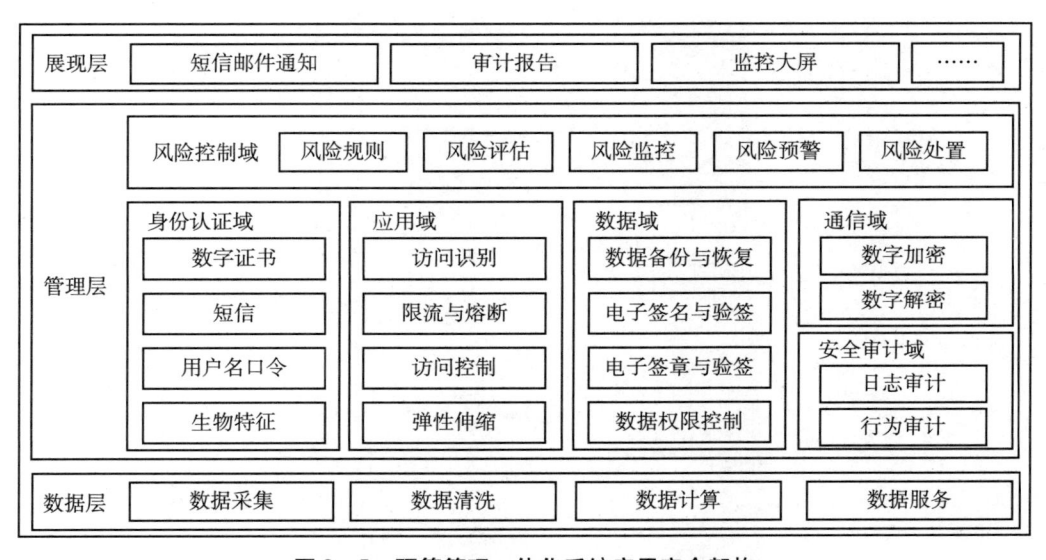

展现层	短信邮件通知	审计报告	监控大屏	……

管理层

风险控制域	风险规则	风险评估	风险监控	风险预警	风险处置

身份认证域	应用域	数据域	通信域
数字证书	访问识别	数据备份与恢复	数字加密
短信	限流与熔断	电子签名与验签	数字解密
用户名口令	访问控制	电子签章与验签	安全审计域
生物特征	弹性伸缩	数据权限控制	日志审计 / 行为审计

数据层	数据采集	数据清洗	数据计算	数据服务

图 2-5 预算管理一体化系统应用安全架构

数据层：对内外部数据进行采集、清洗、计算，以服务接口的方式为安全管理层提供数据支撑。

管理层：通过多种方式、多种手段对系统访问、数据交换、信息传输等进行响应控制，全面实现系统安全管理，包括身份认证域、应用域、数据域、通信域、安全审计域、风险控制域等。

展现层：使用数据分析方法与工具实现安全数据展现，根据风控规则与安全策略对危险进行识别、预警，必要时对业务流程或用户行为进行拦截，实现人工介入或系统引导的方式排除风险隐患。提供多种安全展示方式，如短信邮件通知、监控大屏、审计报告等。

第 3 章

系统功能设计

3.1 基础信息管理

3.1.1 总体描述

基础信息管理是支撑预算管理一体化系统运转的基础和前提，对各类基础信息进行统一的管理和维护，将方便各业务环节对基础信息的共享共用。按照内容，基础信息分为单位信息、人员信息、资产信息、支出标准、政府收支分类科目、会计科目、政府非税收入项目信息、政府采购基础信息、账户信息、财政区划、绩效指标和地方政府债券信息等。财政、部门、单位根据各自职责，按照文件、制度等分别维护各类基础信息，并完成信息的申请、报送、审核、更新等相关工作。

3.1.2 功能设计

3.1.2.1 单位信息

对纳入预算管理的各类单位的基本信息，依据相关管理流程及规则进行维护管理。涉及的业务活动及逻辑库表应用如表 3-1 所示。

表 3-1　　　　　　　单位信息涉及的业务活动及逻辑库表应用

序号	业务活动	逻辑库表	中文名称	备注
1	申请变更、撤销单位	—	单位申请表	单位通过系统提出单位变更、单位撤销申请保存至单位申请表。考虑到各地单位申请表对应的展现样式与内容不同，此处对表结构不作统一设计，由地方财政部门根据实际业务需求确定

续表

序号	业务活动	逻辑库表	中文名称	备注
2	申请新增、审核汇总	—	单位申请表	部门通过系统提出单位新增申请，或审核汇总单位变更申请、撤销申请，形成对应的申请表上报财政部门
3	审核确认	—	单位申请表	财政部门对部门报送的新增、变更、撤销单位申请表按程序进行审核确定，并下发部门
4	部门接收	—	单位申请表	部门对财政部门审核确定的新增、变更、撤销单位申请表进行接收，并下发单位
5	单位接收	—	单位申请表	单位接收财政部门审核确定的新增、变更、撤销单位申请表
6	维护单位信息	BAS_AGENCY_INFO	单位基本信息表	存储单位通过系统补充的新增单位基本信息
		BAS_AGENCY_EXT	单位扩展信息表	存储单位通过系统补充的新增单位扩展信息
7	部门审核	BAS_AGENCY_INFO	单位基本信息表	存储部门审核通过的新增单位基本信息
		BAS_AGENCY_EXT	单位扩展信息表	存储部门审核通过的新增单位扩展信息
8	财政审核单位信息	BAS_AGENCY_INFO	单位基本信息表	存储财政部门审核确认的新增单位基本信息
		BAS_AGENCY_EXT	单位扩展信息表	存储财政部门审核确认的新增单位扩展信息

1. 逻辑库表间关系

单位信息涉及的相关逻辑库表的关系如图 3-1 所示。

单位基本信息表（BAS_AGENCY_INFO）中的单位主键（AGENCY_ID）对应了单位扩展信息表（BAS_AGENCY_EXT）中的单位主键（AGENCY_ID）。

2. 实现机制说明

（1）申请变更、撤销单位。

单位通过系统提出单位变更、撤销单位申请，相关信息保存至单位申请表，各地单位申请表对应的展现样式与内容不同，此处对表结构不作统一设计，由地方财政部门根据实际业务需求确定。

```
┌─────────────────────────────┐                    ┌─────────────────────────────┐
│      单位基本信息表         │                    │      单位扩展信息表         │
│     （BAS_AGENCY_INFO）     │                    │     （BAS_AGENCY_EXT）      │
├─────────────────────────────┤                    ├─────────────────────────────┤
│ PK       单位主键           │                    │ PK       单位主键           │
│        (AGENYCY_ID)         │────────────────────│        (AGENYCY_ID)         │
├─────────────────────────────┤                    ├─────────────────────────────┤
│        业务唯一标识         │                    │        业务唯一标识         │
│         (BIZ_KEY)           │                    │         (BIZ_KEY)           │
│         单位代码            │                    │                             │
│       (AGENYCY_CODE)        │                    │                             │
│      统一社会信用代码       │                    │                             │
│    (UNIFSOC_CRED_CODE)      │                    │                             │
└─────────────────────────────┘                    └─────────────────────────────┘
```

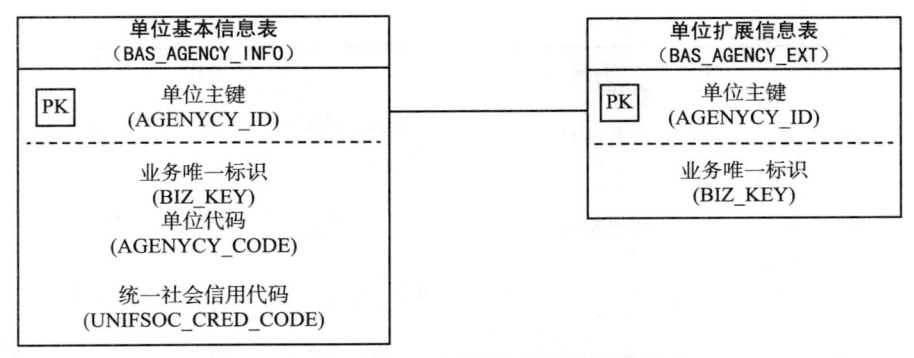

图 3-1　单位信息涉及的相关逻辑库表关系

（2）申请新增、审核汇总。

部门通过系统提出单位新增申请，或审核汇总单位变更申请、撤销申请，形成对应的申请表并上报财政部门。

（3）审核确认。

财政部门对部门报送的新增、变更、撤销单位申请表按程序进行审核确定，并下发部门。

（4）部门接收。

部门对财政部门审核确定的新增、变更、撤销单位申请表进行接收，并下发单位。

（5）单位接收。

单位接收财政部门审核确定的新增、变更、撤销单位申请表。

（6）维护单位信息。

单位接收财政部门审核确定的新增、变更、撤销单位申请表后，根据申请表的类型维护单位信息，并存储至相关逻辑库表以下分场景进行说明。

①新增单位。新增单位时，在单位基本信息表（BAS_AGENCY_INFO）、单位扩展信息表（BAS_AGENCY_EXT）中新增一条单位记录，逻辑库表字段示例如表 3-2 和表 3-3 所示。

表 3-2　　　　　　　　单位基本信息表（BAS_AGENCY_INFO）

序号	字段	字段值	备注
1	单位主键	11b7344f3d-630f-4a80-a074-92459232c357	数据创建时系统自动生成
2	业务唯一标识	11212a530b-74b0-4dd6-8e43-6bdfa5d1735a	业务唯一标识为可选字段，地方财政部门可参考《标准》"4.1.3.1 业务唯一标识使用说明"选择是否使用。业务唯一标识标识同一单位主体，当单位信息发生变化时，可以通过该标识关联变化前后的单位记录。若启用此字段，在单位创建时赋值，同一单位主体对应的业务唯一标识字段值始终不变

续表

序号	字段	字段值	备注
3	单位代码	101001（北京市财政局）	手工录入，根据组织、编制、人社等部门的批复文件填写
4	单位名称	北京市财政局	手工录入，根据组织、编制、人社等部门的批复文件填写
5	财政区划代码	110000000（北京市本级）	系统自动处理，值集来源于财政区划管理要素
6	单位简称	北京市财政局	手工录入，根据组织、编制、人社等部门的批复文件填写
7	统一社会信用代码	913101175821220588	手工录入，审批完成后填写
8	单位行政级别代码	05（正厅级）	手工录入，根据组织、编制、人社等部门的批复文件填写
9	单位类型代码	1（行政单位）	手工录入，根据组织、编制、人社等部门的批复文件填写
10	财政内部机构代码	001（行政政法处）	手工录入，根据各地财政机构设置情况填写
11	国民经济行业分类代码	S92（国家机构）	选择录入，值集来源于国民经济分类管理要素
12	单位负责人	张山	手工录入，根据组织、编制、人社等部门的批复文件填写
13	邮政代码	2×××××	手工录入，根据实际《中国地址邮政编码簿》情况填写
14	单位地址	××市××路××号	手工录入，根据实际邮政通信地址情况填写
15	单位所在地区划代码	110000000	选择录入，值集来源于行政区划管理要素
16	父级节点ID	3b17cca6-82b7-4d43-8d5c-d07a3ed1917c	系统自动引用父级单位主键，仅当单位为顶级单位（无父级单位）时值可为空
17	级次	2	选择录入，根据当前信息级次填写
18	是否末级	1（是）	选择录入，值集来源于布尔型代码管理要素，选择该单位是否末级
19	启用日期	20200302	手工录入，填写本条记录启用的日期
20	停用日期	20200531	手工录入，填写本条记录停用的日期

续表

序号	字段	字段值	备注
21	是否启用	1（是）	系统自动处理，值集来源于布尔型代码管理要素，默认值为1，变更等操作后，字段值由1变为2
22	更新时间	20200301120130	数据更新时系统自动生成，数据创建时更新时间与创建时间一致
23	部门标识代码	318（财政部）	手工录入，根据组织、编制、人社等部门的批复文件填写
24	单位经费保障方式	1（全额）	选择录入，值集来源于单位经费保障方式管理要素
25	执行会计制度	01（财政总预算会计制度）	选择录入，值集来源于执行会计制度管理要素
26	是否删除	2（否）	系统自动处理，值集来源于布尔型代码管理要素，默认值为2，删除操作后，字段值由2变为1
27	创建时间	20200301120130	数据创建时系统自动生成
28	是否编制部门决算	1（是）	选择录入，根据组织、编制、人社等部门的批复文件填写，值集来源于布尔型代码管理要素
29	是否编制政府部门财务报告	1（是）	选择录入，根据组织、编制、人社等部门的批复文件填写，值集来源于布尔型代码管理要素
30	是否编制行政事业单位国有资产报告	1（是）	选择录入，根据组织、编制、人社等部门的批复文件填写，值集来源于布尔型代码管理要素
31	是否虚拟单位	—	选择录入，值集来源于布尔型代码管理要素，非虚拟单位时为空
32	预算单位级次代码	2（二级）	系统自动处理，根据单位代码生成

表3-3　　　　　单位扩展信息表（BAS_AGENCY_EXT）

序号	字段	字段值	备注
1	单位主键	11b7344f3d-630f-4a80-a074-92459232c357	系统自动引用单位基本信息表的单位主键
2	业务唯一标识	11212a530b-74b0-4dd6-8e43-6bdfa5d1735a	系统自动引用单位基本信息表的业务唯一标识
3	人员编制数—行政编制数	10	若数据来源于编办等部门，该字段不可修改；若数据来源于手工录入，该字段可修改

续表

序号	字段	字段值	备注
4	人员编制数—事业编制数	10	若数据来源于编办等部门，该字段不可修改；若数据来源于手工录入，该字段可修改
5	人员编制数—工勤人员编制数	10	若数据来源于编办等部门，该字段不可修改；若数据来源于手工录入，该字段可修改
6	实有人数	9	手工录入，填写单位实有人数
7	实有在编人数	9	手工录入，填写单位实有在编人数
8	启用日期	20200302	手工录入，填写本条记录启用的日期
9	停用日期	20200531	手工录入，填写本条记录停用的日期
10	是否启用	1（是）	系统自动处理，值集来源于布尔型代码管理要素，默认值为1，变更等操作后，字段值由1变为2
11	更新时间	20200301120130	数据更新时系统自动生成，数据创建时更新时间与创建时间一致
12	是否删除	2（否）	系统自动处理，值集来源于布尔型代码管理要素，默认值为2，删除操作后，字段值由2变为1
13	博士学生数	0	手工录入或导入数据
14	硕士学生数	0	手工录入或导入数据
15	本科学生数	0	手工录入或导入数据
16	专科学生数	0	手工录入或导入数据
17	高中学生数	0	手工录入或导入数据
18	初中学生数	0	手工录入或导入数据
19	小学学生数	0	手工录入或导入数据
20	幼儿园学生数	0	手工录入或导入数据
21	其他学生数	0	手工录入或导入数据
22	创建时间	20200301120130	数据创建时系统自动生成

②变更单位。变更单位时，原记录的是否启用字段由是变为否，并新增一条新记录，以变更单位代码为例，逻辑库表字段变化示例如表3-4~表3-7所示。

表3-4　　　　单位基本信息表（BAS_AGENCY_INFO）（原记录）

序号	字段	字段值	备注
1	单位主键	11b7344f3d-630f-4a80-a074-92459232c357	数据创建时系统自动生成
2	业务唯一标识	11212a530b-74b0-4dd6-8e43-6bdfa5d1735a	同一业务主体业务唯一标识始终不变
3	单位代码	101001（北京市财政局）	手工录入，根据组织、编制、人社等部门的批复文件填写
⋮	⋮	⋮	⋮
22	是否启用	2（否）	系统自动处理，值集来源于布尔型代码管理要素，默认值为1，变更等操作后，字段值由1变为2
⋮	⋮	⋮	⋮

表3-5　　　　单位扩展信息表（BAS_AGENCY_EXT）（原记录）

序号	字段	字段值	备注
1	单位主键	11b7344f3d-630f-4a80-a074-92459232c357	系统自动引用单位基本信息表的单位主键
2	业务唯一标识	11212a530b-74b0-4dd6-8e43-6bdfa5d1735a	同一业务主体业务唯一标识始终不变
⋮	⋮	⋮	⋮
10	是否启用	2（否）	系统自动处理，值集来源于布尔型代码管理要素，默认值为1，变更等操作后，字段值由1变为2
⋮	⋮	⋮	⋮

表3-6　　　　单位基本信息表（BAS_AGENCY_INFO）（新记录）

序号	字段	字段值	备注
2	业务唯一标识	11212a530b-74b0-4dd6-8e43-6bdfa5d1735a	系统自动引用原记录的业务唯一标识，同一业务主体业务唯一标识始终不变
⋮	⋮	⋮	⋮
1	单位主键	11b734f3d-630f-4a80-a074-92459232c123	单位信息变更后，对应的主键发生变化
3	单位代码	101001（北京市财政局）	手工录入，根据变更情况填写
⋮	⋮	⋮	⋮

表 3-7　　　　　　　单位扩展信息表（BAS_AGENCY_EXT）（新记录）

序号	字段	字段值	备注
2	业务唯一标识	11212a530b-74b0-4dd6-8e43-6bdfa5d1735a	系统自动引用单位基本信息表的业务唯一标识，同一业务主体业务唯一标识始终不变
⋮	⋮	⋮	⋮
1	单位主键	11b734f3d-630f-4a80-a074-92459232c123	系统自动引用单位基本信息表的单位主键
⋮	⋮	⋮	⋮

③撤销单位。撤销单位时，该单位记录的是否删除字段由否变为是，逻辑库表字段变化示例如表3-8和表3-9所示。

表 3-8　　　　　　　单位基本信息表（BAS_AGENCY_INFO）

序号	字段	字段值	备注
1	单位主键	11b7344f3d-630f-4a80-a074-92459232c357	数据创建时系统自动生成
⋮	⋮	⋮	⋮
27	是否删除	1（是）	系统自动处理，值集来源于布尔型代码管理要素，默认值为2，删除操作后，字段值由2变为1
⋮	⋮	⋮	⋮

表 3-9　　　　　　　单位扩展信息表（BAS_AGENCY_EXT）

序号	字段	字段值	备注
1	单位主键	11b7344f3d-630f-4a80-a074-92459232c357	系统自动引用单位基本信息表的单位主键
⋮	⋮	⋮	⋮
12	是否删除	1（是）	系统自动处理，值集来源于布尔型代码管理要素，默认值为2，删除操作后，字段值由2变为1
⋮	⋮	⋮	⋮

（7）部门审核。

部门对单位报送的单位信息表进行审核，相关业务逻辑库表中的数据无变化，对应的工作流状态发生变化。

（8）财政审核单位信息。

财政部门对部门报送的单位信息表进行审核，相关业务逻辑库表中的数据无变化，对应的工作流状态发生变化。

3.1.2.2 人员信息

由部门、单位对人员信息进行维护，实现对单位在职行政、在职事业、离退行政、退休事业、师生、长期聘用人员等各类人员的管理。具体包括：人员信息新增、人员信息删除、人员信息变更等，通过对人员信息的管理为后续预算编制提供数据依据。涉及的业务活动及逻辑库表应用如表 3–10 所示。

表 3–10　　　　　　　人员信息管理涉及的业务活动及逻辑库表应用

序号	业务活动	逻辑库表	中文名称	备注
1	从组织、人社等部门获取人员信息	BAS_PERSON_INFO	人员基本信息表	存储财政部门从组织、人社等部门获取的人员基本信息
		BAS_PERSON_EXT	人员扩展信息表	存储财政部门从组织、人社等部门获取的人员扩展信息
2	部门接收确认	BAS_PERSON_INFO	人员基本信息表	存储财政部门下发的人员基本信息
		BAS_PERSON_EXT	人员扩展信息表	存储财政部门下发的人员扩展信息
3	单位接收确认	BAS_PERSON_INFO	人员基本信息表	存储部门下发的人员基本信息
		BAS_PERSON_EXT	人员扩展信息表	存储部门下发的人员扩展信息
4	维护人员信息	BAS_PERSON_INFO	人员基本信息表	存储单位录入和补充完善的人员基本信息
		BAS_PERSON_EXT	人员扩展信息表	存储单位录入和补充完善的人员扩展信息
5	部门审核	BAS_PERSON_INFO	人员基本信息表	存储单位录入和补充完善的人员基本信息
		BAS_PERSON_EXT	人员扩展信息表	存储单位录入和补充完善的人员扩展信息
6	财政审核	BAS_PERSON_INFO	人员基本信息表	存储部门审核通过的人员基本信息
		BAS_PERSON_EXT	人员扩展信息表	存储部门审核通过的人员扩展信息

1. 逻辑库表间关系

人员信息涉及的相关逻辑库表的关系如图 3–2 所示。

```
┌─────────────────────────────────┐
│       人员基本信息表              │
│      (BAS_PERSON_INFO)          │
│ ┌──┐   人员主键                  │        ┌─────────────────────────────────┐
│ │PK│   (PER_ID)                 │        │       人员扩展信息表              │
│ └──┘ ─────────────────────      │        │      (BAS_PERSON_EXT)           │
│         单位代码                 │────────│ ┌──┐   人员主键                  │
│       (AGENYCY_CODE)            │        │ │PK│   (PER_ID)                 │
│        财政区划代码              │        │ └──┘ ─────────────────────      │
│       (MOF_DIV_CODE)            │        │       工资级别代码               │
└─────────────────────────────────┘        │      (SALA_GR_CODE)             │
                                           └─────────────────────────────────┘
```

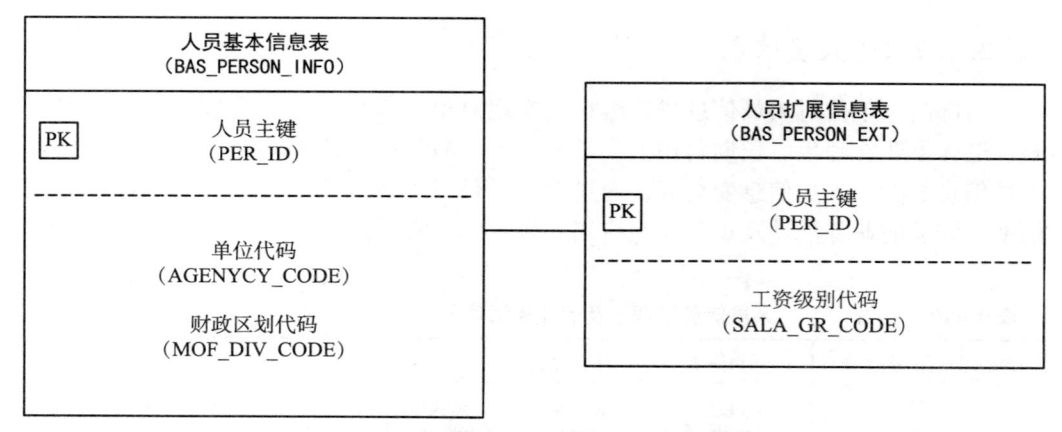

图 3-2　人员信息涉及的相关逻辑库表的关系

人员基本信息表（BAS_PERSON_INFO）中的人员主键（PER_ID）对应了人员扩展信息表（BAS_PERSON_EXT）中的人员主键（PER_ID）。

2. 实现机制说明

（1）从组织、人社等部门获取人员信息。

与组织、人社等部门相关系统衔接后，在人员基本信息表（BAS_PERSON_INFO）、人员扩展信息表（BAS_PERSON_EXT）存储从组织、人社等部门获取的人员信息数据。逻辑库表字段示例如表 3-11 和表 3-12 所示。

表 3-11　　　　　　　　　　人员基本信息表（BAS_PERSON_INFO）

序号	字段	字段值	备注
1	人员主键	12b7344f3d-630f-4a80-a074-92459232c357	数据创建时系统自动生成
2	业务唯一标识	12212a530b-74b0-4dd6-8e43-6bdfa5d1735a	业务唯一标识同一人员主体，当人员信息发生变化时，可以通过该标识关联变化前后的人员记录。若启用此字段，在人员记录创建时赋值，同一人员主体对应的业务唯一标识字段值始终不变
3	证件类型代码	01（居民身份证）	系统自动处理，从编办、人社等部门获取，不可修改
4	证件号码	111111111111111111	系统自动处理，从编办、人社等部门获取，不可修改
5	财政区划代码	110000000（北京市本级）	系统自动处理，值集来源于财政区划业务管理要素
6	姓名	张山	系统自动处理，从编办、人社等部门获取，不可修改
7	性别代码	1（男）	系统自动处理，从编办、人社等部门获取，不可修改
8	国籍（地区）	156（中国）	系统自动处理，从编办、人社等部门获取，不可修改
9	民族代码	01（汉族）	系统自动处理，从编办、人社等部门获取，不可修改
10	学历代码	10（研究生）	系统自动处理，从编办、人社等部门获取，不可修改

续表

序号	字段	字段值	备注
11	在职人员来源代码	1（招考录用）	系统自动处理，从编办、人社等部门获取，不可修改
12	人员状态代码	3（在职）	系统自动处理，从编办、人社等部门获取，不可修改
13	单位代码	101001（北京市财政局）	选择录入，值集来源于单位基本信息表中的单位代码
14	参加工作时间	20000101	系统自动处理，从编办、人社等部门获取，不可修改
15	进入本单位时间	20000101	系统自动处理，从编办、人社等部门获取，不可修改
16	是否在编	1（是）	系统自动处理，从编办、人社等部门获取，不可修改
17	人员身份代码	11（综合管理类）	系统自动处理，从编办、人社等部门获取，不可修改
18	工龄	20	系统自动处理，从编办、人社等部门获取，不可修改
19	职务代码	05（厅局级正职）	系统自动处理，从编办、人社等部门获取，不可修改
20	职级代码	01（一级巡视员）	系统自动处理，从编办、人社等部门获取，不可修改
21	技术等级代码	01（高级技师）	系统自动处理，从编办、人社等部门获取，不可修改
22	是否工资统发	1（是）	系统自动处理，从编办、人社等部门获取，不可修改
23	启用日期	20200306	手工录入，填写本条记录启用的日期
24	停用日期	99990101	手工录入，填写本条记录停用的日期
25	状态	2（既往）	系统自动处理，从编办、人社等部门获取，不可修改
26	减少原因	—	系统自动处理，从编办、人社等部门获取，不可修改；手工录入，根据实际情况填写原因
27	更新时间	20200305120130	数据更新时系统自动生成，数据创建时更新时间与创建时间一致
28	是否删除	2（否）	系统自动处理，值集来源于布尔型代码管理要素，默认值为2，删除操作后，字段值由2变为1
29	创建时间	20200305120130	数据创建时系统自动生成

表3–12　　　　　人员扩展信息表（BAS_PERSON_EXT）

序号	字段	字段值	备注
1	人员主键	12b7344f3d–630f–4a80–a074–92459232c357	系统自动引用人员基本信息表的人员主键
2	业务唯一标识	12212a530b–74b0–4dd6–8e43–6bdfa5d1735a	系统自动引用人员基本信息表中的业务唯一标识
3	工资级别代码	0101（一级1档）	系统自动处理，从编办、人社等部门获取，不可修改

续表

序号	字段	字段值	备注
4	岗位工资级别代码	01（一级）	系统自动处理，从编办、人社等部门获取，不可修改
5	工资薪级代码	01（1档）	系统自动处理，从编办、人社等部门获取，不可修改
6	职务（岗位）工资	1000.00	系统自动处理，从编办、人社等部门获取，不可修改
7	级别（技术等级、薪级）工资	1000.00	系统自动处理，从编办、人社等部门获取，不可修改
8	国家规定津补贴	200.00	系统自动处理，从编办、人社等部门获取，不可修改
9	地方出台津补贴	1000.00	系统自动处理，从编办、人社等部门获取，不可修改
10	是否特殊岗位	2（否）	系统自动处理，从编办、人社等部门获取，不可修改
11	离退休时间	—	系统自动处理，从编办、人社等部门获取，不可修改，人员状态为"3 在职"时为空
12	绩效工资	500.00	系统自动处理，从编办、人社等部门获取，不可修改
13	离休费	—	系统自动处理，从编办、人社等部门获取，不可修改，若没有退休则为空
14	退休费	—	系统自动处理，从编办、人社等部门获取，不可修改，若没有退休则为空
15	人员经费保障方式	1（财政全额保障）	系统自动处理，从编办、人社等部门获取，不可修改
16	工资关系所在单位代码	101001（北京市财政局）	系统自动处理，从编办、人社等部门获取，不可修改
17	工资卡卡号	62×××	系统自动处理，从编办、人社等部门获取，不可修改
18	工资卡开户银行	××银行	系统自动处理，从编办、人社等部门获取，不可修改
19	公务卡卡号	×××	系统自动处理，从编办、人社等部门获取，不可修改
20	公务卡开户银行	××银行	系统自动处理，从编办、人社等部门获取，不可修改
21	启用日期	20200306	手工录入，填写本条记录启用的日期
22	停用日期	99990101	手工录入，填写本条记录停用的日期
23	更新时间	20200305120130	数据更新时系统自动生成，数据创建时更新时间与创建时间一致
24	是否删除	2（否）	系统自动处理，值集来源于布尔型代码管理要素，默认值为2，删除操作后，字段值由2变为1
25	创建时间	20200305120130	数据创建时系统自动生成

(2) 部门接收确认。

部门接收确认财政部门下发的人员信息，相关业务逻辑库表中的数据无变化，对应的工作流状态发生变化。

(3) 单位接收确认。

单位接收确认部门下发的人员信息，相关业务逻辑库表中的数据无变化，对应的工作流状态发生变化。

(4) 维护人员信息。

单位根据人员变化情况补充完善人员信息，并存储至人员基本信息表（BAS_PERSON_INFO）、人员扩展信息表（BAS_PERSON_EXT）。以工龄变化津补贴相应调整为例，逻辑库表字段变化示例如表3-13和表3-14所示。

表3-13　　　　　　　　人员基本信息表（BAS_PERSON_INFO）

序号	字段	字段值	备注
1	人员主键	12b7344f3d-630f-4a80-a074-92459232c357	数据创建时系统自动生成
⋮	⋮	⋮	⋮
18	工龄	21	手工录入，根据实际情况填写
⋮	⋮	⋮	⋮

表3-14　　　　　　　　人员扩展信息表（BAS_PERSON_EXT）

序号	字段	字段值	备注
1	人员主键	12b7344f3d-630f-4a80-a074-92459232c357	系统自动引用人员基本信息表的人员主键
⋮	⋮	⋮	⋮
9	地方出台津补贴	1010.00	手工录入，根据实际情况填写
⋮	⋮	⋮	⋮

(5) 部门审核。

部门对单位填报的人员信息表进行审核，相关业务逻辑库表中的数据无变化，对应的工作流状态发生变化。

(6) 财政审核。

财政对部门报送的人员信息表进行审核，相关业务逻辑库表中的数据无变化，对应的工作流状态发生变化。

3.1.2.3　资产信息

单位业务人员根据财政部统一制定并维护进系统的资产预设信息，在资产存量价值的基础上，完善资产卡片明细信息。涉及的业务活动及逻辑库表应用如表 3-15 所示。

表 3-15　资产信息涉及的业务及逻辑库表应用

序号	业务活动	逻辑库表	中文名称	备注
1	统一制定资产预设信息并下发	—	—	财政部统一制定资产预设信息并维护进系统，下发至地方财政部门
2	生成资产相关科目余额	—	—	单位将资产卡片存量信息推送到会计核算账上，生成资产相关科目余额
3	完善资产卡片明细信息	BAS_ASSET_INFO	资产基本信息表	存储单位根据资产存量价值完善的资产基本信息
		BAS_ASSET_EXT	资产扩展信息表	存储单位根据资产存量价值完善的资产扩展信息

1. 逻辑库表间关系

资产信息涉及的相关逻辑库表的关系如图 3-3 所示。

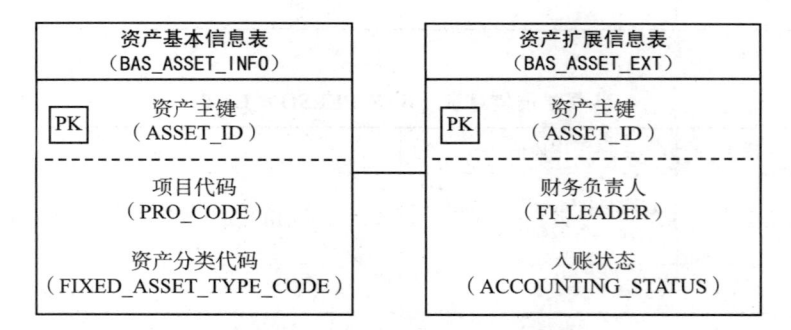

图 3-3　资产信息涉及的相关逻辑库表的关系

资产基本信息表（BAS_ASSET_INFO）中的资产主键（ASSET_ID）对应了资产扩展信息表（BAS_ASSET_EXT）中的资产主键（ASSET_ID）。

2. 实现机制说明

（1）统一制定资产预设信息并下发。

财政部根据实际情况结合相关文件统一制定预设信息，将其维护到系统中后下发到地方财政部门。

（2）生成资产相关科目余额。

单位用户将资产卡片存量信息推送到会计核算账上，生成资产相关科目余额。

（3）完善资产卡片明细信息。

单位在资产存量价值的基础上，按照财政部门预设的资产信息选项完善资产卡片明细信息,并存储至资产基本信息表(BAS_ASSET_INFO)和资产扩展信息表(BAS_ASSET_EXT),若资产系统已纳入预算管理一体化系统,可直接将资产系统中的资产卡片信息同步到资产基本信息表(BAS_ASSET_INFO)和资产扩展信息表(BAS_ASSET_EXT)。逻辑库表字段示例如表3-16和表3-17所示。

表3-16　　　　　　　　资产基本信息表(BAS_ASSET_INFO)

序号	字段	字段值	备注
1	资产主键	11214a530b-74b0-4dd3-8e43-6bdfc5d2845a	数据创建时系统自动生成
2	业务唯一标识	—	业务唯一标识标识同一资产主体,当资产信息发生变化时,可以通过该标识关联变化前后的资产记录。若启用此字段,在资产记录创建时赋值,同一资产主体对应的业务唯一标识字段值始终不变
3	资产代码	2020102040100001	系统自动生成,编号规则由各地财政部门自行制定
4	资产名称	办公楼	手工录入,根据资产实际情况
5	资产分类代码	1020401(办公用房)	选择录入,值集来源于资产分类管理要素
6	资产状态代码	1(在用)	选择录入,值集来源于资产状态管理要素
7	权属性质代码	1(国有)	选择录入,值集来源于权属性质管理要素
8	产权形式代码	1(有产权)	选择录入,值集来源于产权形式管理要素
9	处置形式代码	—	选择录入,值集来源于处置形式管理要素,未处置时为空
10	资产数量	1	手工录入,根据实际资产情况填写
11	数量计量单位	幢	手工录入,根据实际资产情况填写
12	资产原值	10000000.00	手工录入,根据实际资产情况填写
13	累计折旧/摊销	2000000.00	系统通过资产原值、使用年限、折旧方式等信息自动生成
14	价值类型代码	3(现值)	选择录入,值集来源于价值类型管理要素
15	净值	8000000.00	系统通过资产原值、累计折旧、残值等信息自动生成
16	经费来源	财政公共预算拨款	手工录入,根据实际情况填写
17	采购实施形式(采购组织形式)	1(集中采购)	选择录入,值集来源于采购实施形式(采购组织形式)管理要素
18	购置批准单位	×××办公厅	选择录入,值集来源于单位基本信息表中的单位名称
19	取得方式代码	1(新购)	选择录入,值集来源于取得方式管理要素
20	处置收益	0.00	手工录入,资产处置后的收益

续表

序号	字段	字段值	备注
21	处置渠道代码	—	选择录入，值集来源于处置渠道管理要素，未处置时为空
22	使用责任主体代码	1（单位）	选择录入，值集来源于使用责任主体管理要素
23	资产编制情况代码	1（编制内）	选择录入，值集来源于资产编制情况管理要素
24	收益情况	—	手工录入，无收益可为空
25	审批状态代码	1（财政部门审批）	选择录入，值集来源于审批状态管理要素
26	单位代码	101001（北京市财政局）	系统自动引用单位基本信息表中的单位代码
27	财政区划代码	110000000（北京市本级）	系统自动处理，值集来源于财政区划管理要素
28	启用日期	20200306	手工录入，填写本条记录启用的日期
29	停用日期	20900101	手工录入，填写本条记录停用的日期
30	是否启用	1（是）	系统自动处理，值集来源于布尔型代码管理要素，默认值为1，变更等操作后，字段值由1变为2
31	更新时间	20200305120130	数据更新时系统自动生成，数据创建时更新时间与创建时间一致
32	是否删除	2（否）	系统自动处理，值集来源于布尔型代码管理要素，默认值为2，删除操作后，字段值由2变为1
33	创建时间	20200305120130	数据创建时系统自动生成
34	项目代码	110000209920000000011	选择录入，值集来源于已在执行或已结束的项目列表

表3-17　　　　资产扩展信息表（BAS_ASSET_EXT）

序号	字段	字段值	备注
1	资产主键	11214a530b-74b0-4dd3-8e43-6bdfc5d2845a	系统自动引用资产基本信息表中的资产主键
2	业务唯一标识	—	系统自动引用资产基本信息表中的唯一标识
3	面积—占地面积	110000.00	手工录入，填写房屋建筑物信息，面积统一单位：平方米（m^2）
4	面积—建筑面积	440000.00	手工录入，涉及房屋建筑物时填写，其余情况为空
5	面积—使用面积	400000.00	手工录入，涉及房屋建筑物时填写，其余情况为空
6	办公用房面积	210000.00	手工录入，涉及房屋建筑物时填写，其余情况为空

续表

序号	字段	字段值	备注
7	业务用房面积	110000.00	手工录入，涉及房屋建筑物时填写，其余情况为空
8	其他用房面积	80000.00	手工录入，涉及房屋建筑物时填写，其余情况为空
9	坐落位置	—	手工录入，涉及房屋建筑物时填写，其余情况为空
10	开工日期	—	手工录入，涉及在建工程时填写，其余情况为空
11	工程建设情况	—	手工录入，涉及在建工程时填写，其余情况为空
12	计划投资总额	—	手工录入，涉及在建工程时填写，其余情况为空
13	累计完成投资	—	手工录入，涉及在建工程时填写工程信息，其余情况为空
14	当年投资额	—	手工录入，涉及在建工程时填写，其余情况为空
15	投入使用日期	—	手工录入，涉及在建工程时填写，其余情况为空
16	未转固原因	—	手工录入，涉及在建工程时填写，其余情况为空
17	取得日期	—	手工录入，涉及在建工程时填写，其余情况为空
18	土地权属证明	—	手工录入，涉及土地信息时填写，其余情况为空
19	土地发证日期	—	手工录入，涉及土地信息时填写，其余情况为空
20	土地证号	—	手工录入，涉及土地信息时填写，其余情况为空
21	土地权属面积	—	手工录入，涉及土地信息时填写，其余情况为空
22	房屋权属证明	—	手工录入，涉及房屋信息时填写，其余情况为空
23	房屋权属人	—	手工录入，涉及房屋信息时填写，其余情况为空
24	房屋所有权证号	—	手工录入，涉及房屋信息时填写，其余情况为空
25	房屋权属面积	—	手工录入，涉及房屋信息时填写，其余情况为空
26	车辆行驶证信息	—	手工录入，涉及车辆信息时填写，其余情况为空
27	车辆所有人	—	手工录入，涉及车辆信息时填写，其余情况为空
28	车辆注册日期	—	手工录入，涉及车辆信息时填写，其余情况为空
29	车辆识别代码	—	手工录入，涉及车辆信息时填写，其余情况为空
30	车牌号	—	手工录入，涉及车辆信息时填写，其余情况为空
31	被投资单位代码	—	手工录入，涉及投资信息时填写，其余情况为空
32	被投资项目名称	—	手工录入，涉及投资信息时填写，其余情况为空
33	票面金额	—	手工录入，涉及投资信息时填写，其余情况为空
34	本期投资金额	—	手工录入，涉及投资信息时填写，其余情况为空
35	期末投资金额	—	手工录入，涉及投资信息时填写，其余情况为空

续表

序号	字段	字段值	备注
36	持股比例	—	手工录入，涉及投资信息时填写，其余情况为空
37	被投资单位组织形式代码	—	手工录入，涉及投资信息时填写，其余情况为空
38	被投资单位是否上市	—	手工录入，涉及投资信息时填写，其余情况为空
39	被投资单位股票代码	—	手工录入，涉及投资信息时填写，其余情况为空
40	被投资单位基本情况	—	手工录入，涉及投资信息时填写，其余情况为空
41	品牌型号	—	手工录入，涉及车辆信息时填写，其余情况为空
42	车辆编制数	—	手工录入，涉及车辆信息时填写，其余情况为空
43	公务用车	—	手工录入，涉及车辆信息时填写，其余情况为空
44	执法执勤用车	—	手工录入，涉及车辆信息时填写，其余情况为空
45	特种专业技术用车	—	手工录入，涉及车辆信息时填写，其余情况为空
46	车辆实有数	—	手工录入，涉及车辆信息时填写，其余情况为空
47	车辆类型	—	手工录入，涉及车辆信息时填写，其余情况为空
48	启用日期	20200306	手工录入，填写本条记录启用的日期
49	停用日期	20900101	手工录入，填写本条记录停用的日期
50	更新时间	20200305120130	数据更新时系统自动生成，数据创建时更新时间与创建时间一致
51	是否删除	2（否）	系统自动处理，值集来源于布尔型代码管理要素，默认值为2，删除操作后，字段值由2变为1
52	创建时间	20200305120130	数据创建时系统自动生成
53	是否共享共用	2（否）	选择录入，值集来源于布尔型代码管理要素
54	是否纳入共享共用平台	2（否）	选择录入，值集来源于布尔型代码管理要素
55	记账凭证号	1	系统自动获取资产记账后的记账凭证号
56	入账状态	1（已入账）	选择录入，值集来源于入账状态管理要素
57	记账日期	20200102	手工录入，发生记账业务后填写
58	折旧方法	1（平均年限法（摊销））	选择录入，值集来源于折旧方式管理要素
59	使用年限	70	手工录入，根据实际情况填写
60	财务负责人	张某	系统自动引用单位会计凭证主表中的财务负责人
61	凭证主表唯一标识	11214a530b-74b0-4dd3-8e43-6bdfc5d2745b	系统自动引用单位会计凭证主表中的凭证主表唯一标识

3.1.2.4 地方政府债务信息

3.1.2.4.1 债务限额

预算管理一体化系统接收财政部债务限额最新数据，包括债务限额分配信息以及上级分配下达的债务限额信息、专项债务限额、一般债务限额、新增债务限额、置换债务限额以及再融资债务限额。新增专项债务限额包括土地储备专项债务限额、收费公路专项债务限额、棚改专项债务限额和其他专项债务限额。涉及的业务活动及逻辑库表应用如表3-18所示。

表 3-18　　　　　债务限额涉及的业务活动及逻辑库表应用

序号	业务活动	逻辑库表	中文名称	备注
1	财政部下达债务限额	BAS_DEBT_LIMIT	债务限额表	存储财政部根据国务院批准的方案填列省级政府的地方政府债务限额信息
2	省级财政接收债务限额信息	BAS_DEBT_LIMIT	债务限额表	存储省级财政接收财政部下达的限额信息存储接收上级分配的债务限额信息
3	省级财政分配下达限额信息	BAS_DEBT_LIMIT	债务限额表	存储省级财政部门分配下达到市级财政的限额信息
4	市级财政接收债务限额信息	BAS_DEBT_LIMIT	债务限额表	存储市级财政接收省级财政下达的限额信息
5	市级财政分配下达限额信息	BAS_DEBT_LIMIT	债务限额表	存储市级财政限额分配下达到区县财政的限额信息
6	区县财政接收债务限额信息	BAS_DEBT_LIMIT	债务限额表	存储区县财政接收市级财政下达的限额信息

1. 逻辑库表间关系

逻辑库表间无关系。

2. 实现机制说明

（1）财政部下达债务限额。

财政部根据国务院批准的方案填列省级政府的地方政府债务限额，下达到省级财政，并存储至债务限额表（BAS_DEBT_LIMIT），逻辑库表字段示例如表3-19所示。

表 3-19　　　　　　　债务限额表（BAS_DEBT_LIMIT）

序号	字段	字段值	备注
1	债务限额唯一标识	11212a530b-74b0-4dd6-8e43-6bdfa5d1735a	数据创建时系统自动生成
2	接收方财政区划代码	110000000（北京市本级）	选择录入，值集来源于财政区划管理要素

续表

序号	字段	字段值	备注
3	来源方财政区划代码	100000000（中央本级）	系统自动处理，值集来源于财政区划管理要素
4	预算年度	2020	系统自动处理，根据预算填报年度生成
5	限额批次	第一批	手工录入，根据批准的方案填写
6	接收日期	20200317	系统自动处理，根据下级接收情况
7	专项债务限额	800.00	系统自动引用接收到的数据
8	专项债务余额	0.00	手工录入，根据实际余额情况填写
9	一般债务限额	200.00	手工录入，根据批准的方案填写
10	一般债务余额	0.00	手工录入，根据实际余额情况填写
11	新增专项债务限额	0.00	手工录入，根据批准的方案填写
12	新增专项债务余额	0.00	手工录入，根据实际余额情况填写
13	土地储备专项债务限额	600.00	手工录入，根据批准的方案填写
14	土地储备专项债余额	0.00	手工录入，根据实际余额情况填写
15	收费公路专项债务限额	0.00	手工录入，根据批准的方案填写
16	收费公路专项债务余额	0.00	手工录入，根据实际余额情况填写
17	棚改专项债务限额	0.00	手工录入，根据批准的方案填写
18	棚改专项债务余额	0.00	手工录入，根据实际余额情况填写
19	其他专项债务限额	0.00	手工录入，根据批准的方案填写
20	其他专项债务余额	0.00	手工录入，根据实际余额情况填写
21	新增一般债务限额	0.00	手工录入，根据批准的方案填写
22	新增一般债务余额	0.00	手工录入，根据实际余额情况填写

续表

序号	字段	字段值	备注
23	其中外债限额	0.00	手工录入，根据批准的方案填写
24	专项债券到期再融资限额	0.00	手工录入，根据批准的方案填写
25	专项债券到期再融资余额	0.00	手工录入，根据实际余额情况填写
26	其他债券到期再融资限额	0.00	手工录入，根据批准的方案填写
27	其他债券到期再融资余额	0.00	手工录入，根据实际余额情况填写
28	置换债务限额	0.00	手工录入，根据批准的方案填写
29	置换债务余额	0.00	手工录入，根据实际余额情况填写
30	更新时间	20200305120130	数据更新时系统自动生成，数据创建时更新时间与创建时间一致
31	是否删除	2（否）	系统自动处理，值集来源于布尔型代码管理要素，默认值为2，删除操作后，字段值由2变为1
32	创建时间	20200305120130	数据创建时系统自动生成
33	债务限额	1000.00	手工录入，根据批准的方案填写

（2）省级财政接收债务限额信息。

省级财政接收上级分配的债务限额，相关业务逻辑库表中的数据无变化，对应的工作流状态发生变化。

（3）省级财政分配下达限额信息。

省级财政根据上级下达的限额信息，分配给市级财政部门的债务限额，并存储至债务限额表（BAS_DEBT_LIMIT）。逻辑库表字段示例同本节中"（1）财政部下达债务限额"。

（4）市级财政接收债务限额信息。

市级财政接收省级财政下达的限额信息，相关业务逻辑库表中的数据无变化，对应的工作流状态发生变化。

（5）市级财政分配下达限额信息。

市级财政根据接收省级财政下达的限额信息，将限额分配下达到区县财政，并存储至债务限额表（BAS_DEBT_LIMIT）。逻辑库表字段示例同本节中"（1）财政部下达债务限额"。

（6）区县财政接收债务限额信息。

区县财政接收市级财政下达的限额信息，相关业务逻辑库表中的数据无变化，对应的工作流状态发生变化。

3.1.2.4.2 债券和债券转贷信息

财政部门维护的地方政府债券有关信息,包括债券代码、债券名称、债券简称、债券类型代码、实际发行额、转贷金额、发行日期、债券期限代码、票面利率、还本方式代码等以及上级财政转贷给下级财政的转贷信息。涉及的业务活动及逻辑库表应用如表 3-20 所示。

表 3-20 　　债券和债券转贷信息涉及的业务活动及逻辑库表应用

序号	业务活动	逻辑库表	中文名称	备注
1	省级财政部门维护地方政府债券信息	BAS_BOND_INFO	地方政府债券表	存储省级财政部门维护的债券信息
2	省级财政下发市政府债券转贷信息	BAS_BOND_LOAN	债务转贷信息表	存储省级财政部门下达债务转贷信息
3	市级财政接收政府债务转贷信息	BAS_BOND_LOAN	债务转贷信息表	存储市级财政接收债务转贷信息
4	市级财政下发区县政府债券转贷信息	BAS_BOND_INFO	地方政府债券表	存储市级财政部门下达债务转贷信息
5	区县财政接收政府债务转贷信息	BAS_BOND_LOAN	债务转贷信息表	存储区县财政接收债务转贷信息

1. 逻辑库表间关系

债券和债券转贷信息涉及的相关逻辑库表的关系如图 3-4 所示。

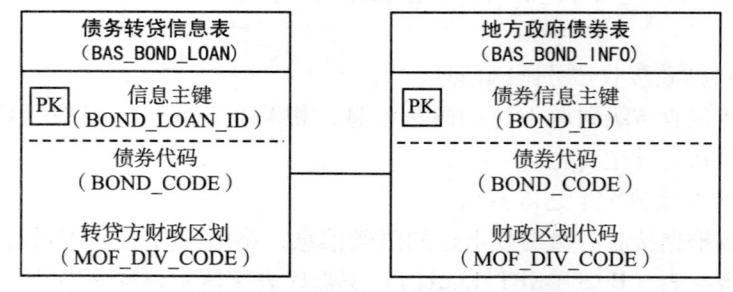

图 3-4　债券和债券转贷信息涉及的相关逻辑库表的关系

地方政府债券表(BAS_BOND_INFO)中的财政区划代码(MOF_DIV_CODE)、债券代码(BOND_CODE)对应债务转贷信息表(BAS_BOND_LOAN)中的转贷方财政区划（SUB_MOF_DIV_CODE）、债券代码（BOND_CODE）。

2. 实现机制说明

（1）省级财政部门维护地方政府债券信息。

省级财政部门维护本级地方政府债券有关信息，并存储至地方政府债券表（BAS_BOND_INFO），逻辑库表字段示例如表3-21所示。

表3-21　　　　　　　　地方政府债券表（BAS_BOND_INFO）

序号	字段	字段值	备注
1	债券信息主键	11212a530b-74b0-4dd6-8e43-6bdfa5d1735a	数据创建时系统自动生成
2	债券代码	1705007	手工录入，根据实际债券情况填写
3	债券名称	2020年××省政府一般债券（三期）	手工录入，根据实际债券情况填写
4	债券简称	20××债03	手工录入，根据实际债券情况填写
5	债券类型代码	1（一般债券）	选择录入，值集来源于债券类型管理要素
6	实际发行额	1000000000.00	手工录入，根据实际债券情况填写
7	转贷金额	300000000.00	手工录入，根据实际债券情况填写
8	发行日期	20200306	手工录入，根据实际债券情况填写
9	发行年度	2020	手工录入，发行后填写
10	债券期限代码	02（2年）	选择录入，值集来源于债券期限管理要素
11	票面利率	3.48	手工录入，根据实际票面利率情况填写
12	还本方式代码	2（分期还本）	选择录入，值集来源于还本方式管理要素
13	财政区划代码	110000000（北京市本级）	系统自动处理，值集来源于财政区划管理要素
14	更新时间	20200305120130	数据更新时系统自动生成，数据创建时更新时间与创建时间一致
15	是否删除	2（否）	系统自动处理，值集来源于布尔型代码管理要素，默认值为2，删除操作后，字段值由2变为1
16	创建时间	20200305120130	数据创建时系统自动生成

（2）省级财政下发市级政府债务转贷信息。

省级财政部门对下级财政下达债务转贷信息，并存储至债务转贷信息表（BAS_BOND_LOAN），逻辑库表字段示例如表3-22所示。

表 3-22　　　　　　　　债务转贷信息表（BAS_BOND_LOAN）

序号	字段	字段值	备注
1	信息主键	11212a530b-74b0-4dd6-8e43-6bdfa5d1735a	数据创建时系统自动生成
2	债务转贷单号	SZDXX210400000318000003_0195160426144521	系统自动生成，编号规则由各地财政部门自行制定
3	债券代码	1606081	选择录入，来源于地方政府债券表中的债券代码
4	转贷日期	20200307	手工录入，根据实际债券情况填写
5	转贷金额	5700000.00	手工录入，根据实际债券情况填写
6	业务年度	2020	手工录入，根据实际债券情况填写
7	接收方财政区划代码	110108000（海淀区本级）	选择录入，值集来源于财政区划管理要素
8	转贷方财政区划	110000000（北京市本级）	系统自动处理，根据用户区划生成
9	新增债券金额	20000.83	手工录入，根据实际债券情况填写
10	置换债券金额	10000.00	手工录入，根据实际债券情况填写
11	转贷再融资债券金额	110000.82	手工录入，根据实际债券情况填写
12	转贷协议号	2104	手工录入，根据实际债券情况填写
13	备注	略	手工录入，根据实际债券情况填写
14	实际到账日期	—	手工录入，根据实际债券情况填写
15	更新时间	20200306120130	数据更新时系统自动生成，数据创建时更新时间与创建时间一致
16	是否删除	2（否）	系统自动处理，值集来源于布尔型代码管理要素，默认值为2，删除操作后，字段值由2变为1
17	创建时间	20200306120130	数据创建时系统自动生成

（3）市级财政接收债务转贷信息。

市级财政接收政府债务转贷信息，相关业务逻辑库表中的数据无变化，对应的工作流状态发生变化。

（4）市级财政下发区县政府债务转贷信息。

市级财政部门维护区县级财政的转贷金额，并将转贷信息下发到区县财政，并存储至地方政府债券表（BAS_BOND_INFO）。逻辑库表字段示例同本节中"（2）省级财政下发市级政府债务转贷信息"。

（5）区县财政接收政府债务转贷信息。

区县级财政接收政府债务转贷信息，并确认转贷金额，相关业务逻辑库表中的数据无变化，对应的工作流状态发生变化。

3.1.2.4.3 存量债务

省市县区各级财政维护本级政府的存量债务信息。涉及的业务活动及逻辑库表应用如表3-23所示。

表3-23　　　　　　　　存量债务涉及的业务活动及逻辑库表应用

序号	业务活动	逻辑库表	中文名称	备注
1	存量债务维护	BAS_DEPT_STOCK	存量债务信息表	存储维护的存量债务信息

1. 逻辑库表间关系

逻辑库表间无关系。

2. 实现机制说明

省市县区各级财政维护本级政府的存量债务信息，并存储至存量债务信息表（BAS_DEPT_STOCK），逻辑库表字段示例如表3-24所示。

表3-24　　　　　　　　存量债务信息表（BAS_DEPT_STOCK）

序号	字段	字段值	备注
1	债务存量信息主键	11212a530b-74b0-4dd6-8e43-6bdfa5d1735a	数据创建时系统自动生成
2	债务存量信息代码	ZJZW210112000434026_0003140125182515	系统自动生成，编码规则由各地财政部门自行制定
3	财政区划代码	110000000（北京市本级）	选择录入，值集来源于财政区划管理要素
4	单位代码	101001（北京市财政局）	选择录入，值集来源于单位基本信息表中的单位代码
5	签订日期	20120113	手工录入，根据实际债务情况填写
6	协议号	20120113	手工录入，根据实际债务情况填写
7	协议金额	890000.00	手工录入，根据实际债务情况填写
8	债务类型代码	2（发行债券）	选择录入，值集来源于债权类型管理要素
9	债权人代码	0102	系统自动生成，值集来源于债权人管理要素
10	债权人全称	政策性银行	选择录入，根据实际债务情况填写
11	资金用途	应付工程款	手工录入，根据实际债务情况填写
12	债务期限	36	手工录入，以月为单位设置期限
13	币种代码	（CNY）人民币	选择录入，值集来源于币种管理要素
14	汇率	1	手工录入，根据实际债务情况填写
15	利率类型	01（固定利率）	选择录入，值集来源于利率类型管理要素
16	固定利率	0.02003211	手工录入，根据实际债务情况填写

续表

序号	字段	字段值	备注
17	预算年度	2020	系统自动处理,根据预算填报年度生成
18	项目代码	110000120422070000001	手工录入,根据实际债务情况填写
19	债务类别	1(政府债务)	选择录入,值集来源于债务类别管理要素
20	更新时间	20200305120130	数据更新时系统自动生成,数据创建时更新时间与创建时间一致
21	是否删除	2(否)	系统自动处理,值集来源于布尔型代码管理要素,默认值为2,删除操作后,字段值由2变为1
22	创建时间	20200305120130	数据创建时系统自动生成

3.1.2.5 支出标准

由各级财政部门会同有关部门,根据经济社会发展、国家政策变化、履职需要等情况,动态调整支出标准并在系统中维护。现阶段支出标准主要包括:法定标准、固定标准和暂定标准。涉及的业务活动及逻辑库表应用如表3-25所示。

表3-25　　　　　支出标准的业务活动及逻辑库表应用

序号	业务活动	逻辑库表	中文名称	备注
1	提出暂定标准	BAS_EXP_CRI	支出标准表	存储项目预算暂定标准信息
2	维护固定标准	BAS_EXP_CRI	支出标准表	存储项目预算固定标准信息
3	维护法定标准	BAS_EXP_CRI	支出标准表	存储项目预算法定标准信息

1. 逻辑库表间关系

逻辑库表间无关系。

2. 实现机制说明

(1)提出暂定标准。

财政部门将部门提出的暂定标准维护进系统,并存储至支出标准表(BAS_EXP_CRI)。逻辑库表字段示例如表3-26所示。

表3-26　　　　　　支出标准表(BAS_EXP_CRI)

序号	字段	字段值	备注
1	支出标准主键	12b7344f3d-630f-4a80-a074-92459232c357	数据创建时系统自动生成
2	支出标准代码	10000000000000000001	系统自动生成
3	支出标准名称	会议费	手工录入,根据相关部门批复文件填写

续表

序号	字段	字段值	备注
4	支出标准分类	3（暂定标准）	选择录入，值集来源于支出标准分类管理要素
5	财政区划代码	110000000（北京市本级）	选择录入，值集来源于财政区划管理要素
6	预算年度	2020	系统自动处理，根据预算填报年度生成
7	计量单位	场	手工录入，根据相关部门批复文件填写
8	计算方式	每人天	手工录入，根据相关部门批复文件填写
9	支出标准值	500.00	手工录入，根据相关部门批复文件填写
10	对应部门预算支出经济分类代码	30215（商品和服务支出会议费）	选择录入，值集来源于对应部门预算支出经济分类管理要素
11	启用日期	20200311	手工录入，填写本条记录启用的日期
12	停用日期	99990101	手工录入，填写本条记录停用的日期
13	是否启用	1（是）	系统自动处理，值集来源于布尔型代码管理要素，默认值为1，变更等操作后，字段值由1变为2
14	更新时间	20200301120130	数据更新时系统自动生成，数据创建时更新时间与创建时间一致
15	是否删除	2（否）	系统自动处理，值集来源于布尔型代码管理要素，默认值为2，删除操作后，字段值由2变为1
16	创建时间	20200301120130	数据创建时系统自动生成
17	级次	2	选择录入，根据当前信息级次填写
18	是否末级	1（是）	选择录入，值集来源于布尔型代码管理要素，选择该支出标准是否末级
19	父级节点ID	12b7344f3d-630f-4a80-a074-92459232c666	系统自动引用父级主键，一级节点为空

（2）维护固定标准。

暂定标准核定为固定标准后，由财政部门维护进系统，并存储至支出标准表（BAS_EXP_CRI）。逻辑库表字段变化示例如表3-27所示。

表3-27　　　　　　支出标准表（BAS_EXP_CRI）

序号	字段	字段值	备注
1	支出标准主键	12b7344f3d-630f-4a80-a074-92459232c357	数据创建时系统自动生成
⋮	⋮	⋮	⋮
4	支出标准分类	2（固定标准）	选择录入，值集来源于支出标准分类管理要素
⋮			

(3) 维护法定标准。

固定标准上升为法定标准后，由财政部门维护进系统，并存储至支出标准表（BAS_EXP_CRI）。逻辑库表字段变化示例如表3-28所示。

表3-28　　　　　　　　　支出标准表（BAS_EXP_CRI）

序号	字段	字段值	备注
1	支出标准主键	12b7344f3d-630f-4a80-a074-92459232c357	数据创建时系统自动生成
⋮	⋮	⋮	⋮
4	支出标准分类	1（法定标准）	选择录入，值集来源于支出标准分类管理要素
⋮	⋮	⋮	⋮

3.1.2.6　绩效指标

绩效指标是实施预算绩效管理的基础，在结构上一般分为三级，其中各级财政部门统一设置和维护一级和二级指标，以及三级指标中的共性指标；各部门和单位根据预算绩效管理的需要，设置、动态维护更新本部门的三级指标，由财政部门予以审核确认。涉及的业务活动及逻辑库表应用如表3-29所示。

表3-29　　　　　　　绩效指标涉及的业务活动及逻辑库表应用

序号	业务活动	逻辑库表	中文名称	备注
1	统一设置和维护绩效指标	BAS_PERF_INDICATOR	绩效指标表	存储财政部门统一设置的一级、二级指标，以及三级指标中的共性指标信息
2	设置部门三级指标并上报	BAS_PERF_INDICATOR	绩效指标表	存储各部门和单位根据预算绩效管理需要设置的本部门三级指标信息
3	审核入库	BAS_PERF_INDICATOR	绩效指标表	存储财政部门审核后的部门和单位三级指标信息
4	发起绩效指标调整申请	BAS_PERF_INDICATOR	绩效指标表	存储部门和单位向同级财政申请根据工作需要或形势变化、动态更新和维护本部门与本单位的绩效指标信息
5	审核更新	BAS_PERF_INDICATOR	绩效指标表	存储财政部门审核后的部门和单位绩效指标调整信息

1. 逻辑库表间关系

逻辑库表间无关系。

2. 实现机制说明

(1) 统一设置和维护绩效指标。

财政部门统一设置和维护一级和二级指标,以及三级指标中的共性指标,并存储至绩效指标表（BAS_PERF_INDICATOR）,以下分场景进行说明。

①新增绩效指标。新增绩效指标时,在绩效指标表（BAS_PERF_INDICATOR）增加一条绩效指标记录,逻辑库表字段示例如表3-30所示。

表3-30　　　　　　　绩效指标表（BAS_PERF_INDICATOR）

序号	字段	字段值	备注
1	绩效指标主键	11444a530b-74b0-4dd6-8e43-6bdfa5d1735a	数据创建时系统自动生成
2	绩效指标代码	1	手工录入,根据实际情况填写
3	绩效指标名称	产出指标	手工录入,根据实际情况填写
4	是否共性指标	1（是）	选择录入,值集来源于是否共性指标管理要素
5	指标值说明	略	手工录入,根据实际指标情况填写
6	单位代码	101001（北京市财政局）	选择录入,值集来源于单位基本信息表中的单位代码
7	财政区划代码	110000000（北京市本级）	系统自动处理,值集来源于财政区划管理要素
8	预算年度	2020	系统自动处理,根据预算填报年度生成
9	启用日期	20200306	手工录入,填写本条记录启用的日期
10	停用日期	20300101	手工录入,填写本条记录停用的日期
11	父级节点ID	—	系统自动引用父级主键,一级节点为空
12	级次	1	选择录入,根据当前信息级次填写
13	是否末级	1（是）	选择录入,值集来源于布尔型代码管理要素,选择该绩效指标是否末级
14	是否启用	1（是）	系统自动处理,值集来源于布尔型代码管理要素,默认值为1,变更等操作后,字段值由1变为2
15	更新时间	20200301120130	数据更新时系统自动生成,数据创建时更新时间与创建时间一致
16	是否删除	2（否）	系统自动处理,值集来源于布尔型代码管理要素,默认值为2,删除操作后,字段值由2变为1
17	创建时间	20200301120130	数据创建时系统自动生成
18	业务唯一标识	12212a530b-74b0-4dd6-8e43-6bdfa5d1735a	业务唯一标识标识同一绩效指标主体,当绩效指标信息发生变化时,可以通过该标识关联变化前后的绩效指标记录。若启用此字段,在绩效指标记录创建时赋值,同一绩效指标主体对应的业务唯一标识字段值始终不变

②变更绩效指标。变更绩效指标时,原记录的是否启用字段由是变为否,并新增一条新记录,以变更绩效指标名称为例,逻辑库表字段变化示例如表3-31和表

3-32 所示。

表 3-31　　　　绩效指标表（BAS_PERF_INDICATOR）（原记录）

序号	字段	字段值	备注
1	绩效指标主键	11444a530b-74b0-4dd6-8e43-6bdfa5d1735a	数据创建时系统自动生成
3	绩效指标名称	产出指标	手工录入，根据实际情况填写
18	业务唯一标识	12212a530b-74b0-4dd6-8e43-6bdfa5d1735a	同一业务主体业务唯一标识始终不变
⋮	⋮	⋮	⋮
14	是否启用	2（否）	系统自动处理，值集来源于布尔型代码管理要素，默认值为1，变更等操作后，字段值由1变为2
⋮	⋮	⋮	⋮

表 3-32　　　　绩效指标表（BAS_PERF_INDICATOR）（新记录）

序号	字段	字段值	备注
18	业务唯一标识	12212a530b-74b0-4dd6-8e43-6bdfa5d1735a	系统自动引用原记录的业务唯一标识，同一业务主体业务唯一标识始终不变
⋮	⋮	⋮	⋮
1	绩效指标主键	55554a530b-74b0-4dd6-8e43-6bdfa5d1735a	数据创建时系统自动生成
3	绩效指标名称	预期产出指标	手工录入，根据实际调整填写
⋮	⋮	⋮	⋮

③删除绩效指标。删除绩效指标时，该指标记录仍然存在，该指标记录的是否删除字段由否变为是，逻辑库表字段变化示例如表 3-33 所示。

表 3-33　　　　绩效指标表（BAS_PERF_INDICATOR）

序号	字段	字段值	备注
1	绩效指标主键	11444a530b-74b0-4dd6-8e43-6bdfa5d1735a	数据创建时系统自动生成
⋮	⋮	⋮	⋮
16	是否删除	1（是）	系统自动处理，值集来源于布尔型代码管理要素，默认值为2，删除操作后，字段值由2变为1
⋮	⋮	⋮	⋮

(2) 设置部门三级指标并上报。

各部门和单位设置本部门三级指标，上报同级财政部门，并存储至绩效指标表（BAS_PERF_INDICATOR）。逻辑库表字段示例同本节中"①新增绩效指标"。

(3) 审核入库。

财政部门对部门和单位上报的三级指标进行审核入库，相关业务逻辑库表中的数据无变化，对应的工作流状态发生变化。

(4) 发起绩效指标调整申请。

部门和单位可以根据工作需要或形势变化，动态更新和维护本部门和本单位绩效指标，向同级财政发起调整申请，并存储至绩效指标表（BAS_PERF_INDICATOR）。逻辑库表字段示例同本节中"②变更绩效指标"。

(5) 审核更新。

财政部门对部门和单位的绩效指标调整申请进行审核，相关业务逻辑库表中的数据无变化，对应的工作流状态发生变化。

3.1.2.7 政府收支分类科目

财政部统一维护政府收支分类科目基础信息及收支科目新旧年度对照关系，通过系统下发至地方财政部门。涉及的业务活动及逻辑库表应用如表 3-34 所示。

表 3-34　　　政府收支分类科目涉及的业务活动及逻辑库表应用

序号	业务活动	逻辑库表	中文名称	备注
1	财政部统一制定政府收支分类科目及政府收支分类科目新旧年度对照关系并下发	BAS_INCOME_SORT	收入分类科目表	存储收入分类科目信息
		BAS_EXP_FUNC	支出功能分类科目表	存储支出功能分类科目信息
		BAS_DEP_BGT_ECO	部门预算支出经济分类表	存储部门预算支出经济分类科目信息
		BAS_GOV_BGT_ECO	政府预算支出经济分类表	存储政府预算支出经济分类科目信息
2	地方财政接收政府收支分类科目及政府收支科目新旧年度对照关系	BAS_INCOME_SORT	收入分类科目表	存储收入分类科目信息
		BAS_EXP_FUNC	支出功能分类科目表	存储支出功能分类科目信息
		BAS_DEP_BGT_ECO	部门预算支出经济分类表	存储部门预算支出经济分类科目信息
		BAS_GOV_BGT_ECO	政府预算支出经济分类表	存储政府预算支出经济分类科目信息

1. 逻辑库表间关系

逻辑库表间无关系。

2. 实现机制说明

（1）财政部统一制定政府收支分类科目及政府收支分类科目新旧年度对照关系并下发。

财政部每年制定政府收支分类科目，建立新旧政府收支分类科目的关联关系，通过系统下发至地方财政部门。逻辑库表字段示例如表3-35~表3-38所示。

表3-35　　　　　　　　收入分类科目表（BAS_INCOME_SORT）

序号	字段	字段值	备注
1	收入分类科目主键	13b7344f3d-630f-4a80-a074-92458232c357	数据创建时系统自动生成
2	收入分类科目代码	1010101	选择录入，值集来源于收入分类科目管理要素
3	收入分类科目名称	国内增值税	选择录入，值集来源于收入分类科目管理要素
4	财政区划代码	100000000（中央本级）	系统自动处理，值集来源于财政区划管理要素
5	启用日期	20200101	手工录入，填写本条记录启用的日期
6	停用日期	20201231	手工录入，填写本条记录停用的日期
7	父级节点ID	11b7344f3d-630f-4a80-a074-92459232c358	系统自动引用父级主键，一级节点为空
8	级次	3	选择录入，根据当前信息级次填写
9	是否末级	2（否）	选择录入，值集来源于布尔型代码管理要素，选择该科目是否末级
10	是否启用	1（是）	系统自动处理，值集来源于布尔型代码管理要素，默认值为1，变更等操作后，字段值由1变为2
11	更新时间	202190301120130	数据更新时系统自动生成，数据创建时更新时间与创建时间一致
12	是否删除	2（否）	系统自动处理，值集来源于布尔型代码管理要素，默认值为2，删除操作后，字段值由2变为1
13	资金性质代码	1（政府预算资金）	选择录入，值集来源于资金性质管理要素
14	预算年度	2020	系统自动处理，根据预算填报年度生成
15	是否标准	1（是）	系统自动处理，值集来源于布尔型代码管理要素，中央新增时为1
16	创建时间	20190301120130	数据创建时系统自动生成

表 3 – 36　　　　　　　支出功能分类科目表（BAS_EXP_FUNC）

序号	字段	字段值	备注
1	支出功能分类科目主键	13b7344f3d – 630f – 4a80 – a074 – 92459112c357	数据创建时系统自动生成
2	支出功能分类科目代码	2010101	选择录入，值集来源于支出功能分类科目管理要素
3	支出功能分类科目名称	行政运行	选择录入，值集来源于支出功能分类科目管理要素
4	财政区划代码	100000000（中央本级）	系统自动处理，值集来源于财政区划管理要素
5	启用日期	20200101	手工录入，填写本条记录启用的日期
6	停用日期	20201231	手工录入，填写本条记录停用的日期
7	父级节点 ID	11b7344f3d – 630f – 4a80 – a074 – 92459112c358	系统自动引用父级主键，一级节点为空
8	级次	3	选择录入，根据当前信息级次填写
9	是否末级	1（是）	选择录入，值集来源于布尔型代码管理要素，选择该科目是否末级
10	是否启用	1（是）	系统自动处理，值集来源于布尔型代码管理要素，默认值为1，变更等操作后，字段值由1变为2
11	更新时间	202190301120130	数据更新时系统自动生成，数据创建时更新时间与创建时间一致
12	是否删除	2（否）	系统自动处理，值集来源于布尔型代码管理要素，默认值为2，删除操作后，字段值由2变为1
13	资金性质代码	1（政府预算资金）	选择录入，值集来源于资金性质管理要素
14	预算年度	2020	系统自动处理，根据预算填报年度生成
15	是否标准	1（是）	系统自动处理，值集来源于布尔型代码管理要素，中央新增时为1
16	创建时间	20190301120130	数据创建时系统自动生成

表 3 – 37　　　　　　　部门预算支出经济分类表（BAS_DEP_BGT_ECO）

序号	字段	字段值	备注
1	部门预算支出经济主键	12b7344f3d – 630f – 4a80 – a074 – 92459112c357	数据创建时系统自动生成
2	部门预算支出经济代码	30102	选择录入，值集来源于部门预算支出经济管理要素
3	部门预算支出经济名称	津贴补贴	选择录入，值集来源于部门预算支出经济管理要素
4	财政区划代码	100000000（中央本级）	系统自动处理，值集来源于财政区划管理要素

续表

序号	字段	字段值	备注
5	启用日期	20200101	手工录入，填写本条记录启用的日期
6	停用日期	20201231	手工录入，填写本条记录停用的日期
7	父级节点ID	11b7344f3d-630f-4a80-a074-92459112c358	系统自动引用父级主键，一级节点为空
8	级次	2	选择录入，根据当前信息级次填写
9	是否末级	1（是）	选择录入，值集来源于布尔型代码管理要素，选择该科目是否末级
10	是否启用	1（是）	系统自动处理，值集来源于布尔型代码管理要素，默认值为1，变更等操作后，字段值由1变为2
11	更新时间	202190301120130	数据更新时系统自动生成，数据创建时更新时间与创建时间一致
12	是否删除	2（否）	系统自动处理，值集来源于布尔型代码管理要素，默认值为2，删除操作后，字段值由2变为1
13	预算年度	2020	系统自动处理，根据预算填报年度生成
14	是否标准	1（是）	系统自动处理，值集来源于布尔型代码管理要素，中央新增时为1
15	创建时间	20190301120130	数据创建时系统自动生成

表3-38　政府预算支出经济分类表（BAS_GOV_BGT_ECO）

序号	字段	字段值	备注
1	政府预算支出经济分类主键	11b7344f3d-630f-4a80-a074-92459112c357	数据创建时系统自动生成
2	政府预算支出经济分类代码	50201	选择录入，值集来源于政府预算支出经济分类管理要素
3	政府预算支出经济分类名称	办公经费	选择录入，值集来源于政府预算支出经济分类管理要素
4	财政区划代码	100000000（中央本级）	系统自动处理，值集来源于财政区划管理要素
5	启用日期	20200101	手工录入，填写本条记录启用的日期
6	停用日期	20201231	手工录入，填写本条记录停用的日期
7	父级节点ID	11b7344f3d-630f-4a80-a074-92459112c358	系统自动引用父级主键，一级节点为空
8	级次	2	选择录入，根据当前信息项级次填写
9	是否末级	1（是）	选择录入，值集来源于布尔型代码管理要素，选择该科目是否末级

续表

序号	字段	字段值	备注
10	是否启用	1（是）	系统自动处理，值集来源于布尔型代码管理要素，默认值为1，变更等操作后，字段值由1变为2
11	更新时间	202190301120130	数据更新时系统自动生成，数据创建时更新时间与创建时间一致
12	是否删除	2（否）	系统自动处理，值集来源于布尔型代码管理要素，默认值为2，删除操作后，字段值由2变为1
13	预算年度	2020	系统自动处理，根据预算填报年度生成
14	是否标准	1（是）	系统自动处理，值集来源于布尔型代码管理要素，中央新增时为1
15	创建时间	20190301120130	数据创建时系统自动生成

（2）地方财政接收政府收支分类科目及政府收支科目新旧年度对照关系。

地方各级财政部门及时接收财政部下发的政府收支分类科目并按照类型保存，相关逻辑库表中的数据无变化，对应的工作流状态发生变化。

3.1.2.8 会计科目

各级财政部门按照国家统一的会计制度规定，在系统中维护财政总预算会计账簿、单位会计账簿、预算指标账会计账簿使用的会计科目。地方各级财政部门可根据工作需要在制度规定的底级科目下设一级，单位可根据实际情况向财政部门申请增设明细会计科目。涉及的业务活动及逻辑库表应用如表3-39所示。

表3-39　　　　　会计科目涉及的业务活动及逻辑库表应用

序号	业务活动	逻辑库表	中文名称	备注
1	申请增设明细会计科目或下设一级科目	BAS_ACCOUNT_CLS	会计科目表	单位根据实际情况向财政部门申请增设明细会计科目信息
2	审核及备案	BAS_ACCOUNT_CLS	会计科目表	存储财政备案单位下设的会计科目信息
3	维护会计科目	BAS_ACCOUNT_CLS	会计科目表	存储维护的会计科目数据信息

1. 逻辑库表间关系

逻辑库表间无关系。

2. 实现机制说明

（1）申请增设明细会计科目或下设一级科目。

在不影响会计处理和编制报表的前提下，单位可以根据实际情况向财政部门申请增设明细会计科目，并存储至会计科目表（BAS_ACCOUNT_CLS）。使用自有会计核算软件进行会计核算的单位，应当按照政府会计准则制度统一规定的会计科目编号、会计科目名称，在自有系统中维护单位会计账簿使用的会计科目并报财政备案。逻辑库表字段示例如表3-40所示。

表3-40　　　　　　　会计科目表（BAS_ACCOUNT_CLS）

序号	字段	字段值	备注
1	会计科目主键	11272a530b-74b0-4dd3-7e43-6bdfa5d5465a	数据创建时系统自动生成
2	会计科目代码	100201	手工录入，根据相关规则进行制定
3	会计科目名称	基本户	手工录入，按照地方各级财政部门或单位工作需要制定
4	会计科目类型代码	1（资产类）	选择录入，值集来源于会计科目类型管理要素
5	会计使用主体分类代码	1（《政府会计制度——行政事业单位会计科目和报表》）	选择录入，值集来源于会计使用主体分类管理要素
6	财政区划代码	110000000（北京市本级）	系统自动处理，值集来源于财政区划管理要素
7	启用日期	20200306	手工录入，填写本条记录启用的日期
8	停用日期	20201231	手工录入，填写本条记录停用的日期
9	父级节点ID	11252a531b-74b0-4dd5-7e43-6bdfa5c5465f	系统自动引用父级主键，一级节点为空
10	级次	2	选择录入，根据当前信息级次填写
11	是否末级	1（是）	选择录入，值集来源于布尔型代码管理要素，选择该科目是否末级
12	是否启用	1（是）	系统自动处理，值集来源于布尔型代码管理要素，默认值为1，变更等操作后，字段值由1变为2
13	更新时间	20200301120130	数据更新时系统自动生成，数据创建时更新时间与创建时间一致
14	是否删除	2（否）	系统自动处理，值集来源于布尔型代码管理要素，默认值为2，删除操作后，字段值由2变为1
15	预算年度	2020	系统自动处理，根据预算填报年度
16	是否标准	2（否）	系统自动处理，值集来源于布尔型代码管理要素，地方新增时为2

续表

序号	字段	字段值	备注
17	创建时间	20200301120130	数据创建时系统自动生成
18	单位代码	101001（北京市财政局）	系统自动引用单位基本信息表中的单位代码。本条记录不是单位扩展的明细会计科目时，该字段为空

（2）审核及备案。

地方财政部门对单位在政府会计准则制度规定的底级科目下设一级的科目进行备案，相关业务逻辑库表中的数据无变化，对应的工作流状态发生变化。

（3）维护会计科目。

各级财政部门按照制度统一规定的会计科目编号、会计科目名称，在系统中维护财政总预算会计科目、单位会计科目、预算指标账会计科目等，地方各级财政部门可根据工作需要在《财政总预算会计制度》规定的底级科目下设一级。逻辑库表字段示例同本节中"（1）申请增设明细会计科目或下设一级科目"。

3.1.2.9 政府非税收入项目

财政用户根据财政部统一制定的非税收入项目名称和项目识别码以及相关的收缴标准文件和立项文件，统一在系统中维护政府非税收入项目。涉及的业务活动及逻辑库表应用如表3-41所示。

表3-41   政府非税收入项目涉及的业务活动及逻辑库表应用

序号	业务活动	逻辑库表	中文名称	备注
1	汇总新增非税收入项目	—	—	省级财政部门汇总需新增的非税收入项目并及时向财政部申请
2	确定新增非税收入项目的项目名称和项目识别码	—	—	财政部按统一规则确定新增非税收入项目的项目名称和项目识别码
3	维护非税收入项目	BAS_NON_TAX	政府非税收入项目表	存储财政部下发的非税收入项目信息并进行对应维护

1. 逻辑库表间关系

逻辑库表间无关系。

2. 实现机制说明

（1）汇总新增非税收入项目。

省级财政部门汇总新增的非税收入项目并向财政部提交申请，财政部会根据实际情况判断是否将其纳入全国非税收入项目目录。

（2）确定新增非税收入项目的项目名称和项目识别码。

财政部根据实际情况结合各省汇总上报的非税收入项目，按照统一的规则确定新增的非税收入项目的项目名称和项目识别码。并下发到省级财政部门，省级财政部门反馈到地方各级财政部门。

（3）维护非税收入项目。

地方各级财政部门依据财政部的反馈意见，以及立项文件、收缴标准文件等，在系统中为执收单位维护新增非税收入项目的项目名称、项目代码、行政区划、分成比例、收缴标准、收入分类科目、收入类别、批准文号等信息，并根据项目变动、取消、停征或者免征等情况在系统中予以调整，以下分场景进行说明。

①新增非税收入项目。新增非税收入项目时，在政府非税收入项目表（BAS_NON_TAX）中增加一条新记录，逻辑库表字段示例如表3-42所示。

表3-42　　　　　　　　政府非税收入项目表（BAS_NON_TAX）

序号	字段	字段值	备注
1	政府非税收入项目主键	11312a531b-74b1-4dd6-7e43-6bdfa5d1735b	数据创建时系统自动生成
2	业务唯一标识	2219344f3d-630f-4a80-a074-92459232c357	业务唯一标识标识同一非税收入项目主体，当非税收入项目信息发生变化时，可以通过该标识关联变化前后的非税收入项目记录。若启用此字段，在非税收入项目记录创建时赋值，同一非税收入项目主体对应的业务唯一标识字段值始终不变
3	政府非税收入执收项目代码	110000190422070000002	手工录入，根据相关文件填写
4	政府非税收入执收项目名称	无线电频占费	手工录入，根据相关文件填写
5	财政区划代码	110000000（北京市本级）	系统自动处理，值集来源于财政区划管理要素
6	项目分类代码	1（纳入预算管理）	选择录入，值集来源于项目分类管理要素
7	政府非税收入收入类别代码	01（行政事业性收费收入）	选择录入，值集来源于政府非税收入收入类别管理要素
8	资金性质代码	111（一般公共预算资金）	选择录入，值集来源于资金性质管理要素
9	预算管理方式代码	1（纳入预算管理的资金）	选择录入，值集来源于预算管理方式管理要素
10	缴费时限（天）	—	手工录入，根据相关文件填写，未规定时限时为空
11	分成方式代码	1（比例）	选择录入，值集来源于分成方式管理要素
12	分成标准	0.2	手工录入，填写各级财政获得的分成比例
13	收缴标准计量单位	元/每频点	手工录入，根据相关文件填写
14	收入分类科目	10306（国有资本经营收入）	选择录入，值集来源于收入分类科目管理要素

续表

序号	字段	字段值	备注
15	收缴方式代码	1（直接缴库）	选择录入，值集来源于收缴方式管理要素
16	汇缴期限（天）	30	手工录入，根据相关文件填写，未规定期限时为空
17	政府非税收入执收项目生效日期	20200101	手工录入，根据相关文件填写
18	政府非税收入执收项目失效日期	20300101	手工录入，根据相关文件填写
19	是否启用	1（是）	系统自动处理，值集来源于布尔型代码管理要素，默认值为1，变更等操作后，字段值由1变为2
20	是否删除	2（否）	系统自动处理，值集来源于布尔型代码管理要素，默认值为2，删除操作后，字段值由2变为1
21	更新时间	20200301120130	数据更新时系统自动生成，数据创建时更新时间与创建时间一致
22	征收对象	×××单位	手工录入，根据相关文件填写
23	征收部门	001（工业和信息化厅）	手工录入，根据相关文件填写
24	收缴标准	×××规范	手工录入，根据相关文件填写
25	收缴标准上限	1000000.00	手工录入，填写财政、部门按照有关法律法规，核定执收单位征收政府非税收入时每一计量单位允许征收的最大值
26	收缴标准下限	200000.00	手工录入，填写财政、部门按照有关法律法规，核定执收单位征收政府非税收入时每一计量单位允许征收的最小值
27	政府非税收入批准文号	××〔2020〕33号	手工录入，填写按照国家法律法规有关规定，批准征收政府非税收入的相关文件的文号
28	创建时间	20200301120130	数据创建时系统自动生成
29	非税收入执收项目识别码	110000000292（机动车驾驶许可考试）	手工录入，根据相关文件填写

②变更非税收入项目。变更非税收入项目时，原记录的是否启用字段由是变为否，并新增一条新记录，以变更分成标准为例，逻辑库表字段变化示例如表3-43和表3-44所示。

表3-43　　政府非税收入项目表（BAS_NON_TAX）（原记录）

序号	字段	字段值	备注
1	政府非税收入项目主键	11312a531b-74b1-4dd6-7e43-6bdfa5d1735b	数据创建时系统自动生成

续表

序号	字段	字段值	备注
2	业务唯一标识	2219344f3d-630f-4a80-a074-92459232c357	同一业务主体业务唯一标识始终不变
12	分成标准	0.2	手工录入，填写本级财政获得的分成比例
⋮	⋮	⋮	⋮
19	是否启用	2（否）	系统自动处理，值集来源于布尔型代码管理要素，默认值为1，变更等操作后，字段值由1变为2
⋮	⋮	⋮	⋮

表3-44　　　　政府非税收入项目表（BAS_NON_TAX）（新记录）

序号	字段	字段值	备注
2	业务唯一标识	2219344f3d-630f-4a80-a074-92459232c357	系统自动引用原记录的业务唯一标识，同一业务主体业务唯一标识始终不变
⋮	⋮	⋮	⋮
1	政府非税收入项目主键	22312a531b-74b1-4dd6-7e43-6bdfa5d1735b	数据创建时系统自动生成
12	分成标准	0.3	手工录入，填写新的分成比例
⋮	⋮	⋮	⋮

③删除非税收入项目。删除非税收入项目时，该非税收入记录的是否删除字段由否变为是，逻辑库表字段变化示例如表3-45所示。

表3-45　　　　政府非税收入项目表（BAS_NON_TAX）

序号	字段	字段值	备注
1	政府非税收入项目主键	11312a531b-74b1-4dd6-7e43-6bdfa5d1735b	数据创建时系统自动生成
⋮	⋮	⋮	⋮
20	是否删除	1（是）	系统自动处理，值集来源于布尔型代码管理要素，默认值为2，删除操作后，字段值由2变为1
⋮	⋮	⋮	⋮

3.1.2.10　政府采购基础信息

财政部门维护政府集中采购目录、政府采购限额标准和公开招标数额标准等政府采购信息，供各部门、各单位遵照执行。涉及的业务活动及逻辑库表应用如

表3-46所示。

表3-46　政府采购基础信息涉及的业务活动及逻辑库表应用

序号	业务活动	逻辑库表	中文名称	备注
1	维护中央政府采购基础信息	BAS_PUR_CATALOG	政府采购品目表	存储中央政府采购基础信息
2	财政部审核	BAS_PUR_CATALOG	政府采购品目表	存储审核后的中央政府采购基础信息
3	维护地方政府采购基础信息	BAS_PUR_CATALOG	政府采购品目表	存储地方政府采购基础信息
4	地方财政部门审核	BAS_PUR_CATALOG	政府采购品目表	存储审核后的地方政府采购基础信息

1. 逻辑库表间关系

逻辑库表间无关系。

2. 实现机制说明

（1）维护中央政府采购基础信息。

财政部维护中央政府集中采购目录、政府采购限额和公开招标数额标准等信息，并存储至政府采购品目表（BAS_PUR_CATALOG）。逻辑库表字段示例如表3-47所示。

表3-47　政府采购品目表（BAS_PUR_CATALOG）

序号	字段	字段值	备注
1	政府采购品目主键	14b7344f3d-630f-4a80-a074-92459232c357	数据创建时系统自动生成
2	政府采购品目代码	A02010103	选择录入，值集来源于政府采购品目管理要素
3	政府采购品目名称	服务器	手工录入，根据实际情况填写
4	财政区划代码	100000000（中央本级）	系统自动处理，值集来源于财政区划管理要素
5	政府集中采购目录	服务器	手工录入，根据实际情况填写
6	政府采购限额标准	100000.00	手工录入，根据实际情况填写
7	公开招标数额标准	1000000.00	手工录入，根据实际情况填写

续表

序号	字段	字段值	备注
8	启用日期	20200306	手工录入,填写本条记录启用的日期
9	停用日期	20201231	手工录入,填写本条记录停用的日期
10	父级节点 ID	11b7344f3d－630f－4a80－a074－92459232c358	系统自动引用父级主键,一级节点为空
11	级次	4	选择录入,根据当前信息级次填写
12	是否末级	2(否)	选择录入,值集来源于布尔型代码管理要素,选择该政府采购基础信息是否末级
13	是否启用	1(是)	系统自动处理,值集来源于布尔型代码管理要素,默认值为1,变更等操作后,字段值由1变为2
14	是否标准	1(是)	系统自动处理,值集来源于布尔型代码管理要素,中央新增时为1
15	更新时间	20200301120130	数据更新时系统自动生成,数据创建时更新时间与创建时间一致
16	是否删除	2(否)	系统自动处理,值集来源于布尔型代码管理要素,默认值为2,删除操作后,字段值由2变为1
17	创建时间	20200301120130	数据创建时系统自动生成

(2)财政部审核。

财政部对维护的政府采购基础信息进行审核,相关逻辑库表中的数据无变化,对应的工作流状态发生变化。

(3)维护地方政府采购基础信息。

地方财政部门维护地方政府采购基础信息,并存储至政府采购品目表(BAS_PUR_CATALOG)。逻辑库表字段示例同本节中"(1)维护中央政府采购基础信息"。

(4)地方财政部门审核。

地方财政部门对地方财政部门维护的政府采购基础信息进行审核,相关逻辑库表中的数据无变化,对应的工作流状态发生变化。

3.1.2.11 账户信息

预算管理一体化系统业务发生过程中会涉及各类账户,按类型分为:国库单一账户、零余额账户(财政零余额账户、单位零余额账户)、财政专户、单位实有资金账户(审批类账户、备案类账户),各类账户的开设变更撤销流程各有区别。

3.1.2.11.1 国库单一账户

国库单一账户是财政部门在国库(含代理国库)开设,用于记录、核算和反映预算收入和支出等预算资金活动,以及与零余额账户进行清算的存款账户。国库单一账户由各级财政部门统一进行管理维护。涉及的业务活动及逻辑库表应用如表 3-48 所示。

表 3-48　　　　　国库单一账户涉及的业务活动及逻辑库表应用

序号	业务活动	逻辑库表	中文名称	备注
1	开立国库单一账户	BAS_ACCOUNT	账户信息表	存储开立的国库单一账户信息
2	财政审核开立信息	BAS_ACCOUNT	账户信息表	存储审核后的国库单一账户信息
3	撤销国库单一账户信息	BAS_ACCOUNT	账户信息表	存储撤销的国库单一账户信息
4	财政审核撤销信息	BAS_ACCOUNT	账户信息表	存储撤销审核后的国库单一账户信息
5	变更国库单一账户信息	BAS_ACCOUNT	账户信息表	存储变更的国库单一账户信息
6	财政审核变更信息	BAS_ACCOUNT	账户信息表	存储变更审核后的国库单一账户信息

1. 逻辑库表间关系

逻辑库表间无关系。

2. 实现机制说明

（1）开立国库单一账户。

财政部门申请开立国库单一账户，并存储至账户信息表（BAS_ACCOUNT），逻辑库表字段示例如表 3-49 所示。

表 3-49　　　　　　　账户信息表（BAS_ACCOUNT）

序号	字段	字段值	备注
1	账户主键	15b7344f3d-630f-4a80-a074-92459232c357	数据创建时系统自动生成
2	账户名称	北京市财政局	手工录入，根据实际情况填写
3	账号	160035550002271001	手工录入，根据实际情况填写
4	财政区划代码	110000000（北京市本级）	系统自动处理，值集来源于财政区划管理要素
5	单位代码	101001（北京市财政局）	选择录入，值集来源于单位基本信息表中的单位代码
6	开户核准书号	X 核第 202000001 号	手工录入，根据实际核准情况填写
7	开户许可证核准号	J2212990001 号	手工录入，根据实际核准情况填写

续表

序号	字段	字段值	备注
8	开户银行行别代码	001（中国人民银行）	选择录入，值集来源于银行行别代码管理要素
9	开户银行全称	国家金库北京市分库	手工录入，根据实际情况填写
10	账户类别代码	1（国库单一账户）	选择录入，值集来源于账户类别管理要素
11	账户状态代码	2（停用）	开立申请时默认值为2，值集来源于账户状态管理要素
12	核算内容	—	手工录入，账户类型为国库单一账户时为空
13	启用日期	20200306	手工录入，填写本条记录启用的日期
14	停用日期	20300101	手工录入，填写本条记录停用的日期
15	更新时间	20200301120130	数据更新时系统自动生成，数据创建时更新时间与创建时间一致
16	是否删除	2（否）	系统自动处理，值集来源于布尔型代码管理要素，默认值为2，删除操作后，字段值由2变为1
17	核准日期	—	系统自动生成，审核后填写
18	开户日期	20200108	手工录入，根据实际情况填写
19	财政专户账户代码	—	手工录入，账户类型为国库单一账户时为空
20	审批类型代码	1（核准类账户）	选择录入，值集来源于审批类型管理要素
21	开户银行选择方式代码	3（按照国家政策确定）	选择录入，值集来源于开户银行选择方式管理要素
22	创建时间	20200301120130	数据创建时系统自动生成
23	业务唯一标识	1119344f3d-630f-4a80-a074-92459232c35	业务唯一标识标识同一账户主体，当账户信息发生变化时，可以通过该标识关联变化前后的账户记录。若启用此字段，在账户记录创建时赋值，同一账户主体对应的业务唯一标识字段值始终不变

（2）财政审核开立信息。

财政部门审核开立的国库单一账户信息，该账户记录的账户状态代码字段由停用变为启用，逻辑库表字段变化示例如表3-50所示。

表3-50　　　　　　　账户信息表（BAS_ACCOUNT）

序号	字段	字段值	备注
1	账户主键	15b7344f3d-630f-4a80-a074-92459232c357	数据创建时系统自动生成

续表

序号	字段	字段值	备注
⋮	⋮	⋮	⋮
11	账户状态代码	1（启用）	系统自动处理，值集来源于账户状态管理要素
17	核准日期	20200302	系统自动生成，审核后填写
⋮	⋮	⋮	⋮

(3) 撤销国库单一账户信息。

提交国库单一账户撤销申请，该账户记录的账户状态代码字段由启用变为停用，并报送财政部门审核。逻辑库表字段变化示例如表3-51所示。

表3-51　　　　　　　　账户信息表（BAS_ACCOUNT）

序号	字段	字段值	备注
1	账户主键	15b7344f3d-630f-4a80-a074-92459232c357	数据创建时系统自动生成
⋮	⋮	⋮	⋮
11	账户状态代码	2（停用）	系统自动处理，值集来源于账户状态管理要素
⋮	⋮	⋮	⋮

(4) 财政审核撤销信息。

财政部门审核撤销的国库单一账户信息，该账户记录的账户状态代码字段由停用变为撤销，逻辑库表字段变化示例如表3-52所示。

表3-52　　　　　　　　账户信息表（BAS_ACCOUNT）

序号	字段	字段值	备注
1	账户主键	15b7344f3d-630f-4a80-a074-92459232c357	数据创建时系统自动生成
⋮	⋮	⋮	⋮
11	账户状态代码	3（撤销）	系统自动处理，值集来源于账户状态管理要素
⋮	⋮	⋮	⋮

(5) 变更国库单一账户信息。

提交国库单一账户变更申请，原账户记录的账户状态代码字段由启用变为停用，新增一条记录，以变更账号举例，逻辑库表字段变化示例如表3-53和表3-54所示。

表 3–53　　　　　　　账户信息表（BAS_ACCOUNT）（原记录）

序号	字段	字段值	备注
1	账户主键	15b7344f3d–630f–4a80–a074–92459232c357	数据创建时系统自动生成
2	账号	160035550002271001	手工录入，根据实际情况填写
23	业务唯一标识	1119344f3d–630f–4a80–a074–92459232c357	同一业务主体业务唯一标识始终不变
⋮	⋮	⋮	⋮
11	账户状态代码	2（停用）	系统自动处理，值集来源于账户状态管理要素
⋮	⋮	⋮	⋮

表 3–54　　　　　　　账户信息表（BAS_ACCOUNT）（新记录）

序号	字段	字段值	备注
23	业务唯一标识	1119344f3d–630f–4a80–a074–92459232c357	系统自动引用原记录的业务唯一标识，同一业务主体业务唯一标识始终不变
⋮	⋮	⋮	⋮
1	账户主键	11b8344f3d–630f–4a80–a074–92459232c357	数据创建时系统自动生成
3	账号	160035550002271002	手工录入，根据实际情况填写
11	账户状态代码	1（启用）	系统自动处理，值集来源于账户状态管理要素
⋮	⋮	⋮	⋮

（6）财政审核变更信息。

财政部门对变更的国库单一账户信息进行审核，相关业务逻辑库表中的数据无变化，对应的工作流状态发生变化。

3.1.2.11.2　零余额账户

零余额账户包括财政零余额账户和单位零余额账户，是指财政部门和单位在国库集中支付代理银行开设的银行结算账户，用于办理财政资金支付业务并与国库单一账户清算。

3.1.2.11.2.1　单位零余额账户

单位零余额账户的开立、撤销、变更由单位发起申请，部门、财政部门依次审核通过后，单位按照财政核批文件在代理银行开设、撤销、变更账户并维护到系统。涉及的业务活动及逻辑库表应用如表 3–55 所示。

表 3 – 55　　　　　　　单位零余额账户涉及的业务活动及逻辑库表应用

序号	业务活动	逻辑库表	中文名称	备注
1	申请开立单位零余额账户	BAS_ACCOUNT	账户信息表	存储申请开立的单位零余额账户信息
2	部门审核	BAS_ACCOUNT	账户信息表	存储部门审核的单位零余额账户开立信息
3	财政审核	BAS_ACCOUNT	账户信息表	存储财政审核的单位零余额账户开立信息
4	部门接收	BAS_ACCOUNT	账户信息表	存储部门接收的单位零余额账户开立信息
5	单位接收	BAS_ACCOUNT	账户信息表	存储单位接收的单位零余额账户开立信息
6	开立、维护单位零余额账户	BAS_ACCOUNT	账户信息表	存储开立后的单位零余额账户信息
7	财政备案	BAS_ACCOUNT	账户信息表	存储财政备案的单位零余额账户开立信息
8	申请撤销单位零余额账户	BAS_ACCOUNT	账户信息表	存储待审核的单位零余额账户撤销申请信息
9	部门审核	BAS_ACCOUNT	账户信息表	存储部门审核的单位零余额账户撤销信息
10	财政审核	BAS_ACCOUNT	账户信息表	存储财政审核的单位零余额账户撤销信息
11	部门接收	BAS_ACCOUNT	账户信息表	存储部门接收的单位零余额账户撤销信息
12	单位接收	BAS_ACCOUNT	账户信息表	存储单位接收的单位零余额账户撤销信息
13	撤销单位零余额账户	BAS_ACCOUNT	账户信息表	存储撤销后的单位零余额账户信息
14	财政备案	BAS_ACCOUNT	账户信息表	存储财政备案的已撤销的单位零余额账户信息
15	申请变更单位零余额账户	BAS_ACCOUNT	账户信息表	存储待审核的单位零余额账户变更申请信息
16	部门审核	BAS_ACCOUNT	账户信息表	存储部门审核后的单位零余额账户变更申请信息
17	财政审核	BAS_ACCOUNT	账户信息表	存储财政审核后的单位零余额账户变更申请信息
18	部门接收	BAS_ACCOUNT	账户信息表	存储部门接收到的单位零余额账户变更申请信息
19	单位接收	BAS_ACCOUNT	账户信息表	存储单位接收到的单位零余额账户变更申请信息
20	变更、维护单位零余额账户	BAS_ACCOUNT	账户信息表	存储变更后的单位零余额账户信息
21	财政备案	BAS_ACCOUNT	账户信息表	存储财政备案的单位零余额账户信息

1. 逻辑库表间关系

逻辑库表间无关系。

2. 实现机制说明

（1）申请开立单位零余额账户。

单位在国库集中支付代理银行范围内选择开户银行，报送部门审核，并存储至账户信息表（BAS_ACCOUNT），逻辑库表字段示例如表 3 – 56 所示。

表 3-56　　　　　　　　　　账户信息表（BAS_ACCOUNT）

序号	字段	字段值	备注
1	账户主键	11b7344f3d-630f-4a80-a074-92459232c468	数据创建时系统自动生成
2	账户名称	北京市财政局	手工录入，根据实际情况填写
3	账号	—	手工录入，根据实际情况填写，申请开立时为空
4	财政区划代码	110000000（北京市本级）	系统自动处理，值集来源于财政区划管理要素
5	单位代码	101001（北京市财政局）	选择录入，值集来源于单位基本信息表中的单位代码
6	开户核准书号	—	手工录入，根据实际情况填写
7	开户许可证核准号	—	手工录入，根据实际情况填写
8	开户银行行别代码	102（中国工商银行）	选择录入，值集来源于银行行别代码管理要素
9	开户银行全称	中国工商银行×××分行×××支行	手工录入，根据实际情况填写
10	账户类别代码	21（单位零余额账户）	选择录入，值集来源于账户类别管理要素
11	账户状态代码	2（停用）	开立申请时默认值为2，值集来源于账户状态管理要素
12	核算内容	—	手工录入，账户类型为零余额账户时为空
13	启用日期	20200303	手工录入，填写本条记录启用的日期
14	停用日期	20400609	手工录入，填写本条记录停用的日期
15	更新时间	20200301120130	数据更新时系统自动生成，数据创建时更新时间与创建时间一致
16	是否删除	2（否）	系统自动处理，值集来源于布尔型代码管理要素，默认值为2，删除操作后，字段值由2变为1
17	核准日期	—	系统自动生成，开立申请时为空
18	开户日期	—	手工录入，开立申请时为空
19	财政专户账户代码	—	手工录入，账户类型为零余额账户时为空
20	审批类型代码	1（核准类账户）	选择录入，值集来源于审批类型管理要素
21	开户银行选择方式代码	2（集体决策方式）	选择录入，值集来源于开户银行选择方式管理要素
22	创建时间	20200301120130	数据创建时系统自动生成
23	业务唯一标识	16b7344f3d-630f-4a80-a074-92459232c357	业务唯一标识标识同一账户主体，当账户信息发生变化时，可以通过该标识关联变化前后的账户记录。若启用此字段，在账户记录创建时赋值，同一账户主体对应的业务唯一标识字段值始终不变

(2) 部门审核。

部门对单位报送的零余额账户开户银行进行审核确定，相关业务逻辑库表中的数据无变化，对应的工作流状态发生变化。

(3) 财政审核。

财政对部门报送的零余额账户开户银行进行审核确定，该账户记录的核准日期字段填写当前日期，逻辑库表字段变化示例如表 3-57 所示。

表 3-57　　　　　　　　账户信息表（BAS_ACCOUNT）

序号	字段	字段值	备注
1	账户主键	11b7344f3d-630f-4a80-a074-92459232c468	数据创建时系统自动生成
⋮	⋮	⋮	⋮
17	核准日期	20200303	系统自动生成，审核后填写
⋮	⋮	⋮	⋮

(4) 部门接收。

部门接收财政部门审核确定的零余额账户开户申请，相关业务逻辑库表中的数据无变化，对应的工作流状态发生变化。

(5) 单位接收。

单位接收审核确定的零余额账户开户申请，相关业务逻辑库表中的数据无变化，对应的工作流状态发生变化。

(6) 开立、维护单位零余额账户。

单位开立单位零余额账户并对单位零余额账户信息进行维护，该账户记录的账户状态代码字段由停用变为启用，逻辑库表字段变化示例如表 3-58 所示。

表 3-58　　　　　　　　账户信息表（BAS_ACCOUNT）

序号	字段	字段值	备注
1	账户主键	11b7344f3d-630f-4a80-a074-92459232c468	数据创建时系统自动生成
⋮	⋮	⋮	⋮
3	账号	1600355500022271002	手工录入，根据实际情况填写
6	开户核准书号	北京市财核第 222332 号	手工录入，根据实际情况填写
7	开户许可证核准号	××第 212323265 号	手工录入，根据实际情况填写
11	账户状态代码	1（启用）	系统自动处理，值集来源于账户状态管理要素
18	开户日期	20200303	手工录入，根据实际情况填写
⋮	⋮	⋮	⋮

(7)财政备案。

财政部门对单位零余额账户信息进行备案,相关逻辑库表中的数据无变化,对应的工作流状态发生变化。

(8)申请撤销单位零余额账户。

单位提交单位零余额账户撤销申请,该账户记录的账户状态代码字段由启用变为停用,并报送部门审核,逻辑库表字段变化示例如表3-59所示。

表3-59　　　　　　　　账户信息表(BAS_ACCOUNT)

序号	字段	字段值	备注
1	账户主键	11b7344f3d-630f-4a80-a074-92459232c468	数据创建时系统自动生成
⋮	⋮	⋮	⋮
11	账户状态代码	2(停用)	系统自动处理,值集来源于账户状态管理要素
⋮	⋮	⋮	⋮

(9)部门审核。

部门对单位报送的撤销单位零余额账户信息进行审核,并报送财政部门审核,相关逻辑库表中的数据无变化,对应的工作流状态发生变化。

(10)财政审核。

财政部门对部门报送的撤销单位零余额账户信息进行审核,并发送部门,相关逻辑库表中的数据无变化,对应的工作流状态发生变化。

(11)部门接收。

部门接收财政部门发送的撤销单位零余额账户信息,并下发单位,相关逻辑库表中的数据无变化,对应的工作流状态发生变化。

(12)单位接收。

单位接收部门下发的撤销单位零余额账户信息,相关逻辑库表中的数据无变化,对应的工作流状态发生变化。

(13)撤销单位零余额账户。

单位根据撤销申请结果,该账户记录的账户状态代码字段由停用变为撤销,逻辑库表字段变化示例如表3-60所示。

表3-60　　　　　　　　账户信息表(BAS_ACCOUNT)

序号	字段	字段值	备注
1	账户主键	11b7344f3d-630f-4a80-a074-92459232c468	数据创建时系统自动生成
⋮	⋮	⋮	⋮
11	账户状态代码	3(撤销)	系统自动处理,值集来源于账户状态管理要素
⋮	⋮	⋮	⋮

(14) 财政备案。

财政部门对单位撤销零余额账户信息进行备案,相关逻辑库表中的数据无变化,对应的工作流状态发生变化。

(15) 申请变更单位零余额账户。

单位选择待变更的单位零余额账户,该账户记录的账户状态代码字段由启用变为停用,逻辑库表字段变化示例如表 3-61 所示。

表 3-61 账户信息表(BAS_ACCOUNT)(原记录)

序号	字段	字段值	备注
1	账户主键	11b7344f3d-630f-4a80-a074-92459232c468	数据创建时系统自动生成
3	账号	160035550002271002	手工录入,根据实际情况填写
23	业务唯一标识	16b7344f3d-630f-4a80-a074-92459232c357	同一业务主体业务唯一标识始终不变
⋮	⋮	⋮	⋮
11	账户状态代码	2(停用)	系统自动处理,值集来源于账户状态管理要素
⋮	⋮	⋮	⋮

(16) 部门审核。

部门对单位报送的变更零余额账户信息进行审核确定,相关逻辑库表中的数据无变化,对应的工作流状态发生变化。

(17) 财政审核。

财政部门对部门报送的变更零余额账户信息进行审核确定,相关逻辑库表中的数据无变化,对应的工作流状态发生变化。

(18) 部门接收。

部门接收财政部门发送的变更单位零余额账户信息,相关逻辑库表中的数据无变化,对应的工作流状态发生变化。

(19) 单位接收。

单位接收部门下发的变更单位零余额账户信息,相关逻辑库表中的数据无变化,对应的工作流状态发生变化。

(20) 变更、维护单位零余额账户。

单位变更单位零余额账户并对单位零余额账户信息进行维护,新增一条记录,以变更账号举例,逻辑库表字段变化示例如表 3-62 所示。

表 3-62　　　　　　　　账户信息表（BAS_ACCOUNT）（新记录）

序号	字段	字段值	备注
23	业务唯一标识	16b7344f3d-630f-4a80-a074-92459232c357	系统自动引用原记录的业务唯一标识，同一业务主体业务唯一标识始终不变
⋮	⋮	⋮	⋮
1	账户主键	12a7344f3d-630f-4a80-a014-34569232c317	数据创建时系统自动生成
3	账号	16003555000022710321	手工录入，根据实际审核后信息情况填写
11	账户状态代码	1（启用）	系统自动处理，值集来源于账户状态管理要素
⋮	⋮	⋮	⋮

（21）财政备案。

财政部门对单位零余额账户信息进行备案，相关逻辑库表中的数据无变化，对应的工作流状态发生变化。

3.1.2.11.2.2　财政零余额账户

财政零余额账户的开立、撤销、变更由财政发起、财政审核。涉及的业务活动及逻辑库表应用如表 3-63 所示。

表 3-63　　　　　　财政零余额账户涉及的业务活动及逻辑库表应用

序号	业务活动	逻辑库表	中文名称	备注
1	开立财政零余额账户	BAS_ACCOUNT	账户信息表	存储财政人员录入的待审核的财政零余额账户信息
2	财政审核	BAS_ACCOUNT	账户信息表	存储审核后的财政零余额账户信息
3	撤销财政零余额账户	BAS_ACCOUNT	账户信息表	存储待审核的财政零余额账户撤销信息
4	财政审核	BAS_ACCOUNT	账户信息表	存储审核后的财政零余额账户撤销信息
5	变更财政零余额账户	BAS_ACCOUNT	账户信息表	存储待审核的财政零余额账户变更信息
6	财政审核	BAS_ACCOUNT	账户信息表	存储审核后的财政零余额账户变更信息

1. 逻辑库表间关系

逻辑库表间无关系。

2. 实现机制说明

（1）开立财政零余额账户。

财政部门开立财政零余额账户，对财政零余额账户信息进行维护，填报财政零余额账户信息表，报送财政部门内部审核，并存储至账户信息表（BAS_ACCOUNT），逻辑库表字段示例如表 3-64 所示。

表 3-64　　　　　　　　账户信息表（BAS_ACCOUNT）

序号	字段	字段值	备注
1	账户主键	11b7344f3d-630f-4a80-a074-92459232c353	数据创建时系统自动生成
2	账户名称	北京市财政局	手工录入，根据实际情况填写
3	账号	28739298888292837444	手工录入，根据实际情况填写
4	财政区划代码	110000000（北京市本级）	系统自动处理，值集来源于财政区划管理要素
5	单位代码	101001（北京市财政局）	选择录入，值集来源于单位基本信息表中的单位代码
6	开户核准书号	X财核第000980号	手工录入，根据实际情况填写
7	开户许可证核准号	XX核第0000001号	手工录入，根据实际情况填写
8	开户银行行别代码	102（中国工商银行）	选择录入，值集来源于银行行别代码管理要素
9	开户银行全称	中国工商银行×××分行×××支行	手工录入，根据实际情况填写
10	账户类别代码	22（财政零余额账户）	选择录入，值集来源于账户类别管理要素
11	账户状态代码	2（停用）	开立申请时默认值为2，值集来源于账户状态管理要素
12	核算内容	—	手工录入，账户类型为零余额账户时为空
13	启用日期	20200301	手工录入，填写本条记录启用的日期
14	停用日期	20400601	手工录入，填写本条记录停用的日期
15	更新时间	20200301120130	数据更新时系统自动生成，数据创建时更新时间与创建时间一致
16	是否删除	2（否）	系统自动处理，值集来源于布尔型代码管理要素，默认值为2，删除操作后，字段值由2变为1
17	核准日期	—	系统自动生成，申请开立时为空
18	开户日期	20200206	手工录入，根据实际情况填写
19	财政专户账户代码	—	手工录入，账户类型为零余额账户时为空
20	审批类型代码	1（核准类账户）	选择录入，值集来源于审批类型管理要素
21	开户银行选择方式代码	2（集体决策方式）	选择录入，值集来源于开户银行选择方式管理要素
22	创建时间	20200301120130	数据创建时系统自动生成
23	业务唯一标识	11b7344f3d-630f-4a80-a074-92459232c153	业务唯一标识标识同一账户主体，当账户信息发生变化时，可以通过该标识关联变化前后的账户记录。若启用此字段，在账户记录创建时赋值，同一账户主体对应的业务唯一标识字段值始终不变

（2）财政审核。

财政部门对财政零余额账户信息进行审核，该账户记录的账户状态代码字段由停用变为启用，逻辑库表字段变化示例如表 3-65 所示。

表 3-65　　　　　　　　　账户信息表（BAS_ACCOUNT）

序号	字段	字段值	备注
1	账户主键	11b7344f3d-630f-4a80-a074-92459232c353	数据创建时系统自动生成
⋮	⋮	⋮	⋮
11	账户状态代码	1（启用）	系统自动处理，值集来源于账户状态管理要素
17	核准日期	20200303	系统自动生成，审核后填写
⋮	⋮	⋮	⋮

（3）撤销财政零余额账户。

财政部门提交财政零余额账户撤销申请，该账户记录的账户状态代码字段由启用变为停用，逻辑库表字段变化示例如表 3-66 所示。

表 3-66　　　　　　　　　账户信息表（BAS_ACCOUNT）

序号	字段	字段值	备注
1	账户主键	11b7344f3d-630f-4a80-a074-92459232c353	数据创建时系统自动生成
⋮	⋮	⋮	⋮
11	账户状态代码	2（停用）	系统自动处理，值集来源于账户状态管理要素
⋮	⋮	⋮	⋮

（4）财政审核。

财政部门对财政零余额账户内容信息进行审核，该账户记录的账户状态代码字段由停用变为撤销，逻辑库表字段变化示例如表 3-67 所示。

表 3-67　　　　　　　　　账户信息表（BAS_ACCOUNT）

序号	字段	字段值	备注
1	账户主键	11b7344f3d-630f-4a80-a074-92459232c353	数据创建时系统自动生成
⋮	⋮	⋮	⋮
11	账户状态代码	3（撤销）	系统自动处理，值集来源于账户状态管理要素
⋮	⋮	⋮	⋮

（5）变更财政零余额账户。

财政部门提交财政零余额账户变更申请，该账户记录的账户状态代码字段由启用变为停用，以变更账号举例，逻辑库表字段变化示例如表 3-68 所示。

表 3-68　　　　　　　　账户信息表（BAS_ACCOUNT）（原记录）

序号	字段	字段值	备注
1	账户主键	11b7344f3d-630f-4a80-a074-92459232c353	数据创建时系统自动生成
3	账号	28739298888292837444	手工录入，根据实际情况填写
23	业务唯一标识	11b7344f3d-630f-4a80-a074-92459232c153	同一业务主体业务唯一标识始终不变
⋮	⋮	⋮	⋮
11	账户状态代码	2（停用）	系统自动处理，值集来源于账户状态管理要素
⋮	⋮	⋮	⋮

（6）财政审核。

财政部门对财政零余额账户信息内容进行审核，新增一条记录，逻辑库表字段变化示例如表 3-69 所示。

表 3-69　　　　　　　　账户信息表（BAS_ACCOUNT）（新记录）

序号	字段	字段值	备注
23	业务唯一标识	11b7344f3d-630f-4a80-a074-92459232c153	系统自动引用原记录中的业务唯一标识，同一业务主体业务唯一标识始终不变
⋮	⋮	⋮	⋮
1	账户主键	12a4344f3d-630f-4a80-a174-34559232c153	数据创建时系统自动生成
3	账号	23459298888292837445	手工录入，根据实际情况填写
11	账户状态代码	1（启用）	系统自动处理，值集来源于账户状态管理要素
⋮	⋮	⋮	⋮

3.1.2.11.3　财政专户

财政专户由各级财政部门按照财政部制订的财政专户管理办法，统一进行管理维护。涉及的业务活动及逻辑库表应用如表 3-70 所示。

表3-70　　　　　　　财政专户涉及的业务活动及逻辑库表应用

序号	业务活动	逻辑库表	中文名称	备注
1	申请开立财政专户	BAS_ACCOUNT	账户信息表	存储财政部门录入的财政专户开立申请信息
2	核准开立财政专户申请信息	BAS_ACCOUNT	账户信息表	存储财政部核准的财政专户开立申请信息
3	财政部门接收	BAS_ACCOUNT	账户信息表	存储财政部门接收并完善后的财政专户信息
4	维护财政专户信息	BAS_ACCOUNT	账户信息表	存储开立后的财政专户信息
5	财政部备案	BAS_ACCOUNT	账户信息表	存储财政部备案的已申请的财政专户信息
6	维护撤销财政专户信息	BAS_ACCOUNT	账户信息表	存储申请的撤销财政专户信息
7	财政部受理	BAS_ACCOUNT	账户信息表	存储财政部审批的撤销申请信息
8	财政部备案	BAS_ACCOUNT	账户信息表	存储财政部备案的已撤销的财政专户信息
9	维护财政专户信息	BAS_ACCOUNT	账户信息表	存储维护变更的财政专户信息
10	财政部受理	BAS_ACCOUNT	账户信息表	存储受理后的变更的财政专户信息
11	财政部备案	BAS_ACCOUNT	账户信息表	存储财政部备案的已变更的财政专户信息

1. 逻辑库表间关系

逻辑库表间无关系。

2. 实现机制说明

（1）申请开立财政专户。

地方财政部门申请开立财政专户，由省级财政部门按照财政部规定的流程报财政部核准，并存储至账户信息表（BAS_ACCOUNT），逻辑库表字段示例如表3-71所示。

表3-71　　　　　　　账户信息表（BAS_ACCOUNT）

序号	字段	字段值	备注
1	账户主键	17b7344f3d-630f-4a80-a074-92459232c357	数据创建时系统自动生成
2	账户名称	×××专户	手工录入，根据实际情况填写
3	账号	—	手工录入，根据实际情况填写，申请开立时为空
4	财政区划代码	110000000（北京市本级）	系统自动处理，值集来源于财政区划管理要素
5	单位代码	101001（北京市财政局）	系统自动处理，值集来源于单位基本信息表中的单位代码

续表

序号	字段	字段值	备注
6	开户核准书号	—	手工录入，根据实际情况填写，申请开立时为空
7	开户许可证核准号	—	手工录入，根据实际情况填写，申请开立时为空
8	开户银行行别代码	—	选择录入，值集来源于银行行别代码管理要素，申请开立时为空
9	开户银行全称	—	手工录入，根据实际情况填写
10	账户类别代码	31（社保基金财政专户）	选择录入，值集来源于账户类别管理要素，申请开立时为空
11	账户状态代码	2（停用）	开立申请时默认值为2，值集来源于账户状态管理要素
12	核算内容	—	手工录入，申请开立时为空
13	启用日期	20200519	手工录入，填写本条记录启用的日期
14	停用日期	20300913	手工录入，填写本条记录停用的日期
15	更新时间	20200302120130	数据更新时系统自动生成，数据创建时更新时间与创建时间一致
16	是否删除	2（否）	系统自动处理，值集来源于布尔型代码管理要素，默认值为2，删除操作后，字段值由2变为1
17	核准日期	—	系统自动生成，申请开立时为空
18	开户日期	—	手工录入，根据实际情况填写
19	财政专户账户代码	—	手工录入，申请开立时为空
20	审批类型代码	1（核准类账户）	选择录入，值集来源于审批类型管理要素
21	开户银行选择方式代码	2（集体决策方式）	选择录入，值集来源于开户银行选择方式管理要素
22	创建时间	20200301120130	数据创建时系统自动生成
23	业务唯一标识	1137344f3d-630f-4a80-a074-92459232r333	业务唯一标识标识同一账户主体，当账户信息发生变化时，可以通过该标识关联变化前后的账户记录。若启用此字段，在账户记录创建时赋值，同一账户主体对应的业务唯一标识字段值始终不变

（2）核准开立财政专户申请信息。

财政部对省级财政部门提交的财政专户开立申请信息进行核准，并补充核准相关信息，逻辑库表字段变化示例如表3-72所示。

表 3-72　　　　　　　　　账户信息表（BAS_ACCOUNT）

序号	字段	字段值	备注
1	账户主键	17b7344f3d-630f-4a80-a074-92459232c357	数据创建时系统自动生成
⋮	⋮	⋮	⋮
6	开户核准书号	财核第 28930 号	手工录入，根据实际情况填写
12	核算内容	代管资金	手工录入，根据实际情况填写
17	核准日期	20200513	系统自动生成，审核后填写
⋮	⋮	⋮	⋮

（3）财政部门接收。

财政部门接收财政部下发的财政专户开立申请，并根据需要进行财政专户信息补充完善，相关业务逻辑库表中的数据无变化，对应的工作流状态发生变化。

（4）维护财政专户信息。

财政部门线下根据财政部关于资金存放管理的规定，采取竞争性方式或者集体决策的方式选择开户银行并进行专户账户的开设，该账户记录的账户状态代码字段由停用变为启用。逻辑库表字段变化示例如表 3-73 所示。

表 3-73　　　　　　　　　账户信息表（BAS_ACCOUNT）

序号	字段	字段值	备注
1	账户主键	17b7344f3d-630f-4a80-a074-92459232c357	数据创建时系统自动生成
⋮	⋮	⋮	⋮
3	账号	16003555000227710322	手工录入，根据实际情况填写
7	开户许可证核准号	××第 212323233 号	手工录入，根据实际情况填写
8	开户银行行别代码	102（中国工商银行）	选择录入，值集来源于银行行别代码管理要素
9	开户银行全称	中国工商银行×××支行×××分行	手工录入，根据实际情况填写
11	账户状态代码	1（启用）	系统自动处理，值集来源于账户状态管理要素
18	开户日期	20200517	手工录入，根据实际情况填写
19	财政专户账户代码	11000000001	手工录入，根据实际情况填写
⋮	⋮	⋮	⋮

（5）财政部备案。

财政部对财政专户信息表进行备案，相关逻辑库表中的数据无变化，对应的工作流状态发生变化。

（6）维护撤销财政专户信息。

地方财政部门撤销财政专户，应按规定将财政专户中的资金缴入国库或转入其他同类型财政专户，并报送财政部，该账户记录的账户状态代码字段由启用变为撤销。逻辑库表字段变化示例如表3-74所示。

表3-74　　　　　　　　　　账户信息表（BAS_ACCOUNT）

序号	字段	字段值	备注
1	账户主键	17b7344f3d-630f-4a80-a074-92459232c357	数据创建时系统自动生成
⋮	⋮	⋮	⋮
11	账户状态代码	3（撤销）	系统自动处理，值集来源于账户状态管理要素
⋮	⋮	⋮	⋮

（7）财政部受理。

财政部对财政部门报送的撤销财政专户信息进行受理，相关逻辑库表中的数据无变化，对应的工作流状态发生变化。

（8）财政部备案。

财政部对申请撤销财政专户信息进行备案，相关逻辑库表中的数据无变化，对应的工作流状态发生变化。

（9）维护财政专户信息。

财政部门对财政专户变更信息进行维护，填报财政专户信息并报送财政部，该账户记录的账户状态代码字段由启用变为停用，以变更账号举例，新增一条记录，逻辑库表字段变化示例如表3-75和表3-76所示。

表3-75　　　　　　　　账户信息表（BAS_ACCOUNT）（原记录）

序号	字段	字段值	备注
1	账户主键	17b7344f3d-630f-4a80-a074-92459232c357	数据创建时系统自动生成
3	账号	16003555000227710322	手工录入，根据实际情况填写
23	业务唯一标识	1137344f3d-630f-4a80-a074-92459232r333	同一业务主体中业务唯一标识相同
⋮	⋮	⋮	⋮
11	账户状态代码	2（停用）	系统自动处理，值集来源于账户状态管理要素
⋮	⋮	⋮	⋮

表 3-76　　　　　　　　账户信息表（BAS_ACCOUNT）（新记录）

序号	字段	字段值	备注
23	业务唯一标识	1137344f3d-630f-4a80-a074-92459232r333	系统自动引用原记录中的业务唯一标识，同一业务主体业务唯一标识始终不变
⋮	⋮	⋮	⋮
1	账户主键	1137344f3d-630f-4a80-a074-92459232r357	数据创建时系统自动生成
3	账号	16003555000022710333	手工录入，根据实际情况填写
11	账户状态代码	1（启用）	系统自动处理，值集来源于账户状态管理要素
⋮	⋮	⋮	⋮

（10）财政部受理。

财政部对财政部门报送的财政专户信息表进行受理，相关逻辑库表中的数据无变化，对应的工作流状态发生变化。

（11）财政部备案。

财政部对财政专户信息进行备案，相关逻辑库表中的数据无变化，对应的工作流状态发生变化。

3.1.2.11.4　单位实有资金账户

单位实有资金账户，是指单位按照财政部门规定开设的除零余额账户以外用于办理支付结算和资金存放业务的各类银行账户。

3.1.2.11.4.1　审批类账户

单位实有资金审批类账户的开立、撤销、变更由单位发起申请。审批类账户需要经部门、财政部门依次审核通过后，单位在代理银行开设、撤销、变更账户并维护到系统中。涉及的业务活动及逻辑库表应用如表 3-77 所示。

表 3-77　　　　　　审批类账户涉及的业务活动及逻辑库表应用

序号	业务活动	逻辑库表	中文名称	备注
1	申请开立单位实有资金审批类账户	BAS_ACCOUNT	账户信息表	存储单位申请开立的单位实有资金审批类账户信息
2	部门审核	BAS_ACCOUNT	账户信息表	存储部门审核后的单位实有资金审批类账户信息
3	财政审批	BAS_ACCOUNT	账户信息表	存储财政部门审批后的单位实有资金审批类账户信息
4	部门接收	BAS_ACCOUNT	账户信息表	存储部门接收的单位实有资金审批类账户信息
5	单位接收	BAS_ACCOUNT	账户信息表	存储单位接收的单位实有资金审批类账户信息

续表

序号	业务活动	逻辑库表	中文名称	备注
6	开立单位实有资金审批类账户并填写单位审批类账户信息	BAS_ACCOUNT	账户信息表	存储补充完成后的单位实有资金审批类账户信息
7	部门审核	BAS_ACCOUNT	账户信息表	存储审核后的单位实有资金审批类账户信息
8	财政备案	BAS_ACCOUNT	账户信息表	存储开立的单位实有资金审批类账户信息
9	撤销单位实有资金审批类账户	BAS_ACCOUNT	账户信息表	存储单位的单位实有资金审批类账户撤销信息
10	部门审核	BAS_ACCOUNT	账户信息表	存储审核后的单位实有资金审批类账户信息
11	财政备案	BAS_ACCOUNT	账户信息表	存储撤销的单位实有资金审批类账户信息
12	申请变更单位实有资金审批类账户开户银行	BAS_ACCOUNT	账户信息表	存储单位实有资金审批类账户变更申请开户银行信息
13	部门审核	BAS_ACCOUNT	账户信息表	存储部门审核后的审批类账户变更开户银行申请信息
14	财政审批	BAS_ACCOUNT	账户信息表	存储财政审批后的单位实有资金审批类账户变更开户银行申请信息
15	部门接收	BAS_ACCOUNT	账户信息表	存储部门接收的单位实有资金审批类实有资金账户变更开户银行申请信息
16	单位接收	BAS_ACCOUNT	账户信息表	存储单位接收的单位实有资金审批类账户变更开户银行申请信息
17	变更单位实有资金审批类账户信息	BAS_ACCOUNT	账户信息表	存储变更后的单位实有资金审批类账户信息
18	部门审核	BAS_ACCOUNT	账户信息表	存储部门审核后的单位实有资金审批类账户变更信息
19	财政备案	BAS_ACCOUNT	账户信息表	存储变更的单位实有资金审批类账户变更信息

1. 逻辑库表间关系

逻辑库表间无关系。

2. 实现机制说明

（1）申请开立单位实有资金审批类账户。

单位申请开立单位实有资金审批类账户，报送财政部门审核，并存储至账户信息表（BAS_ACCOUNT）。逻辑库表字段示例如表 3-78 所示。

表 3-78 账户信息表（BAS_ACCOUNT）

序号	字段	字段值	备注
1	账户主键	b711344f3d-630f-4a80-a074-92459232c357	数据创建时系统自动生成
2	账户名称	XX单位基本存款账户	手工录入，根据实际情况填写
3	账号	—	手工录入，根据实际情况填写，申请开立时为空
4	财政区划代码	110000000（北京市本级）	系统自动处理，值集来源于财政区划管理要素
5	单位代码	101001（北京市财政局）	系统自动处理，值集来源于单位基本信息表中的单位代码
6	开户核准书号	—	手工录入，根据实际情况填写
7	开户许可证核准号	—	手工录入，根据实际情况填写
8	开户银行行别代码	—	选择录入，值集来源于银行行别代码管理要素，申请开立时为空
9	开户银行全称	—	手工录入，根据实际情况填写
10	账户类别代码	41（基本存款账户）	选择录入，值集来源于账户类别管理要素
11	账户状态代码	2（停用）	开立申请时默认值为2，值集来源于账户状态管理要素
12	核算内容	—	手工录入，账户类型为单位实有资金账户时为空
13	启用日期	20200310	手工录入，填写本条记录启用的日期
14	停用日期	20410310	手工录入，填写本条记录停用的日期
15	更新时间	20200301120130	数据更新时系统自动生成，数据创建时更新时间与创建时间一致
16	是否删除	2（否）	系统自动处理，值集来源于布尔型代码管理要素，默认值为2，删除操作后，字段值由2变为1
17	核准日期	—	系统自动生成，申请开立时为空
18	开户日期	—	手工录入，根据实际情况填写，申请开立时为空
19	财政专户账户代码	—	手工录入，账户类型为单位实有资金账户时为空
20	审批类型代码	1（核准类账户）	选择录入，值集来源于审批类型管理要素
21	开户银行选择方式代码	1（竞争性方式）	选择录入，值集来源于开户银行选择方式管理要素
22	创建时间	20200301120130	数据创建时系统自动生成
23	业务唯一标识	37344f3d-630f-4a80-a074-92459232r358	业务唯一标识标识同一账户主体，当账户信息发生变化时，可以通过该标识关联变化前后的账户记录。若启用此字段，在账户记录创建时赋值，同一账户主体对应的业务唯一标识字段值始终不变

(2) 部门审核。

部门对单位提交的单位实有资金审批类账户开立申请进行审核，相关业务逻辑库表中的数据无变化，对应的工作流状态发生变化。

(3) 财政审批。

财政部门对部门报送的单位实有资金审批类账户开立申请进行审核，维护该账户信息，逻辑库表字段变化示例如表3–79所示。

表3–79　　　　　　　　账户信息表（BAS_ACCOUNT）

序号	字段	字段值	备注
1	账户主键	17b7344f3d–630f–4a80–a074–92459232c357	数据创建时系统自动生成
⋮	⋮	⋮	⋮
17	核准日期	20200513	系统自动生成，审核后填写
⋮	⋮	⋮	⋮

(4) 部门接收。

部门接收财政部门发送的单位实有资金审批类账户开立申请，相关业务逻辑库表中的数据无变化，对应的工作流状态发生变化。

(5) 单位接收。

单位接收部门下发的单位实有资金审批类账户开立申请，相关业务逻辑库表中的数据无变化，对应的工作流状态发生变化。

(6) 单位维护开立申请。

单位根据审批结果在线下开立单位实有资金审批类账户，维护该账户信息，该账户记录的账户状态代码字段由停用变为启用，逻辑库表字段变化示例如表3–80所示。

表3–80　　　　　　　　账户信息表（BAS_ACCOUNT）

序号	字段	字段值	备注
1	账户主键	17b7344f3d–630f–4a80–a074–92459232c357	数据创建时系统自动生成
⋮	⋮	⋮	⋮
3	账号	1600355500022710333	手工录入，根据实际情况填写
6	开户核准书号	北京市财核第222332号	手工录入，根据实际情况填写
7	开户许可证核准号	××第212323266号	手工录入，根据实际情况填写
8	开户银行行别代码	102（中国工商银行）	选择录入，值集来源于银行行别代码管理要素

续表

序号	字段	字段值	备注
9	开户银行全称	中国工商银行×××支行×××分行	手工录入，根据实际情况填写
11	账户状态代码	1（启用）	系统自动处理，值集来源于账户状态管理要素
18	开户日期	20200517	手工录入，根据实际情况填写
⋮	⋮	⋮	⋮

（7）部门审核。

部门对开立的单位实有资金审批类账户信息进行审核，相关业务逻辑库表中的数据无变化，对应的工作流状态发生变化。

（8）财政备案。

财政部门对开立的审批类账户信息进行备案，相关业务逻辑库表中的数据无变化，对应的工作流状态发生变化。

（9）撤销单位实有资金审批类账户。

单位撤销单位实有资金审批类账户，该账户记录的账户状态代码字段由启用变为撤销，逻辑库表字段变化示例如表3-81所示。

表3-81　　　　　　　　账户信息表（BAS_ACCOUNT）

序号	字段	字段值	备注
1	账户主键	b711344f3d-630f-4a80-a074-92459232c357	数据创建时系统自动生成
⋮	⋮	⋮	⋮
11	账户状态代码	3（撤销）	系统自动处理，值集来源于账户状态管理要素
⋮	⋮	⋮	⋮

（10）部门审核。

部门对单位报送的单位实有资金审批类账户信息进行审核，相关业务逻辑库表中的数据无变化，对应的工作流状态发生变化。

（11）财政备案。

财政部门对部门报送的单位实有资金审批类账户信息进行备案，相关业务逻辑库表中的数据无变化，对应的工作流状态发生变化。

（12）申请变更单位实有资金审批类账户开户银行。

单位提交单位实有资金审批类账户变更开户银行申请，该账户记录的账户状态代码字段由启用变为停用，逻辑库表字段变化示例如表3-82和表3-83所示。

表 3-82　　　　　　　　账户信息表（BAS_ACCOUNT）（原记录）

序号	字段	字段值	备注
1	账户主键	b711344f3d-630f-4a80-a074-92459232c357	数据创建时系统自动生成
8	开户银行行别代码	102（中国工商银行）	选择录入，值集来源于银行行别代码管理要素
23	业务唯一标识	37344f3d-630f-4a80-a074-92459232r358	同一业务主体中业务唯一标识相同
⋮	⋮	⋮	⋮
11	账户状态代码	2（停用）	系统自动处理，值集来源于账户状态管理要素
⋮	⋮	⋮	⋮

表 3-83　　　　　　　　账户信息表（BAS_ACCOUNT）（新记录）

序号	字段	字段值	备注
23	业务唯一标识	37344f3d-630f-4a80-a074-92459232r358	同一业务主体中业务唯一标识相同
⋮	⋮	⋮	⋮
1	账户主键	a911344f3d-630f-4a80-a074-92459232c357	数据创建时系统自动生成
11	账户状态代码	2（停用）	系统自动处理，值集来源于账户状态管理要素
⋮	⋮	⋮	⋮

（13）部门审核。

部门对单位提交的单位实有资金审批类账户变更开户银行申请进行审核，相关业务逻辑库表中的数据无变化，对应的工作流状态发生变化。

（14）财政审批。

财政部门对部门报送的单位实有资金审批类账户变更开户银行申请进行审核，相关业务逻辑库表中的数据无变化，对应的工作流状态发生变化。

（15）部门接收。

部门接收财政部门发送的单位实有资金审批类账户变更开户银行申请，相关业务逻辑库表中的数据无变化，对应的工作流状态发生变化。

（16）单位接收。

单位接收部门下发的单位实有资金审批类账户开户银行变更申请，并根据需要进行单位审批类账户信息补充完善，相关业务逻辑库表中的数据无变化，对应的工作流状态发生变化。

（17）变更单位实有资金审批类账户信息。

单位变更单位实有资金审批类账户信息，账户信息变更后参照本节中"（6）单位维护开立申请"填写相关内容并使用业务唯一标识关联变化前后的账户记录,此处以变更账号举例,逻辑库表字段变化示例如表 3-84 所示。

表 3-84　　　　　　账户信息表（BAS_ACCOUNT）（新记录）

序号	字段	字段值	备注
23	业务唯一标识	37344f3d-630f-4a80-a074-92459232r358	系统自动引用原记录的业务唯一标识,同一业务主体中业务唯一标识相同
⋮	⋮	⋮	⋮
1	账户主键	a911344f3d-630f-4a80-a074-92459232c357	数据创建时系统自动生成
3	账号	16003555500022710423	手工录入,本次变更后的账号内容
11	账户状态代码	1（启用）	系统自动处理,值集来源于账户状态管理要素
⋮	⋮	⋮	⋮

（18）部门审核。

部门对变更的单位实有资金审批类账户信息进行审核,相关业务逻辑库表中的数据无变化,对应的工作流状态发生变化。

（19）财政备案。

财政部门对变更的单位实有资金审批类账户信息进行备案,相关业务逻辑库表中的数据无变化,对应的工作流状态发生变化。

3.1.2.11.4.2　备案类账户

单位实有资金备案类账户的开立、撤销、变更由单位发起申请。经部门审核后财政进行备案。涉及的业务活动及逻辑库表应用如表 3-85 所示。

表 3-85　　　　　　备案类账户涉及的业务活动及逻辑库表应用

序号	业务活动	逻辑库表	中文名称	备注
1	开立单位实有资金备案类账户	BAS_ACCOUNT	账户信息表	存储待审核的单位实有资金备案类账户开立信息
2	部门审核	BAS_ACCOUNT	账户信息表	存储部门审核后的单位实有资金备案类账户开立信息
3	财政备案	BAS_ACCOUNT	账户信息表	存储财政备案的单位实有资金备案类账户开立信息
4	撤销单位实有资金备案类账户	BAS_ACCOUNT	账户信息表	存储撤销申请的单位实有资金备案类账户信息

续表

序号	业务活动	逻辑库表	中文名称	备注
5	部门审核	BAS_ACCOUNT	账户信息表	存储部门审核后的单位实有资金备案类账户撤销申请信息
6	财政备案	BAS_ACCOUNT	账户信息表	存储财政备案后的已撤销的单位实有资金备案类账户信息
7	变更单位实有资金备案类账户	BAS_ACCOUNT	账户信息表	存储待审核的单位实有资金备案类账户变更申请信息
8	部门审核	BAS_ACCOUNT	账户信息表	存储部门审核后的单位实有资金备案类账户变更申请信息
9	财政备案	BAS_ACCOUNT	账户信息表	存储变更后的单位实有资金备案类账户信息

1. 逻辑库表间关系

逻辑库表间无关系。

2. 实现机制说明

（1）开立单位实有资金备案类账户。

单位开立单位实有资金备案类账户并填写单位备案类账户信息，报送部门审核，并存储至账户信息表（BAS_ACCOUNT）。逻辑库表字段示例如表3-86所示。

表3-86　　　　　　　账户信息表（BAS_ACCOUNT）

序号	字段	字段值	备注
1	账户主键	19b7344f3d-630f-4a80-a074-92459232c357	数据创建时系统自动生成
2	账户名称	××单位一般存款账户	手工录入，根据实际情况填写
3	账号	1300355500332710001	手工录入，根据实际情况填写
4	财政区划代码	110000000（北京市本级）	系统自动处理，值集来源于财政区划管理要素
5	单位代码	101001（北京市财政局）	选择录入，值集来源于单位基本信息表中的单位代码
6	开户核准书号	—	手工录入，根据实际情况填写
7	开户许可证核准号	××第00000002号	手工录入，根据实际情况填写
8	开户银行行别代码	102（中国工商银行）	选择录入，值集来源于开户银行行别管理要素
9	开户银行全称	中国工商银行×××分行×××支行	手工录入，根据实际情况填写
10	账户类别代码	44（一般存款账户）	选择录入，值集来源于账户类别管理要素

续表

序号	字段	字段值	备注
11	账户状态代码	2（停用）	开立申请时默认值为2，值集来源于账户状态管理要素
12	核算内容	—	手工录入，账户类型为单位实有资金账户时为空
13	启用日期	20200311	手工录入，填写本条记录启用的日期
14	停用日期	20410301	手工录入，填写本条记录停用的日期
15	更新时间	20200301120130	数据更新时系统自动生成，数据创建时更新时间与创建时间一致
16	是否删除	2（否）	系统自动处理，值集来源于布尔型代码管理要素，默认值为2，删除操作后，字段值由2变为1
17	核准日期	—	系统自动生成，申请开立时为空
18	开户日期	20200108	手工录入，根据实际情况填写
19	财政专户账户代码	—	手工录入，账户类型为单位实有资金账户时为空
20	审批类型代码	2（备案类账户）	选择录入，值集来源于审批类型管理要素
21	开户银行选择方式代码	1（竞争性方式）	选择录入，值集来源于开户银行选择方式管理要素
22	创建时间	20200301120130	数据创建时系统自动生成
23	业务唯一标识	12344f3d-630f-4a80-a074-92459232ddr666	业务唯一标识标识同一账户主体，当账户信息发生变化时，可以通过该标识关联变化前后的账户记录。若启用此字段，在账户记录创建时赋值，同一账户主体对应的业务唯一标识字段值始终不变

（2）部门审核。

部门对单位填写的单位实有资金备案类账户信息内容进行审核，该账户记录的账户状态代码字段由停用变为启用，逻辑库表字段变化示例如表3-87所示。

表3-87　　　　　　　　账户信息表（BAS_ACCOUNT）

序号	字段	字段值	备注
1	账户主键	11b7344f3d-630f-4a80-a074-92459232c353	数据创建时系统自动生成
⋮	⋮	⋮	⋮
11	账户状态代码	1（启用）	系统自动处理，值集来源于账户状态管理要素
17	核准日期	20200303	系统自动生成，审核后填写
⋮	⋮	⋮	⋮

(3) 财政备案。

财政部门对部门报送的单位实有资金备案类账户信息进行备案，相关逻辑库表中的数据无变化，对应的工作流状态发生变化。

(4) 撤销单位实有资金备案类账户。

单位撤销单位实有资金备案类账户，该账户记录的账户状态代码字段由启用变为停用，逻辑库表字段变化示例如表 3-88 所示。

表 3-88　　　　　　　　账户信息表（BAS_ACCOUNT）

序号	字段	字段值	备注
1	账户主键	19b7344f3d-630f-4a80-a074-92459232c357	数据创建时系统自动生成
⋮	⋮	⋮	⋮
11	账户状态代码	2（停用）	系统自动处理，值集来源于账户状态管理要素
⋮	⋮	⋮	⋮

(5) 部门审核。

部门对单位填写的单位实有资金备案类账户信息内容进行审核，该账户记录的账户状态代码字段由停用变为撤销，逻辑库表字段变化示例如表 3-89 所示。

表 3-89　　　　　　　　账户信息表（BAS_ACCOUNT）

序号	字段	字段值	备注
1	账户主键	19b7344f3d-630f-4a80-a074-92459232c357	数据创建时系统自动生成
⋮	⋮	⋮	⋮
11	账户状态代码	3（撤销）	系统自动处理，值集来源于账户状态管理要素
17	核准日期	20200304	系统自动生成，审核后填写
⋮	⋮	⋮	⋮

(6) 财政备案。

财政部门对部门报送的单位实有资金备案类账户信息进行备案，相关逻辑库表中的数据无变化，对应的工作流状态发生变化。

(7) 变更单位实有资金备案类账户。

单位提交单位实有资金备案类账户变更申请，原账户记录的账户状态代码字段由启用变为停用，以变更账号举例，逻辑库表字段变化示例如表 3-90 和表 3-91 所示。

表 3-90　　　　　　　账户信息表（BAS_ACCOUNT）（原记录）

序号	字段	字段值	备注
1	账户主键	19b7344f3d-630f-4a80-a074-92459232c357	数据创建时系统自动生成
3	账号	130035550033271001	手工录入，根据实际情况填写
23	业务唯一标识	12344f3d-630f-4a80-a074-92459232ddr666	同一业务主体业务唯一标识始终不变
⋮	⋮	⋮	⋮
11	账户状态代码	2（停用）	选择录入，值集来源于账户状态管理要素
⋮	⋮	⋮	⋮

表 3-91　　　　　　　账户信息表（BAS_ACCOUNT）（新记录）

序号	字段	字段值	备注
11	账户状态代码	2（停用）	系统自动处理，值集来源于账户状态管理要素
23	业务唯一标识	12344f3d-630f-4a80-a074-92459232ddr666	系统自动引用原记录的业务唯一标识，同一业务主体业务唯一标识始终不变
⋮	⋮	⋮	⋮
1	账户主键	37344f3d-630f-4a80-a074-92459232r666	数据创建时系统自动生成
3	账号	130035550033271002	手工录入，本次变更后的账号
⋮	⋮	⋮	⋮

（8）部门审核。

部门对单位填写的单位实有资金备案类账户信息内容进行审核，逻辑库表字段变化示例如表 3-92 所示。

表 3-92　　　　　　　账户信息表（BAS_ACCOUNT）（新记录）

序号	字段	字段值	备注
23	业务唯一标识	12344f3d-630f-4a80-a074-92459232ddr666	系统自动引用原记录的业务唯一标识，同一业务主体业务唯一标识始终不变
⋮	⋮	⋮	⋮
11	账户状态代码	1（启用）	系统自动处理，值集来源于账户状态管理要素
17	核准日期	20200201	系统自动生成，审核后填写
⋮	⋮	⋮	⋮

(9)财政备案。

财政部门对部门报送的单位备案类账户信息进行备案,相关逻辑库表中的数据无变化,对应的工作流状态发生变化。

3.1.2.12 财政区划

财政区划是以行政区划为基础,结合政府预算分级管理情况而划分的区域。涉及的业务活动及逻辑库表应用如表 3-93 所示。

表 3-93　　　　　　　财政区划涉及的业务活动及逻辑库表应用

序号	业务活动	逻辑库表	中文名称	备注
1	确定财政区划规则	—	—	确定财政区划规则以便设置区别于所在行政区划的特定财政区划代码
2	划定财政区划	—	—	财政部门根据规则划定财政区划信息
3	维护区划信息	BAS_MOF_DIV	财政区划表	存储划定的财政区划信息
4	备案印发	BAS_MOF_DIV	财政区划表	存储维护后的财政区划信息

1. 逻辑库表间关系

逻辑库表间无关系。

2. 实现机制说明

(1)确定财政区划规则。

财政部确定财政区划规则,按照《中华人民共和国行政区划代码》的相应号段,设置区别于所在行政区划的特定财政区划代码。

(2)划定财政区划。

财政部门根据规则划定财政区划。

(3)维护区划信息。

地方财政部门对财政区划信息及时维护,并报财政部备案,根据维护类型分以下场景进行说明。

①新增财政区划。新增财政区划时,在财政区划表(BAS_MOF_DIV)中新增一条财政区划记录,逻辑库表字段示例如表 3-94 所示。

表 3-94　　　　　　　　　财政区划表(BAS_MOF_DIV)

序号	字段	字段值	备注
1	财政区划主键	37344ddf3d-630f-4a80-a074-92459232r666	数据创建时系统自动生成
2	财政区划代码	110000000(北京市本级)	手工录入,根据实际财政区划情况填写
3	财政区划名称	北京市	手工录入,根据实际财政区划情况填写

续表

序号	字段	字段值	备注
4	父级节点 ID	37344f3d-630f-4a80-a074-92459232r661	系统自动引用父级主键，一级节点为空
5	级次	2	选择录入，根据当前信息级次填写
6	是否末级	2（否）	选择录入，值集来源于布尔型代码管理要素，选择该财政区划是否末级
7	启用日期	20200101	手工录入，填写本条记录启用的日期
8	停用日期	20201230	手工录入，填写本条记录停用的日期
9	是否启用	1（是）	系统自动处理，值集来源于布尔型代码管理要素，默认值为1，变更等操作后，字段值由1变为2
10	更新时间	20200301120130	数据更新时系统自动生成，数据创建时更新时间与创建时间一致
11	是否删除	2（否）	系统自动处理，值集来源于布尔型代码管理要素，默认值为2，删除操作后，字段值由2变为1
12	行政区划代码	110000000	选择录入，值集来源于行政区划管理要素
13	行政区划类型	2（省）	选择录入，值集来源于行政区划类型管理要素
14	是否行政区划	1（是）	选择录入，值集来源于布尔型代码管理要素
15	上级行政区划代码	100000000（中央本级）	系统自动生成，无上级行政区划则为空
16	是否标准	2（否）	系统自动处理，值集来源于布尔型代码管理要素，地方新增时为2
17	创建时间	20200301120130	数据创建时系统自动生成
18	业务唯一标识	33344f3d-630f-4a80-a074-92459232ddr666	系统自动生成，新旧记录关联时使用，同一业务主体业务唯一标识始终不变

②变更财政区划。变更财政区划时，先将财政区划表（BAS_MOF_DIV）中原有区划信息停用，再新增一条财政区划记录，新旧财政区划通过业务唯一标识进行关联，以北京市本级财政区划代码变更为例，逻辑库表字段变化示例如表3-95和表3-96所示。

表3-95　　　　财政区划表（BAS_MOF_DIV）（原记录）

序号	字段	字段值	备注
1	财政区划主键	37344ddf3d-630f-4a80-a074-92459232r666	数据创建时系统自动生成

续表

序号	字段	字段值	备注
2	财政区划代码	110000000（北京市本级）	手工录入，根据实际财政区划情况填写
18	业务唯一标识	33344f3d-630f-4a80-a074-92459232ddr666	系统自动生成，新旧记录关联时使用，同一业务主体业务唯一标识始终不变
⋮	⋮	⋮	⋮
9	是否启用	2（否）	系统自动处理，值集来源于布尔型代码管理要素，默认值为1，变更等操作后，字段值由1变为2
⋮	⋮	⋮	⋮

表 3-96　　　　　　　财政区划表（BAS_MOF_DIV）（新记录）

序号	字段	字段值	备注
18	业务唯一标识	33344f3d-630f-4a80-a074-92459232ddr666	系统自动引用原记录的业务唯一标识
⋮	⋮	⋮	⋮
1	财政区划主键	15344ddf3d-630f-4a80-a074-92459232r666	数据创建时系统自动生成
2	财政区划代码	110000001（北京市本级）	手工录入，根据实际财政区划情况填写
9	是否启用	1（是）	系统自动处理，值集来源于布尔型代码管理要素，默认值为1，变更等操作后，字段值由1变为2
⋮	⋮	⋮	⋮

③撤销财政区划。撤销财政区划时，该财政区划记录的是否删除字段由否变为是。逻辑库表字段变化示例如表 3-97 所示。

表 3-97　　　　　　　财政区划表（BAS_MOF_DIV）

序号	字段	字段值	备注
1	财政区划主键	37344ddf3d-630f-4a80-a074-92459232r666	数据创建时系统自动生成
⋮	⋮	⋮	⋮
11	是否删除	1（是）	系统自动处理，值集来源于布尔型代码管理要素，默认值为2，删除操作后，字段值由2变为1
⋮	⋮	⋮	⋮

（4）备案印发。

财政部对财政维护的财政区划信息进行备案和适时印发，相关逻辑库表中的数据无变化，对应的工作流状态发生变化。

3.1.3 常见问题

（1）字段值长度超出逻辑库表字段长度，如何处理？

地方建设预算管理一体化系统时，原则上应遵循《标准》的字段长度约束。确因业务需要出现长度超出的，可根据实际情况扩展字段长度，避免数据无法入库，同时根据《标准》运维与管理相关要求上报财政部。

（2）库表字段"更新时间 UPDATE_TIME"的格式和长度如何要求？

该字段"更新时间 UPDATE_TIME"的字段类型定义规则详情见《标准》下册"4.1.2 相关规则说明"。具体格式和长度要求为 yyyymmddhhmmss（年月日时分秒）。

（3）代码集"财政审核意见 VD09004"和"部门审核意见 VD09005"的代码列相同，有何差别？

"财政审核意见 VD09004"和"部门审核意见 VD09005"使用场景不同，详见代码集的"说明列"。

（4）库表要素"预算管理方式 BE12056"的代码集如何定义？

该要素对应代码集为 1：纳入预算管理的资金；代码集为 2：纳入财政专户管理的资金；代码集为 3：代收的单位资金。

（5）代码集扩展规则是什么？

标准代码集不允许同级扩展，可对底级代码向下扩展。扩展部分的编码规则，由地方财政部门按需定义。以"VD10001 资金性质"代码扩展举例如表 3-98 所示。

表 3-98　　　　　　　　　　VD10001 资金性质代码表

代码	名称	说明
1	政府预算资金	纳入政府预算管理的资金
11	一般公共预算资金	一般公共预算安排的收支预算资金
⋮	⋮	⋮
114	外国政府和国际组织赠款	外国政府和国际组织赠款安排的收支预算资金
11401	×××	地方财政部门对 114（外国政府和国际组织赠款）进行底级扩展，编码规则由 3 级 1-1-1 变成 4 级 1-1-1-2，4 级由 2 位数字组成
2	财政专户管理资金	缴入财政专户、实行专项管理的教育收费资金，包括高中以上学费、住宿费，高校委托培养费、函大、电大、夜大及短训班培训费等
21	×××	地方财政部门对 2（财政专户管理资金）进行底级扩展，扩展的 2 级代码遵循原有规则
⋮	⋮	⋮

（6）《标准》中的代码集与《财政业务基础数据规范 3.0》中的代码集不一致，如何处理？

《标准》中的代码集基于《规范》制定，若《标准》中的代码集与《财政业务基础数据规范 3.0》不一致，以《标准》为准；《标准》以外的代码集以《财政业务基础数据规范 3.0》为准。

（7）《标准》中定义的部分业务活动涉及人大等其他单位，是否需要在预算管理一体化系统中实现？

涉及其他单位的业务活动，各省可以根据本地实际情况自行实现。

（8）基础信息与业务信息如何建立关联，逻辑库表实现时是否只允许使用代码进行关联？

业务类逻辑库表中关联的基础信息描述参见《标准》下册"4.1.3.2 基础信息与业务信息的衔接机制"。为实现业务信息中相关基础信息的正确关联与显示（例如，某一历史版本的业务数据应能够正确关联显示其对应版本的基础信息），《标准》下册"4.2 逻辑库表"中进行了相应设计，在《标准》下册"4.2.1 基础信息"的逻辑库表中设计了"启用日期（START_DATE）""停用日期（END_DATE）"字段，在《标准》下册"4.2.2 项目信息"以及其他业务相关逻辑库表中设计了"更新时间（UPDATE_TIME）"和相关基础信息的代码。通过基础信息代码以及时间的关联衔接实现业务信息中所涉及基础信息的正确显示，即表 3-99 中的第一种方式。对于在途业务数据的基础信息发生变更等特殊情况，由地方视情况处理。除此之外，在预算管理一体化系统中也可以采用其他方式解决上述基础信息与业务信息的衔接显示问题，例如表 3-99 中第二、第三种方式等。

表 3-99　预算管理一体化系统中解决基础信息与业务信息衔接显示问题的方式

序号	业务表实现方式	业务数据查询的实现方式	业务数据查询复杂度	业务数据统计的实现方式	业务数据统计复杂度	业务数据占用存储空间
第一种方式	业务信息表存储基础信息代码	根据业务数据生成时间拉取对应的基础信息名称（业务发生日期在基础信息启停日期范围内）	复杂	使用基础信息代码	简单	少
第二种方式	业务信息表存储基础信息主键	使用主键关联基础信息代码与名称	一般	使用主键关联基础信息代码与名称	一般	较少
第三种方式	业务信息表存储基础信息代码与名称	使用基础信息代码与名称	简单	使用基础信息代码	简单	多

（9）库表字段"更新时间 UPDATE_TIME"有何作用？

数据库设计在每张逻辑库表中设置了"更新时间 UPDATE_TIME"字段，主要用于全国预算数据汇总和统计需要，实现数据增量传输，保证上传内容的完整。

（10）逻辑库表如何实现基础信息的历史版本管理？

逻辑库表设计通过使用业务唯一标识（业务唯一标识的描述参见《标准》下册"4.1.3.1 业务唯一标识使用说明"）、版本相关的字段（"启用日期 START_DATE""停用日期 END_DATE"）、有效性相关的字段（"是否启用 IS_ENABLED""是否删除 IS_DELETED"）自行实现历史版本管理。

（11）代码集"VD08001 财政区划"中的省本级区划编码的3、4位为99，如北京市本级为"119900000"，而实际使用的北京市本级编码为"110000000"，如何处理？

结合地方实际情况，调整代码集"VD08001 财政区划"的编码方法，将"全辖编码规则"和"本级编码规则"进行调换，具体方法如表3-100所示。

表3-100　　　　　　　　财政区划编码方法

全局性编码规则
1. 财政区划代码使用9位数字编码，编码规则2-2-2-3，其中不足9位的在代码后补零；
2. 财政区划存在对应的行政区划（GB/T 2260 中华人民共和国行政区划代码），使用行政区划代码。

级次	一级（2位）		二级（2位）		三级（2位）		四级（3位）		
位数	1	2	3	4	5	6	7	8	9
范围	省 自治区 直辖市		地级市 地区 自治州 盟		市辖区、县级市 县、自治县 旗、自治旗 特区、林区		街道、镇 乡、民族乡苏木、 民族苏木 县辖区		
全辖编码规则	3、4位为99 如北京市全辖 119900000		5、6位为99 如石家庄市全辖 130199000		7~9位为999 如海淀区辖区 110108999				
本级编码规则	3、4位为00 如北京市本级 110000000		5、6位为00 如石家庄市本级 130100000		7~9位为000 如海淀区本级 110108000				
辖区编码规则	3、4位为98 如北京市辖区 119800000		5、6位为98 如石家庄市辖区 130198000		7~9位为998 如海淀区辖区 110108998				

（12）代码集"单位经费保障方式 VD08101"和"经费供给方式 VD01005"内容重复，如何处理？

保留"单位经费保障方式 VD08101"，废弃"经费供给方式 VD01005"。

（13）库表要素"会计科目代码 BE09001"代码集与实际有出入，如何处理？

库表要素"会计科目代码 BE09001"代码集更新为："VD08107 企业会计科目、VD08109 小企业会计科目、VD08111 民间非营利组织会计科目、VD08115 预算指标账会计科目代码、VD08122 财政总预算会计科目代码、VD08124 单位会计科目代码、VD08127 土地储备资金会计科目、VD08129 国家物资储备资金会计科目、

VD08131 社会保险基金会计科目"。使用"VD08112 会计科目使用主体类型"区分会计科目使用的主体。

（14）库表字段"职务代码 POS_CODE"的强制/可选属性为 M，实际情况中事业单位部分工作人员没有职务，如何处理？

将库表字段"职务代码 POS_CODE"的强制/可选属性改为 O。

（15）库表要素"项目分类代码 BE07024"的代码集如何定义？

该要素代码集定义为：1 纳入预算管理；11 一般公共预算收入；12 政府性基金预算收入；13 国有资本经营预算收入；14 社会保险基金预算资金；2 财政专户管理资金；3 代收资金。

（16）会计科目表（BAS_ACCOUNT_CLS）与财政总预算会计科目表（GLF_ACCOUNT_CLS）、单位会计科目表（GLA_ACCOUNT_CLS）和指标账科目表（GLB_ACCOUNT_CLS）的区别是什么？

会计科目表主要存储基础会计科目信息。财政总预算会计科目表、单位会计科目表、指标账科目表在会计科目表的基础上扩展了账套编号等字段，用于支持分账套设置科目，以实现对应的会计核算业务。

3.2 项目库管理

3.2.1 总体描述

项目库管理是预算管理的基础，预算项目是预算管理的基本单元，全部预算支出以预算项目的形式纳入项目库，实行全生命周期管理。项目按照预算支出性质和用途，分为人员类项目、运转类项目和特定目标类项目三类。人员类项目支出和运转类项目中的公用经费项目支出对应部门预算中的基本支出；运转类项目中的其他运转类项目支出和特定目标类项目支出对应部门预算中的项目支出。

3.2.2 功能设计

3.2.2.1 人员类项目

单位业务人员对本单位有关人员的工资福利支出、对个人和家庭的补助支出项目进行申报，首先维护基本信息，根据财政核准的基础信息和支出标准进行测算，再补充支出计划、绩效等内容进行申报，形成人员类项目储备。涉及的业务活动及逻辑库表应用如表 3-101 所示。

表 3-101　　　　　人员类项目涉及的业务活动及逻辑库表应用

序号	业务活动	逻辑库表	中文名称	备注
1	人员类项目维护	PM_PROJECT_INFO	项目基本信息表	存储人员类项目信息
		PM_ANNUAL_EXPPLAN_INFO	分年度支出计划表	存储人员类项目当年支出预算信息
		PM_PERF_GOAL_INFO	项目绩效目标表	存储人员类项目绩效目标信息
		PM_PERF_INDICATOR	项目绩效指标表	存储人员类绩效指标信息
2	系统测算	BAS_PERSON_INFO	人员基本信息表	存储人员基本信息
		BAS_PERSON_EXT	人员扩展信息表	存储人员工资信息
		BAS_AGENCY_INFO	单位基本信息表	存储单位基本信息
		BAS_AGENCY_EXT	单位扩展信息表	存储单位扩展信息
		PM_EST_MODE	项目编报模板表	存储项目编报模板信息
		PM_EST_DETAIL	项目任务明细表	存储项目任务明细信息
		PM_EST_DETAIL_CRI	项目任务明细对应支出标准表	存储项目任务明细对应支出标准信息
		BAS_EXP_CRI	支出标准表	存储支出标准信息
		PM_EST_IMATE	项目测算表	存储人员类项目的测算信息
3	部门审核	PM_PROJECT_INFO	项目基本信息表	存储人员类项目信息
		⋮	⋮	包括上述所有逻辑库表

1. 逻辑库表间关系

人员类项目涉及的相关逻辑库表的关系如图 3-5 所示。

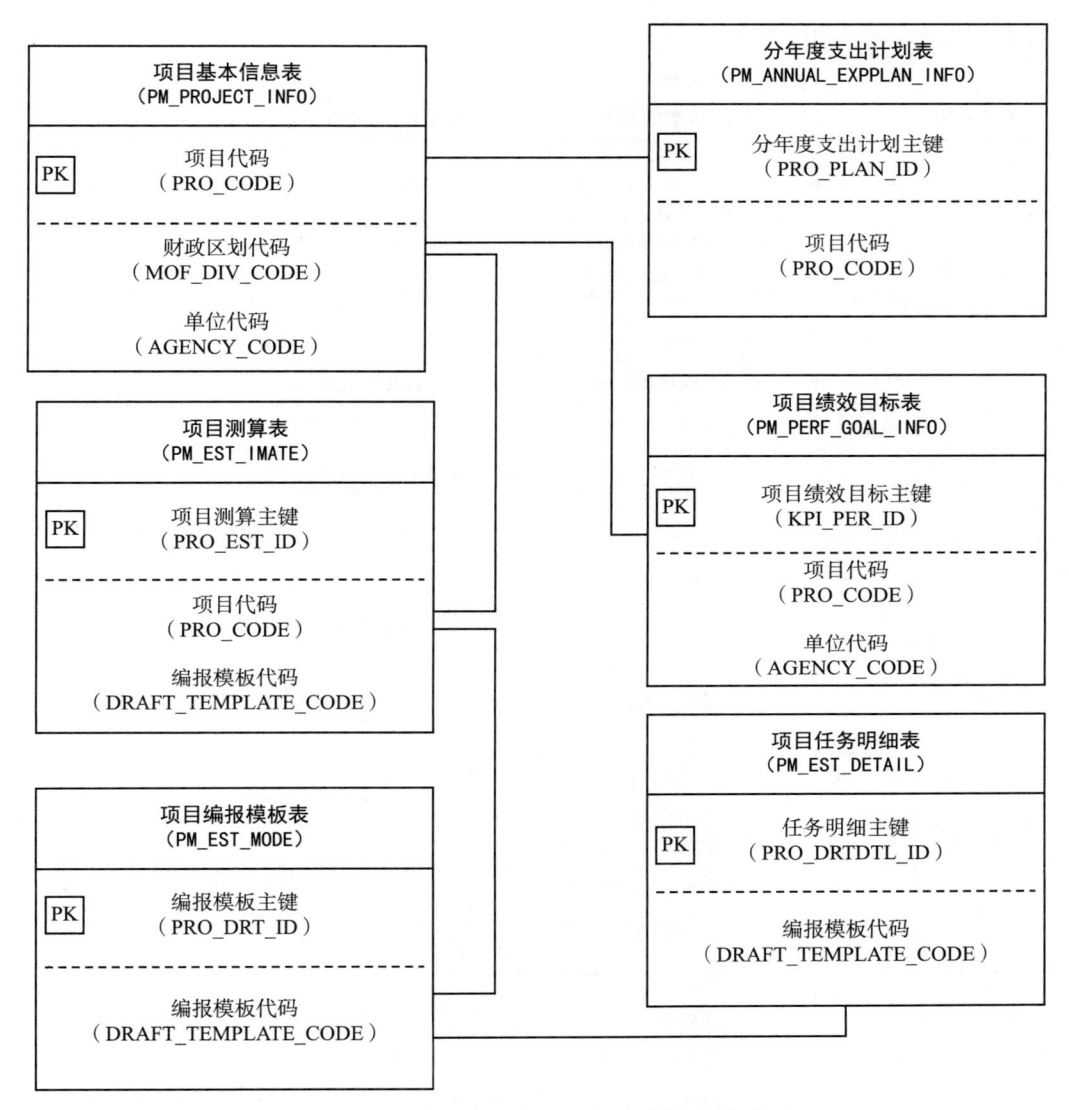

```
┌─────────────────────────────────┐         ┌─────────────────────────────────┐
│      项目基本信息表              │         │      分年度支出计划表            │
│    （PM_PROJECT_INFO）           │         │   （PM_ANNUAL_EXPPLAN_INFO）     │
├─────────────────────────────────┤         ├─────────────────────────────────┤
│ ┌──┐   项目代码                  │         │ ┌──┐  分年度支出计划主键         │
│ │PK│  （PRO_CODE）                │─────┐   │ │PK│  （PRO_PLAN_ID）           │
│ └──┘                              │     │   │ └──┘                            │
│ -------------------------        │     │   │ -------------------------       │
│        财政区划代码               │     └──>│        项目代码                 │
│      （MOF_DIV_CODE）             │         │       （PRO_CODE）              │
│                                   │         │                                 │
│         单位代码                  │         └─────────────────────────────────┘
│      （AGENCY_CODE）              │
└─────────────────────────────────┘

┌─────────────────────────────────┐         ┌─────────────────────────────────┐
│         项目测算表               │          │       项目绩效目标表             │
│      （PM_EST_IMATE）            │          │    （PM_PERF_GOAL_INFO）         │
├─────────────────────────────────┤          ├─────────────────────────────────┤
│ ┌──┐   项目测算主键               │         │ ┌──┐   项目绩效目标主键          │
│ │PK│   （PRO_EST_ID）              │         │ │PK│    （KPI_PER_ID）           │
│ └──┘                              │         │ └──┘                            │
│ -------------------------         │         │ -------------------------       │
│        项目代码                   │         │         项目代码                │
│      （PRO_CODE）                 │         │       （PRO_CODE）              │
│                                   │         │                                 │
│       编报模板代码                │         │         单位代码                │
│  （DRAFT_TEMPLATE_CODE）          │         │      （AGENCY_CODE）            │
└─────────────────────────────────┘         └─────────────────────────────────┘

┌─────────────────────────────────┐         ┌─────────────────────────────────┐
│       项目编报模板表              │         │       项目任务明细表            │
│      （PM_EST_MODE）              │         │      （PM_EST_DETAIL）          │
├─────────────────────────────────┤         ├─────────────────────────────────┤
│ ┌──┐   编报模板主键                │        │ ┌──┐   任务明细主键              │
│ │PK│   （PRO_DRT_ID）              │         │ │PK│   （PRO_DRTDTL_ID）         │
│ └──┘                              │         │ └──┘                            │
│ -------------------------         │         │ -------------------------       │
│      编报模板代码                 │         │       编报模板代码              │
│  （DRAFT_TEMPLATE_CODE）          │         │  （DRAFT_TEMPLATE_CODE）        │
└─────────────────────────────────┘         └─────────────────────────────────┘
```

图 3-5　人员类项目涉及的相关逻辑库表的关系

（1）项目基本信息表（PM_PROJECT_INFO）中的项目代码（PRO_CODE）对应了分年度支出计划表（PM_ANNUAL_EXPPLAN_INFO）中的项目代码（PRO_CODE）。

（2）项目测算表（PM_EST_IMATE）中的编报模板代码（DRAFT_TEMPLATE_CODE）对应了项目编报模板表（PM_EST_MODE）、项目任务明细表（PM_EST_DETAIL）中的编报模板代码（DRAFT_TEMPLATE_CODE）。

2. 实现机制说明

（1）人员类项目维护。

单位在系统中维护人员类项目。此时在项目基本信息表（PM_PROJECT_INFO）、项目绩效目标表（PM_PERF_GOAL_INFO）存储数据，逻辑库表字段示例如

表 3 – 102 ~ 表 3 – 105 所示。

表 3 – 102　　　　　　项目基本信息表（PM_PROJECT_INFO）

序号	字段	字段值	备注
1	项目主键	b7344f3d – 630f – 4a80 – a074 – 10159232c357	数据创建时系统自动生成
2	财政区划代码	110000000（北京市本级）	系统自动处理，值集来源于财政区划管理要素
3	设立年度	2021	手工录入，项目设立的年度
4	项目代码	110000200000000000001	系统根据项目代码规则自动生成
5	项目名称	单位人员工资项目	手工录入
6	单位代码	101001	系统引用基础信息的预算单位
7	去向单位代码	—	非上缴上级支出项目、对附属单位补助支出项目可为空
8	上级转移支付项目代码	—	非转移支付落地项目可为空
9	项目来源代码	1（本级申报项目）	选择录入，默认为1（本级申报项目），值级来源于项目来源管理要素
10	项目期限	99	手工录入
11	起始时间	2021	手工录入
12	职能职责代码	—	选择录入，未选择使用职能职责表时可为空
13	项目类别	1（人员类）	选择录入，默认为1（人员类），值级来源于项目类别管理要素
14	分配方式	1（因素法）	选择录入，默认为1（因素法），值级来源于分配方式管理要素
15	是否追踪	2（否）	需要追踪的项目为1，当本项目为上级转移支付落地项目且上级项目状态为1时，系统默认为1且不可更改，其他情况为选择录入
16	是否基建项目	2（否）	选择录入，默认为2（否）
17	项目总额	0.00	手工录入，默认为0.00，系统测算后自动生成
18	其中：社会投入资金	0.00	手工录入，根据项目实际情况填写
19	部门评审意见	—	手工录入，项目维护阶段为空
20	财政评审意见	—	手工录入，项目维护阶段为空
21	部门审核意见	—	选择录入，项目维护阶段为空
22	财政审核意见	—	选择录入，项目维护阶段为空

续表

序号	字段	字段值	备注
23	财政内部机构代码	010（行政政法处）	选择录入，值集由各地财政部门自行制定
24	项目概述	对本单位有关人员的工资福利支出	手工录入，对预算项目进行总体描述
25	编报模板代码	1000000001	选择录入，选择编报模板表中的某一模板的代码，根据项目支出范围、内容和支出标准等情况，分类制定的用于测算项目支出需求的模板
26	更新时间	20200506221138	数据更新时系统自动生成，数据创建时更新时间与创建时间一致
27	是否终止	2（否）	选择录入，默认为2（否）
28	是否科研项目	2（否）	选择录入，默认为2（否）
29	是否删除	2（否）	系统自动处理，值集来源于布尔型代码管理要素，默认值为2，删除操作后，字段值由2变为1
30	是否设置使用范围	2（否）	选择录入，默认为2（否）
31	创建时间	20200506221138	数据创建时系统自动生成
32	版本号	—	项目储备阶段为空，项目年初预算批复后若需要对项目信息进行调整则必须记录调整后相应版本信息
33	版本说明	—	项目储备阶段为空，项目年初预算批复后若需要对项目信息进行调整则必须记录调整后相应版本信息

表 3-103　分年度支出计划表（PM_ANNUAL_EXPPLAN_INFO）

序号	字段	字段值	备注
1	分年度支出计划主键	C6644f3d-630f-4a80-a074-10159232c333	数据创建时系统自动生成
2	财政区划代码	110000000（北京市本级）	系统自动处理，值集来源于财政区划管理要素
3	预算年度	—	系统自动处理，项目储备阶段可为空
4	项目代码	110000200000000000001	系统引用项目基本信息表中的项目代码
5	单位代码	101001	系统引用基础信息的预算单位代码
6	年度	2021	手工录入
7	申报数	100000.00	手工录入
8	审核数	—	手工录入，项目维护阶段为空
9	业务类型代码	1（项目储备）	选择录入，默认为1（项目储备），值级来源于业务类型管理要素

续表

序号	字段	字段值	备注
10	版本号	—	项目储备阶段为空，项目年初预算批复后若需要对项目信息进行调整则必须记录调整后相应版本信息
11	版本说明	—	项目储备阶段为空，项目年初预算批复后若需要对项目信息进行调整则必须记录调整后相应版本信息
12	是否结束	2（否）	默认为2，不可编辑。单位应在项目年度预算最后一笔资金支付完成后，对项目对应年度的支出计划标识"结束"；项目标记"终止"，同时所有年度的支出计划标识"结束"；年度支出计划标记"结束"，相应年度的年度预算不允许再继续执行
13	更新时间	20200506221138	数据更新时系统自动生成，数据创建时更新时间与创建时间一致
14	是否删除	2（否）	系统自动处理，值集来源于布尔型代码管理要素，默认值为2，删除操作后，字段值由2变为1
15	创建时间	20200506221138	数据创建时系统自动生成

表 3–104　　项目绩效目标表（PM_PERF_GOAL_INFO）

序号	字段	字段值	备注
1	项目绩效目标主键	C6644f3d–630f–4a80–a074–10159232c333	数据创建时系统自动生成
2	财政区划代码	110000000（北京市本级）	系统自动处理，值集来源于财政区划管理要素
3	预算年度	—	系统自动处理，项目储备阶段可为空
4	项目代码	1100002000000000000001	系统引用项目基本信息表中的项目代码
5	绩效目标	略	手工录入，需要填报绩效目标
6	业务类型代码	1（项目储备）	选择录入，默认1（项目储备），值级来源于业务类型管理要素
7	版本号	—	项目储备阶段为空，项目年初预算批复后，若需要对项目信息进行调整则必须记录调整后相应版本信息
8	版本说明	—	项目储备阶段为空，项目年初预算批复后，若需要对项目信息进行调整则必须记录调整后相应版本信息
9	下级财政区划代码	—	人员类项目的下级财政区划代码为空
10	更新时间	20200506221138	数据更新时系统自动生成，数据创建时更新时间与创建时间一致

续表

序号	字段	字段值	备注
11	是否删除	2（否）	系统自动处理，值集来源于布尔型代码管理要素，默认值为2，删除操作后，字段值由2变为1
12	创建时间	20200506221138	数据创建时系统自动生成

表3–105　　项目绩效指标表（PM_PERF_INDICATOR）

序号	字段	字段值	备注
1	项目绩效指标主键	C7644f3d–630f–4a80–a074–10159232c333	数据创建时系统自动生成
2	财政区划代码	110000000（北京市本级）	系统自动处理，值集来源于财政区划管理要素
3	预算年度	—	系统自动处理，项目储备阶段可为空
4	项目代码	11000020000000000001	系统引用项目基本信息表中的项目代码
5	一级指标	1（产出指标）	选择录入
6	二级指标	11（数量指标）	选择录入
7	三级指标	略	选择录入，单位设置的三级指标
8	指标内容	略	手工录入
9	评（扣）分标准	80	手工录入
10	指标值	略	手工录入
11	备注	—	手工录入，可为空
12	业务类型代码	1（项目储备）	选择录入，系统默认值为1（项目储备），值集来源于业务类型管理要素
13	版本号	—	项目储备阶段为空，项目年初预算批复后若需要对项目信息进行调整则必须记录调整后相应版本信息
14	版本说明	—	项目储备阶段为空，项目年初预算批复后若需要对项目信息进行调整则必须记录调整后相应版本信息
15	下级财政区划代码	—	转移支付项目中上级给下级分解项目绩效目标时填写，其他情况的下级财政区划代码为空
16	更新时间	20200506221138	数据更新时系统自动生成，数据创建时更新时间与创建时间一致
17	是否删除	2（否）	系统自动处理，值集来源于布尔型代码管理要素，默认值为2，删除操作后，字段值由2变为1
18	创建时间	20200506221138	数据创建时系统自动生成

(2) 系统测算。

单位根据人员类项目的测算标准和单位人员信息,进行系统测算,形成项目金额。系统引用基础信息中的人员基本信息表(BAS_PERSON_INFO)、人员扩展信息表(BAS_PERSON_EXT)、单位基本信息表(BAS_AGENCY_INFO)、单位扩展信息表(BAS_AGENCY_EXT)、支出标准表(BAS_EXP_CRI)中相关信息,选择项目编报模板表(PM_EST_MODE)、项目任务明细表(PM_EST_DETAIL)、项目任务明细对应支出标准表(PM_EST_DETAIL_CRI)中相关信息进行项目测算,在项目测算表(PM_EST_IMATE)存储数据,同时将测算金额写入项目基本信息表。在此环节仅引用而不修改人员基本信息表(BAS_PERSON_INFO)、人员扩展信息表(BAS_PERSON_EXT)、单位基本信息表(BAS_AGENCY_INFO)、单位扩展信息表(BAS_AGENCY_EXT)、支出标准表(BAS_EXP_CRI)中相关信息,因此不再举例说明,其他逻辑库表字段示例如表3-106~表3-109所示。

表3-106　　　　　项目编报模板表(PM_EST_MODE)

序号	字段	字段值	备注
1	项目测算任务模板主键	wcsr4f3d-630f-4a80-a074-10159232cd9t	数据创建时系统自动生成
2	财政区划代码	110000000(北京市本级)	系统自动处理,值集来源于财政区划管理要素
3	预算年度	—	系统自动处理,项目储备阶段可为空
4	编报模板名称	人员类项目模板	手工录入
5	编报模板代码	1000000001	数据创建时系统自动生成
6	是否启用	1(是)	选择录入,默认1(是)
7	更新时间	20200506221138	数据更新时系统自动生成,数据创建时更新时间与创建时间一致
8	是否删除	2(否)	系统自动处理,值集来源于布尔型代码管理要素,默认值为2,删除操作后,字段值由2变为1
9	创建时间	20200506221138	数据创建时系统自动生成

表3-107　　　　　项目任务明细表(PM_EST_DETAIL)

序号	字段	字段值	备注
1	项目测算任务明细主键	csrwmx3d-630f-4a80-a074-10159232cd9t	数据创建时系统自动生成
2	财政区划代码	110000000(北京市本级)	系统自动处理,值集来源于财政区划管理要素
3	预算年度	—	系统自动处理,项目储备阶段可为空
4	编报模板代码	1000000001	选择录入,值集来源于项目编报模板表中编报模板代码

续表

序号	字段	字段值	备注
5	项目任务明细名称	人员工资	手工录入
6	项目任务明细代码	2000000000001	系统自动生成
7	是否启用	1（是）	选择录入，默认值为1（是）
8	更新时间	20200506221138	数据更新时系统自动生成，数据创建时更新时间与创建时间一致
9	是否删除	2（否）	系统自动处理，值集来源于布尔型代码管理要素，默认值为2，删除操作后，字段值由2变为1
10	创建时间	20200506221138	数据创建时系统自动生成

表3-108　　项目任务明细对应支出标准表（PM_EST_DETAIL_CRI）

序号	字段	字段值	备注
1	项目任务明细对应关系主键	rxmwmx3d-630f-4a80-a074-10159232cd55	数据创建时系统自动生成
2	财政区划代码	110000000（北京市本级）	系统自动处理，值集来源于财政区划管理要素
3	预算年度	—	系统自动处理，项目储备阶段可为空
4	项目任务明细代码	2000000000001	选择录入，值集来源于项目任务明细表中的项目任务明细代码
5	支出标准代码	10000000000000000001	选择录入，值集来源于支出标准表中的支出标准代码
6	是否启用	1（是）	选择录入，默认值为1（是）
7	更新时间	20200506221138	数据更新时系统自动生成，数据创建时更新时间与创建时间一致
8	是否删除	2（否）	系统自动处理，值集来源于布尔型代码管理要素，默认值为2，删除操作后，字段值由2变为1
9	创建时间	20200506221138	数据创建时系统自动生成

表3-109　　项目测算表（PM_EST_IMATE）

序号	字段	字段值	备注
1	项目测算主键	b7344f3d-630f-4a80-a074-10159232c357	数据创建时系统自动生成
2	财政区划代码	110000000（北京市本级）	系统自动处理，值集来源于财政区划管理要素
3	预算年度	—	系统自动处理，根据预算填报年度生成，项目储备阶段可为空

续表

序号	字段	字段值	备注
4	项目代码	110000020000000000001	系统引用项目基本信息表中的项目代码
5	单位代码	101001	系统引用基础信息中的预算单位代码
6	编报模板代码	1000000001	选择录入，选择编报模板表中的某一模板的代码，根据项目支出范围、内容和支出标准等情况，分类制定的用于测算项目支出需求的模板
7	项目任务明细代码	200000000001	选择录入，值集来源于项目任务明细表中的任务明细代码
8	支出标准代码	10000000000000000001	选择录入，值集来源于支出标准表中的支出标准代码
9	计量数	100.00	手工录入
10	单价	100000.00	手工录入
11	测算数	10000000.00	系统自动计算
12	审核数	—	手工录入，项目维护阶段为空
13	测算依据及说明	略	手工录入
14	更新时间	20200506221138	数据更新时系统自动生成，数据创建时更新时间与创建时间一致
15	是否删除	2（否）	系统自动处理，值集来源于布尔型代码管理要素，默认值为2，删除操作后，字段值由2变为1
16	创建时间	20200506221138	数据创建时系统自动生成
17	业务类型代码	1（项目储备）	选择录入，系统默认值为1（项目储备）
18	版本号	—	项目储备阶段为空，年初预算批复后若需要对项目信息进行调整则必须记录调整后相应版本信息
19	版本说明	—	项目储备阶段为空，项目年初预算批复后若需要对项目信息进行的调整则必须记录调整后相应版本信息

（3）部门审核。

部门对测算过的人员类项目进行审核，此时项目基本信息表（PM_PROJECT_INFO）中部门审核意见、部门评审意见、更新时间字段发生变化，其他相关逻辑库表数据无变化。逻辑库表字段变化示例如表3-110所示。

表3-110　　　　项目基本信息表（PM_PROJECT_INFO）

序号	字段	字段值	备注
1	项目主键	b7344f3d-630f-4a80-a074-10159232c357	数据创建时系统自动生成
⋮	⋮	⋮	⋮

续表

序号	字段	字段值	备注
15	更新时间	20200516221138	数据更新时系统自动生成，数据创建时更新时间与创建时间一致
19	部门评审意见	通过	手工录入
21	部门审核意见	1（审核通过）	选择录入
⋮	⋮	⋮	⋮

3.2.2.2 运转类公用经费项目

单位业务人员对本单位为保障本单位正常运转、基本履职需要的项目进行申报，根据定员定额方式管理进行合理测算。各部门、各单位维护本部门、本单位的单位信息、人员信息等基础信息，财政部门维护公用经费项目的支出标准，系统自动测算各部门、各单位公用经费项目支出，形成运转类公用经费项目储备。涉及的业务活动及逻辑库表应用如表3-111所示。

表3-111　　　　运转类公用经费项目涉及的业务活动及逻辑表应用

序号	业务活动	逻辑库表	中文名称	备注
1	运转类公用经费项目维护	PM_PROJECT_INFO	项目基本信息表	存储运转类公用经费项目信息
		PM_ANNUAL_EXPPLAN_INFO	分年度支出计划表	存储运转类公用项目当年支出预算信息
		PM_PERF_GOAL_INFO	项目绩效目标表	存储运转类公用经费项目绩效目标信息
		PM_PERF_INDICATOR	项目绩效指标表	存储运转类公用经费项目绩效指标信息
		PM_ASSET_ALLOC	项目资产配置信息表	存储项目资产配置信息
2	系统测算	BAS_AGENCY_EXT	单位扩展信息表	存储单位扩展信息
		BAS_AGENCY_INFO	单位基本信息表	存储单位基本信息
		BAS_PERSON_INFO	人员基本信息表	存储人员基本信息
		BAS_PERSON_EXT	人员扩展信息表	存储人员工资信息

续表

序号	业务活动	逻辑库表	中文名称	备注
2	系统测算	PM_EST_MODE	项目编报模板表	存储项目编报模板信息
		PM_EST_DETAIL	项目任务明细表	存储项目任务明细信息
		PM_EST_DETAIL_CRI	项目任务明细对应支出标准表	存储项目任务明细对应支出标准信息
		BAS_EXP_CRI	支出标准表	存储支出标准信息
		PM_EST_IMATE	项目测算表	存储运转类公用经费项目的测算信息
3	部门审核	PM_PROJECT_INFO	项目基本信息表	存储运转类公用经费项目信息
		⋮	⋮	包括上述所有逻辑库表

1. 逻辑库表间关系

运转类公用项目涉及的相关逻辑库表的关系如图 3-6 所示。

（1）项目基本信息表（PM_PROJECT_INFO）中的项目代码（PRO_CODE）对应了分年度支出计划表（PM_ANNUAL_EXPPLAN_INFO）、项目绩效目标表（PM_PERF_GOAL_INFO）、项目测算表（PM_EST_IMATE）中的项目代码（PRO_CODE）。

（2）项目测算表（PM_EST_IMATE）中的单位代码（AGENCY_CODE）对应了单位扩展信息表（BAS_AGENCY_CODE）中的单位代码（AGENCY_CODE）。

（3）项目测算表（PM_EST_IMATE）中的编报模板代码（DRAFT_TEMPLATE_CODE）对应了项目编报模板表（PM_EST_MODE）中的编报模板代码（DRAFT_TEMPLATE_CODE）。

2. 实现机制说明

（1）运转类公用经费项目维护。

单位在系统中维护运转类公用经费项目。此时在项目基本信息表（PM_PROJECT_INFO）、项目绩效目标表（PM_PERF_GOAL_INFO）存储数据，有新增资产配置的还需要填报项目资产配置信息表（PM_ASSET_ALLOC），逻辑库表字段示例如表 3-112 ~ 表 3-116 所示。

第 3 章　系统功能设计

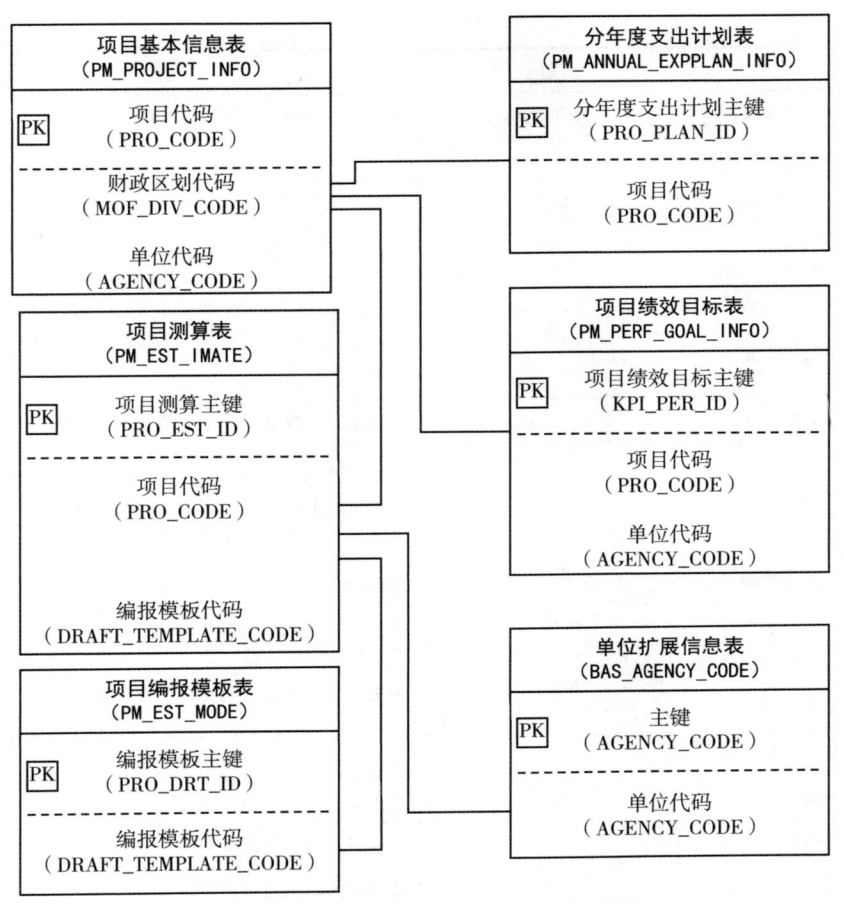

图 3-6　运转类公司项目涉及的相关逻辑库表的关系

表 3-112　　　　　　　　项目基本信息表（PM_PROJECT_INFO）

序号	字段	字段值	备注
1	项目主键	b7344f3d-630f-4a80-a074-10159232c357	数据创建时系统自动生成
2	财政区划代码	110000000（北京市本级）	系统自动处理，值集来源于财政区划管理要素
3	设立年度	2021	手工录入
4	项目代码	1100002000000000000002	系统根据项目代码规则自动生成
5	项目名称	单位公用经费项目	手工输入
6	单位代码	101001	系统引用基础信息中的预算单位代码
7	去向单位代码	—	非上缴上级支出项目、对附属单位补助支出项目可为空
8	上级转移支付项目代码	—	非转移支付落地项目可为空

续表

序号	字段	字段值	备注
9	项目来源代码	1（本级申报项目）	选择录入，默认值为1（本级申报项目）
10	项目期限	99	手工录入
11	起始时间	2021	手工录入
12	职能职责代码	—	选择录入（可选），值集来源于职能职责表中的职能职责代码
13	项目类别	21（公用经费）	选择录入，默认值为21（公用经费），值集来源项目类别管理要素
14	分配方式	1（因素法）	选择录入，默认值为1（因素法）
15	是否追踪	2（否）	需要追踪的项目则为1，当本项目为上级转移支付落地项目且上级项目状态为1时，系统默认为1且不可更改，其他情况为选择录入
16	是否基建项目	2（否）	选择录入，默认值为2（否）
17	项目总额	0.00	手工录入，默认值为0.00，系统测算后自动生成
18	其中：社会投入资金	0.00	手工录入，根据项目实际情况填写
19	部门评审意见	—	手工录入，项目维护阶段为空
20	财政评审意见	—	手工录入，项目维护阶段为空
21	部门审核意见	—	选择录入，项目维护阶段为空
22	财政审核意见	—	选择录入，项目维护阶段为空
23	财政内部机构代码	010（行政政法处）	选择录入，值集由各地财政部门自行制定
24	项目概述	本单位有关公用经费项目支出	手工录入，对预算项目进行总体描述
25	编报模板代码	1000000002	选择录入，选择编报模板表中的某一模板的代码，根据项目支出范围、内容和支出标准等情况，分类制定的用于测算项目支出需求的模板
26	更新时间	20200506221138	数据更新时系统自动生成，数据创建时更新时间与创建时间一致
27	是否终止	2（否）	选择录入，默认值为2（否）
28	是否科研项目	2（否）	选择录入，默认值为2（否）
29	是否删除	2（否）	系统自动处理，值集来源于布尔型代码管理要素，默认值为2，删除操作后，字段值由2变为1
30	是否设置使用范围	2（否）	选择录入，默认值为2（否）
31	创建时间	20200506221138	数据创建时系统自动生成

续表

序号	字段	字段值	备注
32	版本号	—	项目储备阶段为空，项目年初预算批复后若需要对项目信息进行调整则必须记录调整后相应版本信息
33	版本说明	—	项目储备阶段为空，项目年初预算批复后若需要对项目信息进行调整则必须记录调整后相应版本信息

表 3-113　分年度支出计划表（PM_ANNUAL_EXPPLAN_INFO）

序号	字段	字段值	备注
1	分年度支出计划主键	C6644f3d-630f-4a80-a074-10159232c333	数据创建时系统自动生成
2	财政区划代码	110000000（北京市本级）	系统自动处理，值集来源于财政区划管理要素
3	预算年度	—	系统自动处理，项目储备阶段可为空
4	项目代码	110000200000000000002	系统引用项目基本信息表中的项目代码
5	单位代码	101001	系统引用基础信息中的预算单位代码
6	年度	2021	手工录入
7	申报数	0.00	手工录入
8	审核数	—	手工录入，项目维护阶段为空
9	业务类型代码	1（项目储备）	选择录入，默认值为1（项目储备）
10	版本号	—	项目储备阶段为空，项目年初预算批复后若需要对项目信息进行调整则必须记录调整后相应版本信息
11	版本说明	—	项目储备阶段为空，项目年初预算批复后若需要对项目信息进行调整则必须记录调整后相应版本信息
12	是否结束	2（否）	选择录入，默认值为2（否）
13	更新时间	20200506221138	数据更新时系统自动生成，数据创建时更新时间与创建时间一致
14	是否删除	2（否）	系统自动处理，值集来源于布尔型代码管理要素，默认值为2，删除操作后，字段值由2变为1
15	创建时间	20200506221138	数据创建时系统自动生成

表 3-114　项目绩效目标表（PM_PERF_GOAL_INFO）

序号	字段	字段值	备注
1	项目绩效目标主键	C6644f3d-630f-4a80-a074-10159232c333	数据创建时系统自动生成
2	财政区划代码	110000000（北京市本级）	系统自动处理，值集来源于财政区划管理要素

续表

序号	字段	字段值	备注
3	预算年度	—	系统自动处理，项目储备阶段可为空
4	项目代码	110000200000000000002	系统引用项目基本信息表中的项目代码
5	绩效目标	略	手工录入，需要填报绩效目标
6	业务类型代码	1（项目储备）	选择录入，默认值为1（项目储备），值集来源于业务类型管理要素
7	版本号	—	项目储备阶段为空，项目年初预算批复后若需要对项目信息进行调整则必须记录调整后相应版本信息
8	版本说明	—	项目储备阶段为空，项目年初预算批复后若需要对项目信息进行调整则必须记录调整后相应版本信息
9	下级财政区划代码	—	运转类公用经费项目的下级财政区划代码为空
10	更新时间	20200506221138	数据更新时系统自动生成，数据创建时更新时间与创建时间一致
11	是否删除	2（否）	系统自动处理，值集来源于布尔型代码管理要素，默认值为2，删除操作后，字段值由2变为1
12	创建时间	20200506221138	数据创建时系统自动生成

表3-115　　项目绩效指标表（PM_PERF_INDICATOR）

序号	字段	字段值	备注
1	项目绩效指标主键	C7644f3d-630f-4a80-a074-10159232c333	数据创建时系统自动生成
2	财政区划代码	110000000（北京市本级）	系统自动处理，值集来源于财政区划管理要素
3	预算年度	—	系统自动处理，项目储备阶段可为空
4	项目代码	110000200000000000002	系统引用项目基本信息表中的项目代码
5	一级指标	1（产出指标）	选择录入
6	二级指标	11（数量指标）	选择录入
7	三级指标	略	选择录入，单位设置的三级指标
8	指标内容	略	手工录入
9	评（扣）分标准	80	手工录入
10	指标值	略	手工录入
11	备注	—	手工录入，可为空
12	业务类型代码	1（项目储备）	选择录入，系统默认值为1（项目储备），值集来源于业务类型管理要素

续表

序号	字段	字段值	备注
13	版本号	—	项目储备阶段为空，项目年初预算批复后若需要对项目信息进行调整则必须记录调整后相应版本信息
14	版本说明	—	项目储备阶段为空，项目年初预算批复后若需要对项目信息进行调整则必须记录调整后相应版本信息
15	下级财政区划代码	—	转移支付项目中上级给下级分解项目绩效目标时填写，其他情况的下级财政区划代码为空
16	更新时间	20200506221138	数据更新时系统自动生成，数据创建时更新时间与创建时间一致
17	是否删除	2（否）	系统自动处理，值集来源于布尔型代码管理要素，默认值为2，删除操作后，字段值由2变为1
18	创建时间	20200506221138	数据创建时系统自动生成

表3–116　项目资产配置信息表（PM_ASSET_ALLOC）

序号	字段	字段值	备注
1	项目资产配置主键	czc44f3d–630f–4a80–a074–10159232c333	数据创建时系统自动生成
2	财政区划代码	110000000（北京市本级）	系统自动处理，值集来源于财政区划管理要素
3	单位代码	101001	系统引用基础信息中的预算单位
4	项目代码	110000200000000000002	系统引用项目基本信息表中的项目代码
5	资产分类代码	2010105（便携式计算机）	选择录入，代码来源于《固定资产分类与代码》（GB/T14885–2010）
6	资产名称	笔记本电脑	手工录入，根据资产实际情况填写
7	资产数量	10	手工录入
8	资产编制数	20	从基础信息的"资产基本信息表"中获取
9	资产申请数量	2	手工录入
10	单价	4000.00	手工录入
11	总金额	8000.00	手工录入
12	更新时间	20200506221138	数据更新时系统自动生成，数据创建时更新时间与创建时间一致
13	是否删除	2（否）	系统自动处理，值集来源于布尔型代码管理要素，默认值为2，删除操作后，字段值由2变为1
14	创建时间	20200506221138	数据创建时系统自动生成

续表

序号	字段	字段值	备注
15	业务类型代码	1（项目储备）	选择录入，系统默认值为1（项目储备），值集来源于业务类型管理要素
16	版本号	—	项目储备阶段为空，项目年初预算批复后若需要对项目信息进行调整则必须记录调整后相应版本信息
17	版本说明	—	项目储备阶段为空，项目年初预算批复后若需要对项目信息进行调整则必须记录调整后相应版本信息

（2）系统测算。

单位根据运转类公用经费项目的测算标准和单位扩展信息，进行系统测算，形成项目金额。系统引用基础信息中的人员基本信息表（BAS_PERSON_INFO）、人员扩展信息表（BAS_PERSON_EXT）、单位基本信息表（BAS_AGENCY_INFO）、单位扩展信息表（BAS_AGENCY_EXT）、支出标准表（BAS_EXP_CRI）中相关信息，选择项目编报模板表（PM_EST_MODE）、项目任务明细表（PM_EST_DETAIL）、项目任务明细对应支出标准表（PM_EST_DETAIL_CRI）中相关信息进行项目测算，在项目测算表（PM_EST_IMATE）存储数据，同时将测算金额写入项目基本信息表。在此环节仅引用而不修改人员基本信息表（BAS_PERSON_INFO）、人员扩展信息表（BAS_PERSON_EXT）、单位基本信息表（BAS_AGENCY_INFO）、单位扩展信息表（BAS_AGENCY_EXT）、支出标准表（BAS_EXP_CRI）中相关信息，因此不再举例说明，其他逻辑库表字段示例如表3-117~表3-120所示。

表3-117　　　　　　　　项目编报模板表（PM_EST_MODE）

序号	字段	字段值	备注
1	项目测算任务模板主键	wcsr4f3d-630f-4a80-a074-10159232cd9t	数据创建时系统自动生成
2	财政区划代码	110000000（北京市本级）	系统自动处理，值集来源于财政区划管理要素
3	预算年度	—	系统自动处理，项目储备阶段可为空
4	编报模板名称	模板名称	手工录入
5	编报模板代码	1000000002	系统自动生成
6	是否启用	1（是）	选择录入，默认值为1（是）
7	更新时间	20200506221138	数据更新时系统自动生成，数据创建时更新时间与创建时间一致
8	是否删除	2（否）	系统自动处理，值集来源于布尔型代码管理要素，默认值为2，删除操作后，字段值由2变为1
9	创建时间	20200506221138	数据创建时系统自动生成

表 3-118　　　　　　　　　项目任务明细表（PM_EST_DETAIL）

序号	字段	字段值	备注
1	项目测算任务明细主键	csrwmx3d-630f-4a80-a074-10159232cd9t	数据创建时系统自动生成
2	财政区划代码	110000000（北京市本级）	系统自动处理，值集来源于财政区划管理要素
3	预算年度	—	系统自动处理，项目储备阶段可为空
4	编报模板代码	1000000002	选择录入
5	项目任务明细名称	房屋修缮	手工录入
6	项目任务明细代码	2000000000002	系统自动生成
7	是否启用	1（是）	选择录入，默认值为1（是）
8	更新时间	20200506221138	数据更新时系统自动生成，数据创建时更新时间与创建时间一致
9	是否删除	2（否）	系统自动处理，值集来源于布尔型代码管理要素，默认值为2，删除操作后，字段值由2变为1
10	创建时间	20200506221138	数据创建时系统自动生成

表 3-119　　　　　　项目任务明细对应支出标准表（PM_EST_DETAIL_CRI）

序号	字段	字段值	备注
1	项目任务明细对应关系主键	rxmwmx3d-630f-4a80-a074-10159232cd55	数据创建时系统自动生成
2	财政区划代码	110000000（北京市本级）	系统自动处理，值集来源于财政区划管理要素
3	预算年度	—	系统自动处理，项目储备阶段可为空
4	项目任务明细代码	2000000000002	选择录入
5	支出标准代码	10000000000000000002	选择录入
6	是否启用	1（是）	选择录入，默认值为1（是）
7	更新时间	20200506221138	数据更新时系统自动生成，数据创建时更新时间与创建时间一致
8	是否删除	2（否）	系统自动处理，值集来源于布尔型代码管理要素，默认值为2，删除操作后，字段值由2变为1
9	创建时间	20200506221138	数据创建时系统自动生成

表 3-120　　　　　　　　项目测算表（PM_EST_IMATE）

序号	字段	字段值	备注
1	项目测算主键	xmcs4f3d-630f-4a80-a074-10159232c366	数据创建时系统自动生成
2	财政区划代码	110000000（北京市本级）	系统自动处理，值集来源于财政区划管理要素
3	预算年度	—	系统自动处理，根据预算填报年度生成，项目储备阶段可为空
4	项目代码	1100002000000000000002	系统引用项目基本信息表中的项目代码
5	单位代码	101001	系统引用基础信息中的预算单位代码
6	编报模板代码	1000000002	选择录入，选择编报模板表中的某一模板的代码，根据项目支出范围、内容和支出标准等情况，分类制定的用于测算项目支出需求的模板
7	项目任务明细代码	2000000000002	选择录入，值集来源于项目任务明细表中的项目任务明细代码
8	支出标准代码	10000000000000000002	选择录入，值集来源于支出标准表中的支出标准代码
9	计量数	50	手工录入
10	单价	10000.00	手工录入
11	测算数	500000.00	系统自动计算
12	审核数	—	手工录入，项目维护阶段为空
13	测算依据及说明	略	手工录入
14	更新时间	20200506221138	数据更新时系统自动生成，数据创建时更新时间与创建时间一致
15	是否删除	2（否）	系统自动处理，值集来源于布尔型代码管理要素，默认值为2，删除操作后，字段值由2变为1
16	创建时间	20200506221138	数据创建时系统自动生成
17	业务类型代码	1（项目储备）	选择录入，默认值为1（项目储备），值集来源于业务类型管理要素
18	版本号	—	项目储备阶段为空，项目年初预算批复后若需要对项目信息进行调整则必须记录调整后相应版本信息
19	版本说明	—	项目储备阶段为空，项目年初预算批复后若需要对项目信息进行调整则必须记录调整后相应版本信息

（3）部门审核。

部门对测算过的运转类公用经费项目进行审核，此时项目基本信息表（PM_PROJECT_INFO）中部门审核意见、部门评审意见、更新时间字段发生变化，其他相关逻辑库表数据无变化。逻辑库表字段变化示例如表 3-121 所示。

表 3-121　　　　　项目基本信息表（PM_PROJECT_INFO）

序号	字段	字段值	备注
1	项目主键	b7344f3d-630f-4a80-a074-10159232c357	数据创建时系统自动生成
⋮	⋮	⋮	⋮
15	更新时间	20200516221138	数据更新时系统自动生成，数据创建时更新时间与创建时间一致
19	部门评审意见	通过	手工录入
21	部门审核意见	1（审核通过）	选择录入
⋮	⋮	⋮	⋮

3.2.2.3　运转类其他运转类项目

单位业务人员对本单位用于大型公用设施、大型专用设备、专业信息系统等运行维护的运转类其他运转类项目进行申报，根据使用管理情况合理测算，形成运转类其他运转类项目储备。涉及的业务活动及逻辑库表应用如表 3-122 所示。

表 3-122　　　运转类其他运转类项目涉及的业务活动及逻辑库表应用

序号	业务活动	逻辑库表	中文名称	备注
1	运转类其他运转类项目维护	PM_PROJECT_INFO	项目基本信息表	存储运转类其他运转类项目信息
		PM_ANNUAL_EXPPLAN_INFO	分年度支出计划表	存储运转类其他运转类项目当年支出预算
		PM_ASSET_STOCK	项目资产存量信息表	存储项目资产存量信息
		PM_PERF_GOAL_INFO	项目绩效目标表	存储运转类其他运转类项目绩效目标信息
		PM_PERF_INDICATOR	项目绩效指标表	存储运转类其他运转类项目绩效指标信息

续表

序号	业务活动	逻辑库表	中文名称	备注
2	支出测算	PM_EST_MODE	项目编报模板表	存储项目编报模板信息
		PM_EST_DETAIL	项目任务明细表	存储项目任务明细信息
		PM_EST_DETAIL_CRI	项目任务明细对应支出标准表	存储项目任务明细对应支出标准信息
		BAS_EXP_CRI	支出标准表	存储支出标准信息
		PM_EST_IMATE	项目测算表	存储运转类其他运转类项目的测算信息
3	部门审核	PM_PROJECT_INFO	项目基本信息表	存储运转类其他运转类项目信息
		⋮	⋮	包括上述所有逻辑库表
4	财政审核	PM_PROJECT_INFO	项目基本信息表	存储运转类其他运转类项目信息
		⋮	⋮	包括上述所有逻辑库表

1. 逻辑库表间关系

运转类其他项目涉及的相关逻辑库表的关系如图3-7所示。

（1）项目基本信息表（PM_PROJECT_INFO）中的项目代码（PRO_CODE）对应了分年度支出计划表（PM_ANNUAL_EXPPLAN_INFO）、项目绩效目标表（PM_PERF_GOAL_INFO）、项目测算表（PM_EST_IMATE）中的项目代码（PRO_CODE）。

（2）项目编报模板表（PM_EST_MODE）中的编报模板代码（DRAFT_TEMPLATE_CODE）对应了项目任务明细表（PM_EST_DETAIL）、项目测算表（PM_EST_IMATE）中的编报模板代码（DRAFT_TEMPLATE_CODE）。

2. 实现机制说明

（1）运转类其他运转类项目维护。

单位在系统中维护运转类其他运转类项目，此时在项目基本信息表（PM_PROJECT_INFO）、项目绩效指标表（PM_PERF_INDICATOR）、项目绩效目标表（PM_PERF_GOAL_INFO）中存储数据，多年项目需要填报分年度支出计划表（PM_ANNUAL_EXPPLAN_INFO），大型专用设备运行维护项目中涉及存量资产的需要填报项目资产存量信息表（PM_ASSET_STOCK），逻辑库表字段示例如表3-123~表3-127所示。

第 3 章 系统功能设计

```
项目基本信息表                          分年度支出计划表
(PM_PROJECT_INFO)                    (PM_ANNUAL_EXPPLAN_INFO)
┌──────────────────┐                  ┌──────────────────┐
│ PK  项目代码      │                  │ PK  分年度支出计划主键│
│     (PRO_CODE)   │──────┐           │     (PRO_PLAN_ID)│
│ ---------------- │      │           │ ---------------- │
│     财政区划代码  │      │           │     项目代码      │
│  (MOF_DIV_CODE)  │      │           │   (PRO_CODE)    │
│     单位代码      │      │           └──────────────────┘
│  (AGENCY_CODE)   │      │
└──────────────────┘      │           项目绩效目标表
                          │           (PM_PERF_GOAL_INFO)
项目测算表                 │           ┌──────────────────┐
(PM_EST_IMATE)            │           │ PK  项目绩效目标主键│
┌──────────────────┐      │           │     (KPI_PER_ID) │
│ PK  项目测算主键  │      │           │ ---------------- │
│    (PRO_EST_ID)  │      │           │     项目代码      │
│ ---------------- │      │           │   (PRO_CODE)    │
│     项目代码      │──────┘           │     单位代码      │
│   (PRO_CODE)    │                  │  (AGENCY_CODE)   │
│     编报模板代码  │                  └──────────────────┘
│(DRAFT_TEMPLATE_CODE)│
└──────────────────┘                  项目任务明细表
                                     (PM_EST_DETAIL)
项目编报模板表                         ┌──────────────────┐
(PM_EST_MODE)                        │ PK  任务明细主键   │
┌──────────────────┐                  │    (PRO_DRTDTL_ID)│
│ PK  编报模板主键  │                  │ ---------------- │
│    (PRO_DRT_ID)  │                  │     编报模板代码   │
│ ---------------- │                  │(DRAFT_TEMPLATE_CODE)│
│     编报模板代码  │──────────────────└──────────────────┘
│(DRAFT_TEMPLATE_CODE)│
└──────────────────┘
```

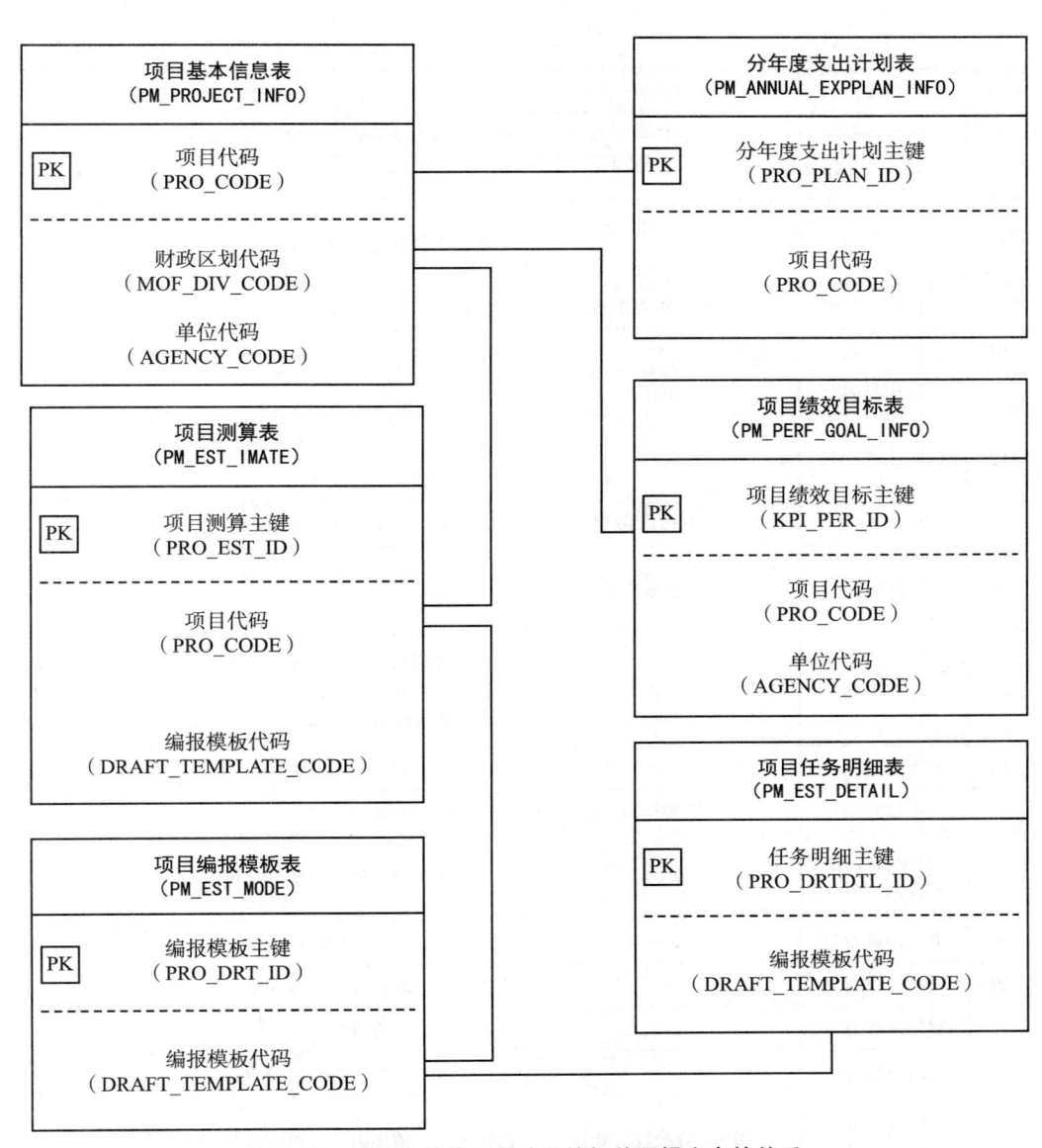

图 3-7　运转类其他项目涉及的相关逻辑库表的关系

表 3-123　　　　　　项目基本信息表（PM_PROJECT_INFO）

序号	字段	字段值	备注
1	项目主键	b7344f3d-630f-4a80-a074-10159232c357	数据创建时系统自动生成
2	财政区划代码	110000000（北京市本级）	系统自动处理，值集来源于财政区划管理要素
3	设立年度	2021	手工录入
4	项目代码	110000200000000000003	系统根据项目代码规则自动生成
5	项目名称	单位其他运转类项目	手工录入

续表

序号	字段	字段值	备注
6	单位代码	101001	系统引用基础信息中的预算单位代码
7	去向单位代码	—	非上缴上级支出项目、对附属单位补助支出项目为空
8	上级转移支付项目代码	—	非转移支付落地项目为空
9	项目来源代码	1（本级申报项目）	选择录入，默认值为1（本级申报项目）
10	项目期限	3	手工录入
11	起始时间	2021	手工录入
12	职能职责代码	—	选择录入（可选），值集来源于职能职责表中的职能职责代码
13	项目类别	22（其他运转类）	选择录入，值集来源于项目类别管理要素
14	分配方式	1（因素法）	选择录入，默认值为1（因素法），值集来源于分配方式管理要素
15	是否追踪	2（否）	需要追踪项目则为1，当本项目为上级转移支付落地项目且上级项目状态为1时，系统默认为1且不可更改，其他情况为选择录入
16	是否基建项目	2（否）	选择录入，默认值为2（否）
17	项目总额	30000.00	手工录入，默认值为0.00
18	其中：社会投入资金	0.00	手工录入，根据项目实际情况填写
19	部门评审意见	—	手工录入，项目维护阶段为空
20	财政评审意见	—	手工录入，项目维护阶段为空
21	部门审核意见	—	选择录入，项目维护阶段为空
22	财政审核意见	—	选择录入，项目维护阶段为空
23	财政内部机构代码	010（行政政法处）	选择录入，值集由各地财政部门自行制定
24	项目概述	本单位有关运转类其他运转类支出	手工录入，对预算项目进行总体描述
25	编报模板代码	1000000003	选择录入，选择编报模板表中的某一模板的代码，根据项目支出范围、内容和支出标准等情况，分类制定的用于测算项目支出需求的模板
26	更新时间	20200506221138	数据更新时系统自动生成，数据创建时更新时间与创建时间一致
27	是否终止	2（否）	选择录入，默认值为2（否）
28	是否科研项目	2（否）	选择录入，默认值为2（否）

续表

序号	字段	字段值	备注
29	是否删除	2（否）	系统自动处理，值集来源于布尔型代码管理要素，默认值为2，删除操作后，字段值由2变为1
30	是否设置使用范围	2（否）	选择录入，默认值为2（否）
31	创建时间	20200506221138	数据创建时系统自动生成
32	版本号	—	项目储备阶段为空，项目年初预算批复后若需要对项目信息进行调整则必须记录调整后相应版本信息
33	版本说明	—	项目储备阶段为空，项目年初预算批复后若需要对项目信息进行调整则必须记录调整后相应版本信息

表3-124　分年度支出计划表（PM_ANNUAL_EXPPLAN_INFO）

序号	字段	字段值	备注
1	分年度支出计划主键	K7744f3d-630f-4a80-a074-10159232c333	数据创建时系统自动生成
2	财政区划代码	110000000（北京市本级）	系统自动处理，值集来源于财政区划管理要素
3	预算年度	—	系统自动处理，项目储备阶段可为空
4	项目代码	1100000200000000000003	系统引用项目基本信息表中的项目代码
5	单位代码	101001	系统引用基础信息中的预算单位代码
6	年度	2021	手工录入
7	申报数	10000.00	手工录入
8	审核数	—	手工录入，项目维护阶段为空
9	业务类型代码	1（项目储备）	选择录入，系统默认值为1（项目储备），值集来源于业务类型管理要素
10	版本号	—	项目储备阶段为空，项目年初预算批复后若需要对项目信息进行调整则必须记录调整后相应版本信息
11	版本说明	—	项目储备阶段为空，项目年初预算批复后若需要对项目信息进行调整则必须记录调整后相应版本信息
12	是否结束	2（否）	选择录入，默认值为2（否）
13	更新时间	20200506221138	数据更新时系统自动生成，数据创建时更新时间与创建时间一致
14	是否删除	2（否）	系统自动处理，值集来源于布尔型代码管理要素，默认值为2，删除操作后，字段值由2变为1
15	创建时间	20200506221138	系统创建数据时自动生成

注：此处仅以多年项目其中一年的分年度支出计划为例。

表 3-125　　　　　　　　项目绩效目标表（PM_PERF_GOAL_INFO）

序号	字段	字段值	备注
1	项目绩效目标主键	C6644f3d-630f-4a80-a074-10159232c333	数据创建时系统自动生成
2	财政区划代码	110000000（北京市本级）	系统自动处理，值集来源于财政区划管理要素
3	预算年度	—	系统自动处理，项目储备阶段可为空
4	项目代码	1100002000000000000003	系统引用项目基本信息表中的项目代码
5	绩效目标	略	手工录入，填报本项目具体绩效目标
6	业务类型代码	1（项目储备）	选择录入，系统默认值为1（项目储备），值集来源于业务类型管理要素
7	版本号	—	项目储备阶段为空，项目年初预算批复后若需要对项目信息进行调整则必须记录调整后相应版本信息
8	版本说明	—	项目储备阶段为空，项目年初预算批复后若需要对项目信息进行调整则必须记录调整后相应版本信息
9	下级财政区划代码	—	转移支付项目中上级给下级分解项目绩效目标时填写，其他情况的下级财政区划代码为空
10	更新时间	20200506221138	数据更新时系统自动生成，数据创建时更新时间与创建时间一致
11	是否删除	0（否）	系统自动处理，值集来源于布尔型代码管理要素，默认值为2，删除操作后，字段由2变为1
12	创建时间	20200506221138	数据创建时系统自动生成

表 3-126　　　　　　　　项目绩效指标表（PM_PERF_INDICATOR）

序号	字段	字段值	备注
1	项目绩效指标主键	hjd44f3d-630f-4a80-a074-10159232c333	数据创建时系统自动生成
2	财政区划代码	110000000（北京市本级）	系统自动处理，值集来源于财政区划管理要素
3	预算年度	—	系统自动处理，项目储备阶段可为空
4	项目代码	1100002000000000000003	系统引用项目基本信息表中的项目代码
5	一级指标	1（产出指标）	选择录入，反映根据既定目标，相关预算资金预期提供的公共产品和服务情况，是对预期产出的描述
6	二级指标	11（数量指标）	选择录入，反映预期提供的公共产品和服务数量，如"务工农民岗位技能培训人数""公共租赁住房保障户数"等
7	三级指标	略	选择录入，单位设置的三级指标
8	指标内容	略	手工录入

续表

序号	字段	字段值	备注
9	评（扣）分标准	80	手工录入
10	指标值	略	手工录入
11	备注	—	手工录入，可为空
12	业务类型代码	1（项目储备）	选择录入，系统默认值为1（项目储备），值集来源于业务类型管理要素
13	版本号	—	项目储备阶段为空，项目年初预算批复后若需要对项目信息进行调整则必须记录调整后相应版本信息
14	版本说明	—	项目储备阶段为空，项目年初预算批复后若需要对项目信息进行调整则必须记录调整后相应版本信息
15	下级财政区划代码	—	转移支付项目中上级给下级分解项目绩效目标时填写，其他情况的下级财政区划代码为空
16	更新时间	20200506221138	数据更新时系统自动生成，数据创建时更新时间与创建时间一致
17	是否删除	2（否）	系统自动处理，值集来源于布尔型代码管理要素，默认值为2，删除操作后，字段值由2变为1
18	创建时间	20200506221138	数据创建时系统自动生成

表3-127　项目资产存量信息表（PM_ASSET_STOCK）

序号	字段	字段值	备注
1	项目资产配置主键	czc44f3d-630f-4a80-a074-10159232c333	数据创建时系统自动生成
2	财政区划代码	110000000（北京市本级）	系统自动处理，值集来源于财政区划管理要素
3	项目代码	110000200000000000003	系统引用项目基本信息表中的项目代码
4	资产分类代码	3050000（电力工业专用设备）	选择录入，代码来源于《固定资产分类与代码》（GB/T14885-2010）
5	资产代码	2018012040100001	系统自动生成，编号规则由各地财政部门自行制定
6	更新时间	20200506221138	数据更新时系统自动生成，数据创建时更新时间与创建时间一致
7	是否删除	2（否）	系统自动处理，值集来源于布尔型代码管理要素，默认值为2，删除操作后，字段值由2变为1
8	创建时间	20200506221138	数据创建时系统自动生成
9	业务类型代码	1（项目储备）	选择录入，默认值为1（项目储备），值集来源于业务类型管理要素

续表

序号	字段	字段值	备注
10	版本号	—	项目储备阶段为空，项目年初预算批复后若需要对项目信息进行调整则必须记录调整后相应版本信息
11	版本说明	—	项目储备阶段为空，项目年初预算批复后若需要对项目信息进行调整则必须记录调整后相应版本信息

（2）支出测算。

单位根据运转类其他运转类项目的测算标准进行支出测算。系统引用基础信息中的支出标准表（BAS_EXP_CRI）中相关信息，选择项目编报模板表（PM_EST_MODE）、项目任务明细表（PM_EST_DETAIL）、项目任务明细对应支出标准表（PM_EST_DETAIL_CRI）中相关信息进行项目测算，在项目测算表（PM_EST_IMATE）存储数据。在此环节仅引用而不修改支出标准表（BAS_EXP_CRI）中相关信息，因此不再举例说明，其他逻辑库表字段示例如表3–128～表3–131所示。

表3–128　　　　　　项目编报模板表（PM_EST_MODE）

序号	字段	字段值	备注
1	项目测算任务模板主键	wcsr4f3d–630f–4a80–a074–10159232cd9t	数据创建时系统自动生成
2	财政区划代码	110000000（北京市本级）	系统自动处理，值集来源于财政区划管理要素
3	预算年度	—	系统自动处理，项目储备阶段可为空
4	编报模板名称	略	手工录入
5	编报模板代码	1000000003	系统自动生成
6	是否启用	1（是）	选择录入，默认值为1（是）
7	更新时间	20200506221138	数据更新时系统自动生成，数据创建时更新时间与创建时间一致
8	是否删除	2（否）	系统自动处理，值集来源于布尔型代码管理要素，默认值为2，删除操作后，字段值由2变为1
9	创建时间	20200506221138	数据创建时系统自动生成

表3–129　　　　　　项目任务明细表（PM_EST_DETAIL）

序号	字段	字段值	备注
1	项目测算任务明细主键	csrwmx3d–630f–4a80–a074–10159232cd9t	数据创建时系统自动生成
2	财政区划代码	110000000（北京市本级）	系统自动处理，值集来源于财政区划管理要素
3	预算年度	—	系统自动处理，项目储备阶段可为空

续表

序号	字段	字段值	备注
4	编报模板代码	1000000003	选择录入
5	项目任务明细名称	电力工业专用设备维护	手工录入
6	项目任务明细代码	2000000000003	系统自动生成
7	是否启用	1（是）	选择录入，默认值为1（是）
8	更新时间	20200506221138	数据更新时系统自动生成，数据创建时更新时间与创建时间一致
9	是否删除	2（否）	系统自动处理，值集来源于布尔型代码管理要素，默认值为2，删除操作后，字段值由2变为1
10	创建时间	20200506221138	数据创建时系统自动生成

表3-130　　项目任务明细对应支出标准表（PM_EST_DETAIL_CRI）

序号	字段	字段值	备注
1	项目任务明细对应关系主键	rxmwmx3d-630f-4a80-a074-10159232cd55	数据创建时系统自动生成
2	财政区划代码	110000000（北京市本级）	系统自动处理，值集来源于财政区划管理要素
3	预算年度	—	系统自动处理，项目储备阶段可为空
4	项目任务明细代码	2000000000003	选择录入，值集来源于项目任务明细表中的项目任务明细代码
5	支出标准代码	10000000000000000003	选择录入，值集来源于支出标准表中的支出标准代码
6	是否启用	1（是）	选择录入，默认值为1（是）
7	更新时间	20200506221138	数据更新时系统自动生成，数据创建时更新时间与创建时间一致
8	是否删除	2（否）	系统自动处理，值集来源于布尔型代码管理要素，默认值为2，删除操作后，字段值由2变为1
9	创建时间	20200506221138	数据创建时系统自动生成

表3-131　　项目测算表（PM_EST_IMATE）

序号	字段	字段值	备注
1	项目测算主键	xmcs4f3d-630f-4a80-a074-10159232c366	数据创建时系统自动生成
2	财政区划代码	110000000（北京市本级）	系统自动处理，值集来源于财政区划管理要素

续表

序号	字段	字段值	备注
3	预算年度	—	系统自动处理，项目储备阶段可为空
4	项目代码	110000200000000000003	系统引用项目基本信息表中的项目代码
5	单位代码	101001	系统引用基础信息中的预算单位代码
6	编报模板代码	1000000003	选择录入，选择编报模板表中的某一模板的代码，根据项目支出范围、内容和支出标准等情况，分类制定的用于测算项目支出需求的模板
7	项目任务明细代码	2000000000003	选择录入，值集来源于项目任务明细表中的项目任务明细代码
8	支出标准代码	100000000000000003	选择录入，值集来源于支出标准表中的支出标准代码
9	计量数	1	手工录入
10	单价	500000.00	手工录入
11	测算数	500000.00	系统自动计算
12	审核数	—	手工录入，项目维护阶段为空
13	测算依据及说明	略	手工录入
14	更新时间	20200506221138	数据更新时系统自动生成，数据创建时更新时间与创建时间一致
15	是否删除	2（否）	系统自动处理，值集来源于布尔型代码管理要素，默认值为2，删除操作后，字段值由2变为1
16	创建时间	20200506221138	数据创建时系统自动生成
17	业务类型代码	1（项目储备）	选择录入，系统默认值为1（项目储备），值集来源于业务类型管理要素
18	版本号	—	项目储备阶段为空，项目年初预算批复后若需要对项目信息进行调整则必须记录调整后相应版本信息
19	版本说明	—	项目储备阶段为空，项目年初预算批复后若需要对项目信息进行调整则必须记录调整后相应版本信息

（3）部门审核。

部门对测算过的运转类其他运转类项目进行审核，此时项目基本信息表（PM_PROJECT_INFO）中部门审核意见、部门评审意见、更新时间字段发生变化，其他相关逻辑库表数据无变化。逻辑库表字段变化示例如表3-132所示。

表3-132　　　　　　项目基本信息表（PM_PROJECT_INFO）

序号	字段	字段值	备注
1	项目主键	b7344f3d-630f-4a80-a074-10159232c357	数据创建时系统自动生成

续表

序号	字段	字段值	备注
⋮	⋮	⋮	⋮
15	更新时间	20200516221138	数据更新时系统自动生成，数据创建时更新时间与创建时间一致
19	部门评审意见	通过	手工录入
21	部门审核意见	1（审核通过）	选择录入
⋮	⋮	⋮	⋮

（4）财政审核。

财政对部门审核通过的运转类其他运转类项目进行审核，此时项目基本信息表（PM_PROJECT_INFO）中财政审核意见、财政评审意见、更新时间字段发生变化，其他相关逻辑库表数据无变化。财政部门审核通过的项目，作为预算储备项目，供预算编制时选取。财政审核退回修改的项目，部门和单位按照财政部门意见修改后作为预算储备项目。财政审核不通过的项目，不作为预算储备项目。逻辑库表字段变化示例如表3-133所示。

表3-133　　　　　　　　项目基本信息表（PM_PROJECT_INFO）

序号	字段	字段值	备注
1	项目主键	b7344f3d-630f-4a80-a074-10159232c357	数据创建时系统自动生成
⋮	⋮	⋮	⋮
15	更新时间	20200519221138	数据更新时系统自动生成，数据创建时更新时间与创建时间一致
20	财政评审意见	同意	手工录入
22	财政审核意见	1（审核通过）	选择录入
⋮	⋮	⋮	⋮

3.2.2.4　特定目标类项目

单位业务人员对本单位为完成特定的工作任务和事业发展目标所发生的支出项目进行申报，根据使用管理情况合理测算，特定目标类项目录入项目库，规范、完整、准确填报项目要素，涉及资产修缮、维修维护的特定目标类项目，单位应将涉及资产作为项目立项依据，报送财政部门审核。财政部门审核通过的项目，作为预算储备项目。其中，地方政府债务还本付息项目，系统根据债务本金、利率、期限等政府债务信息，自动测算债务还本项目和债务付息项目支出需求，形成特定目标类项目储备。涉及的业务活动及逻辑库表应用如表3-134所示。

表 3-134　　　　　　　特定目标类项目涉及的业务活动及逻辑库表应用

序号	业务活动	逻辑库表	中文名称	备注
1	特定目标类项目维护	PM_PROJECT_INFO	项目基本信息表	存储特定目标类项目信息
		PM_ANNUAL_EXPPLAN_INFO	分年度支出计划表	存储特定目标类项目分年支出预算
		PM_ASSET_ALLOC	项目资产配置信息表	存储项目资产配置信息
		PM_ASSET_STOCK	项目资产存量信息表	存储项目资产存量信息
		PM_PERF_GOAL_INFO	项目绩效目标表	存储特定目标类绩效目标信息
		PM_PERF_INDICATOR	项目绩效指标表	存储特定目标类绩效指标信息
		PM_FUNCRESP_INFO	职能职责表（可选）	存储职能职责信息
		PM_GOV_BGT	政府预算收支表	存储政府收支预算信息
		PM_HOT_TOPICCATE	项目热点分类表	存储项目热点分类信息
		PM_TRAIN	转移支付项目接收登记表	存储本级财政转移性收入项目信息
		PM_USE_SCOPE	项目使用范围设置表（可选）	存储项目使用范围设置信息
		PM_RELA	项目对应关系设置表（可选）	存储项目对应关系设置信息
		PM_DEBT_INFO	专项债券项目附属信息表	存储专项债券项目附属信息
		PM_PRO_BOND	还本付息项目债券关系设置表	存储还本付息项目债券关系设置信息
2	支出测算	PM_EST_MODE	项目编报模板表	存储项目编报模板信息
		PM_EST_DETAIL	项目任务明细表	存储项目任务明细信息
		PM_EST_DETAIL_CRI	项目任务明细对应支出标准表	存储项目任务明细对应支出标准信息
		BAS_EXP_CRI	支出标准表	存储支出标准信息
		PM_EST_IMATE	项目测算表	存储特定目标类的测算信息

续表

序号	业务活动	逻辑库表	中文名称	备注
3	部门审核	PM_PROJECT_INFO	项目基本信息表	存储特定目标类项目信息
		⋮	⋮	包括上述所有逻辑库表
4	财政审核	PM_PROJECT_INFO	项目基本信息表	存储特定目标类项目信息
		⋮	⋮	包括上述所有逻辑库表

1. 逻辑库表间关系

特定目标类项目涉及的相关逻辑库表的关系如图3-8所示。

项目基本信息表（PM_PROJECT_INFO）
- PK 项目代码（PRO_CODE）
- 财政区划代码（MOF_DIV_CODE）
- 单位代码（AGENCY_CODE）

项目测算表（PM_EST_IMATE）
- PK 项目测算主键（PRO_EST_ID）
- 项目代码（PRO_CODE）
- 编报模板代码（DRAFT_TEMPLATE_CODE）

项目编报模板表（PM_EST_MODE）
- PK 编报模板主键（PRO_DRT_ID）
- 编报模板代码（DRAFT_TEMPLATE_CODE）

分年度支出计划表（PM_ANNUAL_EXPPLAN_INFO）
- PK 分年度支出计划主键（PRO_PLAN_ID）
- 项目代码（PRO_CODE）

项目绩效目标表（PM_PERF_GOAL_INFO）
- PK 项目绩效目标主键（KPI_PER_ID）
- 项目代码（PRO_CODE）
- 单位代码（AGENCY_CODE）

项目任务明细表（PM_EST_DETAIL）
- PK 任务明细主键（PRO_DRTDTL_ID）
- 编报模板代码（DRAFT_TEMPLATE_CODE）

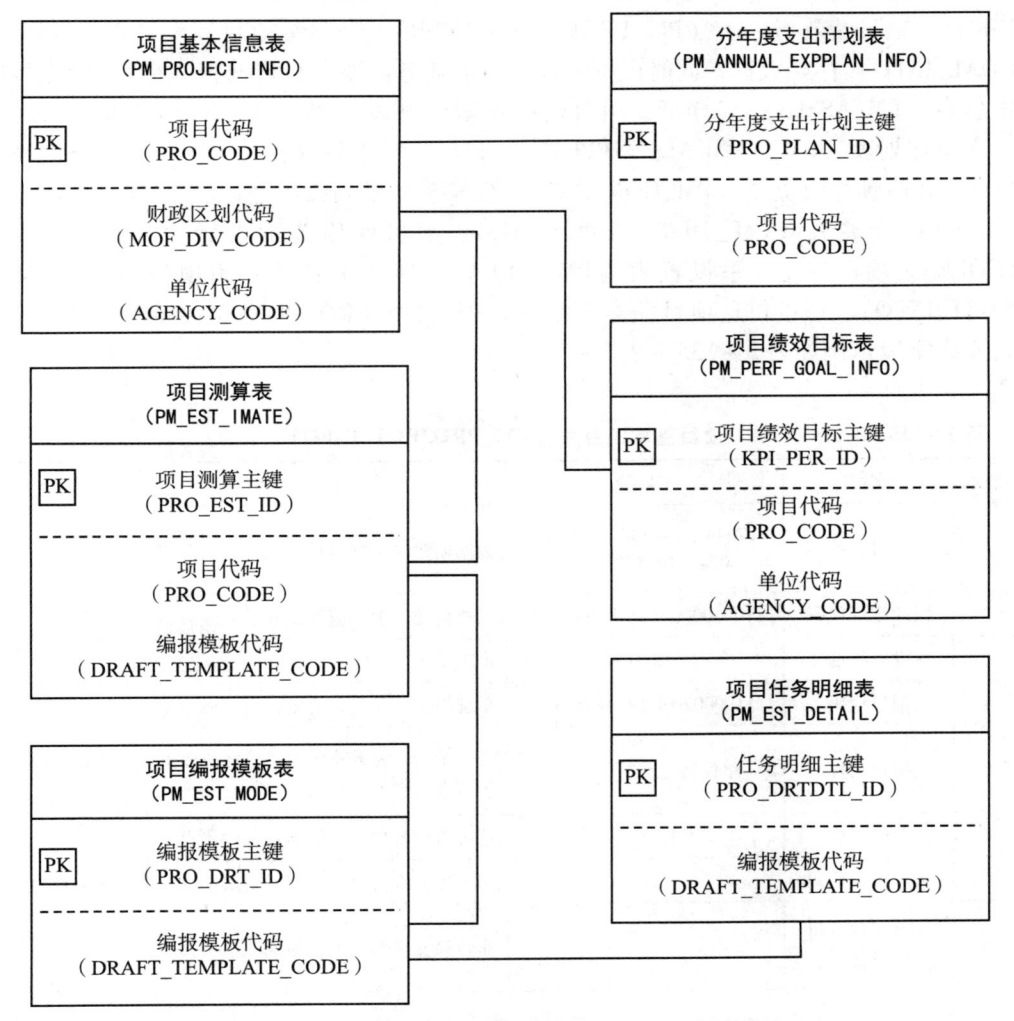

图3-8 特定目标类项目涉及的相关逻辑库表的关系

（1）项目基本信息表（PM_PROJECT_INFO）中的项目代码（PRO_CODE）对应了分年度支出计划表（PM_ANNUAL_EXPPLAN_INFO）、项目绩效目标表（PM_PERF_GOAL_INFO）、项目测算表（PM_EST_IMATE）、项目热点分类表（PM_HOT_TOPICCATE）中的项目代码（PRO_CODE）。

（2）项目编报模板表（PM_EST_MODE）中的编报模板代码（DRAFT_TEMPLATE_CODE）对应了项目任务明细表（PM_EST_DETAIL）、项目测算表（PM_EST_IMATE）中的编报模板代码（DRAFT_TEMPLATE_CODE）。

（3）项目基本信息表（PM_PROJECT_INFO）中的职能职责代码（FUN_RES_CODE）对应了职能职责表（PM_FUNCRESP_INFO）中的职能职责代码（FUN_RES_CODE）。

2. 实现机制说明

（1）特定目标类项目维护。

单位在系统中维护特定目标类项目，此时在项目基本信息表（PM_PROJECT_INFO）、项目绩效指标表（PM_PERF_INDICATOR）、项目绩效目标表（PM_PERF_GOAL_INFO）存储数据，同时根据不同项目的业务需要，自行选择在项目资产配置信息表（PM_ASSET_ALLOC）、项目资产存量信息表（PM_ASSET_STOCK）、分年度支出计划表（PM_ANNUAL_EXPPLAN_INFO）、职能职责表（PM_FUNCRESP_INFO）、政府预算收支表（PM_GOV_BGT）、转移支付项目接收登记表（PM_TRAIN）、项目热点分类表（PM_HOT_TOPICCATE）、项目使用范围设置表（PM_USE_SCOPE）、项目对应关系设置表（PM_RELA）、专项债券项目附属信息表（PM_DEBT_INFO）、还本付息项目债券关系设置表（PM_PRO_BOND）中存储数据。逻辑库表字段示例如表3-135~表3-147所示。

表3-135　　　　　　项目基本信息表（PM_PROJECT_INFO）

序号	字段	字段值	备注
1	项目主键	b7344f3d-630f-4a80-a074-10159232c357	数据创建时系统自动生成
2	财政区划代码	110000000（北京市本级）	系统自动处理，值集来源于财政区划管理要素
3	设立年度	2021	手工录入
4	项目代码	1100002000000000000004	系统根据项目代码规则自动生成
5	项目名称	单位特定目标类项目	手工录入，完成特定的工作任务和事业发展目标所发生的支出项目
6	单位代码	101001	系统引用基础信息的预算单位代码
7	去向单位代码	—	非上缴上级支出项目、对附属单位补助支出项目为空
8	上级转移支付项目代码	—	非转移支付落地项目为空

续表

序号	字段	字段值	备注
9	项目来源代码	1（本级申报项目）	选择录入，默认值为1（本级申报项目），值集来源于项目来源管理要素
10	项目期限	3	手工录入
11	起始时间	2021	手工录入
12	职能职责代码	—	选择录入（可选），值集来源于职能职责表中的职能职责代码
13	项目类别	3（特定目标类）	选择录入，值集来源于项目类别管理要素
14	分配方式	1（因素法）	选择录入，默认值为1（因素法），值集来源于分配方式管理要素
15	是否追踪	2（否）	需要追踪的项目为1，当本项目为上级转移支付落地项目且上级项目状态为1时，系统默认为1且不可更改，其他情况为选择录入
16	是否基建项目	2（否）	选择录入，默认值为2（否）
17	项目总额	60000.00	手工录入，默认值为0
18	其中：社会投入资金	0.00	手工录入，根据项目实际情况填写
19	部门评审意见	—	手工录入，项目维护阶段为空
20	财政评审意见	—	手工录入，项目维护阶段为空
21	部门审核意见	—	选择录入，项目维护阶段为空
22	财政审核意见	—	选择录入，项目维护阶段为空
23	财政内部机构代码	010（行政政法处）	选择录入，值集由各地财政部门自行制定
24	项目概述	本单位有关特定目标类项目支出	手工录入，对预算项目进行总体描述
25	编报模板代码	1000000004	选择录入，选择编报模板表中的某一模板的代码，根据项目支出范围、内容和支出标准等情况，分类制定的用于测算项目支出需求的模板
26	更新时间	20200506221138	数据更新时系统自动生成，数据创建时更新时间与创建时间一致
27	是否终止	2（否）	选择录入，默认值为2（否）
28	是否科研项目	2（否）	选择录入，默认值为2（否）
29	是否删除	2（否）	系统自动处理，值集来源于布尔型代码管理要素，默认值为2，删除操作后，字段值由2变为1

续表

序号	字段	字段值	备注
30	是否设置使用范围	2（否）	选择录入，默认值为2（否）
31	创建时间	20200506221138	数据创建时系统自动生成

表3-136　分年度支出计划表（PM_ANNUAL_EXPPLAN_INFO）

序号	字段	字段值	备注
1	分年度支出计划主键	K7744f3d-630f-4a80-a074-10159232c333	数据创建时系统自动生成
2	财政区划代码	110000000（北京市本级）	系统自动处理，值集来源于财政区划管理要素
3	预算年度	—	系统自动处理，项目储备阶段可为空
4	项目代码	110000200000000000004	系统引用项目基本信息表中的项目代码
5	单位代码	101001	系统引用基础信息的预算单位代码
6	年度	2021	手工录入
7	申报数	0.00	手工录入
8	审核数	—	手工录入，项目维护阶段为空
9	业务类型代码	1（项目储备）	选择录入，系统默认值为1（项目储备），值集来源于业务类型管理要素
10	版本号	—	项目储备阶段为空，项目年初预算批复后若需要对项目信息进行调整则必须记录调整后相应版本信息
11	版本说明	—	项目储备阶段为空，项目年初预算批复后若需要对项目信息进行调整则必须记录调整后相应版本信息
12	是否结束	2（否）	选择录入，默认值为2（否）
13	更新时间	20200506221138	数据更新时系统自动生成，数据创建时更新时间与创建时间一致
14	是否删除	2（否）	系统自动处理，值集来源于布尔型代码管理要素，默认值为2，删除操作后，字段值由2变为1
15	创建时间	20200506221138	数据创建时系统自动生成

注：此处仅以多年项目其中一年的分年度支出计划为例。

表3-137　项目绩效目标表（PM_PERF_GOAL_INFO）

序号	字段	字段值	备注
1	项目绩效目标主键	C6644f3d-630f-4a80-a074-10159232c333	数据创建时系统自动生成

续表

序号	字段	字段值	备注
2	财政区划代码	110000000（北京市本级）	系统自动处理，值集来源于财政区划管理要素
3	预算年度	—	系统自动处理，项目储备阶段可为空
4	项目代码	1100002000000000000004	系统引用项目基本信息表中的项目代码
5	绩效目标	—	手工录入
6	业务类型代码	1（项目储备）	选择录入，默认为1（项目储备），值集来源于业务类型管理要素
7	版本号	—	项目储备阶段为空，项目年初预算批复后若需要对项目信息进行调整则必须记录调整后相应版本信息
8	版本说明	—	项目储备阶段为空，项目年初预算批复后若需要对项目信息进行调整则必须记录调整后相应版本信息
9	下级财政区划代码	—	转移支付项目中上级给下级分解项目绩效目标时填写，其他情况的下级财政区划代码为空
10	更新时间	20200506221138	数据更新时系统自动生成，数据创建时更新时间与创建时间一致
11	是否删除	2（否）	系统自动处理，值集来源于布尔型代码管理要素，默认值为2，删除操作后，字段值由2变为1
12	创建时间	20200506221138	数据创建时系统自动生成

表3-138　　　项目绩效指标表（PM_PERF_INDICATOR）

序号	字段	字段值	备注
1	项目绩效指标主键	hjd44f3d-630f-4a80-a074-10159232c333	数据创建时系统自动生成
2	财政区划代码	110000000（北京市本级）	系统自动处理，值集来源于财政区划管理要素
3	预算年度	—	系统自动处理，项目储备阶段可为空
4	项目代码	1100002000000000000004	系统引用项目基本信息表中的项目代码
5	一级指标	1（产出指标）	选择录入，反映根据既定目标，相关预算资金预期提供的公共产品和服务情况，是对预期产出的描述
6	二级指标	11（数量指标）	选择录入，反映预期提供的公共产品和服务数量，如"务工农民岗位技能培训人数""公共租赁住房保障户数"等
7	三级指标	略	选择录入，单位设置的三级指标
8	指标内容	略	手工录入
9	评（扣）分标准	80	手工录入
10	指标值	略	手工录入

续表

序号	字段	字段值	备注
11	备注	—	手工录入，可为空
12	业务类型代码	1（项目储备）	选择录入，默认值为1（项目储备），值集来源于业务类型管理要素
13	版本号	—	项目储备阶段为空，项目年初预算批复后若需要对项目信息进行调整则必须记录调整后相应版本信息
14	版本说明	—	项目储备阶段为空，项目年初预算批复后若需要对项目信息进行调整则必须记录调整后相应版本信息
15	下级财政区划代码	—	转移支付项目中上级给下级分解项目绩效目标时填写，其他情况的下级财政区划代码为空
16	更新时间	20200506221138	数据更新时系统自动生成，数据创建时更新时间与创建时间一致
17	是否删除	2（否）	系统自动处理，值集来源于布尔型代码管理要素，默认值为2，删除操作后，字段值由2变为1
18	创建时间	20200506221138	数据创建时系统自动生成

表3－139　　项目资产配置信息表（PM_ASSET_ALLOC）

序号	字段	字段值	备注
1	项目资产配置主键	czc44f3d－630f－4a80－a074－10159232c333	数据创建时系统自动生成
2	财政区划代码	110000000（北京市本级）	系统自动处理，值集来源于财政区划管理要素
3	单位代码	101001	系统引用基础信息的预算单位代码
4	项目代码	110000020000000000004	系统引用项目基本信息表中的项目代码
5	资产分类代码	2010105（便携式计算机）	选择录入，代码来源于《固定资产分类与代码》（GB/T14885－2010）
6	资产名称	笔记本电脑	手工录入，根据资产实际情况填写
7	资产数量	10	从基础信息的"资产基本信息表"中获取
8	资产编制数	20	从基础信息的"资产基本信息表"中获取
9	资产申请数量	2	手工录入
10	单价	4000.00	手工录入
11	总金额	8000.00	手工录入
12	更新时间	20200506221138	数据更新时系统自动生成，数据创建时更新时间与创建时间一致
13	是否删除	2（否）	系统自动处理，值集来源于布尔型代码管理要素，默认值为2，删除操作后，字段值由2变为1

续表

序号	字段	字段值	备注
14	创建时间	20200506221138	数据创建时系统自动生成
15	业务类型代码	1（项目储备）	选择录入，默认值为1（项目储备）
16	版本号	—	项目储备阶段为空，项目年初预算批复后若需要对项目信息进行调整则必须记录调整后相应版本信息
17	版本说明	—	项目储备阶段为空，项目年初预算批复后若需要对项目信息进行调整则必须记录调整后相应版本信息

表3–140　　　　项目资产存量信息表（PM_ASSET_STOCK）

序号	字段	字段值	备注
1	项目资产配置主键	czc44f3d–630f–4a80–a074–10159232c333	数据创建时系统自动生成
2	财政区划代码	110000000（北京市本级）	系统自动处理，值集来源于财政区划管理要素
3	项目代码	110000200000000000004	系统引用项目基本信息表中的项目代码
4	资产分类代码	3050000（电力工业专用设备）	选择录入，代码来源于《固定资产分类与代码》（GB/T14885–2010）
5	资产代码	2018012040100001	系统自动生成，编号规则由各地财政部门自行制定
6	更新时间	20200506221138	数据更新时系统自动生成，数据创建时更新时间与创建时间一致
7	是否删除	2（否）	系统自动处理，值集来源于布尔型代码管理要素，默认值为2，删除操作后，字段值由2变为1
8	创建时间	20200506221138	数据创建时系统自动生成
9	业务类型代码	1（项目储备）	选择录入，默认值为1（项目储备），值集来源于业务类型管理要素
10	版本号	—	项目储备阶段为空，项目年初预算批复后若需要对项目信息进行调整则必须记录调整后相应版本信息
11	版本说明	—	项目储备阶段为空，项目年初预算批复后若需要对项目信息进行调整则必须记录调整后相应版本信息

表3–141　　　　职能职责表（PM_FUNCRESP_INFO）（可选）

序号	字段	字段值	备注
1	职能职责主键	znzz4f3d–630f–4a80–a074–10159232c363	数据创建时系统自动生成
2	财政区划代码	110000000（北京市本级）	系统自动处理，值集来源于财政区划管理要素

续表

序号	字段	字段值	备注
3	设立年度	2020	手工录入
4	预算部门代码	101（部门代码）	系统引用基础信息的预算部门代码
5	职能职责代码	000111	系统自动生成
6	职能职责名称	拟订和执行财政、税收的发展战略	手工录入
7	职能职责描述	略	手工录入
8	更新时间	20200506221138	数据更新时系统自动生成，数据创建时更新时间与创建时间一致
9	是否删除	2（否）	系统自动处理，值集来源于布尔型代码管理要素，默认值为2，删除操作后，字段值由2变为1
10	创建时间	20200506221138	数据创建时系统自动生成

表3-142　　政府预算收支表（PM_GOV_BGT）

序号	字段	字段值	备注
1	政府预算收支主键	w7344f3d-630f-4a80-a0z74-92459232c356	数据创建时系统自动生成
2	财政区划代码	110000000（北京市本级）	系统自动处理，值集来源于财政区划管理要素
3	预算年度	2021	系统自动处理，根据预算填报年度生成
4	项目期限	1	手工录入，根据项目实际情况填写
5	起始时间	2021	选择录入
6	项目代码	1100002000000000000032	系统引用项目基本信息表中的项目代码
7	项目名称	预备费	手工录入，根据项目实际情况填写
8	往来财政区划代码	—	选择录入，记录援助地区或接收援助地区财政区划代码，值集来源于财政区划管理要素
9	项目金额	500000.00	手工录入，根据项目实际情况填写
10	更新时间	20200506121821	数据更新时系统自动生成，数据创建时更新时间与创建时间一致
11	是否删除	2（否）	系统自动处理，值集来源于布尔型代码管理要素，默认值为2，删除操作后，字段值由2变为1
12	创建时间	20200506121821	标识该项目是否需要设置可用部门和地区范围
13	业务类型代码	1（项目储备）	选择录入，值集来源于业务类型代码集
14	版本号	—	预算编制阶段为空，项目年初预算批复后若需要对项目信息进行调整则必须记录调整后相应版本信息

续表

序号	字段	字段值	备注
15	版本说明	—	预算编制阶段为空，项目年初预算批复后若需要对项目信息进行调整则必须记录调整后相应版本信息
16	收入分类科目代码	—	收入分类科目代码和支出功能分类科目代码不允许同时为空
17	支出功能分类科目代码	227（预备费）	收入分类科目代码和支出功能分类科目代码不允许同时为空

表3-143　项目热点分类表（PM_HOT_TOPICCATE）

序号	字段	字段值	备注
1	项目热点分类主键	rdfl4f3d-630f-4a80-a074-10159232c363	数据创建时系统自动生成
2	财政区划代码	110000000（北京市本级）	系统自动处理，值集来源于财政区划管理要素
3	设立年度	2020	手工录入
4	项目代码	110000200000000000004	系统引用项目基本信息表中的项目代码
5	热点分类代码	001	手工录入
6	指标主键	—	项目储备阶段为空
7	更新时间	20200506221138	数据更新时系统自动生成，数据创建时更新时间与创建时间一致
8	是否删除	2（否）	系统自动处理，值集来源于布尔型代码管理要素，默认值为2，删除操作后，字段值由2变为1
9	创建时间	20200506221138	数据创建时系统自动生成

表3-144　项目使用范围设置表（PM_USE_SCOPE）（可选）

序号	字段	字段值	备注
1	项目使用范围设置主键	znzz4f3d-630f-4a80-a074-10159232c363	数据创建时系统自动生成
2	财政区划代码	110000000（北京市本级）	系统自动处理，值集来源于财政区划管理要素
3	预算年度	—	系统自动处理，项目储备阶段可为空
4	财政处室代码	010（行政政法处）	选择录入，值集由各地财政部门自行制定
5	项目代码	110000200000000000004	选择录入
6	部门代码	101（部门代码）	选择录入，设立项目的部门代码
7	单位代码	101001	选择录入，值集来源于基础信息中的预算单位代码

续表

序号	字段	字段值	备注
8	更新时间	20200506221138	数据更新时系统自动生成，数据创建时更新时间与创建时间一致
9	是否删除	2（否）	系统自动处理，值集来源于布尔型代码管理要素，默认值为2，删除操作后，字段值由2变为1
10	创建时间	20200506221138	数据创建时系统自动生成

表 3 – 145　　　　　　　项目对应关系设置表（PM_RELA）

序号	字段	字段值	备注
1	项目对应关系设置主键	xmdy4f3d – 630f – 4a80 – a074 – 10159662c364	数据创建时系统自动生成
2	财政区划代码	110000000（北京市本级）	系统自动处理，值集来源于财政区划管理要素
3	预算年度	—	系统自动处理，项目储备阶段可为空
4	单位代码	101001	系统引用基础信息的预算单位代码
5	项目代码	110000200000000000004	系统引用项目基本信息表中的项目代码
6	对应项目代码	略	选择录入，本项目对应的项目代码
7	更新时间	20200506221138	数据更新时系统自动生成，数据创建时更新时间与创建时间一致
8	是否删除	2（否）	系统自动处理，值集来源于布尔型代码管理要素，默认值为2，删除操作后，字段值由2变为1
9	创建时间	20200506221138	数据创建时系统自动生成

表 3 – 146　　　　　　专项债券项目附属信息表（PM_DEBT_INFO）

序号	字段	字段值	备注
1	债券项目信息主键	zxzq4f3d – 630f – 4a80 – a074 – 10159662c364	数据创建时系统自动生成
2	财政区划代码	110000000（北京市本级）	系统自动处理，值集来源于财政区划管理要素
3	单位代码	101001	系统引用基础信息的预算单位
4	项目代码	110000200000000000004	系统引用项目基本信息表中的项目代码
5	经营期限	4	手工录入
6	收益平衡方案	略	手工录入
7	融资平衡方案	略	手工录入
8	预计基金收入	略	手工录入

续表

序号	字段	字段值	备注
9	预计其他专项收入	略	手工录入
10	更新时间	20200506221138	数据更新时系统自动生成，数据创建时更新时间与创建时间一致
11	是否删除	2（否）	系统自动处理，值集来源于布尔型代码管理要素，默认值为2，删除操作后，字段值由2变为1
12	创建时间	20200506221138	数据创建时系统自动生成

表 3 – 147　　　　还本付息项目债券关系设置表（PM_PRO_BOND）

序号	字段	字段值	备注
1	关系主键	hbdy4f3d – 630f – 4a80 – a074 – 10159662c364	数据创建时系统自动生成
2	财政区划代码	110000000（北京市本级）	系统自动处理，值集来源于财政区划管理要素
3	项目代码	110000200000000000004	系统引用项目基本信息表中的项目代码
4	债券代码	ZQDM0101001	选择录入，值集来源于基础信息的地方政府债券表中的债券代码
5	单位代码	101001	系统引用基础信息的预算单位代码
6	更新时间	20200506221138	数据更新时系统自动生成，数据创建时更新时间与创建时间一致
7	是否删除	2（否）	系统自动处理，值集来源于布尔型代码管理要素，默认值为2，删除操作后，字段值由2变为1
8	创建时间	20200506221138	数据创建时系统自动生成

（2）支出测算。

单位根据特定目标类项目的测算标准，进行系统测算。系统引用基础信息中的支出标准表（BAS_EXP_CRI）中相关信息，选择项目编报模板表（PM_EST_MODE）、项目任务明细表（PM_EST_DETAIL）、项目任务明细对应支出标准表（PM_EST_DETAIL_CRI）中相关信息进行项目测算，在项目测算表（PM_EST_IMATE）存储数据。在此环节仅引用而不修改支出标准表（BAS_EXP_CRI）中相关信息，因此不再举例说明，其他逻辑库表字段示例如表 3 – 148 ~ 表 3 – 151 所示。

表 3-148　　　　　　　　项目编报模板表（M_EST_MODE）

序号	字段	字段值	备注
1	项目测算任务模板主键	csrw4f3d-630f-4a80-a074-10159232cd9t	数据创建时系统自动生成
2	财政区划代码	110000000（北京市本级）	系统自动处理，值集来源于财政区划管理要素
3	预算年度	—	系统自动处理，项目储备阶段可为空
4	编报模板名称	略	手工录入
5	编报模板代码	1000000004	系统自动生成
6	是否启用	1（是）	选择录入，默认值为1（是）
7	更新时间	20200606221138	数据更新时系统自动生成，数据创建时更新时间与创建时间一致
8	是否删除	2（否）	系统自动处理，值集来源于布尔型代码管理要素，默认值为2，删除操作后，字段值由2变为1
9	创建时间	20200506221138	数据创建时系统自动生成

表 3-149　　　　　　　　项目任务明细表（PM_EST_DETAIL）

序号	字段	字段值	备注
1	项目测算任务明细主键	csrwmx3d-630f-4a80-a074-10159232cd9t	数据创建时系统自动生成
2	财政区划代码	110000000（北京市本级）	系统自动处理，值集来源于财政区划管理要素
3	预算年度	—	系统自动处理，项目储备阶段可为空
4	编报模板代码	1000000004	选择录入，值集来源于项目编报模板表中的编报模板代码
5	项目任务明细名称	房屋修缮	手工录入
6	项目任务明细代码	2000000000004	系统自动生成
7	是否启用	1（是）	选择录入，默认值为1（是）
8	更新时间	20200506221138	数据更新时系统自动生成，数据创建时更新时间与创建时间一致
9	是否删除	2（否）	系统自动处理，值集来源于布尔型代码管理要素，默认值为2，删除操作后，字段值由2变为1
10	创建时间	20200506221138	数据创建时系统自动生成

表 3-150　　　　项目任务明细对应支出标准表（PM_EST_DETAIL_CRI）

序号	字段	字段值	备注
1	项目任务明细对应关系主键	xmrwmx3d-630f-4a80-a074-10159232cd55	数据创建时系统自动生成
2	财政区划代码	110000000（北京市本级）	系统自动处理，值集来源于财政区划管理要素
3	预算年度	—	系统自动处理，项目储备阶段可为空
4	项目任务明细代码	2000000000004	选择录入，值集来源于项目明细表中的项目任务明细代码
5	支出标准代码	10000000000000000004	选择录入，值集来源于支出标准表中的支出标准代码
6	是否启用	1（是）	选择录入，默认值为1（是）
7	更新时间	20200506221138	数据更新时系统自动生成，数据创建时更新时间与创建时间一致
8	是否删除	2（否）	系统自动处理，值集来源于布尔型代码管理要素，默认值为2，删除操作后，字段值由2变为1
9	创建时间	20200506221138	数据创建时系统自动生成

表 3-151　　　　　　　　项目测算表（PM_EST_MODE）

序号	字段	字段值	备注
1	项目测算主键	xmcsbf3d-630f-4a80-a074-10159232c366	数据创建时系统自动生成
2	财政区划代码	110000000（北京市本级）	系统自动处理，值集来源于财政区划管理要素
3	预算年度	—	系统自动处理，项目储备阶段可为空
4	项目代码	1100002000000000000004	系统引用项目基本信息表中的项目代码
5	单位代码	101001	系统引用基础信息的预算单位代码
6	编报模板代码	1000000001	选择录入，选择编报模板表中的某一模板的代码，根据项目支出范围、内容和支出标准等情况，分类制定的用于测算项目支出需求的模板
7	项目任务明细代码	2000000000004	选择录入，值集来源于项目任务明细表中的项目任务明细代码
8	支出标准代码	10000000000000000001	选择录入，值集来源于支出标准表中的支出标准代码
9	计量数	1	手工录入
10	单价	500000.00	手工录入
11	测算数	500000.00	手工录入
12	审核数	—	手工录入，项目维护阶段为空，不可编辑
13	测算依据及说明	—	手工录入

续表

序号	字段	字段值	备注
14	更新时间	20200506221138	数据更新时系统自动生成，数据创建时更新时间与创建时间一致
15	是否删除	2（否）	系统自动处理，值集来源于布尔型代码管理要素，默认值为2，删除操作后，字段值由2变为1
16	创建时间	20200506221138	数据创建时系统自动生成
17	业务类型代码	1（项目储备）	选择录入，默认为1（项目储备），值集来源于业务类型管理要素
18	版本号	—	项目储备阶段为空，项目年初预算批复后若需要对项目信息进行调整则必须记录调整后相应版本信息
19	版本说明	—	项目储备阶段为空，项目年初预算批复后若需要对项目信息进行调整则必须记录调整后相应版本信息

（3）部门审核。

部门对测算过的特定目标类项目进行审核确认，此时项目基本信息表（PM_PROJECT_INFO）中部门审核意见、部门评审意见、更新时间字段发生变化，其他相关逻辑库表数据无变化。逻辑库表字段变化示例如表3-152所示。

表3-152　　　　　　　项目基本信息表（PM_PROJECT_INFO）

序号	字段	字段值	备注
1	项目主键	b7344f3d-630f-4a80-a074-10159232c357	数据创建时系统自动生成
⋮	⋮	⋮	⋮
15	更新时间	20200516221138	数据更新时系统自动生成，数据创建时更新时间与创建时间一致
19	部门评审意见	通过	手工录入
21	部门审核意见	1（审核通过）	选择录入
⋮	⋮	⋮	⋮

（4）财政审核。

财政对部门审核通过的特定目标类项目进行审核，此时项目基本信息表（PM_PROJECT_INFO）中财政审核意见、财政评审意见、更新时间字段发生变化，其他相关逻辑库表数据无变化。逻辑库表字段变化示例如表3-153所示。

表 3–153　　　　　　　　　项目基本信息表（PM_PROJECT_INFO）

序号	字段	字段值	备注
1	项目主键	b7344f3d–630f–4a80–a074–10159232c357	数据创建时系统自动生成
⋮	⋮	⋮	⋮
15	更新时间	20200519221138	数据更新时系统自动生成，数据创建时更新时间与创建时间一致
20	财政评审意见	同意	手工录入
22	财政审核意见	1（审核通过）	选择录入
⋮	⋮	⋮	⋮

3.2.3　常见问题

（1）在现有技术标准中如何区分接收到上级下达的一般转移支付项目和专项转移支付项目？

在项目库相关库表里未明确区分，可在技术标准中的 4.2.2 逻辑库表"转移支付项目接收登记表"里，通过转移支付功能分类科目及支出功能分类科目这两个字段区分。

（2）若收入以项目的方式进行管理，怎样通过现有逻辑库表处理收入项目？

收入项目由 2 张库表存储，其中转移支付收入项目存储在"转移支付项目接收登记表"中，本级的其他收入项目存储在"政府预算收支表"中。

（3）按照财政三年滚动规划要求，项目滚动下一年度时项目绩效年度目标和总体目标存在多对一的情况，逻辑库表中如何体现？

在"项目绩效目标表"中通过业务类型代码这一字段区分项目储备和预算编制阶段，在项目储备阶段，绩效目标为项目总绩效目标，在预算编制阶段，绩效目标为项目年度绩效目标。

（4）延续性项目在数据库中只能存储一个还是可以存储多个？

按照《规范》及《标准》要求，延续性项目的项目代码在项目终止前保持不变，在实际存储过程中，如果需要按年度或其他需求存储多次，相关项目可产生多个"项目主键"，但项目代码必须保持不变。

（5）现有库表是否支持一个项目由多个部门（单位）实施的情况？

若一个项目需要多个部门（单位）实施，可由财政部门（部门）设置项目的使用范围，相关信息存储在"项目使用范围设置表（可选）"中，在使用范围内的部门（单位）可进一步对原有项目进行细化申报相关项目。

（6）分年度支出计划表中的"版本号"具体格式如何表示？

字段"版本号"生成规则是：年月日时分秒到毫秒，例如，20200125131906550。

（7）项目库中所有预算储备项目都需要财政审核吗？

人员类项目以及运转类公用经费项目不需要财政审核，系统自动测算后各单位对测算结果进行确认并报送部门审核，部门审核确认后即可纳入项目库作为预算储备项目；运转类其他运转类项目及特定目标类项目需要财政审核，单位申报后部门进行审核，部门审核通过的项目报送财政部门审核，财政部门审核通过的项目，可纳入项目库作为预算储备项目。

（8）项目测算表的测算金额中是项目整体金额的测算结果还是分年度的？

储备项目时，只针对项目整体金额进行测算，此时业务类型为项目储备，测算金额需与项目基本信息表中的项目金额保持一致；编制预算时，需要对当前预算年度的项目金额进行测算，此时业务类型为预算编制，测算金额需与项目分年支出计划表中当前预算年度的项目金额保持一致。

3.3 预算编制

3.3.1 总体描述

预算编制部分主要包括政府预算编制、部门预算编制、转移支付预算编制。其中政府预算包括一般公共预算、政府性基金预算、国有资本经营预算、社会保险基金预算，在《规范》中主要对一般公共预算、政府性基金预算、国有资本经营预算进行了说明。部门预算是由本部门及其所属各单位预算组成。转移支付预算是政府预算的重要组成部分，包括转移支付收入预算和转移支付支出预算。

3.3.2 功能设计

3.3.2.1 政府预算编制

政府预算编制的内容主要包括：一般公共预算、政府性基金预算、国有资本经营预算的编制。财政部门从项目库中挑选财政代编的收入和支出项目，列入预算并细化项目年度预算表；财政部门对部门预算及财政代编预算进行审核；财政部门将审核通过的部门预算和财政代编预算进行汇总，生成政府预算。涉及的业务活动及逻辑库表应用如表3-154所示。

表3-154　　　　政府预算编制涉及的业务活动及逻辑库表应用

序号	业务活动	逻辑库表	中文名称	备注
1	编制财政代编预算	PM_PROJECT_INFO	项目基本信息表	存储本级项目（部门预算项目、对下转移支付项目及其财政待分配项目）、下级上报的转移支付项目、下级上报的债务项目信息

续表

序号	业务活动	逻辑库表	中文名称	备注
1	编制财政代编预算	PM_GOV_BGT	政府预算收支表	存储除转移性收入项目外的收入项目和存储除项目基本信息表中项目外的所有支出项目信息
		PM_TRAIN	转移支付项目接收登记表	存储本级财政转移性收入项目信息
		BGT_TRA	对下转移支付年度预算表	存储对下转移支付预算的主要信息
		BGT_PM_ANNUAL	部门预算项目年度预算表	存储部门预算项目年度预算的主要信息
2	财政审核	PM_GOV_BGT	政府预算收支表	存储除转移性收入项目外的收入项目和存储除项目基本信息表中项目外的所有支出项目信息
		⋮	⋮	包括以上所有逻辑库表
3	生成政府预算	PM_GOV_BGT	政府预算收支表	存储除转移性收入项目外的收入项目和存储除项目基本信息表中项目外的所有支出项目信息
		⋮	⋮	包括以上所有逻辑库表

说明：此章节主要重点介绍政府预算编制业务收入预算按项目管理方式的业务活动，若政府预算编制业务收入预算按报表方式进行管理，则财政部门在编制财政代编收入预算，需要根据实际收入情况，编制汇总收入预算表，此时收入预算信息存储在政府预算收支表和转移支付项目接收登记表中。

支出：本级部门预算项目、本级部门预算待分项目、对下转移支付项目、对下转移支付待分项目、预备费、调出资金、补充预算稳定调节基金、上解上级支出、债务转贷支出、债务还本支出。

收入：上级转移支付收入、税收收入、非税收入、下级上解收入、单位资金收入、债务收入、调入资金、动用预算稳定调节基金、上年结转收入。

1. 逻辑库表间关系

政府预算编制涉及的相关逻辑库表的关系如图3－9所示。

（1）部门预算项目年度预算表（BGT_PM_ANNUAL）中的财政区划代码（MOF_DIV_CODE）、项目代码（PRO_CODE）对应了项目基本信息表（PM_PROJECT_INFO）中的财政区划代码（MOF_DIV_CODE）、项目代码（PRO_CODE）。

（2）部门预算项目年度预算表（BGT_PM_ANNUAL）中的财政区划代码（MOF_DIV_CODE）、项目代码（PRO_CODE）、预算年度（FISCAL_YEAR）对应了政府预算收支表（PM_GOV_BGT）中的财政区划代码（MOF_DIV_CODE）、项目代码（PRO_CODE）、预算年度（FISCAL_YEAR）。

```
                    ┌─────────────────────────┐
                    │    项目基本信息表         │
                    │   （PM_PROJECT_INFO）    │
                    ├─────────────────────────┤
                    │ PK    项目主键           │
                    │      （PRO_ID）          │
                    │ - - - - - - - - - - - - │
                    │       财政区划代码        │
                    │     （MOF_DIV_CODE）     │
                    │       项目代码           │
                    │      （PRO_CODE）        │
                    └─────────────────────────┘
```

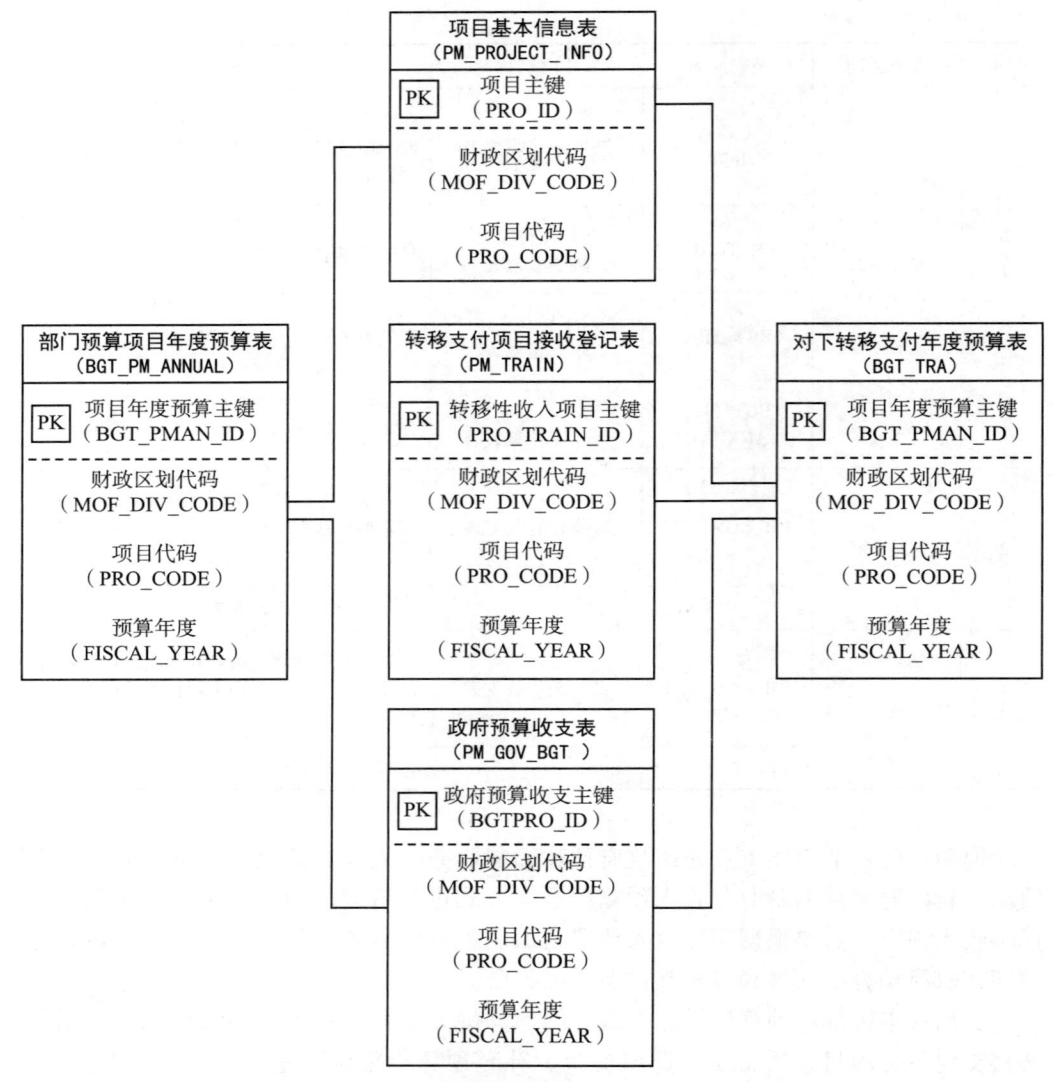

图 3-9　政府预算编制涉及的相关逻辑表的关系

（3）对下转移支付年度预算表（BGT_TRA）中的财政区划代码（MOF_DIV_CODE）、项目代码（PRO_CODE）对应了项目基本信息表（PM_PROJECT_INFO）中的财政区划代码（MOF_DIV_CODE）、项目代码（PRO_CODE）。

（4）对下转移支付年度预算表（BGT_TRA）中的财政区划代码（MOF_DIV_CODE）、项目代码（PRO_CODE）、预算年度（FISCAL_YEAR）对应了转移支付项目接收登记表（PM_TRAIN）中的财政区划代码（MOF_DIV_CODE）、项目代码（PRO_CODE）、预算年度（FISCAL_YEAR）。

（5）对下转移支付年度预算表（BGT_TRA）中的财政区划代码（MOF_DIV_CODE）、项目代码（PRO_CODE）、预算年度（FISCAL_YEAR）对应了政府预算收支表（PM_GOV_BGT）中的财政区划代码（MOF_DIV_CODE）、项目代码（PRO_

CODE)、预算年度（FISCAL_YEAR）。

2. 实现机制说明

（1）编制财政代编预算。

财政部门从项目库中挑选财政代编的收入和支出项目，列入预算并细化项目年度预算表。此时涉及的库表包括：项目基本信息表（PM_PROJECT_INFO）、政府预算收支表（PM_GOV_BGT）、转移支付项目接收登记表（PM_TRAIN）、部门预算项目年度预算表（BGT_PM_ANNUAL）、对下转移支付年度预算表（BGT_TRA）。在此环节仅引用而不修改项目基本信息表（PM_PROJECT_INFO）中相关信息，因此不再举例说明，其他逻辑库表字段示例如表 3–155 ~ 表 3–158 所示。

表 3–155　　　　　　　　政府预算收支表（PM_GOV_BGT）

序号	字段	字段值	备注
1	政府预算收支主键	w7344f3d–630f–4a80–a0z74–92459232c356	数据创建时系统自动生成
2	财政区划代码	110000000（北京市本级）	系统自动处理，值集来源于财政区划管理要素
3	预算年度	2021	系统自动处理，根据预算填报年度生成
4	项目期限	1	手工录入，根据项目实际情况填写
5	起始时间	2021	选择录入
6	项目代码	110000200000000000032	系统引用项目基本信息表中的项目代码
7	项目名称	预备费	手工录入，根据项目实际情况填写
8	往来财政区划代码	—	选择录入，记录援助地区或接收援助地区财政区划代码，值集来源于财政区划管理要素
9	项目金额	500000.00	手工录入，根据项目实际情况填写
10	更新时间	20200604121821	数据更新时系统自动生成，数据创建时更新时间与创建时间一致
11	是否删除	2（否）	系统自动处理，值集来源于布尔型代码管理要素，默认值为2，删除操作后，字段值由2变为1
12	创建时间	20200503121821	标识该项目是否需要设置可用部门和地区范围
13	业务类型代码	2（预算编制）	选择录入，值集来源于业务类型代码集
14	版本号	—	预算编制阶段为空，项目年初预算批复后若需要对项目信息进行调整则必须记录调整后相应版本信息
15	版本说明	—	预算编制阶段为空，项目年初预算批复后若需要对项目信息进行调整则必须记录调整后相应版本信息
16	收入分类科目代码	—	收入分类科目代码和支出功能分类科目代码不允许同时为空
17	支出功能分类科目代码	227（预备费）	收入分类科目代码和支出功能分类科目代码不允许同时为空

表 3－156　　　　　　　转移支付项目接收登记表（PM_TRAIN）

序号	字段	字段值	备注
1	转移性收入项目主键	q7344f3d－630f－4a80－a074－92459232c357	数据创建时系统自动生成
2	财政区划代码	110000000（北京市本级）	系统自动处理，值集来源于财政区划管理要素
3	预算年度	2021	系统自动处理，根据预算填报年度生成
4	项目来源区划代码	100000000（中央）	系统自动处理，项目来源地区的财政区划代码，预估项目可手工录入
5	项目代码	100000200000000000031	系统自动处理，与转移支付接收表中项目代码保持一致，预估项目可手工录入
6	项目名称	支持学前教育发展资金	系统自动处理，与转移支付接收表中项目名称保持一致，预估项目可手工录入
7	已接收金额	100000.00	系统自动处理，与转移支付接收表中指标金额保持一致，若该项目已下达过，则金额累加，预估项目可手工录入
8	预估金额	0.00	手工录入，默认值为0，无预估收入金额可不填
9	已核销金额	0.00	手工录入，默认值为0，无预估收入金额可不填
10	转移支付功能分类科目代码	2300202（均衡性转移支付支出）	系统自动处理，与转移支付接收表中转移支付功能分类科目代码保持一致，预估项目可手工录入
11	支出功能分类科目代码	2050201（学前教育）	系统自动处理，与转移支付接收表中支出功能分类科目代码保持一致，预估项目可手工录入
12	分配方式	1（因素法）	系统自动处理，与转移支付接收表中分配方式保持一致，预估项目可手工录入
13	是否追踪	2（否）	系统自动处理，与转移支付接收表中是否追踪状态保持一致，预估项目可手工录入
14	更新时间	20200503123017	数据更新时系统自动生成，数据创建时更新时间与创建时间一致
15	是否删除	2（否）	系统自动处理，值集来源于布尔型代码管理要素，默认值为2，删除操作后，字段值由2变为1
16	创建时间	20200503123017	系统创建数据时自动生成

表 3－157　　　　　　　部门预算项目年度预算表（BGT_PM_ANNUAL）

序号	字段	字段值	备注
1	项目年度预算主键	b7344f3d－630f－4a80－a074－92459232c357	数据创建时系统自动生成
2	财政区划代码	110000000（北京市本级）	系统自动处理，值集来源于财政区划管理要素

续表

序号	字段	字段值	备注
3	预算年度	2021	系统自动处理，根据预算填报年度生成
4	单位代码	101001	系统自动引用基础信息中的预算单位代码
5	项目类别代码	21（公用经费）	选择录入，值集来源于项目类别管理要素
6	项目代码	110000200000000000030	系统引用项目基本信息表中的项目代码
7	支出功能分类科目代码	2010801（行政运行）	选择录入，值集来源于支出功能分类科目管理要素
8	政府支出经济分类代码	50299（其他商品和服务支出）	选择录入，引用政府支出经济分类管理要素
9	部门支出经济分类代码	30299（其他商品和服务支出）	选择录入，值集来源于部门支出经济分类管理要素
10	资金性质代码	111（一般公共预算资金）	选择录入，值集来源于资金性质管理要素
11	申报数	100000.00	手工录入，根据项目实际情况填写
12	财政审核数	—	财政部门审核时手工录入
13	部门代码	101（部门代码）	系统自动引用，值集根据各地财政部门情况制定
14	业务主管处室代码	010（行政政法处）	系统自动引用，值集根据各地财政部门情况制定
15	更新时间	20200911112012	数据更新时系统自动生成，数据创建时更新时间与创建时间一致
16	申报环节	4（部门"二上"）	系统自动处理，值集来源于申报环节管理要素
17	年初批复数	—	预算编制阶段为空，预算批复后系统自动生成或手工录入
18	调整金额	—	预算编制阶段为空，项目调整时手工录入
19	调剂金额	—	预算编制阶段为空，项目调剂时手工录入
20	变动后预算数	—	预算编制阶段为空，预算变动时手工录入
21	是否删除	2（否）	系统自动处理，值集来源于布尔型代码管理要素，默认值为2，删除操作后，字段值由2变为1
22	预算级次代码	2（省级）	系统自动生成，值集来源于预算级次代码管理要素
23	资金来源代码	11（年初安排）	选择录入，值集来源于资金来源管理要素
24	创建时间	20200911112012	系统创建数据时自动生成

表 3-158　　　　对下转移支付年度预算表（BGT_TRA）

序号	字段	字段值	备注
1	项目年度预算主键	q7344f3d-630f-4a80-a074-92459232c356	数据创建时系统自动生成
2	财政区划代码	110000000（北京市本级）	系统自动处理，值集来源于财政区划管理要素
3	预算年度	2021	系统自动处理，根据预算填报年度生成
4	单位代码	101001	系统自动引用基础信息中的预算单位代码
5	项目类别代码	3（特定目标类）	选择录入，值集来源于项目类别管理要素
6	项目代码	110000200000000000090	系统引用项目基本信息表中的项目代码
7	支出功能分类科目代码	2300245（教育共同财政事权转移支付支出）	选择录入，值集来源于支出功能分类科目管理要素
8	转移支付功能分类科目代码	2300245（教育共同财政事权转移支付支出）	选择录入，值集来源于转移支付功能分类科目管理要素
9	下级财政区划代码	110108000（海淀区本级）	系统自动引用，下级财政区划值集来源于财政区划管理要素
10	政府支出经济分类代码	50399（其他资本性支出）	选择录入，值集来源于政府支出经济分类管理要素
11	资金性质代码	111（一般公共预算资金）	选择录入，值集来源于资金性质管理要素
12	申报数	150000.00	手工录入，根据项目实际情况填写
13	财政审核数	—	财政部门审核时手工录入
14	部门代码	101（部门代码）	系统自动引用，值集根据各地财政部门情况制定
15	业务主管处室代码	010（行政政法处）	系统自动引用，值集根据各地财政部门情况制定
16	更新时间	20200911112018	数据更新时系统自动生成，数据创建时更新时间与创建时间一致
17	申报环节	4（部门"二上"）	系统自动处理，值集来源于申报环节管理要素
18	年初批复数	—	预算编制阶段为空，预算批复后系统自动生成或手工录入，之后不可再编辑
19	调整金额	—	预算编制阶段为空，项目调整时手工录入
20	调剂金额	—	预算编制阶段为空，项目调剂时手工录入
21	变动后预算数	—	预算编制阶段为空，预算变动时手工录入
22	是否删除	2（否）	系统自动处理，值集来源于布尔型代码管理要素，默认值为2，删除操作后，字段值由2变为1
23	预算级次代码	2（省级）	系统自动生成，值集来源于预算级次代码管理要素
24	资金来源代码	21（年初安排）	选择录入，值集来源于资金来源管理要素
25	创建时间	20200911112018	系统创建数据时自动生成

(2) 财政审核。

财政部门对部门预算及财政代编预算进行审核。此时部门预算项目年度预算表（BGT_PM_ANNUAL）、对下转移支付年度预算表（BGT_TRA）的财政审核数、更新时间字段发生变化，其他相关业务库表数据无变化。逻辑库表字段变化示例如表 3 – 159 和表 3 – 160 所示。

表 3 – 159　　　　　部门预算项目年度预算表（BGT_PM_ANNUAL）

序号	字段	字段值	备注
1	项目年度预算主键	b7344f3d – 630f – 4a80 – a074 – 92459232c357	数据创建时系统自动生成
⋮	⋮	⋮	⋮
12	财政审核数	110000.00	财政审核时手工录入
15	更新时间	20200912112018	数据更新时系统自动生成，数据创建时更新时间与创建时间一致
⋮	⋮	⋮	⋮

表 3 – 160　　　　　　　对下转移支付年度预算表（BGT_TRA）

序号	字段	字段值	备注
1	项目年度预算主键	q7344f3d – 630f – 4a80 – a074 – 92459232c356	数据创建时系统自动生成
⋮	⋮	⋮	⋮
13	财政审核数	150000.00	财政审核时手工录入
16	更新时间	20200912112014	数据更新时系统自动生成，数据创建时更新时间与创建时间一致
⋮	⋮	⋮	⋮

(3) 生成政府预算。

财政部门将审核通过的部门预算和财政代编预算进行汇总，生成政府预算。此时涉及的相关业务库表数据无变化。

3.3.2.2　部门预算编制

各单位按照年度部门预算编制要求，编制本单位预算建议，按规定报送主管部门。部门审核汇总各单位预算，编制形成部门预算建议，在规定时间内报送财政部门。财政部门对部门提出的预算项目和预算建议进行审核，确定财政拨款预算"一下"控制数。部门将财政部门下达的预算控制数分解下达给各单位。各单位细化编制本单位的预算草案，按程序报送主管部门。部门汇总各单位预算草案，形成本部门预算草案，报送财政部门。财政部门审核汇总各部门预算草案后形成年度部门预算草案，作为政府预算的一部分，上报本级人大。涉及的业务活动及逻辑库表应用如表3-161所示。

表3-161　　　　部门预算编制涉及的业务活动及逻辑库表应用

序号	业务活动	逻辑库表	中文名称	备注
1	选取项目	PM_PROJECT_INFO	项目基本信息表	存储本级项目的基本信息、预算概要以及各类状态信息
2	申报预算	BGT_PM_ANNUAL	部门预算项目年度预算表	存储部门预算项目年度预算的主要信息
		BGT_ASSET_ALLOC_PLAN	资产配置预算表	存储项目资产预算的相关信息
		BGT_GOVPUR	政府采购预算表	存储政府采购预算信息
		BGT_GOVPUR_SERV	政府购买服务表	存储政府购买服务的申报信息
3	申报收入预算	BGT_DEP_INCOME	单位收入预算表	存储部门预算中单位编制的收入预算信息
		BGT_NTAX_INCOME_PLAN	非税收入计划表	存储单位非税收入征收计划信息
4	审核汇总单位预算建议	BGT_PM_ANNUAL	部门预算项目年度预算表	存储部门预算项目年度预算的主要信息
		⋮	⋮	包括上述除项目基本信息表外所有逻辑库表
5	提出部门预算建议	BGT_PM_ANNUAL	部门预算项目年度预算表	存储部门预算项目年度预算的主要信息
		⋮	⋮	包括上述除项目基本信息表外所有逻辑库表
6	审核部门预算建议	BGT_PM_ANNUAL	部门预算项目年度预算表	存储部门预算项目年度预算的主要信息
		⋮	⋮	包括上述除项目基本信息表外所有逻辑库表
7	核定预算控制数	BGT_DOMINATE_AMT	控制数阶段表	存储确定财政拨款预算"一下"控制数信息
8	下达预算控制数	BGT_DOMINATE_AMT	控制数阶段表	存储下达给部门的控制数信息

续表

序号	业务活动	逻辑库表	中文名称	备注
9	接收并分解下达预算控制数	BGT_DOMINATE_AMT	控制数阶段表	存储部门接收和下达给单位的控制数信息
10	接收预算控制数	BGT_DOMINATE_AMT	控制数阶段表	存储单位控制数信息
11	编制预算草案	BGT_PM_ANNUAL	部门预算项目年度预算表	存储单位根据财政拨款预算控制数调整后的部门预算项目年度预算的主要信息
		⋮	⋮	包括上述除项目基本信息表、控制数阶段表外所有逻辑库表
12	审核汇总单位预算草案	BGT_PM_ANNUAL	部门预算项目年度预算表	存储部门预算项目年度预算的主要信息
		⋮	⋮	包括上述除项目基本信息表、控制数阶段表外所有逻辑库表
13	形成部门预算草案	BGT_PM_ANNUAL	部门预算项目年度预算表	存储部门预算项目年度预算的主要信息
		⋮	⋮	包括上述除项目基本信息表、控制数阶段表外所有逻辑库表
14	审核部门预算草案	BGT_PM_ANNUAL	部门预算项目年度预算表	存储部门预算项目年度预算的主要信息
		⋮	⋮	包括上述除项目基本信息表、控制数阶段表外所有逻辑库表
15	生成年度部门预算草案	BGT_PM_ANNUAL	部门预算项目年度预算表	存储部门预算项目年度预算的主要信息
		⋮	⋮	包括上述除项目基本信息表、控制数阶段表外所有逻辑库表
16	预拨二上预算指标	BA_BGT_INF	指标信息表	存储预拨预算指标信息

1. 逻辑库表间关系

部门预算编制涉及的相关逻辑库表的关系如图3-10所示。

（1）部门预算项目年度预算表（BGT_PM_ANNUAL）中的项目代码（PRO_CODE）对应了项目基本信息表（PM_PROJECT_INFO）中的项目代码（PRO_CODE）。

（2）部门预算项目年度预算表（BGT_PM_ANNUAL）中的项目代码（PRO_CODE）对应了资产配置预算表（BGT_ASSET_ALLOC_PLAN）中的项目代码（PRO_CODE）。

项目基本信息表 (PM_PROJECT_INFO)

PK	项目主键 (PRO_ID)
	财政区划代码 (MOF_DIV_CODE)
	项目代码 (PRO_CODE)
	项目名称 (PRO_NAME)

部门预算项目年度预算表 (BGT_PM_ANNUAL)

PK	项目年度预算主键 (BGT_PMAN_ID)
	财政区划代码 (MOF_DIV_CODE)
	项目代码 (PRO_CODE)
	预算年度 (FISCAL_YEAR)
	单位代码 (AGENCY_CODE)

控制数阶段表 (BGT_DOMINATE_AMT)

PK	控制数阶段主键 (BGT_DOMINATEAMT_ID)
	预算年度 (FISCAL_YEAR)
	单位代码 (AGENCY_CODE)

非税收入计划表 (BGT_NTAX_INCOME_PLAN)

PK	非税收入计划主键 (BGT_NTAX_ID)
	单位代码 (AGENCY_CODE)
	预算年度 (FISCAL_YEAR)

资产配置预算表 (BGT_ASSET_ALLOC_PLAN)

PK	资产配置预算主键 (BGT_ASSET_ID)
	项目代码 (PRO_CODE)
	单位代码 (AGENCY_CODE)
	预算年度 (FISCAL_YEAR)

政府采购预算表 (BGT_GOVPUR)

PK	政府采购预算主键 (BGT_GOVPUR_ID)
	项目代码 (PRO_CODE)
	单位代码 (AGENCY_CODE)
	预算年度 (FISCAL_YEAR)

政府购买服务表 (BGT_GOVPUR_SERV)

PK	政府购买服务主键 (BGT_GOV_BUY_ID)
	项目代码 (PRO_CODE)
	单位代码 (AGENCY_CODE)
	预算年度 (FISCAL_YEAR)

单位收入预算表 (BGT_DEP_INCOME)

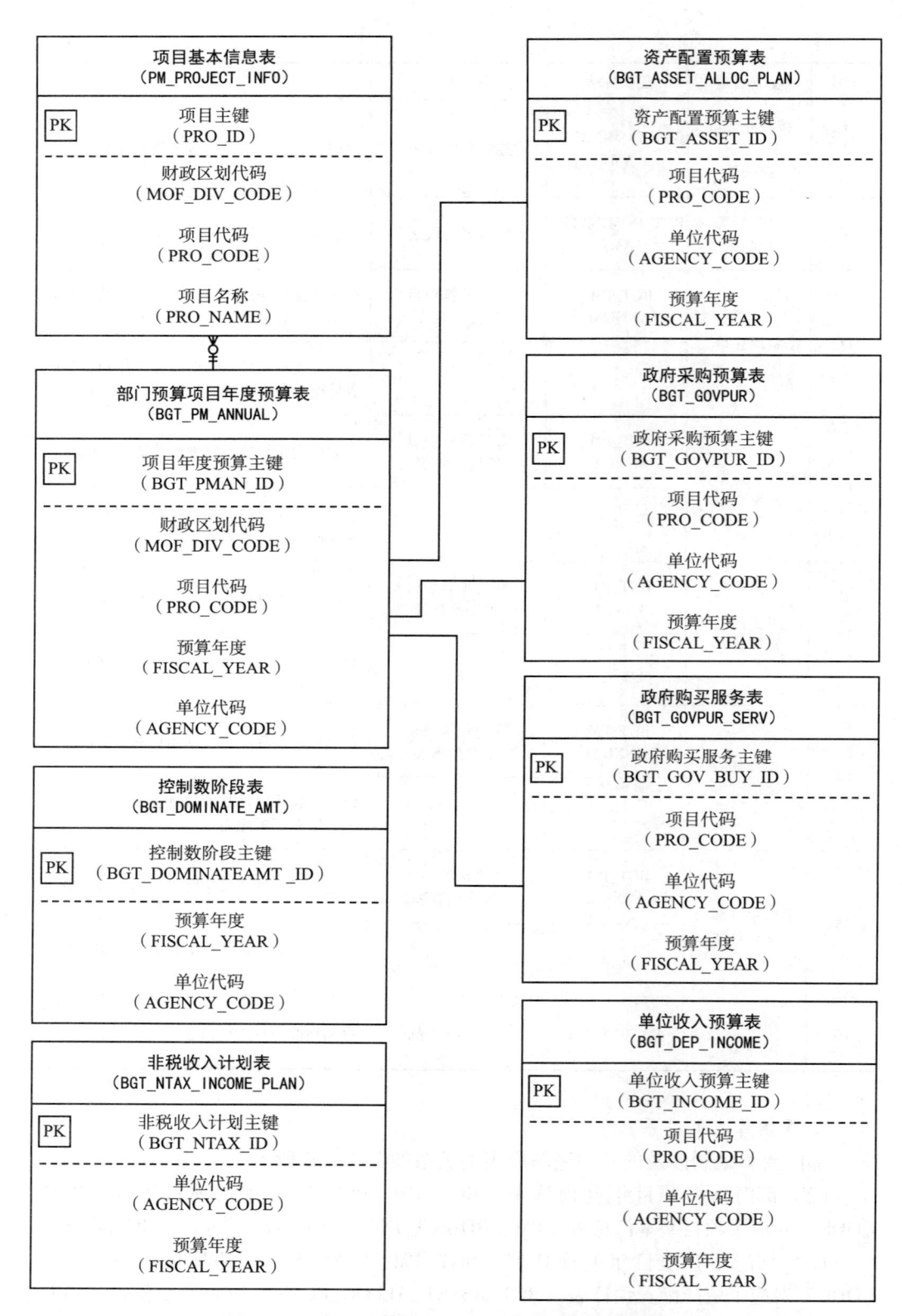

PK	单位收入预算主键 (BGT_INCOME_ID)
	项目代码 (PRO_CODE)
	单位代码 (AGENCY_CODE)
	预算年度 (FISCAL_YEAR)

图 3-10 部门预算编制涉及的相关逻辑库表的关系

（3）部门预算项目年度预算表（BGT_PM_ANNUAL）中的项目代码（PRO_CODE），对应了政府采购预算表（BGT_GOVPUR）中的项目代码（PRO_CODE）。

（4）部门预算项目年度预算表（BGT_PM_ANNUAL）中的项目代码（PRO_CODE），对应了政府购买服务表（BGT_GOVPUR_SERV）中的项目代码（PRO_CODE）。

2. 实现机制说明

（1）选取项目。

单位从项目库的预算储备项目中选取列入预算项目，进行预算申报。此时涉及的项目基本信息表（PM_PROJECT_INFO）数据不会发生变化。

（2）申报预算。

对于列入预算的项目，单位应细化编报其年度预算表。此时在部门预算项目年度预算表（BGT_PM_ANNUAL）中填报预算信息，如果还涉及资产、政府采购、政府购买服务等预算，可根据不同项目的业务需要，自行选择在资产配置预算表（BGT_ASSET_ALLOC_PLAN）、政府采购预算表（BGT_GOVPUR）、政府购买服务表（BGT_GOVPUR_SERV）中填报相应预算。逻辑库表字段示例如表3-162～表3-165所示。

表3-162　　　　部门预算项目年度预算表（BGT_PM_ANNUAL）

序号	字段	字段值	备注
1	项目年度预算主键	b7344f3d-630f-4a80-a074-92459232c35700	数据创建时系统自动生成
2	财政区划代码	110000000（北京市本级）	系统自动处理，值集来源于财政区划管理要素
3	预算年度	2021	系统自动处理，根据预算填报年度生成
4	单位代码	101001	系统自动引用基础信息中的预算单位代码
5	项目类别代码	21（公用经费）	系统自动引用，值集来源于项目类别管理要素
6	项目代码	110000200000000000030	系统自动引用项目基本信息表中的项目代码
7	支出功能分类科目代码	2010801（行政运行）	选择录入，值集来源于支出功能分类科目管理要素
8	政府支出经济分类代码	50299（其他商品和服务支出）	选择录入，值集来源于政府支出经济分类管理要素
9	部门支出经济分类代码	30299（其他商品和服务支出）	选择录入，值集来源于部门支出经济分类管理要素
10	资金性质代码	111（一般公共预算资金）	选择录入，值集来源于资金性质管理要素
11	申报数	100000.00	手工录入
12	财政审核数	—	财政部门审核时手工录入
13	部门代码	101（部门代码）	系统自动引用，值集根据各地财政部门情况制定

续表

序号	字段	字段值	备注
14	业务主管处室代码	010（行政政法处）	系统自动引用，值集根据各地财政部门情况制定
15	更新时间	20200911112012	数据更新时系统自动生成，数据创建时更新时间与创建时间一致
16	申报环节	1（单位"一上"）	系统自动引用，值集来源于申报环节管理要素
17	年初批复数	—	预算编制阶段为空，预算批复后系统自动生成或手工录入，之后不可再编辑
18	调整金额	—	预算编制阶段为空，项目调整时手工录入
19	调剂金额	—	预算编制阶段为空，项目调剂时手工录入
20	变动后预算数	—	预算编制阶段为空，预算变动时手工录入
21	是否删除	2（否）	系统自动处理，值集来源于布尔型代码管理要素，默认值为2，删除操作后，字段值由2变为1
22	预算级次代码	2（省级）	系统自动引用，值集来源于预算级次代码管理要素
23	资金来源代码	11（年初安排）	选择录入，值集来源于资金来源管理要素
24	创建时间	20200911112012	系统创建数据时自动生成

表3–163　　资产配置预算表（BGT_ASSET_ALLOC_PLAN）

序号	字段	字段值	备注
1	资产配置预算主键	c7344f3d–630f–4a80–a074–92459232c789	数据创建时系统自动生成
2	项目资产配置主键	B2344f3d–630f–4a80–a074–92459232c351	项目资产主键标识，由系统自动生成
3	财政区划代码	110000000（北京市本级）	系统自动处理，值集来源于财政区划的管理要素
4	预算年度	2021	系统自动处理，根据预算填报年度生成
5	单位代码	101001	系统自动引用基础信息中的预算单位代码
6	项目代码	110000200000000000030	系统引用项目基本信息表中的项目代码
7	资产分类代码	2010105（便携式计算机）	选择录入，值集来源于资产分类管理要素
8	资产名称	笔记本	手工录入
9	资产数量	10	系统自动引用，从基础信息的"资产基本信息表"中获取
10	资产编制数	20	系统自动引用，从基础信息的"资产基本信息表"中获取
11	资产申请数量	2	手工录入

续表

序号	字段	字段值	备注
12	支出功能分类科目代码	2010801（行政运行）	选择录入，值集来源于支出功能分类科目管理要素
13	单价	2000.00	手工录入
14	总金额	4000.00	系统自动生成
15	更新时间	20200912112019	数据更新时系统自动生成，数据创建时更新时间与创建时间一致
16	是否删除	2（否）	系统自动处理，值集来源于布尔型代码管理要素，默认值为2，删除操作后，字段值由2变为1
17	创建时间	20200912112019	系统创建数据时自动生成
18	调整批次号	—	预算调整时系统自动生成，其他情况为空
19	业务类型代码	2（预算编制）	选择录入，值集来源于业务类型管理要素

表 3-164　　　　政府采购预算表（BGT_GOVPUR）

序号	字段	字段值	备注
1	政府采购预算主键	b8344f3d-630f-4a80-a074-92459232c351	数据创建时系统自动生成
2	财政区划代码	110000000（北京市本级）	系统自动处理，值集来源于财政区划管理要素
3	预算年度	2021	系统自动处理，根据预算填报年度生成
4	单位代码	101001	系统自动引用基础信息中的预算单位代码
5	项目代码	110000200000000000030	系统引用项目基本信息表中的项目代码
6	资金性质代码	111（一般公共预算资金）	选择录入，值集来源于资金性质管理要素
7	政府采购品目代码	A02010105（便携式计算机）	选择录入，值集来源于政府采购品目管理要素
8	计量单位	台	选择录入
9	单价	2000.00	手工录入
10	采购数量	2	手工录入
11	采购金额	4000.00	系统自动生成
12	更新时间	20200912112029	数据更新时系统自动生成，数据创建时更新时间与创建时间一致
13	是否删除	2（否）	系统自动处理，值集来源于布尔型代码管理要素，默认值为2，删除操作后，字段值由2变为1
14	创建时间	20200912112029	创建数据时系统自动生成
15	调整批次号	—	预算调整时系统自动生成，其他情况可为空
16	业务类型代码	2（预算编制）	选择录入，值集来源于业务类型管理要素

表 3-165　　政府购买服务表（BGT_GOVPUR_SERV）

序号	字段	字段值	备注
1	政府购买服务主键	b8324f3d-630f-4a80-a074-92459232c351	数据创建时系统自动生成
2	财政区划代码	110000000（北京市本级）	系统自动处理，值集来源于财政区划管理要素
3	预算年度	2021	系统自动处理，根据预算填报年度生成
4	单位代码	101001	系统自动引用基础信息中的预算单位代码
5	是否包含政府采购	1（是）	选择录入，默认为0
6	项目代码	110000200000000000030	系统引用项目基本信息表中的项目代码
7	政府购买服务内容	设备维护	手工录入
8	购买数量	1	手工录入
9	购买金额	4000.00	系统自动生成
10	更新时间	20200912112013	数据更新时系统自动生成，数据创建时更新时间与创建时间一致
11	是否删除	2（否）	系统自动处理，值集来源于布尔型代码管理要素，默认值为2，删除操作后，字段值由2变为1
12	创建时间	20200912112013	创建数据时系统自动生成
13	调整批次号	—	预算调整时系统自动生成，无预算调整时为空
14	业务类型代码	2（预算编制）	选择录入，值集来源于业务类型管理要素

（3）申报收入预算。

单位在系统中按规定将所有收入编入预算。此时涉及的库表包括：单位收入预算表（BGT_DEP_INCOME）、非税收入计划表（BGT_NTAX_INCOME_PLAN）。逻辑库表字段示例如表3-166和表3-167所示。

表 3-166　　单位收入预算表（BGT_DEP_INCOME）

序号	字段	字段值	备注
1	单位收入预算主键	b8349f3d-630f-4a80-a074-92459232c351	数据创建时系统自动生成
2	财政区划代码	110000000（北京市本级）	系统自动处理，值集来源于财政区划管理要素
3	预算年度	2021	系统自动处理，根据预算填报年度生成
4	单位代码	101001	系统自动引用基础信息中的预算单位代码
5	支出功能分类科目代码	2010801（行政运行）	选择录入，值集来源于支出功能分类科目管理要素

续表

序号	字段	字段值	备注
6	部门预算收入（合计）	1000000.00	系统自动生成
7	财政拨款	1000000.00	手工录入
8	财政拨款结转	0.00	手工录入
9	财政拨款结余	0.00	手工录入
10	财政专户管理资金收入	0.00	手工录入
11	事业收入	0.00	手工录入
12	上级补助收入	0.00	手工录入
13	附属单位上缴收入	0.00	手工录入
14	事业单位经营收入	0.00	手工录入
15	其他收入	0.00	手工录入
16	单位资金结余结转	0.00	手工录入
17	项目代码	1100002000000000000020	系统根据项目代码规则自动生成
18	项目名称	财政拨款收入	手工录入
19	更新时间	20200912112013	数据更新时系统自动生成，数据创建时更新时间与创建时间一致
20	是否删除	2（否）	系统自动处理，值集来源于布尔型代码管理要素，默认值为2，删除操作后，字段值由2变为1
21	预算级次代码	2（省级）	值集来源于预算级次管理要素
22	创建时间	20200912112013	创建数据时系统自动生成
23	调整批次号	—	预算调整时系统自动生成，无预算调整时为空
24	业务类型代码	2（预算编制）	选择录入，值集来源于业务类型管理要素

表 3-167　非税收入计划表（BGT_NTAX_INCOME_PLAN）

序号	字段	字段值	备注
1	非税收入计划主键	c8349f3d-630f-4a80-a074-92459232c351	数据创建时系统自动生成
2	财政区划代码	110000000（北京市本级）	系统自动处理，值集来源于财政区划管理要素
3	预算年度	2021	系统自动处理，根据预算填报年度生成

续表

序号	字段	字段值	备注
4	单位代码	101001	系统自动引用基础信息中的预算单位代码
5	收入分类科目（非税）代码	103040101（外国人签证费）	选择录入，值集来源于收入分类科目（非税）管理要素
6	非税计划收入	1000000.00	手工录入
7	更新时间	20200912112019	数据更新时系统自动生成，数据创建时更新时间与创建时间一致
8	是否删除	2（否）	系统自动处理，值集来源于布尔型代码管理要素，默认值为2，删除操作后，字段值由2变为1
9	创建时间	20200912112019	创建数据时系统自动生成
10	调整批次号	—	预算调整时系统自动生成，无预算调整时为空
11	业务类型代码	2（预算编制）	选择录入，值集来源于业务类型管理要素

（4）审核汇总单位预算建议。

部门审核汇总各单位预算建议，此时部门预算项目年度预算表（BGT_PM_ANNUAL）中的申报环节、更新时间字段发生改变，其他相关业务库表数据无变化。逻辑库表字段变化示例如表3-168所示。

表3-168　　　　部门预算项目年度预算表（BGT_PM_ANNUAL）

序号	字段	字段值	备注
1	项目年度预算主键	b7344f3d-630f-4a80-a074-92459232c357	数据创建时系统自动生成
⋮	⋮	⋮	⋮
15	更新时间	20200914112019	数据更新时系统自动生成，数据创建时更新时间与创建时间一致
16	申报环节	2（部门"一上"）	系统自动引用，值集来源于申报环节管理要素
⋮	⋮	⋮	⋮

（5）提出部门预算建议。

部门在规定时间内将审核汇总后的年度部门预算建议报送至财政部门，此时涉及的逻辑库表中的数据无变化。

（6）审核部门预算建议。

财政部门审核年度部门预算建议，此时部门预算项目年度预算表（BGT_PM_ANNUAL）的财政审核数、更新时间字段发生变化，其他相关业务库表数据无变化。逻辑库表字段变化示例如表3-169所示。

表 3-169　　　　　　　部门预算项目年度预算表（BGT_PM_ANNUAL）

序号	字段	字段值	备注
1	项目年度预算主键	b7344f3d-630f-4a80-a074-92459232c357	数据创建时系统自动生成
⋮	⋮	⋮	⋮
12	财政审核数	110000.00	财政审核时手工录入
15	更新时间	202009161120122	数据更新时系统自动生成，数据创建时更新时间与创建时间一致
⋮	⋮	⋮	⋮

（7）核定预算控制数。

确定财政拨款预算"一下"控制数。此时涉及的库表包括：控制数阶段表（BGT_DOMINATE_AMT）。逻辑库表字段示例如表 3-170 所示。

表 3-170　　　　　　　控制数阶段表（BGT_DOMINATE_AMT）

序号	字段	字段值	备注
1	控制数阶段主键	c8349f3d-630f-4a80-a074-92459232c351	数据创建时系统自动生成
2	财政区划代码	110000000（北京市本级）	系统自动处理，值集来源于财政区划管理要素
3	预算年度	2021	系统自动处理，根据预算填报年度生成
4	业务主管处室代码	010（行政政法处）	选择录入，值集根据各地财政部门情况制定，可为空
5	部门代码	—	选择录入，值集根据各地财政部门情况制定，可为空
6	单位代码	—	系统自动引用基础信息中的预算单位代码
7	项目类别代码	—	选择录入，值集来源于项目类别管理要素，控制数口径各地财政自行决定，可为空
8	项目代码	—	系统引用项目基本信息表中的项目代码，控制数口径各地财政自行决定，可为空
9	支出功能分类科目代码	—	选择录入，值集来源于支出功能分类科目管理要素，控制数口径各地财政自行决定，可为空
10	政府支出经济分类代码	—	选择录入，值集来源于政府支出经济分类管理要素，控制数口径各地财政自行决定，可为空
11	部门支出经济分类代码	—	选择录入，值集来源于部门支出经济分类管理要素，控制数口径各地财政自行决定，可为空
12	控制数金额	20000000.00	手工录入

续表

序号	字段	字段值	备注
13	资金性质代码	111（一般公共预算资金）	选择录入，值集来源于资金性质管理要素
14	更新时间	20200917112018	数据更新时系统自动生成，数据创建时更新时间与创建时间一致
15	是否删除	2（否）	系统自动处理，值集来源于布尔型代码管理要素，默认值为2，删除操作后，字段值由2变为1
16	资金来源代码	11（年初安排）	值集来源于资金来源管理要素
17	创建时间	20200917112018	创建数据时系统自动生成

（8）下达预算控制数。

财政将核准的财政拨款预算"一下"控制数下达给各部门。此时涉及的库表包括：控制数阶段表（BGT_DOMINATE_AMT）。逻辑库表字段示例如表3-171所示。

表3-171　　　　　控制数阶段表（BGT_DOMINATE_AMT）

序号	字段	字段值	备注
1	控制数阶段主键	c8349f3d-630f-4a80-a074-92459232c352	数据创建时系统自动生成
2	财政区划代码	110000000（北京市本级）	系统自动处理，值集来源于财政区划管理要素
3	预算年度	2021	系统自动处理，根据预算填报年度生成
4	业务主管处室代码	010（行政政法处）	选择录入，值集根据各地财政部门情况制定，可为空
5	部门代码	101	选择录入，值集根据各地财政部门情况制定
6	单位代码	—	系统引用基础信息中的预算单位代码
7	项目类别代码	—	选择录入，值集来源于项目类别管理要素，控制数口径各地财政自行决定，可为空
8	项目代码	—	系统引用项目基本信息表中的项目代码，控制数口径各地财政自行决定，可为空
9	支出功能分类科目代码	—	选择录入，值集来源于支出功能分类科目管理要素，控制数口径各地财政自行决定，可为空
10	政府支出经济分类代码	—	选择录入，值集来源于政府支出经济分类管理要素，控制数口径各地财政自行决定，可为空
11	部门支出经济分类代码	—	选择录入，值集来源于部门支出经济分类管理要素，控制数口径各地财政自行决定，可为空
12	控制数金额	10000000.00	手工录入

续表

序号	字段	字段值	备注
13	资金性质代码	111（一般公共预算资金）	选择录入，值集来源于资金性质管理要素
14	更新时间	20200918112018	数据更新时系统自动生成，数据创建时更新时间与创建时间一致
15	是否删除	2（否）	系统自动处理，值集来源于布尔型代码管理要素，默认值为2，删除操作后，字段值由2变为1
16	资金来源代码	11（年初安排）	值集来源于资金来源管理要素
17	创建时间	20200918112018	创建数据时系统自动生成

（9）接收并分解下达预算控制数。

部门接收财政下达的财政拨款预算控制数并分解下达给各单位。此时涉及的库表包括：控制数阶段表（BGT_DOMINATE_AMT）。逻辑库表字段示例如表 3 – 172 所示。

表 3 – 172　　　　　控制数阶段表（BGT_DOMINATE_AMT）

序号	字段	字段值	备注
1	控制数阶段主键	c8349f3d – 630f – 4a80 – a074 – 92459232c353	数据创建时系统自动生成
2	财政区划代码	110000000（北京市本级）	系统自动处理，值集来源于财政区划管理要素
3	预算年度	2021	系统自动处理，根据预算填报年度生成
4	业务主管处室代码	010（行政政法处）	选择录入，值集根据各地财政部门情况制定，可为空
5	部门代码	101	选择录入，值集根据各地财政部门情况制定
6	单位代码	101001	系统引用基础信息中的预算单位代码
7	项目类别代码	—	选择录入，值集来源于项目类别管理要素，控制数口径各地财政自行决定，可为空
8	项目代码	—	系统引用项目基本信息表中的项目代码，控制数口径各地财政自行决定，可为空
9	支出功能分类科目代码	—	选择录入，值集来源于支出功能分类科目管理要素，控制数口径各地财政自行决定，可为空
10	政府支出经济分类代码	—	选择录入，值集来源于政府支出经济分类管理要素，控制数口径各地财政自行决定，可为空
11	部门支出经济分类代码	—	选择录入，值集来源于部门支出经济分类管理要素，控制数口径各地财政自行决定，可为空
12	控制数金额	5000000.00	手工录入

续表

序号	字段	字段值	备注
13	资金性质代码	111（一般公共预算资金）	选择录入，值集来源于资金性质管理要素
14	更新时间	20200919112018	数据更新时系统自动生成，数据创建时更新时间与创建时间一致
15	是否删除	2（否）	系统自动处理，值集来源于布尔型代码管理要素，默认值为2，删除操作后，字段值由2变为1
16	资金来源代码	11（年初安排）	值集来源于资金来源管理要素
17	创建时间	20200919112018	创建数据时系统自动生成

（10）接收预算控制数。

单位接收部门下达的预算控制数。此时涉及的库表包括：控制数阶段表（BGT_DOMINATE_AMT）。逻辑库表字段示例如表3-173所示。

表3-173　　　　控制数阶段表（BGT_DOMINATE_AMT）

序号	字段	字段值	备注
1	控制数阶段主键	c8349f3d-630f-4a80-a074-92459232c354	数据创建时系统自动生成
2	财政区划代码	110000000（北京市本级）	系统自动处理，值集来源于财政区划管理要素
3	预算年度	2021	系统自动处理，根据预算填报年度生成
4	业务主管处室代码	010（行政政法处）	选择录入，值集根据各地财政部门情况制定，可为空
5	部门代码	101	选择录入，值集根据各地财政部门情况制定
6	单位代码	101001	系统引用基础信息中的预算单位代码
7	项目类别代码	—	选择录入，值集来源于项目类别管理要素，控制数口径各地财政自行决定，可为空
8	项目代码	—	系统引用项目基本信息表中的项目代码，控制数口径各地财政自行决定，可为空
9	支出功能分类科目代码	—	选择录入，值集来源于支出功能分类科目管理要素，控制数口径各地财政自行决定，可为空
10	政府支出经济分类代码	—	选择录入，值集来源于政府支出经济分类管理要素，控制数口径各地财政自行决定，可为空
11	部门支出经济分类代码	—	选择录入，值集来源于部门支出经济分类管理要素，控制数口径各地财政自行决定，可为空
12	控制数金额	5000000.00	手工录入
13	资金性质代码	111（一般公共预算资金）	选择录入，值集来源于资金性质管理要素

续表

序号	字段	字段值	备注
14	更新时间	20200919132018	数据更新时系统自动生成，数据创建时更新时间与创建时间一致
15	是否删除	2（否）	系统自动处理，值集来源于布尔型代码管理要素，默认值为2，删除操作后，字段值由2变为1
16	资金来源代码	11（年初安排）	值集来源于资金来源管理要素
17	创建时间	20200919132018	创建数据时系统自动生成

（11）编制预算草案。

单位根据主管部门分解下达的财政拨款预算控制数调整完善单位收支预算，编制本单位的预算草案。根据控制要求，金额不能超过控制数。此时部门预算项目年度预算表（BGT_PM_ANNUAL）中申报环节、更新时间字段发生改变，其他相关逻辑库表无数据变化，逻辑库表字段变化示例如表3-174所示。

表3-174　　　　部门预算项目年度预算表（BGT_PM_ANNUAL）

序号	字段	字段值	备注
1	项目年度预算主键	b7344f3d-630f-4a80-a074-92459232c357	数据创建时系统自动生成
⋮	⋮	⋮	⋮
15	更新时间	20200921112018	数据更新时系统自动生成，数据创建时更新时间与创建时间一致
16	申报环节	3（单位"二上"）	系统自动引用，值集来源于申报环节管理要素
⋮	⋮	⋮	⋮

（12）审核汇总单位预算草案。

部门对各单位报送的预算草案进行审核，此时部门预算项目年度预算表（BGT_PM_ANNUAL）中申报环节、更新时间字段发生改变，其他相关逻辑库表数据无变化，逻辑库表字段变化示例如表3-175所示。

表3-175　　　　部门预算项目年度预算表（BGT_PM_ANNUAL）

序号	字段	字段值	备注
1	项目年度预算主键	b7344f3d-630f-4a80-a074-92459232c357	数据创建时系统自动生成
⋮	⋮	⋮	⋮
15	更新时间	20200923162018	数据更新时系统自动生成，数据创建时更新时间与创建时间一致

续表

序号	字段	字段值	备注
16	申报环节	4（部门"二上"）	系统自动引用，值集来源于申报环节管理要素
⋮	⋮	⋮	⋮

（13）形成部门预算草案。

部门汇总各单位预算草案，形成本部门预算草案，报送财政部门。此时涉及的逻辑库表中的数据无变化。

（14）审核部门预算草案。

财政部门审核汇总各部门预算草案，此时部门预算项目年度预算表（BGT_PM_ANNUAL）的财政审核数、更新时间字段发生改变，其他相关业务库表数据无变化，逻辑库表字段变化示例如表 3-176 所示。

表 3-176　　部门预算项目年度预算表（BGT_PM_ANNUAL）

序号	字段	字段值	备注
1	项目年度预算主键	b7344f3d-630f-4a80-a074-92459232c357	数据创建时系统自动生成
⋮	⋮	⋮	⋮
12	财政审核数	120000.00	财政审核时手工录入
15	更新时间	20200924112018	数据更新时系统自动生成，数据创建时更新时间与创建时间一致
⋮	⋮	⋮	⋮

（15）生成年度部门预算草案。

各部门审核通过后的部门预算草案形成年度部门预算草案。此时涉及的逻辑库表中的数据无变化。

（16）预拨二上预算指标。

预算年度开始后，本级预算草案在本级人大批准前，在财政部门审核确认的各部门"二上"预算内，部门可以安排下列支出：上年度结转的支出，参照上一年同期的预算支出数额安排必须支付的本年度人员类项目支出、运转类项目支出和特定目标类项目支出，法律规定必须履行支付义务的支出，以及用于自然灾害等突发事件处理的支出。系统根据预拨"二上"预算指标情况进行预算指标会计核算。此时涉及的库表包括：指标信息表（BA_BGT_INFO）和预算指标会计核算业务的相关库表（详见会计核算章节）。逻辑库表字段示例如表 3-177 所示。

表 3-177　　　　　　　　　指标信息表（BA_BGT_INFO）

序号	字段	字段值	备注
1	指标主键	b7344f3d-633f-4a80-a074-92459232c357	数据创建时系统自动生成
2	财政区划代码	110000000（北京市本级）	系统自动生成，值集来源于财政区划管理要素
3	预算年度	2021	系统自动处理，根据预算填报年度生成
4	本级指标文号	京财建〔2020〕43号	手工录入或从OA系统获取
5	指标文标题	关于下达2021年自然灾害救灾资金预算的通知	手工录入或从OA系统获取
6	发文时间	20201114	手工录入或从OA系统获取
7	指标说明	略	手工录入
8	预算级次代码	2（省级）	系统自动生成，值集来源于预算级次代码管理要素
9	上级指标文号	—	系统自动引用上级指标信息表中本级指标文号，非转移支付指标时可为空
10	项目代码	110000200000000000030	系统自动引用项目基本信息表中项目代码
11	指标可执行标志	1（可执行）	系统自动生成，值集来源于指标可执行标志管理要素
12	是否追踪	2（否）	系统自动引用项目基本信息表中是否追踪
13	需要追踪项目代码	—	引用项目基本信息表中标记为追踪项目的项目代码或转移支付接收表中的需要追踪项目代码，即最源头的需要追踪的转移支付项目代码，不管中间落地几次都保持不变
14	单位代码	101001	系统引用基础信息中的预算单位代码
15	资金性质代码	111（一般公共预算资金）	系统自动引用部门预算项目年度预算表或对下转移支付年度预算表中资金性质代码
16	业务主管处室代码	010（行政政法处）	系统自动生成，值集来源于财政内部机构管理要素
17	转移支付支出功能分类科目代码	—	系统自动引用对下转移支付年度预算表中转移支付支出功能分类科目代码，非转移支付指标时可为空
18	支出功能分类科目代码	2010101（行政运行）	系统自动引用部门预算项目年度预算表、对下转移支付年度预算表或政府预算收支表中支出功能分类科目代码
19	政府支出经济分类代码	50299（其他商品和服务支出）	系统自动引用部门预算项目年度预算表或对下转移支付年度预算表中政府支出经济分类代码
20	部门支出经济分类代码	30299（其他商品和服务支出）	系统自动引用部门预算项目年度预算表或对下转移支付年度预算表中部门支出经济分类代码
21	指标类型代码	11（预拨指标）	系统自动生成，值集来源于指标类型代码管理要素

续表

序号	字段	字段值	备注
22	指标管理处室代码	010（行政政法处）	系统自动生成，值集来源于财政内部机构管理要素
23	是否包含政府采购预算	2（否）	系统自动引用政府采购预算表中是否包含政府采购预算
24	更新时间	20210111120149	系统更新数据时自动生成，数据创建时更新时间与创建时间一致
25	调整批次号	—	预算调整时系统自动生成，未调整时可为空
26	源指标主键	—	指标调整调剂或待分指标细化分配时引用来源指标的指标主键，其他情况可为空
27	指标金额	1000000.00	系统自动处理
28	调剂金额	0.00	预算调剂时手工录入
29	指标余额	1000000.00	系统自动计算生成
30	项目年度预算主键	b7344f3d-630f-4a80-a074-92459232c357	系统自动引用部门预算项目年度预算表或对下转移支付年度预算表中项目年度预算主键
31	是否删除	2（否）	系统自动处理，值集来源于布尔型代码管理要素，默认值为2，删除操作后，字段值由2变为1
32	指标来源代码	1（年初批复）	系统根据业务场景自动生成，值集来源于指标来源代码管理要素
33	创建时间	202010110120114	系统创建数据时自动生成

3.3.2.3 转移支付预算编制

转移支付预算是政府预算的重要组成部分，包括转移支付收入预算和转移支付支出预算。财政部门自下而上、层层汇总本级政府和下级政府转移支付预算，形成本地区内的转移支付收支预算。其中一般公共预算转移支付收入项目包括：一般性转移支付收入项目、专项转移支付收入项目、下级上解收入项目、接收其他地区援助收入项目等；一般公共预算转移支付支出项目包括：一般性转移支付支出项目、专项转移支付支出项目、上解上级支出项目、援助其他地区支出项目等；政府性基金预算转移支付收入项目包括：政府性基金上级转移收入项目、下级上解收入项目等；政府性基金转移支付支出项目包括：政府性基金对下转移支付项目、上解上级支出项目等；国有资本经营预算转移支付收入项目包括：国有资本经营预算上级转移支付收入项目、下级上解收入项目等；国有资本经营预算转移支付支出项目包括：国有资本经营预算对下转移支付支出项目、上解上级支出项目等。涉及的业务活动及逻辑库表应用如表3-178所示。

表3-178　　　　　转移支付预算编制涉及的业务活动及逻辑库表应用

序号	业务活动	逻辑库表	中文名称	备注
1	编制财政代编预算	PM_PROJECT_INFO	项目基本信息表	存储本级转移支付支出项目信息
		PM_GOV_BGT	政府预算收支表	存储本级上解上级支出项目、援助其他地区支出项目的项目信息
		PM_TRAIN	转移支付项目接收登记表	存储本级财政转移收入项目信息
		BGT_TRA	对下转移支付年度预算表	存储本级财政对下转移支付预算的主要信息
2	生成本级转移支付预算	PM_TRAIN	转移支付项目接收登记表	存储本级财政转移收入项目信息
		PM_GOV_BGT	政府预算收支表	存储本级上解上级支出项目、援助其他地区支出项目的项目信息
		BGT_TRA	对下转移支付年度预算表	存储本级财政对下转移支付预算的主要信息
3	接收下级转移支付预算	PM_TRAIN	转移支付项目接收登记表	存储下级财政转移收入项目信息
		PM_GOV_BGT	政府预算收支表	存储下级上解上级支出项目、援助其他地区支出项目的项目信息
		BGT_TRA	对下转移支付年度预算表	存储下级财政对下转移支付预算的主要信息
4	财政审核	PM_GOV_BGT	政府预算收支表	存储本级以及下级财政上解上级支出项目、援助其他地区支出项目的项目信息
		PM_TRAIN	转移支付项目接收登记表	存储本级以及下级财政转移性收入项目信息
		BGT_TRA	对下转移支付年度预算表	存储本级以及下级财政对下转移支付预算的主要信息
5	冲抵、汇总本地区转移支付预算	PM_GOV_BGT	政府预算收支表	存储本级以及下级财政下级上解上级支出项目、援助其他地区支出项目的项目信息
		⋮	⋮	包括以上所有逻辑库表
6	报送上级财政部门	PM_GOV_BGT	政府预算收支表	存储本级以及下级财政下级上解上级支出项目、援助其他地区支出项目的项目信息
		⋮	⋮	包括以上所有逻辑库表

说明：此章节主要重点介绍转移支付预算编制业务收入预算按项目管理方式的业务活动，若转移支付预算编制业务收入预算按报表方式进行管理，则财政部门需通过转移支付收入预算表编制形成本级转移支付收入预算，其中上级提前下达转移

支付收入预算应当在编制本级转移支付收入预算中如实反映。收入预算按报表方式编制财政代编收入预算时，本级财政转移性收入项目信息存储在转移支付项目接收登记表中。

1. 逻辑库表间关系

转移支付预算编制涉及的相关逻辑库表的关系如图 3-11 所示。

```
项目基本信息表 (PM_PROJECT_INFO)
PK  项目主键 (PRO_ID)
    财政区划代码 (MOF_DIV_CODE)
    项目代码 (PRO_CODE)
    项目名称 (PRO_NAME)

对下转移支付年度预算表 (BGT_TRA)
PK  项目年度预算主键 (BGT_PMAN_ID)
    财政区划代码 (MOF_DIV_CODE)
    项目代码 (PRO_CODE)
    预算年度 (FISCAL_YEAR)
    转移支付功能分类科目代码 (TP_FUNC_CODE)

转移支付项目接收登记表 (PM_TRAIN)
PK  转移性收入项目主键 (PRO_TRAIN_ID)
    财政区划代码 (MOF_DIV_CODE)
    项目代码 (PRO_CODE)
    预算年度 (FISCAL_YEAR)

政府预算收支表 (PM_GOV_BGT)
PK  政府预算收支主键 (BGTPRO_ID)
    财政区划代码 (MOF_DIV_CODE)
    项目代码 (PRO_CODE)
    预算年度 (FISCAL_YEAR)
```

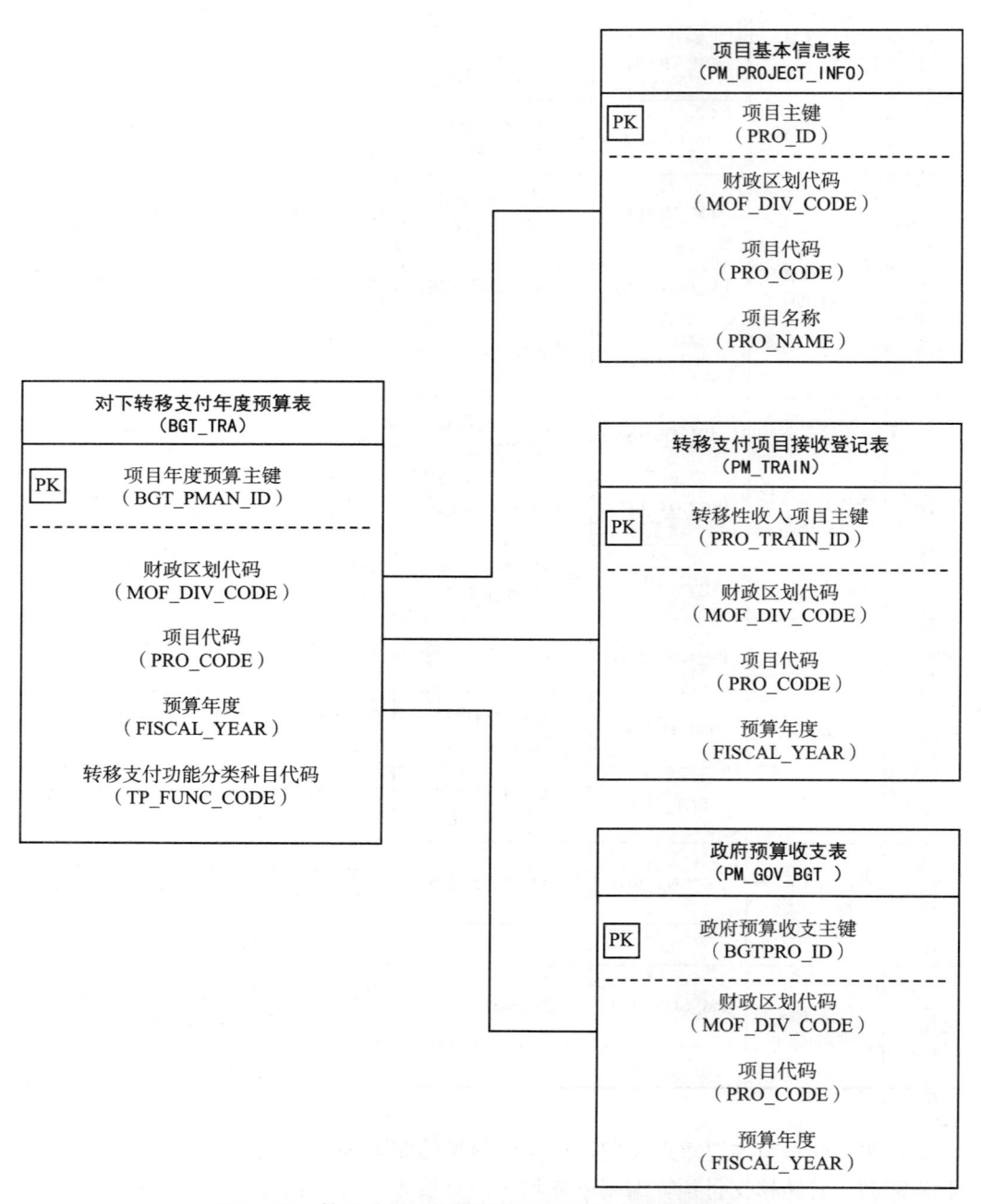

图 3-11 转移支付预算编制涉及的相关逻辑库表的关系

（1）对下转移支付年度预算表（BGT_TRA）中的财政区划代码（MOF_DIV_CODE）、项目代码（PRO_CODE）对应了项目基本信息表（PM_PROJECT_INFO）中的财政区划代码（MOF_DIV_CODE）、项目代码（PRO_CODE）。

（2）对下转移支付年度预算表（BGT_TRA）中的财政区划代码（MOF_DIV_CODE）、项目代码（PRO_CODE）、预算年度（FISCAL_YEAR）对应了转移支付项目接收登记表（PM_TRAIN）中的财政区划代码（MOF_DIV_CODE）、项目代码（PRO_CODE）、预算年度（FISCAL_YEAR）。

（3）对下转移支付年度预算表（BGT_TRA）中的财政区划代码（MOF_DIV_CODE）、项目代码（PRO_CODE）、预算年度（FISCAL_YEAR）对应了政府预算收支表（PM_GOV_BGT）中的财政区划代码（MOF_DIV_CODE）、项目代码（PRO_CODE）、预算年度（FISCAL_YEAR）。

2. 实现机制说明

（1）编制财政代编预算。

财政部门从项目库中选择转移支付收支项目，细化编制转移支付年度预算表。涉及的库表包括：项目基本信息表（PM_PROJECT_INFO）、政府预算收支表（PM_GOV_BGT）、转移支付项目接收登记表（PM_TRAIN）、对下转移支付年度预算表（BGT_TRA），在此环节仅引用而不修改项目基本信息表（PM_PROJECT_INFO）中相关信息，因此不再举例说明，其他逻辑库表字段示例如表3–179~表3–181所示。

表3–179　　　　　　政府预算收支表（PM_GOV_BGT）

序号	字段	字段值	备注
1	政府预算收支主键	w7344f3d–630f–4a80–a0z74–92459232c356	数据创建时系统自动生成
2	财政区划代码	110000000（北京市本级）	系统自动处理，值集来源于财政区划管理要素
3	预算年度	2021	系统自动处理，根据预算填报年度生成
4	项目期限	1	选择录入
5	起始时间	2021	选择录入
6	项目代码	110000200000000000042	系统根据项目代码规则自动生成
7	项目名称	援助项目	手工录入
8	往来财政区划代码	410000000（河南省本级）	选择录入，记录援助地区或接收援助地区财政区划代码，值集来源于财政区划管理要素
9	项目金额	500000.00	手工录入
10	更新时间	20200912122012	数据更新时系统自动生成，数据创建时更新时间与创建时间一致

续表

序号	字段	字段值	备注
11	是否删除	2（否）	系统自动处理，值集来源于布尔型代码管理要素，默认值为2，删除操作后，字段值由2变为1
12	创建时间	20200711112012	标识该项目是否需要设置可用部门和地区范围
13	业务类型代码	2（预算编制）	选择录入，值集来源于业务类型代码集
14	版本号	—	预算编制阶段为空，项目年初预算批复后若需要对项目信息进行调整则必须记录调整后相应版本信息
15	版本说明	—	预算编制阶段为空，项目年初预算批复后若需要对项目信息进行调整则必须记录调整后相应版本信息
16	收入分类科目代码	—	收入分类科目代码和支出功能分类科目代码不允许同时为空
17	支出功能分类科目代码	23013（援助其他地区支出）	收入分类科目代码和支出功能分类科目代码不允许同时为空

表3–180　　转移支付项目接收登记表（PM_TRAIN）

序号	字段	字段值	备注
1	转移性收入项目主键	q7344f3d–630f–4a80–a074–92459232c357	数据创建时系统自动生成
2	财政区划代码	110000000（北京市本级）	系统自动处理，值集来源于财政区划管理要素
3	预算年度	2021	系统自动处理，根据预算填报年度生成
4	项目来源区划代码	100000000（中央）	系统自动处理，项目来源地区的财政区划代码，预估项目可手工录入
5	项目代码	100000200000000000031	系统自动处理，与转移支付接收表中项目代码保持一致，预估项目可手工录入
6	项目名称	支持学前教育发展资金	系统自动处理，与转移支付接收表中项目名称保持一致，预估项目可手工录入
7	已接收金额	100000.00	系统自动处理，与转移支付接收表中指标金额保持一致，若该项目已下达过，则金额累加，预估项目可手工录入
8	预估金额	0.00	手工录入，无预估收入金额可为空
9	已核销金额	0.00	手工录入，无核销金额可为空
10	转移支付功能分类科目代码	2300202（均衡性转移支付支出）	系统自动处理，与转移支付接收表中转移支付功能分类科目代码保持一致，预估项目可手工录入
11	支出功能分类科目代码	2050201（学前教育）	系统自动处理，与转移支付接收表中支出功能分类科目代码保持一致，预估项目可手工录入

续表

序号	字段	字段值	备注
12	分配方式	1（因素法）	系统自动处理，与转移支付接收表中分配方式保持一致，预估项目可手工录入
13	是否追踪	1（是）	系统自动处理，与转移支付接收表中是否追踪状态保持一致，预估项目可手工录入
14	更新时间	20200912132012	数据更新时系统自动生成，数据创建时更新时间与创建时间一致
15	是否删除	2（否）	系统自动处理，值集来源于布尔型代码管理要素，默认值为2，删除操作后，字段值由2变为1
16	创建时间	20200711112012	创建数据时系统自动生成

表3-181　　　　对下转移支付年度预算表（BGT_TRA）

序号	字段	字段值	备注
1	项目年度预算主键	q7344f3d-630f-4a80-a074-92459232c356	数据创建时系统自动生成
2	财政区划代码	110000000（北京市本级）	系统自动处理，值集来源于财政区划管理要素
3	预算年度	2021	系统自动处理，根据预算填报年度生成
4	单位代码	101001	系统自动引用基础信息中的预算单位代码
5	项目类别代码	3（特定目标类）	系统自动引用，值集来源于项目类别管理要素
6	项目代码	110000200000000000090	系统引用项目基本信息表中的项目代码
7	支出功能分类科目代码	2300245（教育共同财政事权转移支付支出）	选择录入，值集来源于支出功能分类科目管理要素
8	转移支付功能分类科目代码	2300245（教育共同财政事权转移支付支出）	选择录入，值集来源于转移支付功能分类科目管理要素
9	下级财政区划代码	110108000（海淀区本级）	选择录入，值集来源于财政区划管理要素
10	政府支出经济分类代码	50399（其他资本性支出）	选择录入，值集来源于政府支出经济分类管理要素
11	资金性质代码	111（一般公共预算资金）	选择录入，值集来源于资金性质管理要素
12	申报数	150000.00	手工录入
13	财政审核数	—	财政审核时手工录入
14	部门代码	101（部门代码）	系统自动引用，值集根据各地财政部门情况制定
15	业务主管处室代码	010（行政政法处）	系统自动引用，值集根据各地财政部门情况制定

续表

序号	字段	字段值	备注
16	更新时间	20200912122012	数据更新时系统自动生成，数据创建时更新时间与创建时间一致
17	申报环节	4（部门"二上"）	值集来源于申报环节管理要素
18	年初批复数	—	预算编制阶段为空，预算批复后系统自动生成或手工录入，之后不可再编辑
19	调整金额	—	预算编制阶段为空，项目调整时手工录入
20	调剂金额	—	预算编制阶段为空，项目调剂时手工录入
21	变动后预算数	—	预算编制阶段为空，预算变动时手工录入
22	是否删除	2（否）	系统自动处理，值集来源于布尔型代码管理要素，默认值为2，删除操作后，字段值由2变为1
23	预算级次代码	2（省级）	系统自动引用，值集来源于预算级次代码管理要素
24	资金来源代码	21（年初安排）	选择录入，值集来源于资金来源管理要素
25	创建时间	20200912122012	创建数据时系统自动生成

（2）生成本级转移支付预算。

系统根据转移支付收支项目预算生成本级转移支付预算。此时涉及的库表包括：转移支付项目接收登记表（PM_TRAIN）、对下转移支付年度预算表（BGT_TRA）、政府预算收支表（PM_GOV_BGT），逻辑库表中的数据无变化。

（3）接收下级转移支付预算。

系统接收下级财政报送的转移支付预算。此时涉及的库表包括：转移支付项目接收登记表（PM_TRAIN）、对下转移支付年度预算表（BGT_TRA）、政府预算收支表（PM_GOV_BGT），逻辑库表中的数据无变化。

（4）财政审核。

财政部门对本级以及下级转移支付预算进行审核。此时本级对下转移支付年度预算表（BGT_TRA）的财政审核数、更新时间字段发生变化，其他相关逻辑库表数据无变化，下级转移支付预算相关逻辑库表数据无变化。逻辑库表字段变化示例如表3–182所示。

表3–182　　　　　　　对下转移支付年度预算表（BGT_TRA）

序号	字段	字段值	备注
1	项目年度预算主键	q7344f3d–630f–4a80–a074–92459232c356	数据创建时系统自动生成
⋮	⋮	⋮	⋮
13	财政审核数	140000.00	财政审核时手工录入

续表

序号	字段	字段值	备注
16	更新时间	20200915122012	数据更新时系统自动生成，数据创建时更新时间与创建时间一致
⋮	⋮	⋮	⋮

（5）冲抵、汇总本地区转移支付预算。

按照预设的冲抵规则或通过人工调整的方式，将经财政审核通过的本级转移支付预算和下级转移支付预算中需要冲抵的进行冲抵后，汇总生成本地区转移支付预算。此时涉及的逻辑库表中的数据无变化。

（6）报送上级财政部门。

本级财政部门将汇总生成的本地区转移支付预算审核无误后报送上级财政部门。此时涉及的逻辑库表中的数据无变化。

3.3.3 常见问题

（1）预算编制中对于上级转移支付资金和本级配套资金如何区别？

对于同一项目同时使用上级转移支付资金和本级配套资金的情况，可在编制预算时选择不同的资金来源，将本级财力及上级补助资金分别列示，待预算批复后生成指标时，通过预算级次（中央、省、市、县）来区分。

（2）项目储备、预算编制、年初预算批复、预算执行阶段的数据如何在"项目测算表"中体现？

"项目测算表"在不同的业务类型中均可使用，通过记录不同的版本信息分别体现。在项目储备阶段，主要针对项目整体信息进行测算；在预算编制阶段，主要针对当前编制预算的预算年度项目信息进行测算；年初预算批复、预算执行阶段一般不进行项目测算。

3.4 预算批复

3.4.1 总体描述

地方各级预算经由本级人大批准后，财政部门批复部门预算并下达转移支付预算，同时生成预算指标，登记预算指标账。财政部门、预算部门和单位公开政府预算、部门预算及单位预算。

3.4.2 功能设计

3.4.2.1 政府预算批准

财政部门将报请本级政府及人大有关专门委员会初审通过的预算草案和预算报告报送本级人大审批。本级人大批准预算后,进行预算指标会计核算并生成预算指标。

说明:此章节主要重点介绍政府预算编制业务收入预算按项目管理方式的业务活动,此时本级收入预算信息存储在政府预算收支表和转移支付项目接收登记表中,支出预算信息存储在部门预算项目年度预算表、对下转移支付年度预算表、政府预算收支表中。

涉及的业务活动及逻辑库表应用如表3-183所示。

表3-183 政府预算批准涉及的业务活动及逻辑库表应用

序号	业务活动	逻辑库表	中文名称	备注
1	生成政府预算草案	BGT_PM_ANNUAL	部门预算项目年度预算表	存储部门预算信息
		BGT_TRA	对下转移支付年度预算表	存储对下转移支付预算信息
		PM_GOV_BGT	政府预算收支表	存储除上级转移支付收入外的所有其他收入和除项目基本信息表中项目外的所有支出项目
		PM_TRAIN	转移支付项目接收登记表	存储本级财政转移支付收入项目信息
2	提交人大审批	BGT_PM_ANNUAL	部门预算项目年度预算表	存储部门预算信息
		⋮	⋮	包括以上所有逻辑库表
3	人大批准	BGT_PM_ANNUAL	部门预算项目年度预算表	存储部门预算信息
		⋮	⋮	包括以上所有逻辑库表
4	生成指标	BA_BGT_INFO	指标信息表	存储支出预算指标信息
		BA_BGT_INCOME	收入预算指标表	存储收入预算指标信息

1. 逻辑库表间关系

政府预算批准涉及的相关逻辑库表的关系如图3-12所示。

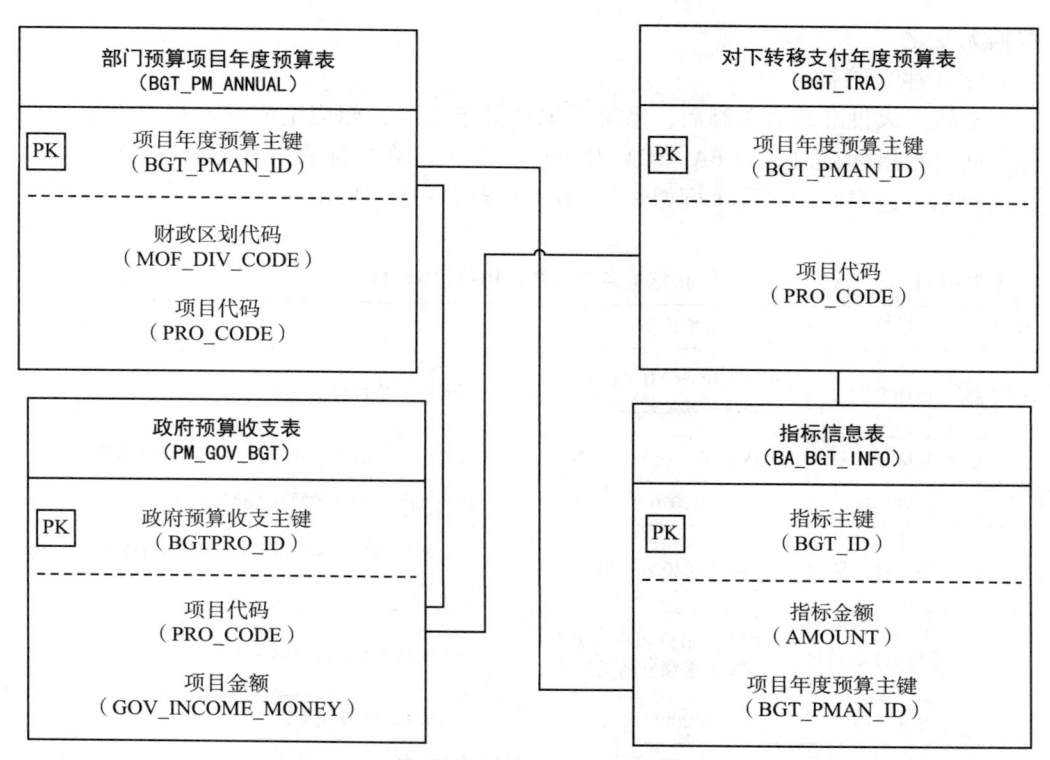

图 3-12　政府预算批准涉及的相关逻辑库表的关系

（1）部门预算项目年度预算表（BGT_PM_ANNUAL）中的项目年度预算主键（BGT_PMAN_ID）对应对下转移支付年度预算表（BGT_TRA）和指标信息表（BA_BGT_INFO）中的项目年度预算主键（BGT_PMAN_ID）。

（2）部门预算项目年度预算表（BGT_PM_ANNUAL）中的项目代码（PRO_CODE）对应对下转移支付年度预算表（BGT_TRA）和政府预算收支表（PM_GOV_BGT）中的项目代码（PRO_CODE）。

2. 实现机制说明

（1）生成政府预算草案。

财政部门生成政府预算草案。相关数据存储在部门预算项目年度预算表（BGT_PM_ANNUAL）、对下转移支付年度预算表（BGT_TRA）、政府预算收支表（PM_GOV_BGT）、转移支付项目接收登记表（PM_TRAIN）中，在此环节仅从相关库表中提取数据生成业务需要的报表（如《规范》中附录3中所列报表），不修改库表中相关信息，因此不再详细举例说明。

（2）提交人大审批。

财政部门将报请本级政府及人大有关专门委员会初审通过的预算草案和预算报告报送本级人大会议审批。此环节不在预算管理一体化系统中操作，相关逻辑库表中数据无变化。

（3）人大批准。

人大批准政府预算。此环节不在预算管理一体化系统中操作，相关逻辑库表中数据无变化。

（4）生成指标。

本级人大批准政府预算后，系统登记预算指标账，相应生成收入和支出预算指标。此时在指标信息表（BA_BGT_INFO）、收入预算指标表（BA_BGT_INCOME）存储数据，逻辑库表字段示例如表3-184和表3-185所示。

表3-184　　　　　　　　指标信息表（BA_BGT_INFO）

序号	字段	字段值	备注
1	指标主键	b7344f3d-633f-4a80-a074-92459232c357	数据创建时系统自动生成
2	财政区划代码	110000000（北京市本级）	系统自动生成，值集来源于财政区划管理要素
3	预算年度	2020	系统自动处理，根据预算填报年度生成
4	本级指标文号	京财建〔2020〕43号	手工录入或从OA系统获取，年初批复指标文号各地可自行获取
5	指标文标题	关于下达2020年自然灾害救灾资金预算的通知	手工录入或从OA系统获取
6	发文时间	20200514	手工录入或从OA系统获取
7	指标说明	略	手工录入
8	预算级次代码	2（省级）	系统自动生成，值集来源于预算级次代码管理要素
9	上级指标文号	—	系统自动引用上级指标信息表中本级指标文号，非转移支付指标时可为空
10	项目代码	110000200000000000030	系统自动引用项目基本信息表中项目代码
11	指标可执行标志	2（待分）	系统自动生成，值集来源于指标可执行标志管理要素
12	是否追踪	2（否）	系统自动引用项目基本信息表中是否追踪
13	需要追踪项目代码	—	引用项目基本信息表中标记为追踪项目的项目代码或转移支付接收表中的需要追踪项目代码，即最源头的需要追踪的转移支付项目代码，不管中间落地几次都保持不变
14	单位代码	010（行政政法处）	系统自动引用基础信息中的预算单位代码，待分指标为财政内部处室代码
15	资金性质代码	111（一般公共预算资金）	系统自动引用部门预算项目年度预算表或对下转移支付年度预算表中资金性质代码
16	业务主管处室代码	010（行政政法处）	系统自动生成，值集来源于财政内部机构管理要素
17	转移支付支出功能分类科目代码	—	系统自动引用对下转移支付年度预算表中转移支付支出功能分类科目代码，非转移支付指标时可为空

续表

序号	字段	字段值	备注
18	支出功能分类科目代码	2010101（行政运行）	系统自动引用部门预算项目年度预算表、对下转移支付年度预算表或政府预算收支表中支出功能分类科目代码
19	政府支出经济分类代码	50299（其他商品和服务支出）	系统自动引用部门预算项目年度预算表或对下转移支付年度预算表中政府支出经济分类代码
20	部门支出经济分类代码	30299（其他商品和服务支出）	系统自动引用部门预算项目年度预算表或对下转移支付年度预算表中部门支出经济分类代码
21	指标类型代码	21（当年预算）	系统自动生成，值集来源于指标类型代码管理要素
22	指标管理处室代码	010（行政政法处）	系统自动生成，值集来源于财政内部机构管理要素
23	是否包含政府采购预算	2（否）	系统自动引用政府采购预算表中是否包含政府采购预算
24	更新时间	20200211120149	系统更新数据时自动生成，数据创建时更新时间与创建时间一致
25	调整批次号	—	预算调整时系统自动生成，未调整时可为空
26	源指标主键	—	指标调整调剂或待分指标细化分配时引用来源指标的指标主键，其他情况可为空
27	指标金额	1000000.00	系统自动处理
28	调剂金额	0.00	预算调剂时手工录入预算调剂时手工录入
29	指标余额	1000000.00	系统自动计算生成
30	项目年度预算主键	b7344f3d-630f-4a80-a074-92459232c357	系统自动引用"部门预算项目年度预算表"或"对下转移支付年度预算表"中"项目年度预算主键"
31	是否删除	2（否）	系统自动处理，值集来源于布尔型代码管理要素，默认值为2，删除操作后，字段值由2变为1
32	指标来源代码	1（年初批复）	系统根据业务场景自动生成，值集来源于指标来源代码管理要素
33	创建时间	20200012101201 14	系统创建数据时自动生成

表3-185　　　　收入预算指标表（BA_BGT_INCOME）

序号	字段	字段值	备注
1	收入预算指标主键	b7344f3d-634f-4a80-a074-92459232c357	数据创建时系统自动生成
2	业务主管处室代码	010（行政政法处）	系统自动生成，值集来源于财政内部机构管理要素

续表

序号	字段	字段值	备注
3	财政区划代码	110000000（北京市本级）	系统自动生成，值集来源于财政区划管理要素
4	预算年度	2020	系统自动处理，根据预算填报年度生成
5	部门预算收入代码	4（事业收入）	选择录入，单位资金收入不能为空，值集来源于部门预算收入代码管理要素
6	预算级次代码	2（省级）	系统自动生成，值集来源于预算级次代码管理要素
7	单位代码	101001	系统自动引用基础信息中的预算单位代码
8	收入分类科目代码	101010102（集体企业增值税）	系统自动引用单位收入预算表、政府收支预算表或非税收入计划表中收入分类科目代码
9	项目代码	1100002000000000000030	系统自动引用单位收入预算表、政府收支预算表或非税收入计划表中项目代码
10	项目名称	税收收入	系统自动引用单位收入预算表、政府收支预算表或非税收入计划表中项目名称
11	预算数	500000.00	系统自动生成
12	资金性质代码	（一般公共预算资金）	系统自动生成，值集来源于资金性质代码管理要素
13	本级指标文号	—	手工录入，无指标文可为空
14	指标文标题	—	手工录入，无指标文可为空
15	发文时间	—	手工录入，无指标文可为空
16	指标说明	—	手工录入，无指标文可为空
17	往来财政区划代码	—	选择录入，记录援助地区或接收援助地区财政区划代码，值集来源于财政区划管理要素
18	是否删除	2（否）	系统自动处理，值集来源于布尔型代码管理要素，默认值为2，删除操作后，字段值由2变为1
19	更新时间	20200211112012	系统更新数据时自动生成，数据创建时更新时间与创建时间一致
20	创建时间	20200211112012	系统创建数据时自动生成

3.4.2.2 转移支付预算下达

本级政府预算经同级人大批准后，财政部门在法定时限内将转移支付预算下达给下级政府。涉及的业务活动及逻辑库表应用如表3–186所示。

表3–186　　　转移支付预算下达涉及的业务活动及逻辑库表应用

序号	业务活动	逻辑库表	中文名称	备注
1	生成转移支付预算指标	BA_BGT_INFO	指标信息表	存储转移支付待分指标信息

续表

序号	业务活动	逻辑库表	中文名称	备注
2	核销提前下达指标	BA_BGT_INFO	指标信息表	存储转移支付待分指标信息
3	细化分解下达转移支付待分指标	BA_TR_BGT_INFO	转移支付分配表	存储本级转移支付预算分配下达的指标信息
		BA_TR_BGT_REC	转移支付接收表	存储下级接到的转移支付指标信息

1. 逻辑库表间关系

转移支付预算下达涉及的相关逻辑库表的关系如图3-13所示。

指标信息表（BA_BGT_INFO）中的指标主键（BGT_ID）对应转移支付分配表（BA_TR_BGT_INFO）中的指标主键（BGT_ID），对应转移支付接收表（BA_TR_BGT_REC）中的来源指标主键（ORI_ID）。

2. 实现机制说明

（1）生成转移支付预算指标。

财政部门生成转移支付预算指标，登记指标账。此时在指标信息表（BA_BGT_INFO）存储数据，逻辑库表字段示例如表3-187所示。

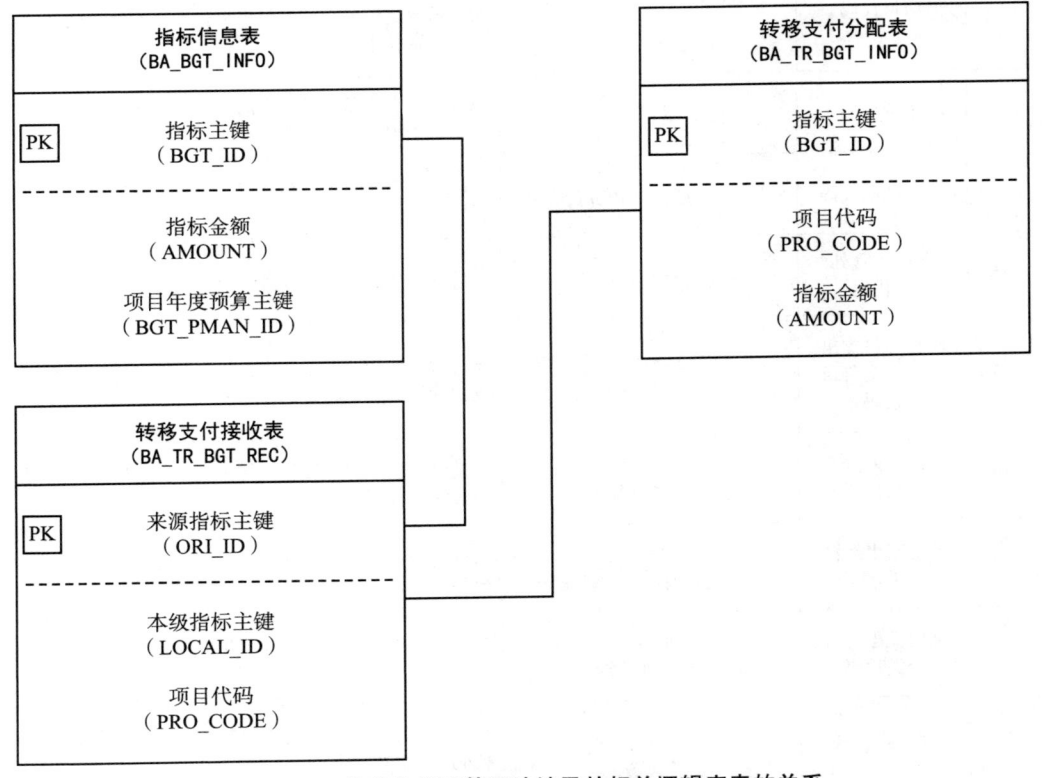

图3-13 转移支付预算下达涉及的相关逻辑库表的关系

表 3–187　　　　　　　　指标信息表（BA_BGT_INFO）

序号	字段	字段值	备注
1	指标主键	b7344f3d–635f–4a80–a074–92459232c357	数据创建时系统自动生成
2	财政区划代码	110000000（北京市本级）	系统自动生成，值集来源于财政区划管理要素
3	预算年度	2020	系统自动处理，根据预算填报年度生成
4	本级指标文号	京财预〔2020〕4号	手工录入或从OA系统获取
5	指标文标题	略	手工录入或从OA系统获取
6	发文时间	20200514	手工录入或从OA系统获取
7	指标说明	略	手工录入或从OA系统获取
8	预算级次代码	2（省级）	系统自动生成，值集来源于预算级次代码管理要素
9	上级指标文号	财预〔2020〕61号	系统自动引用上级指标信息表中本级指标文号，非转移支付指标可为空
10	项目代码	1100002000000000000030	系统自动引用项目基本信息表中项目代码
11	指标可执行标志	2（待分）	系统自动生成，值集来源于指标可执行标志管理要素
12	是否追踪	1（是）	系统自动引用项目基本信息表中是否追踪
13	需要追踪项目代码	1100002000000000000030	引用项目基本信息表中标记为追踪项目的项目代码或转移支付接收表中的需要追踪项目代码，即最源头的需要追踪的转移支付项目代码，不管中间落地几次都保持不变
14	单位代码	012（教科文处）	系统自动引用基础信息中的下级财政区划代码。待分指标为财政内部处室代码
15	资金性质代码	111（一般公共预算资金）	系统自动引用对下转移支付年度预算表中资金性质代码
16	业务主管处室代码	010（行政政法处）	系统自动生成，值集来源于财政内部机构管理要素
17	转移支付支出功能分类科目代码	2300202（均衡性转移支付支出）	系统自动引用对下转移支付年度预算表中转移支付支出功能分类科目代码
18	支出功能分类科目代码	2050299（其他普通教育支出）	系统自动引用对下转移支付年度预算表中支出功能分类科目代码
19	政府支出经济分类代码	51301（上下级政府间转移性支出）	系统自动引用对下转移支付年度预算表中政府支出经济分类代码
20	部门支出经济分类代码	30299（其他商品和服务支出）	系统自动引用对下转移支付年度预算表中部门支出经济分类代码
21	指标类型代码	21（当年预算）	系统自动引用对下转移支付年度预算表中指标类型代码

续表

序号	字段	字段值	备注
22	指标管理处室代码	010（行政政法处）	系统自动引用对下转移支付年度预算表中指标管理处室代码
23	是否包含政府采购预算	2（否）	系统自动引用政府采购预算表中是否包含政府采购预算
24	更新时间	20200217112013	系统更新数据时自动生成，数据创建时更新时间与创建时间一致
25	调整批次号	—	预算调整时系统自动生成
26	源指标主键	—	指标调整调剂或待分指标细化分配时引用来源指标的指标主键，其他情况可为空
27	指标金额	2000000.00	系统自动引用对下转移支付年度预算表中指标金额
28	调剂金额	0.00	系统自动引用"对下转移支付年度预算表"中"调剂金额"
29	指标余额	2000000.00	系统自动计算生成系统自动引用"对下转移支付年度预算表"中"指标余额"
30	项目年度预算主键	b7344f3d-630f-4a80-a074-92459232c357	系统自动引用"对下转移支付年度预算表"中"项目年度预算主键"
31	是否删除	2（否）	系统自动处理，值集来源于布尔型代码管理要素，默认值为2，删除操作后，字段值由2变为1
32	指标来源代码	1（年初批复）	系统自动引用"对下转移支付年度预算表"中"指标来源代码"
33	创建时间	20201216112013 20200110120114	系统创建数据时自动生成

(2) 核销提前下达指标。

转移支付预算指标下达需要进行核销提前下达的指标，如果有提前下达指标[其中指标类型代码为11（预拨指标）]，则将原指标红冲且生成一条新指标。此时在指标信息表（BA_BGT_INFO）存储数据，逻辑库表字段示例如表3-188所示。

表3-188　　　　　　指标信息表（BA_BGT_INFO）（新指标）

序号	字段	字段值	备注
1	指标主键	b7344f3d-638f-4a80-a074-92459232c357	系统自动生成，实现时满足长度要求即可，格式不做限制
⋮	⋮	⋮	⋮
21	指标类型代码	21（当年预算）	如果有提前下达的指标则指标类型代码由21（当年预算）

续表

序号	字段	字段值	备注
27	指标金额	2000000.00	系统自动引用对下转移支付年度预算表中指标金额
⋮	⋮	⋮	⋮

（3）细化分解下达转移支付待分指标。

财政部门细化分解转移支付指标并下达给下级政府。此时涉及的库表包括：转移支付分配表（BA_TR_BGT_INFO）、转移支付接收表（BA_TR_BGT_REC）、指标信息表（BA_BGT_INFO）。

说明：在转移支付接收表（BA_TR_BGT_REC）存储数据，当"是否追踪"标识为是时，同时在指标信息表（BA_BGT_INFO）中生成相应的本级待分指标。

逻辑库表字段示例如表3-189~表3-191所示。

表3-189　　　　　转移支付分配表（BA_TR_BGT_INFO）

序号	字段	字段值	备注
1	指标主键	b7344f3d-636f-4a80-a074-92459232c357	主键标识，系统自动生成
2	财政区划代码	110000000（北京市本级）	系统自动引用指标信息表中财政区划代码
3	接收方财政区划代码	110108000（海淀区本级）	系统自动引用指标信息表中单位代码
4	预算年度	2020	系统自动引用指标信息表中预算年度
5	本级指标文号	京财预〔2020〕4号	系统自动引用指标信息表中本级指标文号
6	指标文标题	关于下达2020年教转移支付预算的通知	系统自动引用指标信息表中指标文标题
7	发文时间	20200514	系统自动引用指标信息表中发文时间
8	指标说明	略	系统自动引用指标信息表中指标说明
9	项目代码	1100002000000000000030	系统自动引用指标信息表中项目代码
10	项目名称	2020年教育转移支付预算项目	系统自动引用项目基本信息表中项目代码
11	资金性质代码	111（一般公共预算资金）	系统自动引用指标信息表中资金性质代码
12	转移支付功能分类科目代码	2300202（均衡性转移支付支出）	系统自动引用指标信息表中转移支付功能分类科目代码
13	支出功能分类科目代码	2300245（教育共同财政事权转移支付支出）	系统自动引用指标信息表中支出功能分类科目代码
14	政府支出经济分类代码	50299（其他商品和服务支出）	系统自动引用指标信息表中政府支出经济分类代码

续表

序号	字段	字段值	备注
15	指标金额	1000000.00	系统自动引用指标信息表中指标金额
16	更新时间	20200221112013	系统更新数据时自动生成，数据创建时更新时间与创建时间一致
17	指标管理处室代码	010（行政政法处）	系统自动引用指标信息表中财政内部机构代码
18	源指标主键	—	指标调整调剂或待分指标细化分配时引用来源指标的指标主键，其他情况可为空
19	是否删除	2（否）	系统自动处理，值集来源于布尔型代码管理要素，默认值为2，删除操作后，字段值由2变为1
20	是否追踪	2（是）	系统自动引用指标信息表中是否追踪
21	预算级次代码	2（省级）	系统自动引用指标信息表中预算级次代码
22	调整批次号	—	系统自动引用指标信息表中调整批次号
23	分配方式	1（因素法）	系统自动引用项目基本信息表中分配方式
24	创建时间	20200221112013	系统创建数据时自动生成
25	需要追踪的项目代码	1100002000000000000030	引用项目基本信息表中标记为追踪项目的项目代码或转移支付接收表中的需要追踪项目代码，即最源头的需要追踪的转移支付项目代码，不管中间落地几次都保持不变

表 3–190　　　　　　　转移支付接收表（BA_TR_BGT_REC）

序号	字段	字段值	备注
1	来源指标主键	b7344f3d-637f-4a80-a074-92459232c357	系统自动引用上级转移支付分配表中"指标主键"
2	本级指标主键	c7344f3d-630f-4a80-a074-92459232c357	主键标识，系统自动生成
3	财政区划代码	110108000（海淀区本级）	系统自动引用上级转移支付分配表中接收方财政区划代码
4	预算年度	2020	系统自动引用上级转移支付分配表中预算年度
5	上级指标文号	京财预〔2020〕4号	系统自动引用上级转移支付分配表中本级指标文号
6	指标文标题	关于下达××转移支付预算的通知	系统自动引用上级转移支付分配表中指标文标题
7	发文时间	20200514	系统自动引用上级转移支付分配表中发文时间
8	指标说明	略	系统自动引用上级转移支付分配表中指标说明
9	项目代码	1100002000000000000030	系统自动引用上级转移支付分配表中项目代码

续表

序号	字段	字段值	备注
10	项目名称	2020年教育转移支付预算项目	系统自动引用上级转移支付分配表中项目名称
11	资金性质代码	111（一般公共预算资金）	系统自动引用上级转移支付分配表中资金性质代码
12	收入分类科目代码	略	选择录入
13	转移支付功能分类科目代码	2300202（均衡性转移支付支出）	系统自动引用上级转移支付分配表中转移支付功能分类科目代码
14	支出功能分类科目代码	2300245（教育共同财政事权转移支付支出）	系统自动引用上级转移支付分配表中支出功能分类科目代码
15	政府支出经济分类代码	50299（其他商品和服务支出）	系统自动引用上级转移支付分配表中政府支出经济分类代码
16	指标金额	1000000.00	系统自动引用上级转移支付分配表中指标金额
17	更新时间	20200221112013	系统更新数据时自动生成，数据创建时更新时间与创建时间一致
18	来源方财政区划代码	110000000（北京市本级）	系统自动引用上级转移支付分配表中财政区划代码
19	指标接收时间	20200221112013	系统自动生成
20	是否删除	2（否）	系统自动处理，值集来源于布尔型代码管理要素，默认值为2，删除操作后，字段值由2变为1
21	是否追踪	1（是）	系统自动引用上级转移支付分配表中是否追踪
22	预算级次代码	2（省级）	系统自动引用上级转移支付分配表中预算级次代码
23	创建时间	20200221112013	系统创建数据时自动生成
24	源指标主键	—	指标调整调剂或待分指标细化分配时引用来源指标的指标主键，其他情况可为空
25	调整批次号	—	预算调整时系统自动生成，未调整时可为空
26	分配方式	1（因素法）	系统自动引用上级转移支付分配表中分配方式
27	需要追踪的项目代码	110000200000000000030	引用项目基本信息表中标记为追踪项目的项目代码或转移支付接收表中的需要追踪项目代码，即最源头的需要追踪的转移支付项目代码，不管中间落地几次都保持不变

表3-191　　　　　　　　　指标信息表（BA_BGT_INFO）

序号	字段	字段值	备注
1	指标主键	c7344f3d-630f-4a80-a074-92459232c357	系统自动生成，实现时满足长度要求即可，格式不做限制

续表

序号	字段	字段值	备注
2	财政区划代码	110108000（海淀区本级）	系统自动处理，值集来源于财政区划管理要素
⋮	⋮	⋮	⋮
16	更新时间	20200221112013	系统更新数据时自动生成，数据创建时更新时间与创建时间一致
⋮	⋮	⋮	⋮

3.4.2.3 部门预算批复

本级政府预算经本级人大批准后，财政部门向本级各部门批复预算，各部门向所属各单位批复预算。涉及的业务活动及逻辑库表应用如表3-192所示。

表3-192　　　　　部门预算批复涉及的业务活动及逻辑库表应用

序号	业务活动	逻辑库表	中文名称	备注
1	批复部门预算	BGT_PM_ANNUAL	部门预算项目年度预算表	存储部门预算项目年度预算信息
		BGT_ASSET_ALLOC_PLAN	资产配置预算表	存储资产配置预算信息
		BGT_GOVPUR	政府采购预算表	存储政府采购预算信息
		BGT_GOVPUR_SERV	政府购买服务表	存储政府购买服务信息
		BGT_DEP_INCOME	单位收入预算表	存储单位收入预算信息
		BGT_NTAX_INCOME_PLAN	非税收入计划表	存储非税收入计划信息
2	接收财政批复预算	BGT_PM_ANNUAL	部门预算项目年度预算表	存储部门预算项目年度预算信息
		⋮	⋮	包括上述所有逻辑库表
3	批复单位预算	BGT_PM_ANNUAL	部门预算项目年度预算表	存储部门预算项目年度预算信息
		⋮	⋮	包括上述所有逻辑库表
4	接收上级批复预算	BGT_PM_ANNUAL	部门预算项目年度预算表	存储部门预算项目年度预算信息
		⋮	⋮	包括上述所有逻辑库表

续表

序号	业务活动	逻辑库表	中文名称	备注
5	生成部门预算指标	BA_BGT_INFO	指标信息表	存储待分或可执行指标信息
6	核销预拨指标	BA_BGT_INFO	指标信息表	存储指标信息
7	细化分解	BA_BGT_INFO	指标信息表	存储可执行指标信息

1. 逻辑库表间关系

部门预算批复涉及的相关逻辑库表的关系如图 3-14 所示。

```
┌─────────────────────────────┐        ┌─────────────────────────────┐
│  部门预算项目年度预算表      │        │       指标信息表            │
│      （BGT_PM_ANNUAL）       │        │      （BA_BGT_INFO）         │
│                             │        │                             │
│ PK  项目年度预算主键          │        │ PK  指标主键                 │
│     （BGT_PMAN_ID）          │        │     （BGT_ID）               │
│ ─────────────────────────── │────────│ ─────────────────────────── │
│     财政区划代码              │        │     指标金额                 │
│     （MOF_DIV_CODE）         │        │     （AMOUNT）               │
│                             │        │                             │
│     项目代码                 │        │     项目年度预算主键          │
│     （PRO_CODE）             │        │     （BGT_PMAN_ID）          │
└─────────────────────────────┘        └─────────────────────────────┘
```

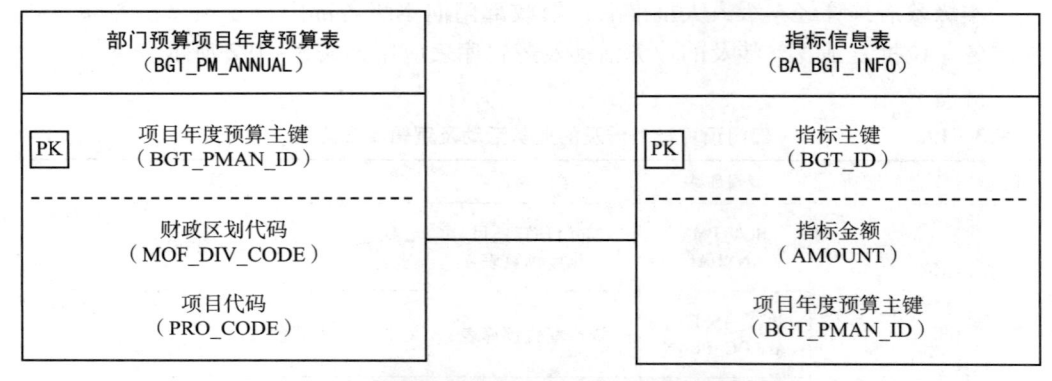

图 3-14 部门预算批复涉及的相关逻辑库表的关系

部门预算项目年度预算表（BGT_PM_ANNUAL）中的项目年度预算主键（BGT_PMAN_ID）对应指标信息表（BA_BGT_INFO）中的项目年度预算主键（BGT_PMAN_ID）。

2. 实现机制说明

（1）批复部门预算。

财政部门应当在本级政府预算经本级人大批准后 20 日内向各部门批复预算。此时在项目年度预算表（BGT_PM_ANNUAL）存储数据，年初批复数发生变化，逻辑库表字段变化示例如表 3-193 所示。

表 3-193   部门预算项目年度预算表（BGT_PM_ANNUAL）

序号	字段	字段值	备注
1	项目年度预算主键	b7344f3d-630f-4a80-a074-92459232c357	数据创建时系统自动生成
⋮	⋮	⋮	⋮
15	更新时间	20200111120149	系统更新数据时自动生成，数据创建时更新时间与创建时间一致

续表

序号	字段	字段值	备注
17	年初批复数	100000.00	预算批复后系统自动生成或手工录入，之后不可再编辑
⋮	⋮	⋮	⋮

（2）接收财政批复预算。

部门接收财政批复的本部门批复预算，此时涉及的逻辑库表中的数据无变化。

（3）批复单位预算。

各部门在接到财政部门批复的本部门预算后 15 日内向所属各单位批复预算，此时涉及的逻辑库表中的数据无变化。

（4）接收上级批复预算。

预算单位接收上级部门批复的本单位批复预算，此时涉及的逻辑库表中的数据无变化。

（5）生成部门预算指标。

财政部门生成各单位财政拨款预算指标、财政专户管理资金和单位资金预算指标。此时在指标信息表（BA_BGT_INFO）存储数据，逻辑库表字段示例如表 3 – 194 所示。

表 3 – 194　　　　　　　　　指标信息表（BA_BGT_INFO）

序号	字段	字段值	备注
1	指标主键	b7344f3d – 639f – 4a80 – a074 – 92459232c35700	数据创建时系统自动生成
2	财政区划代码	110000000（北京市本级）	系统自动生成，值集来源于财政区划管理要素
3	预算年度	2020	系统自动处理，根据预算填报年度生成
4	本级指标文号	京财建〔2020〕43 号	手工录入或从 OA 系统获取
5	指标文标题	关于下达 2020 年灾害风险防治资金预算的通知	手工录入或从 OA 系统获取
6	发文时间	20200214	手工录入或从 OA 系统获取
7	指标说明	略	手工录入
8	预算级次代码	2（省级）	系统自动生成，值集来源于预算级次代码管理要素
9	上级指标文号	—	系统自动引用上级指标信息表中指标文号
10	项目代码	110000200000000000009	系统自动引用项目基本信息表中项目代码
11	指标可执行标志	2（待分）	系统自动生成，值集来源于指标可执行标志管理要素
12	是否追踪	2（否）	值集来源于项目基本信息表中是否追踪
13	需要追踪项目代码	—	引用项目基本信息表中标记为追踪项目的项目代码或转移支付接收表中的需要追踪项目代码，即最源头的需要追踪的转移支付项目代码，不管中间落地几次都保持不变

续表

序号	字段	字段值	备注
14	单位代码	010（行政政法处）	系统自动引用基础信息中的预算单位代码，待分指标为财政内部处室代码
15	资金性质代码	111（一般公共预算资金）	系统自动引用部门预算项目年度预算表或对下转移支付年度预算表中资金性质代码
16	业务主管处室代码	010（行政政法处）	系统自动生成，值集来源于财政内部机构管理要素
17	转移支付支出功能分类科目代码	—	系统自动引用对下转移支付年度预算表中转移支付支出功能分类科目代码
18	支出功能分类科目代码	2240104（灾害风险防治）	系统自动引用部门预算项目年度预算表、对下转移支付年度预算表或政府预算收支表中支出功能分类科目代码
19	政府支出经济分类代码	50299（其他商品和服务支出）	系统自动引用部门预算项目年度预算表或对下转移支付年度预算表中政府支出经济分类代码
20	部门支出经济分类代码	30299（其他商品和服务支出）	系统自动引用部门预算项目年度预算表或对下转移支付年度预算表中部门支出经济分类代码
21	指标类型代码	21（当年预算）	系统自动生成，值集来源于指标类型代码管理要素
22	指标管理处室代码	010（行政政法处）	系统自动生成，系统值集来源于财政内部机构管理要素
23	是否包含政府采购预算	2（否）	系统自动引用政府采购预算表中是否包含政府采购预算
24	更新时间	20200214120149	系统更新数据时自动生成，数据创建时更新时间与创建时间一致
25	调整批次号	—	预算调整时系统自动生成
26	源指标主键	—	指标调整调剂或待分指标细化分配时引用来源指标的指标主键，其他情况可为空
27	指标金额	1000000.00	系统自动生成，值集来源于部门预算项目年度预算表中年初批复数
28	调剂金额	0.00	指标调剂时手工录入
29	指标余额	1000000.00	系统自动计算生成
30	项目年度预算主键	b7344f3d－630f－4a80－a074－92459232c357	系统自动引用"项目年度预算表"中"项目年度预算主键"
31	是否删除	2（否）	系统自动处理，值集来源于布尔型代码管理要素，默认值为2，删除操作后，字段值由2变为1

续表

序号	字段	字段值	备注
32	指标来源代码	1（年初批复）	系统根据业务场景自动生成，值集来源于指标来源代码管理要素
33	创建时间	20200214120149 20200110120114	系统创建数据时自动生成

（6）核销预拨指标。

系统根据生成的部门预算指标对预拨指标进行核销。如果其中有指标类型代码为 11（预拨指标），则将新生成的指标与预拨指标相冲且生成一条新指标。此时在指标信息表（BA_BGT_INFO）存储数据，逻辑库表字段示例如表 3 – 195 所示。

表 3 – 195　　　　　　指标信息表（BA_BGT_INFO）（新指标）

序号	字段	字段值	备注
1	指标主键	b7344f3d – 638f – 4a80 – a074 – 92459232c357	系统自动生成，实现时满足长度要求即可，格式不做限制
⋮	⋮	⋮	⋮
21	指标类型代码	21（当年预算）	系统自动引用新生成的指标信息中的指标类型代码
27	指标金额	2000000.00	系统自动引用对下转移支付年度预算表中指标金额
⋮	⋮	⋮	⋮

（7）细化分解。

部门预算待分指标细化分解形成可执行指标。此时减少待分指标的指标余额，新生成一条可执行指标，在指标信息表（BA_BGT_INFO）存储数据，其源指标主键为该待分指标主键，以将一条金额为逻辑库表存储以及逻辑库表字段变化示例如表 3 – 196 和表 3 – 197 所示。

表 3 – 196　　　　　　指标信息表（BA_BGT_INFO）（原待分指标）

序号	字段	字段值	备注
1	指标主键	b7344fb3 – 630f – 4a80 – a074 – 92459232c30057	数据创建时系统自动生成
⋮	⋮	⋮	⋮
27	指标余额	5000000.00	系统自动计算得出
24	更新时间	20200311120149	系统更新数据时自动生成，数据创建时更新时间与创建时间一致
⋮	⋮	⋮	⋮

表 3–197　　　　指标信息表（BA_BGT_INFO）（新可执行指标）

序号	字段	字段值	备注
1	指标主键	tvxq4f3d–639f–4a80–a074–92459232c35700	数据创建时系统自动生成
2	财政区划代码	110000000（北京市本级）	系统自动生成，值集来源于财政区划管理要素
3	预算年度	2020	系统自动处理，根据预算填报年度生成
4	本级指标文号	京财建〔2020〕43号	手工录入或从 OA 系统获取
5	指标文标题	关于下达2020年灾害风险防治资金预算的通知	手工录入或从 OA 系统获取
6	发文时间	20200214	手工录入或从 OA 系统获取
7	指标说明	略	手工录入
8	预算级次代码	2（省级）	系统自动生成，值集来源于预算级次代码管理要素
9	上级指标文号	—	系统自动引用上级指标信息表中指标文号
10	项目代码	1100002000000000009	系统自动引用项目基本信息表中项目代码
11	指标可执行标志	1（可执行）	系统自动生成，值集来源于指标可执行标志管理要素
12	是否追踪	2（否）	值集来源于项目基本信息表中是否追踪
13	需要追踪项目代码	—	引用项目基本信息表中标记为追踪项目的项目代码或转移支付接收表中的需要追踪项目代码，即最源头的需要追踪的转移支付项目代码，不管中间落地几次都保持不变
14	单位代码	101001	系统自动引用基础信息中的预算单位代码
15	资金性质代码	111（一般公共预算资金）	系统自动引用部门预算项目年度预算表或对下转移支付年度预算表中资金性质代码
16	业务主管处室代码	010（行政政法处）	系统自动生成，值集来源于财政内部机构管理要素
17	转移支付支出功能分类科目代码	—	系统自动引用对下转移支付年度预算表中转移支付支出功能分类科目代码
18	支出功能分类科目代码	2240104（灾害风险防治）	系统自动引用部门预算项目年度预算表、对下转移支付年度预算表或政府预算收支表中支出功能分类科目代码
19	政府支出经济分类代码	50299（其他商品和服务支出）	系统自动引用部门预算项目年度预算表或对下转移支付年度预算表中政府支出经济分类代码
20	部门支出经济分类代码	30299（其他商品和服务支出）	系统自动引用部门预算项目年度预算表或对下转移支付年度预算表中部门支出经济分类代码
21	指标类型代码	21（当年预算）	系统自动生成，值集来源于指标类型代码管理要素

续表

序号	字段	字段值	备注
22	指标管理处室代码	010（行政政法处）	系统自动生成，系统值集来源于财政内部机构管理要素
23	是否包含政府采购预算	2（否）	系统自动引用政府采购预算表中是否包含政府采购预算
24	更新时间	20200311120149	系统更新数据时自动生成，数据创建时更新时间与创建时间一致
25	调整批次号	—	预算调整时系统自动生成
26	源指标主键	b7344f3d-639f-4a80-a074-92459232c35700	指标调整调剂或待分指标细化分配时引用来源指标的指标主键，其他情况可为空
27	指标金额	5000000.00	系统自动生成，值集来源于部门预算项目年度预算表中年初批复数
28	调剂金额	0.00	指标调剂时手工录入
29	指标余额	5000000.00	系统自动计算生成
30	项目年度预算主键	357b4f3d-630f-4a80-a074-92459232c	系统自动引用项目年度预算表中项目年度预算主键
31	是否删除	2（否）	系统自动处理，值集来源于布尔型代码管理要素，默认值为2，删除操作后，字段值由2变为1
32	指标来源代码	5（指标分配）	系统根据业务场景自动生成，值集来源于指标来源代码管理要素
33	创建时间	20200311120149	系统创建数据时自动生成

3.4.2.4 政府预算公开

经地方人大或其常务委员会批准的预算、预算调整的报告及报表通过网站或线下向社会公开。涉及的业务活动及逻辑库表应用如表3-198所示。

表3-198　　　　　政府预算公开涉及的业务活动及逻辑库表应用

业务活动	逻辑库表	中文名称	备注
政府预算公开	BGT_PM_ANNUAL	部门预算项目年度预算表	存储预算信息
	BGT_TRA	对下转移支付年度预算表	存储对下转移支付预算信息
	PM_GOV_BGT	政府预算收支表	存储政府收支预算信息
	PM_TRAIN	转移支付项目接收登记表	存储本级财政转移支付收入项目信息

1. 逻辑库表间关系

政府预算公开涉及的相关逻辑库表的关系如图 3-15 所示。

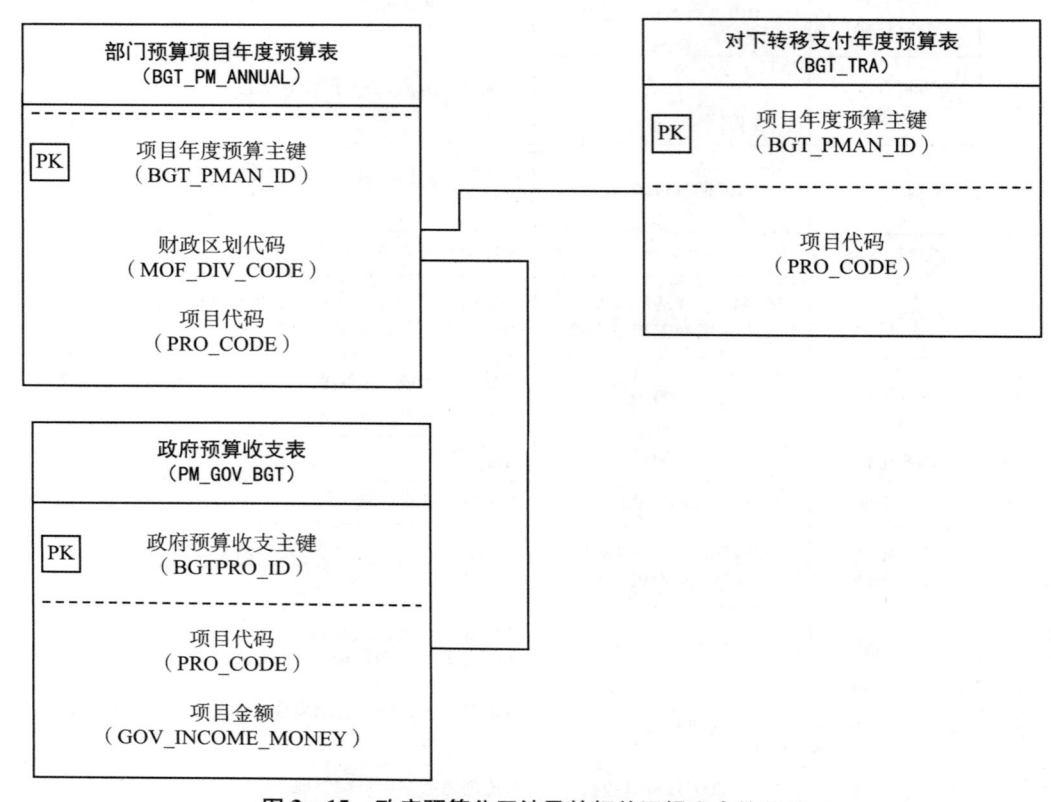

图 3-15　政府预算公开涉及的相关逻辑库表的关系

部门预算项目年度预算表（BGT_PM_ANNUAL）中的项目代码（PRO_CODE）对应对下转移支付年度预算表（BGT_TRA）和政府预算收支表（PM_GOV_BGT）中的项目代码（PRO_CODE）。

2. 实现机制说明

经地方人大或其常务委员会批准的预算、预算调整的报告及报表通过网站或线下向社会公开。在此环节仅从相关库表中提取数据生成业务需要的报表（如《规范》中附录 3 中所列报表），此时相关逻辑库表中数据无变化。

3.4.2.5　部门预算公开

经财政部门批复的部门预算及报表，以及各部门所属单位的预算及报表，各部门、各单位应当在规定时间内向社会公开。涉及的业务活动及逻辑库表应用如表 3-199 所示。

表 3-199　　　　　　　部门预算公开涉及的业务活动及逻辑库表应用

序号	业务活动	逻辑库表	中文名称	备注
1	部门预算公开	BGT_PM_ANNUAL	部门预算项目年度预算表	存储部门预算项目年度预算信息
		BGT_ASSET_ALLOC_PLAN	资产配置预算表	存储资产配置预算信息
		BGT_GOVPUR	政府采购预算表	存储政府采购预算信息
		BGT_GOVPUR_SERV	政府购买服务表	存储政府购买服务信息
		BGT_DEP_INCOME	单位收入预算表	存储单位收入预算信息
		BGT_NTAX_INCOME_PLAN	非税收入计划表	存储非税收入计划信息
2	单位预算公开	BGT_PM_ANNUAL	部门预算项目年度预算表	存储部门预算项目年度预算信息
		⋮	⋮	包括上述所有逻辑库表

1. 逻辑库表间关系

部门预算公开涉及的相关逻辑库表的关系如图 3-16 所示。

（1）部门预算项目年度预算表（BGT_PM_ANNUAL）中的项目代码（PRO_CODE）对应了资产配置预算表（BGT_ASSET_ALLOC_PLAN）中的项目代码（PRO_CODE）。

（2）部门预算项目年度预算表（BGT_PM_ANNUAL）中的项目代码（PRO_CODE），对应了政府采购预算表（BGT_GOVPUR）中的项目代码（PRO_CODE）。

（3）部门预算项目年度预算表（BGT_PM_ANNUAL）中的项目代码（PRO_CODE），对应了政府购买服务表（BGT_GOVPUR_SERV）中的项目代码（PRO_CODE）。

2. 实现机制说明

各部门在财政部门批复部门预算后向社会公开部门预算；各部门所属单位在部门批复单位预算后应当在规定时间内向社会公开单位预算。在此环节仅从相关库表中提取数据生成业务需要的报表（如《规范》中附录 3 中所列报表），此时相关逻辑库表中数据无变化。

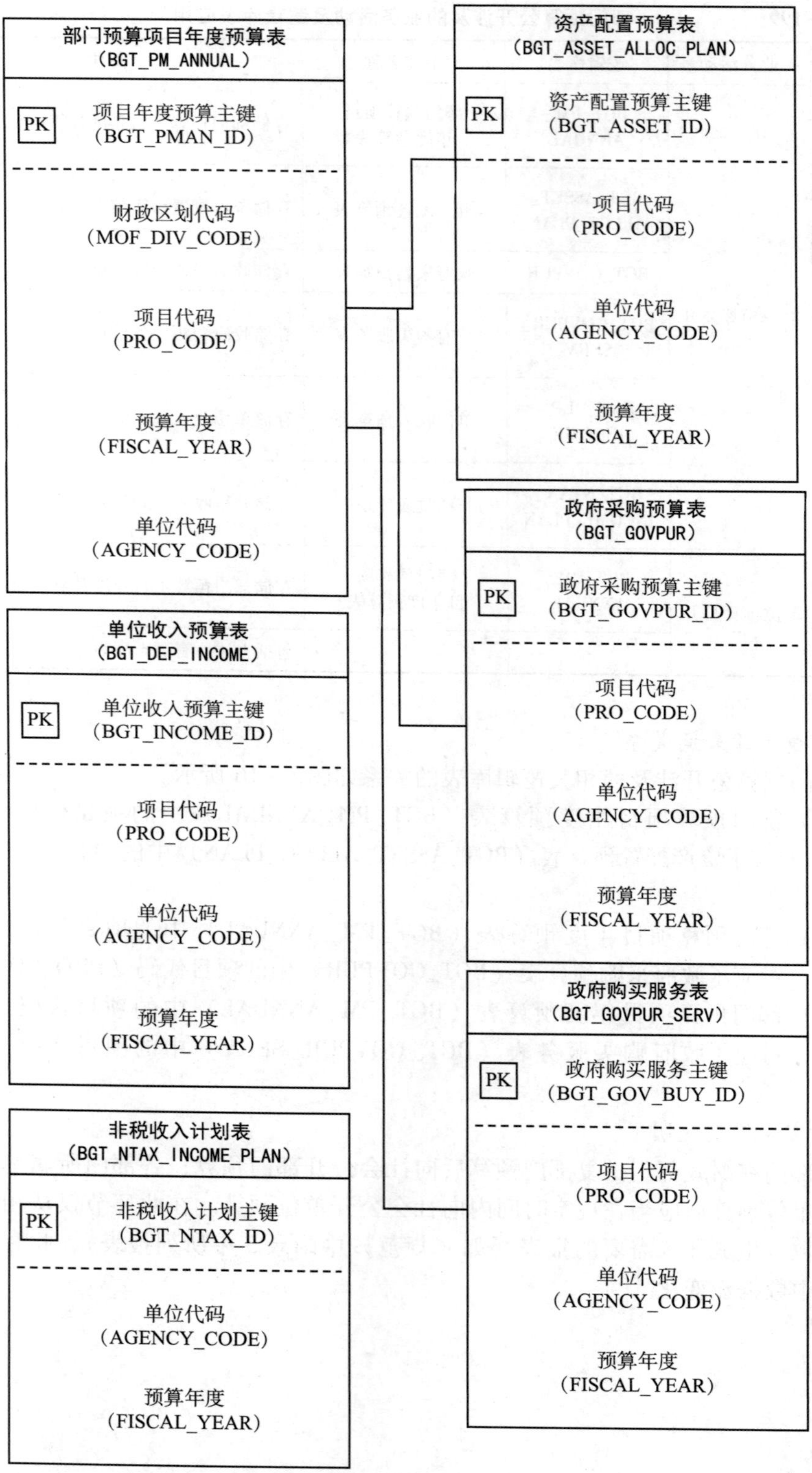

图 3-16　部门预算公开涉及的相关逻辑库表的关系

3.4.3 常见问题

部门预算批复中的报表内容如何体现？

按照《规范》要求，各部门、各单位预算应当至少公开《收支总表》《一般公共预算"三公"经费支出表》和《项目支出表》等报表（报表样式详见附录3 附表4，财政部可根据管理需要适时调整报表样式），相应的报表中需要的业务数据分别存储在"部门预算项目年度预算表""政府采购预算表""政府购买服务表"等逻辑库表中，可根据实际表样需求从相应库表中提取。

3.5 预算调整和调剂

3.5.1 总体描述

预算调整和调剂规范了预算执行中预算调整和调剂的管理流程和规则，实现了指标调整调剂、指标调整调剂明细等预算信息的管理。

3.5.2 功能设计

3.5.2.1 政府预算调整

按照预算法规定，经地方各级人大批准的地方各级政府预算，在执行中出现以下四种情形，应当进行预算调整，具体包括：需要增加或者减少预算总支出的、需要动用预算稳定调节基金的、需要调减预算安排的重点支出数额的、需要增加举借债务数额的。

涉及的业务活动及逻辑库表应用如表 3-200 所示。

表 3-200　　　　政府预算调整涉及的业务活动及逻辑库表应用

序号	业务活动	逻辑库表	中文名称	备注
1	编制预算调整方案	PM_GOV_BGT	政府预算收支表	存储政府收支预算信息
		BGT_PM_ANNUAL	部门预算项目年度预算表	存储部门预算信息
		BGT_TRA	对下转移支付年度预算表	存储对下转移支付预算信息
		PM_PROJECT_INFO	项目基本信息表	存储项目基本信息

续表

序号	业务活动	逻辑库表	中文名称	备注
1	编制预算调整方案	PM_ANNUAL_EXPPLAN_INFO	分年度支出计划表	存储项目分年支出预算
		PM_ASSET_ALLOC	项目资产配置信息表	存储项目资产配置信息
		PM_PERF_GOAL_INFO	项目绩效目标表	存储特定目标类绩效目标信息
		PM_PERF_INDICATOR	项目绩效指标表	存储特定目标类绩效指标信息
		PM_EST_IMATE	项目测算表	存储特定目标类的测算信息
		BGT_ASSET_ALLOC_PLAN	资产配置预算表	存储项目资产预算的相关信息
		BGT_GOVPUR	政府采购预算表	存储政府采购预算信息
		BGT_GOVPUR_SERV	政府购买服务表	存储政府购买服务的申报信息
2	本级政府审批	PM_GOV_BGT	政府预算收支表	存储政府收支预算信息
		⋮	⋮	包括以上所有逻辑库表
3	本级人大专门委员会初审	PM_GOV_BGT	政府预算收支表	存储政府收支预算信息
		⋮	⋮	包括以上所有逻辑库表
4	本级人大常委会审批	PM_GOV_BGT	政府预算收支表	存储政府收支预算信息
		⋮	⋮	包括以上所有逻辑库表
5	报上级政府备案	PM_GOV_BGT	政府预算收支表	存储政府收支预算信息
		⋮	⋮	包括以上所有逻辑库表
6	登记指标	BA_BGT_INFO	指标信息表	存储支出待分与可执行的指标信息
		BA_BGT_ADJSUB	指标调整明细表	存储指标调整调剂单据和调整调剂的过程数据

1. 逻辑库表间关系

政府预算调整涉及的相关逻辑库表的关系如图3-17所示。

（1）政府预算收支表（PM_GOV_BGT）中的项目代码（PRO_CODE）对应指标信息表（BA_BGT_INFO）中的项目代码（PRO_CODE）。

（2）指标调整明细表（BA_BGT_ADJSU）中的调入/调出指标ID（BGT_ID）对应指标信息表（BA_BGT_INFO）中的指标主键（BGT_ID）。

```
┌─────────────────────────────────┐              ┌─────────────────────────────────┐
│        政府预算收支表           │              │          指标信息表             │
│       （PM_GOV_BGT）            │              │       （BA_BGT_INFO）           │
├─────────────────────────────────┤              ├─────────────────────────────────┤
│ ┌──┐   政府预算收支主键         │              │ ┌──┐     指标主键               │
│ │PK│    （BGTPRO_ID）           │              │ │PK│     （BGT_ID）             │
│ └──┘                            │──────────────│ └──┘                            │
│ ─ ─ ─ ─ ─ ─ ─ ─ ─ ─ ─ ─ ─ ─ ─   │              │ ─ ─ ─ ─ ─ ─ ─ ─ ─ ─ ─ ─ ─ ─ ─   │
│         项目代码                │              │         指标金额                │
│       （PRO_CODE）              │              │       （AMOUNT）                │
│                                 │              │         项目代码                │
│         项目金额                │              │       （PRO_CODE）              │
│    （GOV_INCOME_MONEY）         │              │      项目年度预算主键           │
│                                 │              │      （BGT_PMAN_ID）            │
└─────────────────────────────────┘              └─────────────────────────────────┘
```

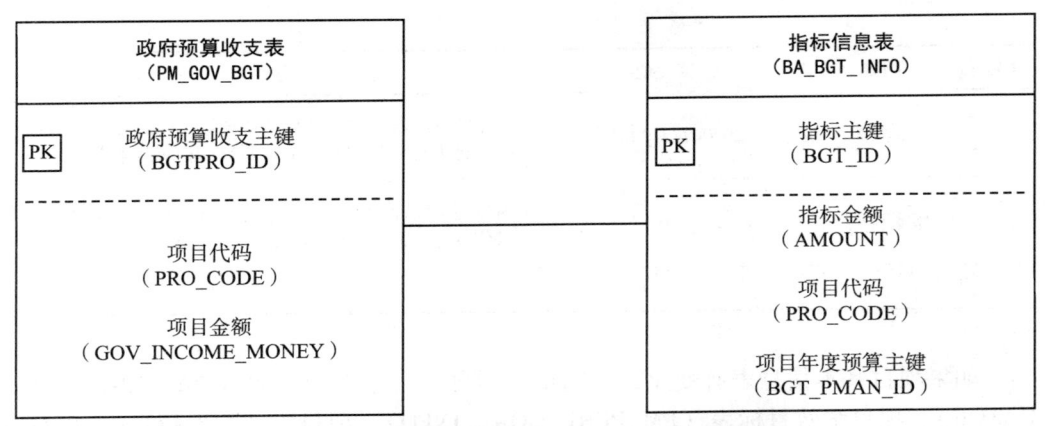

图3-17 政府预算调整涉及的相关逻辑库表的关系

2. 实现机制说明

（1）编制预算调整方案。

①需要增加支出预算的。当新增项目安排预算时，按照项目储备、预算编制的流程，在项目相关逻辑库表、预算相关逻辑库表中增加记录存储数据。逻辑库表存储及变化示例同"3.2 项目库管理"章节和"3.3 预算编制"章节。

当给已有项目增加预算时，更新原项目信息，即更新项目金额，记录版本号及版本说明，其他分年支出计划、项目测算信息等同步更新；更新预算信息，更新原预算信息中的"调整金额"及"变动后预算数"。此时根据不同业务需要可能涉及的逻辑库表有项目基本信息表（PM_PROJECT_INFO）、项目绩效指标表（PM_PERF_INDICATOR）、项目绩效目标表（PM_PERF_GOAL_INFO）、项目资产配置信息表（PM_ASSET_ALLOC）、项目资产存量信息表（PM_ASSET_STOCK）、分年度支出计划表（PM_ANNUAL_EXPPLAN_INFO）、政府预算收支表（PM_GOV_BGT）、部门预算项目年度预算表（BGT_PM_ANNUAL）、对下转移支付年度预算表（BGT_TRA）、资产配置预算表（BGT_ASSET_ALLOC_PLAN）、政府采购预算表（BGT_GOVPUR）、政府购买服务表（BGT_GOVPUR_SERV）等，逻辑库表字段变化示例如表3-201所示。

表3-201　　　　　　　　项目基本信息表（PM_PROJECT_INFO）

序号	字段	字段值	备注
1	项目主键	b7344f3d-630f-4a80-a074-10159232c357	数据创建时系统自动生成
⋮	⋮	⋮	⋮
17	项目总额	80000.00	手工录入，默认值为0
26	更新时间	20200712122012	数据更新时系统自动生成，数据创建时更新时间与创建时间一致

续表

序号	字段	字段值	备注
32	版本号	202007121220120	项目储备阶段为空，项目年初预算批复后若需要对项目信息进行调整则必须记录调整后相应版本信息
33	版本说明	略	项目储备阶段为空，项目年初预算批复后若需要对项目信息进行调整则必须记录调整后相应版本信息
⋮	⋮	⋮	⋮

如果项目基本信息表有变化，应同步变动分项目绩效指标表（PM_PERF_INDICATOR）、项目绩效目标表（PM_PERF_GOAL_INFO）、项目资产配置信息表（PM_ASSET_ALLOC）、项目资产存量信息表（PM_ASSET_STOCK）、分年度支出计划表（PM_ANNUAL_EXPPLAN_INFO）中相关内容，记录版本号及版本说明，新版本记录中的"业务类型"为"4 预算执行"。具体如表3-202和表3-203所示。

表3-202　　政府预算收支表（PM_GOV_BGT）

序号	字段	字段值	备注
1	政府预算收支主键	w7344f3d-630f-4a80-a0z74-92459232c356	数据创建时系统自动生成
⋮	⋮	⋮	⋮
10	项目金额	250000.00	手工录入
11	更新时间	20200712122012	数据更新时系统自动生成，数据创建时更新时间与创建时间一致
14	业务类型代码	4（预算执行）	选择录入，值集来源于业务类型代码集
15	版本号	20200125131906550	预算编制阶段为空，项目年初预算批复后若需要对项目信息进行调整则必须记录调整后相应版本信息
16	版本说明	略	预算编制阶段为空，项目年初预算批复后若需要对项目信息进行调整则必须记录调整后相应版本信息
⋮	⋮	⋮	⋮

表3-203　　部门预算项目年度预算表（BGT_PM_ANNUAL）

序号	字段	字段值	备注
1	项目年度预算主键	q7344f3d-630f-4a80-a074-92459232c356	数据创建时系统自动生成
⋮	⋮	⋮	⋮
16	更新时间	20200519120114	系统创建数据时自动生成，数据创建时更新时间与创建时间一致

续表

序号	字段	字段值	备注
20	调整金额	500000.00	预算编制阶段为空，预算调整时手工录入
21	变动后预算数	2500000.00	预算编制阶段为空，预算变动时手工录入
⋮	⋮	⋮	⋮

如果部门预算项目年度预算表中信息有变化，应同步变动资产配置预算表（BGT_ASSET_ALLOC_PLAN）、政府采购预算表（BGT_GOVPUR）、政府购买服务表（BGT_GOVPUR_SERV）中相关信息，记录调整批次号。具体如表 3-204 所示。

表 3-204　　　　　　　对下转移支付年度预算表（BGT_TRA）

序号	字段	字段值	备注
1	项目年度预算主键	q7344f3d-630f-4a80-a074-92459232c356	数据创建时系统自动生成
⋮	⋮	⋮	⋮
16	更新时间	20200519120114	系统创建数据时自动生成，数据创建时更新时间与创建时间一致
20	调整金额	100000.00	预算编制阶段为空，预算调整时手工录入
21	变动后预算数	700000.00	预算编制阶段为空，预算变动时手工录入
⋮	⋮	⋮	⋮

②需要减少预算总支出。更新原项目信息，即更新项目金额，记录版本号及版本说明，其他分年支出计划、项目测算信息等同步更新；更新预算信息，更新原预算信息中的"调整金额"及"变动后预算数"。此时根据不同业务需要可能涉及的逻辑库表有项目基本信息表（PM_PROJECT_INFO）、项目绩效指标表（PM_PERF_INDICATOR）、项目绩效目标表（PM_PERF_GOAL_INFO）、项目资产配置信息表（PM_ASSET_ALLOC）、项目资产存量信息表（PM_ASSET_STOCK）、分年度支出计划表（PM_ANNUAL_EXPPLAN_INFO）、政府预算收支表（PM_GOV_BGT）、部门预算项目年度预算表（BGT_PM_ANNUAL）、对下转移支付年度预算表（BGT_TRA）、资产配置预算表（BGT_ASSET_ALLOC_PLAN）、政府采购预算表（BGT_GOVPUR）、政府购买服务表（BGT_GOVPUR_SERV）等，逻辑库表字段变化示例如表 3-205 所示。

表 3-205　　　　　　　项目基本信息表（PM_PROJECT_INFO）

序号	字段	字段值	备注
1	项目主键	b7344f3d-630f-4a80-a074-10159232c357	数据创建时系统自动生成

续表

序号	字段	字段值	备注
⋮	⋮	⋮	⋮
17	项目总额	30000.00	手工录入，默认值为0
26	更新时间	20200712122012	数据更新时系统自动生成，数据创建时更新时间与创建时间一致
32	版本号	202007121220120	项目储备阶段为空，项目年初预算批复后若需要对项目信息进行调整则必须记录调整后相应版本信息
33	版本说明	略	项目储备阶段为空，项目年初预算批复后若需要对项目信息进行调整则必须记录调整后相应版本信息
⋮	⋮	⋮	⋮

如果项目基本信息表有变化，应同步变动分项目绩效指标表（PM_PERF_INDICATOR）、项目绩效目标表（PM_PERF_GOAL_INFO）、项目资产配置信息表（PM_ASSET_ALLOC）、项目资产存量信息表（PM_ASSET_STOCK）、分年度支出计划表（PM_ANNUAL_EXPPLAN_INFO）中相关内容，记录版本号及版本说明，新版本记录中的"业务类型"为"4 预算执行"。具体如表3-206和表3-207所示。

表3-206　　　　政府预算收支表（PM_GOV_BGT）（原记录）

序号	字段	字段值	备注
1	政府预算收支主键	w7344f3d-630f-4a80-a0z74-92459232c356	数据创建时系统自动生成
⋮	⋮	⋮	⋮
10	项目金额	150000.00	手工录入
11	更新时间	20200712122012	数据更新时系统自动生成，数据创建时更新时间与创建时间一致
14	业务类型代码	4（预算执行）	选择录入，值集来源于业务类型代码集
15	版本号	20200125131906550	预算编制阶段为空，项目年初预算批复后若需要对项目信息进行调整则必须记录调整后相应版本信息
16	版本说明	略	预算编制阶段为空，项目年初预算批复后若需要对项目信息进行调整则必须记录调整后相应版本信息
⋮	⋮	⋮	⋮

表3-207　　　　部门预算项目年度预算表（BGT_PM_ANNUAL）（原记录）

序号	字段	字段值	备注
1	项目年度预算主键	q7344f3d-630f-4a80-a074-92459232c356	数据创建时系统自动生成

续表

序号	字段	字段值	备注
⋮	⋮	⋮	⋮
16	更新时间	20200519120114	系统创建数据时自动生成，数据创建时更新时间与创建时间一致
20	调整金额	-500000.00	预算编制阶段为空，预算调整时手工录入
21	变动后预算数	1500000.00	预算编制阶段为空，预算变动时手工录入
⋮	⋮	⋮	⋮

如果部门预算项目年度预算表中信息有变化，应同步变动资产配置预算表（BGT_ASSET_ALLOC_PLAN）、政府采购预算表（BGT_GOVPUR）、政府购买服务表（BGT_GOVPUR_SERV）中相关信息，记录调整批次号。具体如表3-208所示。

表3-208　　　　对下转移支付年度预算表（BGT_TRA）（原记录）

序号	字段	字段值	备注
1	项目年度预算主键	q7344f3d-630f-4a80-a074-92459232c356	数据创建时系统自动生成
⋮	⋮	⋮	⋮
16	更新时间	20200519120114	系统创建数据时自动生成，数据创建时更新时间与创建时间一致
20	调整金额	-100000.00	预算编制阶段为空，预算调整时手工录入
21	变动后预算数	400000.00	预算编制阶段为空，预算变动时手工录入
⋮	⋮	⋮	⋮

（2）本级政府审批。

财政部门在项目基本信息表（PM_PROJECT_INFO）、政府预算收支表（PM_GOV_BGT）、部门预算项目年度预算表（BGT_PM_ANNUAL）、对下转移支付年度预算表（BGT_TRA）中提取数据，形成业务所需相关报表以及调整方案，经审核后，报本级政府审批，在此环节相关逻辑库表中的数据无变化。

（3）本级人大专门委员会初审。

财政部门将预算调整方案提交本级人大专门委员会进行初审，在此环节相关逻辑库表中的数据无变化。

（4）本级人大常委会审批。

本级政府将修改完善后的预算调整方案，提交本级人大常委会会议审批，在此环节相关逻辑库表中的数据无变化。

（5）报上级政府备案。

人大常委会会议审批通过后，由本级政府报上一级政府备案，在此环节相关逻辑库表中的数据无变化。

(6) 登记指标。

人大常委会会议审批通过后，按照预算调整方案，在系统中登记指标信息，会在指标信息表（BA_BGT_INFO）、指标调整明细表（BA_BGT_ADJSUB）中增加相关指标信息。

①增加预算，不改变原有指标信息，在指标信息表中直接生成一条新的待分指标，在指标调整明细表中记录调整信息。具体如表3-209和表3-210所示。

表3-209　　　　　　　　指标信息表（BA_BGT_INFO）

序号	字段	字段值	备注
1	指标主键	b7344f66-630f-4a80-a074-92459232c35700	数据创建时系统自动生成
2	财政区划代码	110000000（北京市本级）	系统自动引用项目基本信息表中财政区划代码
3	预算年度	2020	系统自动引用项目基本信息表中预算年度
4	本级指标文号	京财预〔2020〕85号	手工录入或从OA系统获取
5	指标文标题	关于调整××预算的通知	手工录入或从OA系统获取
6	发文时间	20200811	手工录入或从OA系统获取
7	指标说明	略	手工录入
8	预算级次代码	2（省级）	引用预算级次代码管理要素
9	上级指标文号	—	系统自动引用转移支付接收表中的上级指标文号
10	项目代码	110000200022207000000	系统自动引用项目基本信息表中项目代码
11	指标可执行标志	2（待分）	系统自动生成，值集来源于指标可执行标志管理要素
12	是否追踪	2（否）	需要追踪的项目为1，当本项目为上级转移支付落地项目且上级项目状态为1时，系统默认值为1且不可更改，其他情况为选择录入
13	需要追踪项目代码	—	引用项目基本信息表中标记为追踪项目的项目代码或转移支付接收表中的需要追踪项目代码，即最源头的需要追踪的转移支付项目代码，不管中间落地几次都保持不变
14	单位代码	010（行政政法处）	系统自动引用基础信息中的预算单位代码，待分指标为财政内部处室代码
15	资金性质代码	111（一般公共预算资金）	选择录入，值集来源于资金性质管理要素
16	业务主管处室代码	010（行政政法处）	系统自动引用项目信息财政内部机构代码
17	转移支付支出功能分类科目代码	—	系统自动引用，值集来源于转移支付支出功能分类科目管理要素，转移支付指标必填，其他非必填

续表

序号	字段	字段值	备注
18	支出功能分类科目代码	2010102（一般行政管理事务）	系统自动引用，值集来源于支出功能分类科目代码
19	政府支出经济分类代码	50299（其他商品和服务支出）	选择录入，值集来源于政府支出经济分类代码
20	部门支出经济分类代码	30299（其他商品和服务支出）	选择录入，值集来源于部门支出经济分类代码
21	指标类型代码	21（当年预算）	系统自动引用，值集来源于"指标类型代码"
22	指标管理处室代码	010（行政政法处）	系统自动引用项目信息财政内部机构代码
23	是否包含政府采购预算	2（否）	系统自动引用政府采购预算表中是否包含政府采购预算
24	更新时间	20200819120114	系统创建数据时自动生成，数据创建时更新时间与创建时间一致
25	调整批次号	000001	预算调整时系统自动生成
26	源指标主键	—	预算调整调剂时引用来源指标主键
27	指标金额	100000.00	手工录入
28	调剂金额	0.00	手工录入
29	指标余额	100000.00	系统自动处理，指标金额减调剂金额
30	项目年度预算主键	b7344fA1-630f-4a80-a074-92459232c357	系统自动引用部门预算项目年度预算表和对下转移支付年度预算表中项目年度预算主键
31	是否删除	2（否）	系统自动处理，值集来源于布尔型代码管理要素，默认值为2，删除操作后，字段值由2变为1
32	指标来源代码	2（指标追加）	系统根据业务场景自动生成
33	创建时间	20200819120114	系统创建数据时自动生成

表3-210　　　　　　　指标调整明细表（BA_BGT_ADJSUB）

序号	字段	字段值	备注
1	指标调整明细主键	b7344f88-630f-4a80-a074-92459232c357	数据创建时系统自动生成
⋮	⋮	⋮	⋮
9	调整批次号	000001	预算调整时系统自动生成
10	指标来源代码	2（指标追加）	选择录入，值集来源于指标来源管理要素。1年初预算；2指标追加；3指标追减；4指标调剂；5指标分配；6指标核销

续表

序号	字段	字段值	备注
11	调整日期	20200819	调整指标时，系统自动生成
12	调入指标主键	b7344f66-630f-4a80-a074-92459232c35700	增加指标时系统自动生成
13	调入金额	100000.00	调入指标金额
14	源指标主键	—	预算调整调剂时引用来源指标主键，无来源的可为空
26	创建时间	20200819120114	系统创建数据时自动生成
⋮	⋮	⋮	⋮

注：在增加指标时，指标调整明细表中指标文、项目、收支科目等信息同新指标，因大量字段重复，且篇幅有限，此表内仅列举一些重点字段。

②减少预算，在指标信息表中更改原指标调剂金额（DIS_AMT）、指标余额（CUR_AMT）等字段，生成一条负指标，同时在指标调整明细表（BA_BGT_ADJSU）中生成相应调整指标信息。具体如表3-211～表3-213所示。

表3-211　　　　　　指标信息表（BA_BGT_INFO）（原指标）

序号	字段	字段值	备注
1	指标主键	b7344f77-630f-4a80-a074-92459232c357	数据创建时系统自动生成
⋮	⋮	⋮	⋮
24	更新时间	20200819120114	系统创建数据时自动生成，数据创建时更新时间与创建时间一致
26	源指标主键	—	预算调整调剂时引用来源指标主键，无来源的可为空
27	指标金额	500000.00	手工录入
28	调剂金额	100000.00	系统自动处理
29	指标余额	400000.00	系统自动处理，指标金额减调剂金额
⋮	⋮	⋮	⋮

表3-212　　　　　　指标调整明细表（BA_BGT_ADJSUB）

序号	字段	字段值	备注
1	指标调整明细主键	b7344f88-630f-4a80-a074-92459232c357	数据创建时系统自动生成
2	财政区划代码	110000000（北京市本级）	系统自动引用项目基本信息表中财政区划代码
3	预算年度	2020	系统自动引用项目基本信息表中预算年度

第 3 章 系统功能设计

续表

序号	字段	字段值	备注
4	本级指标文号	略	手工录入或从 OA 系统获取
5	指标文标题	略	手工录入或从 OA 系统获取
6	发文时间	略	手工录入或从 OA 系统获取
7	指标说明	略	手工录入
8	项目代码	1100002000222207000000	系统根据项目代码规则自动生成
9	调整批次号	000002	系统自动生成
10	指标来源代码	3（指标追减）	选择录入，值集来源于指标来源管理要素。1 年初预算；2 指标追加；3 指标追减；4 指标调剂；5 指标分配；6 指标核销
11	调整日期	20200819	调整指标时，系统自动生成
12	调入指标主键	—	调入指标主键，指标追减时为空
13	调入金额	100000.00	调入指标金额
14	源指标主键	b7344f77-630f-4a80-a074-92459232c357	预算调整调剂时引用来源指标主键，无来源的可为空。指标追减时为自身指标主键
15	资金性质代码	111（一般公共预算资金）	选择录入，值集来源于资金性质管理要素
16	支出功能分类科目代码	2010102（一般行政管理事务）	引用基础信息中支出功能分类科目代码
17	政府支出经济分类代码	50299（其他商品和服务支出）	选择录入，值集来源于政府支出经济分类代码
18	部门支出经济分类代码	30299（其他商品和服务支出）	选择录入，值集来源于部门支出经济分类代码
19	更新时间	20200819120114	系统创建数据时自动生成，数据创建时更新时间与创建时间一致
20	接收方财政区划代码	—	系统自动引用项目基本信息表中财政区划代码
21	指标管理处室代码	010（行政政法处）	系统自动引用项目信息财政内部机构代码
22	业务主管处室代码	010（行政政法处）	系统自动引用项目信息财政内部机构代码
23	是否追踪	2（否）	需要追踪的项目为 1，当本项目为上级转移支付落地项目且上级项目状态为 1 时，系统默认值为 1 且不可更改，其他情况为选择录入

续表

序号	字段	字段值	备注
24	预算级次代码	2（省级）	引用预算级次代码管理要素
25	是否删除	2（否）	系统自动处理，值集来源于布尔型代码管理要素，默认值为2，删除操作后，字段值由2变为1
26	创建时间	20200819120114	系统创建数据时自动生成

表3-213　　　　　指标信息表（BA_BGT_INFO）（负指标）

序号	字段	字段值	备注
1	指标主键	B3744f77-630f-4a80-a074-92459232c357	数据创建时系统自动生成
⋮	⋮	⋮	⋮
25	调整批次号	000002	预算调整时系统自动生成
26	源指标主键	b7344f77-630f-4a80-a074-92459232c357	预算调整调剂时引用来源指标主键，负指标为原调减指标主键
27	指标金额	-100000.00	手工录入
28	调剂金额	0.00	系统自动处理
29	指标余额	-100000.00	系统自动处理，指标金额减调剂金额
32	指标来源代码	3（指标追减）	系统根据业务场景自动生成，值集来源于指标来源代码管理要素
33	创建时间	20200819120114	系统创建数据时自动生成
⋮	⋮	⋮	⋮

3.5.2.2　转移支付预算调剂

转移支付预算调剂是指预算执行中转移支付支出预算在不同预算科目、预算级次或者项目间的变动。涉及的业务活动及逻辑库表应用如表3-214所示。

表3-214　　　　　转移支付预算调剂涉及的业务活动及逻辑库表应用

序号	业务活动	逻辑库表	中文名称	备注
1	上级下达转移支付调剂预算	BA_TR_BGT_INFO	转移支付分配表	存储上级转移支付预算分配下达和预算调剂的单据信息
2	接收上级下达转移支付调剂预算	BA_TR_BGT_REC	转移支付接收表	存储本级财政接到的转移支付指标信息

续表

序号	业务活动	逻辑库表	中文名称	备注
3	统筹使用新增的财力性一般性转移支付	PM_PROJECT_INFO	项目基本信息表	存储项目基本信息
		PM_ANNUAL_EXPPLAN_INFO	分年度支出计划表	存储项目分年支出预算
		PM_ASSET_ALLOC	项目资产配置信息表	存储项目资产配置信息
		PM_PERF_GOAL_INFO	项目绩效目标表	存储特定目标类绩效目标信息
		PM_PERF_INDICATOR	项目绩效指标表	存储特定目标类绩效指标信息
		PM_EST_IMATE	项目测算表	存储特定目标类的测算信息
		BGT_PM_ANNUAL	部门预算项目年度预算表	存储本级部门预算信息
		BGT_ASSET_ALLOC_PLAN	资产配置预算表	存储项目资产预算的相关信息
		BGT_GOVPUR	政府采购预算表	存储政府采购预算信息
		BGT_GOVPUR_SERV	政府购买服务表	存储政府购买服务的申报信息
		BGT_TRA	对下转移支付年度预算表	存储本级对下转移支付预算信息
4	按规定用途细化使用非财力性转移支付	PM_PROJECT_INFO	项目基本信息表	存储项目基本信息
		⋮	⋮	包括上述所有逻辑库表(活动3)
5	增加本级部门预算或对下转移支付支出	BA_BGT_INFO	指标信息表	存储支出待分与可执行的指标信息
		BA_TR_BGT_INFO	转移支付分配表	存储本级转移支付预算分配下达和预算调剂的单据信息
6	核减原预算	BA_BGT_INFO	指标信息表	存储本级支出待分与可执行的指标信息
		BA_BGT_ADJSUB	指标调整明细表	存储指标调整调剂单据和调整调剂的过程数据
7	核减部门或下级预算	PM_PROJECT_INFO	项目基本信息表	存储项目基本信息
		⋮	⋮	包括上述所有逻辑库表(活动3)
		BA_BGT_INFO	指标信息表	存储本级支出待分与可执行的指标信息

续表

序号	业务活动	逻辑库表	中文名称	备注
7	核减部门或下级预算	BA_BGT_ADJSUB	指标调整明细表	存储指标调整调剂单据和调整调剂的过程数据
8	追回资金/调剂预算	⋮	⋮	资金退回相关库表，详见 3.6.2.2.1.4 资金退回章节
		PM_PROJECT_INFO	项目基本信息表	存储项目基本信息
		⋮	⋮	包括上述所有逻辑库表（活动3）
		BA_BGT_INFO	指标信息表	存储本级支出待分与可执行的指标信息
		BA_BGT_ADJSUB	指标调整明细表	存储指标调整调剂单据和调整调剂的过程数据
9	自行调剂不同科目、项目间预算	PM_PROJECT_INFO	项目基本信息表	存储项目基本信息
		⋮	⋮	包括上述所有逻辑库表（活动3）
		BA_BGT_INFO	指标信息表	存储本级支出待分与可执行的指标信息
		BA_BGT_ADJSUB	指标调整明细表	存储本级财政接到的转移支付指标信息
10	报上级审批	BGT_PM_ANNUAL	部门预算项目年度预算表	存储本级部门预算信息
		BGT_TRA	对下转移支付年度预算表	存储本级对下转移支付预算信息
11	审批通过	BGT_PM_ANNUAL	部门预算项目年度预算表	存储本级部门预算信息
		BGT_TRA	对下转移支付年度预算表	存储本级对下转移支付预算信息
12	生成转移支付调剂预算	BA_TR_BGT_INFO	转移支付分配表	存储上级财政审核通过的本级转移支付预算调剂信息
13	细化分解年初待分对下转移支付预算	BGT_TRA	对下转移支付年度预算表	存储本级对下转移支付预算信息
		BA_BGT_INFO	指标信息表	存储本级支出待分与可执行的指标信息
14	政府批准	BA_TR_BGT_INFO	转移支付分配表	存储本级转移支付预算分配下达和预算调剂的单据信息
		BA_BGT_INFO	指标信息表	存储本级支出待分与可执行的指标信息
15	下达转移支付预算	BA_TR_BGT_INFO	转移支付分配表	存储本级转移支付预算分配下达和预算调剂的单据信息
16	接收上级下达转移支付预算	BA_TR_BGT_REC	转移支付接收表	存储下级财政接到的转移支付指标信息

1. 逻辑库表间关系

转移支付预算调剂涉及的相关逻辑库表的关系如图 3-18 所示。

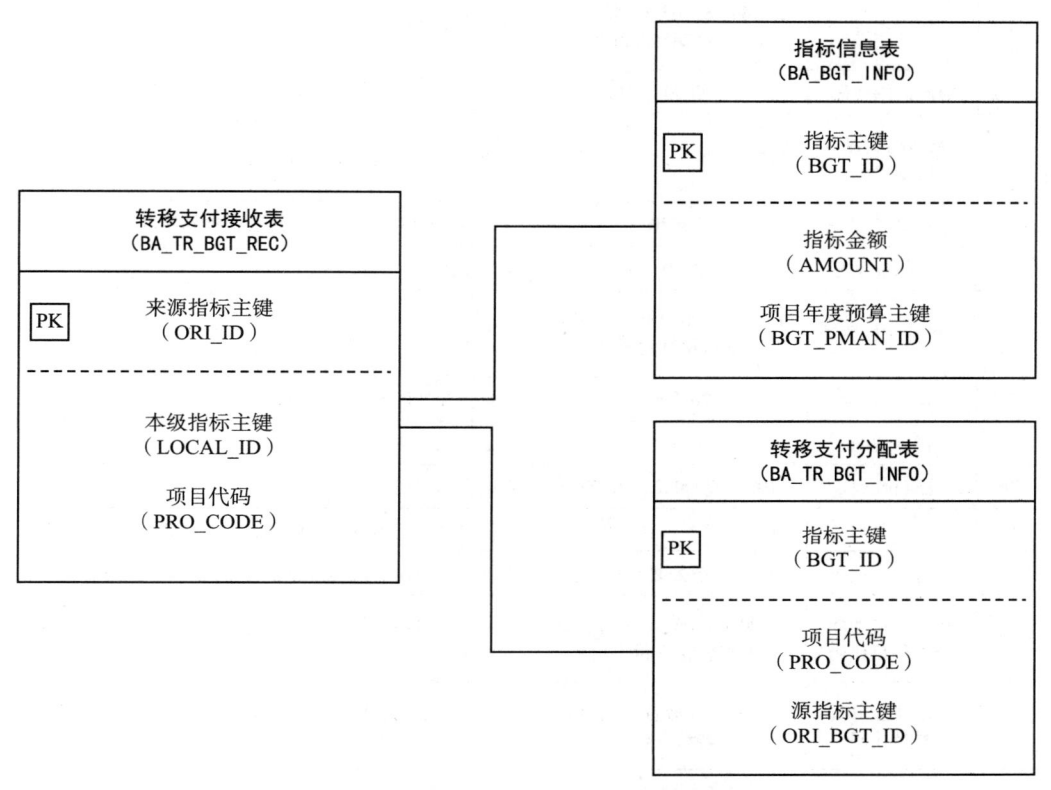

图 3-18 转移支付预算调剂涉及的相关逻辑库表的关系

（1）转移支付接收表（BA_TR_BGT_REC）中来源指标主键（ORI_ID）对应上级转移支付分配表（BA_TR_BGT_INFO）指标主键（BGT_ID）。

（2）指标信息表（BA_BGT_INFO）指标主键（BGT_ID）对应转移支付接收表（BA_TR_BGT_REC）本级指标主键（LOCAL_ID）。

（3）转移支付分配表（BA_TR_BGT_INFO）源指标主键（ORI_BGT_ID）对应转移支付接收表（BA_TR_BGT_REC）本级指标主键（LOCAL_ID）。

2. 实现机制说明

（1）上级下达转移调剂指标。

上级对本级新增（减少）转移支付，由上级财政部门下达转移支付预算指标，此时在上级转移支付分配表（BA_TR_BGT_INFO）存储数据，逻辑库表字段示例如表 3-215 所示。

表 3 – 215　　转移支付分配表（BA_TR_BGT_INFO）

序号	字段	字段值	备注
1	指标主键	c7344f88-630f-4a80-a074-92459232c357	数据创建时系统自动生成
2	财政区划代码	100000000（中央）	系统自动引用项目基本信息表中财政区划代码
3	接收方财政区划代码	110000000（北京市本级）	系统自动引用项目基本信息表中财政区划代码
4	预算年度	2020	系统自动引用项目基本信息表中预算年度
5	本级指标文号	财建〔2020〕0012号	手工录入
6	指标文标题	关于增加2020年××转移支付预算的通知	手工录入
7	发文时间	20200601	下达指标文件的印发时间
8	指标说明	略	手工录入
9	项目代码	100000200022207000000	系统自动引用
10	项目名称	2020年XX转移支付项目	系统自动引用项目基本信息表中项目名称
11	资金性质代码	111（一般公共预算资金）	系统自动引用，值集来源于资金性质管理要素
12	转移支付功能分类科目代码	2300245（教育共同财政事权转移支付支出）	系统自动引用，值集来源于转移支付功能分类科目管理要素
13	支出功能分类科目代码	2300245（教育共同财政事权转移支付支出）	系统自动引用，值集来源于支出功能分类科目管理要素
14	政府支出经济分类代码	50399（其他资本性支出）	系统自动引用，值集来源于按政府经济性质和用途划分的，机关工资福利支出等分类下的科目代码
15	指标金额	500000.00	手工录入
16	更新时间	20200519120114	系统创建数据时自动生成，数据创建时更新时间与创建时间一致
17	指标管理处室代码	010（行政政法处）	引用项目信息财政内部机构代码
18	源指标主键	—	预算调整调剂时引用来源指标主键，无来源的可为空
19	是否删除	2（否）	系统自动处理，值集来源于布尔型代码管理要素，默认值为2，删除操作后，字段值由2变为1
20	是否追踪	1（是）	需要追踪的项目为1，当本项目为上级转移支付落地项目且上级项目状态为1时，系统默认值为1且不可更改，其他情况为选择录入
21	预算级次代码	1（中央）	系统自动引用上级转移支付接收表中信息
22	调整批次号	—	预算调整、调剂时系统自动生成

续表

序号	字段	字段值	备注
23	分配方式	1（因素法）	系统自动引用，值集来源于分配方式管理要素
24	创建时间	20200519120114	系统创建数据时自动生成
25	需要追踪的项目代码	100000200022207000000	引用项目基本信息表中标记为追踪项目的项目代码或转移支付接收表中的需要追踪项目代码，即最源头的需要追踪的转移支付项目代码，不管中间落地几次都保持不变

（2）接收上级下达转移支付调剂预算。

财政用户在系统中点击接收按钮，接收上级下达转移支付调剂预算指标，对于需要追踪的转移支付指标，还需落地生成本级的待分指标，此时在本级转移支付接收表（BA_TR_BGT_REC）、指标信息表（BA_BGT_INFO）存储数据，逻辑库表字段示例如表3-216和表3-217所示。

表3-216　　　　转移支付接收表（BA_TR_BGT_REC）

序号	字段	字段值	备注
1	来源指标主键	c7344f88-630f-4a80-a074-92459232c357	系统自动引用上级转移支付分配表中信息
2	本级指标主键	b7344fB1-630f-4a80-a074-92459232c357	系统自动生成
3	财政区划代码	110000000（北京市本级）	系统自动引用项目基本信息表中财政区划代码
4	预算年度	2020	系统自动引用项目基本信息表中预算年度
5	上级指标文号	财预［2020］0012号	系统自动引用上级转移支付分配表中本级指标文号
6	指标文标题	关于增加2020年××转移支付预算的通知	系统自动引用上级转移支付分配表中指标文标题
7	发文时间	略	系统自动引用上级转移支付分配表中发文时间
8	指标说明	20200601	系统自动引用上级转移支付分配表中指标说明
9	项目代码	100000200022207000000	系统自动引用上级转移支付分配表中项目代码
10	项目名称	2020年××转移支付项目	系统自动引用项目基本信息表中项目名称
11	资金性质代码	111（一般公共预算资金）	系统自动引用上级转移支付分配表中资金性质代码
12	收入分类科目代码	—	系统自动生成
13	转移支付功能分类科目代码	2300245（教育共同财政事权转移支付支出）	系统自动引用上级转移支付分配表中转移支付功能分类科目代码
14	支出功能分类科目代码	2300245（教育共同财政事权转移支付支出）	系统自动引用上级转移支付分配表中支出功能分类科目代码

续表

序号	字段	字段值	备注
15	政府支出经济分类代码	50299（其他商品和服务支出）	系统自动引用上级转移支付分配表中政府支出经济分类代码
16	指标金额	500000.00	系统自动引用上级转移支付分配表中指标金额
17	更新时间	20200519120114	系统创建数据时自动生成，数据创建时更新时间与创建时间一致
18	来源方财政区划代码	100000000（中央）	系统自动引用上级转移支付分配表中财政区划代码
19	指标接收时间	20200519120114	系统自动生成
20	是否删除	2（否）	系统自动处理，值集来源于布尔型代码管理要素，默认值为2，删除操作后，字段值由2变为1
21	是否追踪	1（是）	需要追踪的项目为1，当本项目为上级转移支付落地项目且上级项目状态为1时，系统默认值为1且不可更改，其他情况为选择录入
22	预算级次代码	2（省级）	系统自动引用上级转移支付分配表中信息
23	创建时间	20200519120114	系统创建数据时自动生成
24	源指标主键	—	预算调整调剂时引用来源指标主键，无来源的可为空
25	调整批次号	000001	预算调整、调剂时系统自动生成
26	分配方式	1（因素法）	系统引用来源项目的分配方式要素，不可编辑
27	需要追踪的项目代码	100000200022207000000	引用项目基本信息表中标记为追踪项目的项目代码或转移支付接收表中的需要追踪项目代码，即最源头的需要追踪的转移支付项目代码，不管中间落地几次都保持不变

表 3-217　　　　指标信息表（BA_BGT_INFO）

序号	字段	字段值	备注
1	指标主键	b7344fB1-630f-4a80-a074-92459232c357	数据创建时系统自动生成
2	财政区划代码	110000000（北京市本级）	系统自动生成，值集来源于财政区划管理要素
3	预算年度	2020	系统自动处理，根据预算填报年度生成
4	本级指标文号	京财预〔2020〕4号	手工录入或从OA系统获取
5	指标文标题	略	手工录入或从OA系统获取
6	发文时间	20200514	手工录入或从OA系统获取
7	指标说明	略	手工录入或从OA系统获取

续表

序号	字段	字段值	备注
8	预算级次代码	1（中央）	系统自动生成，值集来源于预算级次代码管理要素
9	上级指标文号	财预［2020］0012号	系统自动引用上级指标信息表中本级指标文号，非转移支付指标可为空
10	项目代码	110000200000000000030	系统自动引用项目基本信息表中项目代码
11	指标可执行标志	2（待分）	系统自动生成，值集来源于指标可执行标志管理要素
12	是否追踪	1（是）	系统自动引用项目基本信息表中是否追踪
13	需要追踪项目代码	100000200022207000000	引用项目基本信息表中标记为追踪项目的项目代码或转移支付接收表中的需要追踪项目代码，即最源头的需要追踪的转移支付项目代码，不管中间落地几次都保持不变
14	单位代码	012（教科文处）	系统自动引用基础信息中的下级财政区划代码，待分指标为财政内部处室代码
15	资金性质代码	111（一般公共预算资金）	系统自动引用对下转移支付年度预算表中资金性质代码
16	业务主管处室代码	012（教科文处）	系统自动生成，值集来源于财政内部机构管理要素
17	转移支付支出功能分类科目代码	2300202（均衡性转移支付支出）	系统自动引用对下转移支付年度预算表中转移支付支出功能分类科目代码
18	支出功能分类科目代码	2050299（其他普通教育支出）	系统自动引用对下转移支付年度预算表中支出功能分类科目代码
19	政府支出经济分类代码	51301（上下级政府间转移性支出）	系统自动引用对下转移支付年度预算表中政府支出经济分类代码
20	部门支出经济分类代码	30299（其他商品和服务支出）	系统自动引用对下转移支付年度预算表中部门支出经济分类代码
21	指标类型代码	21（当年预算）	系统自动引用对下转移支付年度预算表中指标类型代码
22	指标管理处室代码	012（教科文处）	系统自动引用对下转移支付年度预算表中指标管理处室代码
23	是否包含政府采购预算	2（否）	系统自动引用政府采购预算表中是否包含政府采购预算
24	更新时间	20200519120114	系统更新数据时自动生成，数据创建时更新时间与创建时间一致
25	调整批次号	—	预算调整时系统自动生成

续表

序号	字段	字段值	备注
26	源指标主键	—	预算调整调剂时引用来源指标主键，无来源的可为空
27	指标金额	2000000.00	系统自动引用对下转移支付年度预算表中指标金额
28	调剂金额	0.00	系统自动引用对下转移支付年度预算表中调剂金额
29	指标余额	2000000.00	系统自动计算生成
30	项目年度预算主键	b7344f3d-630f-4a80-a074-92459232c357	系统自动引用对下转移支付年度预算表中项目年度预算主键
31	是否删除	2（否）	系统自动处理，值集来源于布尔型代码管理要素，默认值为2，删除操作后，字段值由2变为1
32	指标来源代码	1（年初批复）	系统自动引用对下转移支付年度预算表中指标来源代码
33	创建时间	20200519120114	系统创建数据时自动生成

（3）统筹使用新增的财力性一般性转移支付。

对于上级新增下达的本级可统筹使用的财力性一般性转移支付，由本级财政部门自主确定使用方向和项目，按预算级次分解。此时根据不同业务需要可能涉及的逻辑库表有项目基本信息表（PM_PROJECT_INFO）、项目绩效指标表（PM_PERF_INDICATOR）、项目绩效目标表（PM_PERF_GOAL_INFO）、项目资产配置信息表（PM_ASSET_ALLOC）、项目资产存量信息表（PM_ASSET_STOCK）、分年度支出计划表（PM_ANNUAL_EXPPLAN_INFO）、政府预算收支表（PM_GOV_BGT）、部门预算项目年度预算表（BGT_PM_ANNUAL）、对下转移支付年度预算表（BGT_TRA）、资产配置预算表（BGT_ASSET_ALLOC_PLAN）、政府采购预算表（BGT_GOVPUR）、政府购买服务表（BGT_GOVPUR_SERV）等，逻辑库表存储及变化示例同"3.5.2.1 政府预算调整"章节中"活动（1）编制预算调整方案"。

（4）按规定用途细化使用非财力性转移支付。

对于上级新增下达的共同事权转移支付、专项转移支付，按上级规定用途使用，由本级财政部门分配。对于上级新增下达的政府性基金转移支付、国有资本经营预算转移支付，比照专项转移支付管理，按上级规定用途使用，由本级财政部门分配。此时根据不同业务需要可能涉及的逻辑库表有项目基本信息表（PM_PROJECT_INFO）、项目绩效指标表（PM_PERF_INDICATOR）、项目绩效目标表（PM_PERF_GOAL_INFO）、项目资产配置信息表（PM_ASSET_ALLOC）、项目资产存量信息表（PM_ASSET_STOCK）、分年度支出计划表（PM_ANNUAL_EXPPLAN_INFO）、政府预算收支表（PM_GOV_BGT）、部门预算项目年度预算表（BGT_PM_ANNUAL）、对下转移支付年度预算表（BGT_TRA）、资产配置预算表（BGT_ASSET_ALLOC_PLAN）、政府采购预算表（BGT_GOVPUR）、政府购买服务表（BGT_GOVPUR_SERV）等，逻辑库表存储及变化示例同"3.5.2.1 政府预算调整"章节中"活动（1）编制预算调整方案"。

(5) 增加本级部门预算或对下转移支付支出。

对于上级新增下达的转移支付预算，可用于增加本级部门预算支出或对下级的转移支付支出。根据"（3）统筹使用新增的财力性一般性转移支付"或"（4）按规定用途细化使用非财力性转移支付"活动中的预算信息，生成新的指标信息，此时根据不同业务需要可能涉及的逻辑库表有项目基本信息表（PM_PROJECT_INFO）、项目绩效指标表（PM_PERF_INDICATOR）、项目绩效目标表（PM_PERF_GOAL_INFO）、项目资产配置信息表（PM_ASSET_ALLOC）、项目资产存量信息表（PM_ASSET_STOCK）、分年度支出计划表（PM_ANNUAL_EXPPLAN_INFO）、政府预算收支表（PM_GOV_BGT）、部门预算项目年度预算表（BGT_PM_ANNUAL）、对下转移支付年度预算表（BGT_TRA）、资产配置预算表（BGT_ASSET_ALLOC_PLAN）、政府采购预算表（BGT_GOVPUR）、政府购买服务表（BGT_GOVPUR_SERV）、指标信息表（BA_BGT_INFO）、指标调整明细表（BA_BGT_ADJSUB）、转移支付分配表（BA_TR_BGT_INFO）等，逻辑库表存储及变化示例同"3.5.2.1 政府预算调整"章节中"活动（1）编制预算调整方案"以及"活动（6）登记指标"。

(6) 核减原预算。

接收到核减上级下达的转移支付预算（负指标）时，相应的上级转移支付预算未分配到本级部门或下级财政的，则冲减相应的上级转移支付预算。

在本级指标信息表中减少原待分指标调剂金额（DIS_AMT）、指标余额（CUR_AMT）等字段，生成一条负指标，同时在指标调整明细表（BA_BGT_ADJSU）中新增相应调整指标信息（如表3－218～表3－220所示）。

表3－218　　　　　　指标信息表（BA_BGT_INFO）（原待分指标）

序号	字段	字段值	备注
1	指标主键	b7344f77－630f－4a80－a074－92459232c357	数据创建时系统自动生成
⋮	⋮	⋮	⋮
24	更新时间	20200519120114	系统创建数据时自动生成，数据创建时更新时间与创建时间一致
26	源指标主键	—	预算调整调剂时引用来源指标主键，无来源的可为空
27	指标金额	500000.00	手工录入
28	调剂金额	100000.00	系统自动处理
30	指标余额	400000.00	系统自动处理，指标金额减调剂金额
⋮	⋮	⋮	⋮

表3-219　　　　　　　指标调整明细表（BA_BGT_ADJSUB）

序号	字段	字段值	备注
1	指标调整明细主键	c7344f88-630f-4a80-a074-92459232c357	数据创建时系统自动生成
⋮	⋮	⋮	⋮
9	调整批次号	000003	预算调整调剂时系统自动生成
10	指标来源代码	3（指标追减）	系统自动引用，值集来源指标来源代码管理要素
11	调整日期	20200519	系统自动生成
17	调入指标主键	—	调入指标主键，指标追减时为空
18	调入金额	100000.00	手工录入，调入指标金额
19	源指标主键	b7344f88-630f-4a80-a074-92459232c357	预算调整调剂时引用来源指标主键，无来源的可为空。指标追减时为自身指标主键
26	创建时间	20200519120114	系统创建数据时自动生成
⋮	⋮	⋮	⋮

　　注：在指标追减时，指标调整明细表中指标文、项目、收支科目等信息同原指标，因大量字段重复，且篇幅有限，此表内仅列举一些重点字段。

表3-220　　　　　　　指标信息表（BA_BGT_INFO）（负指标）

序号	字段	字段值	备注
1	指标主键	B3744f77-630f-4a80-a074-92459232c357	数据创建时系统自动生成
⋮	⋮	⋮	⋮
24	更新时间	20200819120114	系统创建数据时自动生成，数据创建时更新时间与创建时间一致
25	调整批次号	000003	预算调整调剂时系统自动生成
26	源指标主键	b7344f77-630f-4a80-a074-92459232c357	预算调整调剂时引用来源指标主键，无来源的可为空。负指标为原调减指标主键
27	指标金额	-100000.00	手工录入
28	调剂金额	0.00	系统自动处理
29	指标余额	-100000.00	系统自动处理，指标金额减调剂金额
32	指标来源代码	3（指标追减）	系统根据业务场景自动生成，值集来源于指标来源代码管理要素
⋮	⋮	⋮	⋮

　　（7）核减部门或下级预算。

　　更新原项目信息，即更新项目金额，记录版本号及版本说明，其他分年支出计划、项目测算信息等同步更新；更新预算信息，更新原预算信息中的"调整金额"及"变动后预算数"。此时根据不同业务需要可能涉及的逻辑库表有项目基本信息表（PM_PROJECT_INFO）、项目绩效指标表（PM_PERF_INDICATOR）、项目绩效目标表（PM_PERF_GOAL_INFO）、项目资产配置信息表（PM_ASSET_ALLOC）、项目资产存量信息表（PM_ASSET_STOCK）、分年度支出计划表（PM_ANNUAL_EXPPLAN_INFO）、政府预算收支表（PM_GOV_BGT）、部门预算项目年度预算表（BGT_PM_ANNUAL）、对下转移支付年度预算表（BGT_TRA）、资产配置预算表（BGT_ASSET_ALLOC_PLAN）、政府采购预算表（BGT_GOVPUR）、政府购买服务表（BGT_GOVPUR_SERV）等。逻辑库表存储及变化示例同"3.5.2.1 政府预算调整"章节中"活动（1）编制预算调整方案"以及"活动（6）登记指标"。

（8）追回资金/调剂预算。

接收到核减上级下达的转移支付预算（负指标）时，已分配到本级部门或下级财政的，如已列支，则通过追回资金（相应逻辑库表字段示例同"3.6 预算执行"章节）或调剂预算（调剂相应可执行指标）等方式处理，再冲减相应的上级转移支付预算（调剂相应待分指标）。逻辑库表存储以及管理字段变化示例同上。

（9）自行调剂不同科目、项目间预算。

上级明确可以统筹使用的转移支付，以及不可以统筹使用的转移支付项目在款、项级科目间调剂使用的，由本级财政部门自行调剂。此处以从同一类级科目下的款级科目 A 调剂部分资金到款级科目 B 为例进行说明。

变更项目信息。如果涉及项目金额变动，即更新原有项目的项目金额，记录版本号及版本说明，其他分年支出计划、项目测算信息等同步更新。

变更预算信息。将预算信息中科目 A 的预算调减为 0，即更新原预算记录的调剂金额、变动后预算数、更新时间等字段的值；变更科目 B 预算中的调剂金额、变动后预算数、更新时间等字段的值。

变更指标信息，首先变更原可执行指标的指标信息，即在本级指标信息表中减少科目 A 指标的调剂金额（DIS_AMT）、指标余额（CUR_AMT）等字段，同时在指标信息表中新增一条科目 B 的指标以及科目 A 的负指标，在指标调整明细表（BA_BGT_ADJSU）中新增相应指标调整信息，该记录的科目为科目 B 的，"指标来源代码"为"4 指标调剂"，"源指标主键"为科目 A 指标的"指标主键"，"调入指标主键"为新生成的指标主键，即指标信息表中新指标的"指标主键"（具体如表 3-221～表 3-226 所示）。

表 3-221　　　　对下转移支付年度预算表（BGT_TRA）（科目 A）

序号	字段	字段值	备注
1	项目年度预算主键	q7344f3d-630f-4a80-a074-92459232c356	数据创建时系统自动生成
7	支出功能分类科目代码	2050201（学前教育）	选择录入，值集来源于支出功能分类科目管理要素

续表

序号	字段	字段值	备注
⋮	⋮	⋮	⋮
16	更新时间	20200519120114	系统创建数据时自动生成,数据创建时更新时间与创建时间一致
20	调剂金额	100000.00	预算编制阶段为空,项目调剂时手工录入
21	变动后预算数	400000.00	预算编制阶段为空,预算变动时手工录入
⋮	⋮	⋮	⋮

表3-222　　　对下转移支付年度预算表（BGT_TRA）（科目B）

序号	字段	字段值	备注
1	项目年度预算主键	q7344f3d-630f-4a80-a074-92459232c356	数据创建时系统自动生成
⋮	⋮	⋮	⋮
7	支出功能分类科目代码	2050201（学前教育）	选择录入,值集来源于支出功能分类科目管理要素
16	更新时间	20200519120114	系统创建数据时自动生成,数据创建时更新时间与创建时间一致
20	调剂金额	100000.00	预算编制阶段为空,项目调剂时手工录入
21	变动后预算数	200000.00	预算编制阶段为空,预算变动时手工录入
⋮	⋮	⋮	⋮

表3-223　　　指标信息表（BA_BGT_INFO）（原记录）

序号	字段	字段值	备注
1	指标主键	x7344f77-630f-4a80-a074-92459232c357	数据创建时系统自动生成
⋮	⋮	⋮	⋮
24	更新时间	20200519120114	系统创建数据时自动生成,数据创建时更新时间与创建时间一致
26	源指标主键	—	预算调整调剂时引用来源指标主键,无来源的可为空
27	指标金额	500000.00	手工录入
28	调剂金额	500000.00	系统自动处理
29	指标余额	0.00	系统自动处理,指标金额减调剂金额
⋮	⋮	⋮	⋮

表 3-224　　　　　　　　　　指标信息表（BA_BGT_INFO）（新记录）

序号	字段	字段值	备注
1	指标主键	y7344f77-630f-4a80-a074-92459232c357	数据创建时系统自动生成
⋮	⋮	⋮	⋮
18	支出功能分类科目代码	2050201（学前教育）	选择录入，值集来源于支出功能分类科目管理要素
25	调整批次号	000002	预算调整时系统自动生成
26	源指标主键	—	指标调整调剂或待分指标细化分配时引用来源指标的指标主键，其他情况可为空
27	指标金额	500000.00	手工录入
28	调剂金额	0.00	系统自动处理
29	指标余额	500000.00	系统自动处理，指标金额减调剂金额
33	创建时间	20200519120114	系统创建数据时自动生成
⋮	⋮	⋮	⋮

表 3-225　　　　　　　　　　指标调整明细表（BA_BGT_ADJSUB）

序号	字段	字段值	备注
1	指标调整明细主键	c7344f88-630f-4a80-a074-92459232c357	数据创建时系统自动生成
⋮	⋮	⋮	⋮
10	指标来源代码	4（指标调剂）	系统自动引用，值集来源指标来源代码管理要素
11	调整日期	20200519	系统自动生成
16	支出功能分类科目代码	2050201（学前教育）	选择录入，值集来源于支出功能分类科目管理要素
17	调入指标主键	y7344f77-630f-4a80-a074-92459232c357	调入指标主键，指标调剂时为调入指标主键
18	调入金额	500000.00	手工录入，调入指标金额
19	源指标主键	x7344f77-630f-4a80-a074-92459232c357	指标调整调剂或待分指标细化分配时引用来源指标的指标主键，其他情况可为空，指标调剂时为调出指标主键
26	创建时间	20200519120114	系统创建数据时自动生成
⋮	⋮	⋮	⋮

注：在指标调剂时，指标调整明细表中指标文、项目、收支科目等信息同新指标，因大量字段重复，且篇幅有限，此表内仅列举一些重点字段。

表 3－226　　　　　　　指标信息表（BA_BGT_INFO）（负指标）

序号	字段	字段值	备注
1	指标主键	B3744f77－630f－4a80－a074－92459232c357	数据创建时系统自动生成
⋮	⋮	⋮	⋮
25	调整批次号	000004	预算调整时系统自动生成
26	源指标主键	x7344f77－630f－4a80－a074－92459232c357	预算调整调剂时引用来源指标主键，负指标为原调减指标主键
27	指标金额	－100000.00	手工录入
28	调剂金额	0.00	系统自动处理
29	指标余额	－100000.00	系统自动处理，指标金额减调剂金额
32	指标来源代码	3（指标追减）	系统根据业务场景自动生成，值集来源于指标来源代码管理要素
33	创建时间	20200819120114	系统创建数据时自动生成
⋮	⋮	⋮	⋮

（10）报上级审批。

除上级明确可以统筹使用的转移支付等规定外，本级确需要在不同转移支付项目、类级科目间调剂使用的，按程序报上级财政部门审批。此时根据不同业务类型可能涉及的逻辑库表有部门预算项目年度预算表（BGT_PM_ANNUAL）、对下转移支付年度预算表（BGT_TRA），逻辑库表存储以及管理字段变化示例同上。

（11）审批通过。

上级财政对本级报送的转移支付预算调剂申请进行审核，此时逻辑库表存储无变化。

（12）生成转移支付调剂预算。

上级财政对审核通过的本级转移支付调剂申请生成转移支付调剂预算并下达，此时涉及的逻辑库表有对下转移支付年度预算表（BGT_TRA），逻辑库表字段变化情况同"（1）上级下达转移支付调剂预算"。

（13）细化分解年初待分对下转移支付预算。

预算执行中，年初未落实到项目、编入待分配的转移支付预算发生调剂，需分解落实到具体转移支付项目的，由财政部门办理。此时涉及的逻辑库表有对下转移支付年度预算表（BGT_TRA）、指标信息表（BA_BGT_INFO），逻辑库表变化示例同"3.4.2.2 转移支付预算下达"章节。

（14）政府批准。

预算执行中，年初编入待分配转移支付发生调剂需报请政府批准的，由财政部门或者由财政部门会同相关部门报请政府批准后办理。此时涉及的逻辑库表有对下转移支付年度预算表（BGT_TRA）、指标信息表（BA_BGT_INFO），逻辑库表变化示例同上。

（15）下达转移支付预算。

预算执行中，本级财政将年初编入待分配转移支付细化分解后，下达下级财政部门。此时涉及的逻辑库表有对下转移支付年度预算表（BGT_TRA），逻辑库表字段变化情况同"（1）上级下达转移支付调剂预算"。

（16）接收上级下达转移支付预算。

执行年度中，下级财政接收本级财政下达的转移支付预算。此时涉及的逻辑库表有对下转移支付年度预算表（BGT_TRA），逻辑库表字段变化情况同"（2）接收上级下达转移支付调剂预算"。

3.5.2.3 部门预算调剂

部门预算调剂是指预算执行中对单位支出预算在不同预算科目、预算级次或者项目之间的变动。对部门预算调剂中涉及的项目、预算及指标的调剂，以项目库为源头形成完整的预算项目信息。涉及的业务活动及逻辑库表应用如表3-227所示。

表3-227　　　　部门预算调剂涉及的业务活动及逻辑库表应用

序号	业务活动	逻辑库表	中文名称	备注
1	单位提出预算调剂申请	BGT_PM_ANNUAL	部门预算项目年度预算表	存储本级部门预算信息
		PM_PROJECT_INFO	项目基本信息表	存储项目基本信息
		PM_ANNUAL_EXPPLAN_INFO	分年度支出计划表	存储项目分年支出预算
		PM_ASSET_ALLOC	项目资产配置信息表	存储项目资产配置信息
		PM_PERF_GOAL_INFO	项目绩效目标表	存储特定目标类绩效目标信息
		PM_PERF_INDICATOR	项目绩效指标表	存储特定目标类绩效指标信息
		PM_EST_IMATE	项目测算表	存储特定目标类的测算信息
		BGT_ASSET_ALLOC_PLAN	资产配置预算表	存储项目资产预算的相关信息
		BGT_GOVPUR	政府采购预算表	存储政府采购预算信息
		BGT_GOVPUR_SERV	政府购买服务表	存储政府购买服务的申报信息
2	部门审核	BGT_PM_ANNUAL	部门预算项目年度预算表	存储本级部门预算信息
		⋮	⋮	包括以上所有逻辑库表

续表

序号	业务活动	逻辑库表	中文名称	备注
3	部门提出预算调剂申请	BGT_PM_ANNUAL	部门预算项目年度预算表	存储本级部门预算信息
		⋮	⋮	包括以上所有逻辑库表
4	财政审核	BGT_PM_ANNUAL	部门预算项目年度预算表	存储本级部门预算信息
		⋮	⋮	包括以上所有逻辑库表
5	政府批复	BGT_PM_ANNUAL	部门预算项目年度预算表	存储本级部门预算信息
		⋮	⋮	包括以上所有逻辑库表
6	办理更新	BA_BGT_INFO	指标信息表	存储支出待分与可执行的指标信息；新指标
		BA_BGT_ADJSUB	指标调整明细表	存储指标调整调剂单据和调整调剂的过程数据

1. 逻辑库表间关系

部门预算调剂涉及的相关逻辑库表的关系如图 3-19 所示。

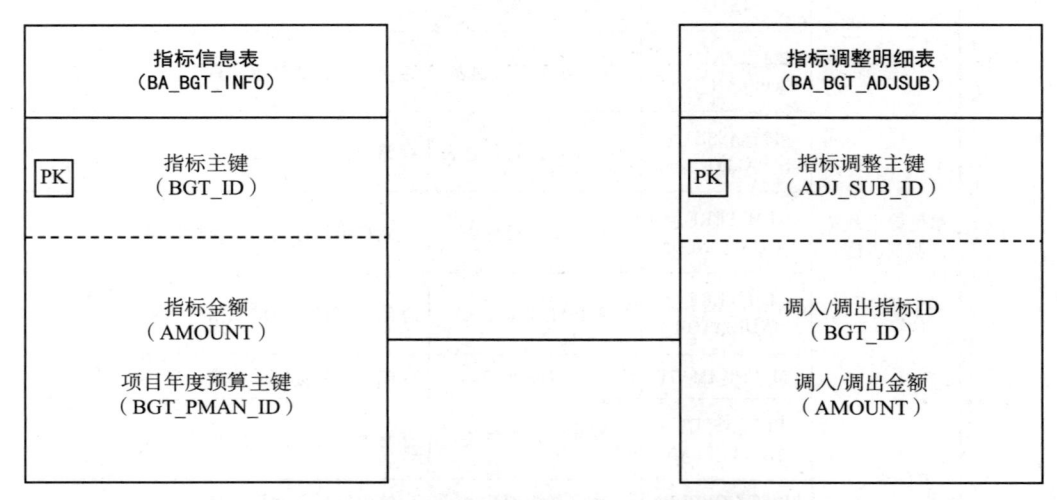

```
┌─────────────────────────┐         ┌─────────────────────────┐
│   指标信息表            │         │   指标调整明细表        │
│   （BA_BGT_INFO）       │         │   （BA_BGT_ADJSUB）     │
├─────────────────────────┤         ├─────────────────────────┤
│ PK │  指标主键          │         │ PK │  指标调整主键      │
│    │  （BGT_ID）        │         │    │  （ADJ_SUB_ID）    │
├─────────────────────────┤         ├─────────────────────────┤
│      指标金额           │         │    调入/调出指标ID     │
│      （AMOUNT）         │─────────│    （BGT_ID）          │
│                         │         │                        │
│    项目年度预算主键     │         │    调入/调出金额       │
│    （BGT_PMAN_ID）      │         │    （AMOUNT）          │
└─────────────────────────┘         └─────────────────────────┘
```

图 3-19 部门预算调剂涉及的相关逻辑库表的关系

（1）指标信息表（BA_BGT_INFO）源指标主键（ORI_BGT_ID）对应指标信息表（BA_BGT_INFO）指标主键（BGT_ID）。

（2）指标调整明细表（BA_BGT_ADJSU）调入/调出指标 ID（BGT_ID）对应指标信息表（BA_BGT_INFO）指标主键（BGT_ID）。

2. 实现机制说明

（1）单位提出预算调剂申请。

预算批复后，部门预算原则上不做调剂；但确需调剂的，根据不同业务场景，由单位提交预算调剂申请。

①需要增加支出预算，如因人员增加或出台增支政策等原因需要增加单位支出预算的。当新增项目并安排预算时，按照项目储备、预算编制的流程，在项目相关逻辑库表、预算相关逻辑库表中增加记录存储数据。当给已有项目增加预算时，在预算相关逻辑库表中增加记录存储数据。

此时根据不同业务需要可能涉及的逻辑库表有项目基本信息表（PM_PROJECT_INFO）、项目绩效指标表（PM_PERF_INDICATOR）、项目绩效目标表（PM_PERF_GOAL_INFO）、项目资产配置信息表（PM_ASSET_ALLOC）、项目资产存量信息表（PM_ASSET_STOCK）、分年度支出计划表（PM_ANNUAL_EXPPLAN_INFO）、部门预算项目年度预算表（BGT_PM_ANNUAL）、资产配置预算表（BGT_ASSET_ALLOC_PLAN）、政府采购预算表（BGT_GOVPUR）、政府购买服务表（BGT_GOVPUR_SERV）等，逻辑库表存储及变化示例同"3.5.2.1 政府预算调整"章节中"活动（1）编制预算调整方案"。

②需要减少支出预算，如因人员减少或出台减支政策等原因需要减少单位支出预算的。如果涉及项目信息变动的，变更原项目信息，即更新项目金额，记录版本号及版本说明，其他分年支出计划、项目测算信息等同步更新；变更已有预算信息，更新原预算信息中的"调调剂金额"及"变动后预算数"。

此时根据不同业务需要可能涉及的逻辑库表有项目基本信息表（PM_PROJECT_INFO）、项目绩效指标表（PM_PERF_INDICATOR）、项目绩效目标表（PM_PERF_GOAL_INFO）、项目资产配置信息表（PM_ASSET_ALLOC）、项目资产存量信息表（PM_ASSET_STOCK）、分年度支出计划表（PM_ANNUAL_EXPPLAN_INFO）、政府预算收支表（PM_GOV_BGT）、部门预算项目年度预算表（BGT_PM_ANNUAL）、资产配置预算表（BGT_ASSET_ALLOC_PLAN）、政府采购预算表（BGT_GOVPUR）、政府购买服务表（BGT_GOVPUR_SERV）等。逻辑库表存储及变化示例同"3.5.2.1 政府预算调整"章节中"活动（1）编制预算调整方案"。

③需要在不同项目、科目间进行调剂。此处以从同一类级科目下的款级科目 A 调剂部分资金到款级科目 B 为例进行说明。

变更预算信息。将预算信息中科目 A 的预算调减为 0，即更新原预算记录的调剂金额、变动后预算数、更新时间等字段的值。若在年初批复时科目 B 已有预算，则变更科目 B 预算中的调剂金额、变动后预算数、更新时间等字段的值；若科目 B 没有预算，则新增一条科目 B 的预算信息，此处以科目 B 已有预算为例进行说明。

变更指标信息，首先变更原可执行指标的指标信息，即在本级指标信息表中减少科目 A 指标的调剂金额、指标余额等字段，同时在指标信息表中新增一条科目 B 的指标以及科目 A 的负指标，在指标调整明细表中新增相应指标调整信息。

此时涉及的逻辑库表有部门预算项目年度预算表（BGT_PM_ANNUAL），逻辑库表字段变化示例如表 3-228 和表 3-229 所示。

表 3-228　　部门预算项目年度预算表（BGT_PM_ANNUAL）（科目 A）

序号	字段	字段值	备注
1	项目年度预算主键	q7344f3d-630f-4a80-a074-92459232c356	数据创建时系统自动生成
7	支出功能分类科目代码	2050201（学前教育）	选择录入，值集来源于支出功能分类科目管理要素
⋮	⋮	⋮	⋮
15	更新时间	20200519120114	系统创建数据时自动生成，数据创建时更新时间与创建时间一致
19	调剂金额	100000.00	预算编制阶段为空，项目调剂时手工录入
20	变动后预算数	400000.00	预算编制阶段为空，预算变动时手工录入
⋮	⋮	⋮	⋮

表 3-229　　部门预算项目年度预算表（BGT_PM_ANNUAL）（科目 B）

序号	字段	字段值	备注
1	项目年度预算主键	q7344f3d-630f-4a80-a074-92459232c356	数据创建时系统自动生成
⋮	⋮	⋮	⋮
7	支出功能分类科目代码	2050201（学前教育）	选择录入，值集来源于支出功能分类科目管理要素
15	更新时间	20200519120114	系统创建数据时自动生成，数据创建时更新时间与创建时间一致
19	调剂金额	100000.00	预算编制阶段为空，项目调剂时手工录入
20	变动后预算数	200000.00	预算编制阶段为空，预算变动时手工录入
⋮	⋮	⋮	⋮

（2）部门审核。

部门对单位提出的调剂申请进行审核。此时涉及的逻辑库表中的数据无变化。

（3）部门提出预算调剂申请。

预算批复后，部门预算原则上不做调剂；确需调剂的，根据不同业务场景，由部门提交预算调剂申请。此时逻辑库表变化示例同"（1）单位提出预算调剂申请"。

（4）财政审核。

财政部门对部门审核通过的单位调剂申请以及其他由部门提出的调剂申请进行审核。此时涉及的逻辑库表中的数据无变化。

（5）政府批准。

年初未落实到部门的预算发生调剂或者执行中预算调整，由相关部门向财政部门申请，由财政部门审核办理，需报请政府批准的，由财政部门或财政部门会同相关部门报请政府批准后办理。此时涉及的逻辑库表中的数据无变化。

（6）办理更新。

政部门审核且政府批准办理预算调剂后（如需要），由财政部门在办理预算调剂文件时同步在系统中登记预算指标。

①增加预算，不改变原有指标信息，在指标信息表中直接生成一条新的待分指标，在指标调整明细表中记录调整信息。

②减少预算，在指标信息表中更改原指标调剂金额（DIS_AMT）、指标余额（CUR_AMT）等字段，生成一条负指标，同时在指标调整明细表（BA_BGT_ADJSU）中生成相应调整指标信息。

③需要在不同项目、科目间进行调剂。此处以调剂支出功能分类款级科目为例进行说明。变更指标信息，首先变更原科目指标的指标信息，即在本级指标信息表中减少原指标调剂金额（DIS_AMT）、指标余额（CUR_AMT）等字段，同时在指标信息表中新增一条新科目的记录，在指标调整明细表（BA_BGT_ADJSU）中新增相应调整指标信息，该记录的科目为新科目的，"指标来源代码"为"4 指标调剂"，"源指标主键"为原指标的"指标主键"，"调入指标主键"为新生成的指标 ID，即指标信息表中新指标的"指标主键"。

此时涉及的逻辑库表有指标信息表（BA_BGT_INFO）、指标调整明细表（BA_BGT_ADJSUB）。逻辑库表存储及变化示例同"3.5.2.1 政府预算调整"章节中"活动（6）登记指标"以及"3.5.2.2 转移支付预算调剂"章节中"（9）自行调剂不同科目、项目间预算"。

3.5.3 常见问题

（1）通过现有逻辑库表如何实现部门预算调剂中单个指标的科目变更业务？

预算执行中对单位支出预算在单个指标的科目变动时，即将某指标从科目 A 调剂成科目 B，整体思路与两条指标间的调剂类似，区别在于单个指标调剂过程中的调剂金额等于指标金额，具体流程如下：

①单位或部门提出预算调剂申请。单位或部门用户在系统中选择需进行调剂的预算指标。此时在指标信息表（BA_BGT_INFO）存储预算调剂指标数据，数据库表字段示例同 3.5.2.3 部门预算调剂。

更改原指标调整金额（DIS_AMT）、指标余额（CUR_AMT）字段，在指标信息表（BA_BGT_INFO）中生成一条新指标，同时在指标调剂明细表（BA_BGT_ADJSU）中生成一条调剂指标信息，数据库表字段示例同 3.5.2.3 部门预算调剂。

②财政审核。审核后，相关逻辑库表中的数据无变化。

③政府批准。政府批准，相关逻辑库表中的数据无变化。

（2）"VD10007 指标来源"这一要素的值集分别适用于什么业务场景？

"指标来源"这一要素的值集包含：年初批复、指标追加、指标追减、指标调剂、指标分配、指标核销。其中，人民代表大会进行预算批复后生成的指标都是

"年初批复";因预算调整、上级对本级新增转移支付预算、新政策出台等原因,财政部门追加预算(包括新增项目或增加已有项目的资金)的指标都是"指标追加";因预算调整、上级对本级新增转移支付预算、新政策出台等原因,财政部门追减预算(包括减少项目或减少已有项目的资金)的指标都是"指标追减";预算执行中对支出预算在已有不同预算科目、预算级次或者项目之间变动的指标都是"指标调剂"(仅指待分指标与待分指标、可执行指标与可执行指标之间的变动);预算批复后,所有待分指标细化分解后产生的新指标都是"指标分配";用于核销预拨、预估指标的指标都是"指标核销"。

3.6 预算执行

3.6.1 总体描述

预算执行部分主要实现政府和部门收支预算执行管理,涵盖收入预算执行管理、部门支出预算执行管理、转移支付预算执行管理、预算执行动态监控以及预算执行报表。其中收入预算执行管理包括税收收入管理、非税收入管理、债务收入管理和单位资金收入管理;部门支出预算执行管理包括国库集中支付管理、单位资金支付管理和结转结余管理;转移支付预算执行管理包括转移支付资金调度、上下级财政结算和专项转移支付结转结余管理。

3.6.2 功能设计

3.6.2.1 收入预算执行

3.6.2.1.1 税收收入

财政部门从同级人民银行接收本级财政的金库收入日报信息将税收收入记入财政总预算会计账。省级财政部门通过横向联网系统从省级人民银行接收全省电子缴库信息、入库流水、收入日报以及库存日报信息,并按照管理权限共享给市、县级财政部门使用。涉及的业务活动及逻辑库表应用如表 3-230 所示。

表 3-230　　　　税收收入涉及的业务活动及逻辑库表应用

序号	业务活动	逻辑库表	中文名称	备注
1	税款征收	—	—	该项业务在税务、海关等征收机关开展,不涉及预算管理一体化系统
2	税款缴库	—	—	该项业务在税务、海关等征收机关开展,不涉及预算管理一体化系统

续表

序号	业务活动	逻辑库表	中文名称	备注
3	发送国家金库收入日报表	TAX_INCOME_DAYLY	国家金库收入日报表	存储从人民银行接收的本级财政的金库收入日报信息
		NT_ACC_BAL	库存表	存储从人民银行接收的本级金库库存日报信息
4	省级人民银行发送全省电子缴库信息、入库流水、收入日报表等	TAX_PAYMENT_DETAIL	电子缴库信息明细表	存储从人民银行接收的全省的电子缴库明细信息
		TAX_ACCEPTANCE_SERIAL	入库流水表	存储从人民银行接收的全省的金库入库流水信息
		TAX_INCOME_DAYLY	国家金库收入日报表	存储从人民银行接收的本级财政的金库收入日报信息
		NT_ACC_BAL	库存表	存储从人民银行接收的本级金库库存日报信息
5	省级财政部门将数据共享给市县财政部门	TAX_PAYMENT_DETAIL	电子缴库信息明细表	存储从人民银行接收的全省的电子缴库明细信息
		⋮	⋮	包括前一环节所有逻辑库表

1. 逻辑库表间关系

逻辑库表间无关系。

2. 实现机制说明

（1）税款征收。

税务、海关等征收机关按照税收政策和税务征管制度规定组织税款征收，并开具法定税务票证，该项业务在税务、海关等征收机关开展，不涉及预算管理一体化系统。

（2）税款缴库。

税务、海关等征收机关按照开具的法定税务票证，将税款及时足额缴入国库，该项业务在税务、海关等征收机关开展，不涉及预算管理一体化系统。

（3）发送国家金库收入日报表。

人民银行将国家金库收入日报表、库存日报表发送同级财政部门，财政部门接收后存储到国家金库收入日报表（TAX_INCOME_DAYLY）和库存表（NT_ACC_BAL）中，逻辑库表字段示例如表 3-231 和表 3-232 所示。

表 3-231　　　　国家金库收入日报表（TAX_INCOME_DAYLY）

序号	字段	字段值	备注
1	收入日报表主键	12833e2e6d-19d9-4512-bc9b-ec09d8aaa1a1	数据创建时系统自动生成
2	财政区划代码	110000000（北京市本级）	系统自动处理，值集来源于财政区划管理要素
3	预算年度	2020	系统自动引用人民银行收入日报中的预算年度
4	凭证类型编号	3401	系统自动引用人民银行收入日报中的凭证类型编号
5	征收机关代码	222222222222	系统自动引用人民银行收入日报中的征收机关代码，如果是具体的征收机关那么对应的就是本级数据；如果是000000000000 所对应的就是全辖数据
6	凭证日期	20200506	系统自动引用人民银行收入日报中的凭证日期
7	凭证号	20200506001	系统自动引用人民银行收入日报中的凭证号
8	资金性质代码	111（一般公共预算资金）	系统自动引用人民银行收入日报中的资金性质代码
9	辖属标志	0（本级）	系统自动引用人民银行收入日报中的辖属标志：0——本级；1——全辖
10	预算级次代码	2（省级）	系统自动引用人民银行收入日报中的预算级次代码
11	报表种类	1（正常期预算收入报表）	系统自动引用人民银行收入日报中的报表种类： 1 正常期预算收入报表 2 正常期退库报表 3 正常期调拨收入报表 4 总额分成报表 5 调整期预算收入报表 6 调整期退库报表 7 调整期调拨收入报表
12	财政机关代码	1100000000	系统自动引用人民银行收入日报中的征收机关代码
13	国库主体代码	0108000000	系统自动引用人民银行收入日报中的国库主体代码
14	报表所属日期	20200506	系统自动引用人民银行收入日报中的报表所属日期
15	本日日报累计金额	9216.40	系统自动引用人民银行收入日报中的本日日报累计金额
16	收入分类科目代码	101060109（其他个人所得税）	系统自动引用人民银行收入日报中的收入分类科目代码
17	日累计金额	4210.00	系统自动引用人民银行收入日报中的日累计金额
18	旬累计金额	34239.34	系统自动引用人民银行收入日报中的旬累计金额
19	月累计金额	1238439.98	系统自动引用人民银行收入日报中的月累计金额
20	季累计金额	3485390.72	系统自动引用人民银行收入日报中的季累计金额
21	年累计金额	5732900.56	系统自动引用人民银行收入日报中的年累计金额
22	更新时间	20200506221105	数据更新时系统自动生成，数据创建时更新时间与创建时间一致

续表

序号	字段	字段值	备注
23	是否删除	2（否）	系统自动处理，值集来源于布尔型代码管理要素，默认值为2，删除操作后，字段值由2变为1
24	创建时间	20200506221105	数据创建时系统自动生成

表 3-232 库存表（NT_ACC_BAL）

序号	字段	字段值	备注
1	库存表主键	347bd01811-0437-4dc0-b2e9-0c8b18385e88	数据创建时系统自动生成
2	日期	20200506	系统自动引用人民银行库存日报中的日期
3	财政区划代码	110000000（北京市本级）	系统自动处理，值集来源于财政区划管理要素
4	预算年度	2020	系统自动引用人民银行库存日报中的预算年度
5	账户名称	市财政局	系统自动引用人民银行库存日报中的账户名称
6	账号	280000001	系统自动引用人民银行库存日报中的账号
7	开户银行全称	国家金库市支库	系统自动引用人民银行库存日报中的开户银行全称
8	上日余额	23910090.00	系统自动引用人民银行库存日报中的上日余额
9	本日支出	5623910.00	系统自动引用人民银行库存日报中的本日支出
10	本日收入	938400.00	系统自动引用人民银行库存日报中的本日收入
11	本日余额	19224580.00	系统自动引用人民银行库存日报中的本日余额
12	更新时间	20200506221105	数据更新时系统自动生成，数据创建时更新时间与创建时间一致
13	是否删除	2（否）	系统自动处理，值集来源于布尔型代码管理要素，默认值为2，删除操作后，字段值由2变为1
14	创建时间	20200506221105	数据创建时系统自动生成

（4）省级人民银行发送全省电子缴库信息、入库流水、收入日报等。

省级人民银行国库按规定按日及时将全省的电子缴库信息、入库流水、收入日报表等信息通过横向联网系统发送至省级财政部门。省级财政部门接收后存储到电子缴库信息明细表（TAX_PAYMENT_DETAIL）、入库流水表（TAX_ACCEPTANCE_SERIAL）、国家金库收入日报表（TAX_INCOME_DAYLY）和库存表（NT_ACC_BAL）中，用于税收收入执行分析和预测。电子缴库信息明细表（TAX_PAYMENT_DETAIL）、入库流水表（TAX_ACCEPTANCE_SERIAL）逻辑库表字段示例如表 3-233 和表 3-234 所示。

表 3-233　　电子缴库信息明细表（TAX_PAYMENT_DETAIL）

序号	字段	字段值	备注
1	缴库信息主键	56a7344f3d-630f-4a80-a074-92459232c351	数据创建时系统自动生成
2	财政区划代码	110000000（北京市本级）	系统自动处理，值集来源于财政区划管理要素
3	征收机关代码	222222222222	系统自动引用人民银行电子缴库信息中的征收机关代码，如果是具体的征收机关那么对应的就是本级数据；如果是000000000000所对应的就是全辖数据
4	财政机关代码	1100000000	系统自动引用人民银行电子缴库信息中的财政机关代码
5	委托日期	20200506	系统自动引用人民银行电子缴库信息中的委托日期
6	交易流水号	15739482	系统自动引用人民银行电子缴库信息中的交易流水号
7	开票日期	20200506	系统自动引用人民银行电子缴库信息中的开票日期
8	税票号码	335076200010000106002	系统自动引用人民银行电子缴库信息中的税票号码
9	国库主体代码	0108000000	系统自动引用人民银行电子缴库信息中的国库主体代码
10	付款行行号	—	系统自动引用人民银行电子缴库信息中的付款行行号，人民银行不能提供时为空
11	付款人账号	90502160200109	系统自动引用人民银行电子缴库信息中的付款人账号
12	付款人全称	市东部华能发电厂	系统自动引用人民银行电子缴库信息中的付款人全称
13	纳税人编码	—	系统自动引用人民银行电子缴库信息中的纳税人编码，人民银行不能提供时为空
14	纳税人名称	市东部华能发电厂	系统自动引用人民银行电子缴库信息中的纳税人名称，人民银行不能提供时为空
15	交易金额	987.40	系统自动引用人民银行电子缴库信息中的交易金额
16	企业代码	—	系统自动引用人民银行电子缴库信息中的企业代码，人民银行不能提供时为空
17	企业名称	—	系统自动引用人民银行电子缴库信息中的企业名称，人民银行不能提供时为空
18	企业注册类型	—	系统自动引用人民银行电子缴库信息中的企业注册类型，人民银行不能提供时为空
19	预算种类	1（预算内）	系统自动引用人民银行电子缴库信息中的预算种类
20	收入分类科目代码	101010102（集体企业增值税）	系统自动引用人民银行电子缴库信息中的收入分类科目代码
21	预算级次代码	2（省级）	系统自动引用人民银行电子缴库信息中的预算级次代码
22	更新时间	20200506221138	数据更新时系统自动生成，数据创建时更新时间与创建时间一致
23	是否删除	2（否）	系统自动处理，值集来源于布尔型代码管理要素，默认值为2，删除操作后，字段值由2变为1
24	创建时间	20200506221138	数据创建时系统自动生成

注：库表要素参照财税库银横向联网《国库信息处理系统接口报文规范》制定。

表 3-234　　　　　入库流水表（TAX_ACCEPTANCE_SERIAL）

序号	字段	字段值	备注
1	入库流水主键	7897b44f3d-630f-4a80-a074-92459232c358	数据创建时系统自动生成
2	凭证号	43501620010001445501	系统自动引用人民银行入库流水信息中的凭证号
3	财政区划代码	110000000（北京市本级）	系统自动处理，值集来源于财政区划管理要素
4	征收机关代码	13501050000	系统自动引用人民银行入库流水信息中的征收机关代码，如果是具体的征收机关那么对应的就是本级数据；如果是000000000000所对应的就是全辖数据
5	财政机关代码	1100000000	系统自动引用人民银行入库流水信息中的财政机关代码
6	凭证类型编号	3409	系统自动引用人民银行入库流水信息中的凭证类型编号
7	预算种类	1（预算内）	系统自动引用人民银行入库流水信息中的预算种类
8	预算级次代码	2（省级）	系统自动引用人民银行入库流水信息中的预算级次代码
9	收入分类科目代码	1020201（失业保险费收入）	系统自动引用人民银行入库流水信息中的收入分类科目代码
10	交易金额	108.00	系统自动引用人民银行入库流水信息中的交易金额
11	交易流水号	14257691	系统自动引用人民银行入库流水信息中的交易流水号
12	国库主体代码	0108000000	系统自动引用人民银行入库流水信息中的国库主体代码
13	付款人全称	—	系统自动引用人民银行入库流水信息中的付款人全称，人民银行不能提供时为空
14	付款人账号	—	系统自动引用人民银行入库流水信息中的付款人账号，人民银行不能提供时为空
15	付款人开户银行	—	系统自动引用人民银行入库流水信息中的付款人开户银行，人民银行不能提供时为空
16	付款行行号	—	系统自动引用人民银行入库流水信息中的付款行行号，人民银行不能提供时为空
17	收款人全称	—	系统自动引用人民银行入库流水信息中的收款人全称，人民银行不能提供时为空
18	收款人账号	—	系统自动引用人民银行入库流水信息中的收款人账号，人民银行不能提供时为空
19	收款人开户银行	—	系统自动引用人民银行入库流水信息中的收款人开户银行，人民银行不能提供时为空
20	收款银行行号	—	系统自动引用人民银行入库流水信息中的收款银行行号，人民银行不能提供时为空
21	更新时间	20200506221138	数据更新时系统自动生成，数据创建时更新时间与创建时间一致

续表

序号	字段	字段值	备注
22	是否删除	2（否）	系统自动处理，值集来源于布尔型代码管理要素，默认值为2，删除操作后，字段值由2变为1
23	创建时间	20200506221138	数据创建时系统自动生成

（5）省级财政部门将数据共享给市县财政部门。

省级财政部门按权限将电子缴库信息明细表（TAX_PAYMENT_DETAIL）、入库流水表（TAX_ACCEPTANCE_SERIAL）、收入日报表（TAX_INCOME_DAYLY）和库存表（NT_ACC_BAL）等收入信息共享给市县财政部门，相关业务逻辑库表中的数据无变化。

3.6.2.1.2 非税收入

3.6.2.1.2.1 资金收缴管理

非税资金收缴由执收单位开具缴款通知书，缴款人根据缴款通知书上的电子缴款码进行缴款，代理银行收款后依据财政部门的缴库指令，及时将非税资金缴入国库，教育收费资金缴入财政专户。涉及的业务活动及逻辑库表应用如表3-235所示。

表3-235　　　　　　　　　资金收缴管理涉及的业务活动及逻辑库表应用

序号	业务活动	逻辑库表	中文名称	备注
1	开具电子非税收入一般缴款书（缴款通知）	NT_PAY_VOUCHER	非税收入一般缴款书表	存储执收单位开具的非税收入一般缴款书（缴款通知）信息
		NT_PAY_VOUCHER_DETAIL	非税收入一般缴款书明细表	存储非税收入一般缴款书包含的执收项目以及对应金额明细信息
		NT_BUSI_INFO	非税收入业务信息表	存储其他模块产生的非税收入业务信息，如作为非税收入管理的资产出租出借、对外投资、处置收入等相关信息，作为收入收缴的征收依据
2	通知缴款人	NT_PAY_VOUCHER	非税收入一般缴款书表	存储执收单位开具的非税收入一般缴款书（缴款通知）信息
		NT_PAY_VOUCHER_DETAIL	非税收入一般缴款书明细表	存储非税收入一般缴款书包含的执收项目以及对应金额明细信息
3	持电子缴款码缴款	NT_PAY_VOUCHER	非税收入一般缴款书表	存储执收单位开具的非税收入一般缴款书（缴款通知）信息
		NT_PAY_VOUCHER_DETAIL	非税收入一般缴款书明细表	存储非税收入一般缴款书包含的执收项目以及对应金额明细信息

续表

序号	业务活动	逻辑库表	中文名称	备注
4	反馈缴款成功信息	NT_PAY_VOUCHER	非税收入一般缴款书表	存储执收单位开具的非税收入一般缴款书的实际缴款信息
5	缴款成功信息推送	NT_PAY_VOUCHER	非税收入一般缴款书表	存储执收单位开具的非税收入一般缴款书的实际缴款信息
6	接收缴款成功信息	NT_PAY_VOUCHER	非税收入一般缴款书表	存储执收单位开具的非税收入一般缴款书的实际缴款信息
7	生成电子非税收入一般缴款书（收据）	NT_PAY_VOUCHER	非税收入一般缴款书表	存储执收单位开具的非税收入一般缴款书的实际缴款信息
		NT_PAY_VOUCHER_DETAIL	非税收入一般缴款书明细表	存储非税收入一般缴款书包含的执收项目以及对应金额明细信息
8	取得电子非税收入一般缴款书（收据）	NT_PAY_VOUCHER	非税收入一般缴款书表	存储执收单位开具的非税收入一般缴款书实际缴款信息
		NT_PAY_VOUCHER_DETAIL	非税收入一般缴款书明细表	存储非税收入一般缴款书包含的执收项目以及对应金额明细信息
9	生成缴库指令	NT_TRE_VOUCHER	缴库单表	存储非税资金缴库指令的主体信息
		NT_TRE_VOUCHER_DETAIL	缴库单明细表	存储非税资金缴库指令的分科目明细信息
10	分科目缴库	NT_TRE_VOUCHER	缴库单表	存储非税资金缴库指令的主体信息
		NT_TRE_VOUCHER_DETAIL	缴库单明细表	存储非税资金缴库指令的分科目明细信息
11	收缴入库	NT_TRE_VOUCHER	缴库单表	存储非税资金缴库指令的主体信息
		NT_TRE_VOUCHER_DETAIL	缴库单明细表	存储非税资金缴库指令的分科目明细信息
12	发送缴库成功信息	NT_TRE_VOUCHER	缴库单表	存储非税资金缴库指令的主体信息

续表

序号	业务活动	逻辑库表	中文名称	备注
13	发送缴库成功信息，每日发送库存表	NT_TRE_VOUCHER	缴库单表	存储非税资金缴库指令的主体信息
		NT_ACC_BAL	库存表	存储代理银行提供的财政非税收入专户收支余额信息
14	发送收入日报表	TAX_INCOME_DAYLY	国家金库收入日报表	存储从人民银行接收的本级财政的金库收入日报信息

1. 逻辑库表间关系

非税收入资金收缴管理涉及的相关逻辑库表的关系如图 3-20 所示。

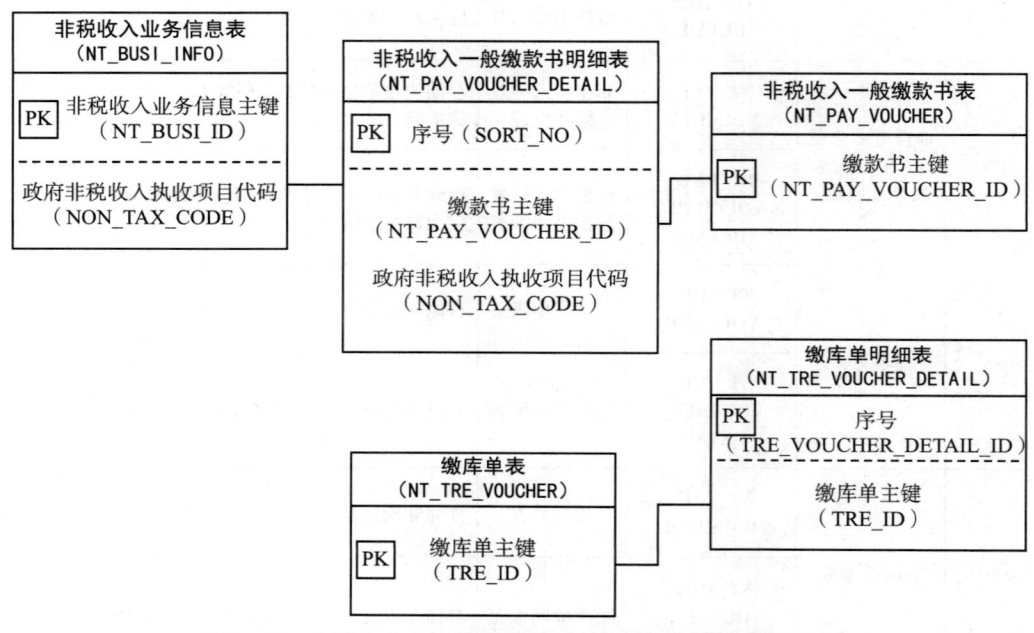

图 3-20 非税收入资金收缴管理涉及的相关逻辑库表的关系

（1）非税收入一般缴款书明细表（NT_PAY_VOUCHER_DETAIL）中的缴款书主键（NT_PAY_VOUCHER_ID）对应非税收入一般缴款书表（NT_PAY_VOUCHER）中的缴款书主键（NT_PAY_VOUCHER_ID），政府非税收入执收项目代码（NON_TAX_CODE）对应非税收入业务信息表（NT_BUSI_INFO）中的政府非税收入执收项目代码（NON_TAX_CODE）。

（2）缴库单明细表（NT_TRE_VOUCHER_DETAIL）中缴库单主键（TRE_ID）对应缴库单表（NT_TRE_VOUCHER）中的缴库单主键（TRE_ID）。

2. 实现机制说明

（1）开具电子非税收入一般缴款书（缴款通知）。

缴款人到执收单位办理业务，执收单位根据缴款人办理的业务直接开具电子非税收入一般缴款书（缴款通知），也可以根据其他业务模块或单位自有业务系统产生的非税收入业务信息（如作为非税收入管理的资产出租出借、对外投资、处置收入等），从非税收入业务信息表（NT_BUSI_INFO）中选择一条记录开具电子非税收入一般缴款书（缴款通知），系统在非税收入一般缴款书表（NT_PAY_VOUCHER）、非税收入一般缴款书明细表（NT_PAY_VOUCHER_DETAIL）中存储缴款书信息，逻辑库表字段示例如表3-236~表3-238所示。

表3-236 非税收入业务信息表（NT_BUSI_INFO）

序号	字段	字段值	备注
1	非税收入业务信息主键	90b7344f3d-630f-4a80-a074-92459232c352	数据创建时系统自动生成
2	非税收入业务单号	FS0000001	系统自动生成，编号规则由各地财政部门自行制定
3	财政区划代码	110000000（北京市本级）	系统自动处理，值集来源于财政区划管理要素
4	预算年度	2020	系统自动处理，根据预算填报年度生成
5	执收单位代码	203002（档案局）	选择录入，值集来源于执收单位管理要素
6	日期	20200506	手工录入，填写发生收入业务的日期
7	政府非税收入执收项目代码	218041（事业单位国有资产处置）	选择录入，值集来源于政府非税收入执收项目管理要素
8	缴款人全称	川页文印公司	手工录入，填写缴款人名称
9	缴款人账号	—	手工录入，柜台现金缴款可为空
10	缴款人开户银行	—	手工录入，柜台现金缴款可为空
11	金额	1200.00	手工录入，填写收入金额
12	更新时间	20200506151138	数据更新时系统自动生成，数据创建时更新时间与创建时间一致
13	是否删除	2（否）	系统自动处理，值集来源于布尔型代码管理要素，默认值为2，删除操作后，字段值由2变为1
14	创建时间	20200506151138	数据创建时系统自动生成

表3-237 非税收入一般缴款书表（NT_PAY_VOUCHER）

序号	字段	字段值	备注
1	缴款书主键	1267b44f3d-630f-4a80-a074-92459232c354	数据创建时系统自动生成

续表

序号	字段	字段值	备注
2	政府非税收入缴款识别码	11000020000000000013	系统自动生成，编码规则遵循《政府非税收入缴款识别码规范》，由6位行政区划码、2位年度标识码、11位顺序码、1位校验码四部分组成
3	财政区划代码	110000000（北京市本级）	系统自动处理，值集来源于财政区划管理要素
4	执收单位代码	203002（车管所）	选择录入，值集来源于执收单位管理要素
5	政府非税收入一般缴款书票号	0103002315	系统自动生成，编号规则由各地财政部门自行制定
6	开票人	1201（张三）	系统自动生成，填写开票人用户编码
7	开票日期	20200506	手工录入，填写开单的日期
8	缴款书有效期	—	手工录入，不设置有效期的可为空
9	缴款人全称	王甲	手工录入或自动引用非税收入业务信息表的缴款人全称，填写缴款人的名称
10	缴款人账号	—	手工录入或自动引用非税收入业务信息表的缴款人账号，柜台现金缴款可为空
11	缴款人开户银行	—	手工录入或自动引用非税收入业务信息表的缴款人开户银行，柜台现金缴款可为空
12	实际缴款人全称	—	系统自动引用银行反馈信息中的实际缴款人全称，未缴款时为空
13	实际缴款人账号	—	系统自动引用银行反馈信息中的实际缴款人账号，未缴款时为空
14	实际缴款人开户银行	—	系统自动引用银行反馈信息中的实际缴款人开户银行，未缴款时为空
15	应缴金额合计	150.00	系统自动生成，应缴金额合计＝应缴金额＋滞纳金金额
16	应缴金额	150.00	手工录入或自动引用非税收入业务信息表的金额，填写应缴的金额
17	滞纳金金额	—	手工录入，无滞纳金可为空
18	缴款金额	—	系统自动引用银行反馈信息中的缴款金额，未缴款时为空
19	收款账户类型	1（财政专户）	选择录入，值集来源于收款账户类型管理要素： 1 财政专户 2 汇缴专户 3 科目
20	收款人全称	市财政局非税收入专户	选择录入，值集来源于收款人全称管理要素

续表

序号	字段	字段值	备注
21	收款人账号	2300934340023	选择录入，值集来源于收款人账号管理要素，科目类型账户可为空
22	收款人开户银行	建行东大街支行	选择录入，值集来源于收款人开户银行管理要素，科目类型账户可为空
23	缴款日期	—	系统自动引用银行反馈信息中的缴款日期，未缴款时为空
24	缴款渠道代码	—	系统自动引用银行反馈信息中的缴款渠道代码，未缴款时为空
25	收入归属区划	110000000（北京市本级）	选择录入，值集来源于财政区划管理要素，用于账务处理区分，正常与执收区划一致。如果有上级财政或部门统一代收的业务，收入归属区划按实际填写
26	入账日期	—	系统自动生成，入账后填写
27	收缴方式代码	1（直接缴库）	系统自动生成，值集来源于收缴方式管理要素
28	非税数据类型	1（正常）	系统自动生成，值集为： 1 正常：用于正常开出并缴款的非税收入一般缴款书的状态 2 暂存款确认：用于匹配暂存款的非税收入一般缴款书的状态
29	更新时间	20200506151138	数据更新时系统自动生成，数据创建时更新时间与创建时间一致
30	是否删除	2（否）	系统自动处理，值集来源于布尔型代码管理要素，默认值为2，删除操作后，字段值由2变为1
31	创建时间	20200506151138	数据创建时系统自动生成

表 3-238　非税收入一般缴款书明细表（NT_PAY_VOUCHER_DETAIL）

序号	字段	字段值	备注
1	序号	346b05ebb6-3c0c-4395-adb4-46dc7918aea0	数据创建时系统自动生成
2	缴款书主键	1267b44f3d-630f-4a80-a074-92459232c354	系统自动生成，为对应的缴款书主键
3	政府非税收入执收项目识别码	000000000292（机动车驾驶许可考试）	选择录入，代码按《政府非税收入执收项目识别码规范》生成，由4位行政区划码和8位顺序码组成
4	政府非税收入执收项目代码	218041（机动车驾驶考试费）	选择录入，值集来源于政府非税收入执收项目管理要素

续表

序号	字段	字段值	备注
5	收缴标准名称	小型汽车	选择录入，填写执行收缴的标准名称，各省根据收费政策制定使用
6	收缴标准计量单位	人/次	选择录入，填写执行收缴的标准计量单位
7	执收数量	1	手工录入，填写执行收缴的数量
8	缴款金额	150.00	手工录入，填写执行收缴的金额
9	更新时间	20200506151138	数据更新时系统自动生成，数据创建时更新时间与创建时间一致
10	是否删除	2（否）	系统自动处理，值集来源于布尔型代码管理要素，默认值为2，删除操作后，字段值由2变为1
11	创建时间	20200506151138	数据创建时系统自动生成

（2）通知缴款人。

执收单位将电子非税收入一般缴款书（缴款通知）包含的缴款识别码及其他相关信息以短信、邮寄或现场通知等方式告知缴款人，相关业务逻辑库表中的数据无变化。

（3）持电子缴款码缴款。

缴款人持电子缴款码缴款，通过银行的各类缴款渠道输入电子缴款码查询缴款通知书中包含的应缴信息，确认后进行缴款，相关业务逻辑库表中的数据无变化。

（4）反馈缴款成功信息。

代理银行收款后将缴款成功信息反馈给财政部门，系统更新非税收入一般缴款书表（NT_PAY_VOUCHER）中的缴款金额、缴款日期、实际缴款人等相关信息，逻辑库表字段变化示例如表3-239所示。

表3-239　　　　　非税收入一般缴款书表（NT_PAY_VOUCHER）

序号	字段	字段值	备注
1	缴款书主键	1267b44f3d-630f-4a80-a074-92459232c354	数据创建时系统自动生成
⋮	⋮	⋮	⋮
12	实际缴款人全称	王甲	系统自动引用银行反馈信息中的实际缴款人全称
13	实际缴款人账号	—	系统自动引用银行反馈信息中的实际缴款人账号，柜台现金缴款为空
14	实际缴款人开户银行	—	系统自动引用银行反馈信息中的实际缴款人开户银行，柜台现金缴款为空

续表

序号	字段	字段值	备注
15	缴款金额	150.00	系统自动引用银行反馈信息中的缴款金额
18	缴款日期	20200506	系统自动引用银行反馈信息中的缴款日期
19	缴款渠道代码	01（柜台缴款）	系统自动引用银行反馈信息中的缴款渠道代码
⋮	⋮	⋮	⋮

（5）缴款成功信息推送。

财政部门接收到代理银行反馈的缴款成功信息后推送给执收单位，相关业务逻辑库表中的数据无变化。

（6）接收缴款成功信息。

执收单位接收财政部门发送的缴款成功信息，相关业务逻辑库表中的数据无变化。

（7）生成电子《非税收入一般缴款书》（收据）。

执收单位确认缴款人缴款后，向缴款人提供电子《非税收入一般缴款书》（收据），相关业务逻辑库表中的数据无变化，对应的收据状态发生变化。

（8）取得《非税收入一般缴款书》（收据）。

缴款人从执收单位取得《非税收入一般缴款书》（收据），相关业务逻辑库表中的数据无变化。

（9）生成缴库指令。

财政部门与代理银行完成缴款资金的对账后，生成缴库（户）指令发送给代理银行，系统在缴库单表（NT_TRE_VOUCHER）、缴库单明细表（NT_TRE_VOUCHER_DETAIL）中存储缴库指令信息，逻辑库表字段示例如表 3 - 240 和表 3 - 241 所示。

表 3 - 240　　　　　　缴库单表（NT_TRE_VOUCHER）

序号	字段	字段值	备注
1	缴库单主键	56c15af06a - 4291 - 41d6 - 9c3d - 6226166c0574	数据创建时系统自动生成
2	财政区划代码	110000000（北京市本级）	系统自动处理，值集来源于财政区划管理要素
3	预算年度	2020	系统自动处理，根据预算填报年度生成
4	凭证类型编号	5618	系统自动生成，固定值
5	凭证日期	20200507	手工录入，填写缴库单生成日期
6	凭证号	JK0000001	系统自动生成，编号规则由各地财政部门自行制定
7	财政机关代码	1100000000	系统自动生成，值集由人民银行提供
8	收款国库代码	0108000000	系统自动生成，值集由人民银行提供
9	预算级次代码	2（省级）	选择录入，值集来源于预算级次管理要素

续表

序号	字段	字段值	备注
10	资金性质代码	111（一般公共预算资金）	选择录入，值集来源于资金性质管理要素
11	代理银行编码	103001（建行东大街支行）	选择录入，值集来源于代理银行管理要素
12	缴库账户账号	2300934340023	选择录入，值集来源于缴库账户账号信息管理要素
13	缴库账户全称	市财政局非税收入专户	选择录入，值集来源于缴库账户全称信息管理要素
14	缴库账户开户银行名称	建行东大街支行	选择录入，值集来源于缴库账户开户银行信息管理要素
15	收款人全称	市财政局	选择录入，值集来源于收款人全称管理要素
16	收款人账号	280000001	选择录入，值集来源于收款人账号管理要素
17	收款人开户银行	国家金库市支库	选择录入，值集来源于收款人开户银行管理要素
18	缴库金额	150.00	系统自动生成，根据缴库明细金额汇总
19	缴库时限	20200510	手工录入，填写代理银行缴库的最迟日期
20	更新时间	20200507101138	数据更新时系统自动生成，数据创建时更新时间与创建时间一致
21	是否删除	2（否）	系统自动处理，值集来源于布尔型代码管理要素，默认值为2，删除操作后，字段值由2变为1
22	创建时间	20200507101138	数据创建时系统自动生成

表3–241　　　　　缴库单明细表（NT_TRE_VOUCHER_DETAIL）

序号	字段	字段值	备注
1	序号	78d9ccccba-4948-4676-9810-c63c607615c3	数据创建时系统自动生成
2	缴库单主键	56c15af06a-4291-41d6-9c3d-6226166c0574	系统自动引用对应缴库单表的主键
3	收入分类科目代码	103040117（驾驶许可考试费）	系统自动根据执收项目与收入分类科目对应关系生成
4	金额	150.00	系统自动生成，金额按收入分类科目汇总
5	辅助标志	00000001000000000000000000000000000	系统自动生成，不需要人民银行分成时为空，需要人民银行分成时填写国库分成辅助标志，格式为：ZzzzzzzSsssssssSsssssssXxxxxxxXxxxxxx，其中z、s、x为整数，共35位，每7位表示一个级次的分成比例，前7位表示中央级次占比，第8~14位表示省级占比，第15~21位表示地市占比，第22~28位表示县级占比，第29~35位表示乡级占比

续表

序号	字段	字段值	备注
6	更新时间	20200507101138	数据更新时系统自动生成，数据创建时更新时间与创建时间一致
7	是否删除	2（否）	系统自动处理，值集来源于布尔型代码管理要素，默认值为2，删除操作后，字段值由2变为1
8	创建时间	20200507101138	数据创建时系统自动生成

（10）分科目上缴国库。

代理银行根据财政部门缴库指令，分科目将非税收入资金及时足额准确地缴入国库，预算管理一体化相关业务逻辑库表中的数据无变化。

（11）收缴入库。

人民银行将非税收入收缴资金入库后生成《国家金库收入日报表》，预算管理一体化相关业务逻辑库表中的数据无变化。

（12）发送缴库成功信息。

人民银行发送缴库成功信息给代理银行，预算管理一体化相关业务逻辑库表中的数据无变化。

（13）每日发送库存表，发送缴库成功信息。

缴入财政专户的非税收入，代理银行按日向财政部门提供其代收非税收入资金的财政专户库存表等原始凭证。财政部门接收到库存表时在库存表（NT_ACC_BAL）中存储财政专户余额信息；财政部门对代理银行原始凭证进行审核，经审核无误后，分资金性质、收入分类科目、非税收入项目和单位将非税收入记入财政专户会计账，更新非税收入一般缴款书表（NT_PAY_VOUCHER）中的入账信息。库存表（NT_ACC_BAL）逻辑库表字段示例如表3-242所示。

表3-242　　　　　　　　库存表（NT_ACC_BAL）

序号	字段	字段值	备注
1	库存表主键	902fac33e3-b086-4a4a-a62b-36b949d4019e	数据创建时系统自动生成
2	日期	20200506	系统自动引用银行库存表信息中的日期
3	财政区划代码	110000000（北京市本级）	系统自动处理，值集来源于财政区划管理要素
4	预算年度	2020	系统自动处理，根据预算填报年度生成
5	账户名称	市财政局非税收入专户	系统自动引用银行库存表信息中的账户名称
6	账号	2300934340023	系统自动引用银行库存表信息中的账号
7	开户银行全称	建行东大街支行	系统自动引用银行库存表信息中的开户银行全称
8	上日余额	23910.00	系统自动引用银行库存表信息中的上日余额
9	本日支出	23910.00	系统自动引用银行库存表信息中的本日支出

续表

序号	字段	字段值	备注
10	本日收入	9384.00	系统自动引用银行库存表信息中的本日收入
11	本日余额	9384.00	系统自动引用银行库存表信息中的本日余额
12	更新时间	20200506221138	数据更新时系统自动生成，数据创建时更新时间与创建时间一致
13	是否删除	2（否）	系统自动处理，值集来源于布尔型代码管理要素，默认值为2，删除操作后，字段值由2变为1
14	创建时间	20200506221138	数据创建时系统自动生成

非税收入一般缴款书表（NT_PAY_VOUCHER）逻辑库表字段变化示例如表3-243所示。

表3-243　　　　非税收入一般缴款书表（NT_PAY_VOUCHER）

序号	字段	字段值	备注
1	缴款书主键	1267b44f3d-630f-4a80-a074-92459232c354	数据创建时系统自动生成
⋮	⋮	⋮	⋮
25	收入归属区划	110000000（北京市本级）	系统自动处理，值集来源于财政区划业务管理要素
26	入账日期	20200507	系统自动生成，入账后填写
⋮	⋮	⋮	⋮

缴库成功后，代理银行向财政部门发送缴库成功信息，财政部门接收缴库成功信息，相关业务逻辑库表中的数据无变化，对应的缴库单缴库状态发生变化。

（14）发送收入日报表。

人民银行将每日生成的《国家金库收入日报表》发送给财政部门。财政部门按日接收同级人民银行电子《国家金库收入日报表》后存储到国家金库收入日报表（TAX_INCOME_DAYLY）中，用于分资金性质和收入分类科目将非税收入资金记入财政总预算会计账，国家金库收入日报表（TAX_INCOME_DAYLY）的逻辑库表字段示例同"3.6.2.1.1 税收收入"章节。

3.6.2.1.2.2　非税收入退付管理

因技术性差错或政策性原因等需要将已缴入财政的非税收入款项退还给缴款人，原则上由缴款人通过执收单位向财政部门提出退付申请，经审核通过后将应退付资金及时足额退至缴款人或执收单位账户。涉及的业务活动及逻辑库表应用如表3-244所示。

表 3–244　　非税收入退付管理涉及的业务活动及逻辑库表应用

序号	业务活动	逻辑库表	中文名称	备注
1	提出退付申请	NT_REFUND_VOUCHER	退付申请书表	存储缴款人通过执收单位提出的退付申请信息
		NT_PAY_VOUCHER	非税收入一般缴款书表	存储已完成缴款的非税收入一般缴款书信息
2	部门或执收单位审核	NT_REFUND_VOUCHER	退付申请书表	存储缴款人通过执收单位提出的退付申请信息
3	部门或执收单位向代理银行发送退付指令	NT_RETURN_VOUCHER	退付凭证表	存储财政部门授权部门或执收单位办理退付时根据退付申请生成的给代理银行的退付指令信息
4	代理银行退款至缴款人或执收单位账户	NT_RETURN_VOUCHER	退付凭证表	存储财政部门授权部门或执收单位办理退付时根据退付申请生成的给代理银行的退付指令信息
5	部门或执收单位向人民银行发送退付指令	NT_INCOME_RETURN	收入退还书表	存储财政部门授权部门或执收单位办理退付时根据退付申请生成的给人民银行的退付指令信息
6	人民银行退款至缴款人或执收单位账户	NT_INCOME_RETURN	收入退还书表	存储财政部门授权部门或执收单位办理退付时根据退付申请生成的给人民银行的退付指令信息
7	财政审核	NT_REFUND_VOUCHER	退付申请书表	存储财政部门办理退付时缴款人通过执收单位提出的退付申请信息
8	财政部门向代理银行发送退付指令	PAY_ALLOCATION_CERT	预算拨款凭证表	存储财政部门办理退付时根据退付申请生成的给代理银行的退付指令信息
9	代理银行从财政专户退款至缴款人或单位账户	PAY_ALLOCATION_CERT	预算拨款凭证表	存储财政部门办理退付时根据退付申请生成的给代理银行的退付指令信息
10	财政部门向人民银行发送退付指令	NT_INCOME_RETURN	收入退还书表	存储财政部门办理退付时根据退付申请生成的给人民银行的退付指令信息
11	人民银行退回至缴款人或执收单位账户	NT_INCOME_RETURN	收入退还书表	存储财政部门办理退付时根据退付申请生成的给人民银行的退付指令信息

1. 逻辑库表间关系

非税收入退付管理涉及的相关逻辑库表的关系如图 3–21 所示。

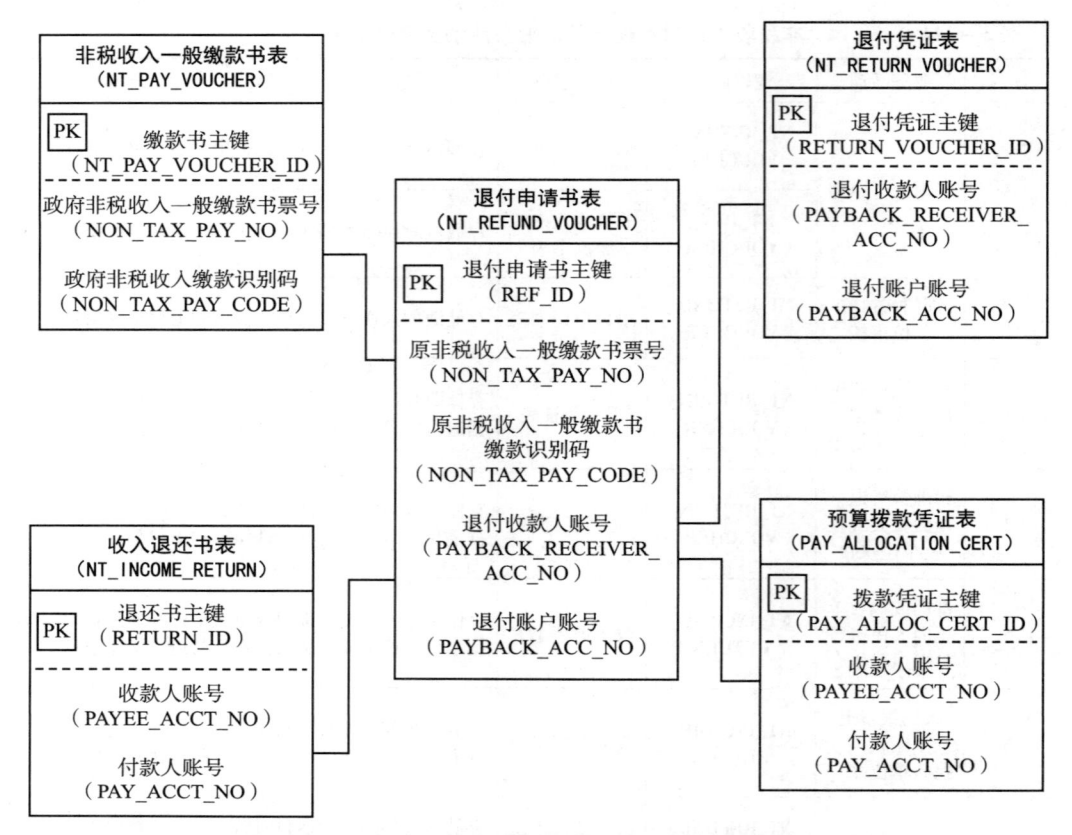

图 3-21 非税收入退付管理涉及的相关逻辑库表的关系

（1）退付申请书表（NT_REFUND_VOUCHER）中的原非税收入一般缴款书票号（NON_TAX_PAY_NO）、原非税收入一般缴款书缴款识别码（NON_TAX_PAY_CODE）对应非税收入一般缴款书表（NT_PAY_VOUCHER）中的政府非税收入一般缴款书票号（NON_TAX_PAY_NO）、政府非税收入缴款识别码（NON_TAX_PAY_CODE）。

（2）退付凭证表（NT_RETURN_VOUCHER）中的退付收款人账号（PAYBACK_RECEIVER_ACC_NO）、退付账户账号（PAYBACK_ACC_NO）对应退付申请书表（NT_REFUND_VOUCHER）中的退付收款人账号（PAYBACK_RECEIVER_ACC_NO）、退付账户账号（PAYBACK_ACC_NO）。

（3）收入退还书表（NT_INCOME_RETURN）中的付款人账号（PAY_ACCT_NO）、收款人账号（PAYEE_ACCT_NO）对应退付申请书表（NT_REFUND_VOUCHER）中的退付账户账号（PAYBACK_ACC_NO）、退付收款人账号（PAYBACK_RECEIVER_ACC_NO）。

（4）预算拨款凭证表（PAY_ALLOCATION_CERT）中的付款人账号（PAY_ACCT_NO）、收款人账号（PAYEE_ACCT_NO）对应退付申请书表（NT_REFUND_VOUCHER）中的退付账户账号（PAYBACK_ACC_NO）、退付收款人账号（PAYBACK_RECEIVER_ACC_NO）。

2. 实现机制说明

（1）提出退付申请。

缴款人向部门或执收单位提出退付申请，根据缴款人提供的非税收入收缴原始凭证可以从非税收入一般缴款书表（NT_PAY_VOUCHER）查询出原始缴款信息（集中汇缴、政策性退付等无法与原始缴款书一一对应）。填写退付申请书在退付申请书表（NT_REFUND_VOUCHER）中存储退付申请信息，逻辑库表字段示例如表 3-245 所示。

表 3-245　　　　　　　退付申请书表（NT_REFUND_VOUCHER）

序号	字段	字段值	备注
1	退付申请书主键	34dc67c259-bc26-4b8d-bac2-beca5a21973d	数据创建时系统自动生成
2	退付类型代码	2（差错性退付）	选择录入，值集来源于退付类型管理要素： 1 政策性退付 2 差错性退付
3	财政区划代码	110000000（北京市本级）	系统自动处理，值集来源于财政区划管理要素
4	预算年度	2020	系统自动处理，根据预算填报年度生成
5	执收单位代码	203002（车管所）	系统自动引用原非税收入一般缴款书中的执收单位代码
6	退付原因	重复缴款	手工录入，填写退付的原因
7	原非税收入一般缴款书票号	0103002315	系统自动引用原非税收入一般缴款书中的非税收入一般缴款书票号，集中汇缴、政策性退付等无法与原始缴款书一一对应时可为空
8	原非税收入一般缴款书缴款识别码	11000020000000000013	系统自动引用原非税收入一般缴款书中的非税收入一般缴款书缴款识别码，集中汇缴、政策性退付等无法与原始缴款书一一对应时可为空
9	退付金额	150.00	手工录入，填写申请退付的金额
10	退付收款人全称	王甲	手工录入，填写申请退付的收款人账户全称
11	退付收款人账号	3293000023	手工录入，原来通过银行账号缴款的，可以直接使用原缴款账号；原来通过柜台现金缴款的，需要提供退付收款人账号
12	退付收款人开户银行	兴业银行大直支行	手工录入，原来通过银行账号缴款的，可以直接使用原缴款账号；原来通过柜台现金缴款的，需要提供退付收款人开户银行
13	退付账户全称	市财政局非税收入专户	选择录入，值集来源于退付账户全称管理要素
14	退付账户账号	2300934340023	选择录入，值集来源于退付账户账号管理要素
15	退付账户开户银行名称	建行东大街支行	选择录入，值集来源于退付账户开户银行管理要素
16	退付申请书单号	TFSQ0000001	系统自动生成，编号规则由各地财政部门自行制定

续表

序号	字段	字段值	备注
17	退付日期	20200508	手工录入，填写申请退付的日期
18	更新时间	20200508151138	数据更新时系统自动生成，数据创建时更新时间与创建时间一致
19	是否删除	2（否）	系统自动处理，值集来源于布尔型代码管理要素，默认值为2，删除操作后，字段值由2变为1
20	创建时间	20200508151138	数据创建时系统自动生成

（2）部门或执收单位审核。

部门或执收单位受理退付申请后，对退付申请书、非税收入收缴原始凭证中的实际入库（户）数、退付原因等情况进行严格审核，审核后，相关业务逻辑库表中的数据无变化，对应的工作流状态发生变化。

（3）部门或执收单位向代理银行发送退付指令（财政部门授权部门或执收单位办理退付的）。

财政部门授权部门或执收单位办理退付，需要从单位执收户退付时，执收单位根据审核通过的退付申请生成退付凭证发送代理银行，系统在退付凭证表（NT_RETURN_VOUCHER）中存储生成的退付指令信息，逻辑库表字段示例如表3-246所示。

表3-246　　　　　　退付凭证表（NT_RETURN_VOUCHER）

序号	字段	字段值	备注
1	退付凭证主键	566b2a36f8-bed5-4411-ba38-0e533f7f5344	数据创建时系统自动生成
2	退付凭证号	TFPZ00000001	系统自动生成，编号规则由各地财政部门自行制定
3	财政区划代码	110000000（北京市本级）	系统自动处理，值集来源于财政区划管理要素
4	预算年度	2020	系统自动处理，根据预算填报年度生成
5	执收单位代码	203002（车管所）	系统自动引用退付申请书中的执收单位代码
6	凭证日期	20200509	手工录入，填写退付凭证的生成日期
7	退付金额	150.00	系统自动引用退付申请书中的退付金额
8	退付收款人全称	王甲	系统自动引用退付申请书中的退付收款人全称
9	退付收款人账号	3293000023	系统自动引用退付申请书中的退付收款人账号
10	退付收款人开户银行	兴业银行大直支行	系统自动引用退付申请书中的退付收款人开户银行
11	退付账户全称	车管所	系统自动引用退付申请书中的退付账户全称
12	退付账户账号	382700321	系统自动引用退付申请书中的退付账户账号

续表

序号	字段	字段值	备注
13	退付账户开户银行	农行西大路支行	系统自动引用退付申请书中的退付账户开户银行
14	说明	重复缴款	系统自动引用退付申请书中的退付原因
15	更新时间	20200509151138	数据更新时系统自动生成，数据创建时更新时间与创建时间一致
16	是否删除	2（否）	系统自动处理，值集来源于布尔型代码管理要素，默认值为2，删除操作后，字段值由2变为1
17	创建时间	20200509151138	数据创建时系统自动生成

（4）代理银行退款至缴款人或执收单位账户（财政部门授权部门或执收单位办理退付的）。

代理银行接收到单位发送的退付凭证后，按规定将应退付资金及时足额退至缴款人或执收单位账户，相关业务逻辑库表中的数据无变化，对应的退付状态发生变化。

（5）部门或执收单位向人民银行发送退付指令（财政部门授权部门或执收单位办理退付的）。

财政部门授权部门或执收单位办理退付，需要从国库退付的，执收单位根据审核通过的退付申请生成收入退还书发送人民银行，系统在收入退还书表（NT_INCOME_RETURN）中存储生成的退付指令信息，逻辑库表字段示例如表3-247所示。

表3-247　　　　　　　　收入退还书表（NT_INCOME_RETURN）

序号	字段	字段值	备注
1	退还书主键	782f7948e2-d9ab-431c-b2c5-f808c63f08b8	数据创建时系统自动生成
2	日期	20200509	手工录入，填写申请退还的日期
3	财政区划代码	110000000（北京市本级）	系统自动处理，值集来源于财政区划管理要素
4	预算年度	2020	系统自动处理，根据预算填报年度生成
5	财政机关代码	1100000000	系统自动生成，值集由人民银行提供
6	国库主体代码	0108000000	系统自动生成，值集由人民银行提供
7	退还书单号	THPZ00000001	系统自动生成，编号规则由各地财政部门自行制定
8	付款人全称	市财政局	系统自动引用退付申请书中的退付账户全称
9	付款人账号	280000001	系统自动引用退付申请书中的退付账户账号
10	付款人开户银行	国家金库市支库	系统自动引用退付申请书中的退付账户开户银行
11	收款人全称	王甲	系统自动引用退付申请书中的退付收款人全称
12	收款人账号	3293000023	系统自动引用退付申请书中的退付收款人账号

续表

序号	字段	字段值	备注
13	收款人开户银行	兴业银行大直支行	系统自动引用退付申请书中的退付收款人开户银行
14	退还金额	150.00	系统自动引用退付申请书中的退付金额
15	说明	重复缴款	系统自动引用退付申请书中的退付原因
16	更新时间	20200509151138	数据更新时系统自动生成，数据创建时更新时间与创建时间一致
17	是否删除	2（否）	系统自动处理，值集来源于布尔型代码管理要素，默认值为2，删除操作后，字段值由2变为1
18	创建时间	20200509151138	数据创建时系统自动生成

（6）人民银行退款至缴款人或执收单位账户（财政部门授权部门或执收单位办理退付的）。

人民银行接收到单位发送的收入退还书后，按规定将应退付资金及时足额退至缴款人或执收单位账户，相关业务逻辑库表中的数据无变化，对应的退付状态发生变化。

（7）财政审核（财政部门办理退付的）。

财政部门受理退付申请后，对退付申请书、非税收入收缴原始凭证中的实际入库（户）数、退付原因等情况进行严格审核，审核后，相关业务逻辑库表中的数据无变化，对应的工作流状态发生变化。

（8）财政部门向代理银行发送退付指令（财政部门办理退付的）。

财政部门受理的退付申请，需要从财政非税收入专户退付的，财政部门审核通过后生成退付指令发送代理银行，系统在预算拨款凭证表（PAY_ALLOCATION_CERT）中存储生成的退付指令信息，逻辑库表字段示例如表3-248所示。

表3-248 预算拨款凭证表（PAY_ALLOCATION_CERT）

序号	字段	字段值	备注
1	拨款凭证主键	900417846e-7140-4505-9c3d-817a9797837b	数据创建时系统自动生成
2	凭证日期	20200509	手工录入，填写拨款凭证生成日期
3	财政区划代码	110000000（北京市本级）	系统自动处理，值集来源于财政区划管理要素
4	预算年度	2020	系统自动处理，根据预算填报年度生成
5	单位代码	203002（车管所）	选择录入，值集来源于单位代码管理要素
6	拨款凭证号	BKPZ00000001	系统自动生成，编号规则由各地财政部门自行制定
7	付款人全称	市财政局非税收入专户	系统自动引用退付申请书中的退付账户全称
8	付款人账号	2300934340023	系统自动引用退付申请书中的退付账户账号
9	付款人开户银行	建行东大街支行	系统自动引用退付申请书中的退付账户开户银行

续表

序号	字段	字段值	备注
10	收款人全称	王甲	系统自动引用退付申请书中的退付收款人全称
11	收款人账号	3293000023	系统自动引用退付申请书中的退付收款人账号
12	收款人开户银行	兴业银行大直支行	系统自动引用退付申请书中的退付收款人开户银行
13	拨款金额	150.00	系统自动引用退付申请书中的退付金额
14	外币金额	—	手工录入，非外币可为空
15	币种代码	CNY（人民币）	选择录入，值集来源于币种管理要素，默认为CNY（人民币）
16	汇率	—	手工录入，非外币可为空
17	用途	重复缴款退付	手工录入，填写说明信息
18	支出功能分类科目代码	22999（其他支出）	选择录入，值集来源于支出功能分类科目管理要素
19	政府支出经济分类代码	39999（其他支出）	选择录入，值集来源于政府支出经济分类管理要素
20	项目代码	110000201422070000081（收入退付支出）	选择录入，值集来源于项目代码管理要素，调拨资金可为空
21	指标主键	—	系统自动引用指标信息中的指标主键，无指标拨款可为空
22	资金性质代码	2（财政专户管理资金）	选择录入，值集来源于资金性质管理要素
23	收款人代码	—	手工录入，获取不到可为空
24	更新时间	20200509101720	数据更新时系统自动生成，数据创建时更新时间与创建时间一致
25	是否删除	2（否）	系统自动处理，值集来源于布尔型代码管理要素，默认值为2，删除操作后，字段值由2变为1
26	创建时间	20200509101720	数据创建时系统自动生成

（9）代理银行从财政专户退款至缴款人或单位账户（财政部门办理退付的）。

代理银行接收到财政部门发送的预算拨款凭证后，从财政非税专户按规定将应退付资金及时足额退至缴款人或单位账户，相关业务逻辑库表中的数据无变化，对应的退付状态发生变化。

（10）财政部门向人民银行发送退付指令（财政部门办理退付的）。

财政部门受理的退付申请，需要从国库退付的，财政部门审核通过后生成收入退还书发送人民银行，系统在收入退还书表（NT_INCOME_RETURN）中存储生成的退付指令信息，逻辑库表字段示例同"（5）部门或执收单位向人民银行发送退付指令"中收入退还书表的字段示例。

（11）人民银行退回至缴款人或执收单位账户（财政部门办理退付的）。

人民银行根据收入退还书按规定从国库将应退付资金及时足额退至缴款人或单位账户，相关业务逻辑库表中的数据无变化，对应的退付状态发生变化。

3.6.2.1.3 债务收入

3.6.2.1.3.1 地方政府债务发行管理

省级财政部门按照预算批复的债务限额和新增债务额度等编制发行计划安排，支持发债机构根据发行计划安排在债券发行系统完成发行，并把发行结果发回预算管理一体化系统，由省级财政部门进行登记维护。涉及的业务活动及逻辑库表应用如表 3-249 所示。

表 3-249　地方政府债务发行管理涉及的业务活动及逻辑库表应用

序号	业务活动	逻辑库表	中文名称	备注
1	发行前准备	GD_ISSUE_PLAN	债券发行计划表	存储债券发行计划安排信息
		GD_BOND_PRO	债券与项目对应表	存储发行债券与所对应预算项目的关系信息
		GD_BOND_UW_GROUP	债券承销团信息表	存储债券发行时所组建的承销团信息
2	发行债券	GD_ISSUE_PLAN	债券发行计划表	存储债券发行计划安排信息
		GD_BOND_PRO	债券与项目对应表	存储发行债券与所对应预算项目的关系信息
		GD_BOND_UW_GROUP	债券承销团信息表	存储债券发行时所组建的承销团信息
3	发送发行结果	BAS_BOND_INFO	地方政府债券表	存储省级财政部门维护的债券基本信息
		GD_BOND_PAY_PLAN	债券兑付计划表	存储根据债券发行金额、期限、票面利率等计算出的兑付计划信息
		GD_BOND_BID_INFO	债券中标缴款信息表	存储债券发行时的中标、缴款等信息
4	发行结果维护到一体化系统	BAS_BOND_INFO	地方政府债券表	存储省级财政部门维护的债券基本信息
		GD_BOND_PAY_PLAN	债券兑付计划表	存储根据债券发行金额、期限、票面利率等计算出的兑付计划信息
		GD_BOND_BID_INFO	债券中标缴款信息表	存储债券发行时的中标、缴款等信息

1. 逻辑库表间关系

债券发行管理涉及的相关逻辑库表的关系如图 3-22 所示。

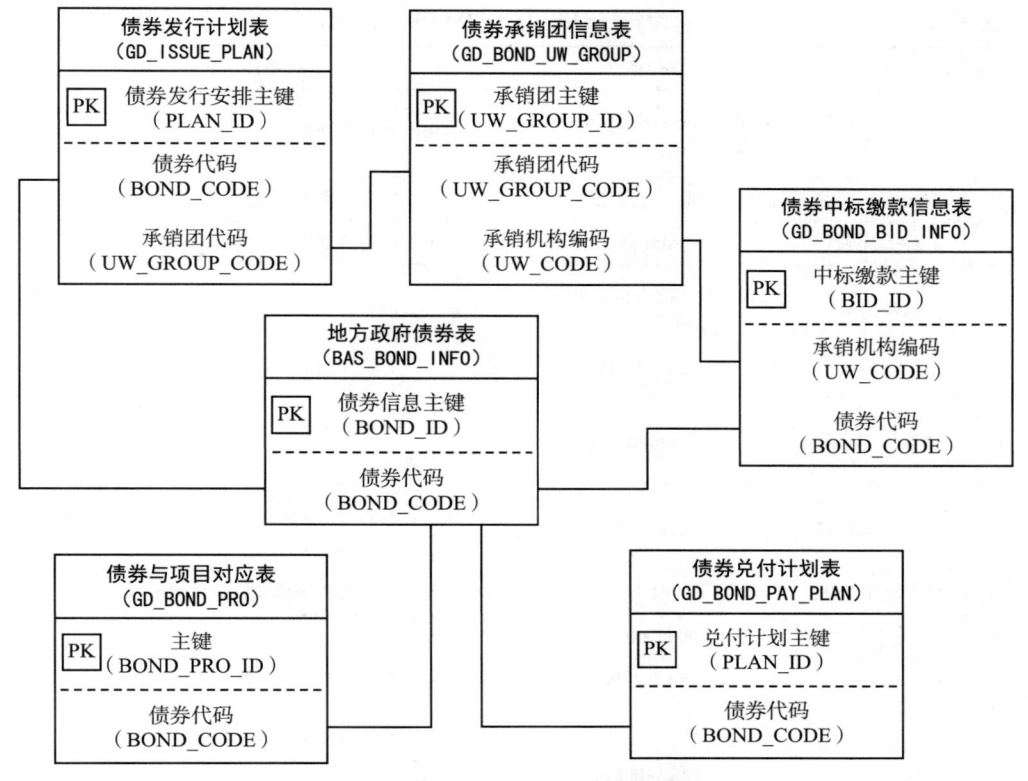

图 3-22 债券发行管理涉及的相关逻辑库表的关系

（1）债券发行计划表（GD_ISSUE_PLAN）中的承销团代码（UW_GROUP_CODE）对应债券承销团信息表（GD_BOND_UW_GROUP）中的承销团代码（UW_GROUP_CODE）。

（2）债券发行计划表（GD_ISSUE_PLAN）、债券与项目对应表（GD_BOND_PRO）、债券兑付计划表（GD_BOND_PAY_PLAN）中的债券代码（BOND_CODE）对应地方政府债券表（BAS_BOND_INFO）中的债券代码（BOND_CODE）。

（3）债券中标缴款信息表（GD_BOND_BID_INFO）中的债券代码（BOND_CODE）对应地方政府债券表（BAS_BOND_INFO）中的债券代码（BOND_CODE）、承销机构编码（UW_CODE）对应债券承销团信息表（GD_BOND_UW_GROUP）中的承销机构编码（UW_CODE）。

2. 实现机制说明

（1）发行前准备。

省级财政部门按照预算批复的债务限额和新增债务额度等确定债券规模、期限等，在系统中编制债务发行安排计划和债券承销团信息。系统在债券发行计划表（GD_ISSUE_PLAN）、债券与项目对应表（GD_BOND_PRO）、债券承销团信息表（GD_BOND_UW_GROUP）存储相关信息，逻辑库表字段示例如表 3-250~表 3-252 所示。

表 3-250　　　　　　债券发行计划表（GD_ISSUE_PLAN）

序号	字段	字段值	备注
1	债券发行安排主键	124656d7dc-69b5-4536-a03b-0d3ae9167c11	数据创建时系统自动生成
2	财政区划代码	110000000（北京市本级）	系统自动处理，值集来源于财政区划管理要素
3	债券代码	1805150	手工录入，填写计划发行债券的代码
4	债券名称	2018年北京市政府一般债券（四期）	手工录入，填写计划发行债券的名称
5	债券简称	18北京债04	手工录入，填写计划发行债券的简称
6	债券类型代码	1（一般债券）	选择录入，值集来源于债券类型管理要素，区分一般还是专项债券
7	发行方式代码	1（公开发行）	选择录入，值集来源于发行方式管理要素，区分公开发行还是定向发行
8	债券期限代码	01（1年）	选择录入，值集来源于债券期限管理要素
9	计划发行额	100000000.00	手工录入，填写计划发行的金额
10	招标标的代码	2（利率招标）	选择录入，值集来源于债券招标标的管理要素
11	招标方式代码	1（单一价格）	选择录入，值集来源于债券招标方式管理要素： 1 单一价格 2 多重价格 3 修正的多重价格（即混合式）
12	承销团代码	201800001（2018~2020年政府债券承销团）	选择录入，值集来源于承销团信息表中的承销团代码
13	计划发行日期	20180731	手工录入，填写计划发行的日期
14	更新时间	20180509101720	数据更新时系统自动生成，数据创建时更新时间与创建时间一致
15	是否删除	2（否）	系统自动处理，值集来源于布尔型代码管理要素，默认值为2，删除操作后，字段值由2变为1
16	创建时间	20180509101720	数据创建时系统自动生成

表 3-251　　　　　　债券与项目对应表（GD_BOND_PRO）

序号	字段	字段值	备注
1	主键	34fb4104cb-5c7b-481f-b8a4-e32f76c441cb	数据创建时系统自动生成

续表

序号	字段	字段值	备注
2	财政区划代码	110000000（北京市本级）	系统自动处理，值集来源于财政区划管理要素
3	项目代码	110000172107000000005（医疗服务综合大楼）	选择录入，值集来源于项目管理要素
4	债券代码	1805150	手工录入，填写计划发行的债券代码
5	单位代码	132107（第一医院）	选择录入，值集来源于单位管理要素
6	发行金额	9000000.00	手工录入，填债券计划的发行金额
7	更新时间	20180731211820	数据更新时系统自动生成，数据创建时更新时间与创建时间一致
8	是否删除	2（否）	系统自动处理，值集来源于布尔型代码管理要素，默认值为2，删除操作后，字段值由2变为1
9	创建时间	20180731211820	数据创建时系统自动生成

表3-252　　债券承销团信息表（GD_BOND_UW_GROUP）

序号	字段	字段值	备注
1	承销团主键	56f97ae4b1-b267-460b-a0f6-e98a919f4532	数据创建时系统自动生成
2	承销团代码	201800001	手工录入，填写承销团的编码
3	承销机构编码	1002	手工录入，填写承销机构的编码
4	承销机构名称	中国农业银行股份有限公司	手工录入，填写承销机构的名称
5	托管账号	A0002000001	手工录入，填写承销机构的托管账号
6	是否主承销机构	2（否）	选择录入，选择该机构是否主承销机构，默认值为2
7	承销机构联系人	梁某某	手工录入，填写承销机构联系人
8	承销机构联系电话	010-8160254×	手工录入，填写承销机构联系电话
9	承销比例	0.205	手工录入，填写承销机构的承销比例
10	财政区划代码	110000000（北京市本级）	系统自动处理，值集来源于财政区划管理要素
11	更新时间	20180509101720	数据更新时系统自动生成，数据创建时更新时间与创建时间一致
12	是否删除	2（否）	系统自动处理，值集来源于布尔型代码管理要素，默认值为2，删除操作后，字段值由2变为1
13	创建时间	20180509101720	数据创建时系统自动生成

（2）发行债券。

省级财政部门把编制完的发行计划安排发送到债券发行系统，面向银行间债券市场、证券交易所债券市场跨市场进行发行，并按有关规定进行托管和上市交易。发行债券是在债券发行系统中完成，在债券发行期间，预算管理一体化系统中的相关逻辑库表中的数据无变化。

（3）发送发行结果。

债券发行完成后，债券发行系统发送债券发行结果到预算管理一体化系统。发送功能是债券发行系统功能，预算管理一体化系统中的数据表中数据无变化。

（4）发行结果维护到一体化系统。

省级财政部门将债券发行结果信息维护到预算管理一体化系统。系统在地方政府债券表（BAS_BOND_INFO）、债券兑付计划表（GD_BOND_PAY_PLAN）、债券中标缴款信息表（GD_BOND_BID_INFO）存储相关信息，逻辑库表字段示例如表3-253～表3-255所示。

表3-253　　　　　　　　　地方政府债券表（BAS_BOND_INFO）

序号	字段	字段值	备注
1	债券信息主键	78874533e6-7e9c-46d2-a4e5-777462271581	数据创建时系统自动生成
2	债券代码	1805150	系统自动引用债券发行系统提供债券发行结果信息中的债券代码
3	债券名称	2018年北京市政府一般债券（四期）	系统自动引用债券发行系统提供债券发行结果信息中的债券名称
4	债券简称	18北京债04	系统自动引用债券发行系统提供债券发行结果信息中的债券简称
5	债券类型代码	1（一般债券）	系统自动引用债券发行系统提供债券发行结果信息中的债券类型代码
6	实际发行额	100000000.00	系统自动引用债券发行系统提供债券发行结果信息中的实际发行额
7	转贷金额	0.00	手工录入，未转贷时为0
8	发行日期	20180731	系统自动引用债券发行系统提供债券发行结果信息中的发行日期
9	发行年度	2018	系统自动引用债券发行系统提供债券发行结果信息中的发行年度
10	债券期限代码	01（1年期）	系统自动引用债券发行系统提供的债券发行结果信息中的债券期限代码
11	票面利率	0.0311	系统自动引用债券发行系统提供债券发行结果信息中的票面利率
12	还本方式代码	1（到期一次还本）	系统自动引用债券发行系统提供的债券发行结果信息中的还本方式代码
13	财政区划代码	110000000（北京市本级）	系统自动处理，值集来源于财政区划管理要素

续表

序号	字段	字段值	备注
14	更新时间	20180731211820	数据更新时系统自动生成，数据创建时更新时间与创建时间一致
15	是否删除	2（否）	系统自动处理，值集来源于布尔型代码管理要素，默认值为2，删除操作后，字段值由2变为1
16	创建时间	20180731211820	数据创建时系统自动生成

表3－254　　债券兑付计划表（GD_BOND_PAY_PLAN）

序号	字段	字段值	备注
1	兑付计划主键	90f4e9ac77－2ee2－471b－9602－200022878396	数据创建时系统自动生成
2	债券代码	1805150	系统自动引用债券发行系统提供的债券发行结果信息中的债券代码
3	兑付类型代码	1（本金）	系统自动引用债券发行系统提供的债券发行结果信息中的兑付类型代码：1 本金；2 利息
4	计划兑付日期	20190731	系统自动引用债券发行系统提供的债券发行结果信息中的计划兑付日期
5	兑付金额	100000000.00	系统自动引用债券发行系统提供的债券发行结果信息中的兑付金额
6	财政区划代码	110000000（北京市本级）	系统自动处理，值集来源于财政区划管理要素
7	更新时间	20180731211820	数据更新时系统自动生成，数据创建时更新时间与创建时间一致
8	是否删除	2（否）	系统自动处理，值集来源于布尔型代码管理要素，默认值为2，删除操作后，字段值由2变为1
9	创建时间	20180731211820	数据创建时系统自动生成

表3－255　　债券中标缴款信息表（GD_BOND_BID_INFO）

序号	字段	字段值	备注
1	中标缴款主键	12a855559b－be5b－486c－979a－76533a5563af	数据创建时系统自动生成
2	债券代码	1805150	系统自动引用债券发行系统提供的债券发行结果信息中的债券代码
3	承销机构编码	1002（农业银行）	系统自动引用债券发行系统提供的债券发行结果信息中的承销机构编码

续表

序号	字段	字段值	备注
4	中标金额	660000000.00	系统自动引用债券发行系统提供的债券发行结果信息中的中标金额
5	固定承销额	0.00	系统自动引用债券发行系统提供的债券发行结果信息中的固定承销额
6	承销额合计	660000000.00	系统自动引用债券发行系统提供的债券发行结果信息中的承销机构合计承销额；承销额合计＝中标金额＋固定承销额
7	缴款金额	660000000.00	系统自动引用债券发行系统提供的债券发行结果信息中的缴款金额
8	缴款日期	20180804	系统自动引用债券发行系统提供的债券发行结果信息中的缴款日期
9	财政区划代码	110000000（北京市本级）	系统自动处理，值集来源于财政区划管理要素
10	更新时间	20180731211820	数据更新时系统自动生成，数据创建时更新时间与创建时间一致
11	是否删除	2（否）	系统自动处理，值集来源于布尔型代码管理要素，默认值为2，删除操作后，字段值由2变为1
12	创建时间	20180731211820	数据创建时系统自动生成

3.6.2.1.3.2 地方政府债务发行收入确认与转贷

地方政府债券发行结果维护到预算管理一体化系统后，省级财政部门按有关规定确认债券发行收入，并转贷至市县级财政部门。涉及的业务活动及逻辑库表应用如表3-256所示。

表3-256　地方政府债务发行收入确认与转贷涉及的业务活动及逻辑库表应用

序号	业务活动	逻辑库表	中文名称	备注
1	将发行款缴入国库	—	—	承销团成员进行缴款，不涉及预算管理一体化系统
2	缴款资金入库	—	—	人民银行进行缴款资金入库，不涉及预算管理一体化系统
3	收入确认	TAX_INCOME_DAYLY	国家金库收入日报表	存储国家金库收入日报表信息
4	按转贷协议分配	BAS_BOND_LOAN	债务转贷信息表	存储上级财政转贷给下级财政的转贷信息
		BAS_BOND_INFO	地方政府债券表	存储债券基本信息，转贷后，更新转贷金额信息

续表

序号	业务活动	逻辑库表	中文名称	备注
5	转贷信息确认	BAS_BOND_LOAN	债务转贷信息表	存储下级财政接收到上级财政转贷的转贷信息
6	债务转贷支出	PAY_ALLOCATION_CERT	预算拨款凭证表	存储上级财政将债务转贷资金调度到下级级财政的拨款信息
7	转贷资金入库	—	—	人民银行进行转贷资金入库，不涉及预算管理一体化系统
8	债务转贷收入确认	PAY_ENTRY_BILL	入账通知书表	存储市县级人民银行收到上级的转贷拨款进行转贷资金入库后向市县级财政部门发送的入账通知信息

1. 逻辑库表间关系

债券转贷管理涉及的相关逻辑库表的关系如图 3-23 所示。

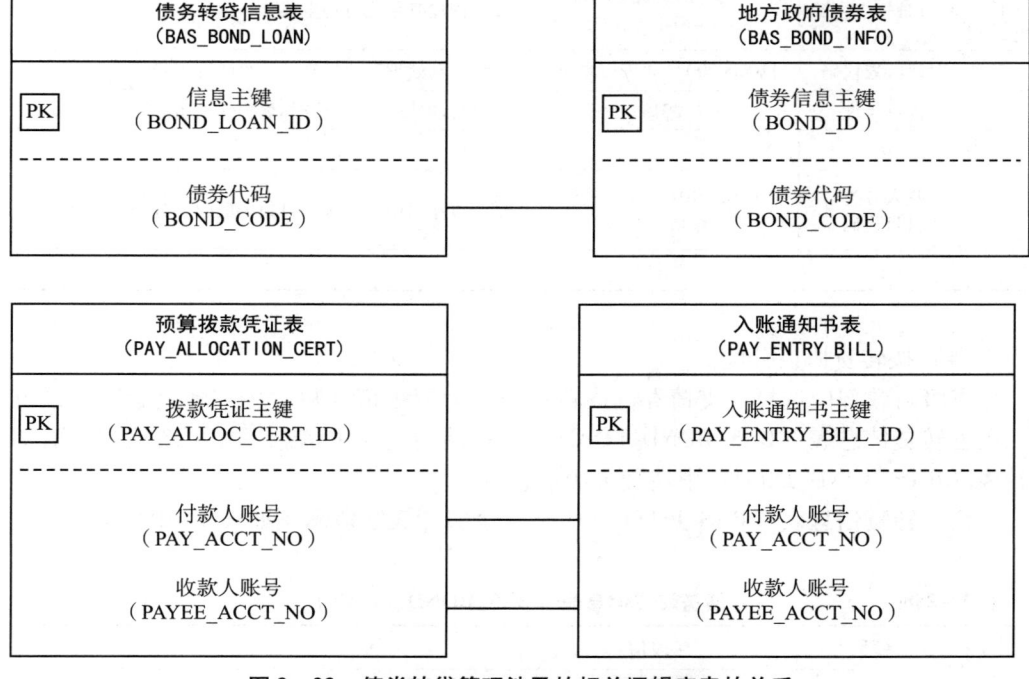

图 3-23 债券转贷管理涉及的相关逻辑库表的关系

（1）债务转贷信息表（BAS_BOND_LOAN）中的债券代码（BOND_CODE）对应地方政府债券表（BAS_BOND_INFO）中的债券代码（BOND_CODE）。

（2）预算拨款凭证表（PAY_ALLOCATION_CERT）中的付款人账号（PAY_ACCT_NO）、收款人账号（PAYEE_ACCT_NO）对应入账通知书表（PAY_ENTRY_

BILL）中的付款人账号（PAY_ACCT_NO）、收款人账号（PAYEE_ACCT_NO）。

2. 实现机制说明

（1）将发行款缴入国库。

地方政府债券承销团成员应当按照债券应交款金额，将发行款缴入债券发行文件中规定的国家金库分库，不涉及预算管理一体化系统。

（2）缴款资金入库。

省级人民银行国库收到承销团成员的缴款后，进行缴款资金入库，并向省级财政部门发送国家金库收入日报表，不涉及预算管理一体化系统。

（3）收入确认。

省级财政部门收到国家金库收入日报表后，进行收入确认。系统在国家金库收入日报表（TAX_INCOME_DAYLY）中存储相关信息，逻辑库表主要要素信息字段示例如表 3-257 所示。

表 3-257　　　　国家金库收入日报表（TAX_INCOME_DAYLY）

序号	字段	字段值	备注
1	收入日报表主键	34212a530b-74b0-4dd6-8e43-6bdfa5d1735a	数据创建时系统自动生成
2	财政区划代码	110000000（北京市本级）	系统自动处理，值集来源于财政区划管理要素
3	预算年度	2018	系统自动处理，根据预算填报年度生成
⋮	⋮	⋮	⋮
16	收入分类科目代码	105040101（地方政府一般债券收入）	系统自动引用人民银行日报中的收入分类科目代码
⋮	⋮	⋮	⋮

（4）按转贷协议分配。

省级财政部门选择一支债券，按转贷协议为下级市县财政分配转贷金额。系统在债务转贷信息表（BAS_BOND_LOAN）中存储转贷相关信息，并更新地方政府债券表（BAS_BOND_INFO）中转贷金额信息。

债务转贷信息表（BAS_BOND_LOAN）逻辑库表字段示例如表 3-258 所示。

表 3-258　　　　债务转贷信息表（BAS_BOND_LOAN）

序号	字段	字段值	备注
1	信息主键	56056a2d18-5d38-4c54-be31-48ea441c1455	数据创建时系统自动生成
2	债务转贷单号	110000000-1805150-00000002	系统自动生成，编号规则由各地财政部门自行制定
3	债券代码	1805150	选择录入，值集来源于地方政府债券表中债券代码

续表

序号	字段	字段值	备注
4	转贷日期	20180805	手工录入，填写转贷的日期
5	转贷金额	900000.00	手工录入，填写转贷的金额
6	业务年度	2018	系统自动处理，根据预算填报年度生成
7	转贷方财政区划	110000000（北京市本级）	选择录入，值集来源于财政区划管理要素
8	接收方财政区划代码	110108000（北京市海淀区）	选择录入，值集来源于财政区划管理要素
9	新增债券金额	500000.00	手工录入，填写转贷中新增债券金额
10	置换债券金额	0.00	手工录入，填写转贷中置换债券金额
11	转贷再融资债券金额	400000.00	手工录入，填写转贷中转贷再融资债券金额
12	转贷协议号	京财债〔2018〕45号	手工录入，填写转贷协议号
13	备注	转贷海淀区	手工录入，填写备注信息
14	实际到账日期	—	未到账的时候为空
15	更新时间	20180805090304	数据更新时系统自动生成，数据创建时更新时间与创建时间一致
16	是否删除	2（否）	系统自动处理，值集来源于布尔型代码管理要素，默认值为2，删除操作后，字段值由2变为1
17	创建时间	20180805090304	数据创建时系统自动生成

地方政府债券表（BAS_BOND_INFO）逻辑库表字段变化示例如表3-259所示。

表3-259　　　　　地方政府债券表（BAS_BOND_INFO）

序号	字段	字段值	备注
1	债券信息主键	78874533e6-7e9c-46d2-a4e5-777462271581	数据创建时系统自动生成
⋮	⋮	⋮	⋮
7	转贷金额	1600000.00	系统自动根据转贷信息生成，转贷金额为累加值，债券发生转贷后，转贷金额在原值上进行累加，计算累计转贷总额
⋮	⋮	⋮	⋮

（5）转贷信息确认。

市县财政部门根据转贷协议对省级财政部门下达的地方政府债务转贷信息进行确认。系统在下级财政的债务转贷信息表（BAS_BOND_LOAN）中存储上级转贷相关信息，逻辑库表字段示例如表3-260所示。

表 3-260　　　　　　　债务转贷信息表（BAS_BOND_LOAN）

序号	字段	字段值	备注
1	信息主键	90be283878-c6b9-4e7f-aab5-412bd6cb5417	数据创建时系统自动生成
2	债务转贷单号	110000000-1805150-00000002	系统自动引用上级债务转贷信息中的债务转贷单号
3	债券代码	1805150	系统自动引用上级债务转贷信息中的债券代码
4	转贷日期	20180805	系统自动引用上级债务转贷信息中的转贷日期
5	转贷金额	900000.00	系统自动引用上级债务转贷信息中的转贷金额
6	业务年度	2018	系统自动引用上级债务转贷信息中的业务年度
7	转贷方财政区划	110000000（北京市本级）	系统自动引用上级债务转贷信息中的转贷方财政区划
8	接收方财政区划代码	110108000（北京市海淀区）	系统自动引用上级债务转贷信息中的接收方财政区划代码
9	新增债券金额	500000.00	系统自动引用上级债务转贷信息中的新增债券金额
10	置换债券金额	0.00	系统自动引用上级债务转贷信息中的置换债券金额
11	转贷再融资债券金额	400000.00	系统自动引用上级债务转贷信息中的转贷再融资债券金额
12	转贷协议号	京财债〔2018〕45号	系统自动引用上级债务转贷信息中的转贷协议号
13	备注	转贷海淀区	系统自动引用上级债务转贷信息中的备注
14	实际到账日期	—	系统自动引用人民银行入账通知书中的凭证日期，未到账时为空
15	更新时间	20180805100340	数据更新时系统自动生成，数据创建时更新时间与创建时间一致
16	是否删除	2（否）	系统自动处理，值集来源于布尔型代码管理要素，默认值为2，删除操作后，字段值由2变为1
17	创建时间	20180805100340	数据创建时系统自动生成

（6）债务转贷支出。

省级财政部门按照转贷协议在规定的时间内根据分配结果，将资金调度到有关市县财政部门。系统在预算拨款凭证表（PAY_ALLOCATION_CERT）存储转贷支出资金调度相关信息，逻辑库表字段示例如表3-261所示。

表 3-261　　　　　　　预算拨款凭证表（PAY_ALLOCATION_CERT）

序号	字段	字段值	备注
1	拨款凭证主键	12334979da-6ba7-4e5f-9823-562cb79a1331	数据创建时系统自动生成

续表

序号	字段	字段值	备注
2	凭证日期	20180805	手工录入，填写拨款凭证生成日期
3	财政区划代码	110000000（北京市本级）	系统自动处理，值集来源于财政区划管理要素
4	预算年度	2018	系统自动处理，根据预算填报年度生成
5	单位代码	900001（市财政）	选择录入，值集来源于单位代码管理要素
6	拨款凭证号	BKPZ00000002	系统自动生成，编号规则由各地财政部门自行制定
7	付款人全称	市财政局	选择录入，填写上级财政付款账户全称，值集来源于付款人全称管理要素
8	付款人账号	280000001	选择录入，填写上级财政付款账户账号，值集来源于付款人账号管理要素
9	付款人开户银行	国家金库市支库	选择录入，填写上级财政付款账户开户银行，值集来源于付款人开户银行管理要素
10	收款人全称	区财政局	手工录入，填写下级财政收款账户全称
11	收款人账号	280000021	手工录入，填写下级财政收款账户账号
12	收款人开户银行	国家金库区支库	手工录入，填写下级财政收款账户开户银行
13	拨款金额	900000.00	手工录入，填写转贷金额
14	外币金额	—	手工录入，非外币可为空
15	币种代码	CNY（人民币）	选择录入，值集来源于币种管理要素，默认为CNY（人民币）
16	汇率	—	手工录入，非外币可为空
17	用途	债务转贷1805150	手工录入，填写拨款用途
18	支出功能分类科目代码	23011（债务转贷支出）	选择录入，值集来源于支出功能分类科目管理要素
19	政府支出经济分类代码	51303（债务转贷）	选择录入，值集来源于政府支出经济分类管理要素，调拨资金可为空
20	项目代码	1100001890000100000031（债务转贷支出）	选择录入，值集来源于项目代码管理要素，调拨资金可为空
21	指标主键	—	系统自动引用指标信息中的指标主键，无指标拨款可为空
22	资金性质代码	111（一般公共预算资金）	选择录入，值集来源于资金性质管理要素
23	收款人代码	—	手工录入，获取不到可为空
24	更新时间	20180805102540	数据更新时系统自动生成，数据创建时更新时间与创建时间一致

续表

序号	字段	字段值	备注
25	是否删除	2（否）	系统自动处理，值集来源于布尔型代码管理要素，默认值为2，删除操作后，字段值由2变为1
26	创建时间	20180805102540	数据创建时系统自动生成

（7）转贷资金入库。

市县级人民银行收到上级的转贷拨款后，进行转贷资金入库，并向市县级财政部门发送入账通知书，不涉及预算管理一体化系统。

（8）债务转贷收入确认。

市县财政部门收到入账通知书后进行债务转贷收入确认和总预算会计核算。系统在入账通知书表（PAY_ENTRY_BILL）中存储收到的入账通知信息，并更新债务转贷信息表（BAS_BOND_LOAN）中的实际到账日期。

入账通知书表（PAY_ENTRY_BILL）逻辑库表字段示例如表3-262所示。

表3-262　　　　　　　　入账通知书表（PAY_ENTRY_BILL）

序号	字段	字段值	备注
1	入账通知书主键	346e17888c-5c6d-457e-b02d-0ad55e74be80	数据创建时系统自动生成
2	凭证日期	20180805	系统自动引用人民银行入账通知书中的凭证日期
3	财政区划代码	110108000（北京市海淀区）	系统自动处理，值集来源于财政区划管理要素
4	预算年度	2018	系统自动处理，根据预算填报年度生成
5	单位代码	900001（市财政）	系统自动引用人民银行入账通知书中的单位代码，无法确定单位信息可为空
6	入账通知书单号	20180805003	系统自动生成，编号规则由各地财政部门自行制定
7	付款人全称	市财政局	系统自动引用人民银行入账通知书中的付款人全称，此处为上级财政付款账户全称
8	付款人账号	280000001	系统自动引用人民银行入账通知书中的付款人账号，此处为上级财政付款账户账号
9	付款人开户银行	国家金库市支库	系统自动引用人民银行入账通知书中的付款人开户银行，此处为上级财政付款账户开户银行
10	收款人全称	海淀区财政局	系统自动引用人民银行入账通知书中的收款人全称，此处为下级财政收款账户全称
11	收款人账号	280000021	系统自动引用人民银行入账通知书中的收款人账号，此处为下级财政收款账户账号
12	收款人开户银行	国家金库区支库	系统自动引用人民银行入账通知书中的收款人开户银行，此处为下级财政收款账户开户银行

续表

序号	字段	字段值	备注
13	入账金额	900000.00	系统自动引用人民银行入账通知书中的入账金额，此处为收到的转贷金额
14	附言	债务转贷1805150	系统自动引用人民银行入账通知书中的附言信息
15	更新时间	20180805152540	数据更新时系统自动生成，数据创建时更新时间与创建时间一致
16	是否删除	2（否）	系统自动处理，值集来源于布尔型代码管理要素，默认值为2，删除操作后，字段值由2变为1
17	创建时间	20180805152540	数据创建时系统自动生成

债务转贷信息表（BAS_BOND_LOAN）逻辑库表字段变化示例如表3-263所示。

表3-263　　　　债务转贷信息表（BAS_BOND_LOAN）

序号	字段	字段值	备注
1	信息主键	90be283878-c6b9-4e7f-aab5-412bd6cb5417	数据创建时系统自动生成
⋮	⋮	⋮	⋮
15	实际到账日期	20180805	系统自动引用人民银行入账通知书中的凭证日期
⋮	⋮	⋮	⋮

3.6.2.1.4　单位资金收入

单位资金收入主要管理单位取得的财政拨款以外的各类收入。通过银行发送的单位资金收支日报表生成单位资金实际收入，通过比对单位资金实际收入和单位收入预算进行单位资金收入监管，涉及的业务活动及逻辑库表应用如表3-264所示。

表3-264　　　　单位资金收入涉及的业务活动及逻辑库表应用

序号	业务活动	逻辑库表	中文名称	备注
1	接收收入预算指标	BA_BGT_INCOME	收入预算指标表	存储财政部门批复收入预算后生成的单位资金收入预算指标信息
2	发送单位资金收支日报表信息	—	—	此步骤由开户银行操作，不涉及预算管理一体化系统
3	财政部门接收单位资金收支日报表信息	INC_DAY_INCOMEANDEXPENSE	单位资金收支日报表	存储开户银行按照财政部门、单位的有关要求每日发送的单位实有资金账户收入、支出、余额信息

续表

序号	业务活动	逻辑库表	中文名称	备注
4	单位接收单位资金收支日报表信息	INC_DAY_INCOMEAND-EXPENSE	单位资金收支日报表	存储开户银行按照财政部门、单位的有关要求每日发送的单位实有资金账户收入、支出、余额信息
5	生成单位资金实际收入数	GLA_VOU_DETAIL	单位会计凭证分录表	存储单位会计核算记账凭证分录信息
		INC_INCOME	单位资金收入表	存储单位实有资金收入信息,在预算管理一体化系统中有单位会计核算模块的,本表可以不存储数据;如果没有单位会计核算模块,数据从外部单位会计核算系统获得
6	比对单位资金实际收入和收入预算	INC_INCOME	单位资金收入表	存储单位实有资金收入信息
		BA_BGT_INCOME	收入预算指标表	存储财政部门批复收入预算后生成的单位资金收入预算指标信息
7	监管	INC_INCOME	单位资金收入表	存储单位实有资金收入信息

1. 逻辑库表间关系

单位资金收入管理涉及的相关逻辑库表的关系如图 3-24 所示。

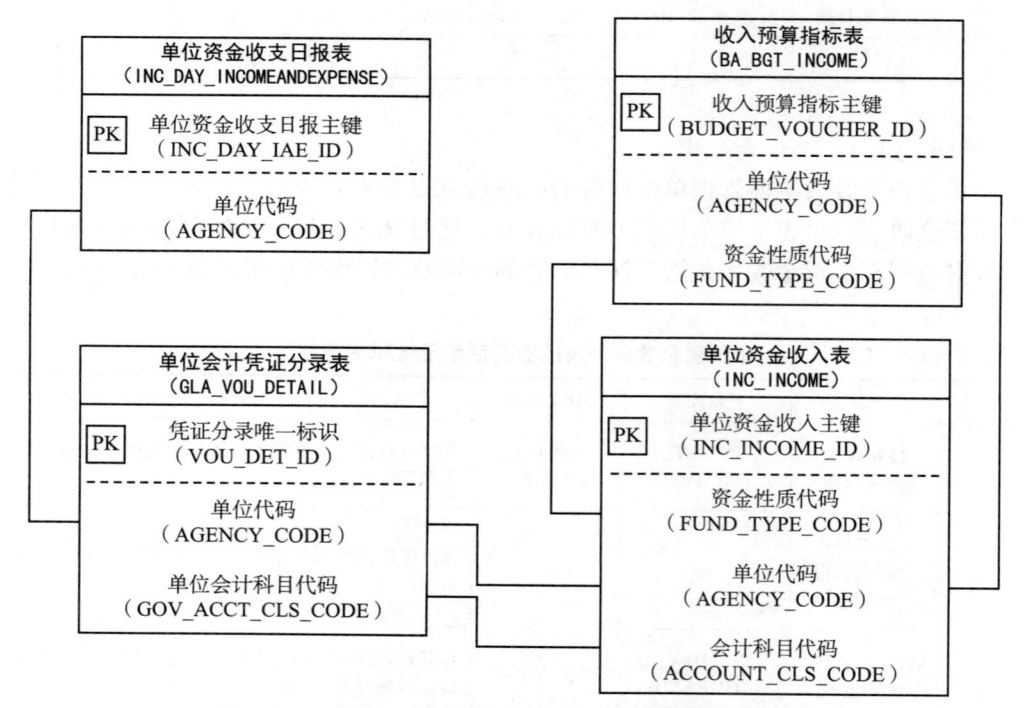

图 3-24 单位资金收入管理涉及的相关逻辑库表的关系

(1) 单位资金收支日报表（INC_DAY_INCOMEANDEXPENSE）中的单位代码（AGENCY_CODE）对应单位会计凭证分录表（GLA_VOU_DETAIL）中的单位代码（AGENCY_CODE）。

(2) 单位会计凭证分录表（GLA_VOU_DETAIL）中的单位代码（AGENCY_CODE）、单位会计科目代码（GOV_ACCT_CLS_CODE）对应单位资金收入表（INC_INCOME）中的单位代码（AGENCY_CODE）、会计科目代码（ACCOUNT_CLS_CODE）。

(3) 单位资金收入表（INC_INCOME）中的单位代码（AGENCY_CODE）、资金性质代码（FUND_TYPE_CODE）对应收入预算指标表（BA_BGT_INCOME）中的单位代码（AGENCY_CODE）、资金性质代码（FUND_TYPE_CODE）。

2. 实现机制说明

(1) 接收收入预算指标。

单位接收财政部门批复收入预算后生成的单位资金收入预算指标，单位资金收入预算指标存储在收入预算指标表（BA_BGT_INCOME）中，逻辑库表字段示例详见"3.4.2.1 政府预算批准"。

(2) 发送单位资金收支日报表信息。

开户银行按照财政部门、单位的有关要求每日将单位实有资金账户收入、支出、余额信息发送财政部门和单位，此步骤由开户银行操作，不涉及预算管理一体化系统。

(3) 财政部门接收单位资金收支日报表信息。

财政部门接收单位资金收支日报表信息，系统在单位资金收支日报表（INC_DAY_INCOMEANDEXPENSE）中存储单位实有资金账户每日收支余额信息，逻辑库表字段示例如表3-265所示。

表3-265　单位资金收支日报表（INC_DAY_INCOMEANDEXPENSE）

序号	字段	字段值	备注
1	单位资金收支日报主键	343bdef593-b2d5-4a25-8fca-6cbfb45a5135	数据创建时系统自动生成
2	单位资金收支日报表编号	DWRB0000001	系统自动生成，编号规则由各地财政部门自行制定
3	日期	20200506	系统自动引用银行提供的收支日报表中的日期
4	预算年度	2020	系统自动处理，根据预算填报年度生成
5	账户名称	车管所	系统自动引用银行提供的收支日报表中的账户名称
6	账号	382700321	系统自动引用银行提供的收支日报表中的账号
7	开户银行全称	农行西大路支行	系统自动引用银行提供的收支日报表中的开户银行全称
8	上期余额	1320.00	系统自动引用银行提供的收支日报表中的上期余额

续表

序号	字段	字段值	备注
9	借方金额（本期）	120.00	系统自动引用银行提供的收支日报表中的借方金额（本期）
10	贷方金额（本期）	800.00	系统自动引用银行提供的收支日报表中的贷方金额（本期）
11	余额	640.00	系统自动引用银行提供的收支日报表中的余额
12	借方金额	0.00	系统自动引用银行提供的收支日报表中的借方金额
13	贷方金额	800.00	系统自动引用银行提供的收支日报表中的贷方金额
14	对方户名	智能科技公司	系统自动引用银行提供的收支日报表中的对方户名
15	对方账号	65000321	系统自动引用银行提供的收支日报表中的对方账号
16	摘要	机动车安全技术检验费	系统自动引用银行提供的收支日报表中的摘要
17	银行交易流水号	301000002	系统自动引用银行提供的收支日报表中的银行交易流水号
18	金额单位	元	系统自动引用银行提供的收支日报表中的金额单位
19	打印日期	20200506	系统自动引用银行提供的收支日报表中的打印日期
20	核对人	张三	系统自动引用银行提供的收支日报表中的核对人
21	单位代码	203002（车管所）	系统自动引用银行提供的收支日报表中的单位代码
22	财政区划代码	110000000（北京市本级）	系统自动处理，值集来源于财政区划管理要素
23	更新时间	20200506232038	数据更新时系统自动生成，数据创建时更新时间与创建时间一致
24	是否删除	2（否）	系统自动处理，值集来源于布尔型代码管理要素，默认值为2，删除操作后，字段值由2变为1
25	创建时间	20200506232038	数据创建时系统自动生成

（4）单位接收单位资金收支日报表信息。

单位接收单位资金收支日报表信息，相关业务逻辑库表中的数据无变化，对应的工作流状态发生变化。

（5）生成单位资金实际收入数。

财政部门通过单位会计核算记账凭证获取单位资金收入的实时数据，生成单位资金实际收入数，存储到单位资金收入表（INC_INCOME）中。在预算管理一体化系统中有单位会计核算模块的，本表可以不存储数据，单位资金实际收入数直接从单位会计核算模块单位会计凭证分录表（GLA_VOU_DETAIL）中查询；如果预算管理一体化系统中没有单位会计核算模块，单位资金实际收入数据从外部单位会计核算系统获得。单位会计凭证分录表字段示例详见"3.7.2.3 单位会计核算"，逻辑库表字段示例如表3-266所示。

表 3-266　　　　　　　　单位资金收入表（INC_INCOME）

序号	字段	字段值	备注
1	单位资金收入主键	566da96e0e-bdac-4dee-9f8e-f223a75be3cb	数据创建时系统自动生成
2	单位代码	203002（车管所）	系统自动引用单位会计凭证分录表中的单位代码
3	资金性质代码	34（事业单位经营收入资金）	系统自动引用单位会计凭证分录表中的资金性质代码
4	会计科目代码	4401（经营收入）	系统自动引用单位会计凭证分录表中的收入会计科目代码
5	收入分类科目代码	103040115（机动车安全技术检验费）	系统自动引用单位会计凭证分录表中的收入分类科目代码
6	日期	20200506	系统自动引用单位会计凭证分录表中的日期
7	账号	382700321	系统自动引用单位资金收支日报表中的账号
8	账户名称	车管所	系统自动引用单位资金收支日报表中的账户名称
9	累计借方金额	120.00	系统自动根据单位会计凭证分录汇总生成
10	累计贷方金额	1800.00	系统自动根据单位会计凭证分录汇总生成
11	期初余额	2320.00	系统自动引用单位资金收支日报表中的上期余额
12	期末余额	4000.00	系统自动引用单位资金收支日报表中的余额
13	财政区划代码	110000000（北京市本级）	系统自动处理，值集来源于财政区划管理要素
14	更新时间	20200507102038	数据更新时系统自动生成，数据创建时更新时间与创建时间一致
15	是否删除	2（否）	系统自动处理，值集来源于布尔型代码管理要素，默认值为 2，删除操作后，字段值由 2 变为 1
16	创建时间	20200507102038	数据创建时系统自动生成

（6）比对单位资金实际收入和收入预算。

系统自动对单位资金实际收入与收入预算进行比对，财政部门根据比对差异对单位资金收入进行管理，相关业务逻辑库表中的数据无变化。

（7）监管。

主管部门通过系统查看单位资金实际收入信息，进行下属单位的单位资金收入监督管理，相关业务逻辑库表中的数据无变化。

3.6.2.2　部门支出预算执行

3.6.2.2.1　国库集中支付

3.6.2.2.1.1　资金支付、资金清算

预算单位在预算指标账、资金使用方案等控制下，申请支付财政资金，经校验审核后，将资金通过单一账户体系支付给收款人，涉及的业务活动及逻辑库表应用

如表 3-267 所示。

表 3-267　　　　资金支付、资金清算涉及的业务活动及逻辑库表应用

序号	业务活动	逻辑库表	中文名称	备注
1	用款计划	PAY_PLAN_VOUCHER	用款计划表（可选）	用于存储用款计划信息，保留用款计划的地区选用
2	填报支付申请	BA_BGT_INFO	指标信息表	用于存储预算指标信息
		PAY_VOUCHER	国库集中支付申请表	用于存储支付申请信息
		PAY_DETAIL	国库集中支付明细表	用于存储批量业务情况下的支付明细信息
3	部门审核	PAY_VOUCHER	国库集中支付申请表	用于存储支付申请信息
		PAY_DETAIL	国库集中支付明细表	用于存储批量业务情况下的支付明细信息
4	财政人工审核	PAY_VOUCHER	国库集中支付申请表	用于存储支付申请信息
		PAY_DETAIL	国库集中支付明细表	用于存储批量业务情况下的支付明细信息
5	生成支付凭证	PAY_VOUCHER	国库集中支付申请表	用于存储支付申请信息
		PAY_VOUCHER_BILL	国库集中支付凭证表	用于存储支付凭证信息
		PAY_DETAIL	国库集中支付明细表	用于存储批量业务情况下的支付明细信息
6	支付资金	—	—	此步骤由代理银行操作，不涉及预算管理一体化系统
7	生成支付凭证回单	—	—	此步骤由代理银行操作，不涉及预算管理一体化系统
8	财政部门接收支付回单	PAY_VOUCHER_BILL	国库集中支付凭证表	用于存储支付凭证信息
		PAY_DETAIL	国库集中支付明细表	用于存储批量业务情况下的支付明细信息
9	单位接收支付回单	PAY_VOUCHER_BILL	国库集中支付凭证表	用于存储支付凭证信息

续表

序号	业务活动	逻辑库表	中文名称	备注
10	定期发送报表	—	—	此步骤由代理银行操作，不涉及预算管理一体化系统
11	对账	PAY_DAY_BILL	国库集中支付日报表	用于存储国库集中支付日报信息
		PAY_MONTH_BILL	国库集中支付月报表	用于存储国库集中支付月报信息
12	生成《财政支付汇总清算额度通知单》	PAY_LQD_QUOTA_BILL	财政支付汇总清算额度通知单表	用于存储财政支付汇总清算额度通知单信息
		PAY_LQD_QUOTA_DETAIL	财政支付汇总清算额度通知单明细表	用于存储按部门、支出功能分类汇总的财政支付汇总清算额度通知单明细信息
		PAY_VOUCHER_BILL	国库集中支付凭证表	用于存储支付凭证信息
13	生成国库集中支付凭证号清单	PAY_CERT_NO_SUM	国库集中支付凭证号清单表	用于存储国库集中支付凭证号清单信息
		PAY_VOUCHER_BILL	国库集中支付凭证表	用于存储支付凭证信息
14	生成划款清算申请	—	—	此步骤由代理银行操作，不涉及预算管理一体化系统
15	资金清算	—	—	此步骤由代理银行操作，不涉及预算管理一体化系统
16	代理银行接收清算回单	—	—	此步骤由代理银行操作，不涉及预算管理一体化系统
17	财政部门接收清算回单	PAY_LQD_CERT	划款清算凭证表	用于存储划款清算凭证信息
		PAY_VOUCHER_BILL	国库集中支付凭证表	用于存储支付凭证信息

1. 逻辑库表间关系

资金支付、资金清算涉及的相关逻辑库表的关系如图 3-25 所示。

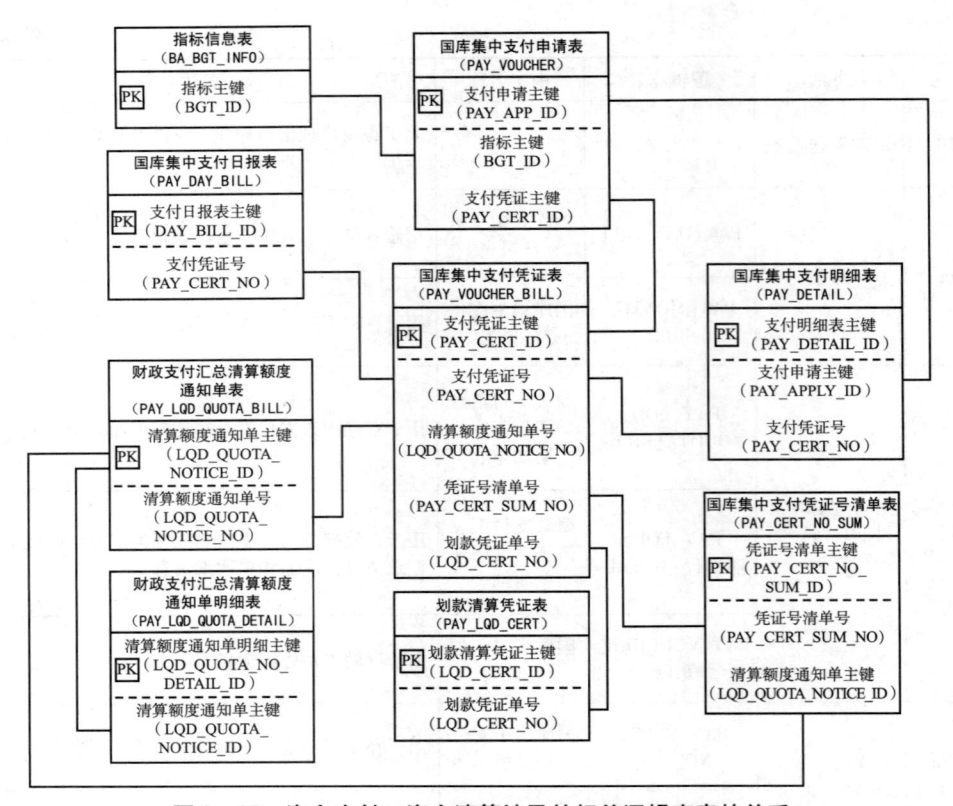

图 3-25　资金支付、资金清算涉及的相关逻辑库表的关系

（1）国库集中支付申请表（PAY_VOUCHER）中的支付凭证主键（PAY_CERT_ID）对应国库集中支付凭证表（PAY_VOUCHER_BILL）中的支付凭证主键（PAY_CERT_ID），指标主键（BGT_ID）对应指标信息表（BA_BGT_INFO）中的指标主键（BGT_ID）。

（2）国库集中支付凭证表（PAY_VOUCHER_BILL）中的清算额度通知单号（LQD_QUOTA_NOTICE_NO）对应财政支付汇总清算额度通知单表（PAY_LQD_QUOTA_BILL）中的清算额度通知单号（LQD_QUOTA_NOTICE_NO）、凭证号清单号（PAY_CERT_SUM_NO）对应国库集中支付凭证号清单表（PAY_CERT_NO_SUM）中的凭证号清单号（PAY_CERT_SUM_NO）、划款凭证单号（LQD_CERT_NO）对应划款清算凭证表（PAY_LQD_CERT）中的划款凭证单号（LQD_CERT_NO）。

（3）国库集中支付明细表（PAY_DETAIL）中的支付申请主键（PAY_APPLY_ID）对应国库集中支付申请表（PAY_VOUCHER）中的支付申请主键（PAY_APP_ID）、支付凭证号（PAY_CERT_NO）对应国库集中支付凭证表（PAY_VOUCHER_BILL）中的支付凭证号（PAY_CERT_NO）。

（4）国库集中支付日报表（PAY_DAY_BILL）中的支付凭证号（PAY_CERT_NO）对应国库集中支付凭证表（PAY_VOUCHER_BILL）中的支付凭证号（PAY_CERT_NO）。

（5）财政支付汇总清算额度通知单明细表（PAY_LQD_QUOTA_DETAIL）中的清

算额度通知单主键（LQD_QUOTA_NOTICE_ID）对应财政支付汇总清算额度通知单表（PAY_LQD_QUOTA_BILL）中的清算额度通知单主键（LQD_QUOTA_NOTICE_ID）。

（6）国库集中支付凭证号清单表（PAY_CERT_NO_SUM）中的清算额度通知单主键（LQD_QUOTA_NOTICE_ID）对应财政支付汇总清算额度通知单表（PAY_LQD_QUOTA_BILL）中的清算额度通知单主键（LQD_QUOTA_NOTICE_ID）。

2. 实现机制说明

（1）用款计划。

财政部门可结合本地区实际，自主选择是否保留用款计划。保留用款计划时，单位依据项目实施进度以及月度用款需求等编报分月用款计划，财政部门根据批复预算及库款情况等批复分月用款计划，同时不再向代理银行下达用款额度。填报的用款计划逻辑库表字段示例如表3-268所示。

表3-268　　　　用款计划表（PAY_PLAN_VOUCHER）（可选）

序号	字段	字段值	备注
1	用款计划主键	12a7344f3d-630f-4a80-a074-92459232c357	数据创建时系统自动生成
2	计划明细编号	JH000001	系统自动生成，编号规则由各地财政部门自行制定
3	指标主键	34212a530b-74b0-4dd6-8e43-6bdfa5d1735a	系统自动引用指标信息中的指标主键，不按指标填报可以为空
4	计划月份	05	选择录入，填写计划填报月份
5	单位代码	142207（产品质量监督检验院）	选择录入，值集来源于单位代码管理要素
6	预算部门代码	—	选择录入，值集来源于预算部门管理要素，自主选用
7	指标管理处	—	选择录入，值集来源于财政内部机构业务管理要素，自主选用，为了与预算环节使用字段英文名保持一致，英文名使用 BGT_MOF_DEP_CODE
8	业务主管处	—	选择录入，值集来源于财政内部机构管理要素，自主选用，为了与预算环节使用字段英文名保持一致，英文名使用 MANAGE_MOF_DEP_CODE
9	指标类型代码	—	选择录入，值集来源于指标类型管理要素，自主选用
10	资金性质代码	111（一般公共预算资金）	选择录入，值集来源于资金性质管理要素
11	支出功能分类科目代码	—	选择录入，值集来源于支出功能分类科目管理要素，自主选用
12	政府支出经济分类代码	—	选择录入，值集来源于政府支出经济分类管理要素，自主选用
13	部门支出经济分类代码	—	选择录入，值集来源于部门支出经济分类管理要素，自主选用

续表

序号	字段	字段值	备注
14	项目代码	—	选择录入，值集来源于项目代码管理要素，自主选用
15	支付方式代码	—	选择录入，值集来源于支付方式管理要素，自主选用
16	用途	—	手工录入，可以为空
17	计划金额	800000.00	手工录入，填写计划金额
18	预算年度	2020	系统自动处理，根据预算填报年度生成
19	财政区划代码	110000000（北京市本级）	系统自动处理，值集来源于财政区划管理要素
20	更新时间	20200507102038	数据更新时系统自动生成，数据创建时更新时间与创建时间一致
21	是否删除	2（否）	系统自动处理，值集来源于布尔型代码管理要素，默认值为2，删除操作后，字段值由2变为1
22	创建时间	20200507102038	数据创建时系统自动生成

（2）填报支付申请。

预算批复后，单位根据预算指标和实际资金使用方案，在系统中填报支付申请报送财政部门，系统根据单位填报的支付信息，结合指标信息表（BA_BGT_INFO）中相对应的指标信息，在国库集中支付申请表（PAY_VOUCHER）存储支付申请信息，如果是批量支付业务，同时在国库集中支付明细表（PAY_DETAIL）存储支付明细信息，逻辑库表字段示例如表3-269所示。

表3-269　　　　　　　国库集中支付申请表（PAY_VOUCHER）

序号	字段	字段值	备注
1	支付申请主键	90b7344f3d-630f-4a80-a074-92459232c357	数据创建时系统自动生成
2	支付申请编号	SQ000021	系统自动生成，编号规则由各地财政部门自行制定
3	申请日期	20200506	手工录入，填写支付申请的日期
4	单位代码	142207（产品质量监督检验院）	系统自动引用指标信息中的单位代码
5	指标类型代码	21（当年预算）	系统自动引用指标信息中的指标类型代码
6	资金性质代码	111（一般公共预算资金）	系统自动引用指标信息中的资金性质代码
7	支出功能分类科目代码	2013815（质量安全监管）	系统自动引用指标信息中的支出功能分类科目代码
8	政府支出经济分类代码	50209［维修（护）费］	系统自动引用指标信息中的政府支出经济分类代码，需要细化的选择录入，值集来源于政府支出经济分类管理要素

续表

序号	字段	字段值	备注
9	部门支出经济分类代码	30213［维修（护）费］	系统自动引用指标信息中的部门支出经济分类代码，需要细化的选择录入，值集来源于部门支出经济分类管理要素
10	项目代码	1100000191422070000001（质量检验设备维修）	系统自动引用指标信息中的项目代码
11	指标主键	564c466c9c-4ec2-4b3e-bacd-34f46c475db0	系统自动引用指标信息中的指标主键
12	结算方式代码	1（电子转账支付）	选择录入，值集来源于结算方式管理要素
13	支付方式代码	1（国库集中支付）	选择录入，值集来源于支付方式管理要素
14	用途	设备维修	手工录入，根据实际资金用途填写
15	支付业务类型代码	1（普通业务）	选择录入，值集来源于支付业务类型管理要素
16	支付申请金额	225000.00	手工录入，根据申请支付金额填写
17	支付凭证主键	—	系统自动引用国库集中支付凭证表中的支付凭证主键，未生成支付凭证时为空
18	付款人全称	产品质量监督检验院	系统自动引用账户信息中的零余额账户全称
19	付款人账号	6234585949910030	系统自动引用账户信息中的零余额账户账号
20	付款人开户银行	工商银行东大街支行	系统自动引用账户信息中的零余额账户开户银行
21	收款人全称	智能科技公司	手工录入，根据实际收款人信息填写
22	收款人账号	65000321	手工录入，根据实际收款人信息填写
23	收款人开户银行	兴业银行北京支行	手工录入，根据实际收款人信息填写
24	资金往来对象类别代码	13（与部门外其他）	选择录入，值集来源于资金往来对象类别管理要素
25	单位内部机构代码	1（办公室）	选择录入，值集来源于单位内部机构管理要素
26	预算年度	2020	系统自动处理，根据预算填报年度生成
27	财政区划代码	110000000（北京市本级）	系统自动处理，值集来源于财政区划管理要素
28	外币金额	—	手工录入，非外币可为空
29	币种代码	CNY（人民币）	选择录入，值集来源于币种管理要素，默认为CNY（人民币）
30	汇率	—	手工录入，非外币可为空
31	收款人代码	—	手工录入，获取不到可为空
32	采购合同编号	CGHT-20-000001	手工录入，政府采购的需要填写
33	更新时间	20200506103452	数据更新时系统自动生成，数据创建时更新时间与创建时间一致

续表

序号	字段	字段值	备注
34	是否删除	2（否）	系统自动处理，值集来源于布尔型代码管理要素，默认值为2，删除操作后，字段值由2变为1
35	创建时间	20200506103452	数据创建时系统自动生成

如果是批量支付业务，在国库集中支付明细表（PAY_DETAIL）存储支付明细信息，逻辑库表字段示例详见"3.6.2.2.1.2 公务卡业务"。

（3）部门审核。

相关业务逻辑库表中的数据无变化，对应的工作流状态发生变化。

（4）财政人工审核。

相关业务逻辑库表中的数据无变化，对应的工作流状态发生变化。

（5）生成支付凭证。

单位根据自动校验通过或财政人工审核通过的支付申请生成《国库集中支付凭证》发送代理银行，如果是批量业务同时按收款人合并生成《国库集中支付明细表》发送代理银行。系统在国库集中支付凭证表（PAY_VOUCHER_BILL）中存储支付凭证信息，并更新国库集中支付申请表（PAY_VOUCHER）中的支付凭证主键信息，如果是批量业务同时更新国库集中支付明细表（PAY_DETAIL）中支付凭证关联信息。

国库集中支付凭证表（PAY_VOUCHER_BILL）逻辑库表字段示例如表3－270所示。

表3－270　　　　国库集中支付凭证表（PAY_VOUCHER_BILL）

序号	字段	字段值	备注
1	支付凭证主键	123b17cca6－82b7－4d43－8d5c－d07a3ed1917c	数据创建时系统自动生成
2	资金性质代码	111（一般公共预算资金）	系统自动引用支付申请中的资金性质代码
3	预算年度	2020	系统自动处理，根据预算填报年度生成
4	凭证日期	20200506	手工录入，根据凭证生成日期填写
5	支付凭证号	PZ000001	系统自动生成，编号规则由各地财政部门自行制定
6	付款人全称	产品质量监督检验院	系统自动引用支付申请中的付款人全称
7	付款人账号	6234585949910030	系统自动引用支付申请中的付款人账号
8	付款人开户银行	工商银行东大街支行	系统自动引用支付申请中的付款人开户银行
9	收款人全称	智能科技公司	系统自动引用支付申请中的收款人全称，批量业务可为空
10	收款人账号	65000321	系统自动引用支付申请中的收款人账号，批量业务可为空

续表

序号	字段	字段值	备注
11	收款人开户银行	兴业银行北京支行	系统自动引用支付申请中的收款人开户银行，批量业务可为空
12	支付金额	225000.00	系统自动引用支付申请中的支付金额
13	清算额度通知单号	—	系统自动引用汇总清算额度通知单表中的清算额度通知单号，未生成清算额度时为空
14	凭证号清单号	—	系统自动引用国库集中支付凭证号清单表中的凭证号清单号，未生成凭证号清单时为空
15	划款凭证单号	—	系统自动引用划款清算凭证表中的划款凭证单号，未生成划款凭证时为空
16	支出功能分类科目代码	2013815（质量安全监管）	系统自动引用支付申请中的支出功能分类科目代码
17	政府支出经济分类代码	50209［维修（护）费］	系统自动引用支付申请中的政府支出经济分类代码
18	部门支出经济分类代码	30213［维修（护）费］	系统自动引用支付申请中的部门支出经济分类代码
19	银行交易流水号	—	系统自动引用银行回单中的银行交易流水号，未支付时为空
20	实际支付金额	—	系统自动引用银行回单中的实际支付金额，未支付时为空
21	实际支付日期	—	系统自动引用银行回单中的实际支付日期，未支付时为空
22	单位代码	142207（产品质量监督检验院）	系统自动引用支付申请中的单位代码
23	用途	设备维修	系统自动引用支付申请中的用途
24	结算方式代码	1（电子转账支付）	系统自动引用支付申请中的结算方式代码
25	项目代码	110000191422070000001（质量检验设备维修）	系统自动引用支付申请中的项目代码
26	财政区划代码	110000000（北京市本级）	系统自动处理，值集来源于财政区划管理要素
27	外币金额		系统自动引用支付申请中的外币金额，非外币可为空
28	币种代码	CNY（人民币）	系统自动引用支付申请中的币种代码
29	汇率		系统自动引用支付申请中的汇率，非外币可为空
30	收款人代码	—	系统自动引用支付申请中的收款人代码，获取不到可为空

续表

序号	字段	字段值	备注
31	回单附言	—	系统自动引用银行回单中的回单附言，未支付或银行无附言可为空
32	实际收款人全称	—	系统自动引用银行回单中的实际收款人全称，未支付时为空
33	实际收款人账号	—	系统自动引用银行回单中的实际收款人账号，未支付时为空
34	实际收款人开户银行名称	—	系统自动引用银行回单中的实际收款人开户银行名称，未支付时为空
35	更新时间	20200506133452	数据更新时系统自动生成，数据创建时更新时间与创建时间一致
36	是否删除	2（否）	系统自动处理，值集来源于布尔型代码管理要素，默认值为2，删除操作后，字段值由2变为1
37	创建时间	20200506133452	数据创建时系统自动生成

逻辑库表字段变化示例如表3-271所示。

表3-271　　　　　国库集中支付申请表（PAY_VOUCHER）

序号	字段	字段值	备注
1	支付申请主键	90b7344f3d-630f-4a80-a074-92459232c357	数据创建时系统自动生成
⋮	⋮	⋮	⋮
17	支付凭证主键	123b17cca6-82b7-4d43-8d5c-d07a3ed1917c	系统自动引用国库集中支付凭证表中的支付凭证主键
⋮	⋮	⋮	⋮

如果是批量业务，更新国库集中支付明细表（PAY_DETAIL）支付凭证关联信息，逻辑库表字段示例详见"3.6.2.2.1.2公务卡业务"。

（6）资金支付。

代理银行进行资金支付，预算管理一体化相关逻辑库表无变化。

（7）生成支付凭证回单。

代理银行资金支付后生成支付凭证回单，预算管理一体化相关逻辑库表无变化。

（8）财政部门接收支付回单。

财政部门接收由代理银行发送的国库集中支付凭证回单，系统更新国库集中支付凭证表（PAY_VOUCHER_BILL）的实际支付信息，批量业务同时更新国库集中支付明细表（PAY_DETAIL）的实际支付信息。

逻辑库表字段变化示例如表3-272所示。

表 3-272　　　　　国库集中支付凭证表（PAY_VOUCHER_BILL）

序号	字段	字段值	备注
1	支付凭证主键	123b17cca6-82b7-4d43-8d5c-d07a3ed1917c	数据创建时系统自动生成
⋮	⋮	⋮	⋮
19	银行交易流水号	20200506000001	系统自动引用银行回单中的银行交易流水号
20	实际支付金额	225000.00	系统自动引用银行回单中的实际支付金额
21	实际支付日期	20200506	系统自动引用银行回单中的实际支付日期
32	回单附言	—	系统自动引用银行回单中的回单附言，银行无附言可为空
33	实际收款人全称	智能科技公司	系统自动引用银行回单中的实际收款人全称
34	实际收款人账号	65000321	系统自动引用银行回单中的实际收款人账号
35	实际收款人开户银行名称	兴业银行北京支行	系统自动引用银行回单中的实际收款人开户银行名称
⋮	⋮	⋮	⋮

批量业务同时更新国库集中支付明细表（PAY_DETAIL），逻辑库表变化要素信息存储示例详见"3.6.2.2.1.2 公务卡业务"。

（9）单位接收支付回单。

单位进行支付凭证回单登记后，相关业务逻辑库表中的数据无变化，对应的工作流状态发生变化。

（10）定期发送报表。

代理银行定期发送报表《国库集中支付日报表》和《国库集中支付月报表》，预算管理一体化相关逻辑库表无变化。

（11）对账。

财政部门接收代理银行发送的《国库集中支付日报表》和《国库集中支付月报表》与总预算会计资金账进行比对，系统在国库集中支付日报表（PAY_DAY_BILL）、国库集中支付月报表（PAY_MONTH_BILL）中存储报表数据，逻辑库表存储示例如表 3-273 和表 3-274 所示。

表 3-273　　　　　国库集中支付日报表（PAY_DAY_BILL）

序号	字段	字段值	备注
1	支付日报表主键	784b17cca6-82b7-4d43-8d5c-d07a3ed1917c	数据创建时系统自动生成
2	日期	20200506	系统自动引用银行国库集中支付日报表中的日期
3	支付日报表单号	RB000001	系统自动生成，编号规则由各地财政部门自行制定

续表

序号	字段	字段值	备注
4	预算年度	2020	系统自动处理，根据预算填报年度生成
5	代理银行编码	102001（工商银行东大街支行）	系统自动引用银行国库集中支付日报表中的代理银行编码
6	支付凭证号	PZ000001	系统自动引用银行国库集中支付日报表中的支付凭证号
7	支付金额	225000.00	系统自动引用银行国库集中支付日报表中的支付金额
8	退款金额	0.00	系统自动引用银行国库集中支付日报表中的退款金额
9	支出功能分类科目代码	2013815（质量安全监管）	系统自动引用银行国库集中支付日报表中的支出功能分类科目代码
10	单位代码	142207（产品质量监督检验院）	系统自动引用银行国库集中支付日报表中的单位代码
11	财政区划代码	110000000（北京市本级）	系统自动处理，值集来源于财政区划管理要素
12	更新时间	20200506223452	数据更新时系统自动生成，数据创建时更新时间与创建时间一致
13	是否删除	2（否）	系统自动处理，值集来源于布尔型代码管理要素，默认值为2，删除操作后，字段值由2变为1
14	创建时间	20200506223452	数据创建时系统自动生成

表3-274　　　　国库集中支付月报表（PAY_MONTH_BILL）

序号	字段	字段值	备注
1	支付月报表主键	12583f093e-e025-4b3b-bce4-6e2368eb1980	数据创建时系统自动生成
2	日期	20200602	系统自动引用银行国库集中支付月报表中的日期
3	预算年度	2020	系统自动处理，根据预算填报年度生成
4	代理银行编码	102001	系统自动引用银行国库集中支付月报表中的代理银行编码
5	本期支出	4210.00	系统自动引用银行国库集中支付月报表中的本期支出
6	累计支出	7942.00	系统自动引用银行国库集中支付月报表中的累计支出
7	支出功能分类科目代码	2010203（机关服务）	系统自动引用银行国库集中支付月报表中的支出功能分类科目代码
8	单位代码	102002（机关服务中心）	系统自动引用银行国库集中支付月报表中的单位代码
9	财政区划代码	110000000（北京市本级）	系统自动处理，值集来源于财政区划管理要素
10	月份	05	系统自动引用银行国库集中支付月报表中的月份
11	更新时间	20200602223452	数据更新时系统自动生成，数据创建时更新时间与创建时间一致

续表

序号	字段	字段值	备注
12	是否删除	2（否）	系统自动处理，值集来源于布尔型代码管理要素，默认值为2，删除操作后，字段值由2变为1
13	创建时间	20200602223452	数据创建时系统自动生成

（12）生成《财政支付汇总清算额度通知单》。

财政部门根据国库集中支付凭证回单生成《财政支付汇总清算额度通知单》，系统在财政支付汇总清算额度通知单表（PAY_LQD_QUOTA_BILL）和财政支付汇总清算额度通知单明细表（PAY_LQD_QUOTA_DETAIL）存储清算额度信息，并在国库集中支付凭证表（PAY_VOUCHER_BILL）更新清算额度凭证关联字段。保留用款计划的地区，财政部门可根据批复的用款计划生成《财政支付汇总清算额度通知单》。逻辑库表字段示例如表3-275和表3-276所示。

表3-275 财政支付汇总清算额度通知单表（PAY_LQD_QUOTA_BILL）

序号	字段	字段值	备注
1	清算额度通知单主键	563c23ccb5-72b7-4d32-8d5c-d17a3ed2627b	数据创建时系统自动生成
2	清算额度通知单号	QS000001	系统自动生成，编号规则由各地财政部门自行制定
3	日期	20200506	手工录入，填写通知单的生成日期
4	预算年度	2020	系统自动处理，根据预算填报年度生成
5	清算账户名称	市财政局	选择录入，值集来源于清算账户名称业务管理要素
6	清算账户账号	280000001	选择录入，值集来源于清算账户账号业务管理要素
7	清算账户开户银行名称	国家金库市支库	选择录入，值集来源于清算账户开户银行业务管理要素
8	清算收款户名	工行划款清算账户	手工录入，根据清算收款账户信息填写
9	清算收款账号	4235100023	手工录入，根据清算收款账户信息填写
10	清算收款开户银行名称	工商银行东大街支行	手工录入，根据清算收款账户信息填写
11	清算额度	225000.00	系统自动生成，根据已回单未清算的支付凭证金额汇总
12	财政区划代码	110000000（北京市本级）	系统自动处理，值集来源于财政区划管理要素
13	附言	—	手工录入，无附言可为空
14	资金性质代码	111（一般公共预算资金）	系统自动引用已回单未清算的支付凭证中的资金性质代码

续表

序号	字段	字段值	备注
15	收款人代码	—	手工录入，获取不到可为空
16	更新时间	20200506154850	数据更新时系统自动生成，数据创建时更新时间与创建时间一致
17	是否删除	2（否）	系统自动处理，值集来源于布尔型代码管理要素，默认值为2，删除操作后，字段值由2变为1
18	创建时间	20200506154850	数据创建时系统自动生成

表3-276　　财政支付汇总清算额度通知单明细表（PAY_LQD_QUOTA_DETAIL）

序号	字段	字段值	备注
1	清算额度通知单明细主键	782a12caf2-23a1-2b12-3b2c-d21a2ed4536b	数据创建时系统自动生成
2	清算额度通知单主键	563c23ccb5-72b7-4d32-8d5c-d17a3ed2627b	系统自动处理，用于关联清算额度通知单
3	支出功能分类科目代码	2013815（质量安全监管）	系统自动引用已回单未清算的支付凭证的支出功能分类科目代码
4	部门代码	142（市场监督管理局）	系统自动引用已回单未清算的支付凭证的部门代码
5	清算额度	225000.00	系统自动生成，根据已回单未清算的支付凭证金额按支出功能分类和部门代码汇总
6	更新时间	20200506154850	数据更新时系统自动生成，数据创建时更新时间与创建时间一致
7	是否删除	2（否）	系统自动处理，值集来源于布尔型代码管理要素，默认值为2，删除操作后，字段值由2变为1
8	创建时间	20200506154850	数据创建时系统自动生成

逻辑库表字段变化示例如表3-277所示。

表3-277　　国库集中支付凭证表（PAY_VOUCHER_BILL）

序号	字段	字段值	备注
1	支付凭证主键	123b17cca6-82b7-4d43-8d5c-d07a3ed1917c	数据创建时系统自动生成
⋮	⋮	⋮	⋮
13	清算额度通知单号	QS000001	系统自动引用汇总清算额度通知单表中的清算额度通知单号
⋮	⋮	⋮	⋮

(13) 生成国库集中支付凭证号清单。

财政部门在生成《财政支付汇总清算额度通知单》后,将当日《财政支付汇总清算额度通知单》对应的国库集中支付凭证号清单发送代理银行,系统在国库集中支付凭证号清单表(PAY_CERT_NO_SUM)存储凭证号清单信息,并在国库集中支付凭证表(PAY_VOUCHER_BILL)更新凭证号清单关联字段。逻辑库表字段示例如表 3-278 所示。

表 3-278　　　国库集中支付凭证号清单表(PAY_CERT_NO_SUM)

序号	字段	字段值	备注
1	凭证号清单主键	902c32bba3-41b6-2d22-8d5c-d21a3ed1263c	数据创建时系统自动生成
2	凭证号清单号	QD000001	系统自动生成,编号规则由各地财政部门自行制定
3	代理银行编码	102001（工商银行东大街支行）	系统自动引用已回单未清算的支付凭证的代理银行编码
4	预算年度	2020	系统自动处理,根据预算填报年度生成
5	凭证号清单生成日期	20200506	手工录入,填写凭证号清单的生成日期
6	支付汇总金额	225000.00	系统自动生成,根据已回单未清算的支付凭证金额汇总
7	摘要	—	手工录入,无摘要可为空
8	财政区划代码	110000000（北京市本级）	系统自动处理,值集来源于财政区划管理要素
9	清算额度通知单主键	563c23ccb5-72b7-4d32-8d5c-d17a3ed2627b	系统自动处理,用于关联清算额度通知单
10	更新时间	20200506155209	数据更新时系统自动生成,数据创建时更新时间与创建时间一致
11	是否删除	0（否）	默认值为 0,删除操作后,要素值由 0 变为 1
12	创建时间	20200506155209	数据创建时系统自动生成

逻辑库表字段变化示例如表 3-279 所示。

表 3-279　　　国库集中支付凭证表(PAY_VOUCHER_BILL)

序号	字段	字段值	备注
1	支付凭证主键	123b17cca6-82b7-4d43-8d5c-d07a3ed1917c	数据创建时系统自动生成
⋮	⋮	⋮	⋮

续表

序号	字段	字段值	备注
14	凭证号清单号	QD000001	系统自动引用国库集中支付凭证号清单表中的凭证号清单号
⋮	⋮	⋮	⋮

（14）生成划款清算申请。

正常的资金支付，代理银行根据凭证号汇总清单生成划款清算申请；资金退回的业务，代理银行根据国库集中支付退回通知书生成退款清算申请。此为代理银行操作，预算管理一体化相关逻辑库表无变化。

（15）资金清算。

清算银行根据财政清算额度和代理银行清算申请办理资金清算，预算管理一体化相关逻辑库表无变化。

（16）代理银行接收清算回单。

代理银行接收清算银行发送清算凭证回单，预算管理一体化相关逻辑库表无变化。

（17）财政部门接收清算回单。

财政部门接收清算银行发送的财政支付汇总清算额度通知单回单和划款清算凭证回单，系统在划款清算凭证表（PAY_LQD_CERT）存储清算凭证信息，并在国库集中支付凭证表（PAY_VOUCHER_BILL）更新清算凭证关联字段。逻辑库表字段示例如表 3 – 280 所示。

表 3 – 280　　　　　划款清算凭证表（PAY_LQD_CERT）

序号	字段	字段值	备注
1	划款清算凭证主键	342a29aac2 – 71b3 – 2d32 – 1d3c – d21a2ed2811c	数据创建时系统自动生成
2	划款凭证单号	HK000001	系统自动引用人民银行划款凭证回单中的划款凭证单号
3	代理银行编码	102001（工商银行东大街支行）	系统自动引用人民银行划款凭证回单中的代理银行编码
4	划款凭证日期	20200506	系统自动引用人民银行划款凭证回单中的划款凭证日期
5	预算年度	2020	系统自动处理，根据预算填报年度生成
6	清算账户名称	市财政局	系统自动引用人民银行划款凭证回单中的清算账户名称
7	清算账户账号	280000001	系统自动引用人民银行划款凭证回单中的清算账户账号
8	清算账户开户银行名称	国家金库市支库	系统自动引用人民银行划款凭证回单中的清算账户开户银行名称
9	清算收款户名	工行划款清算账户	系统自动引用人民银行划款凭证回单中的清算收款户名
10	清算收款账号	4235100023	系统自动引用人民银行划款凭证回单中的清算收款账号

续表

序号	字段	字段值	备注
11	清算收款开户银行名称	工商银行东大街支行	系统自动引用人民银行划款凭证回单中的清算收款开户银行名称
12	划款金额	225000.00	系统自动引用人民银行划款凭证回单中的划款金额
13	附言	—	系统自动引用人民银行划款凭证回单中的附言，无附言可为空
14	财政区划代码	110000000（北京市本级）	系统自动处理，值集来源于财政区划管理要素
15	资金性质代码	111（一般公共预算资金）	系统自动引用人民银行划款凭证回单中的资金性质代码
16	实际清算日期	20200506	系统自动引用人民银行划款凭证回单中的实际清算日期
17	收款人代码	—	系统自动引用人民银行划款凭证回单中的收款人代码，获取不到可为空
18	更新时间	20200506172739	数据更新时系统自动生成，数据创建时更新时间与创建时间一致
19	是否删除	0（否）	默认值为0，删除操作后，要素值由0变为1
20	创建时间	20200506172739	数据创建时系统自动生成

逻辑库表字段变化示例如表3-281所示。

表3-281　　　　　国库集中支付凭证表（PAY_VOUCHER_BILL）

序号	字段	字段值	备注
1	支付凭证主键	123b17cca6-82b7-4d43-8d5c-d07a3ed1917c	数据创建时系统自动生成
⋮	⋮	⋮	⋮
15	划款凭证单号	HK000001	系统自动引用划款清算凭证表中的划款凭证单号
⋮	⋮	⋮	⋮

3.6.2.2.1.2　公务卡业务

公务卡是指单位工作人员持有的，主要用于日常公务支出和财务报销业务的信用卡。公务支出发生后，由持卡人及时向所在单位财务部门申请办理报销手续，涉及的业务活动及逻辑库表应用如表3-282所示。

表 3 – 282　　　　　　公务卡涉及的业务活动及逻辑库表应用

序号	业务活动	逻辑库表	中文名称	备注
1	维护公务卡信息	BAS_PERSON_EXT	人员扩展信息表	用于存储公务卡开卡信息
2	发送公务卡消费记录	PAY_PAYCARD_DETAIL	公务卡消费记录表	用于存储公务卡消费明细信息
3	选择消费记录	PAY_PAYCARD_DETAIL	公务卡消费记录表	用于存储公务卡消费明细信息
4	生成国库集中支付申请	BA_BGT_INFO	指标信息表	用于存储预算指标信息
		PAY_VOUCHER	国库集中支付申请表	用于存储支付申请信息
		PAY_DETAIL	国库集中支付明细表	用于消费明细与支付申请的关联信息
5	单位审核	PAY_VOUCHER	国库集中支付申请表	用于存储支付申请信息
		PAY_VOUCHER_BILL	国库集中支付凭证表	用于存储支付凭证信息
		PAY_DETAIL	国库集中支付明细表	用于存储批量业务情况下的支付明细信息
6	资金支付	—	—	银行办理资金支付，不涉及预算管理一体化系统
7	发送支付凭证回单	PAY_VOUCHER_BILL	国库集中支付凭证表	用于存储支付凭证信息
		PAY_DETAIL	国库集中支付明细表	用于存储批量业务情况下的支付明细信息

1. 逻辑库表间关系

公务卡业务涉及的相关逻辑库表的关系如图 3 – 26 所示。

（1）公务卡消费记录表（PAY_PAYCARD_DETAIL）中的刷卡卡号（PAYER_ACC_NO）对应人员扩展信息表（BAS_PERSON_EXT）中的公务卡卡号（GOV_CRED_CARD_NO）。

（2）国库集中支付明细表（PAY_DETAIL）中的支付申请主键（PAY_APPLY_ID）对应国库集中支付申请表（PAY_VOUCHER）中的支付申请主键（PAY_APP_ID）、支付凭证号（PAY_CERT_NO）对应国库集中支付凭证表（PAY_VOUCHER_BILL）中的支付凭证号（PAY_CERT_NO）、业务追溯识别码（TRACKING_ID）对应公务卡消费记录表（PAY_PAYCARD_DETAIL）中的消费主键（PAYCARD_DETAIL_ID）。

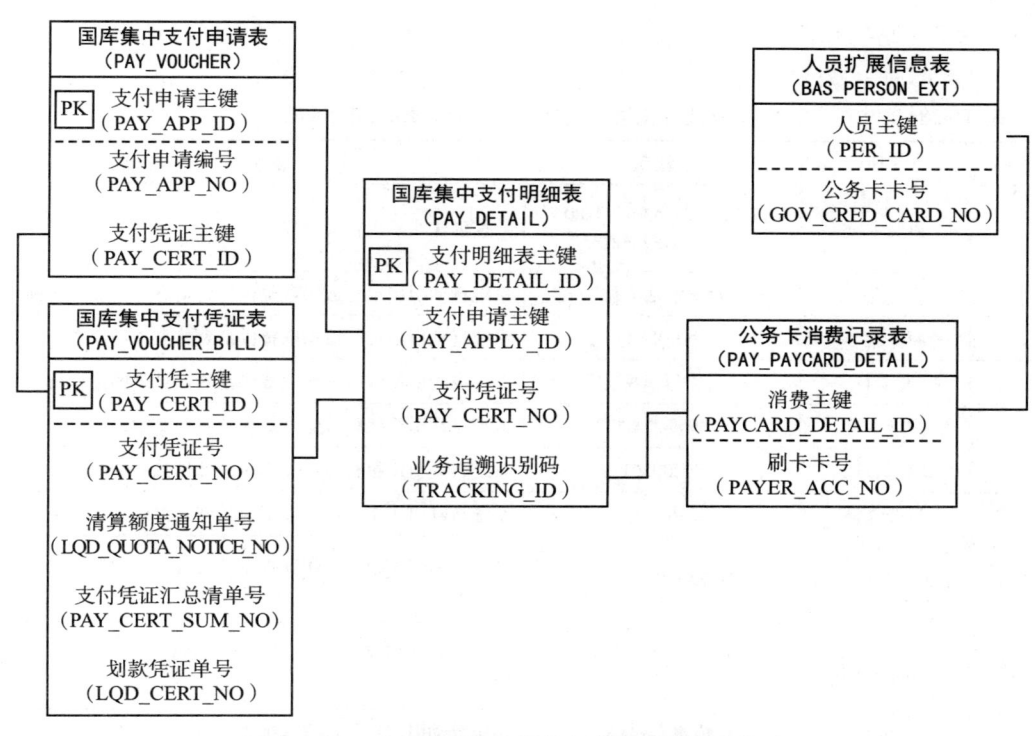

图 3-26 公务卡业务涉及的相关逻辑库表的关系

2. 实现机制说明

（1）维护公务卡信息。

单位须在系统中维护公务卡信息，包含：持卡人、开卡银行、卡号等信息，系统在人员扩展信息表（BAS_PERSON_EXT）存储公务卡开卡信息，逻辑库表主要字段示例如表 3-283 所示。

表 3-283　　　　　　　　人员扩展信息表（BAS_PERSON_EXT）

序号	字段	字段值	备注
1	人员主键	56a7344f3d-630f-4a80-a074-92459232c357	数据创建时系统自动生成
⋮	⋮	⋮	⋮
19	公务卡卡号	6239394000332	手工录入，填写公务卡卡号
20	公务卡开户银行	建设银行枫桥支行	选择录入，值集来源于代理银行管理要素
⋮	⋮	⋮	⋮

（2）发送公务卡消费记录。

银行或银联等金融机构定期将公务卡刷卡消费记录发送财政部门。系统在公务卡消费记录表（PAY_PAYCARD_DETAIL）存储公务卡消费信息，逻辑库表字段示例如表3-284所示。

表3-284 公务卡消费记录表（PAY_PAYCARD_DETAIL）

序号	字段	字段值	备注
1	消费主键	78a7344f3d-630f-4a80-a074-92459232c357	数据创建时系统自动生成
2	商户名称	百顺假日酒店有限公司	系统自动引用银行或银联提供消费信息中的商户名称
3	商户编号	MLQ880	系统自动引用银行或银联提供消费信息中的商户编号
4	发卡行	建设银行枫桥支行	系统自动引用银行或银联提供消费信息中的发卡行
5	刷卡卡号	6239394000332	系统自动引用银行或银联提供消费信息中的刷卡卡号
6	刷卡日期	20200201	系统自动引用银行或银联提供消费信息中的刷卡日期
7	消费金额	3400.00	系统自动引用银行或银联提供消费信息中的消费金额
8	银行交易流水号	20200201000001	系统自动引用银行或银联提供消费信息中的银行交易流水号
9	持卡人姓名	张三	系统自动引用银行或银联提供消费信息中的持卡人姓名
10	交易地	福州五四路	系统自动引用银行或银联提供消费信息中的交易地
11	单位代码	142207（产品质量监督检验院）	系统自动处理，值集来源于单位代码管理要素
12	财政区划代码	110000000（北京市本级）	系统自动处理，值集来源于财政区划管理要素
13	更新时间	20200201220203	数据更新时系统自动生成，数据创建时更新时间与创建时间一致
14	是否删除	2（否）	系统自动处理，值集来源于布尔型代码管理要素，默认值为2，删除操作后，字段值由2变为1
15	创建时间	20200201220203	数据创建时系统自动生成

（3）选择消费记录。

单位收到持卡人提供的报销凭证后与从发卡行或银联等金融机构获取的刷卡消费信息进行比对，选择公务卡消费记录，逻辑库表中数据无变化。

（4）生成国库集中支付申请。

单位在选择的消费记录上填写报销金额以及相关信息，系统根据指标信息表（BA_BGT_INFO）中指标信息，生成国库集中支付申请，在国库集中支付申请表（PAY_VOUCHER）存储公务卡支付申请信息，支付申请中支付业务类型选择"公务卡业务"，同时在国库集中支付明细表（PAY_DETAIL）存储批量还款明细信息。逻辑库表主要字段示例如表3-285所示。

表 3-285　　　　　国库集中支付申请表（PAY_VOUCHER）

序号	字段	字段值	备注
1	支付申请主键	56972c6427-4393-42f8-afe0-fb7409c072c7	数据创建时系统自动生成
2	支付申请编号	SQ000031	系统自动生成，编号规则由各地财政部门自行制定
⋮	⋮	⋮	⋮
15	支付业务类型代码	2（公务卡业务）	选择录入，公务卡还款业务选择"公务卡业务"
16	支付申请金额	5990.00	系统自动生成，根据公务卡还款明细金额汇总填写
17	支付凭证主键	—	系统自动引用国库集中支付凭证表中的支付凭证主键，未生成支付凭证时为空
18	付款人全称	产品质量监督检验院	系统自动引用账户信息中的零余额账户全称
19	付款人账号	6234585949910030	系统自动引用账户信息中的零余额账户账号
20	付款人开户银行	工商银行东大街支行	系统自动引用账户信息中的零余额账户开户银行
21	收款人全称	—	手工录入，批量业务时为空
22	收款人账号	—	手工录入，批量业务时为空
23	收款人开户银行	—	手工录入，批量业务时为空
⋮	⋮	⋮	⋮

逻辑库表字段示例如表 3-286 所示。

表 3-286　　　　　国库集中支付明细表（PAY_DETAIL）

序号	字段	字段值1	字段值2	……	备注
1	支付明细表主键	78d7344f3d-630f-4a80-a074-92459232c357	901f90f726-dcdb-47fb-8561-6d2d2a2608ad	……	数据创建时系统自动生成
2	单位代码	142207（产品质量监督检验院）	142207（产品质量监督检验院）	……	系统自动引用指标信息中的单位代码
3	收款人全称	张三	李四	……	系统自动引用公务卡消费记录表中的持卡人姓名
4	收款人账号	6239394000332	6236794030059	……	系统自动引用人员扩展信息表中的公务卡卡号
5	收款人开户银行	建设银行枫桥支行	建设银行枫桥支行	……	系统自动引用人员扩展信息表中的公务卡开户银行

续表

序号	字段	字段值1	字段值2	……	备注
6	支付金额	3400.00	2590.00	……	手工录入，根据公务卡需要还款的金额填写
7	实际支付金额	—	—	……	系统自动引用银行回单中的实际支付金额，未支付时为空
8	附言	—	—	……	系统自动引用银行回单中的附言，未支付或银行无附言可为空
9	金额单位	元	元	……	手工录入，填写金额单位，默认为元
10	支付凭证号	—	—	……	系统自动引用国库集中支付凭证表中的支付凭证号，未生成支付凭证时为空
11	支付申请主键	56972c6427-4393-42f8-afe0-fb7409c072c7	56972c6427-4393-42f8-afe0-fb7409c072c7	……	系统自动引用国库集中支付申请表中的支付申请主键，用于多个支付明细关联同一个支付申请
12	业务追溯识别码	78a7344f3d-630f-4a80-a074-92459232c357	908c7a18b9-e1ff-4e11-ada6-b452fdf6feda	……	系统自动引用消费明细等原始业务信息的唯一标识
13	财政区划代码	110000000（北京市本级）	110000000（北京市本级）	……	系统自动处理，值集来源于财政区划业务管理要素
14	外币金额	—	—	……	手工录入，非外币可为空
15	币种代码	CNY（人民币）	CNY（人民币）	……	选择录入，值集来源于币种管理要素，默认为CNY（人民币）
16	汇率	—	—	……	手工录入，非外币可为空
17	收款人代码	—	—	……	手工录入，获取不到可为空
18	预算年度	2020	2020	……	系统自动处理，根据预算填报年度生成
19	更新时间	20200506103452	20200506103452	……	数据更新时系统自动生成，数据创建时更新时间与创建时间一致
20	是否删除	2（否）	2（否）	……	系统自动处理，值集来源于布尔型代码管理要素，默认值为2，删除操作后，字段值由2变为1
21	创建时间	20200506103452	20200506103452	……	数据创建时系统自动生成

（5）单位审核。

单位内部审核财政资金公务卡还款支付申请，审核通过后系统生成《国库集中支付凭证》和《国库集中支付明细表》发送银行。系统在国库集中支付凭证表（PAY_VOUCHER_BILL）中存储支付凭证信息，同时更新国库集中支付申请表（PAY_VOUCHER）、国库集中支付明细表（PAY_DETAIL）中的支付凭证关联信息。

逻辑库表主要字段示例如表 3-287 所示。

表 3-287　　　　　国库集中支付凭证表（PAY_VOUCHER_BILL）

序号	字段	字段值	备注
1	支付凭证主键	565dd98e00-cd1a-432e-9839-5f90274659c1	数据创建时系统自动生成
⋮	⋮	⋮	⋮
5	支付凭证号	PZ000026	系统自动生成，编号规则由各地财政部门自行制定
6	付款人全称	产品质量监督检验院	系统自动引用支付申请中的付款人全称
7	付款人账号	6234585949910030	系统自动引用支付申请中的付款人账号
8	付款人开户银行	工商银行东大街支行	系统自动引用支付申请中的付款人开户银行
9	收款人全称	—	系统自动引用支付申请中的收款人全称，批量业务可为空
10	收款人账号	—	系统自动引用支付申请中的收款人账号，批量业务可为空
11	收款人开户银行	—	系统自动引用支付申请中的收款人开户银行，批量业务可为空
12	支付金额	5990.00	系统自动引用支付申请中的支付金额
⋮	⋮	⋮	⋮

逻辑库表字段变化示例如表 3-288 所示。

表 3-288　　　　　国库集中支付申请表（PAY_VOUCHER）

序号	字段	字段值	备注
1	支付申请主键	56972c6427-4393-42f8-afe0-fb7409c072c7	数据创建时系统自动生成
⋮	⋮	⋮	⋮
17	支付凭证主键	565dd98e00-cd1a-432e-9839-5f90274659c1	系统自动引用国库集中支付凭证表中的支付凭证主键
⋮	⋮	⋮	⋮

逻辑库表字段变化示例如表 3-289 所示。

表 3-289　　　　　　　国库集中支付明细表（PAY_DETAIL）

序号	字段	字段值1	字段值2	……	备注
1	支付明细表主键	78d7344f3d-630f-4a80-a074-92459232c357	901f90f726-dcdb-47fb-8561-6d2d2a2608ad	……	数据创建时系统自动生成
⋮	⋮	⋮	⋮	……	⋮
10	支付凭证号	PZ000026	PZ000026	……	系统自动引用国库集中支付凭证表中的支付凭证号，用于多个支付明细关联同一个支付凭证
⋮	⋮	⋮	⋮	……	⋮

（6）资金支付。

代理银行依据《国库集中支付凭证》和《国库集中支付明细表》将资金支付到公务卡，并生成支付凭证回单，不涉及预算管理一体化系统。

（7）发送支付凭证回单。

代理银行向财政部门和单位分别发送支付凭证回单，财政部门和单位接收国库集中支付凭证回单，系统更新国库集中支付凭证表（PAY_VOUCHER_BILL）和国库集中支付明细表（PAY_DETAIL）中的实际支付信息，逻辑库表字段变化示例如表 3-290 和表 3-291 所示。

表 3-290　　　　　　国库集中支付凭证表（PAY_VOUCHER_BILL）

序号	字段	字段值	备注
1	支付凭证主键	565dd98e00-cd1a-432e-9839-5f90274659c1	数据创建时系统自动生成
⋮	⋮	⋮	⋮
19	银行交易流水号	2020021000004	系统自动引用银行回单中的银行交易流水号
20	实际支付金额	5990.00	系统自动引用银行回单中的实际支付金额
21	实际支付日期	20200210	系统自动引用银行回单中的实际支付日期
31	回单附言	—	系统自动引用银行回单中的回单附言，银行无附言可为空
32	实际收款人全称	—	系统自动引用银行回单中的实际收款人全称，批量业务可为空
33	实际收款人账号	—	系统自动引用银行回单中的实际收款人账号，批量业务可为空
34	实际收款人开户银行名称	—	系统自动引用银行回单中的实际收款人开户银行名称，批量业务可为空
⋮	⋮	⋮	⋮

表 3-291　　　　　　　　　　国库集中支付明细表（PAY_DETAIL）

序号	字段	字段值1	字段值2	……	备注
1	支付明细表主键	78d7344f3d-630f-4a80-a074-92459232c357	901f90f726-dcdb-47fb-8561-6d2d2a2608ad	……	数据创建时系统自动生成
⋮	⋮	⋮	⋮	……	⋮
7	实际支付金额	3400.00	2590.00	……	系统自动引用银行回单中的实际支付金额
8	附言	—	—	……	系统自动引用银行回单中的回单附言，银行无附言可为空
⋮	⋮	⋮	⋮	……	⋮

3.6.2.2.1.3　支付更正

单位业务人员误用预算指标或支出经济分类需要进行支付信息更正时，选择待更正的支付申请进行支付更正申请的录入，涉及的业务活动及逻辑库表应用如表 3-292 所示。

表 3-292　　　　　　　支付更正涉及的业务活动及逻辑库表应用

序号	业务活动	逻辑库表	中文名称	备注
1	选择支付申请	PAY_VOUCHER	国库集中支付申请表	存储需要更正的支付申请信息
		PAY_VOUCHER_BILL	国库集中支付凭证表	存储需要更正的支付凭证信息
2	生成支付更正申请书	PAY_APPLY_CORRECTION	支付更正申请书表	存储业务人员录入的支付更正申请书信息
		PAY_VOUCHER	国库集中支付申请表	存储更正产生的支付申请信息
		PAY_VOUCHER_BILL	国库集中支付凭证表	存储更正产生的支付凭证信息
3	人工审核	PAY_APPLY_CORRECTION	支付更正申请书表	存储业务人员录入的支付更正申请书信息
		PAY_VOUCHER	国库集中支付申请表	存储更正产生的支付申请信息
		PAY_VOUCHER_BILL	国库集中支付凭证表	存储更正产生的支付凭证信息

续表

序号	业务活动	逻辑库表	中文名称	备注
4	更正申请生效	PAY_APPLY_CORRECTION	支付更正申请书表	存储业务人员录入的支付更正申请书信息
		PAY_VOUCHER	国库集中支付申请表	存储更正产生的支付申请信息
		PAY_VOUCHER_BILL	国库集中支付凭证表	存储更正产生的支付凭证信息

1. 逻辑库表间关系

支付更正涉及的相关逻辑库表的关系如图 3-27 所示。

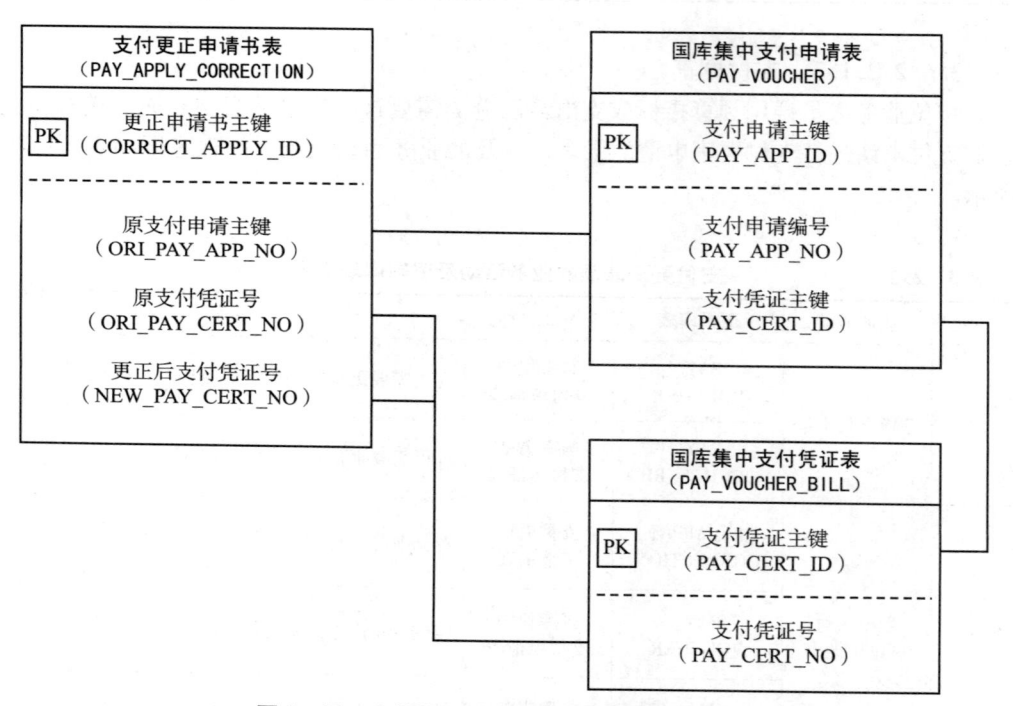

图 3-27 支付更正涉及的相关逻辑库表的关系

（1）支付更正申请书表（PAY_APPLY_CORRECTION）中的原支付申请主键（ORI_PAY_APP_NO）对应国库集中支付申请表（PAY_VOUCHER）中的支付申请编号（PAY_APP_NO）。

（2）支付更正申请书表（PAY_APPLY_CORRECTION）中的原支付凭证号（ORI_PAY_CERT_NO）、更正后支付凭证号（NEW_PAY_CERT_NO）对应国库集中支付凭证表（PAY_VOUCHER_BILL）中的支付凭证号（PAY_CERT_NO）。

（3）国库集中支付申请表（PAY_VOUCHER）中的支付凭证主键（PAY_CERT_

ID）对应国库集中支付凭证表（PAY_VOUCHER_BILL）中的支付凭证主键（PAY_CERT_ID）。

2. 实现机制说明

（1）选择支付申请。

单位在系统中选择需进行更正的支付申请，使用国库集中支付申请表（PAY_VOUCHER）、国库集中支付凭证表（PAY_VOUCHER_BILL）中需要更正的支付信息，逻辑库表字段示例详见"3.6.2.2.1.1 资金支付、资金清算"。

（2）生成支付更正申请书。

单位选择待更正的支付申请，在其基础上填写相关信息后保存，系统在支付更正申请书表（PAY_APPLY_CORRECTION）中生成一条更正记录，同时在国库集中支付申请表（PAY_VOUCHER）中生成一正一负两条支付申请，逻辑库表字段示例如表 3-293～表 3-295 所示。

表 3-293　　　　支付更正申请书表（PAY_APPLY_CORRECTION）

序号	字段	字段值	备注
1	更正申请书主键	451ae8ce33-1fe0-45a1-9f15-4bf72b794054	数据创建时系统自动生成
2	更正申请书编号	GZ000067	系统自动生成，编号规则由各地财政部门自行制定
3	原支付申请主键	SQ000012	系统自动引用待更正原支付申请中的支付申请编号
4	原指标主键	1287120102-b404-4df1-a1b9-45b0bc200c88	系统自动引用待更正原支付申请中的指标主键
5	原指标类型代码	21（当年预算）	系统自动引用待更正原支付申请中的指标类型代码
6	原资金性质代码	111（一般公共预算资金）	系统自动引用待更正原支付申请中的资金性质代码
7	原支出功能分类代码	2013815（质量安全监管）	系统自动引用待更正原支付申请中的支出功能分类代码
8	原政府支出经济分类代码	50209［维修（护）费］	系统自动引用待更正原支付申请中的政府支出经济分类代码
9	原部门支出经济分类代码	30213［维修（护）费］	系统自动引用待更正原支付申请中的部门支出经济分类代码
10	原预算项目代码	1100001914220700000001（质量检验设备维修）	系统自动引用待更正原支付申请中的预算项目代码
11	原支付凭证号	PZ000017	系统自动引用待更正原支付申请中的支付凭证号
12	更正后指标主键	3476fa180f-1712-450e-9f49-682a76616259	系统自动引用更正使用的新指标中的指标主键，如果不涉及指标的变化，此处和原指标主键保持一致
13	更正后指标类型代码	21（当年预算）	系统自动引用更正使用的新指标中的指标类型代码，如果不涉及指标类型的变化，此处与原指标类型代码保持一致

续表

序号	字段	字段值	备注
14	更正后资金性质代码	111（一般公共预算资金）	系统自动引用更正使用的新指标中的资金性质代码，如果不涉及资金性质的变化，此处与原资金性质代码保持一致
15	更正后支出功能分类代码	2013809（市场监督管理技术支持）	系统自动引用更正使用的新指标中的支出功能分类代码，如果不涉及支出功能分类的变化，此处与原支出功能分类代码保持一致
16	更正后政府支出经济分类代码	50209［维修（护）费］	系统自动引用更正使用的新指标中的政府支出经济分类代码，如果不涉及政府支出经济分类的变化，此处与原政府支出经济分类代码保持一致
17	更正后部门支出经济分类代码	30213［维修（护）费］	系统自动引用更正使用的新指标中的部门支出经济分类代码，如果不涉及部门支出经济分类的变化，此处与原部门支出经济分类代码保持一致
18	更正后预算项目代码	1100001914220700000001（质量检验设备维修）	系统自动引用更正使用的新指标中的预算项目代码，如果不涉及预算项目的变化，此处与原预算项目代码保持一致
19	更正后支付凭证号	PZ000329	系统自动生成，关联生成的更正支付凭证号
20	单位代码	142207（产品质量监督检验院）	系统自动引用待更正原支付申请中的单位代码
21	预算年度	2020	系统自动处理，根据预算填报年度生成
22	财政区划代码	110000000（北京市本级）	系统自动处理，值集来源于财政区划管理要素
23	更新时间	20200909110206	数据更新时系统自动生成，数据创建时更新时间与创建时间一致
24	是否删除	2（否）	系统自动处理，值集来源于布尔型代码管理要素，默认值为2，删除操作后，字段值由2变为1
25	创建时间	20200909110206	数据创建时系统自动生成

表3-294　　　　　　　　国库集中支付申请表（PAY_VOUCHER）

序号	字段	负的支付申请	正的支付申请	备注
1	支付申请主键	56e0aa3ec1-c52e-4146-956d-569e380b35c3	67cc43f4d7-dec1-4dfa-9a50-8d9534275635	数据创建时系统自动生成
2	支付申请编号	SQ000325	SQ000326	系统自动生成，编号规则由各地财政部门自行制定
3	申请日期	20200909	20200909	手工录入，填写支付申请的生成日期

续表

序号	字段	负的支付申请	正的支付申请	备注
4	单位代码	142207（产品质量监督检验院）	142207（产品质量监督检验院）	系统自动引用支付更正申请书表中的单位代码
5	指标类型代码	21（当年预算）	21（当年预算）	系统自动引用支付更正申请书表中的原指标类型代码和更正后指标类型代码
6	资金性质代码	111（一般公共预算资金）	111（一般公共预算资金）	系统自动引用支付更正申请书表中的原资金性质代码和更正后资金性质代码
7	支出功能分类科目代码	2013815（质量安全监管）	2013809（市场监督管理技术支持）	系统自动引用支付更正申请书表中的原支出功能分类科目代码和更正后支出功能分类科目代码
8	政府支出经济分类代码	50209［维修（护）费］	50209［维修（护）费］	系统自动引用支付更正申请书表中的原政府支出经济分类代码和更正后政府支出经济分类代码
9	部门支出经济分类代码	30213［维修（护）费］	30213［维修（护）费］	系统自动引用支付更正申请书表中的原部门支出经济分类代码和更正后部门支出经济分类代码
10	项目代码	110000191422070000001（质量检验设备维修）	110000191422070000001（质量检验设备维修）	系统自动引用支付更正申请书表中的原项目代码和更正后项目代码
11	指标主键	1287120102－b404－4df1－a1b9－45b0bc200c88	3476fa180f－1712－450e－9f49－682a76616259	系统自动引用支付更正申请书表中的原指标主键和更正后指标主键
12	结算方式代码	5（转账支票）	5（转账支票）	系统自动引用待更正原支付申请中的结算方式代码
13	支付方式代码	1（国库集中支付）	1（国库集中支付）	系统自动引用待更正原支付申请中的支付方式代码
14	用途	设备维修	设备维修	系统自动引用待更正原支付申请中的用途
15	支付业务类型代码	8（更正业务）	8（更正业务）	系统自动处理，值集使用"8 更正业务"
16	支付申请金额	－6000.00	6000.00	系统自动处理，引用待更正原支付申请中的支付申请金额
17	支付凭证主键	781a9e2512－bbd0－45ca－82a2－f96c1729a407	781a9e2512－bbd0－45ca－82a2－f96c1729a407	系统自动处理，用于与生成的支付凭证主键关联

续表

序号	字段	负的支付申请	正的支付申请	备注
18	付款人全称	产品质量监督检验院	产品质量监督检验院	系统自动引用待更正原支付申请中的付款人全称
19	付款人账号	6234585949910030	6234585949910030	系统自动引用待更正原支付申请中的付款人账号
20	付款人开户银行	工商银行东大街支行	工商银行东大街支行	系统自动引用待更正原支付申请中的付款人开户银行
21	收款人全称	智能科技公司	智能科技公司	系统自动引用待更正原支付申请中的收款人全称
22	收款人账号	650000034330321	650000034330321	系统自动引用待更正原支付申请中的收款人账号
23	收款人开户银行	兴业银行北京支行	兴业银行北京支行	系统自动引用待更正原支付申请中的收款人开户银行
24	资金往来对象类别代码	19（与部门外其他）	19（与部门外其他）	系统自动引用待更正原支付申请中的资金往来对象类别代码
25	单位内部机构代码	1（办公室）	1（办公室）	系统自动引用待更正原支付申请中的单位内部机构代码
26	预算年度	2020	2020	系统自动处理，根据预算填报年度生成
27	财政区划代码	110000000（北京市本级）	110000000（北京市本级）	系统自动处理，值集来源于财政区划管理要素
28	外币金额	—	—	系统自动引用待更正原支付申请中的外币金额，非外币可为空
29	币种代码	CNY（人民币）	CNY（人民币）	系统自动引用待更正原支付申请中的币种代码
30	汇率	—	—	系统自动引用待更正原支付申请中的汇率，非外币可为空
31	收款人代码	—	—	系统自动引用待更正原支付申请中的收款人代码，获取不到可为空
32	采购合同编号	—	—	系统自动引用待更正原支付申请中的采购合同编号，政府采购的需要填写
33	更新时间	20200909110206	20200909110206	数据更新时系统自动生成，数据创建时更新时间与创建时间一致

续表

序号	字段	负的支付申请	正的支付申请	备注
34	是否删除	2（否）	2（否）	系统自动处理，值集来源于布尔型代码管理要素，默认值为2，删除操作后，字段值由2变为1
35	创建时间	20200909110206	20200909110206	数据创建时系统自动生成

表3-295　国库集中支付凭证表（PAY_VOUCHER_BILL）

序号	字段	字段值	备注
1	支付凭证主键	781a9e2512-bbd0-45ca-82a2-f96c1729a407	数据创建时系统自动生成
2	资金性质代码	111（一般公共预算资金）	系统自动引用原支付凭证中的资金性质代码，如果更正资金性质则为空
3	预算年度	2020	系统自动处理，根据预算填报年度生成
4	凭证日期	20200909	手工录入，填写支付凭证生成的日期
5	支付凭证号	PZ000329	系统自动生成，编号规则由各地财政部门自行制定
6	付款人全称	产品质量监督检验院	系统自动引用原支付凭证中的付款人全称
7	付款人账号	6234585949910030	系统自动引用原支付凭证中的付款人账号
8	付款人开户银行	工商银行东大街支行	系统自动引用原支付凭证中的付款人开户银行
9	收款人全称	智能科技公司	系统自动引用原支付凭证中的收款人全称
10	收款人账号	650000034330321	系统自动引用原支付凭证中的收款人账号
11	收款人开户银行	兴业银行北京支行	系统自动引用原支付凭证中的收款人开户银行
12	支付金额	0.00	系统自动处理，更正凭证金额为0
13	清算额度通知单号	—	更正凭证不用清算，无须填写
14	凭证号清单号	—	更正凭证不用清算，无须填写
15	划款凭证单号	—	更正凭证不用清算，无须填写
16	支出功能分类科目代码	—	系统自动引用原支付凭证中的支出功能分类科目代码，如果更正此项则为空
17	政府支出经济分类代码	50209［维修（护）费］	系统自动引用原支付凭证中的政府支出经济分类代码，如果更正此项则为空
18	部门支出经济分类代码	30213［维修（护）费］	系统自动引用原支付凭证中的部门支出经济分类代码，如果更正此项则为空
19	银行交易流水号	—	更正凭证不发银行，无须填写
20	实际支付金额	—	更正凭证不发银行，无须填写

续表

序号	字段	字段值	备注
21	实际支付日期	—	更正凭证不发银行，无须填写
22	单位代码	142207（产品质量监督检验院）	系统自动引用原支付凭证中的单位代码
23	用途	设备维修	系统自动引用原支付凭证中的用途
24	结算方式代码	5（转账支票）	系统自动引用原支付凭证中的结算方式代码
25	项目代码	1100001914220700000001（质量检验设备维修）	系统自动引用原支付凭证中的项目代码，如果更正此项则为空
26	财政区划代码	110000000（北京市本级）	系统自动处理，值集来源于财政区划管理要素
27	外币金额	—	系统自动引用原支付凭证中的外币金额，非外币可为空
28	币种代码	CNY（人民币）	系统自动引用原支付凭证中的币种代码
29	汇率	—	系统自动引用原支付凭证中的汇率，非外币可为空
30	收款人代码	—	系统自动引用原支付凭证中的收款人代码，获取不到可为空
31	回单附言	—	更正凭证不发银行，无须填写
32	实际收款人全称	—	更正凭证不发银行，无须填写
33	实际收款人账号	—	更正凭证不发银行，无须填写
34	实际收款人开户银行名称	—	更正凭证不发银行，无须填写
35	更新时间	20200909110206	数据更新时系统自动生成，数据创建时更新时间与创建时间一致
36	是否删除	2（否）	系统自动处理，值集来源于布尔型代码管理要素，默认值为2，删除操作后，字段值由2变为1
37	创建时间	20200909110206	数据创建时系统自动生成

（3）人工审核。

审核后，相关业务逻辑库表中的数据无变化，对应的工作流状态发生变化。

（4）更正申请生效。

更正生效后，相关业务逻辑库表中的数据无变化，对应的工作流状态发生变化。

3.6.2.2.1.4 资金退回

资金退回是指代理银行支付后，由于原支付凭证收款人账户信息有误资金被收款行退回，或预算单位、收款人主动将资金退回的情况，涉及的业务活动及逻辑库表应用如下：

被动退回情况下，如表3-296所示。

表 3-296　　资金被动退回涉及的业务活动及逻辑库表应用

序号	业务活动	逻辑库表	中文名称	备注
1	匹配原支付凭证	—	—	此步骤由代理银行操作，不涉及预算管理一体化系统
2	生成退回通知书	—	—	此步骤由代理银行操作，不涉及预算管理一体化系统
3	退回国库或财政专户	—	—	此步骤由代理银行操作，不涉及预算管理一体化系统
4	发送退回通知书	—	—	此步骤由代理银行操作，不涉及预算管理一体化系统
5	财政接收退回通知书	PAY_FUND_REFUND	国库集中支付资金退回通知书表	用于存储退回通知书信息
		PAY_VOUCHER	国库集中支付申请表	存储资金退回产生的支付申请信息
6	恢复指标额度	—	—	此步操作指标账相关表发生变化，不涉及支付相关表的变化
7	单位接收退回通知书	PAY_FUND_REFUND	国库集中支付资金退回通知书表	用于存储退回通知书信息
		PAY_VOUCHER	国库集中支付申请表	存储资金退回产生的支付申请信息

主动退回情况下，如表 3-297 所示。

表 3-297　　资金主动退回涉及的业务活动及逻辑库表应用

序号	业务活动	逻辑库表	中文名称	备注
1	生成零余额到账通知书	—	—	此步骤由代理银行操作，不涉及预算管理一体化系统
2	接收零余额到账通知书	PAY_ACCOUNT_NOTICE	零余额到账通知书表	用于存储零余额到账通知书信息
3	核实原支付信息	PAY_VOUCHER	国库集中支付申请表	用于存储支付申请信息
		PAY_VOUCHER_BILL	国库集中支付凭证表	用于存储支付凭证信息

续表

序号	业务活动	逻辑库表	中文名称	备注
4	发送退回通知书（当年退回）	PAY_FUND_REFUND	国库集中支付资金退回通知书表	用于存储退回通知书信息
		PAY_VOUCHER	国库集中支付申请表	存储资金退回产生的支付申请信息
5	退回国库或财政专户（当年退回）	—	—	此步骤由代理银行操作，不涉及预算管理一体化系统
6	财政接收退回通知书回单（当年退回）	PAY_FUND_REFUND	国库集中支付资金退回通知书表	用于存储退回通知书信息
		PAY_VOUCHER	国库集中支付申请表	存储资金退回产生的支付申请信息
7	单位接收退回通知书回单（当年退回）	PAY_FUND_REFUND	国库集中支付资金退回通知书表	用于存储退回通知书信息
		PAY_VOUCHER	国库集中支付申请表	存储资金退回产生的支付申请信息
8	恢复指标额度（当年退回）	—	—	此步操作指标账相关表发生变化，不涉及支付相关表的变化
9	发送退回通知书（跨年退回）	PAY_FUND_REFUND	国库集中支付资金退回通知书表	用于存储退回通知书信息
10	退回国库或财政专户（跨年退回）	—	—	此步骤由代理银行操作，不涉及预算管理一体化系统
11	财政接收退回通知书回单（跨年退回）	PAY_FUND_REFUND	国库集中支付资金退回通知书表	用于存储退回通知书信息
12	单位接收退回通知书回单（跨年退回）	PAY_FUND_REFUND	国库集中支付资金退回通知书表	用于存储退回通知书信息

1. 逻辑库表间关系

资金退回涉及的相关逻辑库表的关系如图 3-28 所示。

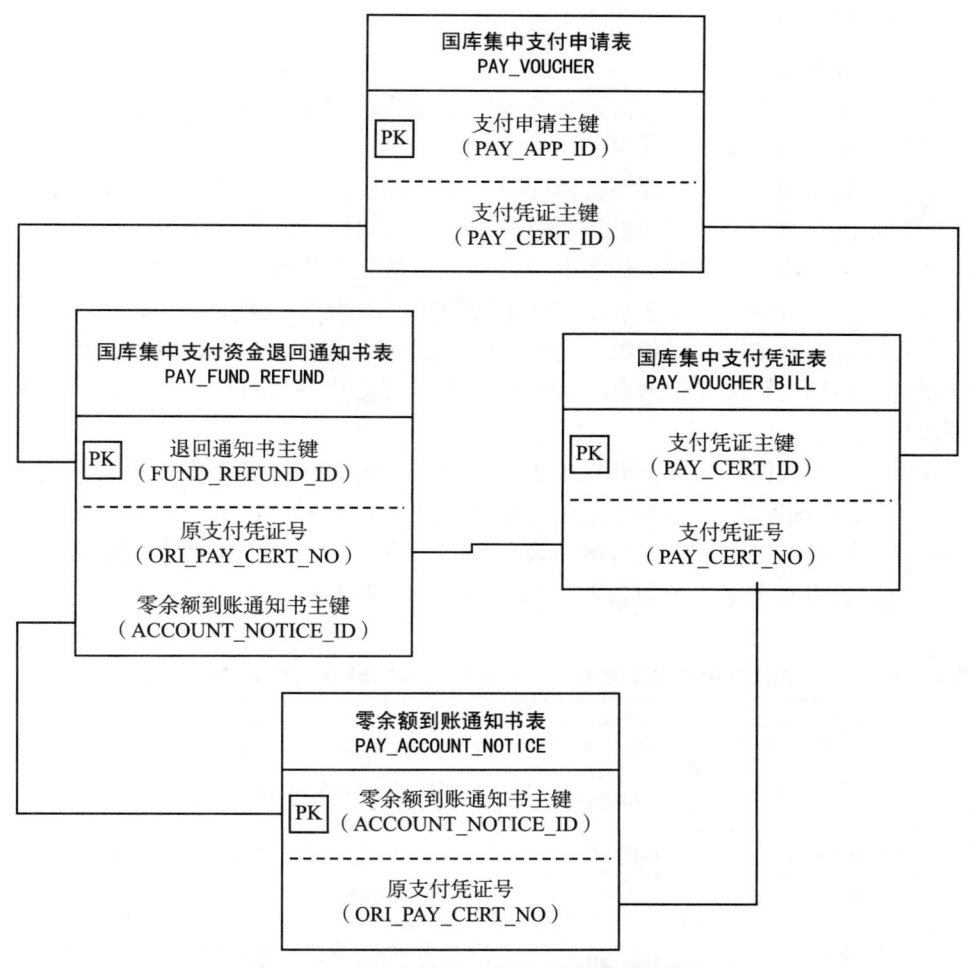

图 3-28 资金退回涉及的相关逻辑库表的关系

（1）国库集中支付资金退回通知书表（PAY_FUND_REFUND）中的原支付凭证号（ORI_PAY_CERT_NO）对应国库集中支付凭证表（PAY_VOUCHER_BILL）中的支付凭证号（PAY_CERT_NO）、零余额到账通知书主键（ACCOUNT_NOTICE_ID）对应零余额到账通知书表（PAY_ACCOUNT_NOTICE）中的零余额到账通知书主键（ACCOUNT_NOTICE_ID）。

（2）零余额到账通知书表（PAY_ACCOUNT_NOTICE）中的原支付凭证号（ORI_PAY_CERT_NO）对应国库集中支付凭证表（PAY_VOUCHER_BILL）中的支付凭证号（PAY_CERT_NO）。

（3）国库集中支付申请表（PAY_VOUCHER）中的支付凭证主键（PAY_CERT_ID）对应国库集中支付凭证表（PAY_VOUCHER_BILL）中的支付凭证主键（PAY_CERT_ID）、国库集中支付资金退回通知书表（PAY_FUND_REFUND）中的退回通知书主键（FUND_REFUND_ID）。

2. 实现机制说明

（1）被动退回。

①匹配原支付凭证。代理银行收到退回资金后匹配原支付凭证信息，此步骤由代理银行操作，不涉及预算管理一体化系统。

②生成退回通知书。代理银行匹配原支付凭证信息后，生成《国库集中支付资金退回通知书》，此步骤由代理银行操作，不涉及预算管理一体化系统。

③退回国库或财政专户。代理银行依据退回通知书生成申请退款清算凭证将资金退至国库或财政专户，此步骤由代理银行操作，不涉及预算管理一体化系统。

④发送退回通知书。代理银行将资金退至国库或财政专户后，将《国库集中支付资金退回通知书》发送财政部门和单位，此步骤由代理银行操作，不涉及预算管理一体化系统。

⑤财政接收退回通知书。财政接收代理银行发送的《国库集中支付资金退回通知书》，系统在国库集中支付资金退回通知书表（PAY_FUND_REFUND）存储资金退回信息，同时在国库集中支付申请表（PAY_VOUCHER）中生成对应的负的支付申请信息，逻辑库表字段示例如表3-298和表3-299所示。

表3-298　　国库集中支付资金退回通知书表（PAY_FUND_REFUND）

序号	字段	字段值	备注
1	退回通知书主键	12eed54e3c-4da9-4b32-b673-59d0c8a871cf	数据创建时系统自动生成
2	资金退回日期	20200506	系统自动引用银行退回通知书中的资金退回日期
3	预算年度	2020	系统自动处理，根据预算填报年度生成
4	资金退回通知书编号	TH000001	系统自动引用银行退回通知书中的资金退回通知书编号
5	收款人全称	产品质量监督检验院	系统自动引用银行退回通知书中的收款人全称
6	收款人账号	6234585949910030	系统自动引用银行退回通知书中的收款人账号
7	收款人开户银行	工商银行东大街支行	系统自动引用银行退回通知书中的收款人开户银行
8	退款人全称	智能科技公司	系统自动引用银行退回通知书中的退款人全称
9	退款人账号	65000321	系统自动引用银行退回通知书中的退款人账号
10	退款人开户银行名称	兴业银行北京支行	系统自动引用银行退回通知书中的退款人开户银行名称
11	资金退回金额	-225000.00	系统自动引用银行退回通知书中的资金退回金额
12	单位代码	142207（产品质量监督检验院）	系统自动引用银行退回通知书中的单位代码
13	部门代码	142（市场监督管理局）	系统自动引用银行退回通知书中的部门代码

续表

序号	字段	字段值	备注
14	原支付凭证号	PZ000001	系统自动引用银行退回通知书中的原支付凭证号
15	原支出功能分类代码	2013815（质量安全监管）	系统自动引用银行退回通知书中的原支出功能分类代码
16	资金退回原因代码	1（支付失败退回）	系统自动引用银行退回通知书中的资金退回原因代码
17	财政区划代码	110000000（北京市本级）	系统自动处理，值集来源于财政区划管理要素
18	代理银行编码	102001（工商银行东大街支行）	系统自动引用银行退回通知书中的代理银行编码
19	零余额到账通知书主键	—	被动退回为空
20	收款人代码	—	系统自动引用银行退回通知书中的收款人代码，获取不到为空
21	更新时间	20200506133018	数据更新时系统自动生成，数据创建时更新时间与创建时间一致
22	是否删除	2（否）	系统自动处理，值集来源于布尔型代码管理要素，默认值为2，删除操作后，字段值由2变为1
23	创建时间	20200506133018	数据创建时系统自动生成

表3-299　　　　　国库集中支付申请表（PAY_VOUCHER）

序号	字段	字段值	备注
1	支付申请主键	2367dedf77-c21d-4777-90ec-a5795dc6008e	数据创建时系统自动生成
2	支付申请编号	SQ000053	系统自动生成，编号规则由各地财政部门自行制定
3	申请日期	20200506	系统自动引用银行退回通知书中的资金退回日期
4	单位代码	142207（产品质量监督检验院）	系统自动引用银行退回通知书中原支付凭证号关联的支付申请中的单位代码
5	指标类型代码	21（当年预算）	系统自动引用银行退回通知书中原支付凭证号关联的支付申请中的指标类型代码
6	资金性质代码	111（一般公共预算资金）	系统自动引用银行退回通知书中原支付凭证号关联的支付申请中的资金性质代码
7	支出功能分类科目代码	2013815（质量安全监管）	系统自动引用银行退回通知书中原支付凭证号关联的支付申请中的支出功能分类科目代码
8	政府支出经济分类代码	50209［维修（护）费］	系统自动引用银行退回通知书中原支付凭证号关联的支付申请中的政府支出经济分类代码

续表

序号	字段	字段值	备注
9	部门支出经济分类代码	30213［维修（护）费］	系统自动引用银行退回通知书中原支付凭证号关联的支付申请中的部门支出经济分类代码
10	项目代码	110000191422070000001（质量检验设备维修）	系统自动引用银行退回通知书中原支付凭证号关联的支付申请中的项目代码
11	指标主键	454c466c9c-4ec2-4b3e-bacd-34f46c475db0	系统自动引用银行退回通知书中原支付凭证号关联的支付申请中的指标主键
12	结算方式代码	1（电子转账支付）	系统自动引用银行退回通知书中原支付凭证号关联的支付申请中的结算方式代码
13	支付方式代码	1（国库集中支付）	系统自动引用银行退回通知书中原支付凭证号关联的支付申请中的支付方式代码
14	用途	设备维修	系统自动引用银行退回通知书中原支付凭证号关联的支付申请中的用途
15	支付业务类型代码	1（普通业务）	系统自动引用银行退回通知书中原支付凭证号关联的支付申请中的支付业务类型代码
16	支付申请金额	-225000.00	系统自动引用银行退回通知书中的资金退回金额
17	支付凭证主键	12eed54e3c-4da9-4b32-b673-59d0c8a871cf	系统自动引用银行退回通知书主键
18	付款人全称	产品质量监督检验院	系统自动引用银行退回通知书中原支付凭证号关联的支付申请中的付款人全称
19	付款人账号	6234585949910030	系统自动引用银行退回通知书中原支付凭证号关联的支付申请中的付款人账号
20	付款人开户银行	工商银行东大街支行	系统自动引用银行退回通知书中原支付凭证号关联的支付申请中的付款人开户银行
21	收款人全称	智能科技公司	系统自动引用银行退回通知书中原支付凭证号关联的支付申请中的收款人全称
22	收款人账号	65000321	系统自动引用银行退回通知书中原支付凭证号关联的支付申请中的收款人账号
23	收款人开户银行	兴业银行北京支行	系统自动引用银行退回通知书中原支付凭证号关联的支付申请中的收款人开户银行
24	资金往来对象类别代码	13（与部门外其他）	系统自动引用银行退回通知书中原支付凭证号关联的支付申请中的资金往来对象类别代码
25	单位内部机构代码	1（办公室）	系统自动引用银行退回通知书中原支付凭证号关联的支付申请中的单位内部机构代码

续表

序号	字段	字段值	备注
26	预算年度	2020	系统自动处理,根据预算填报年度生成
27	财政区划代码	110000000(北京市本级)	系统自动处理,值集来源于财政区划管理要素
28	外币金额	—	系统自动引用银行退回通知书中原支付凭证号关联的支付申请中的外币金额,非外币可为空
29	币种代码	CNY(人民币)	系统自动引用银行退回通知书中原支付凭证号关联的支付申请中的币种代码
30	汇率	—	系统自动引用银行退回通知书中原支付凭证号关联的支付申请中的汇率,非外币可为空
31	收款人代码	—	系统自动引用银行退回通知书中原支付凭证号关联的支付申请中的收款人代码,获取不到可为空
32	采购合同编号	CGHT-20-000001	系统自动引用银行退回通知书中原支付凭证号关联的支付申请中的采购合同编号
33	更新时间	20200506133018	数据更新时系统自动生成,数据创建时更新时间与创建时间一致
34	是否删除	2(否)	系统自动处理,值集来源于布尔型代码管理要素,默认值为2,删除操作后,字段值由2变为1
35	创建时间	20200506133018	数据创建时系统自动生成

⑥恢复指标额度。财政部门根据退回通知书恢复单位预算指标额度,此步操作指标账相关表发生变化,不涉及支付相关表的变化。

⑦单位接收退回通知书。单位进行《国库集中支付资金退回通知书》登记,相关业务逻辑库表中的数据无变化,对应的工作流状态发生变化。

(2)主动退回。

①生成零余额到账通知书。支付完成后收款人主动退回资金的,代理银行生成《零余额账户到账通知书》发送给财政部门或预算单位,此步骤由代理银行操作,不涉及预算管理一体化系统。

②接收零余额到账通知书。财政部门或预算单位接收代理银行发送的《零余额账户到账通知书》,系统在零余额到账通知书表(PAY_ACCTOUNT_NOTICE)中存储零余额账户到账信息。逻辑库表字段示例如表3-300所示。

表3-300　　零余额到账通知书表(PAY_ACCTOUNT_NOTICE)

序号	字段	字段值	备注
1	零余额到账通知书主键	561b32ccb2-43b7-4d33-ac4a-d07a3ed7574c	数据创建时系统自动生成

续表

序号	字段	字段值	备注
2	零余额到账通知书编号	DZ000001	系统自动引用银行零余额到账通知书中的零余额到账通知书编号
3	代理银行编码	102001（工商银行东大街支行）	系统自动引用银行零余额到账通知书中的代理银行编码
4	单位代码	142207（产品质量监督检验院）	系统自动引用银行零余额到账通知书中的单位代码
5	银行交易流水号	20200506000039	系统自动引用银行零余额到账通知书中的银行交易流水号
6	预算年度	2020	系统自动处理，根据预算填报年度生成
7	凭证日期	20200508	系统自动引用银行零余额到账通知书中的凭证日期
8	实际到账日期	20200508	系统自动引用银行零余额到账通知书中的实际到账日期
9	原支付凭证号	—	系统自动引用银行零余额到账通知书中的原支付凭证号，无法核实原支付凭证号的可为空
10	金额单位	元	系统自动引用银行零余额到账通知书中的金额单位
11	付款人全称	智能科技公司	系统自动引用银行零余额到账通知书中的付款人全称
12	付款人账号	65000321	系统自动引用银行零余额到账通知书中的付款人账号
13	付款人开户银行	兴业银行北京支行	系统自动引用银行零余额到账通知书中的付款人开户银行
14	收款人全称	产品质量监督检验院	系统自动引用银行零余额到账通知书中的收款人全称
15	收款人账号	6234585949910030	系统自动引用银行零余额到账通知书中的收款人账号
16	收款人开户银行	工商银行东大街支行	系统自动引用银行零余额到账通知书中的收款人开户银行
17	到账金额	225000.00	系统自动引用银行零余额到账通知书中的到账金额
18	附言	合同终止	系统自动引用银行零余额到账通知书中的附言，无附言可为空
19	财政区划代码	110000000（北京市本级）	系统自动处理，值集来源于财政区划管理要素
20	收款人代码	—	系统自动引用银行零余额到账通知书中的收款人代码，获取不到可为空
21	更新时间	20200508133018	数据更新时系统自动生成，数据创建时更新时间与创建时间一致
22	是否删除	2（否）	系统自动处理，值集来源于布尔型代码管理要素，默认值为2，删除操作后，字段值由2变为1
23	创建时间	20200508133018	数据创建时系统自动生成

③核实原支付信息。预算单位在收到代理银行的退回款项通知后，核对、确认原支付信息，会使用国库集中支付凭证表（PAY_VOUCHER_BILL）和国库集中支付申请表（PAY_VOUCHER）中已经支付的凭证和申请信息，逻辑库表字段示例详见"3.6.2.2.1.1 资金支付、资金清算"。

④发送退回通知书（当年退回）。预算单位核实原支付信息后，通过系统向代理银行发送《国库集中支付资金退回通知书》，系统在国库集中支付资金退回通知书表（PAY_FUND_REFUND）存储资金退回信息，同时在国库集中支付申请表（PAY_VOUCHER）表中生成对应的负的支付申请信息，逻辑库表字段示例如表 3-301 和表 3-302 所示。

表 3-301　　国库集中支付资金退回通知书表（PAY_FUND_REFUND）

序号	字段	字段值	备注
1	退回通知书主键	89b6ead4bc-842e-45e9-8464-a4e2deaee7a1	数据创建时系统自动生成
2	资金退回日期	20200508	手工录入，填写退回通知书生成的日期
3	预算年度	2020	系统自动处理，根据预算填报年度生成
4	资金退回通知书编号	TH000002	系统自动生成，编号规则由各地财政部门自行制定
5	收款人全称	产品质量监督检验院	系统自动引用银行零余额到账通知书中的收款人全称
6	收款人账号	6234585949910030	系统自动引用银行零余额到账通知书中的收款人账号
7	收款人开户银行	工商银行东大街支行	系统自动引用银行零余额到账通知书中的收款人开户银行
8	退款人全称	智能科技公司	系统自动引用银行零余额到账通知书中的付款人全称
9	退款人账号	65000321	系统自动引用银行零余额到账通知书中的付款人账号
10	退款人开户银行名称	兴业银行北京支行	系统自动引用银行零余额到账通知书中的付款人开户银行
11	资金退回金额	-225000.00	系统自动引用银行零余额到账通知书中的到账金额，金额为负
12	单位代码	142207（产品质量监督检验院）	系统自动引用核实的原支付凭证中的单位代码
13	部门代码	142（市场监督管理局）	系统自动引用核实的原支付凭证中的部门代码
14	原支付凭证号	PZ000001	系统自动引用核实的原支付凭证中的支付凭证号
15	原支出功能分类代码	2013815（质量安全监管）	系统自动引用核实的原支付凭证中的支出功能分类代码
16	资金退回原因代码	2（收款人主动退回）	选择录入，值集来源于资金退回原因管理要素
17	财政区划代码	110000000（北京市本级）	系统自动处理，值集来源于财政区划管理要素

续表

序号	字段	字段值	备注
18	代理银行编码	102001（工商银行东大街支行）	系统自动引用核实的原支付凭证中的代理银行编码
19	零余额到账通知书主键	561b32ccb2-43b7-4d33-ac4a-d07a3ed7574c	系统自动引用零余额到账通知书中的主键
20	收款人代码	—	系统自动引用核实的原支付凭证中的收款人代码，获取不到为空
21	更新时间	20200508144508	数据更新时系统自动生成，数据创建时更新时间与创建时间一致
22	是否删除	2（否）	系统自动处理，值集来源于布尔型代码管理要素，默认值为2，删除操作后，字段值由2变为1
23	创建时间	20200508144508	数据创建时系统自动生成

表3-302　　　　国库集中支付申请表（PAY_VOUCHER）

序号	字段	字段值	备注
1	支付申请主键	0167dedf77-c21d-4777-90ec-a5795dc6008e	数据创建时系统自动生成
2	支付申请编号	SQ000054	系统自动生成，编号规则由各地财政部门自行制定
3	申请日期	20200506	系统自动引用资金退回通知书中的资金退回日期
4	单位代码	142207（产品质量监督检验院）	系统自动引用核实的原支付凭证关联的支付申请中的单位代码
5	指标类型代码	21（当年预算）	系统自动引用核实的原支付凭证关联的支付申请中的指标类型代码
6	资金性质代码	111（一般公共预算资金）	系统自动引用核实的原支付凭证关联的支付申请中的资金性质代码
7	支出功能分类科目代码	2013815（质量安全监管）	系统自动引用核实的原支付凭证关联的支付申请中的支出功能分类科目代码
8	政府支出经济分类代码	50209［维修（护）费］	系统自动引用核实的原支付凭证关联的支付申请中的政府支出经济分类代码
9	部门支出经济分类代码	30213［维修（护）费］	系统自动引用核实的原支付凭证关联的支付申请中的部门支出经济分类代码
10	项目代码	1100001914220700000001（质量检验设备维修）	系统自动引用核实的原支付凭证关联的支付申请中的项目代码

续表

序号	字段	字段值	备注
11	指标主键	454c466c9c-4ec2-4b3e-bacd-34f46c475db0	系统自动引用核实的原支付凭证关联的支付申请中的指标主键
12	结算方式代码	1（电子转账支付）	系统自动引用核实的原支付凭证关联的支付申请中的结算方式代码
13	支付方式代码	1（国库集中支付）	系统自动引用核实的原支付凭证关联的支付申请中的支付方式代码
14	用途	设备维修	系统自动引用核实的原支付凭证关联的支付申请中的用途
15	支付业务类型代码	1（普通业务）	系统自动引用核实的原支付凭证关联的支付申请中的支付业务类型代码
16	支付申请金额	-225000.00	系统自动引用资金退回通知书中的资金退回金额
17	支付凭证主键	89b6ead4bc-842e-45e9-8464-a4e2deaee7a1	系统自动引用退回通知书主键
18	付款人全称	产品质量监督检验院	系统自动引用核实的原支付凭证关联的支付申请中的付款人全称
19	付款人账号	6234585949910030	系统自动引用核实的原支付凭证关联的支付申请中的付款人账号
20	付款人开户银行	工商银行东大街支行	系统自动引用核实的原支付凭证关联的支付申请中的付款人开户银行
21	收款人全称	智能科技公司	系统自动引用核实的原支付凭证关联的支付申请中的收款人全称
22	收款人账号	65000321	系统自动引用核实的原支付凭证关联的支付申请中的收款人账号
23	收款人开户银行	兴业银行北京支行	系统自动引用核实的原支付凭证关联的支付申请中的收款人开户银行
24	资金往来对象类别代码	13（与部门外其他）	系统自动引用核实的原支付凭证关联的支付申请中的资金往来对象类别代码
25	单位内部机构代码	1（办公室）	系统自动引用核实的原支付凭证关联的支付申请中的单位内部机构代码
26	预算年度	2020	系统自动处理，根据预算填报年度生成
27	财政区划代码	110000000（北京市本级）	系统自动处理，值集来源于财政区划管理要素
28	外币金额	—	系统自动引用核实的原支付凭证关联的支付申请中的外币金额，非外币可为空

续表

序号	字段	字段值	备注
29	币种代码	CNY（人民币）	系统自动引用核实的原支付凭证关联的支付申请中的币种代码
30	汇率	—	系统自动引用核实的原支付凭证关联的支付申请中的汇率，非外币可为空
31	收款人代码	—	系统自动引用核实的原支付凭证关联的支付申请中的收款人代码，获取不到可为空
32	采购合同编号	CGHT-20-000001	系统自动引用核实的原支付凭证关联的支付申请中的采购合同编号
33	更新时间	20200508144508	数据更新时系统自动生成，数据创建时更新时间与创建时间一致
34	是否删除	2（否）	系统自动处理，值集来源于布尔型代码管理要素，默认值为2，删除操作后，字段值由2变为1
35	创建时间	20200508144508	数据创建时系统自动生成

⑤退回国库或财政专户（当年退回）。代理银行依据退回通知书生成申请退款清算凭证将资金退回国库或财政专户，并将退回通知书发回财政和单位，此步骤由代理银行操作，不涉及预算管理一体化系统。

⑥财政接收退回通知书回单（当年退回）。财政接收代理银行发送的退回通知书回单进行登记，相关业务逻辑库表中的数据无变化，对应的工作流状态发生变化。

⑦单位接收退回通知书回单（当年退回）。单位接收代理银行发送的退回通知书回单进行登记，相关业务逻辑库表中的数据无变化，对应的工作流状态发生变化。

⑧恢复指标额度（当年退回）。财政部门根据退回通知书恢复单位预算指标额度，此步操作指标账相关表发生变化，不涉及支付相关表的变化。

⑨发送退回通知书（跨年退回）。预算单位核实原支付信息后，对于跨年度资金退回，录入《国库集中支付资金退回通知书》发送代理银行。系统在国库集中支付资金退回通知书表（PAY_FUND_REFUND）存储资金退回信息，同时在国库集中支付申请表（PAY_VOUCHER）中生成对应的负的支付申请信息，逻辑库表字段示例如表3-303和表3-304所示。

表3-303　　国库集中支付资金退回通知书表（PAY_FUND_REFUND）

序号	字段	字段值	备注
1	退回通知书主键	543694fe6c-cc26-4a8f-97a8-b24d514da798	数据创建时系统自动生成
2	资金退回日期	20200526	手工录入，填写退回通知书生成的日期

续表

序号	字段	字段值	备注
3	预算年度	2020	系统自动处理，根据预算填报年度生成
4	资金退回通知书编号	TH000003	系统自动生成，编号规则由各地财政部门自行制定
5	收款人全称	产品质量监督检验院	系统自动引用银行零余额到账通知书中的收款人全称
6	收款人账号	6234585949910030	系统自动引用银行零余额到账通知书中的收款人账号
7	收款人开户银行	工商银行东大街支行	系统自动引用银行零余额到账通知书中的收款人开户银行
8	退款人全称	智能科技公司	系统自动引用银行零余额到账通知书中的付款人全称
9	退款人账号	65000321	系统自动引用银行零余额到账通知书中的付款人账号
10	退款人开户银行名称	兴业银行北京支行	系统自动引用银行零余额到账通知书中的付款人开户银行
11	资金退回金额	-225000.00	系统自动引用银行零余额到账通知书中的到账金额，金额为负
12	单位代码	142207（产品质量监督检验院）	系统自动引用核实的上年支付凭证中的单位代码
13	部门代码	142（市场监督管理局）	系统自动引用核实的上年支付凭证中的部门代码
14	原支付凭证号	PZ100092	系统自动引用核实的上年支付凭证中的支付凭证号
15	原支出功能分类代码	2013815（质量安全监管）	系统自动引用核实的上年支付凭证中的支出功能分类代码
16	资金退回原因代码	2（收款人主动退回）	选择录入，值集来源于资金退回原因管理要素
17	财政区划代码	110000000（北京市本级）	系统自动处理，值集来源于财政区划管理要素
18	代理银行编码	102001（工商银行东大街支行）	系统自动引用银行零余额到账通知书中的代理银行编码
19	零余额到账通知书主键	561b32ccb2-43b7-4d33-ac4a-d07a3ed7574c	系统自动引用零余额到账通知书中的主键
20	收款人代码	—	系统自动引用银行零余额到账通知书中的收款人代码，获取不到为空
21	更新时间	20200508144508	数据更新时系统自动生成，数据创建时更新时间与创建时间一致
22	是否删除	2（否）	系统自动处理，值集来源于布尔型代码管理要素，默认值为2，删除操作后，字段值由2变为1
23	创建时间	20200508144508	数据创建时系统自动生成

表 3-304　　　　　　　　国库集中支付申请表（PAY_VOUCHER）

序号	字段	字段值	备注
1	支付申请主键	8740550915-853d-4250-99f2-7c7bf3513c7f	数据创建时系统自动生成
2	支付申请编号	SQ000067	系统自动生成，编号规则由各地财政部门自行制定
3	申请日期	20200526	系统自动引用资金退回通知书中的资金退回日期
4	单位代码	142207（产品质量监督检验院）	系统自动引用核实的往年支付凭证关联的支付申请中的单位代码
5	指标类型代码	21（当年预算）	系统自动引用核实的往年支付凭证关联的支付申请中的指标类型代码
6	资金性质代码	111（一般公共预算资金）	系统自动引用核实的往年支付凭证关联的支付申请中的资金性质代码
7	支出功能分类科目代码	2013815（质量安全监管）	系统自动引用核实的往年支付凭证关联的支付申请中的支出功能分类科目代码
8	政府支出经济分类代码	50209［维修（护）费］	系统自动引用核实的往年支付凭证关联的支付申请中的政府支出经济分类代码
9	部门支出经济分类代码	30213［维修（护）费］	系统自动引用核实的往年支付凭证关联的支付申请中的部门支出经济分类代码
10	项目代码	110000191422070000001（质量检验设备维修）	系统自动引用核实的往年支付凭证关联的支付申请中的项目代码
11	指标主键	368702f3d4-748c-4156-9d28-61c639deea91	系统自动引用核实的往年支付凭证关联的支付申请中的指标主键
12	结算方式代码	1（电子转账支付）	系统自动引用核实的往年支付凭证关联的支付申请中的结算方式代码
13	支付方式代码	1（国库集中支付）	系统自动引用核实的往年支付凭证关联的支付申请中的支付方式代码
14	用途	设备维修	系统自动引用核实的往年支付凭证关联的支付申请中的用途
15	支付业务类型代码	1（普通业务）	系统自动引用核实的往年支付凭证关联的支付申请中的支付业务类型代码
16	支付申请金额	-225000.00	系统自动引用资金退回通知书中的资金退回金额
17	支付凭证主键	543694fe6c-cc26-4a8f-97a8-b24d514da798	系统自动引用退回通知书主键
18	付款人全称	产品质量监督检验院	系统自动引用核实的往年支付凭证关联的支付申请中的付款人全称

续表

序号	字段	字段值	备注
19	付款人账号	6234585949910030	系统自动引用核实的往年支付凭证关联的支付申请中的付款人账号
20	付款人开户银行	工商银行东大街支行	系统自动引用核实的往年支付凭证关联的支付申请中的付款人开户银行
21	收款人全称	智能科技公司	系统自动引用核实的往年支付凭证关联的支付申请中的收款人全称
22	收款人账号	65000321	系统自动引用核实的往年支付凭证关联的支付申请中的收款人账号
23	收款人开户银行	兴业银行北京支行	系统自动引用核实的往年支付凭证关联的支付申请中的收款人开户银行
24	资金往来对象类别代码	13（与部门外其他）	系统自动引用核实的往年支付凭证关联的支付申请中的资金往来对象类别代码
25	单位内部机构代码	1（办公室）	系统自动引用核实的往年支付凭证关联的支付申请中的单位内部机构代码
26	预算年度	2020	系统自动处理，根据预算填报年度生成
27	财政区划代码	110000000（北京市本级）	系统自动处理，值集来源于财政区划管理要素
28	外币金额	—	系统自动引用核实的往年支付凭证关联的支付申请中的外币金额，非外币可为空
29	币种代码	CNY（人民币）	系统自动引用核实的往年支付凭证关联的支付申请中的币种代码
30	汇率	—	系统自动引用核实的往年支付凭证关联的支付申请中的汇率，非外币可为空
31	收款人代码	—	系统自动引用核实的往年支付凭证关联的支付申请中的收款人代码，获取不到可为空
32	采购合同编号	CGHT-20-000001	系统自动引用核实的往年支付凭证关联的支付申请中的采购合同编号
33	更新时间	20200508144508	数据更新时系统自动生成，数据创建时更新时间与创建时间一致
34	是否删除	2（否）	系统自动处理，值集来源于布尔型代码管理要素，默认值为2，删除操作后，字段值由2变为1
35	创建时间	20200508144508	数据创建时系统自动生成

⑩退回国库或财政专户（跨年退回）。代理银行依据退回通知书将资金直接退回国库或财政专户，并将退回通知书发回财政和单位，此步骤由代理银行操作，不

涉及预算管理一体化系统。

⑪财政接收退回通知书回单（跨年退回）。财政接收代理银行发送的退回通知书回单进行登记，对于项目未结束的跨年资金退回，可允许单位继续按原用途使用，财政部门追加相应可执行指标；对于项目已经结束或收回财政存量资金的跨年度资金退回，作为结余资金管理，按照结余资金管理有关规定办理。

⑫单位接收退回通知书回单（跨年退回）。单位接收代理银行发送的退回通知书回单进行登记，相关业务逻辑库表中的数据无变化，对应的工作流状态发生变化。

3.6.2.2.2 单位资金支付

单位资金支出是指单位资金收入安排的，存放于单位实有账户或财政代管专户中的单位实有资金的支出（不含教育收费专项支出）。

行政单位、事业单位中的行政类和公益一类单位，应严格按照预算控制执行。其他事业单位的单位资金，暂不具备条件的，可暂时采取记录和反映的模式，系统通过单位会计账动态反映单位资金实际支出情况，并与预算指标进行比对，财政部门会同主管部门进行动态监控，对超预算支出等问题及时纠正处理。单位资金支付业务涉及的业务活动及逻辑库表应用如下。

在严格控制模式下，具体如表3-305所示。

表3-305　　单位资金支出在严格控制模式下涉及的业务活动及逻辑库表应用

序号	业务活动	逻辑库表	中文名称	备注
1	填报支付申请	INC_APPLY	单位资金支付申请表	用于存储支付申请信息
		INC_DETAIL	单位资金支付明细表	用于存储批量业务情况下的支付明细信息
		BA_BGT_INFO	指标信息表	用于存储单位资金指标信息
2	生成支付凭证	INC_CERT	单位资金支付凭证表	用于存储支付凭证信息
		INC_DETAIL	单位资金支付明细表	用于存储批量业务情况下的支付明细信息
3	资金支付	—	—	此步骤由开户银行操作，不涉及预算管理一体化系统
4	财政部门接收支付回单	INC_CERT	单位资金支付凭证表	用于存储支付凭证回单信息
		INC_DETAIL	单位资金支付明细表	用于存储批量业务情况下的支付明细信息
5	单位接收支付回单	INC_CERT	单位资金支付凭证表	用于存储支付凭证回单信息

续表

序号	业务活动	逻辑库表	中文名称	备注
6	定期接收报表	INC_DAY_INCOMEANDEXPENSE	单位资金收支日报表	用于存储单位资金收支日报信息
		INC_MONTH_INCOMEANDEXPENSE	单位资金收支月报表	用于存储单位资金收支月报信息

在记录反映模式下，具体如表3-306所示。

表3-306　单位资金支出在记录反映模式下涉及的业务活动及逻辑库表应用

序号	业务活动	逻辑库表	中文名称	备注
1	填报支付申请	INC_APPLY	单位资金支付申请表	用于存储支付申请信息
		INC_DETAIL	单位资金支付明细表	用于存储批量业务情况下的支付明细信息
2	生成支付凭证	INC_CERT	单位资金支付凭证表	用于存储支付凭证信息
		INC_DETAIL	单位资金支付明细表	用于存储批量业务情况下的支付明细信息
3	支付资金	—	—	此步骤由开户银行操作，不涉及预算管理一体化系统
4	单位接收支付回单	INC_CERT	单位资金支付凭证表	用于存储支付凭证信息
		INC_DETAIL	单位资金支付明细表	用于存储批量业务情况下的支付明细信息
5	比对预算指标与实际支出	BA_BGT_INFO	指标信息表	用于存储单位资金指标信息
		INC_CERT	单位资金支付凭证表	用于存储支付凭证信息

1. 逻辑库表间关系

单位资金支付涉及的相关逻辑库表的关系如图3-29所示。

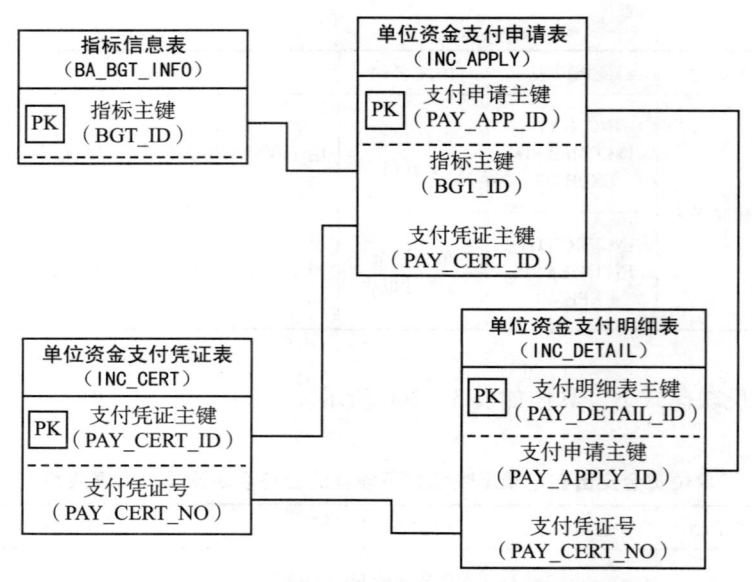

图 3-29　单位资金支付涉及的相关逻辑库表的关系

（1）单位资金支付申请表（INC_APPLY）中的支付凭证主键（PAY_CERT_ID）对应单位资金支付凭证表（INC_CERT）中的支付凭证主键（PAY_CERT_ID），指标主键（BGT_ID）对应指标信息表（BA_BGT_INFO）中的指标主键（BGT_ID）。

（2）单位资金支付明细表（INC_DETAIL）中的支付申请主键（PAY_APP_ID）对应单位资金支付申请表（INC_APPLY）中的支付申请主键（PAY_APPLY_ID），支付凭证号（PAY_CERT_NO）对应单位资金支付凭证表（INC_CERT）中的支付凭证号（PAY_CERT_NO）。

2. 实现机制说明

（1）严格控制模式。

填报支付申请。预算批复后，单位根据预算指标和实际资金使用情况，在系统中填报单位资金支付申请。系统根据单位填报的支付信息，结合指标信息表（BA_BGT_INFO）中相对应的单位资金指标信息，在单位资金支付申请表（INC_APPLY）存储支付申请信息。如果是批量支付业务，需同时在单位资金支付明细表（INC_DETAIL）存储支付明细信息。逻辑库表字段示例如表 3-307 所示。

表 3-307　　　　　　　　单位资金支付申请表（INC_APPLY）

序号	字段	字段值	备注
1	支付申请主键	75c7233a3d-230f-3a83-a277-3255954c323	数据创建时系统自动生成
2	支付申请编号	SQ000087	系统自动生成，编号规则由各地财政部门自行制定
3	申请日期	20200506	手工录入，填写申请支付单位资金的日期

续表

序号	字段	字段值	备注
4	单位代码	142207（产品质量监督检验院）	系统自动引用指标信息表中的单位代码
5	指标类型代码	21（当年预算）	系统自动引用指标信息表中的指标类型代码
6	资金性质代码	39（其他收入资金）	系统自动引用指标信息表中的资金性质代码
7	支出功能分类科目代码	2013815（质量安全监管）	系统自动引用指标信息表中的支出功能分类科目代码
8	政府支出经济分类代码	50209［维修（护）费］	选择录入，值集来源于政府支出经济分类业务管理要素
9	部门支出经济分类代码	30213［维修（护）费］	选择录入，值集来源于部门支出经济分类业务管理要素
10	项目代码	1100001914220700000001（质量检验设备维修）	系统自动引用指标信息表中的项目代码
11	指标主键	923194fb30-dda1-43ac-a10b-62c3ff47e3b0	系统自动引用指标信息表中的指标主键
12	结算方式代码	1（电子转账支付）	选择录入，值集来源于结算方式管理要素
13	支付方式代码	3（单位资金支付）	选择录入，值集来源于支付方式管理要素
14	用途	设备维修	手工录入，根据实际资金用途填写
15	支付业务类型代码	1（普通业务）	选择录入，值集来源于支付业务类型管理要素
16	支付申请金额	2210.00	手工录入，根据申请支付金额填写
17	支付凭证主键	—	系统自动引用单位资金支付凭证表中的支付凭证主键，未生成支付凭证时为空
18	付款人全称	产品质量监督检验院	系统自动引用账户信息表中的单位资金账户全称
19	付款人账号	204008730002	系统自动引用账户信息表中的单位资金账户账号
20	付款人开户银行	建设银行枫桥支行	系统自动引用账户信息表中的单位资金账户开户银行
21	收款人全称	智能科技公司	手工录入，根据实际收款人信息填写
22	收款人账号	65000321	手工录入，根据实际收款人信息填写
23	收款人开户银行	兴业银行北京支行	手工录入，根据实际收款人信息填写
24	资金往来对象类别代码	19（与部门外其他）	选择录入，值集来源于资金往来对象类别管理要素
25	单位内部机构代码	1（办公室）	选择录入，值集来源于单位内部机构管理要素

续表

序号	字段	字段值	备注
26	预算年度	2020	系统自动处理，根据预算填报年度生成
27	财政区划代码	110000000（北京市本级）	系统自动处理，值集来源于财政区划管理要素
28	外币金额	—	手工录入，非外币可为空
29	币种代码	CNY（人民币）	选择录入，值集来源于币种管理要素，默认值为CNY（人民币）
30	汇率	—	手工录入，非外币可为空
31	收款人代码	—	手工录入，获取不到可为空
32	采购合同编号	—	手工录入，政府采购项目需要填写
33	更新时间	20200506112739	数据更新时系统自动生成，数据创建时更新时间与创建时间一致
34	是否删除	2（否）	系统自动处理，值集来源于布尔型代码管理要素，默认值为2，删除操作后，字段值由2变为1
35	创建时间	20200506112739	数据创建时系统自动生成

如果是批量支付业务，存储单位资金支付明细信息，逻辑库表字段示例如表3-308所示。

表3-308　　　　　单位资金支付明细表（INC_DETAIL）

序号	字段	字段值1	字段值2	……	备注
1	支付明细表主键	61d3f3bb9f-b92a-4779-93b2-c89437bbaff8	761f90f726-dcdb-47fb-8561-6d2d2a2608ad	……	数据创建时系统自动生成
2	单位代码	142207（产品质量监督检验院）	142207（产品质量监督检验院）	……	系统自动引用指标信息表中的单位代码
3	收款人全称	文化用品公司	李四	……	手工录入，根据实际收款人信息填写
4	收款人账号	204220700022	623679403005	……	手工录入，根据实际收款人信息填写
5	收款人开户银行	建行××支行	建设银行枫桥支行	……	手工录入，根据实际收款人信息填写
6	支付金额	210.00	590.00	……	手工录入，根据申请支付金额填写
7	实际支付金额	—	—	……	系统自动引用银行回单中的实际支付金额，未支付时为空

续表

序号	字段	字段值1	字段值2	……	备注
8	附言	—	—	……	系统自动引用银行回单中的附言，未支付或银行无附言可为空
9	金额单位	元	元	……	选择录入，填写金额单位，默认为元
10	支付凭证号	—	—	……	系统自动引用单位资金支付凭证表中的支付凭证号，未生成支付凭证时为空
11	支付申请主键	75c7233a3d-230f-3a83-a277-3255954c323	75c7233a3d-230f-3a83-a277-3255954c323	……	系统自动引用单位资金支付申请表中的支付申请主键，用于多个支付明细关联同一个支付申请
12	业务追溯识别码	—	—	……	系统自动引用消费明细等原始业务信息的唯一标识
13	预算年度	2020	2020	……	系统自动处理，根据预算填报年度生成
14	财政区划代码	110000000（北京市本级）	110000000（北京市本级）	……	系统自动处理，值集来源于财政区划管理要素
15	外币金额	—	—	……	手工录入，非外币可为空
16	币种代码	CNY（人民币）	CNY（人民币）	……	选择录入，值集来源于币种管理要素，默认值为CNY（人民币）
17	汇率	—	—	……	手工录入，非外币可为空
18	收款人代码	—	—	……	手工录入，获取不到可为空
19	更新时间	20200506114639	20200506103452	……	数据更新时系统自动生成，数据创建时更新时间与创建时间一致
20	是否删除	2（否）	2（否）	……	系统自动处理，值集来源于布尔型代码管理要素，默认值为2，删除操作后，字段值由2变为1
21	创建时间	20200506114639	20200506103452	……	数据创建时系统自动生成

（2）生成支付凭证。

单位根据校验通过的支付申请生成《单位资金支付凭证》发送开户银行，如果是批量业务同时按收款人合并生成《单位资金支付明细表》发送开户银行。系统在单位资金支付凭证表（INC_CERT）中存储单位资金支付凭证信息，并更新单位资金支付申请表（INC_APPLY）中的支付凭证主键信息，如果是批量业务同时更新单位资金支付明细表（INC_DETAIL）中支付凭证关联信息。逻辑库表字段示例如表3-309所示。

表 3-309　　　　　　　　　单位资金支付凭证表（INC_CERT）

序号	字段	字段值	备注
1	支付凭证主键	83a9340cc7-27e1-496c-8885-347b9e69608b	数据创建时系统自动生成
2	资金性质代码	39（其他收入资金）	系统自动引用支付申请中的资金性质代码
3	凭证日期	20200506	手工录入，根据凭证生成日期填写
4	预算年度	2020	系统自动处理，根据预算填报年度生成
5	支付凭证号	PZ300001	系统自动生成，编号规则由各地财政部门自行制定
6	付款人全称	产品质量监督检验院	系统自动引用支付申请中的付款人全称
7	付款人账号	204008730002	系统自动引用支付申请中的付款人账号
8	付款人开户银行	建设银行枫桥支行	系统自动引用支付申请中的付款人开户银行
9	收款人全称	智能科技公司	系统自动引用支付申请中的收款人全称，批量业务可为空
10	收款人账号	65000321	系统自动引用支付申请中的收款人账号，批量业务可为空
11	收款人开户银行	兴业银行北京支行	系统自动引用支付申请中的收款人开户银行，批量业务可为空
12	支付金额	2210.00	系统自动引用支付申请中的支付金额
13	支出功能分类科目代码	2013815（质量安全监管）	系统自动引用支付申请中的支出功能分类科目代码
14	政府支出经济分类代码	50209［维修（护）费］	系统自动引用支付申请中的政府支出经济分类代码
15	部门支出经济分类代码	30213［维修（护）费］	系统自动引用支付申请中的部门支出经济分类代码
16	项目代码	1100001914220700000001（质量检验设备维修）	系统自动引用支付申请中的项目代码
17	银行交易流水号	—	系统自动引用银行回单中的银行交易流水号，未支付时为空
18	实际支付金额	—	系统自动引用银行回单中的实际支付金额，未支付时为空
19	实际支付日期	—	系统自动引用银行回单中的实际支付日期，未支付时为空
20	单位代码	142207（产品质量监督检验院）	系统自动引用支付申请中的单位代码
21	用途	设备维修	系统自动引用支付申请中的用途

续表

序号	字段	字段值	备注
22	结算方式代码	1（电子转账支付）	系统自动引用支付申请中的结算方式代码
23	财政区划代码	110000000（北京市本级）	系统自动处理，值集来源于财政区划管理要素
24	外币金额	—	系统自动引用支付申请中的外币金额，非外币可为空
25	币种代码	CNY（人民币）	系统自动引用支付申请中的币种代码
26	汇率	—	系统自动引用支付申请中的汇率，非外币可为空
27	收款人代码	—	系统自动引用支付申请中的收款人代码，获取不到可为空
28	回单附言	—	系统自动引用银行回单中的回单附言，未支付或银行无附言可为空
29	实际收款人全称	—	系统自动引用银行回单中的实际收款人全称，未支付时为空
30	实际收款人账号	—	系统自动引用银行回单中的实际收款人账号，未支付时为空
31	实际收款人开户银行名称	—	系统自动引用银行回单中的实际收款人开户银行名称，未支付时为空
32	更新时间	20200506114639	数据更新时系统自动生成，数据创建时更新时间与创建时间一致
33	是否删除	2（否）	系统自动处理，值集来源于布尔型代码管理要素，默认值为2，删除操作后，字段值由2变为1
34	创建时间	20200506114639	数据创建时系统自动生成

更新单位资金支付申请表（INC_APPLY）的支付凭证主键信息，逻辑库表字段变化示例如表 3-310 所示。

表 3-310　　　　　　单位资金支付申请表（INC_APPLY）

序号	字段	字段值	备注
1	支付申请主键	75c7233a3d-230f-3a83-a277-3255954c323	数据创建时系统自动生成
⋮	⋮	⋮	⋮
17	支付凭证主键	83a9340cc7-27e1-496c-8885-347b9e69608b	系统自动引用单位资金支付凭证表中的支付凭证主键
⋮	⋮	⋮	⋮

如果是批量业务，更新单位资金支付明细表（INC_DETAIL）支付凭证关联信

息，逻辑库表字段变化示例如表 3-311 所示。

表 3-311　　　　　　单位资金支付明细表（INC_DETAIL）

序号	字段	字段值 1	字段值 2	……	备注
1	支付明细表主键	61d3f3bb9f-b92a-4779-93b2-c89437bbaff8	761f90f726-dcdb-47fb-8561-6d2d2a2608ad	……	数据创建时系统自动生成
⋮	⋮	⋮	⋮	……	⋮
10	支付凭证号	PZ300001	PZ300001	……	系统自动引用单位资金支付凭证表中的支付凭证号，用于多个支付明细关联一个支付凭证
⋮	⋮	⋮	⋮	……	⋮

（3）资金支付。

开户银行进行资金支付，支付完成后向财政和预算单位发送支付凭证回单，此步骤预算管理一体化系统相关逻辑库表无变化。

（4）财政部门接收支付回单。

财政部门接收由开户银行发送的单位资金支付凭证回单，系统更新单位资金支付凭证表（INC_CERT）的实际支付信息，逻辑库表字段变化示例如表 3-312 所示。

表 3-312　　　　　　单位资金支付凭证表（INC_CERT）

序号	字段	字段值	备注
1	支付凭证主键	83c7323a2c-340f-3a83-a277-3435954c312	数据创建时系统自动生成
⋮	⋮	⋮	⋮
17	银行交易流水号	20200506000001	系统自动引用银行回单中的银行交易流水号
18	实际支付金额	2210.00	系统自动引用银行回单中的实际支付金额
19	实际支付日期	20200506	系统自动引用银行回单中的实际支付日期
29	回单附言	—	系统自动引用银行回单中的回单附言，银行无附言可为空
30	实际收款人全称	中原电子商务公司	系统自动引用银行回单中的实际收款人全称
31	实际收款人账号	6245667099903355	系统自动引用银行回单中的实际收款人账号
32	实际收款人开户银行名称	建行经二路支行	系统自动引用银行回单中的实际收款人开户银行名称
⋮	⋮	⋮	⋮

如果是批量支付业务，需同时更新单位资金支付明细表（INC_DETAIL）中的实际支付信息，逻辑库表字段变化示例如表3-313所示。

表3-313 单位资金支付明细表（INC_DETAIL）

序号	字段	字段值1	字段值2	……	备注
1	支付明细表主键	61d3f3bb9f-b92a-4779-93b2-c89437bbaff8	761f90f726-dcdb-47fb-8561-6d2d2a2608ad	……	数据创建时系统自动生成
⋮	⋮	⋮	⋮	……	⋮
7	实际支付金额	210.00	590.00	……	系统自动引用银行回单中的实际支付金额
8	附言	—	—	—	系统自动引用银行回单中的附言，银行无附言可为空
⋮	⋮	⋮	⋮	……	⋮

（5）单位接收支付回单。

单位进行支付凭证回单登记后，相关业务逻辑库表中的数据无变化，对应的工作流状态发生变化。

（6）定期接收报表。

财政部门定期接收开户银行根据财政支付业务发生情况生成的《单位资金支付日报表》和《单位资金支付月报表》，系统在单位资金收支日报表（INC_DAY_INCOMEANDEXPENSE）和单位资金收支月报表（INC_MONTH_INCOMEANDEXPENSE）存储对应收支信息，逻辑库表字段示例如表3-314和表3-315所示。

表3-314 单位资金收支日报表（INC_DAY_INCOMEANDEXPENSE）

序号	字段	字段值	备注
1	单位资金收支日报主键	725b13dda6-42b7-1d42-4d2c-d09a2ed1217c	数据创建时系统自动生成
2	单位资金收支日报表编号	SZRB000001	系统自动引用银行提供的单位资金收支日报中的单位资金收支日报表编号
3	日期	20200506	系统自动引用银行提供的单位资金收支日报中的日期
4	预算年度	2020	系统自动处理，根据预算填报年度生成
5	账户名称	产品质量监督检验院	系统自动引用银行提供的单位资金收支日报中的账户名称
6	账号	204008730002	系统自动引用银行提供的单位资金收支日报中的账号

续表

序号	字段	字段值	备注
7	开户银行全称	建设银行枫桥支行	系统自动引用银行提供的单位资金收支日报中的开户银行全称
8	上期余额	10000.00	系统自动引用银行提供的单位资金收支日报中的上期余额
9	借方金额（本期）	0.00	系统自动引用银行提供的单位资金收支日报中的借方金额（本期）
10	贷方金额（本期）	2210.00	系统自动引用银行提供的单位资金收支日报中的贷方金额（本期）
11	余额	7790.00	系统自动引用银行提供的单位资金收支日报中的余额
12	借方金额	0.00	系统自动引用银行提供的单位资金收支日报中的借方金额
13	贷方金额	2210.00	系统自动引用银行提供的单位资金收支日报中的贷方金额
14	对方户名	智能科技公司	系统自动引用银行提供的单位资金收支日报中的对方户名
15	对方账号	65000321	系统自动引用银行提供的单位资金收支日报中的对方账号
16	摘要	设备检修	系统自动引用银行提供的单位资金收支日报中的摘要
17	银行交易流水号	20200506000001	系统自动引用银行提供的单位资金收支日报中的银行交易流水号
18	金额单位	元	系统自动引用银行提供的单位资金收支日报中的金额单位
19	打印日期	20200506	系统自动引用银行提供的单位资金收支日报中的打印日期
20	核对人	张三	系统自动引用银行提供的单位资金收支日报中的核对人
21	单位代码	142207（产品质量监督检验院）	系统自动引用银行提供的单位资金收支日报中的单位代码
22	财政区划代码	110000000（北京市本级）	系统自动处理，值集来源于财政区划管理要素
23	更新时间	20200506224639	数据更新时系统自动生成，数据创建时更新时间与创建时间一致
24	是否删除	2（否）	系统自动处理，值集来源于布尔型代码管理要素，默认值为2，删除操作后，字段值由2变为1
25	创建时间	20200506224639	数据创建时系统自动生成

表 3-315　　单位资金收支月报表（INC_MONTH_INCOMEANDEXPENSE）

序号	字段	字段值	备注
1	单位资金收支月报主键	852a45cca6-42b7-3d43-4d5c-d92a3ed5317c	数据创建时系统自动生成
2	单位资金收支月报编号	SZYB000001	系统自动引用银行提供的单位资金收支月报中的单位资金收支月报编号
3	日期	202000601	系统自动引用银行提供的单位资金收支月报中的日期
4	预算年度	2020	系统自动处理，根据预算填报年度生成
5	账户名称	产品质量监督检验院	系统自动引用银行提供的单位资金收支月报中的账户名称
6	账号	204008730002	系统自动引用银行提供的单位资金收支月报中的账号
7	开户银行全称	建设银行枫桥支行	系统自动引用银行提供的单位资金收支月报中的开户银行全称
8	上期余额	15000.00	系统自动引用银行提供的单位资金收支月报中的上期余额
9	借方金额（本期）	3412.00	系统自动引用银行提供的单位资金收支月报中的借方金额（本期）
10	贷方金额（本期）	2210.00	系统自动引用银行提供的单位资金收支月报中的贷方金额（本期）
11	余额（本期）	16202.00	系统自动引用银行提供的单位资金收支月报中的余额（本期）
12	借方金额	0.00	系统自动引用银行提供的单位资金收支月报中的借方金额
13	贷方金额	2210.00	系统自动引用银行提供的单位资金收支月报中的贷方金额
14	余额	12790.00	系统自动引用银行提供的单位资金收支月报中的余额
15	对方户名	智能科技公司	系统自动引用银行提供的单位资金收支月报中的对方户名
16	对方账号	65000321	系统自动引用银行提供的单位资金收支月报中的对方账号
17	摘要	设备检修	系统自动引用银行提供的单位资金收支月报中的摘要
18	银行交易流水号	20200506000001	系统自动引用银行提供的单位资金收支月报中的银行交易流水号
19	金额单位	元	系统自动引用银行提供的单位资金收支月报中的金额单位

续表

序号	字段	字段值	备注
20	打印日期	20200506	系统自动引用银行提供的单位资金收支月报中的打印日期
21	核对人	张三	系统自动引用银行提供的单位资金收支月报中的核对人
22	单位代码	142207（产品质量监督检验院）	系统自动引用银行提供的单位资金收支月报中的单位代码
23	财政区划代码	110000000（北京市本级）	系统自动处理，值集来源于财政区划管理要素
24	月份	05	系统自动引用银行提供的单位资金收支月报中的月份
25	更新时间	20200601224639	数据更新时系统自动生成，数据创建时更新时间与创建时间一致
26	是否删除	2（否）	系统自动处理，值集来源于布尔型代码管理要素，默认值为2，删除操作后，字段值由2变为1
27	创建时间	20200601224639	数据创建时系统自动生成

3. 记录反映模式

（1）填报支付申请。

预算批复后，单位根据预算指标和实际资金使用情况，在系统中填报单位资金支付申请，记录反映模式下单位可以不根据指标直接填报支付申请。系统会在单位资金支付申请表（INC_APPLY）存储支付申请信息，如果是批量支付业务，同时在单位资金支付明细表（INC_DETAIL）存储支付明细信息。逻辑库表字段示例如表3-316所示。

表3-316　　　　　　　单位资金支付申请表（INC_APPLY）

序号	字段	字段值	备注
1	支付申请主键	353977079c-38c6-4ade-b891-63e93611cf1a	数据创建时系统自动生成
2	支付申请编号	SQ000045	系统自动生成，编号规则由各地财政部门自行制定
3	申请日期	20200506	手工录入，填写支付申请的生成日期
4	单位代码	142207（产品质量监督检验院）	选择录入，值集来源于单位代码管理要素
5	指标类型代码	21（当年预算）	系统自动引用指标信息表中的指标类型代码，或者选择录入，值集来源于指标类型管理要素
6	资金性质代码	39（其他收入资金）	系统自动引用指标信息表中的资金性质代码，或者选择录入，值集来源于资金性质管理要素

续表

序号	字段	字段值	备注
7	支出功能分类科目代码	2013815（质量安全监管）	系统自动引用指标信息表中的支出功能分类科目代码，或者选择录入，值集来源于支出功能分类科目管理要素
8	政府支出经济分类代码	50209［维修（护）费］	选择录入，值集来源于政府支出经济分类管理要素
9	部门支出经济分类代码	30213［维修（护）费］	选择录入，值集来源于部门支出经济分类管理要素
10	项目代码	110000191422070000001（质量检验设备维修）	系统自动引用指标信息表中的项目代码，或者选择录入，值集来源于项目代码管理要素
11	指标主键	—	系统自动引用指标信息表中的指标主键，不根据指标填报为空
12	结算方式代码	1（电子转账支付）	选择录入，值集来源于结算方式管理要素
13	支付方式代码	3（单位资金支付）	选择录入，值集来源于支付方式管理要素
14	用途	设备维修	手工录入，根据实际资金用途填写
15	支付业务类型代码	1（普通业务）	选择录入，值集来源于支付类型业务管理要素
16	支付申请金额	2210.00	手工录入，根据申请支付金额填写
17	支付凭证主键	—	系统自动引用单位资金支付凭证表中的支付凭证主键，未生成支付凭证时为空
18	付款人全称	产品质量监督检验院	系统自动引用账户信息表中的单位资金账户全称
19	付款人账号	204008730002	系统自动引用账户信息表中的单位资金账户账号
20	付款人开户银行	建设银行枫桥支行	系统自动引用账户信息表中的单位资金账户开户银行
21	收款人全称	智能科技公司	手工录入，根据实际收款人信息填写
22	收款人账号	65000321	手工录入，根据实际收款人信息填写
23	收款人开户银行	兴业银行北京支行	手工录入，根据实际收款人信息填写
24	资金往来对象类别代码	19（与部门外其他）	选择录入，值集来源于资金往来对象类别管理要素
25	单位内部机构代码	1（办公室）	选择录入，值集来源于单位内部机构管理要素
26	预算年度	2020	系统自动处理，根据预算填报年度生成
27	财政区划代码	110000000（北京市本级）	系统自动处理，值集来源于财政区划管理要素
28	外币金额	—	手工录入，非外币可为空
29	币种代码	CNY（人民币）	选择录入，值集来源于币种管理要素，默认值为CNY（人民币）

续表

序号	字段	字段值	备注
30	汇率	—	手工录入，非外币可为空
31	收款人代码	—	手工录入，获取不到可为空
32	采购合同编号	—	手工录入，政府采购项目需要填写
33	更新时间	20200506112739	数据更新时系统自动生成，数据创建时更新时间与创建时间一致
34	是否删除	2（否）	系统自动处理，值集来源于布尔型代码管理要素，默认值为2，删除操作后，字段值由2变为1
35	创建时间	20200506112739	数据创建时系统自动生成

（2）生成支付凭证。

单位根据支付申请生成《单位资金支付凭证》发送开户银行，如果是批量业务同时按收款人合并生成《单位资金支付明细表》发送开户银行。系统在单位资金支付凭证表（INC_CERT）中存储单位资金支付凭证信息，并更新单位资金支付申请表（INC_APPLY）中的支付凭证主键信息，如果是批量业务同时更新单位资金支付明细表（INC_DETAIL）中支付凭证关联信息，逻辑库表字段示例详见严格控制模式。

（3）资金支付。

开户银行进行资金支付，支付完成后向财政和预算单位发送支付凭证回单，此步骤不涉及预算管理一体化系统。

（4）单位接收支付回单。

单位接收由开户银行发送的单位资金支付凭证回单，系统更新单位资金支付凭证表（INC_CERT）的实际支付信息，逻辑库表字段示例详见严格控制模式。

（5）比对预算指标与实际支出。

财政部门根据支付回单对单位预算指标和实际支出的差异进行比对监督，相关业务逻辑库表中的数据无变化。

3.6.2.2.3 结转结余

3.6.2.2.3.1 财政资金结转结余

预算年度结束后，各部门、各单位对财政资金结转结余资金进行清理，对形成结转和结余的原因进行分析说明，并报财政部门。财政部门对财政资金结转结余进行确认。财政资金结转结余业务涉及的业务活动及逻辑库表应用如表3-317所示。

表3-317　　财政资金结转结余业务涉及的业务活动及逻辑库表应用

序号	业务活动	逻辑库表	中文名称	备注
1	按项目生成财政资金结转结余核批表	PAY_CARRYOVERS_BALANCE_EVAL	财政资金结转结余核批表	用于存储财政资金结转结余核批信息
		BA_BGT_INFO	指标信息表	用于存储待结转结余指标信息

续表

序号	业务活动	逻辑库表	中文名称	备注
2	核对结转结余核批表	PAY_CARRYOVERS_BALANCE_EVAL	财政资金结转结余核批表	用于存储财政资金结转结余核批信息
3	新旧科目转换	PAY_CARRYOVERS_BALANCE_EVAL	财政资金结转结余核批表	用于存储财政资金结转结余核批信息
		BAS_ELE_COMPARE	代码集年度对照表	存储新旧年度的基础代码集的对照关系
4	部门审核汇总	PAY_CARRYOVERS_BALANCE_EVAL	财政资金结转结余核批表	用于存储财政资金结转结余核批信息
5	财政审核	PAY_CARRYOVERS_BALANCE_EVAL	财政资金结转结余核批表	用于存储财政资金结转结余核批信息
6	确认结转指标	PAY_CARRYOVERS_BALANCE_EVAL	财政资金结转结余核批表	用于存储财政资金结转结余核批信息
		BA_BGT_CARRYOVERS	财政资金结转指标表	用于存储财政资金结转指标
		BGT_PM_ANNUAL	部门预算项目年度预算表	用于存储项目年度预算信息
7	确认结余指标	PAY_CARRYOVERS_BALANCE_EVAL	财政资金结转结余核批表	用于存储财政资金结转结余核批信息
		BA_BGT_BALANCE	财政资金结余指标表	用于存储财政资金结余指标
8	收回并注销结余指标	BA_BGT_BALANCE	财政资金结余指标表	用于存储财政资金结余指标

1. 逻辑库表间关系

财政资金结转结余涉及的相关逻辑库表的关系如图 3-30 所示。

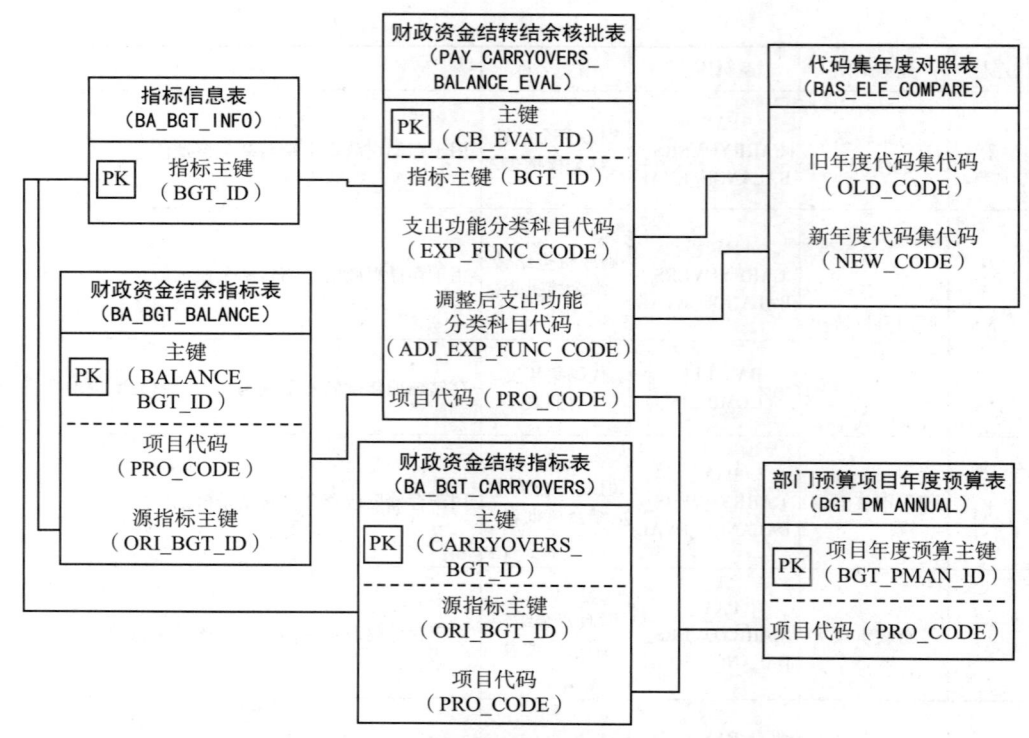

图 3-30 财政资金结转结余涉及的相关逻辑库表的关系

（1）财政资金结转结余核批表（PAY_CARRYOVERS_BALANCE_EVAL）中的指标主键（BGT_ID）对应指标信息表（BA_BGT_INFO）中的指标主键（BGT_ID），项目代码（PRO_CODE）对应财政资金结余指标表（BA_BGT_BALANCE）、财政资金结转指标表（BA_BGT_CARRYOVERS）中的项目代码（PRO_CODE）。

（2）财政资金结转结余核批表（PAY_CARRYOVERS_BALANCE_EVAL）中的支出功能分类科目代码（EXP_FUNC_CODE）、调整后支出功能分类科目代码（ADJ_EXP_FUNC_CODE）对应代码集年度对照表（BAS_ELE_COMPARE）中的旧年度代码集代码（OLD_CODE）、新年度代码集代码（NEW_CODE）。

（3）财政资金结转指标表（BA_BGT_CARRYOVERS）中的项目代码（PRO_CODE）对应部门预算项目年度预算表（BGT_PM_ANNUAL）中的项目代码（PRO_CODE）。

（4）财政资金结转指标表（BA_BGT_CARRYOVERS）、财政资金结余指标表（BA_BGT_BALANCE）中的源指标主键（ORI_BGT_ID）对应指标信息表（BA_BGT_INFO）中的指标主键（BGT_ID）。

2. 实现机制说明

（1）按项目生成财政资金结转结余核批表。

预算年度结束后，系统根据预算指标账按项目自动计算财政资金结转结余，生成财政资金结转结余核批表。系统会使用指标信息表（BA_BGT_INFO）中的指标信息，在财政资金结转结余核批表（PAY_CARRYOVERS_BALANCE_EVAL）中存储财政资金结转结余信息。逻辑库表字段示例如表 3-318 所示。

表 3-318 财政资金结转结余核批表（PAY_CARRYOVERS_BALANCE_EVAL）

序号	字段	字段值 1	字段值 2	备注
1	主键	034b21aba6-22b7-4d42-5d5c-d12a2ed5437c	6343651b11-78b8-4e7c-999d-93c447898b1e	数据创建时系统自动生成
2	指标主键	744c466c9c-4ec2-4b3e-bacd-34f46c475db0	92d296a25c-2341-45b1-9093-b4df36cb7945	系统自动引用指标信息表中需要结转结余的指标主键
3	预算年度	2020	2020	系统自动处理，根据预算填报年度生成
4	预算部门代码	142（市场监督管理局）	142（市场监督管理局）	系统自动引用指标信息表中的预算部门代码
5	单位代码	142207（产品质量监督检验院）	142207（产品质量监督检验院）	系统自动引用指标信息表中的单位代码
6	指标管理处	010（行政政法处）	010（行政政法处）	系统自动引用指标信息表中的指标管理处室代码，为了与预算环节使用字段英文名保持一致，英文名使用 BGT_MOF_DEP_CODE
7	业务主管处	010（行政政法处）	010（行政政法处）	系统自动引用指标信息表中的业务主管处室代码，为了与预算环节使用字段英文名保持一致，英文名使用 MANAGE_MOF_DEP_CODE
8	项目代码	1100001914220700000001（质量检验设备维修）	1100001914220700000011（公用经费项目）	系统自动引用指标信息表中的项目代码
9	批复数	300000.00	800000.00	系统自动引用指标信息表中的指标金额
10	实际支出数	225000.00	650000.00	系统自动生成，根据指标账信息汇总
11	剩余数	75000.00	150000.00	系统自动生成，剩余数 = 批复数 - 实际支出数
12	支出功能分类科目代码	2013815（质量安全监管）	2011750（事业运行）	系统自动引用指标信息表中的支出功能分类科目代码
13	政府支出经济分类代码	50209 [维修（护）费]	50201（办公经费）	系统自动引用指标信息表中的政府支出经济分类代码

续表

序号	字段	字段值1	字段值2	备注
14	资金性质代码	111（一般公共预算资金）	111（一般公共预算资金）	系统自动引用指标信息表中的资金性质代码
15	确认结余数	0.00	150000.00	系统自动生成，根据结转结余规则计算出的待确认的结余数
16	确认结转数	75000.00	0.00	系统自动生成，根据结转结余规则计算出的待确认的结转数
17	调整后支出功能分类科目代码	—	—	调整后填写
18	调整后政府支出经济分类代码	—	—	调整后填写
19	说明	—	—	调整后填写
20	是否列支	2（否）	2（否）	系统自动生成，根据财政区划设置的列支规则填写
21	财政区划代码	110000000（北京市本级）	110000000（北京市本级）	系统自动处理，值集来源于财政区划管理要素
22	更新时间	20201230110452	20201230110452	数据更新时系统自动生成，数据创建时更新时间与创建时间一致
23	是否删除	2（否）	2（否）	系统自动处理，值集来源于布尔型代码管理要素，默认值为2，删除操作后，字段值由2变为1
24	创建时间	20201230110452	20201230110452	数据创建时系统自动生成

（2）核对结转结余核批表。

单位在系统中对财政资金结转结余核批表进行核对，可以对待确认的结转结余数进行调整，并填写调整说明。系统更新财政资金结转结余核批表（PAY_CARRYOVERS_BALANCE_EVAL）中待确认结转结余数，逻辑库表字段变化示例如表3-319所示。

表3-319　财政资金结转结余核批表（PAY_CARRYOVERS_BALANCE_EVAL）

序号	字段	字段值1	字段值2	备注
1	主键	034b21aba6-22b7-4d42-5d5c-d12a2ed5437c	6343651b11-78b8-4e7c-999d-93c447898b1e	数据创建时系统自动生成
⋮	⋮	⋮	⋮	⋮

续表

序号	字段	字段值1	字段值2	备注
18	确认结余数	0.00	100000.00	手工录入，调整待确认的结余数
19	确认结转数	75000.00	50000.00	手工录入，调整待确认的结转数
22	说明	—	跨年会议尚未结算	手工录入，调整后填写
⋮	⋮	⋮	⋮	⋮

（3）新旧科目转换。

单位需按照财政部发布的新旧科目转换表进行新年度科目调整。系统会使用代码集年度对照表（BAS_ELE_COMPARE）中支出功能分类和经济分类年度对照信息，在财政资金结转结余核批表（PAY_CARRYOVERS_BALANCE_EVAL）中更新调整后的支出功能分类和经济分类年度对照信息，逻辑库表字段变化示例如表3-320所示。

表3-320　财政资金结转结余核批表（PAY_CARRYOVERS_BALANCE_EVAL）

序号	字段	字段值1	字段值2	备注
1	主键	034b21aba6-22b7-4d42-5d5c-d12a2ed5437c	6343651b11-78b8-4e7c-999d-93c447898b1e	数据创建时系统自动生成
⋮	⋮	⋮	⋮	⋮
17	调整后支出功能分类科目代码	2013809（市场监督管理技术支持）	2011750（事业运行）	选择录入，值集来源于代码集年度对照表中新年度支出功能分类科目代码
18	调整后政府支出经济分类代码	50209［维修（护）费］	50201（办公经费）	选择录入，值集来源于代码集年度对照表中新年度政府支出经济分类科目代码
⋮	⋮	⋮	⋮	⋮

（4）部门审核汇总。

单位确认无误后将核批表报送主管部门审核，主管部门审核通过后，汇总报送至财政部门。此步骤相关业务逻辑库表中数据无变化，对应的工作流状态发生变化。

（5）财政审核。

财政部门审核主管部门报送的财政资金结转结余核批表。此步骤相关业务逻辑库表中数据无变化，对应的工作流状态发生变化。

（6）确认结转指标。

按照审核通过的财政资金结转结余核批表确认财政资金结转指标，系统在财政资金结转指标表（BA_BGT_CARRYOVERS）中存储确认的结转指标，并在部门预算项目年度预算表（BGT_PM_ANNUAL）中存储实际结转信息。逻辑库表字段示例如表3-321所示。

表 3-321　　财政资金结转指标表（BA_BGT_CARRYOVERS）

序号	字段	字段值	备注
1	预算年度	2020	系统自动处理，根据预算填报年度生成
2	批复数	300000.00	系统自动引用审核通过的财政资金结转结余核批表中的批复数
3	结转数	75000.00	系统自动引用审核通过的财政资金结转结余核批表中的确认结转数
4	指标类型代码	21（当年预算）	系统自动引用审核通过的财政资金结转结余核批表中指标主键对应指标信息表中的指标类型代码
5	指标管理处室代码	010（行政政法处）	系统自动引用审核通过的财政资金结转结余核批表中指标主键对应指标信息表中的指标管理处室代码
6	业务主管处室代码	010（行政政法处）	系统自动引用审核通过的财政资金结转结余核批表中指标主键对应指标信息表中的业务主管处室代码
7	本级指标文号	京财预〔2020〕1号	系统自动引用审核通过的财政资金结转结余核批表中指标主键对应指标信息表中的本级指标文号
8	指标说明	年初预算批复	系统自动引用审核通过的财政资金结转结余核批表中指标主键对应指标信息表中的指标说明
9	支出功能分类科目代码	2013809（市场监督管理技术支持）	系统自动引用审核通过的财政资金结转结余核批表中调整后的支出功能分类科目代码
10	政府支出经济分类代码	50209〔维修（护）费〕	系统自动引用审核通过的财政资金结转结余核批表中调整后的政府支出经济分类代码
11	资金性质代码	111（一般公共预算资金）	系统自动引用审核通过的财政资金结转结余核批表中指标主键对应指标信息表中的资金性质代码
12	单位代码	142207（产品质量监督检验院）	系统自动引用审核通过的财政资金结转结余核批表中指标主键对应指标信息表中的单位代码
13	项目代码	1100001914220700000001（质量检验设备维修）	系统自动引用审核通过的财政资金结转结余核批表中指标主键对应指标信息表中的项目代码
14	预算级次代码	2（省级）	系统自动引用审核通过的财政资金结转结余核批表中指标主键对应指标信息表中的预算级次代码
15	指标可执行标志	1（可执行）	系统自动引用审核通过的财政资金结转结余核批表中指标主键对应指标信息表中的指标可执行标志
16	源指标主键	744c466c9c-4ec2-4b3e-bacd-34f46c475db0	系统自动引用审核通过的财政资金结转结余核批表中指标主键
17	财政区划代码	110000000（北京市本级）	系统自动处理，值集来源于财政区划管理要素
18	主键	8251a5b58a-8fcb-4569-95a8-57aaa8494f44	数据创建时系统自动生成

续表

序号	字段	字段值	备注
19	更新时间	20201231163452	数据更新时系统自动生成，数据创建时更新时间与创建时间一致
20	是否删除	2（否）	系统自动处理，值集来源于布尔型代码管理要素，默认值为2，删除操作后，字段值由2变为1
21	是否包含政府采购预算	1（是）	系统自动引用审核通过的财政资金结转结余核批表中指标主键对应指标信息表中的是否包含政府采购预算
22	是否追踪	0（不追踪）	系统自动引用审核通过的财政资金结转结余核批表中指标主键对应指标信息表中的是否追踪
23	创建时间	20201231163452	数据创建时系统自动生成

部门预算项目年度预算表（BGT_PM_ANNUAL）逻辑库表主要字段示例如表3-322所示。

表3-322　　　　部门预算项目年度预算表（BGT_PM_ANNUAL）

序号	字段	字段值	备注
1	项目年度预算主键	50724fcf7e-b9d0-4c04-9019-f3aa81fde7f9	数据创建时系统自动生成
2	财政区划代码	110000000（北京市本级）	系统自动处理，值集来源于财政区划管理要素
3	预算年度	2021	系统自动处理，根据预算填报年度生成
4	单位代码	142207（产品质量监督检验院）	系统自动引用财政资金结转指标表中的单位代码
5	项目类别代码	22（其他经费）	系统自动引用部门预算项目年度预算表中的项目类别代码
6	项目代码	1100001914220700000001（质量检验设备维修）	系统自动引用财政资金结转指标表中的项目代码
7	支出功能分类科目代码	2013809（市场监督管理技术支持）	系统自动引用财政资金结转指标表中的支出功能分类科目代码
8	政府支出经济分类代码	50209［维修（护）费］	系统自动引用财政资金结转指标表中的政府支出经济分类代码
9	部门支出经济分类代码	30213［维修（护）费］	系统自动引用财政资金结转指标表中的部门支出经济分类代码

续表

序号	字段	字段值	备注
10	资金性质代码	111（一般公共预算资金）	系统自动引用财政资金结转指标表中的资金性质代码
11	申报数	75000.00	系统自动引用财政资金结转指标表中的结转数
12	财政审核数	75000.00	系统自动引用财政资金结转指标表中的结转数
13	部门代码	142（市场监督管理局）	系统自动引用财政资金结转结余核批表中的预算部门代码
14	业务主管处室代码	010（行政政法处）	系统自动引用财政资金结转结余核批表中的业务主管处室代码
23	资金来源代码	14（年终结转）	系统自动生成，填写年终结转的资金来源代码
⋮	⋮	⋮	⋮

（7）确认结余指标。

按照审核通过的财政资金结转结余核批表确认财政资金结余指标，系统在财政资金结余指标表（BA_BGT_BALANCE）中存储确认的结余指标。逻辑库表字段示例如表3-323所示。

表3-323　　　　财政资金结余指标表（BA_BGT_BALANCE）

序号	字段	字段值	备注
1	预算年度	2020	系统自动处理，根据预算填报年度生成
2	批复数	800000.00	系统自动引用审核通过的财政资金结转结余核批表中的批复数
3	结余数	100000.00	系统自动引用审核通过的财政资金结转结余核批表中的确认结余数
4	指标类型代码	21（当年预算）	系统自动引用审核通过的财政资金结转结余核批表中指标主键对应指标信息表中的指标类型代码
5	指标管理处室代码	010（行政政法处）	系统自动引用审核通过的财政资金结转结余核批表中指标主键对应指标信息表中的指标管理处室代码
6	业务主管处室代码	010（行政政法处）	系统自动引用审核通过的财政资金结转结余核批表中指标主键对应指标信息表中的业务主管处室代码
7	指标文号	京财预〔2020〕1号	系统自动引用审核通过的财政资金结转结余核批表中指标主键对应指标信息表中的指标文号
8	指标说明	年初预算批复	系统自动引用审核通过的财政资金结转结余核批表中指标主键对应指标信息表中的指标说明
9	单位代码	142207（产品质量监督检验院）	系统自动引用审核通过的财政资金结转结余核批表中指标主键对应指标信息表中的单位代码

续表

序号	字段	字段值	备注
10	支出功能分类科目代码	2011750（事业运行）	系统自动引用审核通过的财政资金结转结余核批表中指标主键对应指标信息表中的支出功能分类科目代码
11	政府支出经济分类代码	50201（办公经费）	系统自动引用审核通过的财政资金结转结余核批表中指标主键对应指标信息表中的政府支出经济分类代码
12	资金性质代码	111（一般公共预算资金）	系统自动引用审核通过的财政资金结转结余核批表中指标主键对应指标信息表中的资金性质代码
13	指标可执行标志	1（可执行）	系统自动引用审核通过的财政资金结转结余核批表中指标主键对应指标信息表中的指标可执行标志
14	项目代码	110000191422070000011（公用经费项目）	系统自动引用审核通过的财政资金结转结余核批表中指标主键对应指标信息表中的项目代码
15	预算级次代码	2（省级）	系统自动引用审核通过的财政资金结转结余核批表中指标主键对应指标信息表中的预算级次代码
16	源指标主键	92d296a25c-2341-45b1-9093-b4df36cb7945	系统自动引用审核通过的财政资金结转结余核批表中的指标主键
17	财政区划代码	110000000（北京市本级）	系统自动处理，值集来源于财政区划管理要素
18	主键	8711f4addb-e4bb-46f5-988e-730c370ab103	数据创建时系统自动生成
19	更新时间	20201231163452	数据更新时系统自动生成，数据创建时更新时间与创建时间一致
20	是否删除	2（否）	系统自动处理，值集来源于布尔型代码管理要素，默认值为2，删除操作后，字段值由2变为1
21	创建时间	20201231163452	数据创建时系统自动生成
22	是否列支	2（否）	系统自动引用审核通过的财政资金结转结余核批表中的是否列支信息
23	收回数	0.00	收回后更新，默认为0

（8）收回并注销结余指标。

财政部门发文对财政资金结余指标进行收回。系统根据发文注销财政资金结余指标，更新财政资金结余指标表（BA_BGT_BALANCE）中收回数。逻辑库表字段变化示例如表3-324所示。

表 3 – 324　　　　　财政资金结余指标表（BA_BGT_BALANCE）

序号	字段	字段值	备注
18	主键	8711f4addb – e4bb – 46f5 – 988e – 730c370ab103	数据创建时系统自动生成
⋮	⋮	⋮	⋮
24	收回数	100000.00	手工录入，收回后更新
⋮	⋮	⋮	⋮

3.6.2.2.3.2　单位资金结转结余

在预算年度结束后，各部门、各单位应对未用完的单位资金情况进行清理，并报财政部门。财政部门对单位资金的结转结余进行确认。单位资金结转结余业务涉及的业务活动及逻辑库表应用如表 3 – 325 所示。

表 3 – 325　　　单位资金结转结余业务涉及的业务活动及逻辑库表应用

序号	业务活动	逻辑库表	中文名称	备注
1	生成单位资金结转结余核批表	INC_CARRYOVERS_BALANCE_EVAL	单位资金结转结余核批表	用于存储单位资金结转结余核批信息
		BA_BGT_INFO	指标信息表	用于存储待结转结余指标信息
2	确认结转结余核批表	INC_CARRYOVERS_BALANCE_EVAL	单位资金结转结余核批表	用于存储单位资金结转结余核批信息
3	部门汇总审核	INC_CARRYOVERS_BALANCE_EVAL	单位资金结转结余核批表	用于存储单位资金结转结余核批信息
4	财政审核确认	INC_CARRYOVERS_BALANCE_EVAL	单位资金结转结余核批表	用于存储单位资金结转结余核批信息
		BA_BGT_CARRYOVERS_AGENCY	单位资金结转指标表	用于存储单位资金结转指标
		BA_BGT_BALANCE_AGENCY	单位资金结余指标表	用于存储单位资金结余指标，单位资金目前全部结转，此表暂时不使用
5	进入下一年度预算编报	—	—	见预算编制流程

1. 逻辑库表间关系

单位资金结转结余涉及的相关逻辑库表关系如图 3-31 所示。

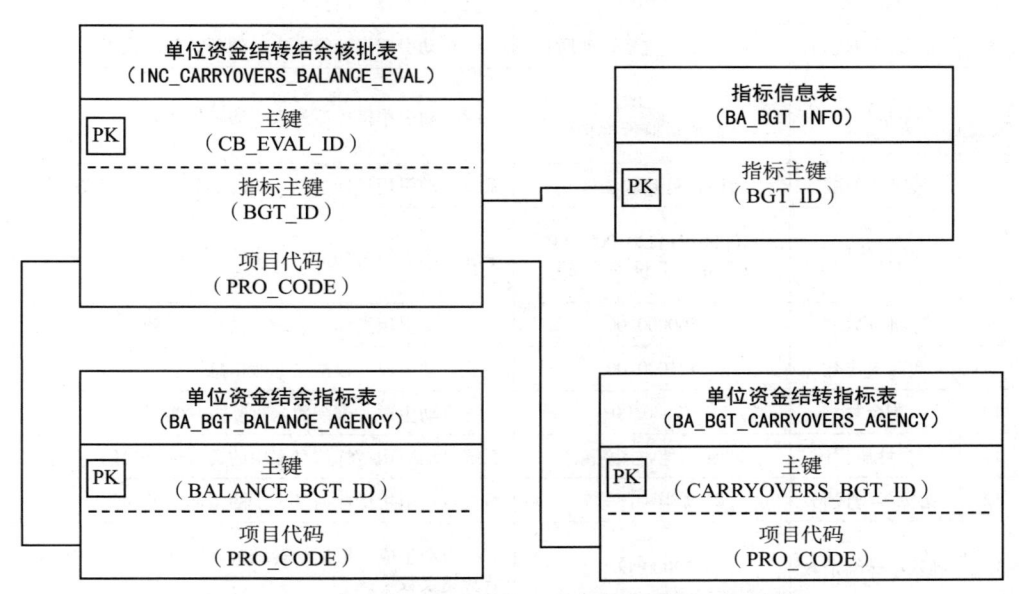

图 3-31　单位资金结转结余涉及的相关逻辑库表关系

（1）单位资金结转结余核批表（INC_CARRYOVERS_BALANCE_EVAL）中的指标主键（BGT_ID）对应指标信息表（BA_BGT_INFO）中的指标主键（BGT_ID）。

（2）单位资金结转结余核批表（INC_CARRYOVERS_BALANCE_EVAL）中的项目代码（PRO_CODE）对应单位资金结转指标表（BA_BGT_CARRYOVERS_AGENCY）、单位资金结余指标表（BA_BGT_BALANCE_AGENCY）中的项目代码（PRO_CODE）。

2. 实现机制说明

（1）生成单位资金结转结余核批表。

预算年度结束后，系统根据单位实有资金余额自动生成单位资金结转结余核批表。系统会使用指标信息表（BA_BGT_INFO）中指标信息，在单位资金结转结余核批表（INC_CARRYOVERS_BALANCE_EVAL）中存储单位资金结转结余信息。逻辑库表字段示例如表 3-326 所示。

表 3-326　单位资金结转结余核批表（INC_CARRYOVERS_BALANCE_EVAL）

序号	字段	字段值	备注
1	主键	655b23db3b-43b7-4d36-8d5c-d21a2ed5127c	数据创建时系统自动生成
2	指标主键	94ffd4243d-d783-44a5-8841-a38ac63c54dc	系统自动引用指标信息表中需要结转结余的指标主键

续表

序号	字段	字段值	备注
3	预算年度	2020	系统自动处理，根据预算填报年度生成
4	预算部门代码	142（市场监督管理局）	系统自动引用指标信息表中的预算部门代码
5	单位代码	142207（产品质量监督检验院）	系统自动引用指标信息表中的单位代码
6	业务主管处	010（行政政法处）	系统自动引用指标信息表中的业务主管处室代码
7	项目代码	1100001914220700000001（质量检验设备维修）	系统自动引用指标信息表中的项目代码
8	批复数	500000.00	系统自动引用指标信息表中的指标金额
9	实际支出数	421000.00	系统自动生成，根据指标账信息汇总
10	剩余数	79000.00	系统自动生成，剩余数=批复数－实际支出数
11	资金性质代码	39（其他收入资金）	系统自动引用指标信息表中的资金性质代码
12	指标类型代码	21（当年预算）	系统自动引用指标信息表中的指标类型代码
13	确认结转结余数	79000.00	系统自动生成，根据结转结余规则计算出的待确认的结转结余数
14	财政区划代码	110000000（北京市本级）	系统自动处理，值集来源于财政区划管理要素
15	更新时间	20201230110452	数据更新时系统自动生成，数据创建时更新时间与创建时间一致
16	是否删除	2（否）	系统自动处理，值集来源于布尔型代码管理要素，默认值为2，删除操作后，字段值由2变为1
17	创建时间	20201230110452	数据创建时系统自动生成

（2）确认结转结余核批表。

单位在系统中对单位资金结转结余核批表进行核对、确认，此步骤相关业务逻辑库表中的数据无变化，对应的工作流状态发生变化。

（3）部门汇总审核。

主管部门审核后，汇总下级所有单位的单位资金结转结余核批表后报送财政部门，此步骤相关业务逻辑库表中的数据无变化，对应的工作流状态发生变化。

（4）财政审核确认。

财政部门审核报送的单位资金结转结余核批表，系统按照审核通过的单位资金结转结余核批表在单位资金结转指标表（BA_BGT_CARRYOVERS_AGENCY）中存储确认的结转指标信息。逻辑库表字段示例如表3-327所示。

表3-327　　单位资金结转指标表（BA_BGT_CARRYOVERS_AGENCY）

序号	字段	字段值	备注
1	预算年度	2020	系统自动处理，根据预算填报年度生成
2	批复数	500000.00	系统自动引用审核通过的单位资金结转结余核批表中的批复数
3	结转数	79000.00	系统自动引用审核通过的单位资金结转结余核批表中的确认结转结余数
4	指标类型代码	21（当年预算）	系统自动引用审核通过的单位资金结转结余核批表中指标主键对应指标信息表中的指标类型代码
5	指标管理处室代码	010（行政政法处）	系统自动引用审核通过的单位资金结转结余核批表中指标主键对应指标信息表中的指标管理处室代码
6	业务主管处室代码	010（行政政法处）	系统自动引用审核通过的单位资金结转结余核批表中指标主键对应指标信息表中的业务主管处室代码
7	指标文号	京财预〔2020〕1号	系统自动引用审核通过的单位资金结转结余核批表中指标主键对应指标信息表中的指标文号
8	指标说明	年初预算批复	系统自动引用审核通过的单位资金结转结余核批表中指标主键对应指标信息表中的指标说明
9	支出功能分类科目代码	2013815（质量安全监管）	系统自动引用审核通过的单位资金结转结余核批表中指标主键对应指标信息表中的支出功能分类科目代码
10	政府支出经济分类代码	50209［维修（护）费］	系统自动引用审核通过的单位资金结转结余核批表中指标主键对应指标信息表中的政府支出经济分类代码
11	资金性质代码	39（其他收入资金）	系统自动引用审核通过的单位资金结转结余核批表中指标主键对应指标信息表中的资金性质代码
12	单位代码	142207（产品质量监督检验院）	系统自动引用审核通过的单位资金结转结余核批表中指标主键对应指标信息表中的单位代码
13	项目代码	110000191422070000001（质量检验设备维修）	系统自动引用审核通过的单位资金结转结余核批表中指标主键对应指标信息表中的项目代码
14	预算级次代码	2（省级）	系统自动引用审核通过的单位资金结转结余核批表中指标主键对应指标信息表中的预算级次代码
15	指标可执行标志	1（可执行）	系统自动引用审核通过的单位资金结转结余核批表中指标主键对应指标信息表中的指标可执行标志
16	源指标主键	94ffd4243d-d783-44a5-8841-a38ac63c54dc	系统自动引用审核通过的单位资金结转结余核批表中指标主键
17	财政区划代码	110000000（北京市本级）	系统自动处理，值集来源于财政区划管理要素
18	主键	27964382a6-f3a1-41a6-bf22-5e0566eaafac	数据创建时系统自动生成

续表

序号	字段	字段值	备注
19	更新时间	20201231160452	数据更新时系统自动生成，数据创建时更新时间与创建时间一致
20	是否删除	2（否）	系统自动处理，值集来源于布尔型代码管理要素，默认值为2，删除操作后，字段值由2变为1
21	是否包含政府采购预算	1（是）	系统自动引用审核通过的单位资金结转结余核批表中指标主键对应指标信息表中的是否包含政府采购预算
22	是否追踪	2（否）	系统自动引用审核通过的单位资金结转结余核批表中指标主键对应指标信息表中的是否追踪
23	资金来源代码	11（年初安排）	系统自动引用审核通过的单位资金结转结余核批表中指标主键对应指标信息表中的资金来源代码
24	创建时间	20201231160452	数据创建时系统自动生成

（5）进入下一年度预算编报。

单位将由财政审核通过的单位资金结转结余列入下一年度预算编报，此步骤不涉及相关逻辑库表的变化。

3.6.2.3 转移支付执行

3.6.2.3.1 转移支付资金调度

3.6.2.3.1.1 资金留用

资金留用方式转移支付资金调度实现按照下级财政上划上级财政相关税收的一定比例，将相应资金从上级国库划入下级国库。资金留用业务涉及的业务活动及逻辑库表应用如表3-328所示。

表3-328　　　　　资金留用业务涉及的业务活动及逻辑库表应用

序号	业务活动	逻辑库表	中文名称	备注
1	测算并核定分地区的财政资金留用比例	PAY_TRA_REMAIN_ESTIMATE	转移支付资金留用测算表	用于存储财政部门资金留用比例，纳入下级财政资金留用范围的税收返还数和转移支付数
2	下级财政接收留用比例	PAY_TRA_REMAIN_ESTIMATE	转移支付资金留用测算表	用于存储财政部门资金留用比例，纳入下级财政资金留用范围的税收返还数和转移支付数
3	下级人民银行接收留用比例	—	—	此步骤由人民银行操作，不涉及预算管理一体化系统
4	设置新年度资金留用比例	—	—	此步骤由人民银行操作，不涉及预算管理一体化系统

续表

序号	业务活动	逻辑库表	中文名称	备注
5	上级人民银行生成金库收入日报	TAX_INCOME_DAYLY	国家金库收入日报表	用于存储人民银行生成的金库收入日报信息
6	测算资金留用差额	—	—	线下操作，不涉及预算管理一体化系统
7	日常资金调度时补拨或者扣回转移支付资金	—	—	见资金拨付流程
8	下级人民银行生成金库收入日报	TAX_INCOME_DAYLY	国家金库收入日报表	用于存储人民银行生成的金库收入日报信息

1. 逻辑库表间关系

逻辑库表间无关系。

2. 实现机制说明

（1）测算并核定分地区的财政资金留用比例。

上级财政部门根据纳入下级财政资金留用范围的资金规模和下级上划相关税收收入预计情况，测算并核定分地区的财政资金留用比例。系统在转移支付资金留用测算表（PAY_TRA_REMAIN_ESTIMATE）中存储财政部门资金留用比例、纳入下级财政资金留用范围的税收返还数和转移支付数等信息。逻辑库表字段示例如表 3-329 所示。

表 3-329　转移支付资金留用测算表（PAY_TRA_TEMAIN_ESTIMATE）

序号	字段	字段值	备注
1	测算表主键	98b7344f3d-630f-4a80-a074-92459211c111	数据创建时系统自动生成
2	预算年度	2020	系统自动处理，根据预算填报年度生成
3	财政区划代码	110000000（北京市本级）	系统自动处理，值集来源于财政区划管理要素
4	下级财政区划代码	110108000（北京市海淀区）	选择录入，值集来源于财政区划管理要素
5	纳入下级财政资金留用范围的转移支付数	10000000.00	手工录入，填写纳入下级财政资金留用范围的转移支付数
6	纳入下级财政资金留用范围的税收收入	9000000.00	手工录入，填写纳入下级财政资金留用范围的税收收入数
7	资金留用比例	0.154	手工录入，填写资金留用比例

续表

序号	字段	字段值	备注
8	更新时间	20200805091230	数据更新时系统自动生成，数据创建时更新时间与创建时间一致
9	是否删除	2（否）	系统自动处理，值集来源于布尔型代码管理要素，默认值为2，删除操作后，字段值由2变为1
10	创建时间	20200805091230	数据创建时系统自动生成

（2）下级财政接收留用比例。

下级财政部门接收上级财政部门确定的资金留用比例。相关业务逻辑库表中的数据无变化，对应的工作流状态发生变化。

（3）下级人民银行接收留用比例。

下级人民银行国库接收下级财政部门发送的留用比例，此步骤由人民银行操作，不涉及预算管理一体化系统。

（4）设置新年度资金留用比例。

下级人民银行在人民银行系统中设置新年度资金留用比例，此步骤由人民银行操作，不涉及预算管理一体化系统。

（5）上级人民银行生成金库收入日报。

上级人民银行每天生成《国家金库收入日报表》，国家金库收入日报表（TAX_INCOME_DAYLY）的逻辑库表字段示例同本书"3.6.2.1.1 税收收入"章节。

（6）测算资金留用差额。

年度预算执行中，上级财政部门根据相关转移支付实际下达情况、下级上划相关税收实际完成情况等，对实际留用资金与预计留用资金不一致的情况测算资金留用差额。此步骤为系统外操作，无逻辑库表变化。

（7）日常资金调度时补拨或者扣回转移支付资金。

上级财政部门结合实际适时通过日常资金调度，根据测算资金留用差额，将阶段性少划或多划的资金予以补拨或扣回。此步操作涉及的日常资金调度参见"3.6.2.3.1.2 资金拨付"章节。

（8）下级人民银行生成金库收入日报。

下级人民银行每天生成《国家金库收入日报表》，国家金库收入日报表（TAX_INCOME_DAYLY）的逻辑库表字段示例同本书"3.6.2.1.1 税收收入"章节。

3.6.2.3.1.2　资金拨付

通过资金拨付方式向下级财政调度资金的地区，按照有关规定将转移支付资金从上级财政拨付至下级财政。资金拨付涉及的业务活动及逻辑库表应用如表3-330所示。

表 3-330　　　　　　　　资金拨付涉及的业务活动及逻辑库表应用

序号	业务活动	逻辑库表	中文名称	备注
1	测算拨付下级财政转移支付资金	—	—	线下操作，不涉及预算管理一体化系统
2	发送凭证	PAY_ALLOCATION_CERT	预算拨款凭证表	存储转移支付资金调度拨款信息
3	资金支付到下级国库或下级财政专户	—	—	此步骤由人民银行操作，不涉及预算管理一体化系统
4	接收上级拨款	PAY_ENTRY_BILL	入账通知书表	存储财政国库或专户反馈的入账通知信息
5	编制转移支付拨付情况表	—	—	生成报表，逻辑库表无变化

1. 逻辑库表间关系

资金拨付涉及的相关逻辑库表的关系如图 3-32 所示。

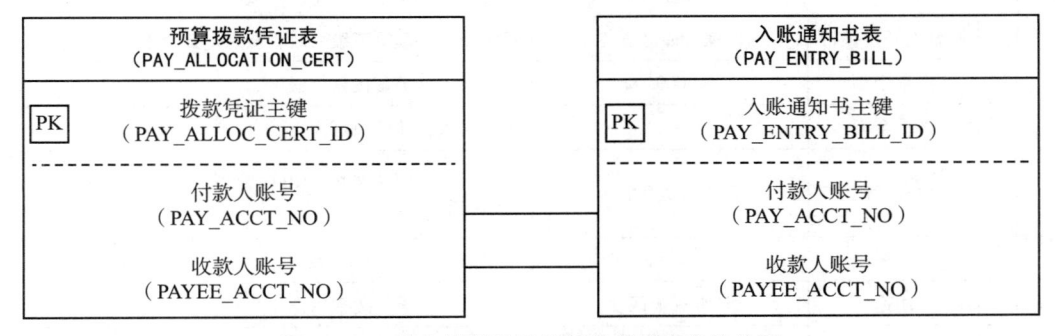

图 3-32　资金拨付涉及的相关逻辑库表的关系

预算拨款凭证表（PAY_ALLOCATION_CERT）中的付款人账号（PAY_ACCT_NO）、收款人账号（PAYEE_ACCT_NO）对应入账通知书表（PAY_ENTRY_BILL）中的付款人账号（PAY_ACCT_NO）、收款人账号（PAYEE_ACCT_NO）。

2. 实现机制说明

（1）测算拨付下级财政转移支付资金。

财政部门扣除已纳入下级财政留用范围的资金，根据已下达的转移支付预算，结合财政收支及国库库款情况等，按月测算拨付下级财政转移支付资金。此步骤为系统外操作，故无逻辑库表变化。

(2) 发送凭证。

财政部门按照测算情况生成《预算拨款凭证》，并发送至人民银行。系统在预算拨款凭证表（PAY_ALLOTATION_CERT）中存储拨款凭证信息。逻辑库表字段示例如表 3-331 所示。

表 3-331　　　　　预算拨款凭证表（PAY_ALLOCATION_CERT）

序号	字段	字段值	备注
1	拨款凭证主键	54c84dee66-2ba0-41d1-bbd8-d1835f5e23d1	数据创建时系统自动生成
2	凭证日期	20200805	手工录入，填写拨款凭证生成日期
3	财政区划代码	110000000（北京市本级）	系统自动处理，值集来源于财政区划管理要素
4	预算年度	2020	系统自动处理，根据预算填报年度生成
5	单位代码	900001（市财政）	选择录入，值集来源于单位代码管理要素
6	拨款凭证号	BKPZ00000002	系统自动生成，编号规则由各地财政部门自行制定
7	付款人全称	市财政局	选择录入，值集来源于付款人全称管理要素
8	付款人账号	280000001	选择录入，值集来源于付款人账号管理要素
9	付款人开户银行	国家金库市支库	选择录入，值集来源于付款人开户银行管理要素
10	收款人全称	区财政局	手工录入，填写下级财政收款账户全称
11	收款人账号	280000021	手工录入，填写下级财政收款账户账号
12	收款人开户银行	国家金库区支库	手工录入，填写下级财政收款账户开户银行
13	拨款金额	900000.00	手工录入，填写拨款金额
14	外币金额	—	手工录入，非外币可为空
15	币种代码	CNY（人民币）	选择录入，值集来源于币种管理要素，默认为 CNY（人民币）
16	汇率	—	手工录入，非外币可为空
17	用途	日常资金调度	手工录入，填写拨款用途
18	支出功能分类科目代码	2300202（均衡性转移支付支出）	选择录入，值集来源于支出功能分类科目管理要素
19	政府支出经济分类代码	51301（上下级政府间转移支付性支出）	选择录入，值集来源于政府支出经济分类管理要素，调拨资金可为空
20	项目代码	1100002090000010000045（均衡性转移支付支出）	选择录入，值集来源于项目代码管理要素，调拨资金可为空
21	指标主键	—	系统自动引用指标信息中的指标主键，无指标拨款可为空
22	资金性质代码	111（一般公共预算资金）	选择录入，值集来源于资金性质管理要素

续表

序号	字段	字段值	备注
23	收款人代码	—	手工录入，获取不到可为空
24	更新时间	20200805091230	数据更新时系统自动生成，数据创建时更新时间与创建时间一致
25	是否删除	2（否）	系统自动处理，值集来源于布尔型代码管理要素，默认值为2，删除操作后，字段值由2变为1
26	创建时间	20200805091230	数据创建时系统自动生成

（3）资金支付到下级国库或下级财政专户。

人民银行根据财政部门指令和《预算拨款凭证》，将资金拨付至下级财政，此步骤由人民银行操作，不涉及预算管理一体化系统。

人民银行生成拨款凭证回单发送财政部门，财政接收人民银行资金支付后的支付回单进行登记，逻辑库表中的数据无变化，对应的拨款单状态和工作流状态发生变化。

（4）接收上级拨款。

下级人民银行国库或政策性银行接收上级人民银行国库拨款后，发送入账通知书给下级财政，下级财政接收入账通知书信息，系统在入账通知书表（PAY_ENTRY_BILL）中存储入账信息。逻辑库表字段示例如表3-332所示。

表3-332　　　　　　　　入账通知书表（PAY_ENTRY_BILL）

序号	字段	字段值	备注
1	入账通知书主键	736e17888c-5c6d-457e-b02d-0ad55e74be80	数据创建时系统自动生成
2	凭证日期	20200805	系统自动引用人民银行入账通知书中的凭证日期
3	财政区划代码	110108000（北京市海淀区）	系统自动处理，值集来源于财政区划管理要素
4	预算年度	2020	系统自动处理，根据预算填报年度生成
5	单位代码	900001（市财政）	系统自动引用人民银行入账通知书中的单位代码，无法确定单位信息可为空
6	入账通知书单号	20200805003	系统自动引用人民银行入账通知书中的入账通知书单号
7	付款人全称	市财政局	系统自动引用人民银行入账通知书中的付款人全称
8	付款人账号	280000001	系统自动引用人民银行入账通知书中的付款人账号
9	付款人开户银行	国家金库市支库	系统自动引用人民银行入账通知书中的付款人开户银行
10	收款人全称	区财政局	系统自动引用人民银行入账通知书中的收款人全称
11	收款人账号	280000021	系统自动引用人民银行入账通知书中的收款人账号
12	收款人开户银行	国家金库区支库	系统自动引用人民银行入账通知书中的收款人开户银行

续表

序号	字段	字段值	备注
13	入账金额	900000.00	系统自动引用人民银行入账通知书中的入账金额
14	附言	日常资金调度	系统自动引用人民银行入账通知书中的附言信息
15	更新时间	20200806131230	数据更新时系统自动生成,数据创建时更新时间与创建时间一致
16	是否删除	2(否)	系统自动处理,值集来源于布尔型代码管理要素,默认值为2,删除操作后,字段值由2变为1
17	创建时间	20200806131230	数据创建时系统自动生成

(5)编制转移支付拨付情况表。

年度终了后,财政部门根据财政总预算会计账和预算指标账编制转移支付资金拨付情况表,此步骤相关业务逻辑库表中的数据无变化。

3.6.2.3.2　上下级财政结算

上下两级财政在预算年度终了时,对年度内发生的收支执行情况和资金往来情况予以核算、了结,涉及的业务活动及逻辑库表应用如表3-333所示。

表3-333　　　　　　上下级财政结算涉及的业务活动及逻辑库表应用

序号	业务活动	逻辑库表	中文名称	用途
1	上级生成结算单	PAY_FINAL_REPORT	上下级财政年终决算结算单定义表	存储财政部下发的年终决算结算单报表
		PAY_FINAL_REPORT_ITEM	上下级财政年终决算结算单项目定义表	存储财政部下发的年终决算结算单报表的报表项目
		PAY_FINAL_REPORT_FIELD	上下级财政年终决算结算单栏目定义表	存储财政部下发的年终决算结算单报表的报表金额或数值栏目
		PAY_FINAL_REPORT_DATA	上下级财政年终决算结算单数据表	存储年终决算结算单报表的报表数据
2	下级核对结算单	PAY_FINAL_REPORT_DATA	上下级财政年终决算结算单数据表	存储年终决算结算单报表的报表数据
3	下级人工补全	PAY_FINAL_REPORT_DATA	上下级财政年终决算结算单数据表	存储年终决算结算单报表的报表数据

续表

序号	业务活动	逻辑库表	中文名称	用途
4	下级报送结算单	PAY_FINAL_REPORT_DATA	上下级财政年终决算结算单数据表	存储年终决算结算单报表的报表数据
5	上级核对结算单	PAY_FINAL_REPORT_DATA	上下级财政年终决算结算单数据表	存储年终决算结算单报表的报表数据
6	下级调整结算单或说明	PAY_FINAL_REPORT_DATA	上下级财政年终决算结算单数据表	存储年终决算结算单报表的报表数据
7	核对无误，上级发文确认	PAY_FINAL_REPORT_DATA	上下级财政年终决算结算单数据表	存储年终决算结算单报表的报表数据
8	下级接收上下级财政年终决算结算单	PAY_FINAL_REPORT_DATA	上下级财政年终决算结算单数据表	存储年终决算结算单报表的报表数据

1. 逻辑库表间关系

上下级财政结算涉及的相关逻辑库表的关系如图 3-33 所示。

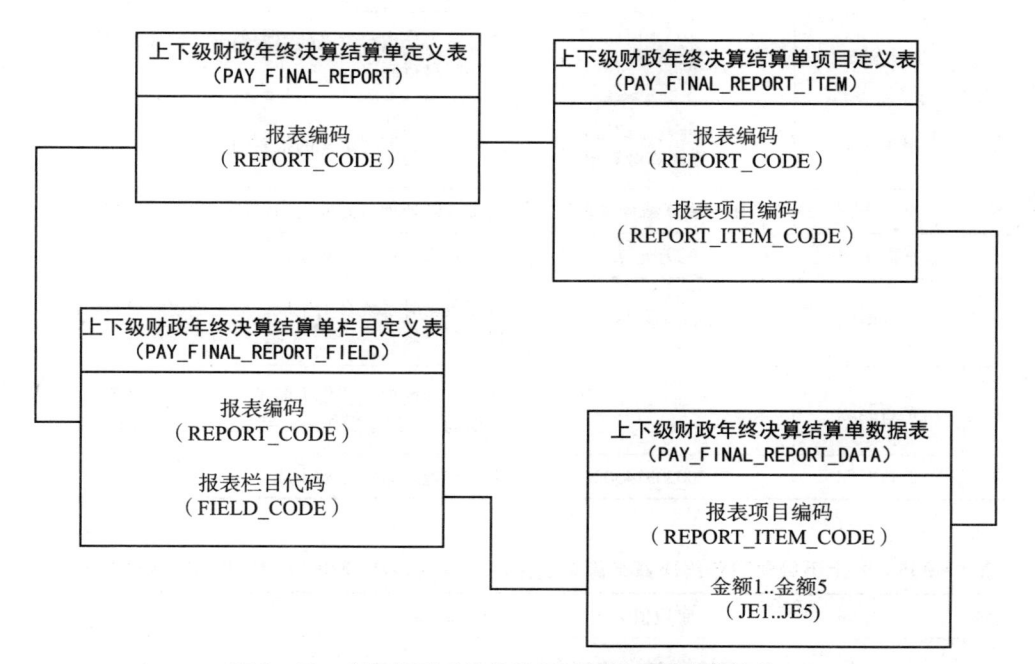

图 3-33 上下级财政结算涉及的相关逻辑库表的关系

（1）上下级财政年终决算结算单项目定义表（PAY_FINAL_REPORT_ITEM）、

上下级财政年终决算结算单栏目定义表（PAY_FINAL_REPORT_FIELD）中的报表编码（REPORT_CODE）对应上下级财政年终决算结算单定义表（PAY_FINAL_REPORT）中报表编码（REPORT_CODE）。

（2）上下级财政年终决算结算单数据表（PAY_FINAL_REPORT_DATA）表中的报表项目编码（REPORT_ITEM_CODE）对应上下级财政年终决算结算单项目定义表（PAY_FINAL_REPORT_ITEM）中的报表项目编码（REPORT_ITEM_CODE）。

2. 实现机制说明

（1）上级生成结算单。

上级财政根在系统中定义结算单表样，生成上下级财政年终决算结算单，并发送下级财政。系统在上下级财政年终决算结算单定义表（PAY_FINAL_REPORT）、上下级财政年终决算结算单项目定义表（PAY_FINAL_REPORT_ITEM）、上下级财政年终决算结算单栏目定义表（PAY_FINAL_REPORT_FIELD）中存储结算单表样定义，在上下级财政年终决算结算单数据表（PAY_FINAL_REPORT_DATA）中存储生成的结算单数据。逻辑库表字段示例如表3-334～表3-337所示。

表3-334　上下级财政年终决算结算单定义表（PAY_FINAL_REPORT）

序号	字段	字段值	备注
1	报表主键	98b7344f3d-630f-4a80-a074-92459211c111	数据创建时系统自动生成
2	预算年度	2020	系统自动处理，根据预算填报年度生成
3	报表编码	NZJSDR01	手工录入，填写定义的报表编码，编号规则由各地财政部门自行制定
4	报表名称	2020年与下级财政年终决算结算单	手工录入，填写定义的报表的名称
5	报表类型	16（决算结算单表）	系统自动处理，此处是固定值"决算结算单表"
6	金额单位	万元	手工录入，填写金额单位
7	更新时间	20200203145020	数据更新时系统自动生成，数据创建时更新时间与创建时间一致
8	是否删除	2（否）	系统自动处理，值集来源于布尔型代码管理要素，默认值为2，删除操作后，字段值由2变为1
9	创建时间	20200203145020	数据创建时系统自动生成

表3-335　上下级财政年终决算结算单项目定义表（PAY_FINAL_REPORT_ITEM）

序号	字段	字段值1	字段值2	备注
1	报表项目主键	7831886821-a316-4df9-91fc-fa9862d5afe3	314d6eeec1-1505-9195-94eb-72b736f4dba1	数据创建时系统自动生成

续表

序号	字段	字段值1	字段值2	备注
2	预算年度	2020	2020	系统自动处理，根据预算填报年度生成
3	报表编码	NZJSDR01	NZJSDR01	系统自动处理，引用上下级财政年终决算结算单定义表的报表编码
4	报表项目编码	101	10101	手工录入，定义报表项目的编码，编号规则由各地财政部门自行制定
5	报表项目名称	一、一般公共预算收入总计	（一）本级收入	手工录入，定义报表项目的名称
6	结算项类别	1（一般公共预算）	1（一般公共预算）	选择录入，填写结算项的类别： 1 一般公共预算 2 基金预算 3 国有资本经营预算 4 资金结算
7	对应要素类型	—	—	选择录入，值集来源于基础代码目录管理要素，无对应要素为空
8	对应要素代码	—	—	选择录入，值集来源于报表项目对应的管理要素，无对应要素为空
9	更新时间	20200203145020	20200203145020	数据更新时系统自动生成，数据创建时更新时间与创建时间一致
10	是否删除	2（否）	2（否）	系统自动处理，值集来源于布尔型代码管理要素，默认值为2，删除操作后，字段值由2变为1
11	创建时间	20200203145020	20200203145020	数据创建时系统自动生成

表3-336　上下级财政年终决算结算单栏目定义表（PAY_FINAL_REPORT_FIELD）

序号	字段	字段值1	字段值2	备注
1	报表栏目主键	984a41675f-7659-4c4f-4e13-aa2d9ec20858	1695b0dcc6-8c67-81f9-3e81-16354d26374e	数据创建时系统自动生成
2	预算年度	2020	2020	系统自动处理，根据预算填报年度生成

续表

序号	字段	字段值1	字段值2	备注
3	报表编码	NZJSDR01	NZJSDR01	系统自动处理，引用上下级财政年终决算结算单定义表的报表编码
4	报表栏目代码	JE1	JE2	手工录入，定义报表栏目的代码，编号规则由各地财政部门自行制定
5	报表栏目名称	金额（上级）	金额（下级）	手工录入，定义报表栏目的名称
6	更新时间	20200203145020	20200203145020	数据更新时系统自动生成，数据创建时更新时间与创建时间一致
7	是否删除	2（否）	2（否）	系统自动处理，值集来源于布尔型代码管理要素，默认值为2，删除操作后，字段值由2变为1
8	创建时间	20200203145020	20200203145020	数据创建时系统自动生成

表3-337　上下级财政年终决算结算单数据表（PAY_FINAL_REPORT_DATA）

序号	字段	字段值1	字段值2	备注
1	报表数据主键	64b04b21f7-3b48-6748-01bf-1839565fc4e0	1953ccb206-3d1e-ee94-3a1e-cc3027539423	数据创建时系统自动生成
2	财政区划代码	110000000（北京市本级）	110000000（北京市本级）	系统自动处理，值集来源于财政区划管理要素
3	下级财政区划代码	110108000（北京市海淀区）	110108000（北京市海淀区）	系统自动处理，值集来源于财政区划管理要素
4	预算年度	2020	2020	系统自动处理，根据预算填报年度生成
5	年终决算结算单号	NZJSDR2020-110100000	NZJSDR2020-110100000	系统自动生成，编号规则由各地财政部门自行制定
6	报表编码	NZJSDR01	NZJSDR01	系统自动处理，引用上下级财政年终决算结算单定义表的报表编码
7	报表项目编号	101	10101	系统自动引用上下级财政年终决算结算单项目定义表的报表项目编号

续表

序号	字段	字段值1	字段值2	备注
8	金额1	47800.00	34000.00	手工录入或自动生成，代表上下级财政年终决算结算单栏目定义表定义的栏目：金额（上级）
9	金额2	—	—	手工录入或自动生成，下级接收后填写，代表上下级财政年终决算结算单栏目定义表定义的栏目：金额（下级）
10	金额3	—	—	备用
11	金额4	—	—	备用
12	金额5	—	—	备用
13	更新时间	20200205145020	20200205145020	数据更新时系统自动生成，数据创建时更新时间与创建时间一致
14	是否删除	2（否）	2（否）	系统自动处理，值集来源于布尔型代码管理要素，默认值为2，删除操作后，字段值由2变为1
15	创建时间	20200205145020	20200205145020	数据创建时系统自动生成

（2）下级核对结算单。

下级财政核对结算单中由系统生成的数据，此步骤相关逻辑库表中的数据无变化。

（3）下级人工补全。

下级财政人工补全无法由系统生成的数据，逻辑库表主要字段示例如表3-338所示。

表3-338　上下级财政年终决算结算单数据表（PAY_FINAL_REPORT_DATA）

序号	字段	字段值1	字段值2	备注
1	报表数据主键	64b04b21f7-3b48-6748-01bf-1839565fc4e0	1953ccb206-3d1e-ee94-3a1e-cc3027539423	数据创建时系统自动生成
2	财政区划代码	110000000（北京市本级）	110000000（北京市本级）	系统自动处理，值集来源于财政区划管理要素
3	下级财政区划代码	110108000（北京市海淀区）	110108000（北京市海淀区）	系统自动处理，值集来源于财政区划管理要素
4	预算年度	2020	2020	系统自动处理，根据预算填报年度生成

续表

序号	字段	字段值1	字段值2	备注
5	年终决算结算单号	NZJSDR2020-110100000	NZJSDR2020-110100000	系统自动生成，编号规则由各地财政部门自行制定
6	报表编码	NZJSDR01	NZJSDR01	系统自动处理，引用上下级财政年终决算结算单定义表的报表编码
7	报表项目编码	101	10101	系统自动引用上下级财政年终决算结算单项目定义表的报表项目编码
8	金额1	47800.00	34000.00	系统自动引用上级下发的结算单数据表中金额1
9	金额2	47800.00	30000.00	手工录入，下级接收后填写，代表上下级财政年终决算结算单栏目定义表定义的栏目：金额（下级）
⋮	⋮	⋮	⋮	⋮

（4）下级报送结算单。

下级财政确认结算单无误后，通过系统报送上级财政，此步骤相关逻辑库表中的数据无变化。

（5）上级核对结算单。

上级财政接收下级财政报送的结算单，系统自动对上下级财政结算数据进行比对，存在差异的，将差异数据发送下级财政，逻辑库表主要字段示例如表3-339所示。

表3-339　上下级财政年终决算结算单数据表（PAY_FINAL_REPORT_DATA）

序号	字段	字段值	备注
1	报表数据主键	1953ccb206-3d1e-ee94-3a1e-cc3027539423	数据创建时系统自动生成
2	财政区划代码	110000000（北京市本级）	系统自动处理，值集来源于财政区划管理要素
3	下级财政区划代码	110108000（北京市海淀区）	系统自动处理，值集来源于财政区划管理要素
4	预算年度	2020	系统自动处理，根据预算填报年度生成
5	年终决算结算单号	NZJSDR2020-110100000	系统自动生成，编号规则由各地财政部门自行制定

续表

序号	字段	字段值	备注
6	报表编码	NZJSDR01	系统自动处理，引用上下级财政年终决算结算单定义表的报表编码
7	报表项目编码	10101	系统自动引用上下级财政年终决算结算单项目定义表的报表项目编码
8	金额1	34000.00	系统自动引用上级下发的结算单数据表中金额1
9	金额2	30000.00	系统自动引用下级上报的结算单数据表中金额2
⋮	⋮	⋮	⋮

（6）下级调整结算单或说明。

下级财政针对差异数据调整结算单或者提供说明，再次报送上级财政，逻辑库表主要字段示例如表3-340所示。

表3-340　上下级财政年终决算结算单数据表（PAY_FINAL_REPORT_DATA）

序号	字段	字段值	备注
1	报表数据主键	1953ccb206-3d1e-ee94-3a1e-cc3027539423	数据创建时系统自动生成
2	财政区划代码	110000000（北京市本级）	系统自动处理，值集来源于财政区划管理要素
3	下级财政区划代码	110108000（北京市海淀区）	系统自动处理，值集来源于财政区划管理要素
4	预算年度	2020	系统自动处理，根据预算填报年度生成
5	年终决算结算单号	NZJSDR2020-110100000	系统自动生成，编号规则由各地财政部门自行制定
6	报表编码	NZJSDR01	系统自动处理，引用上下级财政年终决算结算单定义表的报表编码
7	报表项目编码	10101	系统自动引用上下级财政年终决算结算单项目定义表的报表项目编码
8	金额1	34000.00	系统自动引用上级下发的结算单数据表中的金额1
9	金额2	34000.00	手工录入，下级接收后调整上报的结算单数据表中的金额2
⋮	⋮	⋮	⋮

(7) 核对无误，发文确认。

上下级财政结算单核对无误后，由上级财政发文确认，并将确认后的上下级财政年终决算结算单一同发给下级财政，逻辑库表主要字段示例如表 3-341 所示。

表 3-341　上下级财政年终决算结算单数据表（PAY_FINAL_REPORT_DATA）

序号	字段	字段值 1	字段值 2	备注
1	报表数据主键	64b04b21f7-3b48-6748-01bf-1839565fc4e0	1953ccb206-3d1e-ee94-3a1e-cc3027539423	数据创建时系统自动生成
2	财政区划代码	110000000（北京市本级）	110000000（北京市本级）	系统自动处理，值集来源于财政区划管理要素
3	下级财政区划代码	110108000（北京市海淀区）	110108000（北京市海淀区）	系统自动处理，值集来源于财政区划管理要素
4	预算年度	2020	2020	系统自动处理，根据预算填报年度生成
5	年终决算结算单号	NZJSDR2020-110100000	NZJSDR2020-110100000	系统自动生成，编号规则由各地财政部门自行制定
6	报表编码	NZJSDR01	NZJSDR01	系统自动处理，引用上下级财政年终决算结算单定义表的报表编码
7	报表项目编码	101	10101	系统自动引用上下级财政年终决算结算单项目定义表的报表项目编码
8	金额 1	47800.00	34000.00	系统自动引用上级下发的结算单数据表中的金额 1
9	金额 2	47800.00	34000.00	系统自动引用下级上报的结算单数据表中的金额 2
⋮	⋮	⋮	⋮	⋮

(8) 接收上下级财政年终决算结算单。

下级财政接收上级财政发文确认的上下级财政年终决算结算单。此步骤相关业务逻辑库表中的数据无变化，相应的工作流状态发生变化。

3.6.2.3.3　专项转移支付结转结余

在预算年度结束后，下级财政应对专项转移支付结转结余资金情况进行清理并报上级财政。专项转移支付结转结余业务涉及的业务活动及逻辑库表应用如表 3-342 所示。

表 3-342　专项转移支付结转结余业务涉及的业务活动及逻辑库表应用

序号	业务活动	逻辑库表	中文名称	备注
1	清理专项转移支付资金	BA_BGT_INFO	指标信息表	用于存储待结转结余专项转移支付指标信息
		PAY_TRANS_CARRYOVERS_BALANCE	专项转移支付结转结余情况表	用于存储专项转移支付结转结余情况信息
2	交回上级财政统筹安排资金	PAY_TRANS_CARRYOVERS_BALANCE	专项转移支付结转结余情况表	用于存储专项转移支付结转结余情况信息
3	调剂资金	PAY_TRANS_CARRYOVERS_BALANCE	专项转移支付结转结余情况表	用于存储专项转移支付结转结余情况信息
4	下级财政收回统筹安排	PAY_TRANS_CARRYOVERS_BALANCE	专项转移支付结转结余情况表	用于存储专项转移支付结转结余情况信息
5	上报专项转移支付结转结余情况	PAY_TRANS_CARRYOVERS_BALANCE	专项转移支付结转结余情况表	用于存储专项转移支付结转结余情况信息
6	接收专项转移支付结转结余资金交回、收回或用途调整情况	PAY_TRANS_CARRYOVERS_BALANCE	专项转移支付结转结余情况表	用于存储专项转移支付结转结余情况信息

1. 逻辑库表间关系

专项转移支付结转结余涉及的相关逻辑库表关系如图 3-34 所示。

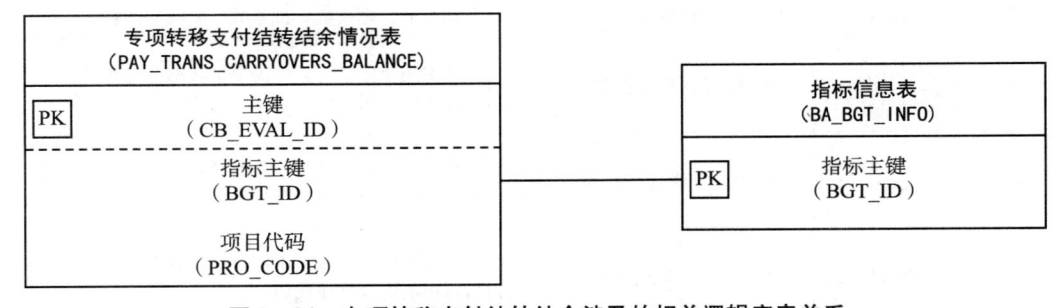

图 3-34　专项转移支付结转结余涉及的相关逻辑库表关系

专项转移支付结转结余情况表（PAY_TRANS_CARRYOVERS_BALANCE）中的指标主键（BGT_ID）对应指标信息表（BA_BGT_INFO）中的指标主键（BGT_ID）。

2. 实现机制说明

（1）清理专项转移支付资金。

在预算年度结束后，下级财政对专项转移支付结转结余资金情况进行清理，会使用指标信息表（BA_BGT_INFO）中的指标信息，在专项转移支付结转结余情况表（PAY_TRANS_CARRYOVERS_BALANCE）中存储指标剩余信息。逻辑库表字段示例如表3-343所示。

表3-343 专项转移支付结转结余情况表（PAY_TRANS_CARRYOVERS_BALANCE）

序号	字段	字段值	备注
1	主键	82324a640b-97b0-4dd6-8e43-6bab35a1ff5a	数据创建时系统自动生成
2	指标主键	628ef8daf7-093b-46c8-b8eb-76903ee05070	系统自动引用指标信息表中需要结转结余的专项转移支付指标主键
3	预算年度	2020	系统自动处理，根据预算填报年度生成
4	上级转移支付项目代码	100000191420010000087（大气污染防治资金）	系统自动引用指标信息表中需要结转结余的专项转移支付指标中的上级转移支付项目代码
5	指标管理处	010（行政政法处）	系统自动引用指标信息表中需要结转结余的专项转移支付指标中的指标管理处室代码
6	业务主管处	010（行政政法处）	系统自动引用指标信息表中需要结转结余的专项转移支付指标中的业务管理处室代码
7	项目代码	110000191422070000001（大气污染防治资金）	系统自动引用指标信息表中需要结转结余的专项转移支付指标中的项目代码
8	批复数	5000000.00	系统自动引用指标信息表中需要结转结余的专项转移支付指标中的指标金额
9	实际支出数	4210000.00	系统自动生成，根据指标账信息汇总
10	剩余数	790000.00	系统自动生成，剩余数=批复数-实际支出数
11	支出功能分类科目代码	2200506（气象探测）	系统自动引用指标信息表中需要结转结余的专项转移支付指标中的支出功能分类科目代码
12	政府支出经济分类代码	50209［维修（护）费］	系统自动引用指标信息表中需要结转结余的专项转移支付指标中的政府支出经济分类代码
13	资金性质代码	111（一般公共预算资金）	系统自动引用指标信息表中需要结转结余的专项转移支付指标中的资金性质代码
14	确认结余数	—	手工录入，结余数确认后填写
15	确认结转数	—	手工录入，结转数确认后填写

续表

序号	字段	字段值	备注
16	结余资金管理方式	—	选择录入，结余资金管理方式确认后填写： 1 交回上级 2 调剂使用 3 收回统筹
17	说明	—	手工录入，结余资金管理方式确认后填写
18	财政区划代码	110000000（北京市本级）	系统自动处理，值集来源于财政区划管理要素
19	更新时间	20201230112739	数据更新时系统自动生成，数据创建时更新时间与创建时间一致
20	是否删除	2（否）	系统自动处理，值集来源于布尔型代码管理要素，默认值为2，删除操作后，字段值由2变为1
21	创建时间	20201230112739	数据创建时系统自动生成

（2）交回上级财政统筹安排资金。

上级财政专项转移支付资金中，下级财政尚未分配到部门或地方，并连续结转两年的资金，应交回上级财政统筹使用，专项转移支付结转结余情况表（PAY_TRANS_CARRYOVERS_BALANCE）中结余资金管理方式更新为交回上级，逻辑库表字段变化示例如表3-344所示。

表3-344　专项转移支付结转结余情况表（PAY_TRANS_CARRYOVERS_BALANCE）

序号	字段	字段值	备注
1	主键	82324a640b-97b0-4dd6-8e43-6bab35a1ff5a	数据创建时系统自动生成
⋮	⋮	⋮	⋮
14	确认结余数	250000.00	手工录入，填写确认后结余数
15	确认结转数	0.00	手工录入，填写确认后结转数
16	结余资金管理方式	1（交回上级）	选择录入，填写确认后的结余资金管理方式 1 交回上级 2 调剂使用 3 收回统筹
17	说明	连续结转2年	手工录入，填写确认结余资金管理方式的说明
⋮	⋮	⋮	⋮

（3）调剂资金。

下级财政尚未分配到部门或地方，但未满两年的结转资金，可在不改变资金支出功能分类类级科目的基础上，调剂用于同一类级科目下的其他项目，专项转移支付结转结余情况表（PAY_TRANS_CARRYOVERS_BAL）中结余资金管理方式更新为调剂使用，逻辑库表字段变化示例如表 3-345 所示。

表 3-345　专项转移支付结转结余情况表（PAY_TRANS_CARRYOVERS_BALANCE）

序号	字段	字段值	备注
1	主键	82324a640b-97b0-4dd6-8e43-6bab35a1ff5a	数据创建时系统自动生成
⋮	⋮	⋮	⋮
14	确认结余数	0.00	手工录入，填写确认后结余数
15	确认结转数	500000.00	手工录入，填写确认后结转数
16	结余资金管理方式	2（调剂使用）	选择录入，填写确认后的结余资金管理方式 1 交回上级 2 调剂使用 3 收回统筹
17	说明	调剂为其他节能环保项目使用	手工录入，填写确认结余资金管理方式的说明
⋮	⋮	⋮	⋮

（4）下级财政收回统筹安排。

下级财政已分配到部门并结转两年以上的结余资金，由下级财政收回统筹使用，专项转移支付结转结余情况表（PAY_TRANS_CARRYOVERS_BALANCE）中结余资金管理方式更新为收回统筹，逻辑库表字段变化示例如表 3-346 所示。

表 3-346　专项转移支付结转结余情况表（PAY_TRANS_CARRYOVERS_BALANCE）

序号	字段	字段值	备注
1	主键	82324a640b-97b0-4dd6-8e43-6bab35a1ff5a	数据创建时系统自动生成
⋮	⋮	⋮	⋮
14	确认结余数	40000.00	手工录入，填写确认后结余数
15	确认结转数	0.00	手工录入，填写确认后结转数
16	结余资金管理方式	3（收回统筹）	选择录入，填写确认后的结余资金管理方式 1 交回上级 2 调剂使用 3 收回统筹
17	说明	部门结转 2 年以上	手工录入，填写确认结余资金管理方式的说明
⋮	⋮	⋮	⋮

(5) 上报专项转移支付结转结余情况。

各级财政应将专项转移支付结转结余资金交回、收回或用途调整有关情况及时汇报上级财政和业务主管部门。此步骤相关业务逻辑库表中的数据无变化，对应的工作流状态发生变化。

(6) 接收专项转移支付结转结余资金交回、收回或用途调整情况。

上级财政部门接收下级财政部门报送的专项转移支付结转结余资金交回、收回或用途调整有关情况。此步骤相关业务逻辑库表中的数据无变化，对应的工作流状态发生变化。

3.6.2.4 预算执行动态监控

预算执行动态监控是预算执行管理的重要内容，是指根据财政预算和国库管理制度及相关财政财务管理规定，依托信息系统，对部门预算资金、转移支付资金等进行动态监控和分析，发现问题及时予以纠正和反映，以加强预算执行监管的活动。预算执行动态监控业务涉及的业务活动及逻辑库表应用如表 3-347 所示。

表 3-347　预算执行动态监控业务涉及的业务活动及逻辑库表应用

序号	业务活动	逻辑库表	中文名称	备注
1	制定相关制度	—	—	线下操作，此步骤不涉及预算管理一体化系统
2	设置监控预警规则	PAY_DI_RULE	动态监控预警规则表	用于存储监控规则
3	触发预警规则	PAY_DI_RULE	动态监控预警规则表	用于存储监控规则
		PAY_DI_BILL	动态监控处理单表	用于存储动态监控处理单信息
4	核实疑点信息	—	—	线下操作，此步骤不涉及预算管理一体化系统
5	核实疑点（单位）	—	—	线下操作，此步骤不涉及预算管理一体化系统
6	协助核实	—	—	线下操作，此步骤不涉及预算管理一体化系统
7	提供材料解释说明（单位）	—	—	线下操作，此步骤不涉及预算管理一体化系统
8	审核汇总	—	—	线下操作，此步骤不涉及预算管理一体化系统
9	核实疑点（下级财政）	—	—	线下操作，此步骤不涉及预算管理一体化系统
10	提供材料解释说明（下级财政）	—	—	线下操作，此步骤不涉及预算管理一体化系统

续表

序号	业务活动	逻辑库表	中文名称	备注
11	处理违规问题	PAY_DI_BILL	动态监控处理单表	用于存储动态监控处理单信息
12	按要求整改	—	—	涉及实际整改的业务场景使用的逻辑库表
13	整改结果反馈	—	—	线下操作,此步骤不涉及预算管理一体化系统
14	制作监控处理单	PAY_DI_BILL	动态监控处理单表	用于存储动态监控处理单信息
15	部门实时监控	—	—	涉及具体监控的业务场景使用的逻辑库表
16	监控结果运用	—	—	线下操作,此步骤不涉及预算管理一体化系统逻辑库表变化

1. 逻辑库表间关系

预算执行动态监控涉及的相关逻辑库表关系如图 3-35 所示。

```
┌─────────────────────────┐          ┌─────────────────────────┐
│   动态监控处理单表      │          │   动态监控预警规则表    │
│    (PAY_DI_BILL)        │          │    (PAY_DI_RULE)        │
│ PK │ 动态监控处理主键   │          │ PK │ 动态监控规则主键   │
│    │ (DI_BILL_ID)       │          │    │ (DI_RULE_ID)       │
│----│--------------------│          │----│--------------------│
│    │ 规则代码           │          │    │ 规则代码           │
│    │ (FI_RULE_CODE)     │          │    │ (FI_RULE_CODE)     │
└─────────────────────────┘          └─────────────────────────┘
```

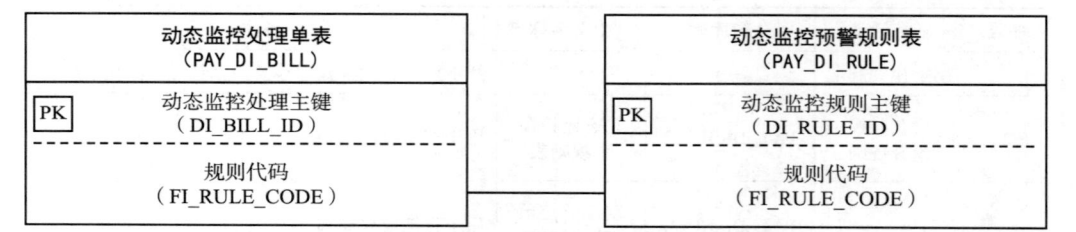

图 3-35 预算执行动态监控涉及的相关逻辑库表关系

动态监控处理单表(PAY_DI_BILL)中的规则代码(FI_RULE_CODE)对应动态监控预警规则表(PAY_DI_RULE)中的规则代码(FI_RULE_CODE)。

2. 实现机制说明

(1) 制定相关制度。

财政部门根据本地区实际,制定动态监控的相关制度,此步骤不涉及预算管理一体化系统。

(2) 设置监控预警规则。

财政部门根据相关制度规定在系统中设置监控预警规则,系统在动态监控预警规则表(PAY_DI_RULE)中存监控规则。逻辑库表字段示例如表 3-348 所示。

表 3-348　　　　动态监控预警规则表(PAY_DI_RULE)

序号	字段	字段值	备注
1	动态监控规则主键	273a2b343a-42f7-4c26-8a3c-f21b1ed4234c	数据创建时系统自动生成

续表

序号	字段	字段值	备注
2	规则代码	DTJK000001	系统自动生成，编号规则由各地财政部门自行制定
3	规则名称	收款人信息监控	手工录入，填写监控预警规则的名称
4	规则描述	用于监控支付阶段的收款人信息不能为单位实有资金账户	手工录入，填写监控预警规则的具体描述
5	监控数据源	PAY_VOUCHER	手工录入，填写监控的数据来源，例如某个业务表或视图
6	监控数据源描述	所有的支付申请表单	手工录入，填写监控的数据来源描述
7	预警级别	1（红色预警）	选择录入：1 红色预警，2 黄色预警，3 蓝色预警
8	触发条件	收款人信息为单位实有资金账户	手工录入，填写监控规则触发的条件
9	监控处理方式	4（禁止）	选择录入：1 提醒，2 预警，3 冻结，4 禁止
10	财政区划代码	110000000（北京市本级）	系统自动处理，值集来源于财政区划管理要素
11	预算年度	2020	系统自动处理，根据预算填报年度生成
12	更新时间	20200105130230	数据更新时系统自动生成，数据创建时更新时间与创建时间一致
13	是否删除	2（否）	系统自动处理，值集来源于布尔型代码管理要素，默认值为2，删除操作后，字段值由2变为1
14	创建时间	20200105130230	数据创建时系统自动生成

（3）触发预警规则。

集中支付资金、单位资金以及转移支付资金预算执行过程中，系统对触发预警监控规则的疑点信息进行预警，并提示财政部门。系统在动态监控处理单表（PAY_DI_BILL）存储触发预警规则的疑点信息。逻辑库表字段示例如表3-349所示。

表3-349　　　　　　动态监控处理单表（PAY_DI_BILL）

序号	字段	字段值	备注
1	动态监控处理主键	754b2a512c-56f7-3c22-3a3c-a25b1bf4485a	数据创建时系统自动生成
2	监控数据源	PAY_VOUCHER	系统自动引用动态监控预警规则表中的监控数据源
3	监控数据源描述	所有的支付申请表单	系统自动引用动态监控预警规则表中的监控数据源描述
4	业务记录编号	SQ000001	系统自动处理，记录触发监控规则的业务记录编号

续表

序号	字段	字段值	备注
5	单位代码	142207（产品质量监督检验院）	系统自动处理，记录触发监控规则业务的单位代码
6	项目代码	1100001914220700000001（质量检验设备维修）	系统自动处理，记录触发监控规则业务的项目代码
7	规则代码	DTJK000001（收款人信息监控）	系统自动引用动态监控预警规则表中的规则代码
8	预警级别	1（红色预警）	系统自动引用动态监控预警规则表中的预警级别
9	监控日期	20200506	系统自动处理，记录触发监控规则的日期
10	监控方式	1（系统监控）	系统自动处理，记录监控方式：1 系统监控，2 人工监控
11	监控处理方式	4（禁止）	系统自动引用动态监控预警规则表中的监控处理方式
12	认定状态	—	选择录入，认定后填写：1 放行，2 改正，3 禁止
13	处理意见	—	手工录入，处理后填写
14	处理日期	—	手工录入，处理后填写
15	财政区划代码	110000000（北京市本级）	系统自动处理，值集来源于财政区划管理要素
16	预算年度	2020	系统自动处理，根据预算填报年度生成
17	更新时间	20200506092010	数据更新时系统自动生成，数据创建时更新时间与创建时间一致
18	是否删除	2（否）	系统自动处理，值集来源于布尔型代码管理要素，默认值为2，删除操作后，字段值由2变为1
19	创建时间	20200506092010	数据创建时系统自动生成

（4）核实疑点信息。

财政部门对疑点信息采取电话核实、调阅材料、约谈走访等方式向预算单位、主管部门、下级财政等进行核实，此步骤不涉及预算管理一体化系统。

（5）核实疑点（单位）。

预算单位根据财政部门提供的监控疑点信息进行核实和确认，此步骤不涉及预算管理一体化系统。

（6）协助核实。

主管部门根据财政部门提供的下属单位的监控疑点信息进行协助核实，此步骤不涉及预算管理一体化系统。

（7）提供材料解释说明（单位）。

预算单位根据监控疑点信息核实结果向主管部门和财政部门提供相应的材料进行解释说明，此步骤不涉及预算管理一体化系统。

（8）审核汇总。

主管部门对下属单位监控疑点信息解释说明材料进行审核汇总后报送财政部门，

此步骤不涉及预算管理一体化系统。

（9）核实疑点（下级财政）。

下级财政根据上级财政部门提供的转移支付资金执行监控疑点信息进行核实和确认，此步骤不涉及预算管理一体化系统。

（10）提供材料解释说明（下级财政）。

下级财政根据转移支付执行监控疑点信息核实结果向上级财政部门提供相应的材料进行解释说明，此步骤不涉及预算管理一体化系统。

（11）处理违规问题。

对监控疑点信息经过核实确属违规的，财政部门在职责范围内依法依规进行纠正处理，系统更新动态监控处理单表（PAY_DI_BILL）中的疑点认定状态，逻辑库表字段变化示例如表3-350所示。

表3-350 动态监控处理单表（PAY_DI_BILL）

序号	字段	字段值	备注
1	动态监控处理主键	754b2a512c-56f7-3c22-3a3c-a25b1bf4485a	数据创建时系统自动生成
⋮	⋮	⋮	⋮
12	认定状态	2（改正）	选择录入，填写疑点认定结果：1放行，2改正，3禁止
⋮	⋮	⋮	⋮

（12）按要求整改。

预算单位根据财政部门出具的预算执行中的违规问题纠正处理意见进行整改，涉及实际整改的业务场景使用的逻辑库表变化。

（13）整改结果反馈。

预算单位将预算执行中的违规问题整改结果反馈财政部门，此步骤不涉及预算管理一体化系统。

（14）制作监控处理单。

财政部门对违规信息核实、纠正后，制作监控处理单，完整、准确记录核实情况和处理结果。系统更新动态监控处理单表（PAY_DI_BILL）中的监控处理信息，逻辑库表字段变化示例如表3-351所示。

表3-351 动态监控处理单表（PAY_DI_BILL）

序号	字段	字段值	备注
1	动态监控处理主键	754b2a512c-56f7-3c22-3a3c-a25b1bf4485a	数据创建时系统自动生成
⋮	⋮	⋮	⋮

续表

序号	字段	字段值	备注
13	处理意见	违规向本单位实有资金账户进行转账，已按要求完成整改	手工录入，处理后填写
14	处理日期	20200510	系统自动处理，记录处理日期
⋮	⋮	⋮	⋮

（15）部门实时监控。

主管部门利用相关信息对下属单位预算执行情况进行实时监控，涉及具体监控的业务场景使用的逻辑库表。

（16）监控结果运用。

财政部门将动态监控结果作为编制或调剂预算、制定完善相关管理制度和开展绩效评价等工作的重要参考，此步骤不涉及预算管理一体化系统逻辑库表变化。

3.6.2.5 预算执行报表

预算执行报表包括预算执行月报表、预算执行旬报表、库款月报表和月度预算执行分析报告等内容。地方各级财政部门应当按上一级政府财政部门规定的格式和时间等要求，报送本行政区域预算执行情况。预算执行报表涉及的业务活动及逻辑库表应用如表3-352所示。

表3-352　　　　预算执行报表涉及的业务活动及逻辑库表应用

序号	业务活动	逻辑库表	中文名称	备注
1	上级财政制定报表体例格式和报送时间	—	—	线下操作，此步骤不涉及预算管理一体化系统
2	上级财政维护进系统	PAY_REPORT	预算执行情况报表定义表	存储财政部下发的预算执行情况报表
2	上级财政维护进系统	PAY_REPORT_ITEM	预算执行情况报表项目定义表	存储财政部下发的预算执行情况报表的报表项目
2	上级财政维护进系统	PAY_REPORT_FIELD	预算执行情况报表栏目定义表	存储财政部下发的预算执行情况报表的报表金额或数值栏目
3	上级财政系统生成报表	PAY_REPORT_DATA	预算执行情况报表数据表	存储预算执行情况报表的报表数据
3	上级财政系统生成报表	PAY_REPORT_FILE	月度预算执行分析报告表	存储月度预算执行分析报告文本

续表

序号	业务活动	逻辑库表	中文名称	备注
4	上级财政核对确认系统生成的报表	PAY_REPORT_DATA	预算执行情况报表数据表	存储预算执行情况报表的报表数据
		PAY_REPORT_FILE	月度预算执行分析报告表	存储月度预算执行分析报告文本
5	上级财政调整账务	—	—	参见本教程会计核算部分
6	上级财政生成本级财政报表	PAY_REPORT_DATA	预算执行情况报表数据表	存储预算执行情况报表的报表数据
		PAY_REPORT_FILE	月度预算执行分析报告表	存储月度预算执行分析报告文本
7	下级财政维护进系统	PAY_REPORT	预算执行情况报表定义表	存储财政部下发的预算执行情况报表
		PAY_REPORT_ITEM	预算执行情况报表项目定义表	存储财政部下发的预算执行情况报表的报表项目
		PAY_REPORT_FIELD	预算执行情况报表栏目定义表	存储财政部下发的预算执行情况报表的报表金额或数值栏目
8	下级财政系统定期生成报表	PAY_REPORT_DATA	预算执行情况报表数据表	存储预算执行情况报表的报表数据
		PAY_REPORT_FILE	月度预算执行分析报告表	存储月度预算执行分析报告文本
9	下级财政核对确认系统生成的报表	PAY_REPORT_DATA	预算执行情况报表数据表	存储预算执行情况报表的报表数据
		PAY_REPORT_FILE	月度预算执行分析报告表	存储月度预算执行分析报告文本
10	下级财政调整账务	—	—	参见本教程会计核算部分
11	下级财政生成本级财政报表	PAY_REPORT_DATA	预算执行情况报表数据表	存储预算执行情况报表的报表数据
		PAY_REPORT_FILE	月度预算执行分析报告表	存储月度预算执行分析报告文本
12	报送上级财政部门	PAY_REPORT_DATA	预算执行情况报表数据表	存储预算执行情况报表的报表数据
		PAY_REPORT_FILE	月度预算执行分析报告表	存储月度预算执行分析报告文本

续表

序号	业务活动	逻辑库表	中文名称	备注
13	上级财政比对审核	PAY_REPORT_DATA	预算执行情况报表数据表	存储预算执行情况报表的报表数据
		PAY_REPORT_FILE	月度预算执行分析报告表	存储月度预算执行分析报告文本
14	汇总生成本级及所辖行政区划报表	PAY_REPORT_DATA	预算执行情况报表数据表	存储预算执行情况报表的报表数据
		PAY_REPORT_FILE	月度预算执行分析报告表	存储月度预算执行分析报告文本

1. 逻辑库表间关系

预算执行报表涉及的相关逻辑库表关系如图 3-36 所示。

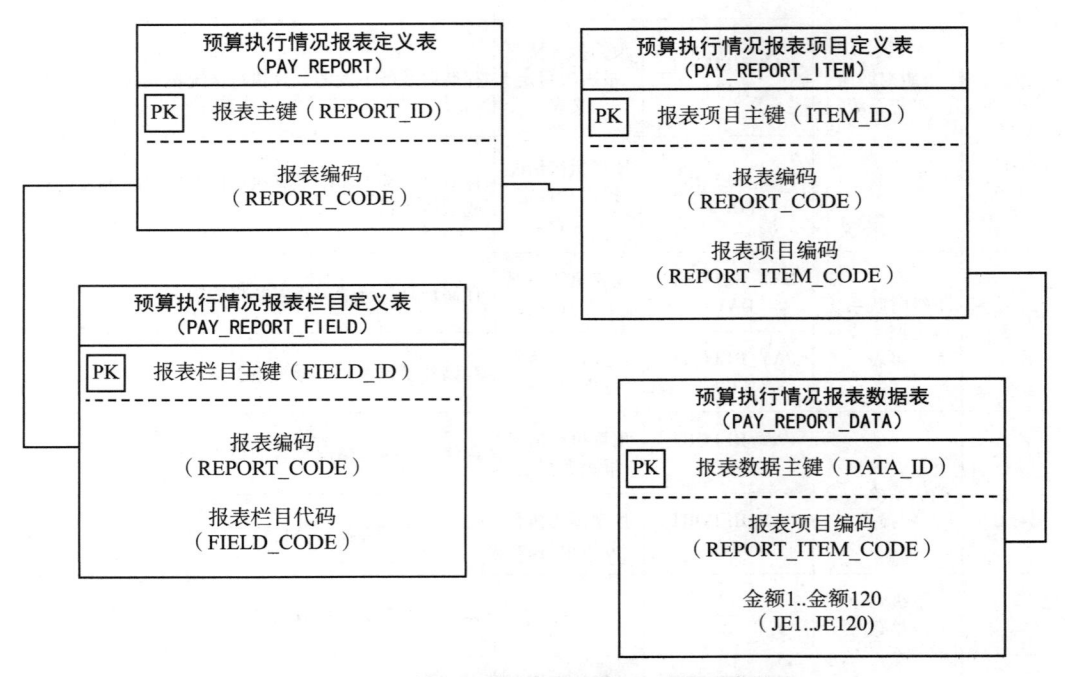

图 3-36　预算执行报表涉及的相关逻辑库表关系

（1）预算执行情况报表项目定义表（PAY_REPORT_ITEM）预算执行情况报表栏目定义表（PAY_REPORT_FIELD）中的报表编码（REPORT_CODE）对应预算执行情况报表定义表（PAY_REPORT）中的报表编码（REPORT_CODE）。

（2）预算执行情况报表数据表（PAY_REPORT_DATA）中的报表项目编码（REPORT_ITEM_CODE）对应预算执行情况报表项目定义表（PAY_REPORT_ITEM）中的报表项目编码（REPORT_ITEM_CODE）。

2. 实现机制说明

(1) 上级财政制定报表体例格式和报送时间。

预算年度开始前，上级财政发文明确旬月报的格式和报送时间等要求，此步骤不涉及预算管理一体化系统。

(2) 上级财政维护进系统。

上级财政将报表体例格式和报送时间维护进系统。系统在预算执行情况报表定义表（PAY_REPORT）、预算执行情况报表项目定义表（PAY_REPORT_ITEM）、预算执行情况报表栏目定义表（PAY_REPORT_FIELD）中存储预算执行表样定义。逻辑库表字段示例如表3-353~表3-355所示。

表3-353　　　　预算执行情况报表定义表（PAY_REPORT）

序号	字段	字段值	备注
1	报表主键	46d061b709-1fdd-ef36-be89-f4d16511f7fc	数据创建时系统自动生成
2	预算年度	2020	系统自动处理，根据预算填报年度生成
3	报表编码	ZX01	手工录入，填写定义的报表编码，编号规则由各地财政部门自行制定
4	报表名称	预算执行旬报表	手工录入，填写定义的报表的名称
5	报表类型	06（预算执行情况报表）	系统自动处理，此处为固定值"预算执行情况报表"
6	金额单位	万元	手工录入，填写金额单位
7	更新时间	20200701094022	数据更新时系统自动生成，数据创建时更新时间与创建时间一致
8	是否删除	2（否）	系统自动处理，值集来源于布尔型代码管理要素，默认值为2，删除操作后，字段值由2变为1
9	创建时间	20200701094022	数据创建时系统自动生成

表3-354　　　　预算执行情况报表项目定义表（PAY_REPORT_ITEM）

序号	字段	字段值1	字段值2	备注
1	报表项目主键	67b6b32efc-d7a5-03cc-4c47-a98a212290c2	83cc9bfdae-67ae-8783-12ca-882c0e66a2e2	数据创建时系统自动生成
2	预算年度	2020	2020	系统自动处理，根据预算填报年度生成
3	报表编码	ZX01	ZX01	系统自动引用预算执行情况报表定义表的报表编码
4	报表项目编码	ZX01001	ZX01002	手工录入，定义报表项目的编码，编号规则由各地财政部门自行制定

续表

序号	字段	字段值1	字段值2	备注
5	报表项目名称	一般公共预算收入合计	税收收入	手工录入，定义报表项目的名称
6	对应要素类型	—	IncomeSortCode	选择录入，值集来源于基础代码目录管理要素，无要素对应为空
7	对应要素代码	—	101	选择录入，值集来源于对应的管理要素，无要素对应为空
8	明细浮动要素类型	—	—	选择录入，值集来源于基础代码目录管理要素，无浮动明细要素为空
9	二级明细浮动要素类型	—	—	选择录入，值集来源于基础代码目录管理要素，无二级浮动明细要素为空
10	三级明细浮动要素类型	—	—	选择录入，值集来源于基础代码目录管理要素，无三级浮动明细要素为空
11	四级明细浮动要素类型	—	—	选择录入，值集来源于基础代码目录管理要素，无四级浮动明细要素为空
12	更新时间	20200701094022	20200701094022	数据更新时系统自动生成，数据创建时更新时间与创建时间一致
13	是否删除	2（否）	2（否）	系统自动处理，值集来源于布尔型代码管理要素，默认值为2，删除操作后，字段值由2变为1
14	创建时间	20200701094022	20200701094022	数据创建时系统自动生成

表3–355　预算执行情况报表栏目定义表（PAY_REPORT_FIELD）

序号	字段	字段值	备注
1	报表栏目主键	52281ce103–bf09–7846–9483–416fcdf1e5b9	数据创建时系统自动生成
2	预算年度	2020	系统自动处理，根据预算填报年度生成
3	报表编码	ZX01	系统自动引用预算执行情况报表定义表的报表编码
4	报表栏目代码	JE1	手工录入，定义报表栏目的代码，编号规则由各地财政部门自行制定

续表

序号	字段	字段值	备注
5	报表栏目名称	金额1	手工录入，定义报表栏目的名称
6	更新时间	20200701094022	数据更新时系统自动生成，数据创建时更新时间与创建时间一致
7	是否删除	2（否）	系统自动处理，值集来源于布尔型代码管理要素，默认值为2，删除操作后，字段值由2变为1
8	创建时间	20200701094022	数据创建时系统自动生成

（3）上级财政系统生成报表。

上级财政系统定期根据财政总预算会计账务自动生成《预算执行旬报表》《预算执行月报表》《库款月报表》等财政报表。系统在预算执行情况报表数据表（PAY_REPORT_DATA）中存储相应报表数据记录，在月度预算执行分析报告表（PAY_REPORT_FILE）存储一条月度报告文件记录。逻辑库表字段示例如表3-356和表3-357所示。

表3-356　　预算执行情况报表数据表（PAY_REPORT_DATA）

序号	字段	字段值	备注
1	报表数据主键	780898fd5c-7fc4-598a-c9ec-3b07f5f37a73	数据创建时系统自动生成
2	截止时间	20200510	手工录入，填写报表截止时间
3	财政区划代码	110000000（北京市本级）	系统自动处理，值集来源于财政区划管理要素
4	预算年度	2020	系统自动处理，根据预算填报年度生成
5	月份	05	选择录入，值集来源于月份管理要素，非月报、旬报可为空
6	旬	1（上旬）	选择录入，值集来源于旬管理要素，非旬报可为空
7	报表编码	ZX01	系统自动引用预算执行情况报表定义表的报表编码
8	报表项目编码	ZX01001	系统自动引用预算执行情况报表项目定义表定义的报表项目编码
9	显示序号	0	系统自动处理，大于0为浮动行
10	预算执行报表项目明细编码	—	选择录入，值集来源于基础代码目录代码管理要素，无报表项目明细为空
11	预算执行报表项目明细名称	—	选择录入，值集来源于基础代码目录代码管理要素，无报表项目明细为空
12	二级预算执行报表项目明细编码	—	选择录入，值集来源于基础代码目录代码管理要素，无二级报表项目明细为空

续表

序号	字段	字段值	备注
13	二级预算执行报表项目明细名称	—	选择录入，值集来源于基础代码目录代码管理要素，无二级报表项目明细为空
14	三级预算执行报表项目明细编码	—	选择录入，值集来源于基础代码目录代码管理要素，无三级报表项目明细为空
15	三级预算执行报表项目明细名称	—	选择录入，值集来源于基础代码目录代码管理要素，无三级报表项目明细为空
16	四级预算执行报表项目明细编码	—	选择录入，值集来源于基础代码目录代码管理要素。无四级报表项目明细为空
17	四级预算执行报表项目明细名称	—	选择录入，值集来源于基础代码目录代码管理要素，无四级报表项目明细为空
18	金额1	560.76	手工录入或自动生成，关联预算执行情况报表栏目定义表定义的报表栏目编码：JE1
19	更新时间	20200711094022	数据更新时系统自动生成，数据创建时更新时间与创建时间一致
20	是否删除	2（否）	系统自动处理，值集来源于布尔型代码管理要素，默认值为2，删除操作后，字段值由2变为1
21	创建时间	20200711094022	数据创建时系统自动生成

表3-357　　月度预算执行分析报告表（PAY_REPORT_FILE）

序号	字段	字段值	备注
1	报告主键	bf21aa1c-ad38-5da5-371d-02434c16e573	数据创建时系统自动生成
2	财政区划代码	110000000（北京市本级）	系统自动处理，值集来源于财政区划管理要素
3	预算年度	2020	系统自动处理，根据预算填报年度生成
4	月份	04	选择录入，值集来源于月份管理要素
5	附件名称	2020年4月预算执行分析报告	手工录入，填写月度报告的附件名称
6	报告附件	/ZX/2020年4月预算执行分析报告.pdf	系统自动处理，将附件进行存储
7	更新时间	20200801094022	数据更新时系统自动生成，数据创建时更新时间与创建时间一致

续表

序号	字段	字段值	备注
8	是否删除	2（否）	系统自动处理，值集来源于布尔型代码管理要素，默认值为2，删除操作后，字段值由2变为1
9	创建时间	20200801094022	数据创建时系统自动生成

（4）上级财政核对确认系统生成的报表。

上级财政对系统生成的旬月报等财政报表进行核对确认，此步骤相关逻辑库表中的数据无变化。

（5）上级财政调整账务。

上级财政如需修改系统生成报表中的数据，必须从源头调整账务，然后再重新取数，并相应说明理由，调整账务详见本书"3.7.2.1 总预算会计"部分。

（6）上级财政生成本级财政报表。

上级财政核对确认后，生成本级财政报表。此步骤相关逻辑库表中的数据无变化，报表的确认状态发生变化。

（7）下级财政维护进系统。

下级财政将报表体例格式和报送时间维护进系统。逻辑库表字段示例同"（2）上级财政维护进系统"。

（8）下级财政系统定期生成报表。

下级财政系统定期根据财政总预算会计账务自动生成《预算执行旬报表》《预算执行月报表》《库款月报表》等财政报表。逻辑库表字段示例同"（3）上级财政系统生成报表"。

（9）下级财政核对确认系统生成的报表。

下级财政对系统生成的旬月报等财政报表进行核对确认，此步骤相关逻辑库表中的数据无变化。

（10）下级财政调整账务。

下级财政如需修改系统生成报表中的数据，必须从源头调整账务，然后再重新取数，并相应说明理由，调整账务详见本书"3.7.2.1 总预算会计"部分。

（11）下级财政生成本级财政报表。

下级财政核对确认后，生成本级财政报表。此步骤相关逻辑库表中的数据无变化，报表的确认状态发生变化。

（12）下级报送上级财政部门。

下级财政部门通过系统报送确认后的旬月报等财政报表给上级财政部门。此步骤相关逻辑库表中的数据无变化，报表的报送状态发生变化。

（13）上级比对审核。

上级财政部门在系统中对下级财政报送的旬月报等财政报表与获取的下级总预算会计账务信息进行比对审核，发现问题及时纠正。此步骤相关逻辑库表中的数据无变化。

（14）汇总生成本级及所辖行政区划报表。

上级财政部门汇总本级财政报表和下级财政报表，生成本级及所辖行政区划的财政报表。此步骤相关逻辑库表中的数据无变化。

3.6.3 常见问题

（1）非税收入业务信息表（NT_BUSI_INFO）用于什么业务场景？

非税收入业务信息表（NT_BUSI_INFO）存储其他业务模块或单位自有业务系统（如作为非税收入管理的资产出租出借、对外投资、处置收入等）产生的非税收入业务信息。

缴款人到执收单位办理相关非税业务，执收单位可以根据缴款人办理的业务直接开具电子非税收入一般缴款书（缴款通知），也可以从非税收入业务信息表（NT_BUSI_INFO）中选择一条记录开具电子非税收入一般缴款书（缴款通知）。

（2）如果保留用款计划，用款计划是否需要记指标账？如何控制额度的扣减？

保留用款计划时，用款计划只是用于库款使用控制，无须记指标账。即使保留用款计划，支付申请依然是依据预算指标进行填报，用款计划和预算指标共同控制支付申请，用款计划与支付申请之间只有控制关系，没有追溯关系。

（3）国库集中支付批量支付业务在系统中如何处理？支付资金时是否只有批量业务才需要生成《国库集中支付明细表》，单笔业务和批量业务的电子凭证报文是否一样？

国库集中支付批量支付业务在生成国库集中支付申请时，同时在国库集中支付明细表（PAY_DETAIL）中存储支付明细信息；在生成国库集中支付凭证时，同时更新国库集中支付明细表（PAY_DETAIL）中的支付凭证号（PAY_CERT_NO）字段；在《国库集中支付凭证》发送代理银行时，同时按收款人合并生成《国库集中支付明细表》发送代理银行。批量支付业务中有一笔资金支付不成功的，代理银行将该笔支付不成功的资金做退款处理。

单笔业务生成并发送《国库集中支付凭证》，不需要生成《国库集中支付明细表》，只有批量业务才需要同时生成《国库集中支付凭证》和《国库集中支付明细表》发送给代理银行。与单笔业务不同的是，批量业务的电子凭证报文中的收款人可以为空，单笔业务收款人不能为空。

（4）国库集中支付凭证付款人为财政零余额账户时，是否可以通过代理银行自助柜面系统办理业务？发生支付资金主动退回时，对于已上线支付电子化的情况，如果银行自助柜面已提供核实原支付凭证功能，是否还需要通过预算管理一体化系统由预算单位核实？

国库集中支付凭证付款人为财政零余额账户时不可以通过代理银行自助柜面系统办理业务，只有付款人为单位零余额账户的转账类业务可以通过代理银行自助柜面系统办理。

预算单位已经通过自助柜面系统对资金退回信息匹配原支付凭证的，由代理银行向财政预算管理一体化系统发送退回通知书，无需再通过预算管理一体化系统进行核实。

（5）《标准》的国库集中支付申请表（PAY_VOUCHER）、国库集中支付凭证表（PAY_VOUCHER_BILL）与《国库集中支付电子化管理接口报文规范》的财政直接支付凭证（5201）、财政授权支付凭证（8202）定义规则不一致，系统如何处理？一笔由多条明细组成的支付凭证是否需要拆分成多条同凭证号的库表记录，是否会导致大量数据冗余？

预算管理一体化系统的数据库表参照技术标准的逻辑库表制定，数据库表的字段命名、长度等必须与逻辑库表保持一致。财政与银行的接口交互报文根据库表内容进行组织，两者定义无需完全一致。

现有的国库集中支付凭证表（PAY_VOUCHER_BILL）和国库集中支付申请表（PAY_VOUCHER）是相互关联的主细表，一笔由多条明细组成的支付凭证不需要在国库集中支付凭证表（PAY_VOUCHER_BILL）中拆分成多条同凭证号的库表记录，其支付凭证信息存储在国库集中支付凭证表（PAY_VOUCHER_BILL），多条明细信息存储在国库集中支付申请表（PAY_VOUCHER），不会造成数据冗余。

（6）《国库集中支付电子化管理接口报文规范（2019）》中部分接口报文与《标准》不一致，如《标准》不再区分直接支付和授权支付，报文规范中未包含零余额到账通知书、支付凭证号清单、支付月报等内容，后续如何处理？

《国库集中支付电子化管理接口报文规范》后续会参照《规范》和《标准》进行修订。

（7）支付更正是否允许更正支付金额？支付更正申请表（PAY_APPLY_CORRECTION），目前只定义了"指标类型、资金性质、支出功能分类科目、政府预算支出经济分类科目、部门预算支出经济分类科目、项目"五个变更字段，是否允许扩展？

支付更正不改变资金流向，不得对原支付凭证中的收付款账户信息以及金额进行更正。除了已列可更正字段外，各地可以根据业务需要扩展。

（8）支付申请表（PAY_VOUCHER）中"单位内部机构代码"是否有统一代码集？

预算单位内部机构代码没有统一代码集，主要是由于各单位内部机构设置不一样。上报到部里的数据应包括"单位内部机构代码"和"单位内部机构名称"。

（9）划款清算凭证表（PAY_LQD_CERT）中没有支付凭证号信息，如何实现在登记划款清算凭证回单时，将划款凭证单号信息填写到国库集中支付凭证表（PAY_VOUCHER_BILL）中？

根据《国库集中支付电子化管理接口报文规范》，人民银行返回的"申请划款凭证回单（2301）"报文中有"支付凭证单号"信息，根据此回单，系统在划款清算凭证表（PAY_LQD_CERT）中存储划款清算凭证信息，同时将划款凭证单号填写到国库集中支付凭证表（PAY_VOUCHER_BILL）中对应的字段。

（10）国库集中支付凭证表（PAY_VOUCHER_BILL）无清算银行、清算账户信息，对同一资金性质，需要分账户清算的资金如何处理？

存在此类业务场景时，各省可以根据需要扩展实现。

(11) 库存表（NT_ACC_BAL）用于存储财政专户库存日报信息，国库账户库存日报信息如何存储？

库存表（NT_ACC_BAL）用于存储所有财政账户的库存日报信息，反映账户的收支余额情况，包括财政专户和国库账户。

3.7 会 计 核 算

3.7.1 总体描述

《标准》中会计核算包括财政总预算会计核算、预算指标会计核算和单位会计核算三种。这三种会计核算之间虽然有类似的库表结构，但也不尽相同，各有自己的业务库表和特点。为了更清楚地解释每种会计核算技术标准、说明各自库表及要素的使用，不引起混淆，下面对每种会计核算分别进行说明。

3.7.2 功能设计

3.7.2.1 财政总预算会计核算

财政总预算会计核算是指政府财政部门按照相关法律、制度规定对政府财政各项经济业务或事项进行会计核算的工作，目标是向会计信息使用者提供政府财政预算执行情况会计信息，反映政府财政受托责任履行情况。财政总预算会计核算结果为财政总决算、政府综合财务报告提供依据。业务活动涉及的逻辑库表应用如表3-358所示。

表3-358　　　　财政总预算会计业务活动涉及的逻辑库表应用

序号	业务活动	逻辑库表	中文名称	备注
1	建立账簿	GLF_ACCT_SET	财政总预算会计账套表	存储财政总预算会计核算账套信息
2	初始化账簿	GLF_ACCT_SET	财政总预算会计账套表	存储初始化后的财政总预算会计核算账套信息
		GLF_ACCOUNT_CLS	财政总预算会计科目表	存储财政总预算会计科目信息
		GLF_VOU_HEAD	财政总预算会计凭证主表	存储财政总预算会计凭证对象主表信息

续表

序号	业务活动	逻辑库表	中文名称	备注
2	初始化账簿	GLF_VOU_DETAIL	财政总预算会计凭证分录表	存储财政总预算会计凭证分录信息
		GLF_BAL	财政总预算会计余额发生额汇总表	存储财政总预算会计记账凭证汇总信息
3	自动生成凭证	GLF_VOU_HEAD	财政总预算会计凭证主表	存储财政总预算会计凭证对象主表信息
		GLF_VOU_DETAIL	财政总预算会计凭证分录表	存储财政总预算会计凭证分录信息
		GLF_VOU_BILL_RELATION	财政总预算会计原始单据关联表	存储财政总预算会计业务单据和记账凭证之间的对应关系
		GLF_VOU_CASHFLOW	财政总预算会计现金流量表	当采用平行记账模式，需输出现金流量表时使用该表，存储财政总预算会计凭证对应的现金流量信息
		GLF_VOU_DIFF	财政总预算会计盈余与结余差异表	当采用平行记账模式，需输出盈余与结余差异表时使用，存储财政总预算会计记账凭证的盈余与结余差异项信息
4	录入凭证	GLF_ACCOUNT_CLS	财政总预算会计科目表	存储财政总预算会计科目信息
		GLF_VOU_HEAD	财政总预算会计凭证主表	存储财政总预算会计凭证对象主表信息
		GLF_VOU_DETAIL	财政总预算会计凭证分录表	存储财政总预算会计凭证分录信息
		GLF_VOU_CASHFLOW	财政总预算会计现金流量表	当采用平行记账模式，需输出现金流量表时使用该表存储财政总预算会计凭证对应的现金流量信息
		GLF_VOU_DIFF	财政总预算会计盈余与结余差异表	当采用平行记账模式，需输出盈余与结余差异表时使用，存储财政总预算会计记账凭证的盈余与结余差异项信息
5	会计差错更正	GLF_VOU_HEAD	财政总预算会计凭证主表	存储财政总预算会计凭证对象主表信息
		GLF_VOU_DETAIL	财政总预算会计凭证分录表	存储财政总预算会计凭证分录信息

续表

序号	业务活动	逻辑库表	中文名称	备注
6	审核记账凭证	GLF_VOU_HEAD	财政总预算会计凭证主表	存储财政总预算会计凭证对象主表信息
		GLF_VOU_DETAIL	财政总预算会计凭证分录表	存储财政总预算会计凭证分录信息
7	凭证记账	GLF_VOU_HEAD	财政总预算会计凭证主表	存储财政总预算会计凭证对象主表信息
		GLF_VOU_DETAIL	财政总预算会计凭证分录表	存储财政总预算会计凭证分录信息
		GLF_BAL	财政总预算会计余额发生额汇总表	存储财政总预算会计记账凭证汇总信息
8	月末结账	GLF_VOU_HEAD	财政总预算会计凭证主表	存储财政总预算会计凭证对象主表信息
9	对账	GLF_VOU_HEAD	财政总预算会计凭证主表	存储财政总预算会计凭证对象主表信息
		GLF_VOU_DETAIL	财政总预算会计凭证分录表	存储财政总预算会计凭证分录信息
		GLF_BAL	财政总预算会计余额发生额汇总表	存储财政总预算会计记账凭证汇总信息
10	年末处理	GLF_ACCT_SET	财政总预算会计账套表	存储财政总预算会计核算账套信息
		GLF_ACCOUNT_CLS	财政总预算会计科目表	存储财政总预算会计科目信息
		GLF_VOU_HEAD	财政总预算会计凭证主表	存储财政总预算会计凭证对象主表信息
		GLF_VOU_DETAIL	财政总预算会计凭证分录表	存储财政总预算会计凭证分录信息
		GLF_BAL	财政总预算会计余额发生额汇总表	存储财政总预算会计记账凭证汇总信息

续表

序号	业务活动	逻辑库表	中文名称	备注
11	生成会计报表	GLF_VOU_HEAD	财政总预算会计凭证主表	存储财政总预算会计凭证对象主表信息
		GLF_VOU_DETAIL	财政总预算会计凭证分录表	存储财政总预算会计凭证分录信息
		GLF_BAL	财政总预算会计余额发生额汇总表	存储财政总预算会计记账凭证汇总信息

1. 逻辑库表间关系

财政总预算会计核算涉及的相关逻辑库表的关系如图3-37所示。

（1）财政总预算会计凭证分录表（GLF_VOU_DETAIL）的账套编号（ACCT_SET_CODE）、财政总预算会计科目代码（ACCOUNT_CLS_CODE）对应财政总预算会计余额发生额汇总表（GLF_BAL）的账套编号（ACCT_SET_CODE）、财政总预算会计科目代码（ACCOUNT_CLS_CODE），对应财政总预算会计科目表（GLF_ACCOUNT_CLS）的账套编号（ACCT_SET_CODE）、财政总预算会计科目代码（ACCOUNT_CLS_CODE）。

（2）财政总预算会计凭证主表（GLF_VOU_HEAD）的凭证主表唯一标识（VOU_ID）对应财政总预算会计凭证分录表（GLF_VOU_DETAIL）凭证主表唯一标识（VOU_ID）、对应财政总预算会计原始单据关联表（GLF_VOU_BILL_RELATION）凭证主表唯一标识（VOU_ID）、对应财政总预算会计现金流量表（GLF_VOU_CASHFLOW）凭证主表唯一标识（VOU_ID）、对应财政总预算会计盈余与结余差异表（GLF_VOU_DIFF）凭证主表唯一标识（VOU_ID）。

（3）财政总预算会计凭证分录表（GLF_VOU_DETAIL）的单位代码（AGENCY_CODE）对应单位基本信息表（BAS_AGENCY_INFO）的单位代码（AGENCY_CODE）。

（4）财政总预算会计余额发生额汇总表（GLF_BAL）的单位代码（AGENCY_CODE）对应单位基本信息表（BAS_AGENCY_INFO）的单位代码（AGENCY_CODE）。

2. 实现机制说明

（1）建立账簿。

账簿作为一切会计核算工作的基础，开始会计核算工作前，第一步就是需要建立账簿，建立账簿涉及的逻辑库表为财政总预算会计账套表（GLF_ACCT_SET），一个账簿在该表中对应一行记录。以北京市财政局建立2020年度财政总预算会计账套为例，逻辑库表字段示例如表3-359所示。

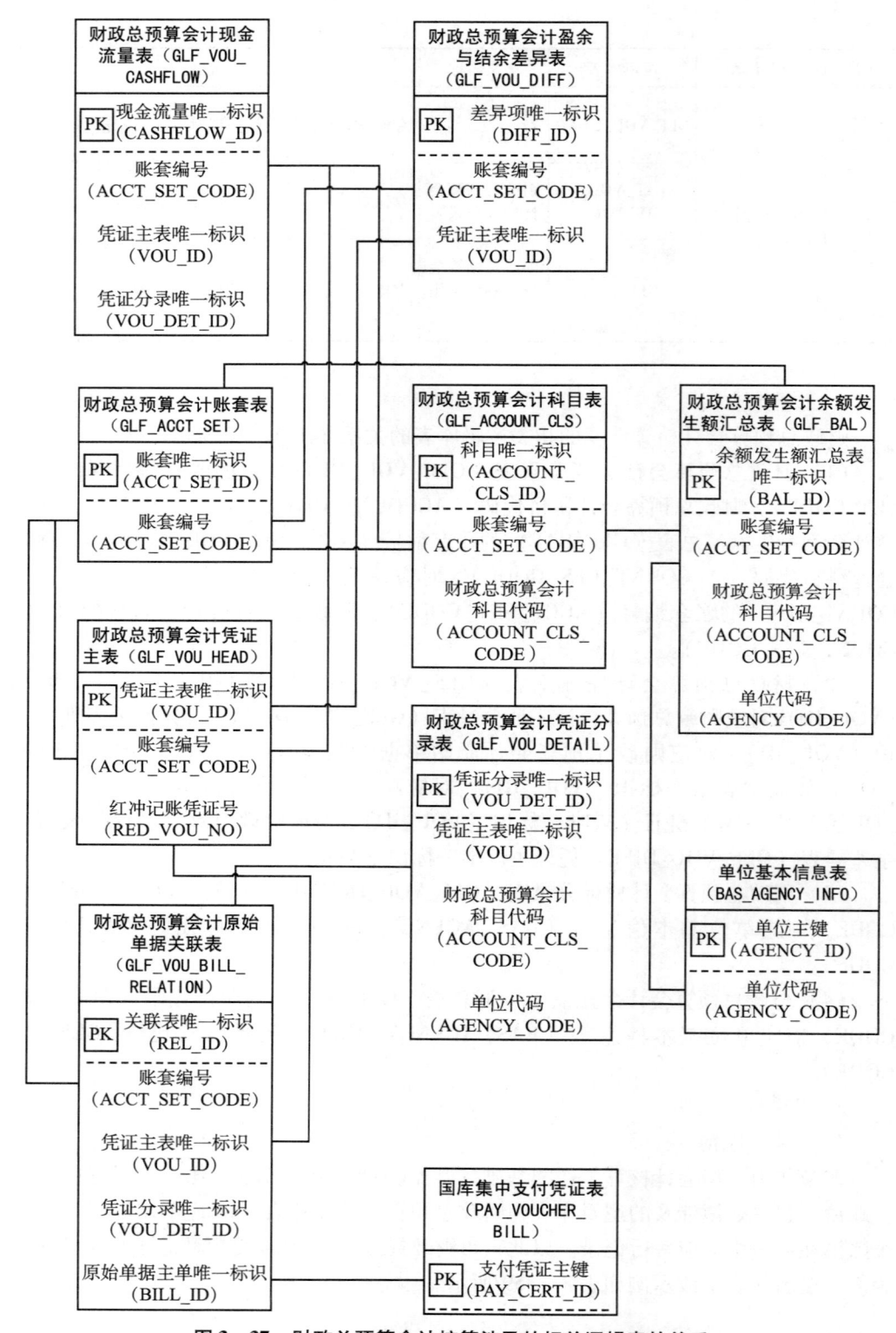

图 3-37 财政总预算会计核算涉及的相关逻辑表的关系

表 3-359　　　　　　　　财政总预算会计账套表（GLF_ACCT_SET）

序号	字段	字段值	备注
1	账套唯一标识	00q7344f3d-630f-4a80-ztid-202004290001	数据创建时系统自动生成
2	账套编号	99000ZKJ	手工录入，填写新创建账套的账套编号
3	账套名称	财政总预算会计账	手工录入，填写新创建账套的账套名称
4	账套类型	13（财政总预算会计制度）	选择录入，值集来源于会计科目使用主体类型管理要素
5	财政区划代码	110000000（北京市本级）	系统自动处理，值集来源于财政区划管理要素
6	会计年度	2020	手工录入，填写该账套所反映的会计年度
7	启用日期	20200101	手工录入，填写本条记录启用的日期
8	创建人	张三	系统自动处理，根据登录用户自动填入
9	账套状态	1（已启用）	系统自动处理，默认为1，账套未启用或停用后，字段值由1变为0
10	财务负责人	李四	手工录入，根据实际情况填写财务负责人姓名
11	更新时间	20200102000000	数据更新时系统自动生成，数据创建时更新时间与创建时间一致
12	是否删除	2（否）	系统自动处理，值集来源于布尔型代码管理要素，默认值为2，删除操作后，字段值由2变为1
13	创建时间	20200101000000	数据创建时系统自动生成
14	虚拟单位代码	998	该字段为区分一级财政区划下的财政总预算会计、社保基金会计等非实体单位的会计主体而设立

(2) 初始化账簿。

账套建立后，还需要设置会计科目、会计期间、账簿规则及填报辅助核算项信息，并编录科目期初数等内容。逻辑库表字段示例如表 3-360 ~ 表 3-362 所示。

表 3-360　　　　　　　　财政总预算会计科目表（GLF_ACCOUNT_CLS）

序号	字段	字段值	备注
1	科目唯一标识	00q7344f3d-630f-4a80-kmid-202005080001	数据创建时系统自动生成
2	财政区划代码	110000000（北京市本级）	系统自动处理，值集来源于财政区划管理要素
3	账套编号	99000ZKJ	系统自动引用财政总预算会计账套表的账套编号
4	会计年度	2020	系统自动引用财政总预算会计账套表的会计年度

续表

序号	字段	字段值	备注
5	财政总预算会计科目代码	1001	系统自动处理，值集来源于财政总预算会计科目管理要素
6	财政总预算会计科目名称	国库存款	系统自动处理，值集来源于财政总预算会计科目管理要素
7	父级节点ID	—	系统自动引用会计科目表的父级节点ID，一级科目父级唯一标识为空
8	级次	1	系统自动引用会计科目表的级次
9	是否末级	2（否）	系统自动引用会计科目表的是否末级
10	是否启用	1（是）	系统自动引用会计科目表的是否启用
11	余额方向	1（借）	系统自动处理，根据会计科目类型代码自动判断生成
12	财政总预算会计科目类型代码	1（资产类）	系统自动引用会计科目表的会计科目类型代码字段
13	助记码	GKCK	手工录入，填写用户自定义的用于快速检索和定位科目的编码
14	币种代码	—	选择录入，值集来源于币种管理要素，不核算外币的科目可为空
15	备注	—	手工录入，填写科目备注，不需要备注时可为空
16	是否标准	1（是）	系统自动生成，值集来源于布尔型代码管理要素
17	更新时间	20200102000000	数据更新时系统自动生成，数据创建时更新时间与创建时间一致
18	是否删除	2（否）	系统自动处理，值集来源于布尔型代码管理要素，默认值为2，删除操作后，字段值由2变为1
19	创建时间	20200101000000	数据创建时系统自动生成
20	虚拟单位代码	998	该字段为区分一级财政区划下的财政总预算会计、社保基金会计等非实体单位的会计主体而设立。为总预算会计、土储、物储、社保基金等资金主体，也在单位基础信息表里分配单位代码，因为不是实体单位，所以称作"虚拟单位代码"。一个总预算会计主体，可以有多套账，所以在总会计的账套信息表里，既要有财套代码，也要有其所属的"虚拟单位代码"

表 3 – 361　　　　　　　财政总预算会计凭证主表（GLF_VOU_HEAD）

序号	字段	字段值	备注
1	凭证主表唯一标识	00q7344f3d – 630f – 4a80 – pzid – 202005230000	数据创建时系统自动生成
2	财政区划代码	110000000（北京市本级）	系统自动引用财政总预算会计账套表的财政区划代码
3	会计年度	2020	系统自动引用财政总预算会计账套表的会计年度
4	账套编号	99000ZKJ	系统自动引用财政总预算会计账套表账套编号
5	会计期间	1（1月份）	系统自动处理，依据记账凭证日期生成
6	记账凭证号	1	系统自动生成，根据当前账套中数据对凭证自动连续编号
7	凭证摘要	为产品质量监督检验院做直接支付	系统根据当前业务场景自动生成
8	财政总预算会计记账凭证类型	1（记账凭证）	系统根据当前业务场景自动生成
9	制单人	张三	系统自动引用当前登录用户信息
10	制单日期	20200103	系统根据当前时间自动生成
11	审核人	—	未审核凭证时该字段为空
12	审核日期	—	未审核凭证时该字段为空
13	记账人	—	凭证未记账时该字段为空
14	记账日期	—	凭证未记账时该字段为空
15	记账凭证日期	20200102	系统自动生成，期初数默认为1月1日
16	财务负责人	李四	系统自动引用财政总预算会计账套表的财务负责人
17	贷方金额	200000.00	系统自动处理，取值为分录的贷方金额合计
18	借方金额	200000.00	系统自动处理，取值为分录的借方金额合计
19	附件数	0	系统自动处理，默认0
20	红冲状态	0（正常凭证）	系统自动处理，默认0。0表示正常凭证，1表示冲销凭证
21	红冲记账凭证号	—	系统自动处理，记账凭证被红冲时自动填写红冲记账凭证主表唯一标识
22	是否调整期	0（正常期间）	系统根据会计期间自动判断生成，默认0。0：正常期间，1：调整期
23	凭证状态	1（已审核）	系统自动生成，期初数固定为1
24	是否为结转凭证	2（否）	系统自动处理，值集来源于布尔型代码管理要素
25	更新时间	20200105000000	数据更新时系统自动生成，数据创建时更新时间与创建时间一致
26	是否删除	2（否）	系统自动处理，值集来源于布尔型代码管理要素，默认值为2，删除操作后，字段值由2变为1

续表

序号	字段	字段值	备注
27	创建时间	202001012000000	创建数据时系统自动生成
28	虚拟单位代码	998	为区分一级财政区划下的财政总预算会计、社保基金会计等非实体单位的会计主体而设立
29	预算贷方金额	200000.00	系统自动处理，取值为预算会计分录的贷方金额合计
30	预算借方金额	200000.00	系统自动处理，取值为预算会计分录的借方金额合计

注：为了更清楚记录预算会计金额，在财政总预算会计凭证主表中增加"预算贷方金额"和"预算借方金额"两个字段。

表 3-362　财政总预算会计凭证分录表（GLF_VOU_DETAIL）

序号	字段	字段值1（借方）	字段值2（贷方）	备注
1	凭证分录唯一标识	00q7344f3d-630f-4a80-flid-202005230000	00q7344f3d-630f-4a80-flid-202005230001	数据创建时系统自动生成
2	凭证主表唯一标识	00q7344f3d-630f-4a80-pzid-202005230000	00q7344f3d-630f-4a80-pzid-202005230000	系统自动引用财政总预算会计凭证主表中的主键
3	财政区划代码	110000000（北京市本级）	110000000（北京市本级）	系统自动引用财政总预算会计账套表财政区划
4	会计年度	2020	2020	系统自动引用财政总预算会计账套表中的会计年度
5	账套编号	99000ZKJ	99000ZKJ	系统自动引用财政总预算会计账套表中的账套编号
6	会计期间	1	1	系统自动生成，0表示期初数，1~12表示1~12期间，13表示调整期
7	记账凭证号	1	1	系统自动引用财政总预算会计凭证主表中的记账凭证号
8	记账凭证分录序号	1	2	系统根据顺序自动生成，根据财政总预算会计凭证分录表中的数据对分录自动连续编号
9	财政总预算会计科目代码	5001	1001	选择录入或根据上年数据自动生成，值集来源于财政总预算会计科目管理要素
10	财政总预算会计科目名称	一般公共预算本级支出	国库存款	选择录入或根据上年数据自动生成，值集来源于财政总预算会计科目管理要素

续表

序号	字段	字段值1（借方）	字段值2（贷方）	备注
11	金额	200000.00	200000.00	手工录入或根据上年数据自动生成，填写发生额
12	借贷方向	1（借）	2（贷）	选择录入或根据上年数据自动生成，值集来源于借贷方向管理要素
13	会计分录摘要	市场监督管理信息化项目	市场监督管理信息化项目	系统根据当前业务场景自动生成
14	外币金额	—	—	手工录入，非外币业务时为空
15	汇率	—	—	手工录入，非外币业务时为空
16	币种代码	—	—	选择录入，值集来源于币种管理要素，非外币业务时为空
17	收入分类科目代码	—	—	选择录入或根据上年数据自动生成，值集来源于收入分类科目管理要素，不核算该要素时为空
18	支出功能分类科目代码	2013808（市场监督管理事务—信息化建设）	—	选择录入或根据上年数据自动生成，值集来源于基础数据的支出功能分类科目管理要素，不核算要素时为空
19	单位代码	998	998	该字段为区分一级财政区划下的财政总预算会计、社保基金会计等非实体单位的会计主体而设立。此处的单位代码是冗余字段，后面还有"虚拟单位代码"
20	政府支出经济分类代码	50209（机关商品和服务支出—维修（护）费）	—	选择录入或根据上年数据自动生成，值集来源于政府预算支出经济分类管理要素，不核算要素时为空
21	财政内部机构代码	—	—	选择录入或根据上年数据自动生成，值集来源于财政内部机构管理要素，不核算该要素时为空
22	项目代码	1100001914422070000008（市场监督信息公开网站）	—	选择录入或根据上年数据自动生成，自动生成时值来源于本表的上年数据，其余值集来源于项目代码管理要素，不核算该要素时为空
23	备注	—	—	手工录入，填写备注信息，可为空
24	结算方式代码	1（电子转账支付）	—	选择录入或根据上年数据自动生成，值集来源于结算方式管理要素，不核算该要素时为空

续表

序号	字段	字段值1（借方）	字段值2（贷方）	备注
25	资金往来对象类别代码	5（本级预算单位）	—	选择录入或根据上年数据自动生成，值集来源于资金往来对象类别管理要素，不核算该要素时为空。在现有资金往来对象类别代码基础上扩充5（本级预算单位）、6（非本级预算单位）、7（其他单位）
26	资金往来对象编码	142207	—	手工录入或根据上年数据自动生成，不核算该要素时为空
27	资金往来对象名称	产品质量监督检验院	—	手工录入或根据预算管理一体化系统里的单位代码自动带出，不核算该要素时为空
28	资金性质代码	111（一般公共预算资金）	—	选择录入或根据上年数据自动生成，值集来源于资金性质管理要素，不核算该要素时为空
29	资金来源代码	—	—	选择录入或根据上年数据自动生成，值集来源于资金来源管理要素，不核算该要素时为空
30	指标类型代码	—	—	选择录入或根据上年数据自动生成，值集来源于指标类型管理要素，不核算该要素时为空
31	本级指标文号	—	—	选择录入或根据上年数据自动生成，不核算该要素时为空
32	财政总预算会计费用经济性质代码	131	—	选择录入或根据上年数据自动生成，值集来源于费用经济性质管理要素，不核算该要素时为空
33	预算级次代码	—	—	选择录入或根据上年数据自动生成，值集来源于预算级次管理要素，不核算该要素时为空
34	上级指标文号	—	—	选择录入或根据上年数据自动生成，不核算该要素时为空
35	来源项目代码	—	—	选择录入或根据上年数据自动生成，自动生成时值来源于本表的上年数据，其余值集来源于项目代码管理要素，不核算该要素时为空
36	支付方式代码	1（国库集中支付）	—	选择录入或根据上年数据自动生成，值集来源于支付方式管理要素，不核算该要素时为空

续表

序号	字段	字段值1（借方）	字段值2（贷方）	备注
37	部门支出经济分类代码	—	—	选择录入或根据上年数据自动生成，值集来源于部门预算支出经济分类管理要素，不核算该要素时为空
38	财政总预算会计记账凭证类型	1（记账凭证）	1（记账凭证）	根据管理需要，自行确定的凭证分类
39	更新时间	20200101000000	20200101000000	数据更新时系统自动生成，数据创建时更新时间与创建时间一致
40	是否删除	2（否）	2（否）	系统自动处理，值集来源于布尔型代码管理要素，默认值为2，删除操作后，字段值由2变为1
41	创建时间	20200101000000	20200101000000	数据创建时系统自动生成
42	虚拟单位代码	998	998	该字段为区分一级财政区划下的财政总预算会计、社保基金会计等非实体单体的会计主体而设立

（3）自动生成凭证。

自动生成凭证是指财政总预算会计按照《国家金库收入日报表》确认税收、非税、地方政府债券等收入，以及依据集中支付代理银行支付凭证回单以及人民银行清算凭证回单确认支出，系统自动化核算生成的记账凭证。

为实现系统自动化核算功能，需要预先设置自动化核算规则，包括业务数据取数规则、数据映射转换规则、会计科目匹配规则、数据汇总合并逻辑等。使用扩展的配置表保存上述设置信息。

下面以确认支出自动化核算业务为例进行说明。集中支付凭证示例数据如表3-363所示。

表3-363　　　　　　财政总预算会计各逻辑库中要素数据状态

字段	字段值
支付凭证主键	123b17ccab-82b7-4d43-8d5c-d07a3ed1917c
预算年度	2020
支付凭证号	JZZF0001
支付金额	2000.00
清算额度通知单号	QSED0001
支付凭证清单号	HZQD0001
划款凭证单号	HKPZ0001
政府支出经济分类	50299（其他商品和服务支出）
实际支付金额	4210.00

续表

字段	字段值
实际支付日期	20200429
单位	101001（北京市财政局）
用途	购买办公用品
财政区划代码	110000000（北京市本级）

上述集中支付凭证在清算后，财政总预算会计依据设置好的机制凭证模板进行自动化核算，生成财政总预算会计记账凭证，为简化数据，只以财务会计数据举例，逻辑库表字段变化示例如表3-364～表3-366所示。

表3-364　　　　财政总预算会计凭证主表（GLF_VOU_HEAD）

序号	字段	字段值	备注
1	凭证主表唯一标识	00q7344f3d-630f-4a80-pzid-202005230001	数据创建时系统自动生成
⋮	⋮	⋮	⋮
5	会计期间	4	系统根据支付凭证日期自动生成
11	记账凭证日期	20200429	系统自动引用支付凭证中的日期
17	借方金额	4210.00	系统自动处理，取值为财务会计分录的借方金额合计
19	附件数	0	系统根据机制凭证模板中设置规则自动统计生成
⋮	⋮	⋮	⋮

表3-365　　　　财政总预算会计凭证分录表（GLF_VOU_DETAIL）

序号	字段	字段值1（借方）	字段值2（贷方）	备注
1	凭证分录唯一标识	00q7344f3d-630f-4a80-flid-202005230011	00q7344f3d-630f-4a80-flid-202005230012	数据创建时系统自动生成
⋮	⋮	⋮	⋮	⋮
10	财政总预算会计科目代码	5001	1001	系统自动处理，根据机制凭证模板中设置规则生成，值集来源于财政总预算会计科目管理要素
11	财政总预算会计科目名称	一般公共预算本级支出	国库存款	系统自动生成，值集来源于财政总预算会计科目管理要素
12	金额	4210.00	4210.00	系统自动处理，根据机制凭证模板中设置规则和支付凭证中相关要素值生成

续表

序号	字段	字段值1（借方）	字段值2（贷方）	备注
13	借贷方向	1（借）	2（贷）	系统自动处理，根据机制凭证模板中设置规则生成，值集来源于借贷方向管理要素
14	会计分录摘要	购买办公用品	购买办公用品	系统自动处理，根据机制凭证模板中设置规则生成
⋮	⋮	⋮	⋮	⋮
20	单位代码	998	998	该字段为区分一级财政区划下的财政总预算会计、社保基金会计等非实体单位的会计主体而设立。此处的单位代码，是冗余字段，后面还有"虚拟单位代码"
21	政府支出经济分类代码	50299（其他商品和服务支出）	—	系统自动处理，根据机制凭证模板中设置规则和支付凭证中相关要素值生成，不核算该要素时为空
⋮	⋮	⋮	⋮	⋮

注：此示例支付凭证中一行数据经过自动化核算后在财政总预算会计凭证分录表（GLF_VOU_DETAIL）中对应生成两行数据，分别为借方和贷方分录记录，也存在将多笔记录相同的支付凭证汇总合并成一条分录记录的情况，支付凭证数据行数和凭证分录数据行数没有固定的数量比例关系，根据实际业务情况确定。

表3-366 财政总预算会计原始单据关联表（GLF_VOU_BILL_RELATION）

序号	字段	字段值	备注
1	关联表唯一标识	00q7344f3d-630f-4a80-vbri-202005230001	数据创建时系统自动生成
2	财政区划代码	110000000（北京市本级）	系统自动处理，值集来源于财政区划管理要素
3	账套编号	99000ZKJ	系统自动引用财政总预算会计账套表中的账套编号
4	账套名称	财政总预算会计账	系统自动引用财政总预算会计账套表中的账套名称
5	会计年度	2020	系统自动引用财政总预算会计账套表中的会计年度
6	会计期间	4	系统自动处理，根据支付凭证日期生成
7	记账凭证号	1	系统自动引用财政总预算会计凭证主表中的记账凭证号
8	原始单据序号	1	系统自动生成，多张原始单据生成到同一张记账凭证时，用于记录原始单据的顺序
9	原始单据类型	JZZF	系统自动处理，来源于机制凭证模板中设置的单据类型值，值集根据管理需要定义，非标准值集
10	原始单据号	—	系统自动引用原始单据的单据号，不存在或不冗余存储时为空

续表

序号	字段	字段值	备注
11	原始单据主单唯一标识	123b17cca6-82b7-4d43-8d5c-d07a3ed1917c	系统自动引用原始单据的主单唯一标识
12	原始单据明细单唯一标识	—	系统自动引用原始单据的明细唯一标识,原始单据非主子结构时为空
13	凭证主表唯一标识	q7344f3d-630f-4a80-pzid-202005230001	系统自动引用财政总预算会计凭证主表中的凭证主表唯一标识
14	凭证分录唯一标识	q7344f3d-630f-4a80-flid-202005230001	系统自动引用财政总预算凭证分录表中的凭证分录唯一标识
15	更新时间	20200102000000	数据更新时系统自动生成,数据创建时更新时间与创建时间一致
16	是否删除	0	默认为0,删除操作后,字段值由0变为1
17	创建时间	20200101000000	创建数据时系统自动生成
18	虚拟单位代码	998	该字段为区分一级财政区划下的财政总预算会计、社保基金会计等非实体单位的会计主体而设立

(4) 录入凭证。

发生的经济业务事项不具备自动生成凭证条件的,财政总预算会计人员需通过手工编制记账凭证。当记账凭证采用平行记账模式且凭证中需要核算现金流量和盈余与结余差异项时,需将相关科目写入财政总预算会计现金流量表(GLF_VOU_CASHFLOW)和财政总预算会计盈余与结余差异表(GLF_VOU_DIFF)。以北京市财政局收到中央补助为例,逻辑库表字段变化示例如表3-367～表3-370所示。

表3-367　　　　财政总预算会计凭证主表(GLF_VOU_HEAD)

序号	字段	字段值	备注
1	凭证主表唯一标识	00q7344f3d-630f-4a80-pzid-202005230005	数据创建时系统自动生成
⋮	⋮	⋮	⋮
7	凭证摘要	中央补助地方	手工录入,填写凭证摘要信息
17	贷方金额	10000000.00	系统自动处理,根据分录金额生成
18	借方金额	10000000.00	系统自动处理,根据分录金额生成
⋮	⋮	⋮	⋮

表 3-368　　　　　财政总预算会计凭证分录表（GLF_VOU_DETAIL）

序号	字段	字段值1（借方）	字段值2（贷方）	备注
1	凭证分录唯一标识	00q7344f3d-630f-4a80-flid-202005230021	00q7344f3d-630f-4a80-flid-202005230022	数据创建时系统自动生成
⋮	⋮	⋮	⋮	⋮
9	财政总预算会计科目代码	1001	2012	选择录入，值集来源于财政总预算会计科目管理要素
10	财政总预算会计科目名称	国库存款	与上级往来	选择录入，值集来源于财政总预算会计科目管理要素
11	金额	10000000.00	10000000.00	手工录入，填写相关科目发生额
13	会计分录摘要	中央补助地方	中央补助地方	手工录入，填写凭证摘要信息
⋮	⋮	⋮	⋮	⋮

表 3-369　　　　　财政总预算会计现金流量表（GLF_VOU_CASHFLOW）

序号	字段	字段值	备注
1	现金流量唯一标识	00q7344f3d-630f-4a80-llid-202006010001	数据创建时系统自动生成
2	凭证分录唯一标识	00q7344f3d-630f-4a80-flid-202005230041	系统自动引用财政总预算会计凭证分录表中的主键
3	凭证主表唯一标识	00q7344f3d-630f-4a80-pzid-202005230004	系统自动引用财政总预算会计凭证主表中的主键
4	财政区划代码	110000000（北京市本级）	系统自动处理，值集来源于财政区划管理要素
5	会计年度	2020	系统自动引用财政总预算会计账套表中的会计年度
6	账套编号	99000ZKJ	系统自动引用财政总预算会计会计账套表中的账套编号
7	会计期间	4	系统自动引用财政总预算会计凭证主表中的会计期间
8	记账凭证号	1	系统自动引用财政总预算会计凭证主表中的记账凭证号
9	现金流量代码	109（组织税收收入收到的现金）	系统自动处理，根据会计科目生成
10	现金流量金额	4210.00	系统自动引用财政总预算会计分录表中的金额
11	会计凭证日期	20200523	系统自动引用总预算凭证主表中的记账凭证日期
⋮	⋮	⋮	⋮

表3-370　财政总预算会计盈余与结余差异表（GLF_VOU_DIFF）

序号	字段	字段值	备注
1	差异项唯一标识	00q7344f3d-630f-4a80-cyid-202006010001	数据创建时系统自动生成
2	凭证主表唯一标识	00q7344f3d-630f-4a80-pzid-202005230004	系统自动引用财政总预算会计凭证主表中的主键
3	财政区划代码	110000000（北京市本级）	系统自动处理，值集来源于财政区划管理要素
4	会计年度	2020	系统自动引用财政总预算会计账套表中的会计年度
5	账套编号	99000ZKJ	系统自动引用财政总预算会计账套表中的账套编号
6	会计期间	4	系统自动引用财政总预算凭证主表中的会计期间
7	记账凭证号	3	系统自动引用财政总预算凭证主表中的记账凭证号
8	财政总预算会计盈余与结余差异类型代码	10101（当期应收未缴库税收收入）	系统自动处理，根据会计科目生成
9	差异金额	4210.00	系统自动处理，根据分录金额生成
⋮	⋮	⋮	⋮

（5）会计差错更正。

对于核算结果有错误的已记账凭证，需要在财政总预算会计环节进行更正时，先对有错误的凭证进行"冲红"，生成一张字段值和原凭证相同、金额为相反数的冲销凭证，再根据正确的核算内容编制新的记账凭证。以上述"自动生成凭证"活动中的数据为例，假设政府支出经济分类50299（其他商品和服务支出）有误，需更正为50201（办公经费），逻辑库表字段变化示例如表3-371和表3-372所示。

表3-371　财政总预算会计凭证主表（GLF_VOU_HEAD）

序号	字段	冲销凭证字段值	更正凭证字段值	备注
1	凭证主表唯一标识	00q7344f3d-630f-4a80-pzid-202005230003	00q7344f3d-630f-4a80-pzid-202005230004	数据创建时系统自动生成
⋮	⋮	⋮	⋮	⋮
8	凭证摘要	冲销凭证	集中支付	冲销凭证由系统自动生成
17	贷方金额	-4210.00	4210.00	系统自动统计生成
18	借方金额	-4210.00	4210.00	系统自动统计生成
20	红冲状态	1（冲销凭证）	0（正常凭证）	系统自动生成，值集为： 1 冲销凭证 0 正常凭证

续表

序号	字段	冲销凭证字段值	更正凭证字段值	备注
21	红冲记账凭证主表唯一标识	00q7344f3d-630f-4a80-pzid-202005230001	—	系统自动引用财政总预算会计凭证主表中的主键，冲销凭证记录原凭证的唯一ID，非冲销凭证为空
⋮	⋮	⋮	⋮	⋮

表3-372　财政总预算会计凭证分录表（GLF_VOU_DETAIL）

序号	字段	字段值1（借方）	字段值2（贷方）	字段值3（借方）	字段值4（贷方）	备注
1	凭证分录唯一标识	00q7344f3d-630f-4a80-flid-202005230031	00q7344f3d-630f-4a80-flid-202005230032	00q7344f3d-630f-4a80-flid-202005230041	00q7344f3d-630f-4a80-flid-202005230042	数据创建时系统自动生成
⋮	⋮	⋮	⋮	⋮	⋮	⋮
11	金额	-4210.00	-4210.00	4210.00	4210.00	系统根据原凭证自动生成
20	政府支出经济分类代码	50299（其他商品和服务支出）	—	50201（办公经费）	—	系统自动引用原凭证政府支出经济分类代码，不核算该要素时为空
⋮	⋮	⋮	⋮	⋮	⋮	⋮

（6）审核记账凭证。

财政总预算会计审核人根据原始凭证以及相关政策对会计记账凭证进行核对，如核对有误则退回进行处理，核对无误则对会计记账凭证进行审核操作。审核操作主要涉及财政总预算会计凭证主表（GLF_VOU_HEAD），将凭证状态由0（未审核）改为1（已审核），同时记录审核人、审核日期，修改更新时间字段。逻辑库表字段变化示例如表3-373所示。

表3-373　财政总预算会计凭证主表（GLF_VOU_HEAD）

序号	字段	字段值	备注
1	凭证主表唯一标识	00q7344f3d-630f-4a80-pzid-202005230002	数据创建时系统自动生成
⋮	⋮	⋮	⋮
11	审核人	李四	系统自动处理，记录审核操作人员
12	审核日期	20200508	系统自动处理，记录审核操作日期

续表

序号	字段	字段值	备注
23	凭证状态	1（已审核）	系统自动处理，审核操作后凭证状态值由0变为1
⋮	⋮	⋮	⋮

（7）凭证记账。

对于已审核的记账凭证，财政总预算会计人员对其进行记账操作。记账操作将财政总预算会计凭证主表（GLF_VOU_HEAD）中凭证状态由1（已审核）改为2（已记账），同时记录记账人、记账日期，修改更新时间字段值。同时还要将凭证信息记入财政总预算会计余额发生额汇总表（GLF_BAL），表中如果存在相同字段的记录，则将金额进行累加，按记账操作时间修改更新时间字段值。不存在时，则按字段信息插入记录。不允许直接对已记账的凭证，进行修改。逻辑库表字段变化示例如表3-374和表3-375所示。

表3-374　　　　　　　财政总预算会计凭证主表（GLF_VOU_HEAD）

序号	字段	字段值	备注
1	凭证主表唯一标识	00q7344f3d-630f-4a80-pzid-202005230002	数据创建时系统自动生成
⋮	⋮	⋮	⋮
13	记账人	张三	系统自动处理，记录记账操作人员
14	记账日期	20200508	系统自动处理，记录记账操作日期
23	凭证状态	2（已记账）	系统自动处理，记账操作后凭证状态值由1变为2
⋮	⋮	⋮	⋮

表3-375　　　　　　　财政总预算会计余额发生额汇总表（GLF_BAL）

序号	字段	字段值1（借方）	字段值2（贷方）	备注
1	余额发生额汇总表唯一标识	00q7344f3d-630f-4a80-hzid-202005230001	00q7344f3d-630f-4a80-hzid-202005230002	数据创建时系统自动生成
2	财政区划代码	110000000（北京市本级）	110000000（北京市本级）	系统自动处理，值集来源于财政区划管理要素
3	会计年度	2020	2020	系统自动引用财政总预算会计账套表中的会计年度
4	账套编号	99000ZKJ	99000ZKJ	系统自动引用财政总预算会计账套表中的账套编号

续表

序号	字段	字段值1（借方）	字段值2（贷方）	备注
5	会计期间	4	4	系统自动处理，根据财政总预算会计凭证主表的会计期间生成
6	财政总预算会计科目代码	5001	1001	系统自动引用财政总预算会计凭证分录表中的财政总预算会计科目代码
7	财政总预算会计科目名称	一般公共预算本级支出	国库存款	系统自动处理，根据财政总预算会计凭证分录表的财政总预算会计科目名称生成
8	贷方金额	0.00	10000000.00	系统自动引用财政总预算会计凭证分录表中的贷方金额
9	借方金额	10000000.00	0.00	系统自动引用财政总预算会计凭证分录表中的借方金额
10	外币贷方金额	—	—	系统自动引用财政总预算会计凭证分录表中的外币贷方金额，非外币业务时为空
11	外币借方金额	—	—	系统自动引用财政总预算会计凭证分录表中的外币借方金额，非外币业务时为空
12	币种代码	—	—	系统自动引用币种管理要素，非外币业务时为空
13	收入分类科目代码	—	—	系统自动引用财政总预算会计凭证分录表中收入分类科目管理要素，未核算该要素时为空
14	支出功能分类科目代码	—	—	系统自动引用财政总预算会计凭证分录表中的支出功能分类科目代码，未核算该要素时为空
15	单位代码	998	998	该字段为区分一级财政区划下的财政总预算会计、社保基金会计等非实体单位的会计主体而设立。此处的单位代码，是冗余字段，后面还有"虚拟单位代码"
16	政府支出经济分类代码	50201（办公经费）	—	系统自动引用财政总预算会计凭证分录表中的政府预算支出经济分类代码，未核算该要素时为空

续表

序号	字段	字段值1（借方）	字段值2（贷方）	备注
17	财政内部机构代码	—	—	系统自动引用财政总预算会计凭证分录表中的财政内部机构代码，未核算该要素时为空
18	项目代码	—	—	系统自动引用财政总预算会计凭证分录表中的项目代码，未核算该要素时为空
19	资金往来对象类别代码	—	—	系统自动引用财政总预算会计凭证分录表中的资金往来对象代码，未核算该要素时为空
20	资金往来对象编码	—	—	系统自动引用财政总预算会计凭证分录表的资金往来对象编码，未核算该要素时为空
21	资金往来对象名称	—	—	系统自动引用财政总预算会计凭证分录表中的资金往来对象名称，未核算该要素时为空
22	资金来源代码	—	—	系统自动引用财政总预算会计凭证分录表中的资金来源代码，未核算该要素时为空
23	资金性质代码	—	—	系统自动引用财政总预算会计凭证分录表中的资金性质代码，未核算该要素时为空
24	指标类型代码	—	—	系统自动引用财政总预算会计凭证分录表中的指标类型代码，未核算该要素时为空
25	本级指标文号	—	—	系统自动引用财政总预算会计凭证分录表中的本级指标文号，未核算该要素时为空
26	结算方式代码	—	—	系统自动引用财政总预算会计凭证分录表中的结算方式代码，未核算该要素时为空
27	财政总预算会计记账凭证类型	1（记账凭证）	1（记账凭证）	系统根据当前业务场景自动生成
28	预算级次代码	—	—	系统自动引用财政总预算会计凭证分录表中的预算级次代码，未核算该要素时为空

续表

序号	字段	字段值1（借方）	字段值2（贷方）	备注
29	上级指标文号	—	—	系统自动引用财政总预算会计凭证分录表中的上级指标文号，未核算该要素时为空
30	来源项目代码	—	—	系统自动引用财政总预算会计凭证分录表中的来源项目代码，未核算该要素时为空
31	支付方式代码	—	—	系统自动引用财政总预算会计凭证分录表中的支付方式代码，未核算该要素时为空
32	部门支出经济分类代码	—	—	系统自动引用财政总预算会计凭证分录表的部门预算支出经济分类代码，未核算该要素时为空
33	更新时间	20200101000000	20200101000000	数据更新时系统自动生成，数据创建时更新时间与创建时间一致
34	是否删除	0（否）	0（否）	默认为0，删除操作后，字段值由0变为1
35	创建时间	20200101000000	20200101000000	创建数据时系统自动生成
36	虚拟单位代码	—	—	为区分一级财政区划下的财政总预算会计、社保基金会计等主体，此示例中为空，不存在多个资金实体时为空

（8）月末结账。

财政总预算会计账按月进行结账。在结账前，查询财政总预算会计凭证主表（GLF_VOU_HEAD），校验当期是否有凭证状态字段值为0（未审核）或1（已审核）的凭证存在，以确定当期是否所有凭证都已经记账。校验当期的凭证号是否连续，确定没有断号、重号的情况。校验当期账簿数据是否平衡等。经过一系列的校验并通过后，进行结账处理。月末结账处理对于标准库表主要是读取数据操作，不涉及数据的处理。涉及数据处理的主要是扩展表，比如修改扩展表会计期间表中的期间状态等。已结账的凭证、账簿等数据不能再修改。

（9）对账。

年终结算前，财政总预算会计人员按照年度期间根据不同的口径，统计发生额，分别与预算编制部门、本级部门单位、上下级财政、人民银行、代理银行等进行对账。主要涉及从财政总预算会计凭证主表（GLF_VOU_HEAD）、财政总预算会计凭证分录表（GLF_VOU_DETAIL）、财政总预算会计余额发生额汇总表（GLF_BAL）等表读取数据，按对账需要口径进行汇总计算，提供对账需要的数据。对账有人工对账、自动对账等不同的形式，根据需要自行确定对账方式。

(10) 年末处理。

年末处理包括年终转账、年终结账、年终结转。其中年终结账可参考"月末结账"部分的说明,年终结转可参考"建立账簿"和"初始化账簿"部分。这里主要对年终转账进行相关说明。

年终转账时,需要将收入类科目和支出类科目余额按设定的规则自动结转到净资产类的科目上。可以扩展一个转账配置表用来存储设定的转账规则。转账自动生成转账凭证,金额为转出科目的余额、方向为余额的反向,对方科目为对应的结余科目。操作涉及的逻辑库表有财政总预算会计凭证主表(GLF_VOU_HEAD)、财政总预算会计凭证分录表(GLF_VOU_DETAIL),涉及读取数据的逻辑库表有财政总预算会计余额发生额汇总表(GLF_BAL)。

以科目"5001 一般公共预算本级支出科目,余额:借方4210元,辅助核算项政府支出经济分类:50201(办公经费),单位:101001(教育局本级)"为例,对转账过程及库表中的数据进行说明。以上余额数据自动从财政总预算会计余额发生额汇总表(GLF_BAL)读取,转账后生成一张转账凭证,逻辑库表字段变化示例如表3-376和表3-377所示。

表3-376　　　　财政总预算会计凭证主表(GLF_VOU_HEAD)

序号	字段	字段值	备注
1	凭证主表唯一标识	00q7344f3d-630f-4a80-pzid-202005230005	主键标识,数据创建时系统自动生成,示例供参考
⋮	⋮	⋮	⋮
5	会计期间	13(调整期)	系统自动生成,13期间为调整期,0为期初数,1~12为1~12期间
7	凭证摘要	收支结转	系统自动生成,根据当前业务场景
17	贷方金额	4210.00	系统自动生成,根据当前业务场景统计对应的财政总预算会计凭证分录贷方金额之和
18	借方金额	4210.00	系统自动生成,根据当前业务场景统计对应的财政总预算会计凭证分录借方金额之和
22	是否调整期	1(是)	系统根据会计期间自动判断生成
24	是否为结转凭证	1(是)	系统自动生成
⋮	⋮	⋮	⋮

表3-377　　　　财政总预算会计凭证分录表(GLF_VOU_DETAIL)

序号	字段	字段值1(借方)	字段值2(贷方)	备注
1	凭证分录唯一标识	00q7344f3d-630f-4a80-flid-202005230051	00q7344f3d-630f-4a80-flid-202005230052	数据创建时系统自动生成
⋮	⋮	⋮	⋮	⋮

续表

序号	字段	字段值1（借方）	字段值2（贷方）	备注
7	会计期间	13（调整期）	13（调整期）	系统自动生成，13期间为调整期，0为期初数，1~12为1~12期间
9	财政总预算会计科目代码	3001	5001	系统自动生成，根据转账规则中的设置，值集来源于财政总预算会计科目管理要素
10	财政总预算会计科目名称	一般公共预算结转结余	一般公共预算本级支出	系统自动生成，根据转账规则中的设置，值集来源于财政总预算会计科目管理要素
11	金额	4210.00	4210.00	系统自动生成，根据转账规则中的设置，查询财政总预算会计余额发生额汇总表统计生成
13	会计分录摘要	收支结转	收支结转	系统自动生成，根据转账规则中的设置
19	单位代码	101001（北京市财政局）	—	系统自动生成，引用财政总预算会计余额发生额汇总表中的单位代码，未核算该要素时为空
20	政府支出经济分类代码	50201（办公经费）	—	系统自动生成，引用财政总预算会计余额发生额汇总表中的政府支出经济分类代码，未核算该要素时为空
⋮	⋮	⋮	⋮	⋮

（11）生成会计报表。

财政总预算会计根据报表模板生成会计报表，例如资产负债表、收入支出表、预算执行情况表、收支情况表等。虽然这些报表中包括的数据范围、报表格式各不相同，但是都从财政总预算会计账簿读取数据，包括财政总预算会计凭证主表（GLF_VOU_HEAD）、财政总预算会计凭证分录表（GLF_VOU_DETAIL）、财政总预算会计余额发生额汇总表（GLF_BAL）等，此过程不引起相关逻辑库表的数据变化。

3.7.2.2 单位会计核算

单位会计核算是指各级各类行政和事业单位按照相关法律、制度规定对其发生的经济业务或事项进行会计核算工作的过程。单位需要按照要求将会计核算信息传递给财政部门。业务活动涉及的逻辑库表应用如表3-378所示。

表 3-378 单位会计核算业务活动涉及的逻辑库表应用

序号	业务活动	逻辑库表	中文名称	备注
1	建立账簿	GLA_ACCT_SET	单位会计账套表	存储单位会计核算账套信息
2	初始化账簿	GLA_ACCT_SET	单位会计账套表	存储单位会计核算账套信息
		GLA_ACCOUNT_CLS	单位会计科目表	存储单位会计科目信息
3	录入凭证	GLA_VOU_HEAD	单位会计凭证主表	存储单位会计凭证对象主表信息
		GLA_VOU_DETAIL	单位会计凭证分录表	存储单位会计凭证分录信息
		GLA_VOU_CASHFLOW	单位会计现金流量表	采用平行记账模式,需输出现金流量表时使用该表,存储单位会计凭证对应的现金流量信息
		GLA_VOU_DIFF	单位会计盈余与结余差异表	当采用平行记账模式,需输出盈余与结余差异表时使用该表存储记账凭证的盈余与结余差异项信息
4	自动生成凭证	GLA_VOU_HEAD	单位会计凭证主表	存储单位会计凭证对象主表信息
		GLA_VOU_DETAIL	单位会计凭证分录表	存储单位会计凭证分录信息
		GLA_VOU_BILL_RELATION	单位会计原始单据关联表	存储业务单据和记账凭证之间的对应关系
		GLA_VOU_CASHFLOW	单位会计现金流量表	采用平行记账模式,需输出现金流量表时使用该表,存储单位会计凭证对应的现金流量信息
		GLA_VOU_DIFF	单位会计盈余与结余差异表	当采用平行记账模式,需输出盈余与结余差异表时使用该表存储记账凭证的盈余与结余差异项信息
5	审核会计凭证	GLA_VOU_HEAD	单位会计凭证主表	存储单位会计凭证对象主表信息
		GLA_VOU_DETAIL	单位会计凭证分录表	存储单位会计凭证分录信息
6	凭证记账	GLA_VOU_HEAD	单位会计凭证主表	存储单位会计凭证对象主表信息
		GLA_VOU_DETAIL	单位会计凭证分录表	存储单位会计凭证分录信息
		GLA_BAL	单位会计余额发生额汇总表	存储单位会计记账凭证汇总信息

续表

序号	业务活动	逻辑库表	中文名称	备注
7	月结	GLA_VOU_HEAD	单位会计凭证主表	存储单位会计凭证对象主表信息
8	生成报表	GLA_VOU_HEAD	单位会计凭证主表	存储单位会计凭证对象主表信息
		GLA_VOU_DETAIL	单位会计凭证分录表	存储单位会计凭证分录信息
		GLA_BAL	单位会计余额发生额汇总表	存储单位会计记账凭证汇总信息
9	年结	GLA_ACCT_SET	单位会计账套表	存储单位会计核算账套信息
		GLA_ACCOUNT_CLS	单位会计科目表	存储单位会计科目信息
		GLA_VOU_HEAD	单位会计凭证主表	存储单位会计凭证对象主表信息
		GLA_VOU_DETAIL	单位会计凭证分录表	存储单位会计凭证分录信息
		GLA_BAL	单位会计余额发生额汇总表	存储单位会计记账凭证汇总信息
10	对账	GLA_VOU_HEAD	单位会计凭证主表	存储单位会计凭证对象主表信息
		GLA_VOU_DETAIL	单位会计凭证分录表	存储单位会计凭证分录信息
		GLA_BAL	单位会计余额发生额汇总表	存储单位会计记账凭证汇总信息

1. 逻辑库表间关系

单位会计核算涉及的相关逻辑库表的关系如图3-38所示。

(1) 会计凭证分录表（GLA_VOU_DETAIL）的账套编号（ACCT_SET_CODE）、单位会计科目代码（ACCOUNT_CLS_CODE）对应单位会计余额发生额汇总表（GLA_BAL）的账套编号（ACCT_SET_CODE）、单位会计科目代码（ACCOUNT_CLS_CODE），对应单位会计科目表（GLA_ACCOUNT_CLS 的账套编号（ACCT_SET_CODE）、单位会计科目代码（ACCOUNT_CLS_CODE）。

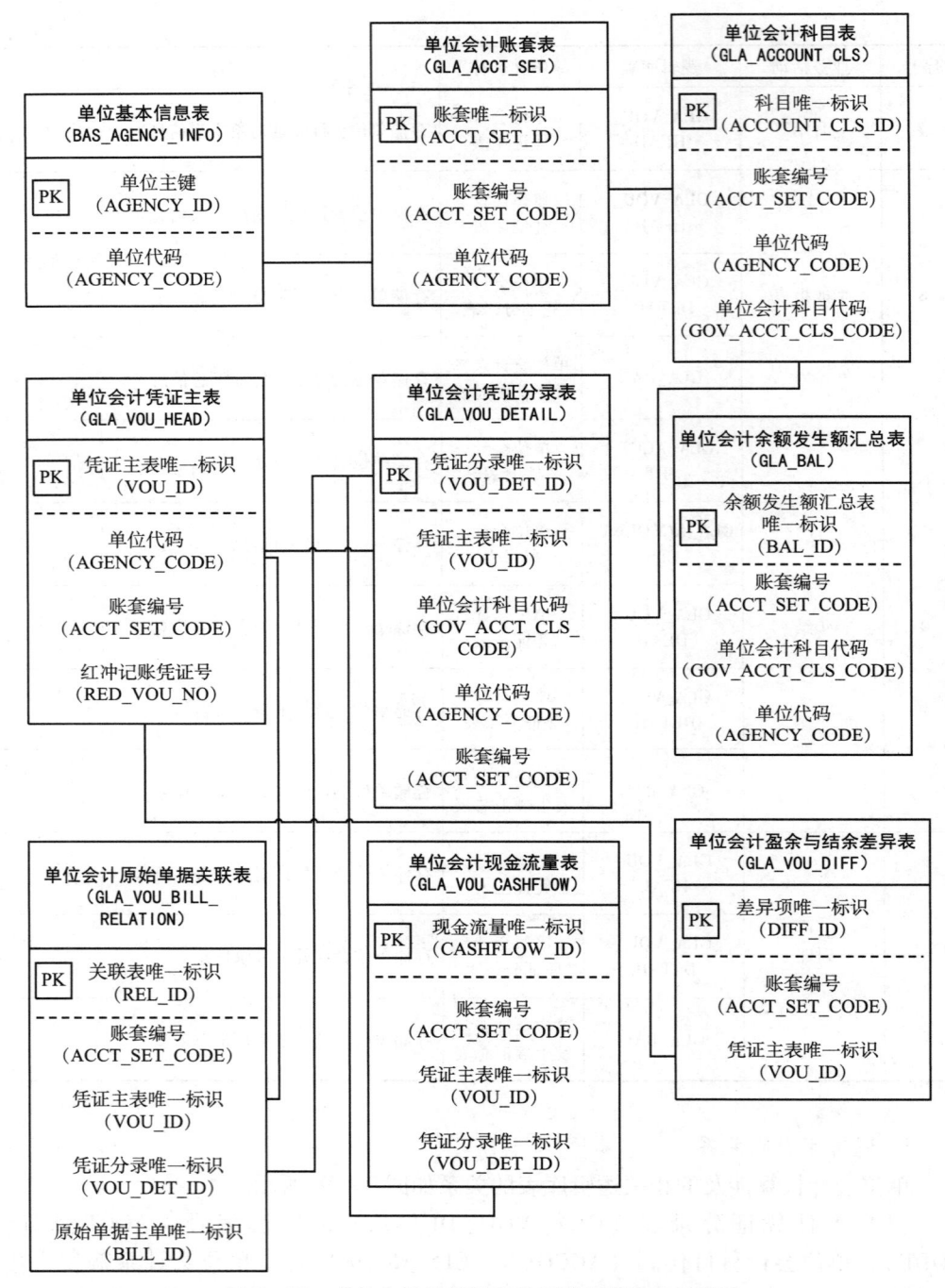

图 3-38 单位会计核算涉及的相关逻辑库表的关系

（2）单位会计凭证主表（GLA_VOU_HEAD）的凭证主表唯一标识（VOU_ID）对应单位会计凭证分录表（GLA_VOU_DETAIL）凭证主表唯一标识（VOU_ID）、对应单位会计原始单据关联表（GLA_VOU_BILL_RELATION）凭证主表唯一标识（VOU_ID）、对应单位会计现金流量表（GLA_VOU_CASHFLOW）凭证主表唯一标识（VOU_ID）、对应单位会计盈余与结余差异表（GLA_VOU_DIFF）凭证主表唯一标识（VOU_ID）。

（3）单位会计凭证分录表（GLA_VOU_DETAIL）的单位代码（AGENCY_CODE）对应单位基本信息表（BAS_AGENCY_INFO）的单位代码（AGENCY_CODE）。

（4）单位会计余额发生额汇总表（GLA_BAL）的单位代码（AGENCY_CODE）对应单位基本信息表（BAS_AGENCY_INFO）通过单位代码（AGENCY_CODE）。

2. 实现机制说明

（1）建立账簿。

单位会计人员依据会计法、预算法、政府会计制度以及政府会计准则制度等相关规定建立账簿，进行账套的创建和相应的角色权限的分配。该操作涉及的逻辑库表为单位会计账套表（GLA_ACCT_SET）。逻辑库表存储示例如表 3-379 所示。

表 3-379　　　　　　　　单位会计账套表（GLA_ACCT_SET）

序号	字段	字段值	备注
1	账套唯一标识	z7355f3c11-630d-4z80-z071-92459232z357	数据创建时系统自动生成
2	账套编号	99000ZKL	手工录入，填写新创建账套的账套编号
3	账套名称	单位会计账	手工录入，填写新创建账套的账套名称
4	账套类型	10	选择录入，值集来源于会计科目使用主体类型管理要素
5	财政区划代码	110108999（北京市海淀区）	系统自动处理，值集来源于财政区划管理要素
6	单位代码	101001（北京市海淀区财政局）	选择录入，值集来源于单位代码管理要素
7	会计年度	2020	手工录入，填写该账套所反映会计年度
8	启用日期	20200101	手工录入，填写本条记录启用的日期
9	创建人	张三	系统自动处理，根据登录用户自动填入
10	账套状态	1（已启用）	系统自动处理，默认为1，账套未启用或停用后，字段值由1变为0
11	财务负责人	李四	手工录入，根据实际情况填写财务负责人姓名
12	更新时间	20200506221105	数据更新时系统自动生成，数据创建时更新时间与创建时间一致
13	是否删除	2（否）	系统自动处理，值集来源于布尔型代码管理要素，默认值为2，删除操作后，字段值由2变为1
14	创建时间	20200101221105	创建数据时系统自动生成

（2）初始化账簿。

单位会计人员根据自身业务特点对会计科目、辅助核算项信息进行调整或者补录扩展，其中项目必须纳入辅助核算项；为了最大程度地自动生成部门财务报告所要求的报表，固定资产、无形资产、公共基础设施、保障性住房、政府储备物资等政府财务报告涉及的科目应按政府会计准则制度和政府部门财务报告要求的分类进行明细核算。初始化设置账簿中的总账、明细账、余额表等报表查询模板；预置财务会计与预算会计的财务报表生成模板；调整修改机制凭证生成规则。该模块操作涉及的逻辑库表有：单位会计账套表（GLA_ACCT_SET），单位会计科目表（GLA_ACCOUNT_CLS）。逻辑库表字段示例如表3-380所示。

表3-380　　　　单位会计科目表（GLA_ACCOUNT_CLS）

序号	字段	字段值	备注
1	科目唯一标识	k7355f3c11-630d-4a80-a071-92459232c357	数据创建时系统自动生成
2	财政区划代码	110108999（北京市海淀区）	系统自动处理，值集来源于财政区划管理要素
3	账套编号	99000ZKL	系统自动引用单位会计账套表的账套编号
4	会计年度	2020	系统自动引用单位会计账套表的会计年度
5	单位代码	101001（北京市海淀区财政局）	系统自动引用单位会计账套表的单位代码
6	单位会计科目代码	1001	系统自动处理，根据会计科目表中的会计科目代码生成
7	单位会计科目名称	库存现金	系统自动处理，根据基础信息管理中的会计科目表生成
8	父级唯一标识	—	系统自动引用会计科目表的父级节点ID，一级科目父级唯一标识为空
9	级次	1	系统自动引用会计科目表的级次
10	是否末级	0	系统自动引用会计科目表的是否末级
11	是否启用	1（是）	默认值为1，科目停用时字段值由1变为2
12	余额方向	1（借）	系统自动处理，根据基础信息管理中的会计科目表生成
13	单位会计科目类型代码	1	系统自动引用会计科目表中的会计科目类型代码
14	执行会计制度类型	10（企业会计制度）	系统自动生成，值集来源于基础信息的执行会计制度管理要素
15	单位类型	1（行政单位）	系统自动生成，值集来源于单位类型管理要素

续表

序号	字段	字段值	备注
16	币种代码	—	选择录入,值集来源于币种管理要素,不核算外币的科目可为空
17	是否外币核算	2(否)	选择录入
18	是否数量核算	2(否)	选择录入
19	备注	0	手工录入,填写科目备注,不需要备注时可为空
20	是否标准	1(是)	系统自动生成,值集来源于布尔型代码管理要素。该科目如为中央下发科目则为标准代码集,如为自行向下扩展科目则为扩展代码集
21	更新时间	20200506221105	数据更新时自动生成,数据创建时更新时间与创建时间一致
22	是否删除	2(否)	系统自动处理,值集来源于布尔型代码管理要素,默认值为2,删除操作后,字段值由2变为1
23	创建时间	20200106221105	创建数据时系统自动生成

(3)录入凭证。

发生的经济业务事项不具备自动生成凭证条件的,采用"平行记账",填列凭证摘要、财务会计借贷方科目、预算会计借贷方科目以及财务会计预算会计借贷方金额等信息,形成手工凭证,提交给单位财务审核人进行审核。该操作涉及的逻辑库表有单位会计凭证主表(GLA_VOU_HEAD)、单位会计凭证分录表(GLA_VOU_DETAIL)、单位会计现金流量表(GLA_VOU_CASHFLOW)、单位会计盈余与结余差异表(GLA_VOU_DIFF)。逻辑库表字段示例如表3-381~表3-384所示。

表3-381 　　　　　　单位会计凭证主表(GLA_VOU_HEAD)

序号	字段	字段值	备注
1	凭证主表唯一标识	a7355f3c-630d-4a80-a071-92459232c357	数据创建时系统自动生成
2	财政区划代码	110108999(北京市海淀区)	系统自动处理,值集来源于财政区划管理要素
3	会计年度	2020	系统自动处理,引用单位会计账套表中的会计年度
4	账套编号	99000ZKL	系统自动处理,引用单位会计账套表中的账套编号
5	会计期间	(1月)	系统自动处理,根据凭证月份自动生成,0表示期初数
6	单位代码	101001(北京海淀区财政局)	系统自动生成,值集来源于单位代码管理要素
7	单位会计记账凭证类型	1(记账凭证)	系统自动生成,值集来源于自定义的单位会计记账凭证类型

续表

序号	字段	字段值	备注
8	记账凭证号	0011	系统自动生成，根据当前账套中数据自动生成，自动连续编号
9	凭证摘要	期初数	手工录入，填写凭证摘要信息
10	制单人	张三	系统自动处理，根据登录用户生成
11	制单日期	20200102	系统自动处理，根据当前时间自动生成
12	审核人	—	未审核凭证时为空
13	审核日期	—	未审核凭证时为空
14	出纳人	—	凭证未出纳签章时可为空
15	出纳日期	—	凭证未出纳签章时可为空
16	记账人	—	凭证未记账时为空
17	记账日期	—	凭证未记账时为空
18	记账凭证日期	20200105	系统自动处理，根据业务单据时间生成
19	财务负责人	李四	系统自动生成，引用单位会计账套表中的财务负责人
20	财务贷方金额	2000.00	系统自动处理，根据单位会计凭证分录表明细自动生成
21	财务借方金额	2000.00	系统自动处理，根据单位会计凭证分录表明细自动生成
22	预算贷方金额	2000.00	系统自动处理，根据单位会计凭证分录表明细自动生成
23	预算借方金额	2000.00	系统自动处理，根据单位会计凭证分录表明细自动生成
24	附件数	0	系统自动处理，根据当前业务场景生成
25	红冲状态	0（未冲红）	系统自动处理，根据当前业务场景生成
26	红冲记账凭证号唯一标识	—	非红冲状态不需要记录此号
27	是否调整期	2（否）	系统自动处理，根据会计期间判断生成
28	凭证状态	0（未审核）	系统自动生成，默认值为0
29	是否为结转凭证	2（否）	系统自动生成，默认值为2，2代表否，1代表是
30	更新时间	20200105221105	数据更新时自动生成，数据创建时更新时间与创建时间一致
31	是否删除	2（否）	系统自动处理，值集来源于布尔型代码管理要素，默认值为2，删除操作后，字段值由2变为1
32	创建时间	20200105221105	数据创建时系统自动生成

表 3-382　　　　　单位会计凭证分录表（GLA_VOU_DETAIL）

序号	字段	分录1字段值	分录2字段值	分录3字段值	分录4字段值	说明
1	凭证分录唯一标识	D6666f3c11-630d-4a80-a071-92459232c333	D6666f3c11-630d-4a80-a071-92459232c334	D6666f3c11-630d-4a80-a071-92459232c335	D6666f3c11-630d-4a80-a071-92459232c336	数据创建时系统自动生成
2	凭证主表唯一标识	a7355f3c11-630d-4a80-a071-92459232c357	a7355f3c11-630d-4a80-a071-92459232c357	a7355f3c11-630d-4a80-a071-92459232c357	a7355f3c11-630d-4a80-a071-92459232c357	系统自动引用单位会计凭证主表的主键
3	财政区划代码	110108999（北京市海淀区）	110108999（北京市海淀区）	110108999（北京市海淀区）	110108999（北京市海淀区）	系统自动引用单位会计账套表中的财政区划
4	会计年度	2020	2020	2020	2020	系统自动引用单位会计账套表中的会计年度
5	账套编号	99000ZKL	99000ZKL	99000ZKL	99000ZKL	系统自动引用单位会计账套表中的账套编号
6	会计期间	1	1	1	1	系统自动处理，根据凭证月份自动生成，0表示期初数
7	单位代码	101001（北京市海淀区财政局）	101001（北京市海淀区财政局）	101001（北京市海淀区财政局）	101001（北京市海淀区财政局）	系统自动引用单位会计账套表中的单位代码
8	记账凭证号	0011	0011	0011	0011	系统自动处理，根据当前账套中数据自动生成，自动连续编号
9	记账凭证分录序号	1	2	1	2	系统自动处理，根据顺序自动生成
10	会计分录摘要	摘要1	摘要2	摘要3	摘要4	手工录入，填写分录摘要信息
11	单位会计科目代码	1001	2001	6609	8501	系统自动生成，值集来源于单位会计科目管理要素
12	单位会计科目名称	库存现金	短期借款	其他预算收入	其他结余	系统自动生成，值集来源于单位会计科目管理要素

续表

序号	字段	分录1字段值	分录2字段值	分录3字段值	分录4字段值	说明
13	借贷方向	1（借）	2（贷）	1（借）	2（贷）	系统自动处理，根据单位会计科目表中余额方向自动生成
14	金额	2000.00	2000.00	2000.00	2000.00	手工录入，填写发生额
15	外币金额	—	—	—	—	手工录入，非外币业务为空
16	汇率	—	—	—	—	手工录入，非外币业务为空
17	币种代码	—	—	—	—	选择录入，值集来源于币种管理要素，非外币业务为空
18	数量	1	1	2	2	手工录入，科目未启用该辅助核算项时为空
19	项目代码	—	—	—	—	选择录入，值集来源于项目代码管理要素，科目未启用该辅助核算项时为空
20	部门支出经济分类代码	—	3010201（岗位津贴）	—	—	选择录入，值集来源于部门支出经济分类代码管理要素，科目未启用该辅助核算项时为空
21	政府支出经济分类代码	—	50101（工资奖金津补贴）	—	—	选择录入，值集来源于政府支出经济分类代码管理要素，科目未启用该辅助核算项时为空
22	部门代码	—	—	—	—	选择录入，值集来源于部门管理要素，科目未启用该辅助核算项时为空

续表

序号	字段	分录 1 字段值	分录 2 字段值	分录 3 字段值	分录 4 字段值	说明
23	人员代码	—	—	—	—	选择录入，值集来源于人员管理要素，科目未启用该辅助核算项时为空
24	资金往来对象类别代码	—	—	12（与部门外非同级政府单位）	—	选择录入，值集来源于资金往来对象类别管理要素，科目未启用该辅助核算项时为空
25	资金往来对象编码	—	—	911100001000113059	—	手工录入或根据上年数据自动生成，不核算该要素时为空
26	资金往来对象名称	—	—	中国农业出版社有限公司	—	手工录入或根据预算管理一体化系统里的单位代码自动带出，科目未启用该辅助核算项时为空
27	到期日	—	20200909	—	—	手工录入，科目未启用该辅助核算项时为空
28	支出功能分类科目代码	—	2010101（行政运行）	—	—	选择录入，值集来源于支出功能分类科目管理要素；科目未启用该辅助核算项时为空
29	资金性质代码	—	112（一般债券）	—	—	选择录入，值集来源于资金性质管理要素，科目未启用该辅助核算项时为空
30	资金来源代码	—	11（年初安排）	—	—	选择录入，值集来源于资金来源管理要素，科目未启用该辅助核算项时为空

续表

序号	字段	分录1字段值	分录2字段值	分录3字段值	分录4字段值	说明
31	支付业务类型代码	—	1（普通业务）	—	—	选择录入，值集来源于支付业务类型管理要素，科目未启用该辅助核算项时为空
32	支付方式代码	—	3（单位资金支付）	—	—	选择录入，值集来源于支付方式管理要素，科目未启用该辅助核算项时为空
33	结算方式代码	—	4（现金支票）	—	—	选择录入，值集来源于结算方式管理要素，科目未启用该辅助核算项时为空
34	政府采购方式代码	—	1（公开招标）	—	—	选择录入，值集来源于政府采购方式管理要素，科目未启用该辅助核算项时为空
35	资产分类代码	—	1010100（耕地）	—	—	选择录入，值集来源于资产分类管理要素，科目未启用该辅助核算项时为空
36	费用经济性质代码	01（工作福利费用）	—	—	—	选择录入，值集来源于费用经济性质管理要素，科目未启用该辅助核算项时为空
37	票据日期	—	—	—	—	手工录入，科目未启用该辅助核算项时为空
38	本级指标文号	—	—	—	—	选择录入，值集来源于本级指标文号管理要素，科目未启用该辅助核算项时为空

续表

序号	字段	分录1字段值	分录2字段值	分录3字段值	分录4字段值	说明
39	预算级次代码	—	2（省级）	—	—	选择录入，值集来源于预算级次管理要素，科目未启用该辅助核算项时为空
40	上级指标文号	—	—	—	—	选择录入，值集来源于上级指标文号管理要素，科目未启用该辅助核算项时为空
41	来源项目代码	—	—	—	—	选择录入，值集来源于来源项目管理要素，科目未启用该辅助核算项时为空
42	指标类型代码	—	—	—	—	选择录入，值集来源于指标类型管理要素，科目未启用该辅助核算项时为空
43	财政内部机构代码	—	—	—	—	选择录入，值集来源于财政内部机构管理要素，科目未启用该辅助核算项时为空
44	备注	—	—	—	—	手工录入，填写备注信息，备注可为空
45	单位会计记账凭证类型	1（记账凭证）	1（记账凭证）	1（记账凭证）	1（记账凭证）	根据管理需要，自行确定的凭证分类
46	更新时间	20200429221105	20200129221105	20200129221105	20200129221105	数据更新时系统自动生成，数据创建时更新时间与创建时间一致
47	是否删除	2（否）	2（否）	2（否）	2（否）	系统自动处理，值集来源于布尔型代码管理要素，默认值为2，删除操作后，字段值由2变为1
48	创建时间	20200429221105	20200429221105	20200429221105	20200429221105	数据创建时系统自动生成

表 3-383　　　　单位会计现金流量表（GLA_VOU_CASHFLOW）

序号	字段	字段值	说明
1	现金流量唯一标识	x7355f3c11-630d-4x80-x071-92459232x357	数据创建时系统自动生成
2	凭证主表唯一标识	a7355f3c11-630d-4a80-a071-92459232c357	系统自动引用单位会计凭证主表中的主键
3	凭证分录表唯一标识	b7355f3c11-630d-4a80-a071-92459232c357	系统自动引用单位会计凭证分录表中的主键
4	财政区划代码	110108999（北京市海淀区）	系统自动处理，值集来源于财政区划管理要素
5	单位代码	101001（北京市海淀区财政局）	系统自动生成，值集来源于单位代码管理要素
6	会计年度	2020	系统自动引用单位会计账套表中的会计年度
7	账套编号	99000ZKL	系统自动引用单位会计账套表中的账套编号
8	会计期间	1（1月）	系统自动处理，根据单位会计凭证分录表生成
9	记账凭证号	0011	系统自动引用单位会计凭证主表中的记账凭证号
10	现金流量代码	206（对外投资支付的现金）	系统自动处理，根据会计科目生成
11	现金流量金额	200.00	系统自动处理，根据凭证分录表生成，或手工修改
12	会计凭证日期	20200105	系统自动引用单位会计凭证分录表中的记账凭证日期
13	更新时间	20200105221105	数据更新时自动生成，数据创建时更新时间与创建时间一致
14	是否删除	2（否）	系统自动处理，值集来源于布尔型代码管理要素，默认值为2，删除操作后，字段值由2变为1
15	创建时间	20200105221105	数据创建时系统自动生成

表 3-384　　　　单位会计盈余与结余差异表（GLA_VOU_DIFF）

序号	字段	字段值	说明
1	差异项唯一标识	c7355f3c11-62230d-4c80-c073-92459232c355	数据创建时系统自动生成

续表

序号	字段	字段值	说明
2	凭证主表唯一标识	a7355f3c11-630d-4a80-a071-92459232c357	系统自动引用单位会计凭证主表中的主键
3	财政区划代码	110108999（北京市海淀区）	系统自动处理，值集来源于财政区划管理要素
4	单位代码	101001（北京市海淀区财政局）	系统自动生成，值集来源于单位代码管理要素
5	会计年度	2020	系统自动引用单位会计账套表中的会计年度
6	账套编号	99000ZKL	系统自动引用单位会计账套表中的账套编号
7	会计期间	1（月）	系统自动引用单位凭证主表中的会计期间
8	记账凭证号	0011	系统自动引用单位凭证主表中的记账凭证号
9	盈余与结余差异类型代码	10101（应收款项、预收款项确认的收入）	系统自动处理，根据会计科目生成
10	差异金额	100.00	系统自动处理，根据凭证分录表生成
11	更新时间	20200105221105	数据更新时自动生成，数据创建时更新时间与创建时间一致
12	是否删除	2（否）	系统自动处理，值集来源于布尔型代码管理要素，默认值为2，删除操作后，字段值由2变为1
13	创建时间	20200105221105	数据创建时系统自动生成

（4）自动生成凭证。

发生的经济业务事项具备自动生成凭证条件的，系统根据业务单据，通过会计凭证模板生成记账凭证。该模块操作涉及的逻辑库表有单位会计凭证主表（GLA_VOU_HEAD）、单位会计凭证分录表（GLA_VOU_DETAIL）。凭证相关示例数据参照本教程"3.7.2.2 单位会计核算"章节的"2. 实现机制说明""（3）录入凭证"。单位会计原始单据关联表逻辑库表字段示例如表3-385所示。

表 3-385 单位会计原始单据关联表（GLA_VOU_BILL_RELATION）

序号	字段	字段值	备注
1	关联表唯一标识	00q7344f3d-630f-4a80-vbri-202005230001	数据创建时系统自动生成
2	财政区划代码	110108999（北京市海淀区）	系统自动引用基础信息的财政区划
3	账套编号	99000ZKL	系统自动引用会计核算的单位会计账套
4	账套名称	单位会计账	系统自动引用会计核算的单位会计账套
5	会计年度	2020	手工录入
6	会计期间	4	根据支付凭证日期生成
7	记账凭证号	1	系统自动引用单位会计凭证主表中的记账凭证号
8	原始单据序号	1	系统自动生成，多张原始单据生成到同一张记账凭证时，用于记录原始单据的顺序
9	原始单据类型	JZZF	来源于机制凭证模板
10	原始单据号	—	可选字段，该示例未使用，根据原始单据唯一标识便可建立对应关系，需冗余存储单据号时使用
11	原始单据主单唯一标识	123b17cca6-82b7-4d43-8d5c-d07a3ed1917c	系统自动引用原始单据的主单唯一标识
12	原始单据明细单唯一标识	—	系统自动引用原始单据的明细唯一标识，原始单据非主子结构时为空
13	凭证主表唯一标识	q7344f3d11-630f-4a80-pzid-202005230001	系统自动引用单位会计凭证主表中的凭证主表唯一标识
14	凭证分录唯一标识	q7344f3d11-630f-4a80-flid-202005230001	系统自动引用单位会计凭证分录表中的凭证分录唯一标识
15	单位代码	101001（北京市海淀区财政局）	系统自动引用基础信息的单位信息
16	更新时间	20200506221105	数据更新时自动生成，数据创建时更新时间与创建时间一致
17	是否删除	2（否）	系统自动处理，值集来源于布尔型代码管理要素，默认值为2，删除操作后，字段值由2变为1
18	创建时间	20200506221105	数据创建时系统自动生成

（5）审核会计凭证。

单位财务审核人根据原始凭证以及相关政策对会计凭证进行核对，如人工录入的凭证有误则退回修改，如自动生成的凭证有误应删除生成的凭证，并从生成原始单据的业务环节发起更正，完成更正流程后再进行凭证生成。审核通过，单位会计凭证主表（GLA_VOU_HEAD）中的审核人（AUDITOR）字段值由空变为审核人名称，审核日期（AUDITOR_DATE）字段值由空变为审核日期，凭证状态（VOU_STATUS）字段值由"0"变为"1"。逻辑库表字段变化示例如表 3-386 所示。

表 3-386　　　　　　　　单位会计凭证主表（GLA_VOU_HEAD）

序号	字段	字段值	说明
1	凭证主表唯一标识	a7355f3c11-630d-4a80-a071-92459232c357	数据创建时系统自动生成
⋮	⋮	⋮	⋮
12	审核人	李四	系统自动处理，记录审核操作人员
13	审核日期	20200505	系统自动处理，记录审核操作日期
28	凭证状态	1（已审核）	系统自动处理，审核操作后凭证状态值由 0 变为 1
⋮	⋮	⋮	⋮

（6）凭证记账。

对所有的已审核的会计凭证进行记账，应支持财务会计和预算会计凭证的记账。记账通过，凭证数据根据单位、账套、单位会计科目、辅助核算项汇入单位会计余额发生额汇总表（GLA_BAL）；单位会计凭证主表（GLA_VOU_HEAD）中的记账人（POSTER）字段值由空变为记账人名称，记账日期（POSTER_DATE）字段值由空变为记账日期，凭证状态（VOU_STATUS）字段值由"1"变为"2"。逻辑库表字段变化示例如表 3-387 所示。

表 3-387　　　　　　　　单位会计凭证主表（GLA_VOU_HEAD）

序号	字段	字段值	说明
1	凭证主表唯一标识	a7355f3c11-630d-4a80-a071-92459232c357	数据创建时系统自动生成
⋮	⋮	⋮	⋮
16	记账人	王五	系统自动处理，记录记账操作人员
17	记账日期	20200512	系统自动处理，记录记账操作日期
28	凭证状态	2（已记账）	系统自动处理，记账操作后凭证状态值由 1 变为 2
⋮	⋮	⋮	⋮

（7）月结。

单位财务会计账要按月结转。在结转前，必须将会计期间内所发生的各项经济业务全部登记入账。结账时，应当结出每个科目的期末余额。结账完成后，应将该月期末余额结转至下一期间，作为下一期间的期初余额。

在结转前，查询单位会计凭证主表（GLA_VOU_HEAD），校验当期是否有凭证状态字段值为0（未审核）或1（已审核）的凭证存在，以确定当期是否所有凭证都已经记账。校验当期的凭证号是否连续，确定没有断号、重号的情况。校验当期账簿数据是否平衡等。经过一系列的校验并通过后，进行结账处理。已结账期间的凭证、账簿等数据不能再修改。

（8）生成报表。

根据报表模板从会计账生成会计报表。例如资产负债表、收入支出表、预算执行情况表、收支情况表等。虽然这些报表中包括的数据范围、报表格式各不相同，但都是从单位会计账簿读取数据。主要涉及从单位会计凭证主表（GLA_VOU_HEAD）、单位会计凭证分录表（GLA_VOU_DETAIL）、单位会计余额发生额汇总表（GLA_BAL）等逻辑库表读取数据，不会引起逻辑库表中数据的变化。

（9）年结。

账务年度终了时，单位会计人员需要对财务会计的年末本期盈余、年末净资产、年末累计盈余进行结转操作，需要对预算会计的收入类、支出类科目进行结转业务操作，需要对预算会计的预算结余科目进行内部结转结余操作，分别生成结转结余凭证，统称"年末转账"，转账结束后，经审核会计核对，检查无误后，对本年度的账簿进行年结操作，并将相关数据结转到下一年。结账后，期初数、会计凭证等信息不得修改。

年终转账时，需要将收入类科目和支出类科目余额按设定的规则自动结转到净资产类的科目上。可以扩展一个转账配置表用来存储设定的转账规则。系统自动生成转账凭证，金额为转出科目的余额、方向为余额的反向，对方科目为对应的结余科目。操作涉及的逻辑库表有单位会计凭证主表（GLA_VOU_HEAD）、单位会计凭证分录表（GLA_VOU_DETAIL），涉及读取数据的逻辑库表有单位会计余额发生额汇总表（GLA_BAL）。

（10）对账。

单位按一定口径与财政、往来单位、部门进行会计对账。主要涉及从单位会计凭证主表（GLA_VOU_HEAD）、单位会计凭证分录表（GLA_VOU_DETAIL）、单位会计余额发生额汇总表（GLA_BAL）等表读取数据，按对账需要口径进行汇总计算，提供对账需要的数据。对账有人工对账、自动对账等不同的形式，根据需要自行确定对账方式，在此不作说明。

3.7.2.3　预算指标会计核算

预算指标会计核算是指政府财政部门采用会计复式记账法，对预算指标的批复、分解、下达、调整、调剂、执行和结转结余等全生命周期过程的业务或事项进行会计核算的过程。指标账包括建立账套、初始化账套、登记预算指标账和年终结账四个业务活动。业务活动涉及的逻辑库表应用如表3-388所示。

表 3-388　　　　　　　预算指标会计核算业务活动涉及的逻辑库表应用

序号	业务活动	逻辑库表	中文名称	备注
1	建立账套	GLB_ACCT_SET	指标账账套表	存储预算指标会计账套信息
2	初始化账套	GLB_ACCT_SET	指标账账套表	存储预算指标会计账套信息
		GLB_ACCOUNT_CLS	指标账科目表	存储该账套要使用的会计科目
3	登记预算指标账	GLB_VOU_HEAD	指标账凭证主表	存储会计凭证对象主表信息
		GLB_VOU_DETAIL	指标账凭证分录表	存储会计凭证分录信息
		GLB_CTRL	指标账额度控制表	存储指标账额度控制信息
		GLB_VOU_BILL_RELATION	指标账原始单据关联表	存储原始业务单据和记账凭证之间的对应关系
		GLB_BAL	指标账余额发生额汇总表	存储指标账记账凭证汇总信息
4	年终结账	GLB_VOU_HEAD	指标账凭证主表	存储会计凭证对象主表信息
		GLB_VOU_DETAIL	指标账凭证分录表	存储会计凭证分录信息
		GLB_CTRL	指标账额度控制表	存储指标账额度控制信息
		GLB_BAL	指标账余额发生额汇总表	存储指标账记账凭证汇总信息

1. 逻辑库表间关系

预算指标会计核算涉及的相关逻辑库表的关系如图 3-39 所示。

（1）指标账会计科目表（GLB_ACCOUNT_CLS）中的账套编号（ACCT_SET_CODE）对应指标账会计账套表（GLB_ACC_SET）中的账套编号（ACCT_SET_CODE）。

（2）指标账凭证主表（GLB_VOU_HEAD）中的账套编号（ACCT_SET_CODE）对应指标账会计账套表（GLB_ACC_SET）中的账套编号（ACCT_SET_CODE）。

（3）指标账凭证分录表（GLB_VOU_DETAIL）中的凭证主表唯一标识（VOU_ID）对应指标账凭证主表（GLB_VOU_HEAD）凭证主表唯一标识（VOU_ID），预算指标账会计科目代码（BGT_ACCT_CLS_CODE）对应指标账会计科目表（GLB_ACCOUNT_CLS）中的预算指标账会计科目代码（BGT_ACCT_CLS_CODE）。

（4）指标账余额发生额汇总表（GLB_BAL）中的账套编号（ACCT_SET_CODE）对应指标账会计账套表（GLB_ACC_SET）中的账套编号（ACCT_SET_CODE），预算指标账会计科目代码（BGT_ACCT_CLS_CODE）对应指标账会计科目表（GLB_ACCOUNT_CLS）中的预算指标账会计科目代码（BGT_ACCT_CLS_CODE）。

（5）指标账额度控制表（GLB_CTRL）中的账套编号（ACCT_SET_CODE）对应指标账会计账套表（GLB_ACC_SET）中的账套编号（ACCT_SET_CODE），预算指标账会计科目代码（BGT_ACCT_CLS_CODE）对应指标账会计科目表（GLB_ACCOUNT_CLS）中的预算指标账会计科目代码（BGT_ACCT_CLS_CODE）。

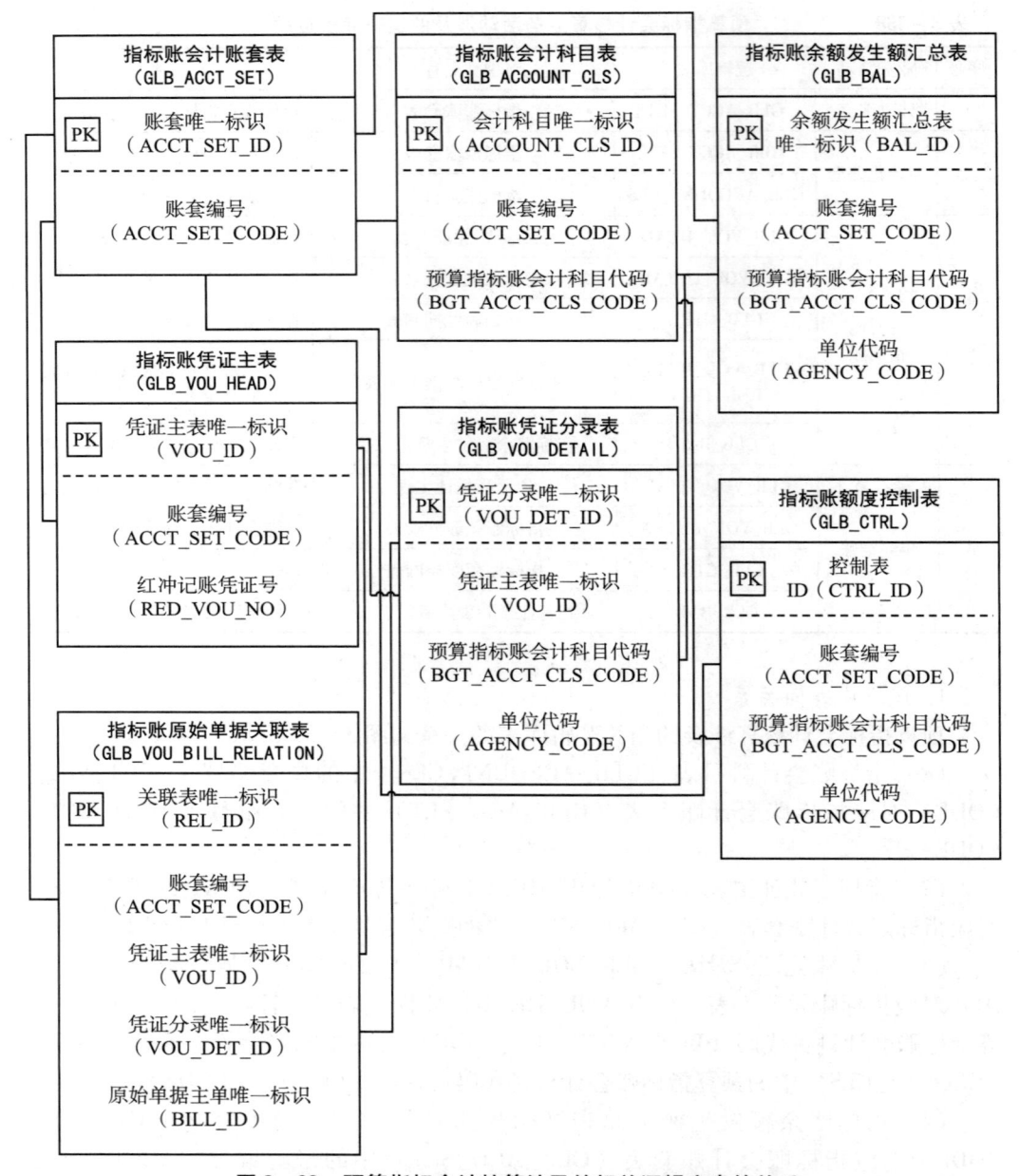

图 3-39 预算指标会计核算涉及的相关逻辑库表的关系

（6）指标账原始单据关联表（GLB_VOU_BILL_RELATION）中的账套编号（ACCT_SET_CODE）对应指标账会计账套表（GLB_ACC_SET）中的账套编号（ACCT_SET_CODE），凭证主表唯一标识（VOU_ID）对应指标账凭证主表（GLB_VOU_HEAD）中的凭证主表唯一标识（VOU_ID），凭证分录唯一标识（VOU_DET_ID）对应指标账凭证分录表（GLB_VOU_DETAIL）中的凭证分录唯一标识（VOU_DET_ID），原始单据主单唯一标识（BILL_ID）对应相关联的原始单据的 ID，原始单据明细单唯一标识（BILL_DETAIL_ID）对应相关联的原始单据明细的 ID。

2. 实现机制说明

（1）建立账套。

《规范》指出，各级财政部门可按照资金性质设置一般公共预算指标总账、政府性基金预算指标总账、国有资本经营预算指标总账、财政专户管理资金预算指标总账、单位资金预算指标总账，与之相对应，指标账的账套可参照指标账总账的设置方式，并与其保持一致。

用户使用创建账套功能录入账套的必要信息，如账套名称、财务负责人、会计年度等信息即可完成账套创建，逻辑库表字段示例如表3-389所示。

表3-389　　　　　　　　指标账账套表（GLB_ACCT_SET）

序号	字段	字段值	备注
1	账套唯一标识	b7344f3d11-630f-4a80-a074-92459232c357	数据创建时系统自动生成
2	账套编号	ZT0001	手工录入，填写新创建账套的账套编号
3	账套名称	一般公共预算指标账套	手工录入，填写新创建账套的账套名称
4	账套类型	60（预算指标账实施方案）	选择录入，值集来源于会计科目使用主体类型管理要素
5	财政区划代码	110000000（北京市本级）	系统自动处理，值集来源于财政区划管理要素
6	会计年度	2020	手工录入
7	启用日期	20200104	系统自动生成，启用后填写
8	创建人	张三	系统自动生成，引用当前操作人
9	账套状态	1（启用）	系统自动处理，默认为1，账套未启用或停用后，字段值由1变为0
10	财务负责人	李四	选择录入，值集来源于姓名管理要素
11	更新时间	20200104123131	数据更新时系统自动生成，数据创建时更新时间与创建时间一致
12	是否删除	2（否）	存储预算指标会计账套信息
13	创建时间	20200104123131	数据创建时系统自动生成
14	资金性质	111（一般公共预算资金）	

（2）初始化账套。

初始化账套是账套建立过程中的必经步骤，只有完成了初始化，该账套才能被用于对预算指标进行会计核算。账套的初始化主要包括对账套科目以及科目辅助核算项的设置。逻辑库表字段示例如表3-390所示。

表 3-390　　　　　　　　指标账科目表（GLB_ACCOUNT_CLS）

序号	字段	字段值	备注
1	会计科目唯一标识	g8954f3f11-897f-4a80-a874-92459232f1797	数据创建时系统自动生成
2	账套编号	ZT0001	系统自动引用指标账账套表的账套编号
3	财政区划代码	110000000（北京市本级）	系统自动引用指标账账套表的财政区划代码
4	会计年度	2020	系统自动引用指标账账套表的会计年度
5	预算指标账会计科目代码	1001	系统自动处理，值集来源于预算指标账会计科目管理要素
6	预算指标账会计科目名称	年初支出预算	系统自动处理，值集来源于预算指标账会计科目管理要素
7	上级科目唯一标识	f3948s4d11-745e-3j85-b824-32459675e987	系统自动引用会计科目表的父级节点 ID
8	级次	2	系统自动引用会计科目表的级次
9	是否末级	2（否）	系统自动引用会计科目表的是否末级
10	是否启用	1（启用）	系统自动引用会计科目表的是否启用
11	余额方向	1（借）	系统自动处理，根据会计科目类型代码自动判断生成
12	预算指标账会计科目类型代码	10（财政支出预算类）	系统自动引用会计科目表的会计科目类型代码
13	备注	—	手工录入，填写科目备注，不需要备注时可为空
14	是否标准	0（标准代码集）	系统自动引用会计科目表的是否标准
15	更新时间	20200104123131	数据更新时系统自动生成，数据创建时更新时间与创建时间一致
16	是否删除	2（否）	系统自动处理，值集来源于布尔型代码管理要素，默认值为2，删除操作后，字段值由2变为1
17	创建时间	20200104123131	数据创建时系统自动生成

科目设置完之后，可进一步为其设置辅助核算项。科目可以根据需要设置多个辅助核算项，对该科目在多个维度上进行刻画，使指标账记录的会计信息更加丰富。对指标账科目，也可以统一为其设置辅助核算项，在账套中直接引用，减少设置的工作量。

（3）登记预算指标账。

预算指标管理业务或事项发生时，要登记预算指标账。应用系统根据指标账的要求，组织业务数据，并向指标账记账服务明确指定所需使用的会计凭证生成规则。预算指标账根据业务系统指定的会计凭证生成规则和传入的业务数据自动生成记账凭证，完成预算指标账的登记。根据业务所在环节的不同，指标账登记分为在途记账和终审记账两种情况，对于在途记账，系统在指标账额度控制表（GLB_CTRL）

中登记信息。对于终审记账，除要在指标账额度控制表（GLB_CTRL）中登记信息外，还要将相应信息记录到指标账余额发生额汇总表（GLB_BAL）中。无论是在途记账还是终审记账，指标账额度控制表（GLB_CTRL）均实时记录了支出指标的额度信息，为预算管理一体化系统相关模块提供了精确的额度控制，保证了预算—指标—支付业务处于严格的额度控制之下。

登记预算指标账有三个应用场景，即在途记账、终审记账和红字冲销。在下面的记账场景中，以使用中央下达的专项转移支付资金支付××项目采购款为例说明各个表间的数据记录关系。

为表述这些业务的数据库表间的数据关系，我们模拟了一个案例，在案例中假定北京市某单位（单位代码为100100001）使用中央某专项转移支付（项目代码100000200000000000020）资金1000元采购专用材料，在专用材料到货后，填写支付申请，系统自动根据支付申请所列信息，在申请保存时生成支付凭证，并校验该申请不超出控制额度。

该业务发生后，业务系统将支付申请业务数据和要使用的记账规则传入指标账。由于在业务终审之前存在业务事项被修改、撤销的可能，因此尚不能将其占用的额度直接列为正式额度，只能对其做在途记录。业务过程中一旦发生与指标额度相关的业务，都需要将其纳入指标账的管理之下。对在途信息的及时记录，满足了指标额度对预算指标管理业务和事项进行实时控制的要求。在途记账只需要在额度控制表（GLB_CTRL）的相关在途字段上进行登记，无须在余额发生额汇总表（GLB_BAL）中进行记录。有关与在途额度信息记录相关的字段使用说明，可参见《标准》中4.2.6.3.7指标账额度控制表相关章节的内容。支付申请保存时，在指标账凭证主表和指标账凭证分录表生成相应凭证信息，凭证编号JZ110000000020200804001，凭证状态为1（在途），指标账自动在指标账额度控制表记录在途信息。逻辑库表字段示例如表3-391~表3-393所示。

表3-391　　　　　　　　指标账凭证主表（GLB_VOU_HEAD）

序号	字段	字段值	备注
1	凭证主表唯一标识	b2744f3d11-632f-4a81-a074-97455232e478	数据创建时系统自动生成
2	账套编号	ZT0001	系统自动引用指标账账套表的账套编号
3	财政区划代码	110000000（北京市本级）	系统自动引用指标账账套表的财政区划代码
4	会计年度	2020	系统自动引用指标账账套表的会计年度
5	会计期间	8	系统自动处理，依据记账凭证日期生成
6	记账凭证号	JZ110000000020200804001	系统自动生成，编号规则由各地财政部门自行制定
7	记账凭证日期	20200804	系统自动处理，记录记账凭证的记账日期
8	财务负责人	张三	系统自动引用指标账账套表的财务负责人
9	凭证摘要	支付××项目采购款	系统根据当前业务场景自动生成

续表

序号	字段	字段值	备注
10	贷方金额	1000.00	系统自动处理，取值为分录的贷方金额合计
11	借方金额	1000.00	系统自动处理，取值为分录的借方金额合计
12	制单人	李四	系统自动处理，取当前业务单据制单人
13	制单日期	20200804	系统自动处理，取当前业务单据生成日期
14	记账人	—	系统自动处理，未记账时可为空
15	记账日期	—	系统自动处理，未记账时可为空
16	附件数	0	系统自动处理，默认值为0
17	红冲状态	0（正常凭证）	系统自动处理，默认值为0。0表示正常凭证，1表示冲销凭证
18	红冲记账凭证唯一标识	—	系统自动处理，记账凭证被冲红时自动填写红冲记账凭证唯一标识
19	是否调整期	0（正常期间）	系统根据会计期间自动判断生成，默认值为0。0：正常期间，1：调整期
20	凭证状态	1（在途）	系统自动处理，默认1
21	是否为结转凭证	2（否）	系统自动处理，默认值为2，2代表否，1代表是
22	更新时间	20200804123131	数据更新时系统自动生成，数据创建时更新时间与创建时间一致
23	是否删除	2（否）	系统自动处理，值集来源于布尔型代码管理要素，默认值为2，删除操作后，字段值由2变为1
24	创建时间	20200804123131	数据创建时系统自动生成

表 3-392　　　　　指标账凭证分录表（GLB_VOU_DETAIL）

序号	字段	借方分录字段值	贷方分录字段值	备注
1	凭证分录唯一标识	e4840f3d11-632f-4a81-a074-97466232e478	e4840f3d11-732e-4a71-a807-97466232f841	数据创建时系统自动生成
2	凭证主表唯一标识	b2744f3d11-632f-4a81-a074-97455232e478	b2744f3d11-632f-4a81-a074-97455232e478	系统自动引用的凭证主表唯一标识
3	账套编号	ZT0001	ZT0001	系统自动引用指标账账套表的账套编号
4	财政区划代码	110000000（北京市本级）	110000000（北京市本级）	系统自动引用指标账账套表的财政区划代码
5	会计年度	2020	2020	系统自动引用指标账账套表的会计年度

续表

序号	字段	借方分录字段值	贷方分录字段值	备注
6	记账凭证号	JZ11000000020200804001	JZ11000000020200804001	系统自动引用预算指标账凭证主表的会计凭证号
7	记账凭证分录序号	1	2	系统根据顺序自动生成,根据分录表中的数据对分录自动连续编号
8	预算指标账会计科目代码	5101(支付申请)	5002(可执行指标)	系统自动处理,依据记账模板填写
9	金额	1000.00	1000.00	系统自动处理,填写发生额
10	借贷方向	1(借)	2(贷)	系统自动处理,填写借贷方向,1借方,2贷方
11	会计分录摘要	支付×××项目采购款	支付×××项目采购款	系统自动处理,从传入的指标单据相应字段获取
12	单位代码	100100001	100100001	系统自动处理,从传入的指标单据相应字段获取
13	资金性质代码	111(一般公共预算资金)	111(一般公共预算资金)	系统自动处理,从传入的指标单据相应字段获取
14	收入分类科目代码	—	—	系统自动处理,从传入的指标单据相应字段获取,非收入类指标为空
15	支出功能分类科目代码	2060601(社会科学研究机构)	2060601(社会科学研究机构)	系统自动处理,从传入的指标单据相应字段获取
16	政府支出经济分类代码	50204(专用材料购置费)	50204(专用材料购置费)	系统自动处理,从传入的指标单据相应字段获取
17	部门支出经济分类代码	30218(专用材料费)	30218(专用材料费)	系统自动处理,从传入的指标单据相应字段获取
18	项目代码	110000200000000000018	110000200000000000018	系统自动处理,从传入的指标单据相应字段获取
19	资金来源代码	2(上级补助)	2(上级补助)	系统自动处理,从传入的指标单据相应字段获取
20	指标类型代码	21(当年预算)	21(当年预算)	系统自动处理,从传入的指标单据相应字段获取
21	本级指标文号	京财预〔2020〕×号	京财预〔2020〕×号	系统自动处理,从传入的指标单据相应字段获取

续表

序号	字段	借方分录字段值	贷方分录字段值	备注
22	财政内部机构代码	20（教科文处）	20（教科文处）	系统自动处理，从传入的指标单据相应字段获取
⋮	⋮	⋮	⋮	⋮
26	预算级次代码	1（中央级）	1（中央级）	系统自动处理，从传入的指标单据相应字段获取
27	上级指标文号	财预〔2020〕5×号	财预〔2020〕5×号	系统自动处理，从传入的指标单据相应字段获取
28	来源项目代码	100000200000000000020	100000200000000000020	系统自动处理，从传入的指标单据相应字段获取
29	预算指标账会计科目名称	支付申请	可执行指标	系统自动处理，从传入的指标单据相应字段获取
30	会计期间	8	8	系统自动处理，依据记账凭证日期生成
31	支付方式代码	1（国库集中支付）	1（国库集中支付）	系统自动处理，从传入的指标单据相应字段获取
⋮	⋮	⋮	⋮	⋮
34	预算级次对应财政区划代码	100000000（中央本级）	100000000（中央本级）	系统自动处理，从传入的指标单据相应字段获取
35	转移支付项目发起区划代码	100000000（中央本级）	100000000（中央本级）	系统自动处理，从传入的指标单据相应字段获取
36	上级财政区划代码	100000000（中央本级）	100000000（中央本级）	系统自动处理，从传入的指标单据相应字段获取
37	上级安排项目代码	100000200000000000020	100000200000000000020	系统自动处理，从传入的指标单据相应字段获取
38	更新时间	20200804123131	20200804123131	数据更新时系统自动生成，数据创建时更新时间与创建时间一致
39	是否删除	2（否）	2（否）	系统自动处理，值集来源于布尔型代码管理要素，默认值为2，删除操作后，字段值由2变为1
40	创建时间	20200804123131	20200804123131	数据创建时系统自动生成

表 3-393　　　　　　　　　　指标账额度控制表（GLB_CTRL）

序号	字段	借方分录对应额度控制表字段值	贷方分录对应额度控制表字段值	备注
1	控制表 ID	t4840f3g11-578f-4a81-a074-97466232e874	t4840f3f11-225f-4a71-a807-97466232f261	数据创建时系统自动生成
2	财政区划代码	110000000（北京市本级）	110000000（北京市本级）	系统自动引用指标账凭证分录表财政区划代码
3	会计年度	2020	2020	系统自动引用指标账凭证分录表会计年度
4	账套编号	ZT0001	ZT0001	系统自动引用指标账凭证分录表账套编号
5	预算指标账会计科目代码	5101（支付申请）	5002（可执行指标）	系统自动引用指标账凭证分录表预算指标账会计科目代码
6	可用额度	10000.00	9000.00	系统自动汇总生成
7	科目余额	10000.00	10000.00	系统自动汇总生成
8	借方增加累计金额	20000.00	30000.00	系统自动汇总生成
9	借方减少累计金额	0.00	0.00	系统自动汇总生成
10	贷方增加累计金额	10000.00	20000.00	系统自动汇总生成
11	贷方减少累计金额	0.00	0.00	系统自动汇总生成
12	在途借方增加金额	1000.00	0.00	系统自动汇总生成
13	在途借方减少金额	0.00	0.00	系统自动汇总生成
14	在途贷方增加金额	0.00	1000.00	系统自动汇总生成
15	在途贷方减少金额	0.00	0.00	系统自动汇总生成
16	单位代码	100100001	100100001	系统自动引用指标账凭证分录表单位代码
17	资金性质代码	111（一般公共预算资金）	111（一般公共预算资金）	系统自动引用指标账凭证分录表资金性质代码

续表

序号	字段	借方分录对应额度控制表字段值	贷方分录对应额度控制表字段值	备注
18	收入分类科目代码	—	—	系统自动引用指标账凭证分录表收入分类科目代码，非收入指标为空
19	支出功能分类科目代码	2060601（社会科学研究机构）	2060601（社会科学研究机构）	系统自动引用指标账凭证分录表支出功能分类科目代码
20	政府支出经济分类代码	50204（专用材料购置费）	50204（专用材料购置费）	系统自动引用指标账凭证分录表政府支出经济分类代码
21	部门支出经济分类代码	30218（专用材料费）	30218（专用材料费）	系统自动引用指标账凭证分录表部门支出经济分类代码
22	项目代码	110000200000000000018	110000200000000000018	系统自动引用指标账凭证分录表项目代码字段
23	资金来源代码	2（上级补助）	2（上级补助）	系统自动引用指标账凭证分录表资金来源代码
24	指标类型代码	21（当年预算）	21（当年预算）	系统自动引用指标账凭证分录表指标类型代码
25	本级指标文号	京财预〔2020〕4号	京财预〔2020〕4号	系统自动引用指标账凭证分录表本级指标文号
26	财政内部机构代码	20（教科文处）	20（教科文处）	系统自动引用指标账凭证分录表财政内部机构代码
27	预算级次代码	1（中央级）	1（中央级）	系统自动引用指标账凭证分录表预算级次代码
28	上级指标文号	财预〔2020〕5×号	财预〔2020〕5×号	系统自动引用指标账凭证分录表上级指标文号
29	来源项目代码	100000200000000000020	100000200000000000020	系统自动引用指标账凭证分录表来源项目代码
30	更新时间	20200804123131	20200804123131	数据更新时系统自动生成，数据创建时更新时间与创建时间一致
31	是否删除	2（否）	2（否）	系统自动处理，值集来源于布尔型代码管理要素，默认值为2，删除操作后，字段值由2变为1
32	创建时间	20200804123131	20200804123131	数据创建时系统自动生成
33	上级安排项目代码	100000200000000000020	100000200000000000020	系统自动引用指标账凭证分录表上级安排项目代码

根据原始单据信息记录指标账凭证与原始单据的关联关系，指标账原始单据关联表示例如表3-394所示。

表3-394　　指标账原始单据关联表（GLB_VOU_BILL_RELATION）

序号	字段	字段值	备注
1	关联表唯一标识	s5794g2f11-257e-8a71-b774-86433252t685	数据创建时系统自动生成
2	财政区划代码	110000000（北京市本级）	自动引用指标账账套表的财政区划代码
3	账套编号	ZT0001	自动引用指标账账套表的账套编号
4	账套名称	一般公共预算指标账套	自动引用指标账账套表的账套名称
5	会计年度	2020	自动引用指标账账套表的会计年度
6	会计期间	8	系统自动处理，依据记账凭证日期生成
7	记账凭证号	JZ11000000020200804001	系统自动引用指标账会计凭证主表中的记账凭证号
8	原始单据序号	1	系统自动生成，多张原始单据生成到同一张记账凭证时，用于记录原始单据的顺序，默认为1
9	原始单据类型	支付申请单	系统自动根据调用本单据的原始单据名称填写
10	原始单据号	—	可选字段，该示例未使用，根据原始单据唯一标识便可建立对应关系，需冗余存储单据号时使用
11	原始单据主单唯一标识	E3674g3e11-487s-ta44-s683-74236197s129	系统自动根据原始单据的唯一标识填写
12	原始单据明细单唯一标识	—	可选字段，该示例未使用，需要和明细单据建立对应关系时使用
13	凭证主表唯一标识	b2744f3d11-632f-4a81-a074-97455232e478	系统自动引用指标账会计凭证主表中的凭证主表唯一标识
14	凭证分录唯一标识	—	系统自动引用指标账凭证分录表中的凭证分录唯一标识，无凭证分录为空
15	更新时间	20200804123131	数据更新时系统自动生成，数据创建时更新时间与创建时间一致
16	是否删除	2（否）	系统自动处理，值集来源于布尔型代码管理要素，默认值为2，删除操作后，字段值由2变为1
17	创建时间	20200804123131	数据创建时系统自动生成

终审记账与在途记账相对应，指的是业务经过审核正式生效后的记账操作。凭证终审记账操作一旦完成，如果需要修改只能通过红字冲销的方式来实现，具体可参见后续红字冲销部分的内容。有关与正式额度相关字段使用，可参见《标准》中4.2.6.3.7指标账额度控制表相关章节的内容。如案例中的支付申请审核通过时，

指标账自动将凭证编号 JZ11000000020200804001 的凭证状态更新为 2（记账），原在指标账额度控制表（GLB_CTRL）中登记的在途信息自动调整为相应的正式记账信息，同时自动在指标账余额发生额汇总表（GLB_BAL）中将该凭证相关信息进行登记，逻辑库表字段示例如表 3-395 所示。

表 3-395　　　　　　　　指标账凭证主表（GLB_VOU_HEAD）

序号	字段	字段值	备注
1	凭证主表唯一标识	b2744f3d11-632f-4a81-a074-97455232e478	数据创建时系统自动生成
⋮	⋮	⋮	⋮
6	记账凭证号	JZ11000000020200804001	系统自动生成，记录记账凭证的编号
⋮	⋮	⋮	⋮
14	记账人	王五	系统自动处理，引用终审的业务人员
15	记账日期	20200804	系统自动处理，引用终审的系统日期
20	凭证状态	2（记账）	系统自动处理，记账后凭证状态改为 2
⋮	⋮	⋮	⋮

指标账凭证分录表数据不变，此处不再重复展示。仅对凭证终审后的额度控制表和余额发生额汇总表数据进行展示说明。

额度控制表在记账凭证终审记账后逻辑库表字段变化示例如表 3-396 所示。

表 3-396　　　　　　　　指标账额度控制表（GLB_CTRL）

序号	字段	借方分录对应额度控制表字段值	贷方分录对应额度控制表字段值	备注
1	控制表 ID	t4840f3g11-578f-4a81-a074-97466232e874	t4840f3f11-225f-4a71-a807-97466232f261	数据创建时系统自动生成
2	财政区划代码	110000000（北京市本级）	110000000（北京市本级）	系统自动引用指标账凭证分录表财政区划代码
3	会计年度	2020	2020	系统自动引用指标账凭证分录表会计年度
4	账套编号	ZT0001	ZT0001	系统自动引用指标账凭证分录表账套编号
5	预算指标账会计科目代码	5101（支付申请）	5002（可执行指标）	系统自动引用指标账凭证分录表预算指标账会计科目代码
6	可用额度	11000.00	9000.00	系统自动生成

续表

序号	字段	借方分录对应额度控制表字段值	贷方分录对应额度控制表字段值	备注
7	科目余额	11000.00	9000.00	系统自动生成
8	借方增加累计金额	21000.00	30000.00	系统自动生成
9	借方减少累计金额	—	—	系统自动生成，可为空
10	贷方增加累计金额	10000.00	21000.00	系统自动生成
11	贷方减少累计金额	—	—	系统自动生成，可为空
12	在途借方增加金额	—	—	系统自动生成，可为空
13	在途借方减少金额	—	—	系统自动生成，可为空
14	在途贷方增加金额	—	—	系统自动生成，可为空
15	在途贷方减少金额	—	—	系统自动生成，可为空
⋮	⋮	⋮	⋮	⋮

余额发生额汇总表在记账凭证终审记录后的信息如下表。为简化起见，其核算字段保持了与指标账额度控制表的核算字段一致。在实际应用中，余额发生额汇总表的核算字段数量可以多于额度控制表的核算字段数量，如可以在余额发生额汇总表中启用资金来源和本级文号，以便在出具报表时能够提供面向指标文号和资金来源的查询字段。逻辑库表字段示例如表 3-397 所示。

表 3-397　　　　　　　　指标账余额发生额汇总表（GLB_BAL）

序号	字段	借方分录对应余额发生额汇总表字段值	贷方分录对应余额发生额汇总表字段值	备注
1	余额发生额汇总表唯一标识	a6844f3g11-578f-4a81-a012-97465932e845	a4887f7t11-295e-3t71-a835-97466762f258	数据创建时系统自动生成
2	账套编号	ZT0001	ZT0001	系统自动引用指标账凭证分录表账套编号

续表

序号	字段	借方分录对应余额发生额汇总表字段值	贷方分录对应余额发生额汇总表字段值	备注
3	财政区划代码	110000000（北京市本级）	110000000（北京市本级）	系统自动引用指标账凭证分录表财政区划代码
4	会计年度	2020	2020	系统自动引用指标账凭证分录表会计年度
5	会计期间	8	8	系统自动引用指标账凭证分录表会计期间
6	预算指标账会计科目代码	5101（支付申请）	5002（可执行指标）	系统自动引用指标账凭证分录表预算指标账会计科目代码
7	贷方金额	10000.00	21000.00	系统自动汇总生成
8	借方金额	21000.00	30000.00	系统自动汇总生成
9	单位代码	100100001	100100001	系统自动引用指标账凭证分录表单位代码
10	资金性质代码	111（一般公共预算资金）	111（一般公共预算资金）	系统自动引用指标账凭证分录表资金性质
⋮	⋮	⋮	⋮	⋮
12	支出功能分类科目代码	2060601（社会科学研究机构）	2060601（社会科学研究机构）	系统自动引用指标账凭证分录表支出功能分类科目代码
13	政府支出经济分类代码	50204（专用材料购置费）	50204（专用材料购置费）	系统自动引用指标账凭证分录表政府支出经济分类代码
14	部门支出经济分类代码	30218（专用材料费）	30218（专用材料费）	系统自动引用指标账凭证分录表部门支出经济分类代码
15	项目代码	1100002000000000000018	1100002000000000000018	系统自动引用指标账凭证分录表项目代码
16	资金来源代码	2（上级补助）	2（上级补助）	系统自动引用指标账凭证分录表资金来源代码
17	指标类型代码	21（当年预算）	21（当年预算）	系统自动引用指标账凭证分录表指标类型代码
18	本级指标文号	京财预〔2020〕4号	京财预〔2020〕4号	系统自动引用指标账凭证分录表本级指标文号
19	财政内部机构代码	20（教科文处）	20（教科文处）	系统自动引用指标账凭证分录表财政内部机构代码字段
23	预算级次代码	1（中央级）	1（中央级）	系统自动引用指标账凭证分录表预算级次代码

续表

序号	字段	借方分录对应余额发生额汇总表字段值	贷方分录对应余额发生额汇总表字段值	备注
24	上级指标文号	财预〔2020〕5×号	财预〔2020〕5×号	系统自动引用指标账凭证分录表上级指标文号
25	来源项目代码	100000200000000000020	100000200000000000020	系统自动引用指标账凭证分录表来源项目代码
26	预算指标账会计科目名称	支付申请	可执行指标	系统自动引用指标账凭证分录表预算指标账会计科目名称
27	支付方式代码	1（国库集中支付）	1（国库集中支付）	系统自动引用指标账凭证分录表支付方式代码
29	更新时间	20200804123131	20200804123131	数据更新时系统自动生成，数据创建时更新时间与创建时间一致
30	是否删除	0（否）	0（否）	默认值为0，删除操作后，字段值由0变为1
31	创建时间	20200804123131	20200804123131	数据创建时系统自动生成
32	上级安排项目代码	100000200000000000020	100000200000000000020	系统自动引用指标账凭证分录表上级安排项目代码
⋮	⋮	⋮	⋮	⋮

红字冲销用于对已经终审记账的会计凭证对应的业务进行冲销时使用。红字冲销记账与终审记账在逻辑库表的使用上相同，但需要在原记账凭证的红冲记账凭证唯一标识（RED_VOU_NO）字段中记录用来冲红该凭证的凭证编号；把用来冲销原凭证的冲红凭证的红冲状态（RED_FLAG）设置为1，表示该凭证是冲销凭证。如上例中的支付申请支付完成后，由于操作人员疏忽，该支付申请中政府经济分类款级科目使用错误，误用了50205 委托业务费，为保证系统数据的正确性，此时单位在原支付申请基础上，填写用于更正的支付申请，将该政府支出经济分类科目修整为50204 专用材料购置费。该申请审核通过后立即生效自动产生冲红凭证（编号JZ11000000020200804012）将原业务冲红，并依据正确的信息重新生成凭证记账，限于篇幅，记账所用的逻辑库表不再举例，相应的库表字段使用可具体参阅《标准》下册中"4.2.6.3 预算指标账"章节。现仅将凭证主表中相应冲红字段的使用示例标示如表3-398 所示。

表3-398　　　　　　　　指标账凭证主表（GLB_VOU_HEAD）

序号	字段	字段值	备注
1	凭证主表唯一标识	s2564f3d11-596f-4a74-a189-99855214e489	数据创建时系统自动生成

续表

序号	字段	字段值	备注
2	账套编号	ZT0001	系统自动引用指标账账套表的账套编号
3	财政区划代码	110000000（北京市本级）	系统自动引用指标账账套表的财政区划代码
4	会计年度	2020	系统自动引用指标账账套表的会计年度
5	会计期间	8	系统自动处理，依据记账凭证日期生成
6	记账凭证号	JZ11000000020200804012	系统自动生成，编号规则由各地财政部门自行制定
⋮	⋮	⋮	⋮
10	贷方金额	1000.00	系统自动处理，取值为分录的贷方金额合计
11	借方金额	1000.00	系统自动处理，取值为分录的借方金额合计
14	记账人	王五	系统自动处理，记录记账操作人员
15	记账日期	20200804	系统自动处理，记录记账操作日期
17	红冲状态	1（冲销凭证）	系统自动处理，此处值为1
⋮	⋮	⋮	⋮
20	凭证状态	2（记账）	系统自动处理，当前状态为2
⋮	⋮	⋮	⋮

红字冲销凭证在记录额度控制表（GLB_CTRL）时，依据当前凭证是否要进行在途记账和终审记账，分别在在途借方减少金额、在途贷方减少金额或借方减少累计金额、贷方减少累计金额字段中进行记录。在正式记账时，需要在余额发生额汇总表（GLB_BAL）中扣除相应会计期间下相关会计科目的发生额。

（4）年终结账。

年终结账时需要检查记账凭证、额度控制表和余额发生额汇总表等数据库表中的信息是否符合结账条件，相互之间的约束关系是否成立等，检查通过后才能结账。结账后，标志当年预算执行业务正式完成。

用户选定一个指标账账套，账套编号 ZT0001。用户使用账套上的结账功能，系统对该账套下的所有数据进行检查，检查项目包括所有凭证是否均正式记账、额度控制表是否平衡、余额发生额汇总表是否平衡、额度控制表与余额发生额汇总表全年发生额汇总数是否匹配等。待所有检查项目通过后，为该账套创建结账凭证，结账所涉及到的凭证分录规则参阅业务规范的《附录4——预算指标会计核算实施方案》，并标记该账套已经结账。数据检查中涉及到的数据样本略。

3.7.3 常见问题

（1）在《标准》"4.2.6.3.7 指标账额度控制表"章节中，关于可用额度的描述为"可用额度是指标账科目含在途记账的科目余额，该金额用于预算指标调剂和支付控制,以确保在业务过程中不出现超支的情况",可用额度应该不包含在途记账的科目余额,建议对可用额度的定义进行调整。预算指标账额度控制表中的可用额度具体含义是什么?如何定义?

可用额度(如可执行指标可用额度),是指用于控制或指导预算指标管理业务或事项执行的控制数。可用额度与预算指标管理业务或事项的执行密切相关,需要依据业务或事项的执行及时更新,实时反映预算指标的当前可用限额并通过该限额对业务或事项执行进行约束和控制,确保业务或事项执行不超出可用额度限额。可用额度的计算分为两种情况:

一是余额方向为借方的科目,其计算公式如下:

可用额度 = 科目余额 – 在途借方减少累计金额 – 在途贷方增加累计金额

二是余额方向为贷方的科目,其计算公式如下:

可用额度 = 科目余额 – 在途贷方减少累计金额 – 在途借方增加累计金额

有关在途借方减少累计金额、在途贷方增加累计金额、在途贷方减少累计金额、在途借方增加累计金额的含义和使用,请参阅《标准》中的具体说明。

(2) 在《标准》"2.2.3 预算指标会计核算实现机制"章节中,提到预算指标账额度控制表的控制口径按照财政部的要求进行设置,其控制要素包括会计科目、单位、指标类型、资金性质、支出功能分类科目、政府预算支出经济分类类级科目、预算项目等,是否还应该包括业务处室、年度、行政区划等要素?

该说明对标了业务规范的要求,并未列全所有核算要素。在《标准》"4.2.6.3.4 指标账凭证分录表"中已有财政区划代码、会计年度和财政内部机构代码字段。

(3)《标准》"4.2.6.1.1 财政总预算会计账套表""4.2.6.2.1 单位会计账套表"和"4.2.6.3.1 指标账账套表"章节中,字段"账套类型"应该引用哪个要素的代码集,各省可否自定义?如何扩展值集?

账套类型统一使用 VD08112 值集,各省可以自定义(指对代码集进行扩展),但必须遵循代码集扩展规则[详见:本书"3.1.3 常见问题"中"5 代码集扩展规则是什么?"]。为了区分预算指标账相关内容,在值集里增加了预算指标账实施方案分类,值集代码如表 3 – 399 所示。

表 3 – 399　　　　　　　　　　值集代码表

代码	名称	说明
1	《政府会计制度——行政事业单位会计科目和报表》	—
2	《政府会计制度——行政事业单位会计科目和报表》+ 国有林场苗圃补充规定	—
3	《政府会计制度——行政事业单位会计科目和报表》+ 高等学校补充规定	—
4	《政府会计制度——行政事业单位会计科目和报表》+ 中小学补充规定	—
5	《政府会计制度——行政事业单位会计科目和报表》+ 科学事业补充规定	—
6	《政府会计制度——行政事业单位会计科目和报表》+ 医院补充规定	—

续表

代码	名称	说明
7	《政府会计制度——行政事业单位会计科目和报表》+基层医疗卫生机构补充规定	—
8	《政府会计制度——行政事业单位会计科目和报表》+彩票机构补充规定	—
9	民间非营利组织单位会计制度	—
10	企业会计制度	—
11	企业会计准则	—
12	小企业会计准则	—
13	财政总预算会计制度	—
14	土地储备资金会计核算办法	—
15	国家物资储备资金会计制度	—
16	社会保险基金会计制度	—
60	预算指标账实施方案	—

（4）财政总预算会计中的虚拟单位代码如何使用？

财政总预算会计和土地储备资金会计、物资储备资金会计、社会保险基金会计等账都是以资金作为会计主体。一级区划下面，不仅会有实际的行政事业单位、非营利组织会计主体，还会有多个资金会计主体。同时，预算单位与总预算会计对账时，也需要登记往来方的单位代码。而会计主体与实际单位不完全一致，所以对于资金会计主体，设计了一个虚拟单位代码来处理。

3.8 决算和报告

3.8.1 总体描述

决算和报告包括决算、政府财务报告和资产报告等部分。政府决算是年度内对预算执行情况的总结，在预算管理一体化系统中，决算管理包括财政总决算系统和部门决算系统。政府财务报告全面反映政府资产负债、收入费用、运行成本、现金流量等财务信息及政府会计主体公共受托责任履行情况，在预算管理一体化系统中，财务报告需要同时支持政府部门财务报告编制、政府综合财务报告编制和地方政府综合财务报告编制。资产报表反映行政事业单位年度资产占有、使用、变动等情况，在预算管理一体化系统中，资产报告至少要支持资产年报和月报的编制。

3.8.2 功能设计

3.8.2.1 财政总决算

财政总决算由决算报表和其他应当在决算报告中反映的相关信息及资料两部分构成，各级财政部门按照财政部的统一要求，自下而上，逐级审核、汇总、上报财政总决算报表。在预算管理一体化系统中，财政总决算报表数据来源于财政部门总预算会计、基础信息和预算指标账。涵盖的主要功能为：填报报表数据、生成报表数据、生成财政总决算报表、编写财政总决算文本、上报本级总决算报告和汇总下级财政总决算报告等。涉及的业务活动及逻辑库表应用如表 3-400 所示。

表 3-400　　财政总决算涉及的业务活动及逻辑库表应用

序号	业务活动	逻辑库表	中文名称	备注
1	生成报表数据	GFA_REPORT	决算报表定义表	存储财政部下发的财政总决算报表定义信息
		GFA_REPORT_ITEM	决算报表项目定义表	存储财政部下发的财政总决算报表项目信息
		GFA_REPORT_FIELD	决算报表栏目定义表	存储财政部下发的财政总决算报表金额或数值栏目信息
		GFA_DATA	决算报表数据表	存储财政总决算报表数据信息
2	填报报表数据	GFA_DW	决算报送主体信息表	存储决算报送主体信息
		GFA_REPORT	决算报表定义表	存储财政部下发的财政总决算报表定义信息
		GFA_REPORT_ITEM	决算报表项目定义表	存储财政部下发的财政总决算报表项目信息
		GFA_REPORT_FIELD	决算报表栏目定义表	存储财政部下发的财政总决算报表金额或数值栏目信息
		GFA_DATA	决算报表数据表	存储财政总决算报表数据信息

续表

序号	业务活动	逻辑库表	中文名称	备注
3	生成财政总决算报表	GFA_DW	决算报送主体信息表	存储决算报送主体信息
		GFA_REPORT	决算报表定义表	存储财政部下发的财政总决算报表定义信息
		GFA_REPORT_ITEM	决算报表项目定义表	存储财政部下发的财政总决算报表项目信息
		GFA_REPORT_FIELD	决算报表栏目定义表	存储财政部下发的财政总决算报表金额或数值栏目信息
		GFA_DATA	决算报表数据表	存储财政总决算报表数据信息
4	编写财政总决算文本	GFA_DATA	决算报表数据表	存储财政总决算报表数据信息
		GFA_FILE	决算报告表	存储报送主体的决算报告文本信息
5	上报本级总决算报告	GFA_DW	决算报送主体信息表	存储决算报送主体信息
		GFA_DATA	决算报表数据表	存储财政总决算报表数据信息
		GFA_FILE	决算报告表	存储报送主体的决算报告文本信息
6	审核下级财政总决算报告	GFA_DW	决算报送主体信息表	存储决算报送主体信息
		GFA_DATA	决算报表数据表	存储财政总决算报表数据信息
		GFA_FILE	决算报告表	存储报送主体的决算报告文本信息
7	汇总下级财政总决算报告	GFA_DW	决算报送主体信息表	存储决算报送主体信息
		GFA_DATA	决算报表数据表	存储财政总决算报表数据信息
		GFA_FILE	决算报告表	存储报送主体的决算报告文本信息

1. 逻辑库表间关系

财政总决算涉及的相关逻辑库表的关系如图 3-40 所示。

（1）决算报表定义表（GFA_REPORT）中的会计年度（FISCAL_YEAR）和报表编码（REPORT_CODE）分别对应决算报表项目定义表（GFA_REPORT_ITEM）和决算报表栏目定义表（GFA_REPORT_FIELD）中的会计年度（FISCAL_YEAR）

和报表编码（REPORT_CODE）。

（2）决算报表数据表（GFA_DATA）中的报送主体编码字段（DW_CODE），对应决算报送主体信息表（GFA_DW）中的报送主体编码字段（DW_CODE）。

（3）决算报表数据表（GFA_DATA）中的报表期间（REPORT_PERIOD）和报送主体编码（DW_CODE）分别对应决算报告表（GFA_FILE）中的报表期间（REPORT_PERIOD）和报送主体编码（DW_CODE）。

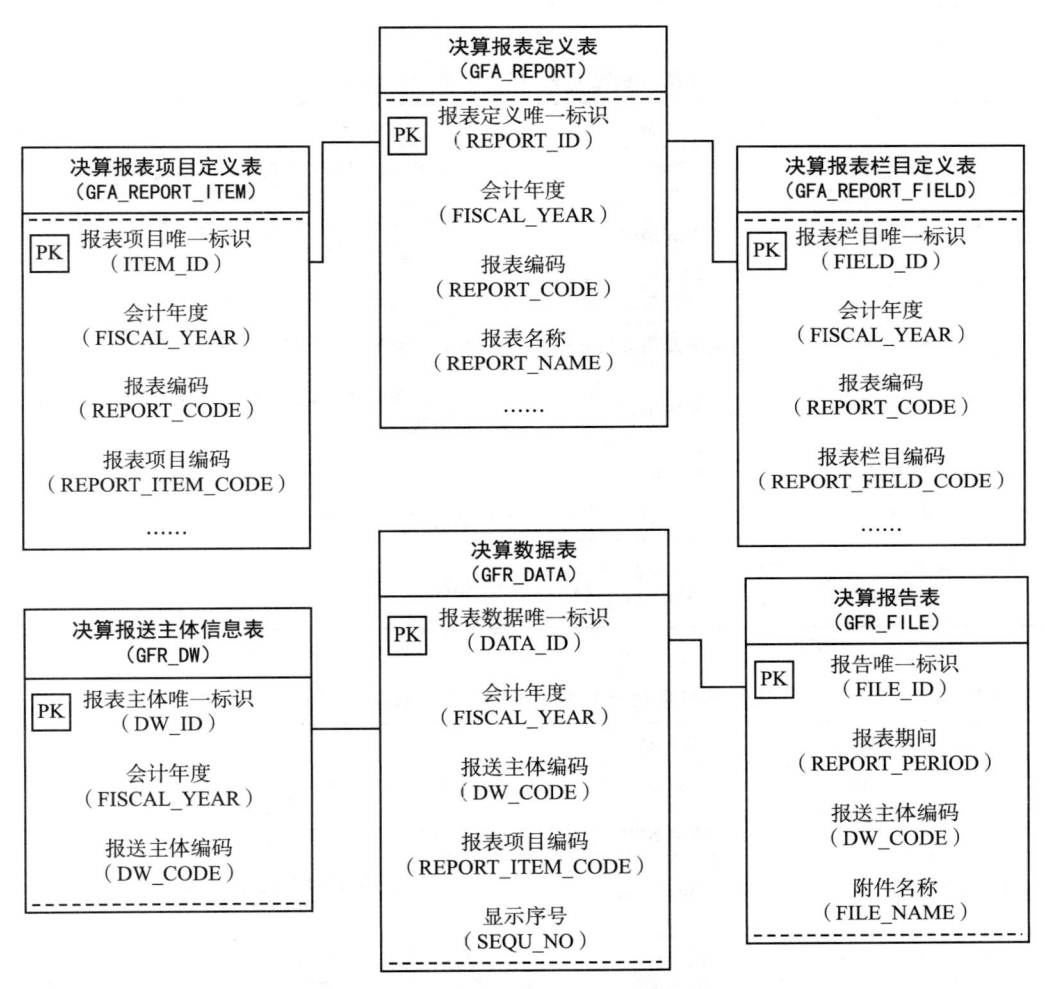

图 3-40　财政总决算涉及的相关逻辑库表的关系

2. 实现机制说明

（1）生成报表数据。

财政总决算系统根据预算指标账与财政总预算会计账自动生成财政总决算报表（表样详见《规范》附录3、附表7）。总决算报表中预算数、调整预算数、结转结余数以及反映预算调整过程的数据从预算指标账中提取；总决算报表中收支决算数、资产负债情况等从财政总预算会计账中提取；上下级结算事项应按照经各级财政部门核定确认后的年终结算单编制；总决算报表中的机构、人员等基础信息从基础信息管理模块单位信息、人员信息中提取。

财政部门生成决算报表数据，表样信息存储在决算报表定义表（GFA_REPORT）、决算报表项目定义表（GFA_REPORT_ITEM）和决算报表栏目定义表（GFA_REPORT_FIELD）中，数据存储在决算报表数据表（GFA_DATA）中。每个报送主体每年的决算报表数据量依据报送主体类型和往来业务情况，大约有数百行或数千行记录。逻辑库表字段示例如表 3-401~表 3-405 所示。

表 3-401　　　　　　　　　决算报表定义表（GFA_REPORT）

序号	字段	字段值	备注
1	会计年度	2019	系统自动处理，根据决算报表年度生成
2	报表编码	YYGGSZ01	系统自动处理，根据报表名称简拼生成，允许手工修改，保存数据时系统进行校验，保证编码的唯一性
3	报表名称	一般公共预算收支决算总表	手工录入，填写新创建账套的账套名称
4	报表类型	22（财政总决算报表）	选择录入，值集来源于报表类型管理要素
5	更新时间	20200218105826	数据更新时系统自动生成，数据创建时更新时间与创建时间一致
6	是否删除	0（否）	默认值为0，删除操作后，字段值由0变为1
7	创建时间	20200218105826	数据创建时系统自动生成
8	报表定义唯一标识	b7344f3d11-630f-4a80-a074-924592377357	数据创建时系统自动生成

表 3-402　　　　　　　　决算报表项目定义表（GFA_REPORT_ITEM）

序号	字段	字段值	备注
1	会计年度	2019	系统自动引用决算报表定义表中的会计年度
2	报表编码	YYGGSZ01	系统自动引用决算报表定义表中的报表编码
3	报表项目编码	YYGGSZ01_SSSR	手工录入，保存数据时系统进行校验，保证报表项目编码的唯一性
4	报表项目名称	税收收入	手工录入，填写报表项目名称
5	对应要素类型	EXP_FUNC（收入分类科目）	选择录入，系统引用基础代码目录表中的基础代码目录代码
6	对应要素代码	101（税收收入）	选择录入，系统引用对应要素类型设定的管理要素表中的要素代码
7	明细浮动要素类型	—	选择录入，系统引用基础代码目录表中的基础代码目录代码。非浮动表为空
8	二级明细浮动要素类型	—	选择录入，系统引用基础代码目录表中的基础代码目录代码。非浮动表为空

续表

序号	字段	字段值	备注
9	三级明细浮动要素类型	—	选择录入，系统引用基础代码目录表中的基础代码目录代码。非浮动表为空
10	四级明细浮动要素类型	—	选择录入，系统引用基础代码目录表中的基础代码目录代码。非浮动表为空
11	更新时间	20200218105826	数据更新时系统自动生成，数据创建时更新时间与创建时间一致
12	是否删除	0（否）	默认值为0，删除操作后，字段值由0变为1
13	创建时间	20200218105826	数据创建时系统自动生成
14	报表项目唯一标识	b7344f3d11-630f-4a80-a074-924ry2377357	数据创建时系统自动生成

表3-403　　决算报表项目定义表（GFA_REPORT_ITEM）

序号	字段	字段值	备注
1	会计年度	2019	系统自动引用决算报表定义表中的会计年度
2	报表编码	YYGGSZ01	系统自动引用决算报表定义表中的报表编码
3	报表项目编码	YYGGSZ01_ZZS	手工录入，保存数据时系统进行校验，保证一张报表内编码的唯一性
4	报表项目名称	增值税	手工录入，填写报表项目名称
5	对应要素类型	EXP_FUNC（收入分类科目）	选择录入，系统引用基础代码目录表中的基础代码目录代码
6	对应要素代码	10101（增值税）	选择录入，系统引用对应要素类型设定的管理要素表中的要素代码
⋮	⋮	⋮	⋮

表3-404　　决算报表项目定义表（GFA_REPORT_ITEM）

序号	字段	字段值	备注
1	会计年度	2019	系统自动引用决算报表定义表中的会计年度
2	报表编码	YYGGSZ01	系统自动引用决算报表定义表中的报表编码
3	报表项目编码	YYGGSZ01_QYSDS	手工录入，保存数据时系统进行校验，保证一张报表内编码的唯一性
4	报表项目名称	企业所得税	手工录入，填写报表项目名称

续表

序号	字段	字段值	备注
5	对应要素类型	EXP_FUNC（收入分类科目）	选择录入，系统引用基础代码目录表中的基础代码目录代码
6	对应要素代码	10104（企业所得税）	选择录入，系统引用对应要素类型设定的管理要素表中的要素代码
⋮	⋮	⋮	⋮

表 3–405　　决算报表项目定义表（GFA_REPORT_ITEM）

序号	字段	字段值	备注
1	会计年度	2019	系统自动引用决算报表定义表中的会计年度
2	报表编码	YYGGSZ01	系统自动引用决算报表定义表中的报表编码
3	报表项目编码	YYGGSZ01_GRSDS	手工录入，保存数据时系统进行校验，保证一张报表内编码的唯一性
4	报表项目名称	个人所得税	手工录入，填写报表项目名称
5	对应要素类型	EXP_FUNC（收入分类科目）	选择录入，系统引用基础代码目录表中的基础代码目录代码
6	对应要素代码	10106（个人所得税）	选择录入，系统引用对应要素类型设定的管理要素表中的要素代码
⋮	⋮	⋮	⋮

决算报表数据表（GFA_DATA）中预留了报表金额或数值扩展字段，按照财政部下发的标准决算表样通过决算报表项目定义表（GFA_REPORT_ITEM）定义含义。逻辑库表字段示例如表 3–406～表 3–412 所示。

表 3–406　　决算报表栏目定义表（GFA_REPORT_FIELD）

序号	字段	字段值	备注
1	会计年度	2019	系统自动引用决算报表定义表中的会计年度
2	报表编码	YYGGSZ01	系统自动引用决算报表定义表中的报表编码
3	报表栏目代码	JE1	选择录入，值集来源于决算报表数据表的金额字段名称
4	报表栏目名称	预算数	手工录入，填写报表项目名称
5	更新时间	20200218105826	数据更新时系统自动生成，数据创建时更新时间与创建时间一致
6	是否删除	0（否）	默认值为 0，删除操作后，字段值由 0 变为 1

续表

序号	字段	字段值	备注
7	创建时间	20200218105826	数据创建时系统自动生成
8	报表栏目唯一标识	d95f3ca811-b3b7-47e7-a563-d9284b27e8c1	数据创建时系统自动生成

表 3-407　　　决算报表栏目定义表（GFA_REPORT_FIELD）

序号	字段	字段值	备注
1	会计年度	2019	系统自动引用决算报表定义表中的会计年度
2	报表编码	YYGGSZ01	系统自动引用决算报表定义表中的报表编码
3	报表栏目代码	JE2	选择录入，值集来源于决算报表数据表的金额字段名称
4	报表栏目名称	预算调整数	手工录入，填写报表项目名称
⋮	⋮	⋮	⋮

表 3-408　　　决算报表栏目定义表（GFA_REPORT_FIELD）

序号	字段	字段值	备注
1	会计年度	2019	系统自动引用决算报表定义表中的会计年度
2	报表编码	YYGGSZ01	系统自动引用决算报表定义表中的报表编码
3	报表栏目代码	JE3	选择录入，值集来源于决算报表数据表的金额字段名称
4	报表栏目名称	决算数	手工录入，填写报表项目名称
⋮	⋮	⋮	⋮

表 3-409　　　决算报表数据表（GFA_DATA）

序号	字段	字段值	备注
1	报表期间	2019	系统自动处理，根据报表定义时的报表期间值生成
2	报送主体编码	110108999（北京市海淀区）	系统自动生成，值集来源于单位代码管理要素
3	报表项目编码	YYGGSZ01_SSSR（税收收入）	系统自动处理，根据报表定义时的报表项目编码生成
4	显示序号	0	系统自动生成，如果是固定行，则=0，是浮动行，则>0。系统按照数据填报的顺序自动保存
5	决算报表项目明细编码	—	选择录入，系统引用决算报表项目定义表中的明细浮动要素类型字段定义的管理要素表中的要素代码。非浮动行为空

续表

序号	字段	字段值	备注
6	决算报表项目明细名称	—	选择录入，系统引用决算报表项目定义表中的明细浮动要素类型字段定义的管理要素表中的要素名称。非浮动行为空
7	二级决算报表项目明细编码	—	选择录入，系统引用决算报表项目定义表中的二级明细浮动要素类型字段定义的管理要素表中的要素代码。非浮动行为空
8	二级决算报表项目明细名称	—	选择录入，系统引用决算报表项目定义表中的二级明细浮动要素类型字段定义的管理要素表中的要素名称。非浮动行为空
9	三级决算报表项目明细编码	—	选择录入，系统引用决算报表项目定义表中的三级明细浮动要素类型字段定义的管理要素表中的要素代码。非浮动行为空
10	三级决算报表项目明细名称	—	选择录入，系统引用决算报表项目定义表中的三级明细浮动要素类型字段定义的管理要素表中的要素名称。非浮动行为空
11	四级决算报表项目明细编码	—	选择录入，系统引用决算报表项目定义表中的四级明细浮动要素类型字段定义的管理要素表中的要素代码。非浮动行为空
12	四级决算报表项目明细名称	—	选择录入，系统引用决算报表项目定义表中的四级明细浮动要素类型字段定义的管理要素表中的要素名称。非浮动行为空
13	金额1	40532500000.00	系统自动生成或手工录入，报表栏目定义表定义含义。本示例定义为：预算数
14	金额2	40532500000.00	系统自动生成或手工录入，报表栏目定义表定义含义。本示例定义为：预算调整数
15	金额3	39247000000.00	系统自动生成或手工录入，报表栏目定义表定义含义。本示例定义为：决算数
⋮	⋮	⋮	⋮
23	更新时间	20200218105826	数据更新时系统自动生成，数据创建时更新时间与创建时间一致
24	是否删除	0（否）	默认值为0，删除操作后，字段值由0变为1
25	创建时间	20200218105826	数据创建时系统自动生成
26	报表数据唯一标识	b7344f3d11-630f-4a80-a074-92as92377357	数据创建时系统自动生成

表 3-410   决算报表数据表（GFA_DATA）

序号	字段	字段值	备注
1	报表期间	2019	系统自动处理，根据报表定义时的报表期间值生成
2	报送主体编码	110108999（北京市海淀区）	系统自动生成，值集来源于单位代码管理要素
3	报表项目编码	YYGGSZ01_ZZS（增值税）	系统自动处理，根据报表定义时的报表项目编码生成
⋮	⋮	⋮	⋮
13	金额1	16128000000.00	系统自动生成或手工录入，报表栏目定义表定义含义。本示例定义为：预算数
14	金额2	16128000000.00	系统自动生成或手工录入，报表栏目定义表定义含义。本示例定义为：预算调整数
15	金额3	15370340000.00	系统自动生成或手工录入，报表栏目定义表定义含义。本示例定义为：决算数
26	报表数据唯一标识	b7344f3d11-630f-4a80-a074-92as92377358	数据创建时系统自动生成
⋮	⋮	⋮	⋮

表 3-411   决算报表数据表（GFA_DATA）

序号	字段	字段值	备注
1	报表期间	2019	系统自动处理，根据报表定义时的报表期间值生成
2	报送主体编码	110108999（北京市海淀区）	系统自动生成，值集来源于单位代码管理要素
3	报表项目编码	YYGGSZ01_QYSDS（企业所得税）	系统自动处理，根据报表定义时的报表项目编码生成
⋮	⋮	⋮	⋮
13	金额1	12125000000.00	系统自动生成或手工录入，报表栏目定义表定义含义。本示例定义为：预算数
14	金额2	12125000000.00	系统自动生成或手工录入，报表栏目定义表定义含义。本示例定义为：预算调整数
15	金额3	11307070000.00	系统自动生成或手工录入，报表栏目定义表定义含义。本示例定义为：决算数
26	报表数据唯一标识	b7344f3d11-630f-4a80-a074-92as92377359	数据创建时系统自动生成
⋮	⋮	⋮	⋮

表 3-412　　　　　　　　　决算报表数据表（GFA_DATA）

序号	字段	字段值	备注
1	报表期间	2019	系统自动处理，根据报表定义时的报表期间值生成
2	报送主体编码	110108999（北京市海淀区）	系统自动生成，值集来源于单位代码管理要素
3	报表项目编码	YYGGSZ01_GRSDS（个人所得税）	系统自动处理，根据报表定义时的报表项目编码生成
⋮	⋮	⋮	⋮
13	金额1	63000000.00	系统自动生成或手工录入，报表栏目定义表定义含义。本示例定义为：预算数
14	金额2	62600000.00	系统自动生成或手工录入，报表栏目定义表定义含义。本示例定义为：预算调整数
15	金额3	62570000.00	系统自动生成或手工录入，报表栏目定义表定义含义。本示例定义为：决算数
26	报表数据唯一标识	b7344f3d11-630f-4a80-a074-92as92377360	数据创建时系统自动生成
⋮	⋮	⋮	⋮

（2）填报报表数据。

财政部门以人工方式填报本级财政的报送主体信息和补充填报报表数据。

①编制报送主体信息。财政部门的报送主体信息，存储在决算报送主体信息表（GFA_DW）中。逻辑库表字段示例如表 3-413 所示。

表 3-413　　　　　　　　　决算报送主体信息表（GFA_DW）

序号	字段	字段值	备注
1	报表期间	2019	系统自动处理，根据报表定义时的报表期间值生成
2	报送主体编码	110108999（北京市海淀区）	系统自动生成，值集来源于财政区划代码管理要素
3	报送主体类型	3（基层财政区划）	选择录入，值集来源于报送主体类型管理要素
4	报送主体名称	北京市海淀区	选择录入，值集来源于财政区划管理要素
5	上级报送主体编码	119800000（北京市辖区）	选择录入，值集来源于财政区划管理要素
6	单位负责人	王唯一	手工录入，根据实际情况填写单位负责人姓名
7	财务负责人	—	财政总决算报表中该字段可为空
8	填报人	牛勤芬	手工录入，根据实际情况填写填报人姓名
9	电话号码	13898765432	手工录入

续表

序号	字段	字段值	备注
10	单位地址	北京市海淀区	选择录入，系统引用单位信息表中的单位地址
11	邮政编码	100000	选择录入，系统引用单位信息表中的邮政编码
12	行政区划代码	110108000（海淀区）	选择录入，值集来源于行政区划管理要素
13	财政区划代码	110108999（海淀区）	选择录入，值集来源于财政区划管理要素
14	财政预算代码	—	财政总决算报表中该字段可为空
15	预算单位级次代码	—	财政总决算报表中该字段可为空
16	报表小类	—	财政总决算报表中该字段可为空
17	单位基本性质	—	财政总决算报表中该字段可为空
18	单位执行会计制度	—	财政总决算报表中该字段可为空
19	隶属关系	—	财政总决算报表中该字段可为空
20	部门标识代码	—	财政总决算报表中该字段可为空
21	国民经济行业分类	—	财政总决算报表中该字段可为空
22	新报因素	0（连续上报）	选择录入，值集来源于新报因素管理要素
23	上年代码	11010899907	手工录入，填写上年度报送主体编码
24	备用码	—	手工录入，可为空
25	是否民族自治地区	2（否）	选择录入
26	是否贫困地区	2（否）	选择录入
27	是否计划单列市	2（否）	选择录入
28	统一社会信用代码	—	财政总决算报表中该字段可为空
29	报送日期	20200212	手工录入，填写决算报表报送日期
30	更新时间	20200210090159	数据更新时系统自动生成，数据创建时更新时间与创建时间一致
31	是否删除	0（否）	默认值为0，删除操作后，字段值由0变为1
32	创建时间	20200210090159	数据创建时系统自动生成
33	报送主体唯一标识	b7344f3d11-630f-4a80-a074-924442377357	数据创建时系统自动生成

②编制报表。财政部门在系统中以人工方式补充填报报表数据，数据存储在决算报表数据表（GFA_DATA）中。每个报送主体每年的决算报表数据量，依据报送

主体类型和往来业务情况，大约有数百行或数千行记录。逻辑库表字段示例参照本书"3.8.2.1 财政总决算"章节中"2.实现机制说明（1）生成报表数据"。

（3）生成财政总决算报表。

财政总决算系统根据预算指标账与总预算会计账自动生成财政总决算报表，通过人工方式补全其他数据，最终形成完整的财政总决算报表数据。

（4）编写财政总决算文本。

财政总决算管理系统根据财政总决算编制要求生成文本模板，财政用户根据模板补充完善文本内容。财政部门根据财政总决算编制要求，编制的决算文本存储在决算报告表（GFA_FILE）中。逻辑库表字段示例如表3-414所示。

表3-414　　　　　　　　决算报告表（GFA_FILE）

序号	字段	字段值	备注
1	报表期间	2019	系统自动处理，根据报表定义时的报表期间值生成
2	报送主体编码	110108999（北京市海淀区）	系统自动生成，值集来源于财政区划管理要素
3	附件名称	czzjs10108120000.doc	系统自动处理，根据附件命名规则生成财政总决算说明文本文件名
4	附件路径	Webapp/files	系统自动处理，根据附件配置的路径生成
5	更新时间	20200210090159	数据更新时系统自动生成，数据创建时更新时间与创建时间一致
6	是否删除	0（否）	默认值为0，删除操作后，字段值由0变为1
7	创建时间	20200210090159	数据创建时系统自动生成
8	报表类型	07（财政总决算报表）	系统自动生成，值集来源于报表类型管理要素
9	报告唯一标识	b7344f3d11-630f-4a80-a074-924592377357	数据创建时系统自动生成

（5）上报本级总决算报告。

财政总决算文本经本级财政审核无误后，将决算报表和文本电子数据通过系统上报至上级财政。上报本级总决算报告的业务活动，不涉及《标准》中决算管理逻辑库表的数据变化，因此实现机制说明不再赘述。

（6）审核下级财政总决算报告。

上级财政接收到下级财政总决算电子数据后在系统进行审核，审核不通过的予以退回。审核下级总决算报告的业务活动，不涉及《标准》中决算管理逻辑库表的数据变化，因此实现机制说明不再赘述。

（7）汇总下级财政总决算报告。

上级财政接收到下级财政总决算电子数据后在系统进行审核，审核不通过的予以退回。上级财政将审核通过的下级财政总决算数据及本级财政总决算数据进行汇总，生成汇总电子数据。

①编制报送主体信息。财政部门的报送主体信息，存储在决算报送主体信息表

（GFA_DW）中。逻辑库表字段示例如表 3 – 415 所示。

表 3 – 415　　　　　　　决算报送主体信息表（GFA_DW）

序号	字段	字段值	备注
1	报表期间	2019	系统自动处理，根据报表定义时的报表期间值生成
2	报送主体编码	119800000（北京市辖区）	系统自动生成，值集来源于财政区划管理要素
3	报送主体类型	4（合并财政区划）	选择录入，值集来源于报送主体类型管理要素
4	报送主体名称	北京市辖区	选择录入，值集来源于财政区划管理要素
5	上级报送主体编码	119900000（北京市）	选择录入，值集来源于财政区划管理要素
6	单位负责人	张三	手工录入，根据实际情况填写单位负责人姓名
7	财务负责人	—	财政总决算报表中该字段为空
8	填报人	李四	手工录入，根据实际情况填写填报人姓名
9	电话号码	13987654321	手工录入
10	单位地址	北京市通州区	选择录入，系统引用单位信息表中的单位地址
11	邮政编码	100000	选择录入，系统引用单位信息表中的邮政编码
12	行政区划代码	110000000（北京市）	选择录入，值集来源于行政区划管理要素
13	财政区划代码	119800000（北京市辖区）	选择录入，值集来源于财政区划管理要素
14	财政预算代码	—	财政总决算报表中该字段为空
15	预算单位级次代码	—	财政总决算报表中该字段为空
16	报表小类	—	财政总决算报表中该字段可为空
17	单位基本性质	—	财政总决算报表中该字段可为空
18	单位执行会计制度	—	财政总决算报表中该字段可为空
19	隶属关系	—	财政总决算报表中该字段可为空
20	部门标识代码	—	财政总决算报表中该字段可为空
21	国民经济行业分类	—	财政总决算报表中该字段可为空
22	新报因素	0（连续上报）	选择录入，值集来源于新报因素管理要素
23	上年代码	11980000007	手工录入，填写上年度报送主体编码
24	备用码	—	手工录入，可为空
25	是否民族自治地区	2（否）	选择录入
26	是否贫困地区	2（否）	选择录入
27	是否计划单列市	2（否）	选择录入

续表

序号	字段	字段值	备注
28	统一社会信用代码	—	财政总决算报表中该字段可为空
29	报送日期	20200212	手工录入，填写决算报表报送日期
30	更新时间	20200210090159	数据更新时系统自动生成，数据创建时更新时间与创建时间一致
31	是否删除	0（否）	默认值为0，删除操作后，字段值由0变为1
32	创建时间	20200210090159	数据创建时系统自动生成
33	报送主体唯一标识	b7344f3d11-630f-4a80-a074-9244s-377357	数据创建时系统自动生成

②汇总财政总决算报告。各级财政部门按照财政部的统一要求，自下而上，逐级审核、汇总财政总决算报告。在汇总阶段决算报表表样数据没有变化，实现机制说明不再赘述。逻辑库表字段变化示例如表3-416~表3-419所示。

表3-416　　　　　　决算报表数据表（GFA_DATA）

序号	字段	字段值	备注
1	报表期间	2019	系统自动处理，根据报表定义时的报表期间值生成
2	报送主体编码	119800000（北京市辖区）	系统自动生成，值集来源于财政区划管理要素
3	报表项目编码	J01_SSSR（税收收入）	系统自动处理，根据报表定义时的报表项目编码生成
4	显示序号	0	系统自动处理，如果是固定行，则=0，是浮动行，则>0
5	决算报表项目明细编码	—	选择录入，系统引用决算报表项目定义表中的明细浮动要素类型字段定义的管理要素表中的要素代码。非浮动行为空
6	决算报表项目明细名称	—	选择录入，系统引用决算报表项目定义表中的明细浮动要素类型字段定义的管理要素表中的要素名称。非浮动行为空
7	二级决算报表项目明细编码	—	选择录入，系统引用决算报表项目定义表中的二级明细浮动要素类型字段定义的管理要素表中的要素代码。非浮动行为空
8	二级决算报表项目明细名称	—	选择录入，系统引用决算报表项目定义表中的二级明细浮动要素类型字段定义的管理要素表中的要素名称。非浮动行为空
9	三级决算报表项目明细编码	—	选择录入，系统引用决算报表项目定义表中的三级明细浮动要素类型字段定义的管理要素表中的要素代码。非浮动行为空

续表

序号	字段	字段值	备注
10	三级决算报表项目明细名称	—	选择录入，系统引用决算报表项目定义表中的三级明细浮动要素类型字段定义的管理要素表中的要素名称。非浮动行为空
11	四级决算报表项目明细编码	—	选择录入，系统引用决算报表项目定义表中的四级明细浮动要素类型字段定义的管理要素表中的要素代码。非浮动行为空
12	四级决算报表项目明细名称	—	选择录入，系统引用决算报表项目定义表中的四级明细浮动要素类型字段定义的管理要素表中的要素名称。非浮动行为空
13	金额1	297620000000.00	系统自动生成或手工录入，报表栏目定义表定义含义。本示例定义为：预算数
14	金额2	297620000000.00	系统自动生成或手工录入，报表栏目定义表定义含义。本示例定义为：预算调整数
15	金额3	293812000000.00	系统自动生成或手工录入，报表栏目定义表定义含义。本示例定义为：决算数
⋮	⋮	⋮	⋮
23	更新时间	20200210090159	数据更新时系统自动生成，数据创建时更新时间与创建时间一致
24	是否删除	0（否）	默认值为0，删除操作后，字段值由0变为1
25	创建时间	20200210090159	数据创建时系统自动生成
26	报表数据唯一标识	Bs944f3d11-630f-4a80-a074-924442377357	数据创建时系统自动生成

表3-417　　　　　决算报表数据表（GFA_DATA）

序号	字段	字段值	备注
1	报表期间	2019	系统自动处理，根据报表定义时的报表期间值生成
2	报送主体编码	110108999（北京市海淀区）	选择录入，值集来源于财政区划管理要素
3	报表项目编码	J01_SSSR（税收收入）	系统自动处理，根据报表定义时的报表项目编码生成
⋮	⋮	⋮	⋮
13	金额1	40532500000.00	系统自动生成或手工录入，报表栏目定义表定义含义。本示例定义为：预算数
14	金额2	40532500000.00	系统自动生成或手工录入，报表栏目定义表定义含义。本示例定义为：预算调整数
15	金额3	39247000000.00	系统自动生成或手工录入，报表栏目定义表定义含义。本示例定义为：决算数

续表

序号	字段	字段值	备注
26	报表数据唯一标识	Bs944f3d11-630f-4a80-a074-924442377358	数据创建时系统自动生成
⋮	⋮	⋮	⋮

表3-418　　　　　　　　决算报表数据表（GFA_DATA）

序号	字段	字段值	备注
1	报表期间	2019	系统自动处理，根据报表定义时的报表期间值生成
2	报送主体编码	110105999（北京市朝阳区）	选择录入，值集来源于财政区划管理要素
3	报表项目编码	J01_SSSR（税收收入）	系统自动处理，根据报表定义时的报表项目编码生成
⋮	⋮	⋮	⋮
13	金额1	53640300000.00	系统自动生成或手工录入，报表栏目定义表定义含义。本示例定义为：预算数
14	金额2	53640300000.00	系统自动生成或手工录入，报表栏目定义表定义含义。本示例定义为：预算调整数
15	金额3	52997100000.00	系统自动生成或手工录入，报表栏目定义表定义含义。本示例定义为：决算数
26	报表数据唯一标识	Bs944f3d11-630f-4a80-a074-924442377359	数据创建时系统自动生成
⋮	⋮	⋮	⋮

表3-419　　　　　　　　决算报表数据表（GFA_DATA）

序号	字段	字段值	备注
1	报表期间	2019	系统自动处理，根据报表定义时的报表期间值生成
2	报送主体编码	110106999（北京市丰台区）	系统自动生成，值集来源于财政区划管理要素
3	报表项目编码	J01_SSSR（税收收入）	系统自动生成，值集来源于报表项目编码管理要素
⋮	⋮	⋮	⋮
13	金额1	76891430000.00	系统自动生成或手工录入，报表栏目定义表定义含义。本示例定义为：预算数
14	金额2	76891430000.00	系统自动生成或手工录入，报表栏目定义表定义含义。本示例定义为：预算调整数
15	金额3	76838452100.00	系统自动生成或手工录入，报表栏目定义表定义含义。本示例定义为：决算数

续表

序号	字段	字段值	备注
26	报表数据唯一标识	Bs944f3d11－630f－4a80－a074－924442377360	数据创建时系统自动生成
⋮	⋮	⋮	⋮

3.8.2.2 部门决算

部门决算由决算报表和其他应当在决算报告中反映的相关信息及资料两部分构成，地方财政部门按照财政部的统一要求，自下而上逐级审核、汇总、上报部门决算。在预算管理一体化系统中，部门决算报表数据来源于单位的基础信息、单位会计核算和预算指标会计核算。部门决算报表数据应与财政、其他往来部门数据衔接对应，部门决算报表之间、上下年度之间同口径数据应保持一致。涵盖的主要功能为：填报报表数据、生成报表数据、生成单位决算报表、编写单位决算文本、审核汇总上报部门决算、汇总单位决算报表、生成部门决算、上报部门决算报表、接收部门决算、审核部门决算和批复部门决算。涉及的业务活动及逻辑库表应用如表3－420所示。

表3－420　　　　　部门决算涉及的业务活动及逻辑库表应用

序号	业务活动	逻辑库表	中文名称	备注
1	生成报表数据	GFA_DW	决算报送主体信息表	存储决算报送主体信息
		GFA_REPORT	决算报表定义表	存储财政部下发的部门决算报表定义信息
		GFA_REPORT_ITEM	决算报表项目定义表	存储财政部下发的部门决算报表项目信息
		GFA_REPORT_FIELD	决算报表栏目定义表	存储财政部下发的部门决算报表金额或数值栏目信息
		GFA_DATA	决算报表数据表	存储部门决算报表数据信息
2	填报报表数据	GFA_REPORT	决算报表定义表	存储财政部下发的部门决算报表信息
		GFA_REPORT_ITEM	决算报表项目定义表	存储财政部下发的部门决算报表项目信息
		GFA_REPORT_FIELD	决算报表栏目定义表	存储财政部下发的部门决算报表金额或数值栏目信息
		GFA_DATA	决算报表数据表	存储部门决算报表数据信息

续表

序号	业务活动	逻辑库表	中文名称	备注
3	生成单位决算报表	GFA_DW	决算报送主体信息表	存储决算报送主体信息
		GFA_REPORT	决算报表定义表	存储财政部下发的部门决算报表定义信息
		GFA_REPORT_ITEM	决算报表项目定义表	存储财政部下发的部门决算报表项目信息
		GFA_REPORT_FIELD	决算报表栏目定义表	存储财政部下发的部门决算报表金额或数值栏目信息
		GFA_DATA	决算报表数据表	存储部门决算报表数据信息
		GFA_FILE	决算报告表	存储报送主体的决算报告文本信息
4	上报单位决算报表	GFA_DW	决算报送主体信息表	存储决算报送主体信息
		GFA_DATA	决算报表数据表	存储部门决算报表数据信息
		GFA_FILE	决算报告表	存储报送主体的决算报告文本信息
5	审核单位决算报表	GFA_DW	决算报送主体信息表	存储决算报送主体信息
		GFA_DATA	决算报表数据表	存储部门决算报表数据信息
		GFA_FILE	决算报告表	存储报送主体的决算报告文本信息
6	汇总单位决算报表	GFA_DW	决算报送主体信息表	存储决算报送主体信息
		GFA_DATA	决算报表数据表	存储部门决算报表数据信息
		GFA_FILE	决算报告表	存储报送主体的决算报告文本信息
7	生成部门决算	GFA_DW	决算报送主体信息表	存储决算报送主体信息
		GFA_REPORT	决算报表定义表	存储财政部下发的部门决算报表定义信息
		GFA_REPORT_ITEM	决算报表项目定义表	存储财政部下发的部门决算报表项目信息

续表

序号	业务活动	逻辑库表	中文名称	备注
7	生成部门决算	GFA_REPORT_FIELD	决算报表栏目定义表	存储财政部下发的部门决算报表金额或数值栏目信息
		GFA_DATA	决算报表数据表	存储部门决算报表数据信息
		GFA_FILE	决算报告表	存储报送主体的决算报告文本信息
8	审核部门决算报表	GFA_DW	决算报送主体信息表	存储决算报送主体信息
		GFA_DATA	决算报表数据表	存储部门决算报表数据信息
		GFA_FILE	决算报告表	存储报送主体的决算报告文本信息
9	上报部门决算报表	GFA_DW	决算报送主体信息表	存储决算报送主体信息
		GFA_DATA	决算报表数据表	存储部门决算报表数据信息
		GFA_FILE	决算报告表	存储报送主体的决算报告文本信息
10	接收部门决算	GFA_DW	决算报送主体信息表	存储决算报送主体信息
		GFA_DATA	决算报表数据表	存储部门决算报表数据信息
		GFA_FILE	决算报告表	存储报送主体的决算报告文本信息
11	审核部门决算	GFA_DW	决算报送主体信息表	存储决算报送主体信息
		GFA_DATA	决算报表数据表	存储部门决算报表数据信息
		GFA_FILE	决算报告表	存储报送主体的决算报告文本信息
12	批复部门决算	GFA_DW	决算报送主体信息表	存储决算报送主体信息
		GFA_DATA	决算报表数据表	存储部门决算报表数据信息
		GFA_FILE	决算报告表	存储报送主体的决算报告文本信息

1. 逻辑库表间关系

部门决算涉及的相关逻辑库表的关系如图3-41所示。

```
决算报表项目定义表                决算报表定义表                决算报表栏目定义表
(GFA_REPORT_ITEM)              (GFA_REPORT)                (GFA_REPORT_FIELD)
─────────────────              ─────────────                ─────────────────
PK 报表项目唯一标识         PK 报表定义唯一标识         PK 报表栏目唯一标识
   (ITEM_ID)                    (REPORT_ID)                  (FIELD_ID)
   会计年度                     会计年度                     会计年度
   (FISCAL_YEAR)                (FISCAL_YEAR)                (FISCAL_YEAR)
   报表编码                     报表编码                     报表编码
   (REPORT_CODE)                (REPORT_CODE)                (REPORT_CODE)
   报表项目编码                 报表名称                     报表栏目编码
   (REPORT_ITEM_CODE)           (REPORT_NAME)                (REPORT_FIELD_CODE)
   ……                           ……                           ……


决算报送主体信息表              决算数据表                   决算报告表
(GFR_DW)                      (GFR_DATA)                   (GFR_FILE)
─────────────────              ─────────────                ─────────────────
PK 报表主体唯一标识         PK 报表数据唯一标识         PK 报告唯一标识
   (DW_ID)                      (DATA_ID)                    (FILE_ID)
   会计年度                     会计年度                     报表期间
   (FISCAL_YEAR)                (FISCAL_YEAR)                (REPORT_PERIOD)
   报送主体编码                 报送主体编码                 报送主体编码
   (DW_CODE)                    (DW_CODE)                    (DW_CODE)
                                报表项目编码                 附件名称
                                (REPORT_ITEM_CODE)           (FILE_NAME)
                                显示序号
                                (SEQU_NO)
```

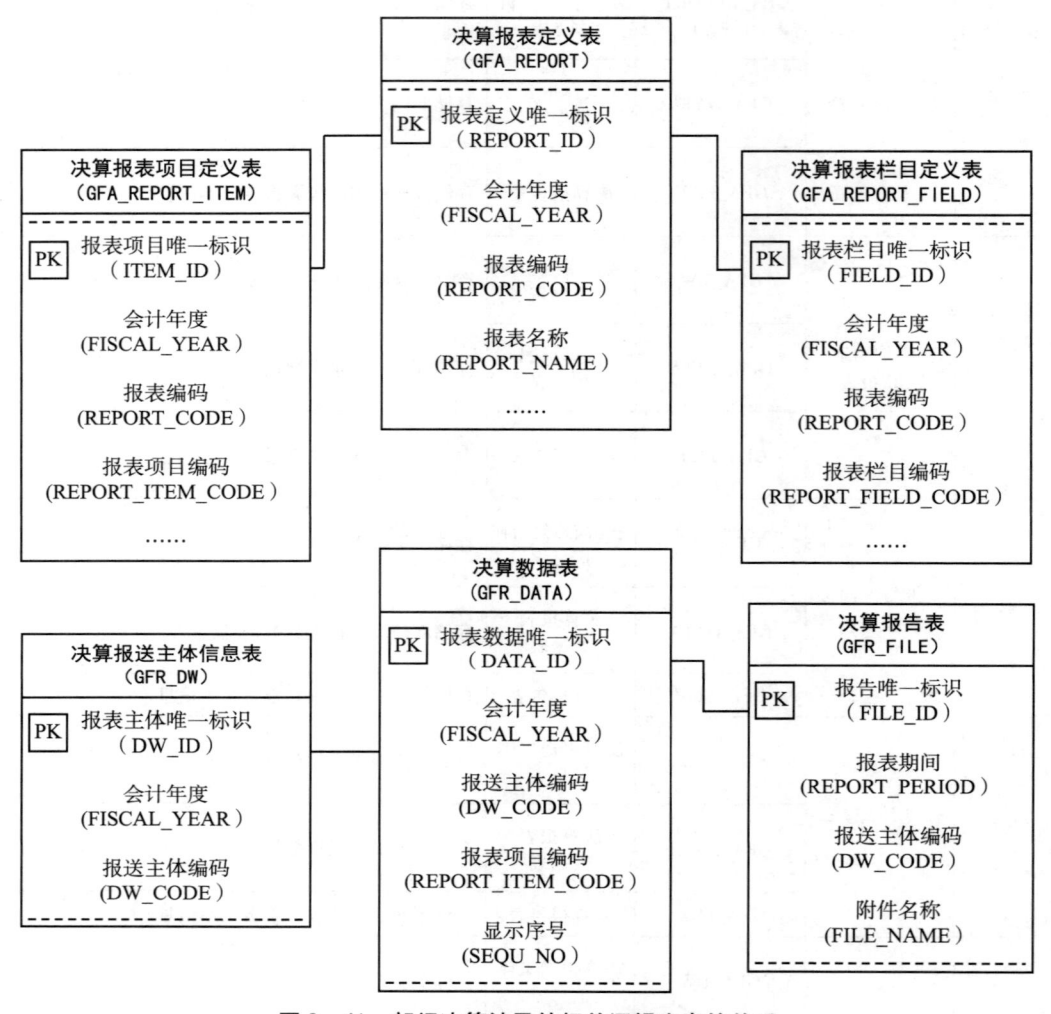

图3-41 部门决算涉及的相关逻辑库表的关系

（1）决算报表定义表（GFA_REPORT）中的会计年度（FISCAL_YEAR）和报表编码（REPORT_CODE）分别对应决算报表项目定义表（GFA_REPORT_ITEM）和决算报表栏目定义表（GFA_REPORT_FIELD）中的会计年度（FISCAL_YEAR）以及报表编码（REPORT_CODE）。

（2）决算报表数据表（GFA_DATA）中的报送主体编码字段（DW_CODE），对应决算报送主体信息表（GFA_DW）中的报送主体编码字段（DW_CODE）。

（3）决算报表数据表（GFA_DATA）中的报表期间（REPORT_PERIOD）和报送主体编码（DW_CODE）分别对应决算报告表（GFA_FILE）中的期间（REPORT_PERIOD）和报送主体编码（DW_CODE）。

2. 实现机制说明

（1）生成报表数据。

部门决算系统根据单位会计账自动生成部门决算报表，有关资产、人员等信息，从基础信息管理模块资产信息、人员信息中提取。

①编制报送主体信息。单位的报送主体信息，存储在决算报送主体信息表（GFA_DW）中。逻辑库表字段示例如表3-421所示。

表3-421　　　　　　　决算报送主体信息表（GFA_DW）

序号	字段	字段值	备注
1	报表期间	2019	系统自动处理，根据报表定义时的报表期间值生成
2	报送主体编码	086101001012001（北京市上庄中学）	系统自动生成，值集来源于单位代码管理要素
3	报送主体类型	0（基层预算单位）	选择录入，值集来源于报送主体类型管理要素
4	报送主体名称	北京市上庄中学	选择录入，值集来源于报送主体名称管理要素
5	上级报送主体编码	086101001012	选择录入，值集来源于报送主体类型管理要素
6	单位负责人	李强	手工录入，根据实际情况填写单位负责人姓名
7	财务负责人	李四	手工录入，根据实际情况填写财务负责人姓名
8	填报人	张三	手工录入，根据实际情况填写填报人姓名
9	电话号码	13898765432	手工录入
10	单位地址	北京市海淀区	选择录入，系统引用单位信息表中的单位地址
11	邮政编码	100000	选择录入，系统引用单位信息表中的邮政编码
12	行政区划代码	110108000	选择录入，值集来源于行政区划管理要素
13	财政区划代码	110108000	选择录入，值集来源于财政区划管理要素
14	财政预算代码	086110108120001	选择录入，值集来源于单位信息管理要素
15	预算单位级次代码	5（五级）	选择录入，值集来源于预算单位级次管理要素
16	报表小类	0（单户表）	选择录入，值集来源于报表小类管理要素
17	单位基本性质	2（事业单位）	选择录入，值集来源于单位类型管理要素
18	单位执行会计制度	11（政府会计准则制度）	选择录入，值集来源于执行会计制度管理要素
19	隶属关系	110108113	选择录入，中央单位：前六个空格均填零，后三个空格根据国家标准《中央党政机关、人民团体及其他机构代码》（GB/T4657-2009）编制
20	部门标识代码	360	选择录入，各级财政部门参照《中央党政机关、人民团体及其他机构代码》（国家标准GB/T4657）相应设置本级部门的部门标识代码

续表

序号	字段	字段值	备注
21	国民经济行业分类	P8334（普通高中教育）	选择录入，值集来源于国民经济分类管理要素
22	新报因素	0（连续上报）	选择录入，值集来源于新报因素管理要素
23	上年代码	08610100101200109	手工录入，填写上年度报送主体编码
24	备用码	—	手工录入，可为空
25	是否民族自治地区	2（否）	选择录入
26	是否贫困地区	2（否）	选择录入
27	是否计划单列市	2（否）	选择录入
28	统一社会信用代码	123456789987654321	选择录入，值集来源于社会统一信用代码管理要素
29	报送日期	20200120	手工录入
30	更新时间	20200118091002	数据更新时系统自动生成，数据创建时更新时间与创建时间一致
31	是否删除	0（否）	默认值为0，删除操作后，字段值由0变为1
32	创建时间	20200115155608	创建数据时系统自动生成
33	报送主体唯一标识	b7344f3d11-630f-4a80-a074-92444-r77357	数据创建时系统自动生成

②编制报表。单位生成决算报表数据，表样信息存储在决算报表定义表（GFA_REPORT）、决算报表项目定义表（GFA_REPORT_ITEM）和决算报表栏目定义表（GFA_REPORT_FIELD）中，数据存储在决算报表数据表（GFA_DATA）中。每个报送主体每年的决算报表数据量，依据报送主体类型和往来业务情况，大约有数百行或数千行数据记录。逻辑库表字段示例如表3-422~表3-433所示。

表3-422　　　　　　决算报表定义表（GFA_REPORT）

序号	字段	字段值	备注
1	会计年度	2019	系统自动处理，根据决算报表年度生成
2	报表编码	SRZCJSB02	系统自动处理，根据报表名称简拼生成，允许手工修改，保存数据时系统进行校验，保证编码的唯一性
3	报表名称	收入支出决算	手工录入，填写报表名称
4	报表类型	09（部门决算报表）	选择录入，值集来源于报表类型管理要素
5	更新时间	20200118091235	数据更新时系统自动生成，数据创建时更新时间与创建时间一致

续表

序号	字段	字段值	备注
6	是否删除	0（否）	默认值为0，删除操作后，字段值由0变为1
7	创建时间	20200115155608	创建数据时系统自动生成
8	报表定义唯一标识	b7344f3d11-630f-4a80-a074-9244mm377357	数据创建时系统自动生成

表3-423　　决算报表项目定义表（GFA_REPORT_ITEM）

序号	字段	字段值	备注
1	会计年度	2019	系统自动引用主表决算报表定义表的会计年度
2	报表编码	SRZCJSB02（收入支出决算表）	系统自动引用主表决算报表定义表的报表编码
3	报表项目编码	SRZCJSB02_ZCGNFL	手工录入，保存数据时系统进行校验，保证报表项目编码的唯一性
4	报表项目名称	支出功能分类科目	手工录入，值集来源于报表项目名称管理要素
5	对应要素类型	—	选择录入，系统引用基础代码目录表中的基础代码目录代码，无要素对应为空
6	对应要素代码	—	选择录入，系统引用对应要素类型设定的管理要素表中的要素代码，无要素对应为空
7	明细浮动要素类型	EXP_FUNC（支出功能分类科目）	选择录入，系统引用基础代码目录表中的基础代码目录代码，无浮动明细要素为空
8	二级明细浮动要素类型	—	选择录入，系统引用基础代码目录表中的基础代码目录代码，无二级浮动明细要素为空
9	三级明细浮动要素类型	—	选择录入，系统引用基础代码目录表中的基础代码目录代码，无三级浮动明细要素为空
10	四级明细浮动要素类型	—	选择录入，系统引用基础代码目录表中的基础代码目录代码，无四级浮动明细要素为空
11	更新时间	20200118091235	数据更新时系统自动生成，数据创建时更新时间与创建时间一致
12	是否删除	0（否）	默认值为0，删除操作后，字段值由0变为1
13	创建时间	20200115155608	创建数据时系统自动生成
14	报表项目唯一标识	b7344f3d11-630f-4a80-a074-92444jd77357	数据创建时系统自动生成

表 3-424　　决算报表栏目定义表（GFA_REPORT_FIELD）

序号	字段	字段值	备注
1	会计年度	2019	系统自动引用主表决算报表定义表的会计年度
2	报表编码	SRZCJSB02（收入支出决算表）	系统自动引用主表决算报表定义表的报表编码
3	报表栏目代码	JE1	选择录入，值集来源于决算报表数据表的金额字段名称
4	报表栏目名称	年初结转和结余_合计	手工录入，值集来源于报表栏目名称管理要素
5	更新时间	20200118091235	数据更新时系统自动生成，数据创建时更新时间与创建时间一致
6	是否删除	0（否）	默认值为0，删除操作后，字段值由0变为1
7	创建时间	20200115155608	数据创建时系统自动生成
8	报表栏目唯一标识	b7344f3d11-630f-4a80-a074-9244423oo357	数据创建时系统自动生成

表 3-425　　决算报表栏目定义表（GFA_REPORT_FIELD）

序号	字段	字段值	备注
1	会计年度	2019	系统自动引用主表决算报表定义表的会计年度
2	报表编码	SRZCJSB02（收入支出决算表）	系统自动引用主表决算报表定义表的报表编码
3	报表栏目代码	JE2	选择录入，值集来源于决算报表数据表的金额字段名称
4	报表栏目名称	年初结转和结余_基本支出结转	手工录入，值集来源于报表栏目名称管理要素
⋮	⋮	⋮	⋮

表 3-426　　决算报表栏目定义表（GFA_REPORT_FIELD）

序号	字段	字段值	备注
1	会计年度	2019	系统自动引用主表决算报表定义表的会计年度
2	报表编码	SRZCJSB02（收入支出决算表）	系统自动引用主表决算报表定义表的报表编码
3	报表栏目代码	JE3	选择录入，值集来源于决算报表数据表的金额字段名称
4	报表栏目名称	年初结转和结余_项目支出结转和结余	手工录入，值集来源于报表栏目名称管理要素
⋮	⋮	⋮	⋮

表 3-427　　　　　　决算报表栏目定义表 （GFA_REPORT_FIELD）

序号	字段	字段值	备注
1	会计年度	2019	系统自动引用主表决算报表定义表的会计年度
2	报表编码	SRZCJSB02（收入支出决算表）	系统自动引用主表决算报表定义表的报表编码
3	报表栏目代码	JE4	选择录入，值集来源于决算报表数据表的金额字段名称
4	报表栏目名称	年初结转和结余_经营结余	手工录入，值集来源于报表栏目名称管理要素
⋮	⋮	⋮	⋮

表 3-428　　　　　　决算报表栏目定义表 （GFA_REPORT_FIELD）

序号	字段	字段值	备注
1	会计年度	2019	系统自动引用主表决算报表定义表的会计年度
2	报表编码	SRZCJSB02（收入支出决算表）	系统自动引用主表决算报表定义表的报表编码
3	报表栏目代码	JE5	选择录入，值集来源于决算报表数据表的金额字段名称
4	报表栏目名称	本年收入	手工录入，值集来源于报表栏目名称管理要素
⋮	⋮	⋮	⋮

表 3-429　　　　　　　　决算报表数据表 （GFA_DATA）

序号	字段	字段值	备注
1	报表期间	2019	系统自动处理，根据报表定义时的报表期间值生成
2	报送主体编码	086101001012001（北京市上庄中学）	系统自动生成，值集来源于单位代码管理要素
3	报表项目编码	SRZCJSB02_ZCGNFL	系统自动处理，根据报表项目定义表的报表项目编码生成
4	显示序号	0	系统自动生成，如果是固定行，则 =0，是浮动行，则 >0。系统按照数据填报的顺序自动保存
5	决算报表项目明细编码	—	选择录入，系统引用决算报表项目定义表中的明细浮动要素类型字段定义的管理要素表中的要素代码。非浮动行为空
6	决算报表项目明细名称	—	选择录入，系统引用决算报表项目定义表中的明细浮动要素类型字段定义的管理要素表中的要素名称。非浮动行为空

续表

序号	字段	字段值	备注
7	二级决算报表项目明细编码	—	选择录入，系统引用决算报表项目定义表中的二级明细浮动要素类型字段定义的管理要素表中的要素代码。非浮动行为空
8	二级决算报表项目明细名称	—	选择录入，系统引用决算报表项目定义表中的二级明细浮动要素类型字段定义的管理要素表中的要素名称。非浮动行为空
9	三级决算报表项目明细编码	—	选择录入，系统引用决算报表项目定义表中的三级明细浮动要素类型字段定义的管理要素表中的要素代码。非浮动行为空
10	三级决算报表项目明细名称	—	选择录入，系统引用决算报表项目定义表中的三级明细浮动要素类型字段定义的管理要素表中的要素名称。非浮动行为空
11	四级决算报表项目明细编码	—	选择录入，系统引用决算报表项目定义表中的四级明细浮动要素类型字段定义的管理要素表中的要素代码。非浮动行为空
12	四级决算报表项目明细名称	—	选择录入，系统引用决算报表项目定义表中的四级明细浮动要素类型字段定义的管理要素表中的要素名称。非浮动行为空
13	金额1	4896130.00	系统自动生成或手工录入，报表栏目定义表定义含义。本示例定义为：年初结转和结余_合计
14	金额2	1102230.00	系统自动生成或手工录入，报表栏目定义表定义含义。本示例定义为：年初结转和结余_基本支出结转
15	金额3	3330230.00	系统自动生成或手工录入，报表栏目定义表定义含义。本示例定义为：年初结转和结余_项目支出结转和结余
16	金额4	0.00	系统自动生成或手工录入，报表栏目定义表定义含义。本示例定义为：年初结转和结余_经营结余
17	金额5	794089000.00	系统自动生成或手工录入，报表栏目定义表定义含义。本示例定义为：本年收入
⋮	⋮	⋮	⋮
23	更新时间	20200118091235	数据更新时系统自动生成，数据创建时更新时间与创建时间一致
24	是否删除	0（否）	默认值为0，删除操作后，字段值由0变为1
25	创建时间	20200115155608	数据创建时系统自动生成
26	报表数据唯一标识	be6e1fe311-f5ac-43f0-8175-0dbc25c53e57	数据创建时系统自动生成

表 3-430　　　　　　　　　决算报表数据表（GFA_DATA）

序号	字段	字段值	备注
1	报表期间	2019	系统自动处理，根据报表定义时的报表期间值生成
2	报送主体编码	086101001012001（北京市上庄中学）	系统自动生成，值集来源于单位代码管理要素
3	报表项目编码	SRZCJSB02_ZCGNFL	系统自动处理，根据报表项目定义表的报表项目编码生成
4	显示序号	1	系统自动生成，如果是固定行，则=0，是浮动行，则>0。系统按照数据填报的顺序自动保存
5	决算报表项目明细编码	205	选择录入，系统引用决算报表项目定义表中的明细浮动要素类型字段定义的管理要素表中的要素代码。非浮动行为空
6	决算报表项目明细名称	教育支出	选择录入，系统引用决算报表项目定义表中的明细浮动要素类型字段定义的管理要素表中的要素名称。非浮动行为空
⋮	⋮	⋮	⋮
13	金额1	4896130.00	系统自动生成或手工录入，报表栏目定义表定义含义。本示例定义为：年初结转和结余_合计
14	金额2	1102230.00	系统自动生成或手工录入，报表栏目定义表定义含义。本示例定义为：年初结转和结余_基本支出结转
15	金额3	3330230.00	系统自动生成或手工录入，报表栏目定义表定义含义。本示例定义为：年初结转和结余_项目支出结转和结余
16	金额4	0.00	系统自动生成或手工录入，报表栏目定义表定义含义。本示例定义为：年初结转和结余_经营结余
17	金额5	794089000.00	系统自动生成或手工录入，报表栏目定义表定义含义。本示例定义为：本年收入
26	报表数据唯一标识	be6e1fe311-f5ac-43f0-8175-0dbc25c53e58	数据创建时系统自动生成
⋮	⋮	⋮	⋮

表 3-431　　　　　　　　　决算报表数据表（GFA_DATA）

序号	字段	字段值	备注
1	报表期间	2019	系统自动处理，根据报表定义时的报表期间值生成
2	报送主体编码	086101001012001（北京市上庄中学）	系统自动生成，值集来源于单位代码管理要素

续表

序号	字段	字段值	备注
3	报表项目编码	SRZCJSB02_ZCGNFL	系统自动处理，根据报表项目定义表的报表项目编码生成
4	显示序号	2	系统自动生成，如果是固定行，则=0，是浮动行，则>0。系统按照数据填报的顺序自动保存
5	决算报表项目明细编码	20502	选择录入，系统引用决算报表项目定义表中的明细浮动要素类型字段定义的管理要素表中的要素代码。非浮动行为空
6	决算报表项目明细名称	普通教育	选择录入，系统引用决算报表项目定义表中的明细浮动要素类型字段定义的管理要素表中的要素名称。非浮动行为空
⋮	⋮	⋮	⋮
13	金额1	4896130.00	系统自动生成或手工录入，报表栏目定义表定义含义。本示例定义为：年初结转和结余_合计
14	金额2	1102230.00	系统自动生成或手工录入，报表栏目定义表定义含义。本示例定义为：年初结转和结余_基本支出结转
15	金额3	3330230.00	系统自动生成或手工录入，报表栏目定义表定义含义。本示例定义为：年初结转和结余_项目支出结转和结余
16	金额4	0.00	系统自动生成或手工录入，报表栏目定义表定义含义。本示例定义为：年初结转和结余_经营结余
17	金额5	794089000.00	系统自动生成或手工录入，报表栏目定义表定义含义。本示例定义为：本年收入
26	报表数据唯一标识	be6e1fe311-f5ac-43f0-8175-0dbc25c53e59	数据创建时系统自动生成
⋮	⋮	⋮	⋮

表3-432 决算报表数据表（GFA_DATA）

序号	字段	字段值	备注
1	报表期间	2019	系统自动处理，根据报表定义时的报表期间值生成
2	报送主体编码	086101001012001（北京市上庄中学）	系统自动生成，值集来源于单位代码管理要素
3	报表项目编码	SRZCJSB02_ZCGNFL	系统自动处理，根据报表项目定义表的报表项目编码生成
4	显示序号	3	系统自动生成，如果是固定行，则=0，是浮动行，则>0。系统按照数据填报的顺序自动保存

续表

序号	字段	字段值	备注
5	决算报表项目明细编码	2050203	选择录入，系统引用决算报表项目定义表中的明细浮动要素类型字段定义的管理要素表中的要素代码。非浮动行为空
6	决算报表项目明细名称	初中教育	选择录入，系统引用决算报表项目定义表中的明细浮动要素类型字段定义的管理要素表中的要素名称。非浮动行为空
⋮	⋮	⋮	⋮
13	金额1	1283430.00	系统自动生成或手工录入，报表栏目定义表定义含义。本示例定义为：年初结转和结余_合计
14	金额2	1000230.00	系统自动生成或手工录入，报表栏目定义表定义含义。本示例定义为：年初结转和结余_基本支出结转
15	金额3	283200.00	系统自动生成或手工录入，报表栏目定义表定义含义。本示例定义为：年初结转和结余_项目支出结转和结余
16	金额4	0.00	系统自动生成或手工录入，报表栏目定义表定义含义。本示例定义为：年初结转和结余_经营结余
17	金额5	476289000.00	系统自动生成或手工录入，报表栏目定义表定义含义。本示例定义为：本年收入
26	报表数据唯一标识	be6e1fe311-f5ac-43f0-8175-0dbc25c53e60	数据创建时系统自动生成
⋮	⋮	⋮	⋮

表3-433　　　　　　　　决算报表数据表（GFA_DATA）

序号	字段	字段值	备注
1	报表期间	2019	系统自动处理，根据报表定义时的报表期间值生成
2	报送主体编码	086101001012001（北京市上庄中学）	系统自动生成，值集来源于单位代码管理要素
3	报表项目编码	SRZCJSB02_ZCGNFL	系统自动处理，根据报表项目定义表的报表项目编码生成
4	显示序号	4	系统自动生成，如果是固定行，则=0，是浮动行，则>0。系统按照数据填报的顺序自动保存
5	决算报表项目明细编码	2050204	选择录入，系统引用决算报表项目定义表中的明细浮动要素类型字段定义的管理要素表中的要素代码。非浮动行为空

续表

序号	字段	字段值	备注
6	决算报表项目明细名称	高中教育	选择录入，系统引用决算报表项目定义表中的明细浮动要素类字段定义的管理要素表中的要素名称。非浮动行为空
⋮	⋮	⋮	⋮
13	金额1	3612700.00	系统自动生成或手工录入，报表栏目定义表定义含义。本示例定义为：年初结转和结余_合计
14	金额2	102000	系统自动生成或手工录入，报表栏目定义表定义含义。本示例定义为：年初结转和结余_基本支出结转
15	金额3	3047030	系统自动生成或手工录入，报表栏目定义表定义含义。本示例定义为：年初结转和结余_项目支出结转和结余
16	金额4	0.00	系统自动生成或手工录入，报表栏目定义表定义含义。本示例定义为：年初结转和结余_经营结余
17	金额5	317800000	系统自动生成或手工录入，报表栏目定义表定义含义。本示例定义为：本年收入
26	报表数据唯一标识	be6e1fe311-f5ac-43f0-8175-0dbc25c53e61	数据创建时系统自动生成
⋮	⋮	⋮	⋮

（2）填报报表数据。

基层单位以人工方式填报单位主体信息和补充填报报表数据。单位在系统中以人工方式补充填报报表数据，数据存储在决算报表数据表（GFA_DATA）中。逻辑库表字段示例参照上述"（1）生成报表数据"章节。

（3）生成单位决算报表。

单位按照部门决算编制要求修改调整报表数据后，生成单位决算报表。根据部门决算编制要求生成文本模板，根据模板补充完善文本内容。

①生成单位报表。部门决算系统根据单位会计账自动生成单位决算报表，通过人工方式补全其他数据，最终形成完整的单位决算报表数据。数据自动生成参照上述"（1）生成报表数据"节，人工方式补全其他数据参照"（2）填报报表数据"节。

②编写决算文本。单位根据部门决算编制要求，编制的决算文本在决算报告表（GFA_FILE）中。逻辑库表字段示例如表3-434所示。

表3-434　　　　　　　决算报告表（GFA_FILE）

序号	字段	字段值	备注
1	报表期间	2019	系统自动处理，根据报表定义时的报表期间值生成
2	报送主体编码	086101001012001（北京市上庄中学）	系统自动生成，值集来源于单位代码管理要素

续表

序号	字段	字段值	备注
3	附件名称	dwjs10108120001.doc	系统自动处理，根据附件命名规则生成单位决算说明文本文件名
4	附件路径	Webapp/files	系统自动带入附件配置的路径
5	更新时间	20200118091002	数据更新时系统自动生成，数据创建时更新时间与创建时间一致
6	是否删除	0（否）	默认值为0，删除操作后，字段值由0变为1
7	创建时间	20200115155608	数据创建时系统自动生成
8	报表类型	09（部门决算报表）	选择录入，值集来源于报表类型管理要素
9	决算报告表唯一标识	cbca0dda11-d6bf-4744-86aa-18bfd7808d2c	数据创建时系统自动生成

（4）上报单位决算报表。

单位决算文本经审核无误后，将决算报表和文本电子数据通过系统上报至上级部门。上报单位决算报表的业务活动，不涉及《标准》中决算管理逻辑库表的数据变化，因此实现机制说明不再赘述。

（5）审核单位决算报表。

部门审核下级单位决算报表，审核不通过的要退回到单位进行调整，审核时部门通过预算管理一体化系统提取该单位会计账数据与决算数据进行比对，账表不符的不予通过。审核单位决算报表的业务活动，不涉及《标准》中决算管理逻辑库表的数据变化，因此实现机制说明不再赘述。

（6）汇总单位决算报表。

将本部门所属单位的决算报表按决算编制要求进行汇总。汇总逻辑库表字段示例如下：

①编制报送主体信息。

单位的报送主体信息，存储在决算报送主体信息表（GFA_DW）中。逻辑库表字段示例如表3-435所示。

表3-435　　　　　　决算报送主体信息表（GFA_DW）

序号	字段	字段值	备注
1	报表期间	2019	系统自动处理，根据报表定义时的报表期间值生成
2	报送主体编码	086101001012（北京市海淀区教育委员会）	系统自动生成，值集来源于单位代码管理要素
3	报送主体类型	2（一级主管部门）	选择录入，值集来源于报表主体类型管理要素
4	报送主体名称	北京市海淀区教育委员会	选择录入，值集来源于报表主体名称管理要素

续表

序号	字段	字段值	备注
5	上级报送主体编码	086101001	系统自动生成，值集来源于单位代码管理要素
6	单位负责人	张三	手工录入，根据实际情况填写单位负责人姓名
7	财务负责人	李四	手工录入，根据实际情况填写财务负责人姓名
8	填报人	王五	手工录入，根据实际情况填写填报人姓名
9	电话号码	13898765432	手工录入
10	单位地址	北京市海淀区	选择录入，系统引用单位信息表中的单位地址
11	邮政编码	100000	选择录入，系统引用单位信息表中的邮编码
12	行政区划代码	110108000	选择录入，值集来源于行政区划管理要素
13	财政区划代码	110108999	选择录入，值集来源于财政区划管理要素
14	财政预算代码	086110108120	选择录入，值集来源于单位信息管理要素
15	预算单位级次代码	4（四级）	选择录入，值集来源于预算单位级次管理要素
16	报表小类	3（行政单位汇总录入表）	选择录入，值集来源于报表小类管理要素
17	单位基本性质	1（行政单位）	选择录入，值集来源于单位类型管理要素
18	单位执行会计制度	11（政府会计准则制度）	选择录入，值集来源于执行会计制度管理要素
19	隶属关系	110108113	选择录入，中央单位：前六个空格均填零，后三个空格根据国家标准《中央党政机关、人民团体及其他机构代码》（GB/T4657-2009）编制
20	部门标识代码	360	选择录入，各级财政部门参照《中央党政机关、人民团体及其他机构代码》（国家标准GB/T4657）相应设置本级部门的部门标识代码
21	国民经济行业分类	S92（国家机构）	选择录入，值集来源于国民经济分类管理要素
22	新报因素	0（连续上报）	选择录入，值集来源于新报因素管理要素
23	上年代码	08610100101209	手工录入，填写上年度报送主体编码
24	备用码	—	手工录入，可为空
25	是否民族自治地区	2（否）	选择录入
26	是否贫困地区	2（否）	选择录入
27	是否计划单列市	2（否）	选择录入

续表

序号	字段	字段值	备注
28	统一社会信用代码	123456789987654321	选择录入，值集来源于社会统一信用代码管理要素
29	报送日期	20200120	手工录入
30	更新时间	20200118091002	数据更新时系统自动生成，数据创建时更新时间与创建时间一致
31	是否删除	0（否）	默认值为0，删除操作后，字段值由0变为1
32	创建时间	20200115155608	数据创建时系统自动生成
33	决算报送主体信息表唯一标识	d907207211-6e1c-4944-bfb0-2a69ca8da667	数据创建时系统自动生成

②汇总单位决算报表。

部门按照部门决算编制要求，自下而上，逐级汇总单位决算报告，数据存储在决算报表数据表（GFA_DATA）中。逻辑库表字段示例如表3-436~表3-439所示。

表3-436　　　　　　决算报表数据表（GFA_DATA）

序号	字段	字段值	备注
1	报表期间	2019	系统自动处理，根据报表定义时的报表期间值生成
2	报送主体编码	086101001012（北京市海淀区教育委员会）	系统自动生成，值集来源于单位代码管理要素
3	报表项目编码	SRZCJSB02_ZCGNFL	系统自动生成，值集来源于报表项目编码管理要素
4	显示序号	3	系统自动生成，如果是固定行，则=0，是浮动行，则>0
5	决算报表项目明细编码	2050204	选择录入，系统引用决算报表项目定义表中的明细浮动要素类型字段定义的管理要素表中的要素代码。非浮动行为空
6	决算报表项目明细名称	高中教育	选择录入，系统引用决算报表项目定义表中的明细浮动要素类型字段定义的管理要素表中的要素名称。非浮动行为空
7	二级决算报表项目明细编码	—	选择录入，系统引用决算报表项目定义表中的二级明细浮动要素类型字段定义的管理要素表中的要素代码。非浮动行为空
8	二级决算报表项目明细名称	—	选择录入，系统引用决算报表项目定义表中的二级明细浮动要素类型字段定义的管理要素表中的要素名称。非浮动行为空

续表

序号	字段	字段值	备注
9	三级决算报表项目明细编码	—	选择录入，系统引用决算报表项目定义表中的三级明细浮动要素类型字段定义的管理要素表中的要素代码。非浮动行为空
10	三级决算报表项目明细名称	—	选择录入，系统引用决算报表项目定义表中的三级明细浮动要素类型字段定义的管理要素表中的要素名称。非浮动行为空
11	四级决算报表项目明细编码	—	选择录入，系统引用决算报表项目定义表中的四级明细浮动要素类型字段定义的管理要素表中的要素代码。非浮动行为空
12	四级决算报表项目明细名称	—	选择录入，系统引用决算报表项目定义表中的四级明细浮动要素类型字段定义的管理要素表中的要素名称。非浮动行为空
13	金额1	10374490.00	系统自动生成或手工录入，报表栏目定义表定义含义。本示例定义为：年初结转和结余_合计
14	金额2	327460.00	系统自动生成或手工录入，报表栏目定义表定义含义。本示例定义为：年初结转和结余_基本支出结转
15	金额3	10047030.00	系统自动生成或手工录入，报表栏目定义表定义含义。本示例定义为：年初结转和结余_项目支出结转和结余
16	金额4	0.00	系统自动生成或手工录入，报表栏目定义表定义含义。本示例定义为：年初结转和结余_经营结余
17	金额5	948100000.00	系统自动生成或手工录入，报表栏目定义表定义含义。本示例定义为：本年收入
⋮	⋮	⋮	⋮
23	更新时间	20200118091002	数据更新时系统自动生成，数据创建时更新时间与创建时间一致
24	是否删除	0（否）	默认值为0，删除操作后，字段值由0变为1
25	创建时间	20200115155608	数据创建时系统自动生成
26	决算报表数据表唯一标识	64e3439611-b422-473e-98ce-82facaf342a2	数据创建时系统自动生成

表3-437　决算报表数据表（GFA_DATA）

序号	字段	字段值	备注
1	报表期间	2019	系统自动处理，根据报表定义时的报表期间值生成
2	报送主体编码	086101001012001（北京市上庄中学）	系统自动生成，值集来源于单位代码管理要素
⋮	⋮	⋮	⋮

续表

序号	字段	字段值	备注
13	金额1	3612700.00	系统自动生成或手工录入，报表栏目定义表定义含义。本示例定义为：年初结转和结余_合计
14	金额2	102000.00	系统自动生成或手工录入，报表栏目定义表定义含义。本示例定义为：年初结转和结余_基本支出结转
15	金额3	3047030.00	系统自动生成或手工录入，报表栏目定义表定义含义。本示例定义为：年初结转和结余_项目支出结转和结余
16	金额4	0.00	系统自动生成或手工录入，报表栏目定义表定义含义。本示例定义为：年初结转和结余_经营结余
17	金额5	317800000.00	系统自动生成或手工录入，报表栏目定义表定义含义。本示例定义为：本年收入
⋮	⋮	⋮	⋮

表3-438　　　　　　　　决算报表数据表（GFA_DATA）

序号	字段	字段值	备注
1	报表期间	2019	系统自动处理，根据报表定义时的报表期间值生成
2	报送主体编码	086101001012002（北京市清河中学）	系统自动生成，值集来源于单位代码管理要素
⋮	⋮	⋮	⋮
13	金额1	3218700.00	系统自动生成或手工录入，报表栏目定义表定义含义。本示例定义为：年初结转和结余_合计
14	金额2	123800.00	系统自动生成或手工录入，报表栏目定义表定义含义。本示例定义为：年初结转和结余_基本支出结转
15	金额3	3205600.00	系统自动生成或手工录入，报表栏目定义表定义含义。本示例定义为：年初结转和结余_项目支出结转和结余
16	金额4	0.00	系统自动生成或手工录入，报表栏目定义表定义含义。本示例定义为：年初结转和结余_经营结余
17	金额5	316349000.00	系统自动生成或手工录入，报表栏目定义表定义含义。本示例定义为：本年收入
⋮	⋮	⋮	⋮

表 3-439　　　　　　　　决算报表数据表（GFA_DATA）

序号	字段	字段值	备注
1	报表期间	2019	系统自动处理，根据报表定义时的报表期间值生成
2	报送主体编码	086101001012003（北京市太平路中学）	系统自动生成，值集来源于单位代码管理要素
⋮	⋮	⋮	⋮
13	金额1	3543090.00	系统自动生成或手工录入，报表栏目定义表定义含义。本示例定义为：年初结转和结余_合计
14	金额2	101660.00	系统自动生成或手工录入，报表栏目定义表定义含义。本示例定义为：年初结转和结余_基本支出结转
15	金额3	3794400.00	系统自动生成或手工录入，报表栏目定义表定义含义。本示例定义为：年初结转和结余_项目支出结转和结余
16	金额4	0.00	系统自动生成或手工录入，报表栏目定义表定义含义。本示例定义为：年初结转和结余_经营结余
17	金额5	313951000.00	系统自动生成或手工录入，报表栏目定义表定义含义。本示例定义为：本年收入
⋮	⋮	⋮	⋮

（7）生成部门决算。

部门按照部门决算编制要求修改调整后，生成部门决算报表。根据部门决算编制要求生成文本模板，根据模板补充完善文本内容。

①生成部门决算报表。部门决算系统根据单位上报的决算报表自动生成部门决算报表，通过人工方式补全其他数据，最终形成完整的部门决算报表数据。决算报表表样定义数据没有变化，不再赘述。逻辑库表字段示例如表3-440～表3-446所示。

表 3-440　　　　　　　决算报送主体信息表（GFA_DW）

序号	字段	字段值	备注
1	报表期间	2019	系统自动处理，根据报表定义时的报表期间值生成
2	报送主体编码	086101001012（北京市海淀区教育委员会）	系统自动生成，值集来源于单位代码管理要素
3	报送主体类型	1（主管预算单位）	选择录入，值集来源报于表主体类型管理要素
4	报送主体名称	北京市海淀区教育委员会	选择录入，值集来源于报表主体类型管理要素
5	上级报送主体编码	086101001	选择录入，值集来源于单位信息管理要素

续表

序号	字段	字段值	备注
6	单位负责人	李强	手工录入，根据实际情况填写单位负责人姓名
7	财务负责人	李四	手工录入，根据实际情况填写财务负责人姓名
8	填报人	张三	手工录入，根据实际情况填写填报人姓名
9	电话号码	13898765432	手工录入
10	单位地址	北京市海淀区	选择录入，系统引用单位信息表中的单位地址
11	邮政编码	100000	选择录入，系统引用单位信息表中的邮政编码
12	行政区划代码	110108000	选择录入，值集来源于行政区划管理要素
13	财政区划代码	110108999	选择录入，值集来源于财政区划管理要素
14	财政预算代码	086110108120	选择录入，值集来源于单位信息管理要素
15	预算单位级次代码	4（四级）	选择录入，值集来源于预算单位级次管理要素
16	报表小类	3（行政单位汇总录入表）	选择录入，值集来源于报表小类管理要素
17	单位基本性质	1（行政单位）	选择录入，值集来源于单位类型管理要素
18	单位执行会计制度	11（政府会计准则制度）	选择录入，值集来源于执行会计制度管理要素
19	隶属关系	110108113	选择录入，中央单位：前六个空格均填零，后三个空格根据国家标准《中央党政机关、人民团体及其他机构代码》（GB/T4657-2009）编制
20	部门标识代码	360	选择录入，各级财政部门参照《中央党政机关、人民团体及其他机构代码》（国家标准GB/T4657）相应设置本级部门的部门标识代码
21	国民经济行业分类	S92（国家机构）	选择录入，值集来源于国民经济分类管理要素
22	新报因素	0（连续上报）	选择录入，值集来源于新报因素管理要素
23	上年代码	08610100101209	手工录入，填写上年度报送主体编码
24	备用码		手工录入
25	是否民族自治地区	2（否）	选择录入
26	是否贫困地区	2（否）	选择录入
27	是否计划单列市	2（否）	选择录入
28	统一社会信用代码	123456789987654321	选择录入，值集来源于社会统一信用代码管理要素
29	报送日期	20200204	手工录入

续表

序号	字段	字段值	备注
30	更新时间	20200118091002	数据更新时系统自动生成，数据创建时更新时间与创建时间一致
31	是否删除	0（否）	默认值为0，删除操作后，字段值由0变为1
32	创建时间	20200206155608	数据创建时系统自动生成

表3-441　　　　　　　　决算报表数据表（GFA_DATA）

序号	字段	字段值	备注
1	报表期间	2019	系统自动处理，根据报表定义时的报表期间值生成
2	报送主体编码	086101001012（北京市海淀区教育委员会）	系统自动生成，值集来源于单位代码管理要素
3	报表项目编码	SRZCJSB02_ZCGNFL	系统自动生成，值集来源于报表项目编码管理要素
4	显示序号	0	系统自动生成，如果是固定行，则=0，是浮动行，则>0。系统按照数据填报的顺序自动保存
5	决算报表项目明细编码	—	选择录入，系统引用决算报表项目定义表中的明细浮动要素类型字段定义的管理要素表中的要素代码。非浮动行为空
6	决算报表项目明细名称	—	选择录入，系统引用决算报表项目定义表中的明细浮动要素类型字段定义的管理要素表中的要素名称。非浮动行为空
7	二级决算报表项目明细编码	—	选择录入，系统引用决算报表项目定义表中的二级明细浮动要素类型字段定义的管理要素表中的要素代码。非浮动行为空
8	二级决算报表项目明细名称	—	选择录入，系统引用决算报表项目定义表中的二级明细浮动要素类型字段定义的管理要素表中的要素名称。非浮动行为空
9	三级决算报表项目明细编码	—	选择录入，系统引用决算报表项目定义表中的三级明细浮动要素类型字段定义的管理要素表中的要素代码。非浮动行为空
10	三级决算报表项目明细名称	—	选择录入，系统引用决算报表项目定义表中的三级明细浮动要素类型字段定义的管理要素表中的要素名称。非浮动行为空
11	四级决算报表项目明细编码	—	选择录入，系统引用决算报表项目定义表中的四级明细浮动要素类型字段定义的管理要素表中的要素代码。非浮动行为空

续表

序号	字段	字段值	备注
12	四级决算报表项目明细名称	—	选择录入，系统引用决算报表项目定义表中的四级明细浮动要素类型字段定义的管理要素表中的要素名称。非浮动行为空
13	金额1	137756637.00	系统自动生成或手工录入，报表栏目定义表定义含义。本示例定义为：年初结转和结余_合计
14	金额2	7840009.00	系统自动生成或手工录入，报表栏目定义表定义含义。本示例定义为：年初结转和结余_基本支出结转
15	金额3	129916628.00	系统自动生成或手工录入，报表栏目定义表定义含义。本示例定义为：年初结转和结余_项目支出结转和结余
16	金额4	0.00	系统自动生成或手工录入，报表栏目定义表定义含义。本示例定义为：年初结转和结余_经营结余
17	金额5	2666000000.00	系统自动生成或手工录入，报表栏目定义表定义含义。本示例定义为：本年收入
⋮	⋮	⋮	⋮
23	更新时间	20200118091002	数据更新时系统自动生成，数据创建时更新时间与创建时间一致
24	是否删除	0（否）	默认值为0，删除操作后，字段值由0变为1
25	创建时间	20200206155608	数据创建时系统自动生成
26	报表数据唯一标识	64e3439611-b322-473e-98ce-82facaf34244	数据创建时系统自动生成

表3-442 决算报表数据表（GFA_DATA）

序号	字段	字段值	备注
1	报表期间	2019	系统自动处理，根据报表定义时的报表期间值生成
2	报送主体编码	086101001012（北京市海淀区教育委员会）	系统自动生成，值集来源于单位代码管理要素
3	报表项目编码	SRZCJSB02_ZCGNFL	系统自动生成，值集来源于报表项目编码管理要素
4	显示序号	1	系统自动生成，如果是固定行，则=0，是浮动行，则>0。系统按照数据填报的顺序自动保存
5	决算报表项目明细编码	205	选择录入，系统引用决算报表项目定义表中的明细浮动要素类型字段定义的管理要素表中的要素代码。非浮动行为空

续表

序号	字段	字段值	备注
6	决算报表项目明细名称	教育支出	选择录入，系统引用决算报表项目定义表中的明细浮动要素类型字段所定义的管理要素中的具体要素名称。非浮动行为空
⋮	⋮	⋮	⋮
13	金额1	137756637.00	系统自动生成或手工录入，报表栏目定义表定义含义。本示例定义为：年初结转和结余_合计
14	金额2	7840009.00	系统自动生成或手工录入，报表栏目定义表定义含义。本示例定义为：年初结转和结余_基本支出结转
15	金额3	129916628.00	系统自动生成或手工录入，报表栏目定义表定义含义。本示例定义为：年初结转和结余_项目支出结转和结余
16	金额4	0.00	系统自动生成或手工录入，报表栏目定义表定义含义。本示例定义为：年初结转和结余_经营结余
17	金额5	2666000000.00	系统自动生成或手工录入，报表栏目定义表定义含义。本示例定义为：本年收入
⋮	⋮	⋮	⋮

表3-443 决算报表数据表（GFA_DATA）

序号	字段	字段值	备注
1	报表期间	2019	系统自动处理，根据报表定义时的报表期间值生成
2	报送主体编码	086101001012（北京市海淀区教育委员会）	系统自动生成，值集来源于单位代码管理要素
3	报表项目编码	SRZCJSB02_ZCGNFL	系统自动生成，值集来源于报表项目编码管理要素
4	显示序号	2	系统自动生成，如果是固定行，则=0，是浮动行，则>0。系统按照数据填报的顺序自动保存
5	决算报表项目明细编码	20502	选择录入，系统引用决算报表项目定义表中的明细浮动要素类型字段所定义的管理要素中的具体要素代码。非浮动行为空
6	决算报表项目明细名称	普通教育	选择录入，系统引用决算报表项目定义表中的明细浮动要素类型字段所定义的管理要素中的具体要素名称。非浮动行为空
⋮	⋮	⋮	⋮
13	金额1	137756637.00	系统自动生成或手工录入，报表栏目定义表定义含义。本示例定义为：年初结转和结余_合计

续表

序号	字段	字段值	备注
14	金额2	7840009.00	系统自动生成或手工录入，报表栏目定义表定义含义。本示例定义为：年初结转和结余_基本支出结转
15	金额3	129916628.00	系统自动生成或手工录入，报表栏目定义表定义含义。本示例定义为：年初结转和结余_项目支出结转和结余
16	金额4	0.00	系统自动生成或手工录入，报表栏目定义表定义含义。本示例定义为：年初结转和结余_经营结余
17	金额5	2666000000.00	系统自动生成或手工录入，报表栏目定义表定义含义。本示例定义为：本年收入
⋮	⋮	⋮	⋮

表3-444　　　　　　　决算报表数据表（GFA_DATA）

序号	字段	字段值	备注
1	报表期间	2019	系统自动处理，根据报表定义时的报表期间值生成
2	报送主体编码	086101001012（北京市海淀区教育委员会）	系统自动生成，值集来源于单位代码管理要素
3	报表项目编码	SRZCJSB02_ZCGNFL	系统自动生成，值集来源于报表项目编码管理要素
4	显示序号	3	系统自动生成，如果是固定行，则=0，是浮动行，则>0。系统按照数据填报的顺序自动保存
5	决算报表项目明细编码	2050202	选择录入，系统引用决算报表项目定义表中的明细浮动要素类型字段所定义的管理要素中的具体要素代码。非浮动行为空
6	决算报表项目明细名称	小学教育	选择录入，系统引用决算报表项目定义表中的明细浮动要素类型字段所定义的管理要素中的具体要素名称。非浮动行为空
⋮	⋮	⋮	⋮
13	金额1	47216670.00	系统自动生成或手工录入，报表栏目定义表定义含义。本示例定义为：年初结转和结余_合计
14	金额2	1982311.00	系统自动生成或手工录入，报表栏目定义表定义含义。本示例定义为：年初结转和结余_基本支出结转
15	金额3	45234359.00	系统自动生成或手工录入，报表栏目定义表定义含义。本示例定义为：年初结转和结余_项目支出结转和结余
16	金额4	0.00	系统自动生成或手工录入，报表栏目定义表定义含义。本示例定义为：年初结转和结余_经营结余

序号	字段	字段值	备注
17	金额5	735600000.00	系统自动生成或手工录入，报表栏目定义表定义含义。本示例定义为：本年收入
⋮	⋮	⋮	⋮

表 3－445　　　　　　　　　　决算报表数据表（GFA_DATA）

序号	字段	字段值	备注
1	报表期间	2019	系统自动处理，根据报表定义时的报表期间值生成
2	报送主体编码	086101001012（北京市海淀区教育委员会）	系统自动生成，值集来源于单位代码管理要素
3	报表项目编码	SRZCJSB02_ZCGNFL	系统自动生成，值集来源于报表项目编码管理要素
4	显示序号	4	系统自动生成，如果是固定行，则＝0，是浮动行，则＞0。系统按照数据填报的顺序自动保存
5	决算报表项目明细编码	2050203	选择录入，系统引用决算报表项目定义表中的明细浮动要素类型字段所定义的管理要素中的具体要素代码。非浮动行为空
6	决算报表项目明细名称	初中教育	选择录入，系统引用决算报表项目定义表中的明细浮动要素类型字段所定义的管理要素中的具体要素名称。非浮动行为空
⋮	⋮	⋮	⋮
13	金额1	80165477.00	系统自动生成或手工录入，报表栏目定义表定义含义。本示例定义为：年初结转和结余_合计
14	金额2	5530238.00	系统自动生成或手工录入，报表栏目定义表定义含义。本示例定义为：年初结转和结余_基本支出结转
15	金额3	74635239.00	系统自动生成或手工录入，报表栏目定义表定义含义。本示例定义为：年初结转和结余_项目支出结转和结余
16	金额4	0.00	系统自动生成或手工录入，报表栏目定义表定义含义。本示例定义为：年初结转和结余_经营结余
17	金额5	982300000.00	系统自动生成或手工录入，报表栏目定义表定义含义。本示例定义为：本年收入
⋮	⋮	⋮	⋮

表 3-446　　　　　　　　决算报表数据表（GFA_DATA）

序号	字段	字段值	备注
1	报表期间	2019	系统自动处理，根据报表定义时的报表期间值生成
2	报送主体编码	086101001012（北京市海淀区教育委员会）	系统自动生成，值集来源于单位代码管理要素
3	报表项目编码	SRZCJSB02_ZCGNFL	系统自动生成，值集来源于报表项目编码管理要素
4	显示序号	5	系统自动生成，如果是固定行，则=0，是浮动行，则>0。系统按照数据填报的顺序自动保存
5	决算报表项目明细编码	2050204	选择录入，系统引用决算报表项目定义表中的明细浮动要素类型字段所定义的管理要素中的具体要素代码。非浮动行为空
6	决算报表项目明细名称	高中教育	选择录入，系统引用决算报表项目定义表中的明细浮动要素类型字段所定义的管理要素中的具体要素名称。非浮动行为空
⋮	⋮	⋮	⋮
13	金额1	10374490.00	系统自动生成或手工录入，报表栏目定义表定义含义。本示例定义为：年初结转和结余_合计
14	金额2	327460.00	系统自动生成或手工录入，报表栏目定义表定义含义。本示例定义为：年初结转和结余_基本支出结转
15	金额3	10047030.00	系统自动生成或手工录入，报表栏目定义表定义含义。本示例定义为：年初结转和结余_项目支出结转和结余
16	金额4	0.00	系统自动生成或手工录入，报表栏目定义表定义含义。本示例定义为：年初结转和结余_经营结余
17	金额5	948100000.00	系统自动生成或手工录入，报表栏目定义表定义含义。本示例定义为：本年收入
⋮	⋮	⋮	⋮

②编写决算文本。

部门根据部门决算编制要求，编制的决算文本信息存储在决算报告表（GFA_FILE）中。逻辑库表字段示例如表3-447所示。

表 3-447　　　　　　　　决算报告表（GFA_FILE）

序号	字段	字段值	备注
1	报表期间	2019	系统自动处理，根据报表定义时的报表期间值生成
2	报送主体编码	086101001012（北京市海淀区教育委员会）	系统自动生成，值集来源于单位代码管理要素

续表

序号	字段	字段值	备注
3	附件名称	bmjs10108120001.doc	系统自动处理，根据附件命名规则生成单位决算说明文本文件名
4	附件路径	Webapp/files	系统自动带入附件配置的路径
5	更新时间	20200118091002	数据更新时系统自动生成，数据创建时更新时间与创建时间一致
6	是否删除	0（否）	默认值为0，删除操作后，字段值由0变为1
7	创建时间	20200206155608	数据创建时系统自动生成
8	报表类型	09（部门决算报表）	选择录入，值集来源于报表类型管理要素
9	决算报告表唯一标识	ffsx0dda11-d6bf-4744-86aa-18bfd780cx98	数据创建时系统自动生成

（8）审核部门决算报表

部门审核部门决算报表，审核不通过的要退回到单位进行调整，审核部门决算报表的业务活动，不涉及《标准》中决算管理逻辑库表的数据变化，因此实现机制说明不再赘述。

（9）上报部门决算报表。

将本部门审核后的决算报表电子数据通过系统上报到本级财政。上报部门决算报表的业务活动，不涉及《标准》中决算管理逻辑库表的数据变化，因此实现机制说明不再赘述。

（10）接收部门决算。

本级财政接收部门上报的决算报表。接收部门决算报表的业务活动，不涉及《标准》中决算管理逻辑库表的数据变化，因此实现机制说明不再赘述。

（11）审核部门决算。

本级财政审核接收到的部门决算报表，审核不通过将部门决算报表退回，部门收到退回的决算报表后，将需要调整数据的单位报表退回到单位，单位收到退回的决算报表后依据审核意见进行相应数据调整，调整完毕重新进行决算报表生成、上报的流程。审核部门决算报表的业务活动，不涉及《标准》中决算管理逻辑库表的数据变化，因此实现机制说明不再赘述。

（12）批复部门决算。

各级决算经同级人大常委会批准后，财政部门应当在20日内向本级各部门批复年度部门决算，各部门应当在接到本级财政部门批复的本部门决算后的15日内向所属单位批复决算。

各级财政部门按照同级人大常委会审核意见修改调整部门决算草案，通过同级人大常委会批准后，财政部门在20日内向本级各部门批复年度部门决算，各部门应当在接到本级财政部门批复的本部门决算后的15日内向所属单位批复决算。逻辑库表字段示例如表3-448~表3-455所示。

表 3-448　　决算报送主体信息表（GFA_DW）

序号	字段	字段值	备注
1	报表期间	2019	系统自动处理，根据报表定义时的报表期间值生成
2	报送主体编码	086101001012	系统自动生成，值集来源于单位代码管理要素
3	报送主体类型	1（主管预算单位）	选择录入，值集来源于报送主体类型管理要素
4	报送主体名称	北京市海淀区教育委员会	选择录入，值集来源于报表主体类型管理要素
5	上级报送主体编码	086101001	选择录入，值集来源于单位信息管理要素
6	单位负责人	李强	手工录入，根据实际情况填写单位负责人姓名
7	财务负责人	李四	手工录入，根据实际情况填写财务负责人姓名
8	填报人	张三	手工录入，根据实际情况填写填报人姓名
9	电话号码	13898765432	手工录入
10	单位地址	北京市海淀区	选择录入，系统引用单位信息表中的单位地址
11	邮政编码	100000	选择录入，系统引用单位信息表中的邮政编码
12	行政区划代码	110108000	选择录入，值集来源于行政区划管理要素
13	财政区划代码	110108999	选择录入，值集来源于财政区划管理要素
14	财政预算代码	086110108120	选择录入，值集来源于单位信息管理要素
15	预算单位级次代码	4（四级）	选择录入，值集来源于预算单位级次管理要素
16	报表小类	3（行政单位汇总录入表）	选择录入，值集来源于报表小类管理要素
17	单位基本性质	1（行政单位）	选择录入，值集来源于单位类型管理要素
18	单位执行会计制度	11（政府会计准则制度）	选择录入，值集来源于执行会计制度管理要素
19	隶属关系	110108113	选择录入，中央单位：前六个空格均填零，后三个空格根据国家标准《中央党政机关、人民团体及其他机构代码》（GB/T4657-2009）编制
20	部门标识代码	360	选择录入，各级财政部门参照《中央党政机关、人民团体及其他机构代码》（国家标准GB/T4657）相应设置本级部门的部门标识代码
21	国民经济行业分类	S92（国家机构）	选择录入，值集来源于国民经济分类管理要素
22	新报因素	0（连续上报）	选择录入，值集来源于新报因素管理要素
23	上年代码	08610100101209	手工录入，填写上年度报送主体编码
24	备用码	—	手工录入，可为空
25	是否民族自治地区	2（否）	选择录入

续表

序号	字段	字段值	备注
26	是否贫困地区	2（否）	选择录入
27	是否计划单列市	2（否）	选择录入
28	统一社会信用代码	123456789987654321	选择录入，值集来源于社会统一信用代码管理要素
29	报送日期	20200204	手工录入
30	更新时间	20200118091002	数据更新时系统自动生成，数据创建时更新时间与创建时间一致
31	是否删除	0（否）	默认值为0，删除操作后，字段值由0变为1
32	创建时间	20200206155608	数据创建时系统自动生成

表 3－449　　　　　　　　决算报表数据表（GFA_DATA）

序号	字段	字段值	备注
1	报表期间	2019	系统自动处理，根据报表定义时的报表期间值生成
2	报送主体编码	086101001012（北京市海淀区教育委员会）	系统自动生成，值集来源于单位代码管理要素
3	报表项目编码	SRZCJSB02_ZCGNFL	系统自动生成，值集来源于报表项目编码管理要素
4	显示序号	0	系统自动生成，如果是固定行，则=0，是浮动行，则>0。系统按照数据填报的顺序自动保存
5	决算报表项目明细编码	—	选择录入，系统引用决算报表项目定义表中的明细浮动要素类型字段所定义的管理要素中的具体要素代码。非浮动行为空
6	决算报表项目明细名称	—	选择录入，系统引用决算报表项目定义表中的明细浮动要素类型字段所定义的管理要素中的具体要素名称。非浮动行为空
7	二级决算报表项目明细编码	—	选择录入，系统引用决算报表项目定义表中的二级明细浮动要素类型字段所定义的管理要素中的具体要素代码。非浮动行为空
8	二级决算报表项目明细名称	—	选择录入，系统引用决算报表项目定义表中的二级明细浮动要素类型字段所定义的管理要素中的具体要素名称。非浮动行为空
9	三级决算报表项目明细编码	—	选择录入，系统引用决算报表项目定义表中的三级明细浮动要素类型字段所定义的管理要素中的具体要素代码。非浮动行为空
10	三级决算报表项目明细名称	—	选择录入，系统引用决算报表项目定义表中的三级明细浮动要素类型字段所定义的管理要素中的具体要素名称。非浮动行为空

续表

序号	字段	字段值	备注
11	四级决算报表项目明细编码	—	选择录入，系统引用决算报表项目定义表中的四级明细浮动要素类型字段所定义的管理要素中的具体要素代码。非浮动行为空
12	四级决算报表项目明细名称	—	选择录入，系统引用决算报表项目定义表中的四级明细浮动要素类型字段所定义的管理要素中的具体要素名称。非浮动行为空
13	金额1	137756637.00	系统自动生成或手工录入，报表栏目定义表定义含义。本示例定义为：年初结转和结余_合计
14	金额2	7840009.00	系统自动生成或手工录入，报表栏目定义表定义含义。本示例定义为：年初结转和结余_基本支出结转
15	金额3	129916628.00	系统自动生成或手工录入，报表栏目定义表定义含义。本示例定义为：年初结转和结余_项目支出结转和结余
16	金额4	0.00	系统自动生成或手工录入，报表栏目定义表定义含义。本示例定义为：年初结转和结余_经营结余
17	金额5	2666000000.00	系统自动生成或手工录入，报表栏目定义表定义含义。本示例定义为：本年收入
⋮	⋮	⋮	⋮
23	更新时间	20200118091002	数据更新时系统自动生成，数据创建时更新时间与创建时间一致
24	是否删除	0（否）	默认值为0，删除操作后，字段值由"0"变为"1"
25	创建时间	20200206155608	数据创建时系统自动生成
26	报表数据唯一标识	Qws6439611-b322-473e-98ce-82facaf34wwe	数据创建时系统自动生成

表3-450　　　　　　决算报表数据表（GFA_DATA）

序号	字段	字段值	备注
1	报表期间	2019	系统自动处理，根据报表定义时的报表期间值生成
2	报送主体编码	086101001012（北京市海淀区教育委员会）	系统自动生成，值集来源于单位代码管理要素
3	报表项目编码	SRZCJSB02_ZCGNFL	系统自动生成，值集来源于报表项目编码管理要素
4	显示序号	1	系统自动生成，如果是固定行，则=0，是浮动行，则>0。系统按照数据填报的顺序自动保存

续表

序号	字段	字段值	备注
5	决算报表项目明细编码	205	选择录入，系统引用决算报表项目定义表中的明细浮动要素类型字段所定义的管理要素中的具体要素代码。非浮动行为空
6	决算报表项目明细名称	教育支出	选择录入，系统引用决算报表项目定义表中的明细浮动要素类型字段所定义的管理要素中的具体要素名称。非浮动行为空
⋮	⋮	⋮	⋮
13	金额1	137756637.00	系统自动生成或手工录入，报表栏目定义表定义含义。本示例定义为：年初结转和结余_合计
14	金额2	7840009.00	系统自动生成或手工录入，报表栏目定义表定义含义。本示例定义为：年初结转和结余_基本支出结转
15	金额3	129916628.00	系统自动生成或手工录入，报表栏目定义表定义含义。本示例定义为：年初结转和结余_项目支出结转和结余
16	金额4	0.00	系统自动生成或手工录入，报表栏目定义表定义含义。本示例定义为：年初结转和结余_经营结余
17	金额5	2666000000.00	系统自动生成或手工录入，报表栏目定义表定义含义。本示例定义为：本年收入
⋮	⋮	⋮	⋮

表3-451　　　　　　　　决算报表数据表（GFA_DATA）

序号	字段	字段值	备注
1	报表期间	2019	系统自动处理，根据报表定义时的报表期间值生成
2	报送主体编码	086101001012（北京市海淀区教育委员会）	系统自动生成，值集来源于单位代码管理要素
3	报表项目编码	SRZCJSB02_ZCGNFL	系统自动生成，值集来源于报表项目编码管理要素
4	显示序号	2	系统自动生成，如果是固定行，则=0，是浮动行，则>0。系统按照数据填报的顺序自动保存
5	决算报表项目明细编码	20502	选择录入，系统引用决算报表项目定义表中的明细浮动要素类型字段所定义的管理要素中的具体要素代码。非浮动行为空
6	决算报表项目明细名称	普通教育	选择录入，系统引用决算报表项目定义表中的明细浮动要素类型字段所定义的管理要素中的具体要素名称。非浮动行为空
⋮	⋮	⋮	⋮

续表

序号	字段	字段值	备注
13	金额1	137756637.00	系统自动生成或手工录入，报表栏目定义表定义含义。本示例定义为：年初结转和结余_合计
14	金额2	7840009.00	系统自动生成或手工录入，报表栏目定义表定义含义。本示例定义为：年初结转和结余_基本支出结转
15	金额3	129916628.00	系统自动生成或手工录入，报表栏目定义表定义含义。本示例定义为：年初结转和结余_项目支出结转和结余
16	金额4	0.00	系统自动生成或手工录入，报表栏目定义表定义含义。本示例定义为：年初结转和结余_经营结余
17	金额5	2666000000.00	系统自动生成或手工录入，报表栏目定义表定义含义。本示例定义为：本年收入
⋮	⋮	⋮	⋮

表3-452　　决算报表数据表（GFA_DATA）

序号	字段	字段值	备注
1	报表期间	2019	系统自动处理，根据报表定义时的报表期间值生成
2	报送主体编码	086101001012（北京市海淀区教育委员会）	系统自动生成，值集来源于单位代码管理要素
3	报表项目编码	SRZCJSB02_ZCGNFL	系统自动生成，值集来源于报表项目编码管理要素
4	显示序号	3	系统自动生成，如果是固定行，则=0，是浮动行，则>0。系统按照数据填报的顺序自动保存
5	决算报表项目明细编码	2050202	选择录入，系统引用决算报表项目定义表中的明细浮动要素类型字段所定义的管理要素中的具体要素代码。非浮动行为空
6	决算报表项目明细名称	小学教育	选择录入，系统引用决算报表项目定义表中的明细浮动要素类型字段所定义的管理要素中的具体要素名称。非浮动行为空
⋮	⋮	⋮	⋮
13	金额1	47216670.00	系统自动生成或手工录入，报表栏目定义表定义含义。本示例定义为：年初结转和结余_合计
14	金额2	1982311.00	系统自动生成或手工录入，报表栏目定义表定义含义。本示例定义为：年初结转和结余_基本支出结转
15	金额3	45234359.00	系统自动生成或手工录入，报表栏目定义表定义含义。本示例定义为：年初结转和结余_项目支出结转和结余

续表

序号	字段	字段值	备注
16	金额4	0	系统自动生成或手工录入，报表栏目定义表定义含义。本示例定义为：年初结转和结余_经营结余
17	金额5	735600000.00	系统自动生成或手工录入，报表栏目定义表定义含义。本示例定义为：本年收入
⋮	⋮	⋮	⋮

表 3–453　　　　　　　　决算报表数据表（GFA_DATA）

序号	字段	字段值	备注
1	报表期间	2019	系统自动处理，根据报表定义时的报表期间值生成
2	报送主体编码	086101001012（北京市海淀区教育委员会）	系统自动生成，值集来源于单位代码管理要素
3	报表项目编码	SRZCJSB02_ZCGNFL	系统自动生成，值集来源于报表项目编码管理要素
4	显示序号	4	系统自动生成，如果是固定行，则=0，是浮动行，则>0。系统按照数据填报的顺序自动保存
5	决算报表项目明细编码	2050203	选择录入，系统引用决算报表项目定义表中的明细浮动要素类型字段所定义的管理要素中的具体要素代码。非浮动行为空
6	决算报表项目明细名称	初中教育	选择录入，系统引用决算报表项目定义表中的明细浮动要素类型字段所定义的管理要素中的具体要素名称。非浮动行为空
⋮	⋮	⋮	⋮
13	金额1	80165477.00	系统自动生成或手工录入，报表栏目定义表定义含义。本示例定义为：年初结转和结余_合计
14	金额2	5530238.00	系统自动生成或手工录入，报表栏目定义表定义含义。本示例定义为：年初结转和结余_基本支出结转
15	金额3	74635239.00	系统自动生成或手工录入，报表栏目定义表定义含义。本示例定义为：年初结转和结余_项目支出结转和结余
16	金额4	0.00	系统自动生成或手工录入，报表栏目定义表定义含义。本示例定义为：年初结转和结余_经营结余
17	金额5	982300000.00	系统自动生成或手工录入，报表栏目定义表定义含义。本示例定义为：本年收入
⋮	⋮	⋮	⋮

表 3-454　　　　　　　　　决算报表数据表（GFA_DATA）

序号	字段	字段值	备注
1	报表期间	2019	系统自动处理，根据报表定义时的报表期间值生成
2	报送主体编码	086101001012（北京市海淀区教育委员会）	系统自动生成，值集来源于单位代码管理要素
3	报表项目编码	SRZCJSB02_ZCGNFL	系统自动生成，值集来源于报表项目编码管理要素
4	显示序号	5	系统自动生成，如果是固定行，则=0，是浮动行，则>0。系统按照数据填报的顺序自动保存
5	决算报表项目明细编码	2050204	选择录入，系统引用决算报表项目定义表中的明细浮动要素类型字段所定义的管理要素中的具体要素代码。非浮动行为空
6	决算报表项目明细名称	高中教育	选择录入，系统引用决算报表项目定义表中的明细浮动要素类型字段所定义的管理要素中的具体要素名称。非浮动行为空
⋮	⋮	⋮	⋮
13	金额1	10374490.00	系统自动生成或手工录入，报表栏目定义表定义含义。本示例定义为：年初结转和结余_合计
14	金额2	327460.00	系统自动生成或手工录入，报表栏目定义表定义含义。本示例定义为：年初结转和结余_基本支出结转
15	金额3	10047030.00	系统自动生成或手工录入，报表栏目定义表定义含义。本示例定义为：年初结转和结余_项目支出结转和结余
16	金额4	0.00	系统自动生成或手工录入，报表栏目定义表定义含义。本示例定义为：年初结转和结余_经营结余
17	金额5	948100000.00	系统自动生成或手工录入，报表栏目定义表定义含义。本示例定义为：本年收入
⋮	⋮	⋮	⋮

表 3-455　　　　　　　　　决算报告表（GFA_FILE）

序号	字段	字段值	备注
1	报表期间	2019	系统自动处理，根据报表定义时的报表期间值生成
2	报送主体编码	086101001012（北京市海淀区教育委员会）	系统自动生成，值集来源于单位代码管理要素
3	附件名称	bmjs10108120.doc	系统自动处理，根据附件命名规则生成单位决算说明文本文件名
4	附件路径	Webapp/files	系统自动引用附件配置的路径

续表

序号	字段	字段值	备注
5	更新时间	20200118091002	数据更新时系统自动生成，数据创建时更新时间与创建时间一致
6	是否删除	0（否）	默认值为0，删除操作后，字段值由0变为1
7	创建时间	20200206155608	数据创建时系统自动生成
8	报表类型	09（部门决算报表）	选择录入，值集来源于报表类型管理要素
9	决算报告表唯一标识	ffsx0dda11-d6bf-4744-86aa-18bfd780cx98	数据创建时系统自动生成

3.8.2.3 政府财务报告

政府财务报告包括政府部门财务报告、政府综合财务报告、地方政府综合财务报告，涵盖的主要功能为：编制报送主体信息、编制单位报表、编制单位间抵销分录、生成部门财务报表、编制资金主体报表、生成单位（部门）财务报告、编制部门间抵销分录、编制调整分录、生成政府综合财务报表、生成政府综合财务报告、编制政府间抵销分录、生成地方政府综合财务报表、生成地方政府综合财务报告等。业务活动涉及的逻辑库表应用如表3-456所示。

表3-456　　　　政府财务报告业务活动涉及的逻辑库表应用

序号	业务活动	逻辑库表	中文名称	备注
1	编制报送主体信息	GFR_DW	财报报送主体信息表	存储财报报送主体信息
2	编制单位报表	GFR_DW	财报报送主体信息表	存储财报报送主体信息和报送状态
		GFR_DATA	财报报表数据表	存储单位财报报表数据
3	编制单位间抵销分录	GFR_DATA_CANCEL	财报抵销事项表	存储财报抵销分录信息
4	生成部门财务报表	GFR_DATA	财报报表数据表	存储部门财报报表数据
5	编制资金主体报表	GFR_DW	财报报送主体信息表	存储财报报送主体信息和报送状态
		GFR_DATA	财报报表数据表	存储资金主体报表数据
6	生成单位（部门）财务报告	GFR_FILE	财报报告表	存储财报报告

续表

序号	业务活动	逻辑库表	中文名称	备注
7	编制部门间抵销分录	GFR_DATA_CANCEL	财报抵销事项表	存储财报抵销分录信息
8	编制调整分录	GFR_DATA_UPDATE	财报调整事项表	存储财报调整分录信息
9	生成政府综合财务报表	GFR_DW	财报报送主体信息表	存储财报报送主体信息和报送状态
		GFR_DATA	财报报表数据表	存储政府综合财务报表数据
10	生成政府综合财务报告	GFR_FILE	财报报告表	存储财报报告
11	编制政府间抵销分录	GFR_DATA_CANCEL	财报抵销事项表	存储财报抵销分录信息
12	生成地方政府综合财务报表	GFR_DW	财报报送主体信息表	存储财报报送主体信息和报送状态
		GFR_DATA	财报报表数据表	存储地方政府综合财务报表数据
13	生成地方政府综合财务报告	GFR_FILE	财报报告表	存储财报报告

1. 逻辑库表间关系

政府财务报告涉及的逻辑库表关系如图 3-42 所示。

（1）财报报表数据表（GFR_DATA）中的会计年度（FISCAL_YEAR）、报送主体编码（DW_CODE）对应财报报送主体信息表的会计年度（FISCAL_YEAR）、报送主体编码（DW_CODE）。

（2）财报报告表（GFR_FILE）中的报表类型（REPORT_TYPE）、会计年度（FISCAL_YEAR）、报送主体编码（DW_CODE）对应财报报送主体信息表的报表类型（REPORT_TYPE）、会计年度（FISCAL_YEAR）、报送主体编码（DW_CODE）。

（3）财报抵销事项表（GFR_DATA_CANCEL）中的会计年度（FISCAL_YEAR）、报送主体编码（DW_CODE）对应财报报送主体信息表的会计年度（FISCAL_YEAR）、报送主体编码（DW_CODE）。

（4）财报调整事项表（GFR_DATA_UPDATE）的会计年度（FISCAL_YEAR）、报送主体编码（DW_CODE）对应财报报送主体信息表的会计年度（FISCAL_YEAR）、报送主体编码（DW_CODE）。

2. 实现机制说明

（1）编制报送主体信息。

单位在系统中填制报送主体信息，数据存储在财报报送主体信息表（GFR_DW）中。逻辑库表字段示例如表 3-457 所示。

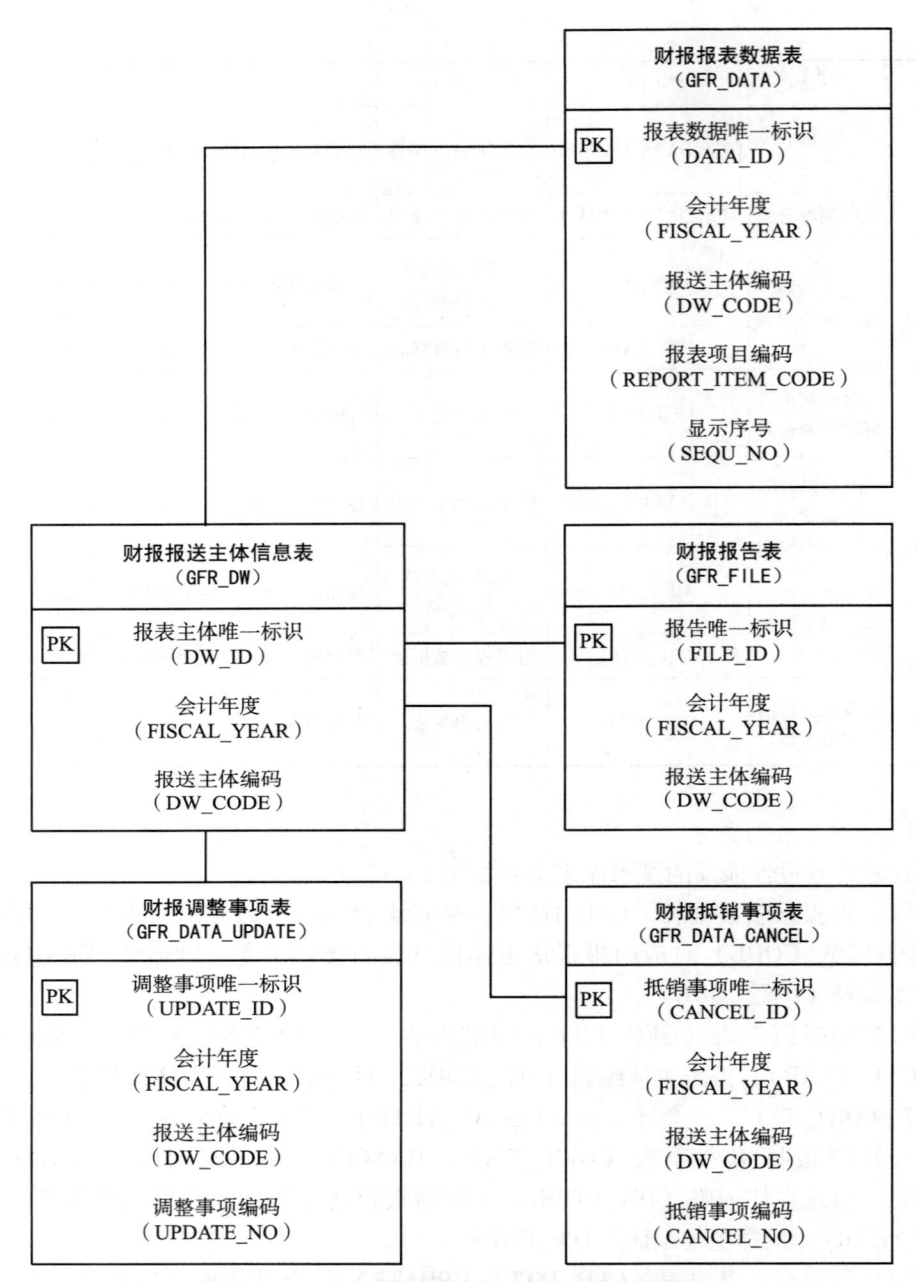

图 3-42 政府财务报告涉及的逻辑库表关系

表 3-457　　　　　　　　财报报送主体信息表（GFR_DW）

序号	字段	字段值	备注
1	会计年度	2019	系统自动处理，根据预算填报年度生成
2	报送主体编码	110108120000	手工录入，并检验编码规则
3	报送主体类型	0（基层预算单位）	选择录入，值集来源于报送主体类型管理要素

续表

序号	字段	字段值	备注
4	报送主体名称	北京市海淀区××局本级	手工录入,填写报送主体的名称
5	上级报送主体编码	110108120（北京市海淀区××局）	选择录入,参照财报报送主体信息表选择报送主体编码
6	编制人	张三	手工录入,填写编制人姓名
7	编制人电话	13912345674	手工录入,填写编制人的电话号码并检验号码
8	审核人	李四	手工录入,填写审核人姓名
9	审核人电话	13912345673	手工录入,填写审核人的电话号码并检验号码
10	单位负责人	王五	系统自动处理,引用单位基本信息表中的单位负责人
11	财务负责人	赵六	手工录入,填写单位财务负责人姓名
12	行政区划代码	110108000（北京市海淀区）	系统自动处理,引用单位基本信息表中的单位所在地区划代码
13	财政区划代码	110108999（北京市海淀区）	系统自动处理,引用单位基本信息表中的财政区划代码
14	财政预算代码	110108120000（北京市海淀区××局本级）	选择录入,引用单位基本信息表选择单位代码
15	邮政编码	100000	系统自动处理,引用单位基本信息表的邮政代码
16	单位地址	北京市海淀区××街道8号	系统自动处理,引用单位基本信息表中的单位地址
17	单位基本性质	1（行政单位）	系统自动处理,引用单位基本信息表的单位类型代码
18	统一社会信用代码	123456789012345678	系统自动处理,引用单位基本信息表中的统一社会信用代码
19	报表小类	0（单户表）	选择录入,值集来源于报表小类管理要素
20	新报因素	0（连续编报）	选择录入,值集来源于新报因素管理要素
21	上年代码	1234567890123456780	手工录入,填写上年代码并检验编码规则
22	是否编制行政事业单位国有资产报表	1（是）	系统自动处理,引用单位基本信息表中的是否编制行政事业单位国有资产报告
23	隶属关系	110108111	手工录入,填写隶属关系并检验编码规则
24	国民经济行业分类	S92（国家机构）	系统自动处理,引用单位基本信息表中的国民经济行业分类代码
25	单位预算级次	5（五级预算单位）	系统自动处理,引用单位基本信息表中的预算单位级次代码
26	执行会计制度	1（政府会计制度－行政事业单位）	选择录入,值集来源于会计科目使用主体分类管理要素

续表

序号	字段	字段值	备注
27	人员编制数	70	系统自动处理，引用单位扩展信息表中的人员编制数－行政编制数、人员编制数－事业编制数、人员编制数－工勤人员编制数之和
28	实有人员数	65	系统自动处理，引用单位扩展信息表中的实有人数
29	地区生产总值（亿元）	—	不使用，非综合报表该字段为空
30	本地区GDP增长率（%）	—	不使用，非综合报表该字段为空
31	报送日期	20200506	系统自动处理，上报时生成
32	更新时间	20200506111213	数据更新时系统自动生成，数据创建时更新时间与创建时间一致
33	是否删除	0（否）	默认值为0，删除操作后，字段值由0变为1
34	创建时间	20200420111213	数据创建时系统自动生成
35	报表类型	11（政府部门财务报告）	系统自动处理，根据报送主体类型自动生成
36	报送主体唯一标识	3cb09f1811－d78b－4827－ba8d－4054e370d394	数据创建时系统自动生成

（2）编制单位报表。

单位在系统中编制报表数据，并确认上报。数据存储在财报报表数据表（GFR_DATA）中。每个报送主体每年的财报报表数据量，依据报送主体类型和往来业务情况，大约有数百行或数千行数据记录。逻辑库表字段示例如表3－458～表3－461所示。

表3－458　　　　　　　　财报报表数据表（GFR_DATA）

序号	字段	字段值	备注
1	会计年度	2019	系统自动处理，根据预算填报年度生成
2	报送主体编码	110108120000（北京市海淀区××局本级）	选择录入，参照财报报送主体信息表的报送主体编码
3	报表项目编码	zcfz0107（应收账款净额）	选择录入，根据报表定义时的报表项目编码生成
4	显示序号	0	系统自动处理，如果是固定行，则＝0，是浮动行，则＞0。系统按照数据填报的记录顺序自动保存
5	资金往来对象编码	—	选择录入，非浮动行为空
6	资金往来对象名称	—	选择录入，非浮动行为空
7	金额1	0.00	手工录入，由报表栏目定义表定义其含义，本示例定义为：年初数
8	金额2	1000000.00	手工录入，由报表栏目定义表定义其含义，本示例定义为：年末数
9	金额3	—	该示例不使用，由财报报表栏目定义表定义

续表

序号	字段	字段值	备注
10	金额 4	—	该示例不使用，由财报报表栏目定义表定义
11	金额 5	—	该示例不使用，由财报报表栏目定义表定义
12	金额 6	—	该示例不使用，由财报报表栏目定义表定义
13	金额 7	—	该示例不使用，由财报报表栏目定义表定义
14	金额 8	—	该示例不使用，由财报报表栏目定义表定义
15	金额 9	—	该示例不使用，由财报报表栏目定义表定义
16	更新时间	20200506111213	数据更新时系统自动生成，数据创建时更新时间与创建时间一致
17	是否删除	0（否）	默认值为 0，删除操作后，字段值由 0 变为 1
18	创建时间	20200506111213	数据创建时系统自动生成
19	报表数据唯一标识	a0dd30c411-8141-45a8-869e-1e272b19097f	数据创建时系统自动生成

表 3-459　　　　　　　　财报报表数据表（GFR_DATA）

序号	字段	字段值	备注
1	会计年度	2019	系统自动处理，根据预算填报年度生成
2	报送主体编码	110108120000（北京市海淀区××局本级）	选择录入，参照财报报送主体信息表的报送主体编码
3	报表项目编码	yszkmx0101（应收账款净额明细-应收本部门内部单位）	选择录入，根据报表定义时的报表项目编码生成
4	显示序号	0	系统自动处理，如果是固定行，则=0，是浮动行，则>0。系统按照数据填报的记录顺序自动保存
5	资金往来对象编码	—	选择录入，非浮动行为空
6	资金往来对象名称	—	选择录入，非浮动行为空
7	金额 1	1010000.00	系统根据浮动行自动计算，应收账款原值-年末数，由财报报表栏目定义表定义
8	金额 2	0.00	系统根据浮动行自动计算，减坏账准备-当期补提或冲减数，由财报报表栏目定义表定义
9	金额 3	10000.00	系统根据浮动行自动计算，减坏账准备-年末数，由财报报表栏目定义表定义

续表

序号	字段	字段值	备注
10	金额4	1000000.00	系统根据浮动行自动计算，应收账款净值－年末数，由财报报表栏目定义表定义
11	金额5	—	不使用，由财报报表栏目定义表定义
12	金额6	—	该示例不使用，由财报报表栏目定义表定义
13	金额7	—	该示例不使用，由财报报表栏目定义表定义
14	金额8	—	该示例不使用，由财报报表栏目定义表定义
15	金额9	—	该示例不使用，由财报报表栏目定义表定义
16	更新时间	20200506111213	数据更新时系统自动生成，数据创建时更新时间与创建时间一致
17	是否删除	0（否）	默认值为0，删除操作后，字段值由0变为1
18	创建时间	20200506111213	数据创建时系统自动生成
19	报表数据唯一标识	a0dd30c411－8141－45a8－869e－1e272b190970	数据创建时系统自动生成

表3－460　　财报报表数据表（GFR_DATA）

序号	字段	字段值	备注
1	会计年度	2019	系统自动处理，根据预算填报年度生成
2	报送主体编码	110108120000（北京市海淀区××局本级）	选择录入，参照财报报送主体信息表的报送主体编码
3	报表项目编码	yszkmx0101（应收账款净额明细－应收本部门内部单位）	选择录入，根据报表定义时的报表项目编码生成
4	显示序号	1	系统自动处理，如果是固定行，则=0，是浮动行，则>0。系统按照数据填报的记录顺序自动保存
5	资金往来对象编码	110108120001	手工录入或选择录入，如果是部门内、部门外、政府间、财政单位，则参照财报报送主体信息表选择，否则手工录入
6	资金往来对象名称	北京市海淀区××局××分局	手工录入或选择录入，如果是部门内、部门外、政府间、财政单位，则参照财报报送主体信息表带入，否则手工录入
7	金额1	510000.00	手工录入，应收账款原值－年末数，由财报报表栏目定义表定义
8	金额2	0.00	手工录入，减坏账准备－当期补提或冲减数，由财报报表栏目定义表定义

续表

序号	字段	字段值	备注
9	金额3	10000.00	手工录入,减坏账准备-年末数,由财报报表栏目定义表定义
10	金额4	500000.00	手工录入,应收账款净值-年末数,由财报报表栏目定义表定义
11	金额5	—	该示例不使用,由财报报表栏目定义表定义
12	金额6	—	该示例不使用,由财报报表栏目定义表定义
13	金额7	—	该示例不使用,由财报报表栏目定义表定义
14	金额8	—	该示例不使用,由财报报表栏目定义表定义
15	金额9	—	该示例不使用,由财报报表栏目定义表定义
16	更新时间	20200506111213	数据更新时系统自动生成,数据创建时更新时间与创建时间一致
17	是否删除	0（否）	默认值为0,删除操作后,字段值由0变为1
18	创建时间	20200506111213	数据创建时系统自动生成
19	报表数据唯一标识	a0dd30c411-8141-45a8-869e-1e272b190971	数据创建时系统自动生成

表3-461　　财报报表数据表（GFR_DATA）

序号	字段	字段值	备注
1	会计年度	2019	系统自动处理,根据预算填报年度生成
2	报送主体编码	110108120000（北京市海淀区××局本级）	选择录入,参照财报报送主体信息表的报送主体编码
3	报表项目编码	yszkmx0101（应收账款净额明细-应收本部门内部单位）	选择录入,参照财报报表项目定义表
4	显示序号	2	系统自动处理,如果是固定行,则=0,是浮动行,则>0。系统按照数据填报的记录顺序自动保存
5	资金往来对象编码	110108120002	手工录入或选择录入,如果是部门内、部门外、政府间、财政单位,则参照财报报送主体信息表选择,否则手工录入
6	资金往来对象名称	北京市海淀区××局××中心	手工录入或选择录入,如果是部门内、部门外、政府间、财政单位,则参照财报报送主体信息表带入,否则手工录入
7	金额1	500000.00	手工录入,应收账款原值-年末数,由财报报表栏目定义表定义

续表

序号	字段	字段值	备注
8	金额2	0.00	手工录入,减坏账准备-当期补提或冲减数,由财报报表栏目定义表定义
9	金额3	0.00	手工录入,减坏账准备-年末数,由财报报表栏目定义表定义
10	金额4	500000.00	手工录入,应收账款净值-年末数,由财报报表栏目定义表定义
11	金额5	—	该示例不使用,由财报报表栏目定义表定义
12	金额6	—	该示例不使用,由财报报表栏目定义表定义
13	金额7	—	该示例不使用,由财报报表栏目定义表定义
14	金额8	—	该示例不使用,由财报报表栏目定义表定义
15	金额9	—	该示例不使用,由财报报表栏目定义表定义
16	更新时间	20200506111213	数据更新时系统自动生成,数据创建时更新时间与创建时间一致
17	是否删除	0（否）	默认值为0,删除操作后,字段值由0变为1
18	创建时间	20200506111213	数据创建时系统自动生成
19	报表数据唯一标识	a0dd30c411-8141-45a8-869e-1e272b190972	数据创建时系统自动生成

（3）编制单位间抵销分录。

主管单位编制本单位作为合并主体的抵销分录。数据存储在财报抵销事项表（GFR_DATA_CANCEL）中,逻辑库表字段示例如表3-462和表3-463所示。

表3-462　　　　　　财报抵销事项表（GFR_DATA_CANCEL）

序号	字段	字段值	备注
1	会计年度	2019	系统自动处理,根据预算填报年度生成
2	报送主体编码	110108120001（北京市海淀区××局××分局）	选择录入,参照财报送主体信息表的报送主体编码
3	抵销事项编号	DX110108120001-0001	系统自动处理,生成抵销事项编号
4	抵销报表项目编码	yfzkmx0101（应付账款明细表-应付本部门内部单位）	选择录入,参照财报报表项目定义表的报表项目编码
5	抵销报表栏目代码	JE2	选择录入,参照财报报表栏目定义表的报表栏目代码

续表

序号	字段	字段值	备注
6	借贷方向	1（借）	1＝借，2＝贷
7	待抵销金额	530000.00	系统自动处理，根据与往来单位报表数据识别获得
8	确认金额	500000.00	手工录入
9	往来对象编码	110108120000	系统自动处理，引用财报报送主体信息表中的往来对象编码
10	往来对象名称	北京市海淀区××局本级	系统自动处理，引用财报报送主体信息表中的往来对象名称
11	组合抵销编号	DXZ110108120001－0001	系统自动处理，同一个抵销凭证生成相同的编号
12	更新时间	20200506111213	数据更新时系统自动生成，数据创建时更新时间与创建时间一致
13	是否删除	0（否）	默认值为0，删除操作后，字段值由0变为1
14	创建时间	20200420111212	数据创建时系统自动生成
15	抵销事项唯一标识	4e26274d11－9c5b－47d2－88e6－f03f51c6fd29	数据创建时系统自动生成

表 3－463　　财报抵销事项表（GFR_DATA_CANCEL）

序号	字段	字段值	备注
1	会计年度	2019	系统自动处理，根据预算填报年度生成
2	报送主体编码	110108120000（北京市海淀区××局本级）	选择录入，参照财报报送主体信息表的报送主体编码
3	抵销事项编号	DX110108120000－0001	系统自动处理，生成抵销事项编号
4	抵销报表项目编码	yszkmx0101（应收账款净额明细－应收本部门内部单位）	选择录入，参照财报报表项目定义表的报表项目编码
5	抵销报表栏目代码	JE4	选择录入，参照财报报表栏目定义表的报表栏目代码
6	借贷方向	2（贷）	1＝借，2＝贷
7	待抵销金额	500000.00	系统自动处理，根据与往来单位报表数据识别获得
8	确认金额	500000.00	手工录入
9	往来对象编码	110108120001	系统自动处理，引用财报报送主体信息表的往来对象编码
10	往来对象名称	北京市海淀区××局××分局	系统自动处理，引用财报报送主体信息表的往来对象名称
11	组合抵销编号	DXZ110108120001－0001	系统自动处理，同一个抵销凭证生成相同的编号

续表

序号	字段	字段值	备注
12	更新时间	20200506111213	数据更新时系统自动生成，数据创建时更新时间与创建时间一致
13	是否删除	0（否）	默认值为0，删除操作后，字段值由0变为1
14	创建时间	20200420111213	数据创建时系统自动生成
15	抵销事项唯一标识	4e26274d11-9c5b-47d2-88e6-f03f51c6fd30	数据创建时系统自动生成

（4）生成部门财务报表。

主管部门合并下级单位的报表和抵销分录，生成本部门的报表数据，并上报。主管部门的报送主体信息，存储在财报报送主体信息表（GFR_DW）中。字段示例参照"编制单位报表"一节。主管部门生成合并报表数据，数据存储在财报报表数据表（GFR_DATA）中。字段示例参照"编制单位报表"一节。

（5）编制资金主体报表。

财政资金主体（包括：财政总预算会计、土地储备资金会计、物资储备资金会计）填制报表数据，并确认上报。财政资金主体的报送主体信息，存储在财报报送主体信息表（GFR_DW）中。字段示例参照"编制单位报表"一节。财政资金主体填制的报表数据，数据存储在财报报表数据表（GFR_DATA）中。字段示例参照"编制单位报表"一节。

（6）生成单位（部门）财务报告。

基层预算单位或主管部门生成并上传财务报告。数据存储在财报报告表（GFR_FILE）中，附件内容可以存储在文件服务器上。逻辑库表存储示例如表3-464所示。

表3-464　　　　　　　财报报告表（GFR_FILE）

序号	字段	字段值	备注
1	会计年度	2019	系统自动处理，根据预算填报年度生成
2	报送主体编码	110108120000（北京市海淀区×××局本级）	选择录入，参照财报报送主体信息表
3	附件名称	［110108120000］北京市××区××局本级2019年财务报告.docx	系统自动处理，根据选择的附件带入附件的名称
4	附件路径	\upload\gfr\2019\110108	系统自动处理，按照文件存储在文件服务器上的路径生成
5	更新时间	20200506111213	数据更新时系统自动生成，数据创建时更新时间与创建时间一致
6	是否删除	0（否）	默认值为0，删除操作后，字段值由0变为1
7	创建时间	20200420111213	数据创建时系统自动生成

（7）编制部门间抵销分录。

本级政府在系统中编制部门间或部门与财政之间的抵销分录，数据存储在财报抵销事项表（GFR_DATA_CANCEL）中，数据库表字段示例参照"编制单位间抵销分录"一节。

（8）编制调整分录。

本级政府在系统中编制调整分录，数据存储在财报调整事项表（GFR_DATA_UPDATE）中，逻辑库表字段示例如表3-465所示。

表3-465　　　　　　财报调整事项表（GFR_DATA_UPDATE）

序号	字段	字段值	备注
1	会计年度	2019	系统自动处理，根据预算填报年度生成
2	报送主体编码	110108（北京市本级）	选择录入，参照财报报送主体信息表的报送主体编码
3	调整编号	TZ110108-001	系统自动处理，生成调整事项编号
4	借方报表项目编码	zhsrfy0201（工资福利费用）	选择录入，参照财报报表项目定义表的报表项目编码
5	借方报表栏目代码	JE2	选择录入，参照财报报表栏目定义表的报表栏目代码
6	借方往来对象编码	—	选择录入，参照财报报送主体信息表的报送主体编码，可为空
7	借方往来对象名称	—	选择录入，参照财报报送主体信息表带入的报送主体名称，可为空
8	贷方报表项目编码	zyslrsrzc5007（专用基金支出）	选择录入，参照财报报表项目定义表的报表项目编码
9	贷方报表栏目代码	JE2	选择录入，参照财报报表栏目定义表的报表栏目代码
10	贷方往来对象编码	—	选择录入，参照财报报送主体信息表的报送主体编码，可为空
11	贷方往来对象名称	—	选择录入，参照财报报送主体信息表带入的报送主体名称，可为空
12	待调整金额	1000000.00	系统自动处理，根据报表金额自动识别获得
13	确认金额	1000000.00	手工录入
14	组合调整编号	TZ110108-001	系统自动处理，同一个调整凭证生成相同的编号
15	更新时间	20200506111213	数据更新时自动生成，数据创建时更新时间与创建时间一致
16	是否删除	0（否）	默认值为0，删除操作后，字段值由0变为1

续表

序号	字段	字段值	备注
17	创建时间	20200420111213	创建数据时系统自动生成
18	调整事项唯一标识	e80007ad11-7968-4724-8251-4c5838d656d8	数据创建时系统自动生成

（9）生成政府综合财务报表。

本级政府合并各部门和财政资金主体的报表数据、抵销分录、调整分录，生成本级政府的政府综合财务报表数据，并确认上报。本级政府的报送主体信息，存储在财报报送主体信息表（GFR_DW）中。字段示例参照本书"编制单位报表"一节。本级政府生成的报表数据，数据存储在财报报表数据表（GFR_DATA）中。字段示例参照本书"编制单位报表"一节。

（10）生成政府综合财务报告。

本级政府生成并上传财务报告。数据存储在财报报告表（GFR_FILE）中，附件内容可以存储在文件服务器上。数据库表字段示例参照本书"生成单位（部门）财务报告"一节。

（11）编制政府间抵销分录。

地方政府在系统中编制政府间抵销分录，数据存储在财报抵销事项表（GFR_DATA_CANCEL）中，数据库表字段示例参照本书"编制单位间抵销分录"一节。

（12）生成地方政府综合财务报表。

各级地方政府合并下级政府的报表数据、抵销分录，生成地方政府的地方政府综合财务报表数据，并确认上报。各级地方政府的报送主体信息，存储在财报报送主体信息表（GFR_DW）中。字段示例参照"编制单位报表"一节。各级地方政府生成合并报表数据，数据存储在财报报表数据表（GFR_DATA）中。字段示例参照本书"编制单位报表"一节。

（13）生成地方政府综合财务报告。

各级地方政府生成并上传财务报告。数据存储在财报报告表（GFR_FILE）中，附件内容可以存储在文件服务器上。数据库表字段示例参照本书"生成单位（部门）财务报告"一节。

3.8.2.4　资产报表

资产报表包括行政事业单位国有资产年度报告和行政事业单位国有资产月报两部分，由单位编报，上报本部门上级单位逐级审核，后经部门审核、汇总后上报本级财政部门；各级财政部门按照财政部的统一要求，自下而上逐级审核、汇总、上报。数据主要来源于行政事业单位的资产负债表以及相关实物资产报表。涵盖的主要功能为：报表定义、生成资产报表数据、填写资产报表、上报单位资产报表、审核单位资产报表、汇总生成部门资产报表、上报部门资产报表、审核部门资产报表、汇总生成本级财政资产报表、上报财政资产报表等。涉及的业务活动及逻辑库表应用如表 3 – 466 所示。

表 3 – 466　　　　　　　　资产报表涉及的逻辑库表应用

序号	业务活动	逻辑库表	中文名称	备注
1	编制资产报表	FA_REPORT	资产报表定义表	存储财政部下发的资产报表定义信息
		FA_REPORT_ITEM	资产报表项目定义表	存储财政部下发的资产报表项目信息
		FA_REPORT_FIELD	资产报表栏目定义表	存储财政部下发的资产报表金额或数值栏目信息
		FA_DW	资产报表报送主体信息表	存储资产报表报送主体信息
		FA_DATA	资产报表数据表	存储资产报表数据信息
		FA_FILE	资产报告表	存储报送主体资产报告文本信息
2	上报单位资产报表	FA_DW	资产报表报送主体信息表	存储资产报表报送主体信息
		FA_DATA	资产报表数据表	存储资产报表数据信息
		FA_FILE	资产报告表	存储报送主体资产报告文本信息
3	审核单位资产报表	FA_DW	资产报表报送主体信息表	存储资产报表报送主体信息
		FA_DATA	资产报表数据表	存储资产报表数据信息
		FA_FILE	资产报告表	存储报送主体资产报告文本信息
4	汇总生成部门资产报表	FA_DW	资产报表报送主体信息表	存储资产报表报送主体信息
		FA_DATA	资产报表数据表	存储资产报表数据信息
		FA_FILE	资产报告表	存储报送主体资产报告文本信息
5	上报部门资产报表	FA_DW	资产报表报送主体信息表	存储资产报表报送主体信息
		FA_DATA	资产报表数据表	存储资产报表数据信息
		FA_FILE	资产报告表	存储报送主体资产报告文本信息
6	审核部门资产报表	FA_DW	资产报表报送主体信息表	存储资产报表报送主体信息
		FA_DATA	资产报表数据表	存储资产报表数据信息
		FA_FILE	资产报告表	存储报送主体资产报告文本信息

续表

序号	业务活动	逻辑库表	中文名称	备注
7	汇总生成本级财政资产报表	FA_DW	资产报表报送主体信息表	存储资产报表报送主体信息
		FA_DATA	资产报表数据表	存储资产报表数据信息
		FA_FILE	资产报告表	存储报送主体资产报告文本信息
8	上报财政资产报表	FA_DW	资产报表报送主体信息表	存储资产报表报送主体信息
		FA_DATA	资产报表数据表	存储资产报表数据信息
		FA_FILE	资产报告表	存储报送主体资产报告文本信息

1. 逻辑库表间关系

资产报表涉及的相关逻辑库表的关系如图 3-43 所示。

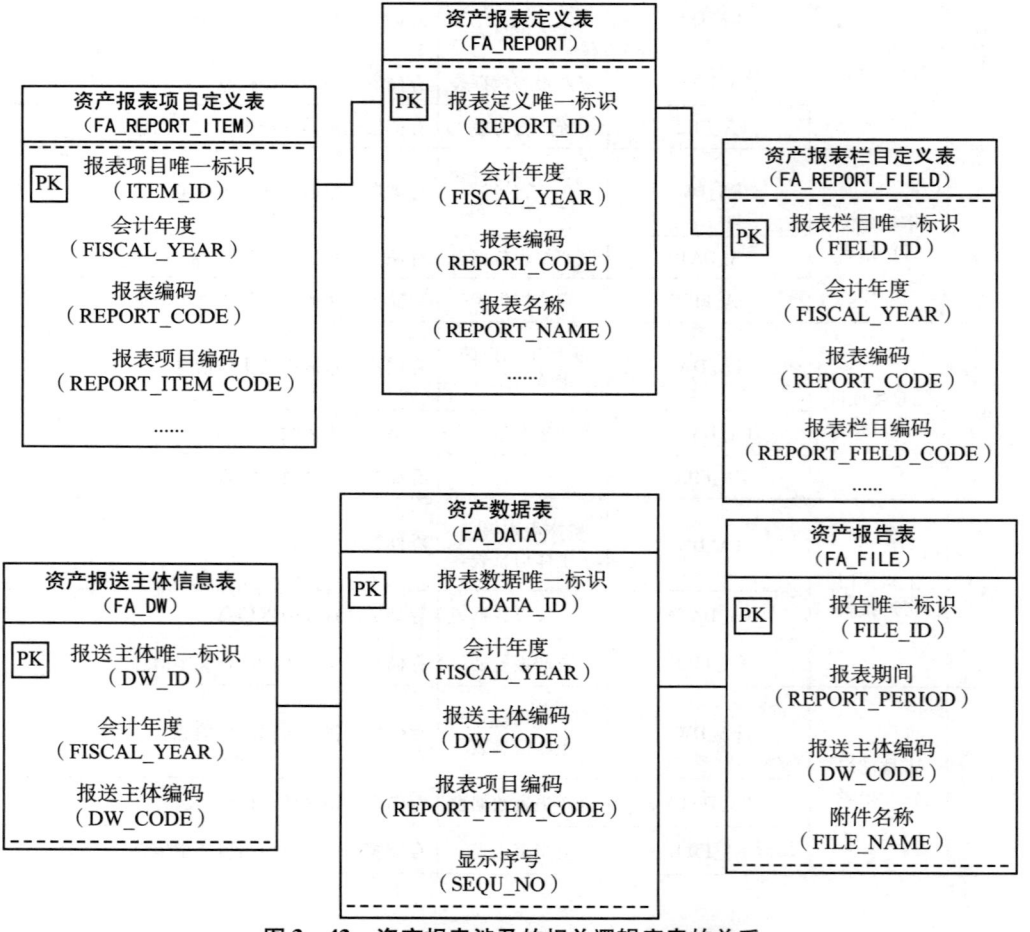

图 3-43 资产报表涉及的相关逻辑库表的关系

（1）资产报表定义表（FA_REPORT）中会计年度（FISCAL_YEAR）和报表编码（REPORT_CODE）分别对应资产报表项目定义表（FA_REPORT_ITEM）、资产报表栏目定义表（FA_REPORT_FIELD）中会计年度（FISCAL_YEAR）和报表编码（REPORT_CODE）。

（2）资产报表报送主体信息表（FA_DW）中报表期间（REPORT_PERIOD）和报送主体编码（DW_CODE）分别对应资产报表数据表（FA_DATA）和资产报告表（FA_FILE）中报表期间（REPORT_PERIOD）和报送主体编码（DW_CODE）。

（3）资产报表数据表（FA_DATA）中报表项目编码（REPORT_ITEM_CODE）对应资产报表项目定义表（FA_REPORT_ITEM）中的项目编码（REPORT_ITEM_CODE）。

2. 实现机制说明

（1）编制资产报表。

资产报表数据主要从单位会计账、资产信息、人员信息中提取。

①报表定义。根据资产月报、年报的填报要求，分别将报表、报表里的项目、栏目定义到 FA_REPORT、FA_REPORT_ITEM、FA_REPORT_FIELD 表中，以 2019 年年报为例，逻辑库表字段示例如表 3-467 ~ 表 3-469 所示。

表 3-467　　　　　　　　　资产报表定义表（FA_REPORT）

序号	字段	字段值	备注
1	会计年度	2019	手工录入
2	报表编码	NB2019-01	手工录入，保存数据时系统进行校验，保证编码的唯一性
3	报表名称	资产年报单户表财资01 资产负债表	手工录入
4	报表类型	15（行政事业单位国有资产年度报告）	选择录入，值集来源于报表类型管理要素
5	更新时间	20200101132355	数据更新时自动生成，数据创建时更新时间与创建时间一致
6	是否删除	0（否）	默认值为 0，删除操作后，字段值由 0 变为 1
7	创建时间	20200101132355	创建数据时系统自动生成
8	报表定义唯一标识	bc113baf11-96cc-4f7b-b6eb-e88579fa59c9	数据创建时系统自动生成

表 3－468　　　　　　　资产报表项目定义表（FA_REPORT_ITEM）

序号	字段	字段值	备注
1	会计年度	2019	系统自动处理，根据报表定义的会计年度生成
2	报表编码	NB2019－01	系统自动处理，根据报表定义的报表编码生成
3	报表项目编码	NB2019－01_R01	手工录入，保存数据时系统进行校验，保证报表项目编码的唯一性
4	报表项目名称	一、资产合计	手工录入
5	明细浮动要素类型	—	选择录入，值集来源业务要素表，无明细浮动要素时为空
6	更新时间	20200101132355	数据更新时自动生成，数据创建时更新时间与创建时间一致
7	是否删除	0（否）	默认值为0，删除操作后，字段值由0变为1
8	创建时间	20200101132355	创建数据时系统自动生成
9	报表项目唯一标识	9659590411－6d93－4540－b40f－f6605b383b87	数据创建时系统自动生成

表 3－469　　　　　　　资产报表栏目定义表（FA_REPORT_FIELD）

序号	字段	字段值	备注
1	会计年度	2019	系统自动处理，根据报表定义的会计年度生成
2	报表编码	NB2019－01	系统自动处理，根据报表定义的报表编码生成
3	报表栏目代码	NB2019－01_C01	手工录入
4	报表栏目名称	期初数	手工录入
5	报表栏目类型	01（金额）	选择录入
6	更新时间	20200101132355	数据更新时系统自动生成，数据创建时更新时间与创建时间一致
7	是否删除	0（否）	默认值为0，删除操作后，字段值由0变为1
8	创建时间	20200101132355	创建数据时系统自动生成
9	报表栏目唯一标识	3291f0db11－92e4－4b30－80c3－52432a2513a0	数据创建时系统自动生成

②生成、填报资产报表数据。资产月报、年报按照报表的定义，将相关报表封面、数据分别存储到 FA_DW、FA_DATA。以 2019 年年报为例，逻辑库表字段示例如表 3－470 和表 3－471 所示。

表 3-470　　　　　　　　资产报表报送主体信息表（FA_DW）

序号	字段	字段值	备注
1	报表期间	2019Y	系统自动处理，根据报表定义的会计年度生成
2	报送主体编码	110108120000	系统自动生成，值集来源于单位信息管理要素
3	报送主体类型	0（基层预算单位）	系统自动生成，值集来源于报表主体类型管理要素
4	报送主体名称	北京市××区××局本级	选择录入，值集来源于单位信息管理要素
5	上级报送主体编码	110108120（北京市××区）	选择录入，值集来源于单位信息管理要素
6	单位负责人	李强	选择录入，值集来源于人员信息管理要素
7	资产管理负责人	李四	选择录入，值集来源于人员信息管理要素
8	填报人	张三	系统自动处理，值集来源于人员信息管理要素
9	电话号码	13898765432	手工录入
10	单位地址	北京市××区××街道8号	选择录入，值集来源于单位信息管理要素
11	邮政编码	100000	系统自动处理，值集来源于单位信息管理要素
12	行政区划代码	110108000（北京市××区）	系统自动处理，引用单位基本信息表中的单位所在地区划代码
13	财政区划代码	110108999（北京市××区）	系统自动处理，引用单位基本信息表中的财政区划代码
14	财政预算代码	110108120000（北京市××区××局本级）	选择录入，引用单位基本信息表选择单位代码
15	单位预算级次	3（三级预算单位）	系统自动处理，引用单位基本信息表中的预算单位级次代码
16	报表小类	0（单户表）	选择录入，值集来源于报表小类管理要素
17	单位基本性质	1（行政单位）	选择录入，值集来源于单位类型管理要素
18	单位执行会计制度	11（政府会计准则制度）	选择录入，值集来源于执行会计制度管理要素
19	隶属关系	110108111	中央单位：前六个空格均填零，后三个空格根据国家标准《中央党政机关、人民团体及其他机构代码》（GB/T4657-2009）编制，无隶属关系为空
20	国民经济行业分类	S92（国家机构）	选择录入，值域来源于VD01004（国民经济分类代码表）
21	新报因素	0（连续上报）	选择录入，值域来源于VD15004（新报因素）

续表

序号	字段	字段值	备注
22	备用码	—	手工录入，可为空
23	统一社会信用代码	123456789987654321	选择录入，值域来源于VD00008（社会统一信用代码表）
24	需要说明的有关情况和问题	—	手工录入，可为空
25	备注	—	手工录入，可为空
26	报送日期	20200301	上报数据时系统自动生成
27	更新时间	20200301155608	数据更新时自动生成，数据创建时更新时间与创建时间一致
28	是否删除	0（否）	默认值为0，删除操作后，字段值由0变为1
29	创建时间	20200101132355	创建数据时系统自动生成
30	报表类型	15（行政事业单位国有资产年度报告）	选择录入，值集来源于报表类型管理要素
31	报送主体唯一标识	ffd65baf11-96cc-4f7b-b6eb-e88579fa1234	数据创建时系统自动生成

表3-471　　　　　　　　　资产报表数据表（FA_DATA）

序号	字段	字段值	备注
1	报表数据唯一标识	a7344f3d11-630f-4a80-a074-92459232c457	数据创建时系统自动生成
2	报表期间	2019Y	系统自动处理，根据报表定义的报表期间生成
3	报送主体编码	110108120000（北京市××区××局本级）	系统自动生成，值集来源于单位信息管理要素
4	报表项目编码	NB2019-01_R01	系统自动生成，值集来源于报表项目管理要素
5	显示序号	1	手工录入，表格中的序号
6	报表项目明细编码	—	手工录入（部分报表浮动行有值），无报表项目明细为空
7	报表项目明细名称	—	手工录入（部分报表浮动行有值），无报表项目明细为空

续表

序号	字段	字段值	备注
8	备注	—	手工录入，可为空
⋮	⋮	⋮	⋮
14	数值1	1616549.03	手工录入
48	更新时间	20200101132355	数据更新时自动生成，数据创建时更新时间与创建时间一致
50	创建时间	20200101132355	创建数据时系统自动生成
⋮	⋮	⋮	⋮

单位根据资产报表要求，编制资产报告文本存储在资产报告表（FA_FILE）中。逻辑库表字段示例如表3－472所示。

表3－472　　　　　　　资产报告表（FA_FILE）

序号	字段	字段值	备注
1	报表期间	2019Y	系统自动生成，根据报表定义时的报表期间值生成
2	报送主体编码	110108120000（北京市××区××局本级）	系统自动生成，值集来源于单位信息管理要素
3	附件名称	×××国有资产报告.doc	系统按照附件命名规则生成财政总决算说明文本文件名
4	附件路径	/×××/×××/××××	系统自动带入附件配置的路径
5	更新时间	20200101132355	数据更新时自动生成，数据创建时更新时间与创建时间一致
6	创建时间	20200101132355	数据创建时系统自动生成
7	报表类型	15（行政事业单位国有资产年度报告）	选择录入，值集来源于报表类型管理要素
8	资产报告表唯一标识	knmg0dda11-d6bf-4744-86aa-18bfd780985y	数据创建时系统自动生成

（2）上报单位资产报表。

单位资产报表经审核无误后，将资产报表和文本电子数据通过系统上报至上级部门。上报单位资产报表的业务活动，不涉及《标准》中资产报表逻辑库表的数据变化，因此实现机制说明不再赘述。

(3) 审核单位资产报表。

部门审核下级单位资产报表，审核不通过的要退回到单位进行调整。审核单位资产报表的业务活动，不涉及《标准》中资产报表逻辑库表的数据变化，因此实现机制说明不再赘述。

(4) 汇总生成部门资产报表。

本部门汇总下级各单位的资产报表数据生成本部门的资产报表数据，并编制本部门资产报告文本。本部门的报送主体信息存储在资产报表报送主体信息表（FA_DW）中；本部门生成的资产报表数据存储在资产报表数据表（FA_DATA）中；本部门资产报告文本存储在资产报告表（FA_FILE）中；字段示例参照本教程本章节"（1）编制资产报告②生成、填报资产报表数据"一节。

(5) 上报部门资产报表。

部门资产报表经审核无误后，将资产报表和文本电子数据通过系统上报至本级财政。上报部门资产报表的业务活动，不涉及《标准》中资产报表逻辑库表的数据变化，因此实现机制说明不再赘述。

(6) 审核部门资产报表。

财政审核各部门的资产报表，审核不通过的要退回到部门进行调整。审核部门资产报表的业务活动，不涉及《标准》中资产报表逻辑库表的数据变化，因此实现机制说明不再赘述。

(7) 汇总生成财政资产报表。

财政汇总各部门的资产报表数据生成本级财政的资产报表数据，并编制本级财政资产报告文本。本级财政的报送主体信息存储在资产报表报送主体信息表（FA_DW）中；本级财政生成的资产报表数据存储在资产报表数据表（FA_DATA）中；本级财政资产报告文本存储在资产报告表（FA_FILE）中；字段示例参照本教程本章节"（1）编制资产报告②生成、填报资产报表数据"一节。

(8) 上报财政资产报表。

本级财政资产报表经审核无误后，将资产报表和文本电子数据通过系统上报至上级财政。上报财政资产报表的业务活动，不涉及《标准》中资产报表逻辑库表的数据变化，因此实现机制说明不再赘述。

3.8.3 常见问题

（1）会计科目使用主体类型中"10 企业会计制度"和"11 企业会计准则"是否重复？

《企业会计制度》与《企业会计准则》不重复，在适用范围、侧重点、结构体系和规范形式等方面都不相同，两者需要配套使用。在部门决算报表、政府财务报告和资产报表业务中，填报报送主体信息的"单位执行会计制度"要素时，需要在"VDO8112 会计科目使用主体类型"代码集中选择本单位执行的会计制度：《企业会计制度》适用于除金融保险企业以外的所有符合条件的大、中企业；《企业会计准则》适用于股份有限公司，有些也适用于其他企业。

（2）单位执行会计制度是引用《标准》中的"VDO8112 会计科目使用主体类型"还是"VDO8102 执行会计制度"？

"单位执行会计制度"统一引用"VDO8112 会计科目使用主体类型"，"VDO8102 执行会计制度"不再使用。

（3）《标准》中决算和报告章节中决算、资产报表数据表分别预留了大量金额字段（120 个和 100 个），是否需要实际在数据库中创建相同数量字段？

决算和资产报表预留金额字段数量是为了满足实际业务的需要：如 2019 年部门决算报表的"ZO5 支出决算明细表（财决 05 表）"栏目数为 107 个，2019 年资产年报的"财资综 06 资产处置情况汇总表"栏目数为 88 个，在实际数据库中也需要按照报表栏目数创建相同数量字段。

（4）《标准》中决算报送主体信息表（GFA_DW）只有填报人姓名（PER_NAME）一个字段，实际业务中同名同姓的人会导致数据重复，是否需要在决算报送主体信息表（GFA_DW）中添加人员 ID 字段？

《标准》中是逻辑库表不是数据库设计，地方在预算管理一体化系统规划设计时可以针对逻辑库表进行扩展，如在决算报送主体信息表（GFA_DW）中扩展用户 ID、用户 CODE 等字段。

3.9 重要专题说明

3.9.1 项目全生命周期管理的实现机制

3.9.1.1 业务描述

项目库实行全生命周期管理，主要分为前期谋划、项目储备、预算编制、项目实施、项目结束等阶段，全流程动态记录项目信息变化情况。预算项目逐年滚动管理，经常性项目、延续性项目以及当年未安排的预算储备项目，自动转入下一年度储备。因项目任务完成、项目提前终止、项目计划变更等原因结束项目时，单位应在最后一笔资金支付完成后，对项目标记"终止"标识；项目尚未结束且下一年仍需执行的，在编报下一年预算时按预估结转金额进行编报，待年终指标结转后，将实际结转数更新到下一年该项目预算编报的申报数中。

3.9.1.2 实现思路

项目全生命周期由项目申报、预算编报、预算批复、支付申请、资金结转、资金结余、项目终止、项目结余等业务环节实现。为了项目信息可以在整个流程中追溯，整个流程中项目代码需要保持不变，具体实现流程如图 3-44 所示。

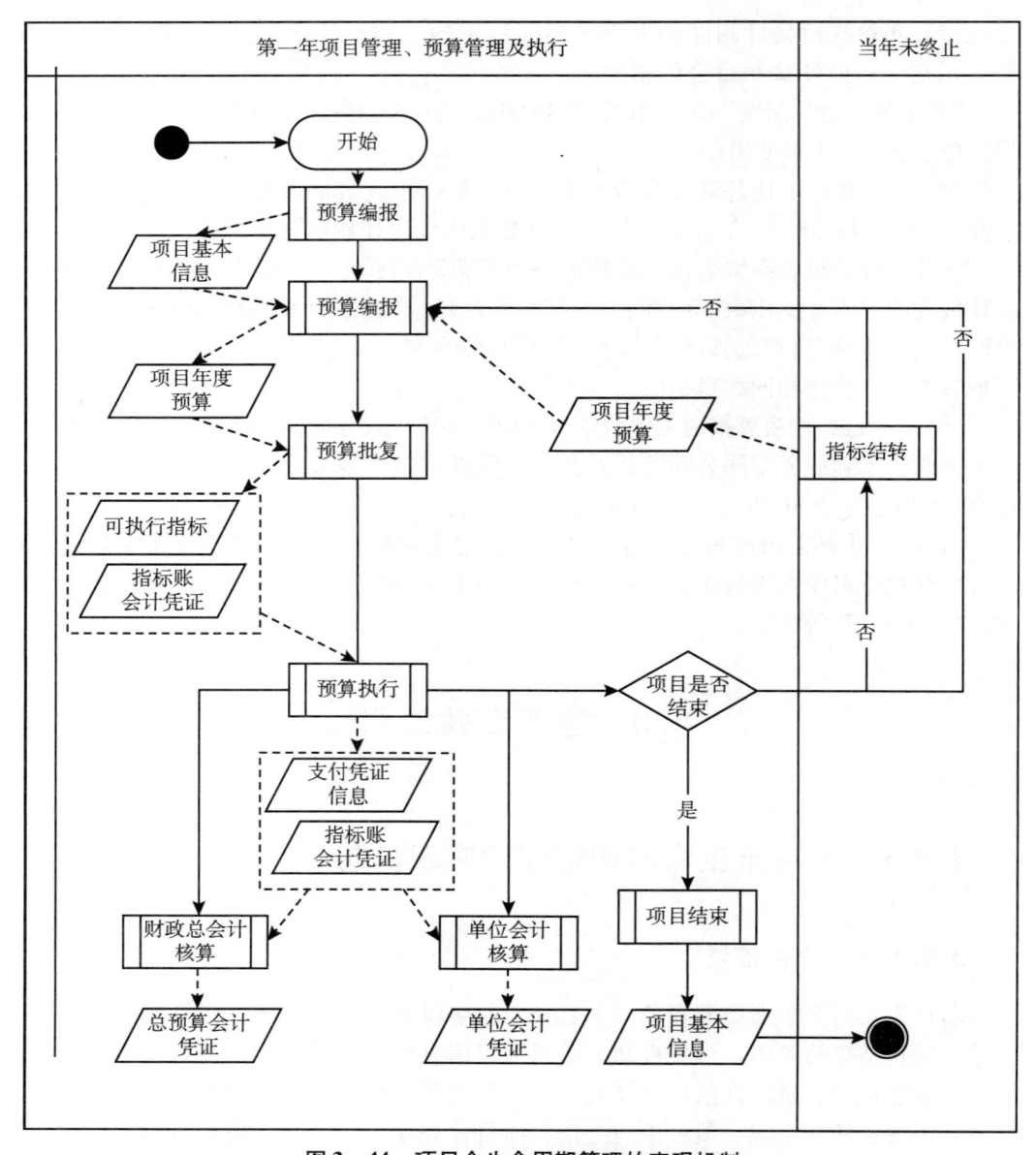

图 3-44 项目全生命周期管理的实现机制

（1）在"项目申报"环节，编报项目基本信息时将项目的"是否终止状态"初始值设置为"否"。

（2）在"预算编制"环节，项目经过部门、财政审批后，形成项目年度预算信息。

（3）在"预算批复"环节，根据项目年度预算信息生成可执行指标信息，生成可执行指标过程中同时记指标账，生成指标账会计凭证。

（4）在"预算执行"环节，根据可执行指标录入支付凭证信息。

（5）支付完成后，财政根据支付凭证信息登记财政总预算会计账，生成财政总预算会计凭证。支付过程中同时记指标账。

（6）支付完成后，单位根据支付凭证信息记单位会计账，生成单位会计凭证。

（7）如果项目本年能执行完毕，则完成最后一笔支付后，设置项目基本信息的"是否终止状态"为"是"。

（8）如果估计当年项目无法完成，则编报下一年预算的时候预估结转金额进行编报。

（9）项目没完成，则在年终的时候进行指标结转，结转后将实际结转数更新到下一年的该项目预算编报的"申报数"。

3.9.1.3 库表应用

项目全生命周期管理涉及的主要业务活动及逻辑库表应用如表3-473所示。

表3-473　项目全生命周期管理涉及的主要业务活动及逻辑库表应用

序号	业务活动	逻辑库表	中文名称	备注
1	项目申报	PM_PROJECT_INFO	项目基本信息表	存储单位编报项目信息，经过部门、财政审核后形成最终批复的项目信息
2	预算编报	BGT_PM_ANNUAL	部门预算项目年度预算表	预算项目批复后，存储预算单位根据项目信息编报预算编制信息
3	可执行指标	BA_BGT_INFO	指标信息表	本级人大批准政府预算后，存储生成支出预算指标信息
4	支付申请	PAY_VOUCHER_BILL	国库集中支付凭证表	指标批复后，根据指标生成支付申请，存储支付申请审核后生成国库集中支付凭证信息
5	支付凭证信息	GLF_VOU_DETAIL	财政总预算会计凭证分录表	存储财政记账结果信息
5	支付凭证信息	GLA_VOU_DETAIL	单位会计凭证分录表	存储单位记账结果信息
6	指标账会计凭证	GLB_VOU_DETAIL	指标账凭证分录表	指标批复、支付申请编报过程中存储指标账，指标账信息
7	项目是否结束	PM_PROJECT_INFO	项目基本信息表	项目基本信息的"是否终止状态"变更为"是"
8	指标结转	BGT_PM_ANNUAL	部门预算项目年度预算表	年终指标结转后，将实际结转数更新到下一年的该项目预算编报的"申报数"

1. 逻辑库表间关系

项目全生命周期涉及的相关逻辑库表的关系如图3-45所示。

```
┌─────────────────────────────┐
│  部门预算项目年度预算表      │
│     (BGT_PM_ANNUAL)         │
├─────────────────────────────┤
│ PK │ 项目年度预算            │
│    │ (BGT_PMAN_ID)           │
├────┴────────────────────────┤
│     财政区划代码             │
│     (MOF_DIV_CODE)           │
│     项目代码                 │
│     (PRO_CODE)               │
│     预算年度                 │
│     (FISCAL_YEAR)            │
│     项目代码                 │
│     (PRO_CODE)               │
└─────────────────────────────┘
```

项目指标信息表 (BA_BGT_INFO)	项目基本信息表 (PM_PROJECT_INFO)	国库集中支付凭证表 (PAY_VOUCHER_BILL)
PK 指标主键 (BGT_ID)	PK 项目主键 (PRO_ID)	PK 国库集中支付凭证表 (PAY_APP_ID)
项目代码 (PRO_CODE)	财政区划代码 (MOF_DIV_CODE)	财政区划代码 (MOF_DIV_CODE)
财政区划代码 (MOF_DIV_CODE)	项目代码 (PRO_CODE)	项目代码 (PRO_CODE)
预算年度 (FISCAL_YEAR)	项目名称 (PRO_NAME)	预算年度 (FISCAL_YEAR)
	是否终止 (IS_END)	支付凭证号 (PAY_CERT_NO)

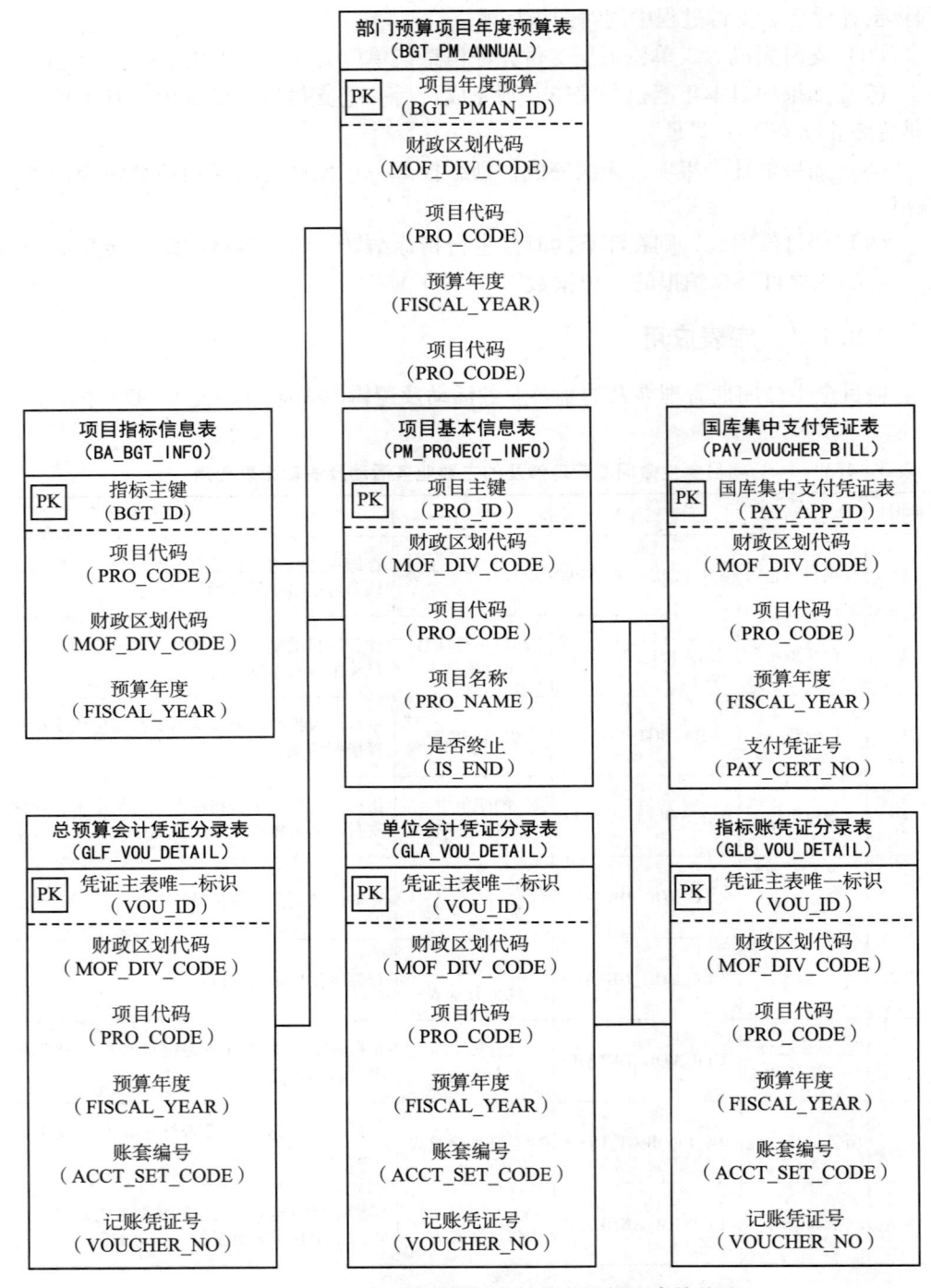

总预算会计凭证分录表 (GLF_VOU_DETAIL)	单位会计凭证分录表 (GLA_VOU_DETAIL)	指标账凭证分录表 (GLB_VOU_DETAIL)
PK 凭证主表唯一标识 (VOU_ID)	PK 凭证主表唯一标识 (VOU_ID)	PK 凭证主表唯一标识 (VOU_ID)
财政区划代码 (MOF_DIV_CODE)	财政区划代码 (MOF_DIV_CODE)	财政区划代码 (MOF_DIV_CODE)
项目代码 (PRO_CODE)	项目代码 (PRO_CODE)	项目代码 (PRO_CODE)
预算年度 (FISCAL_YEAR)	预算年度 (FISCAL_YEAR)	预算年度 (FISCAL_YEAR)
账套编号 (ACCT_SET_CODE)	账套编号 (ACCT_SET_CODE)	账套编号 (ACCT_SET_CODE)
记账凭证号 (VOUCHER_NO)	记账凭证号 (VOUCHER_NO)	记账凭证号 (VOUCHER_NO)

图 3-45　项目全生命周期涉及的相关逻辑库表的关系

（1）部门预算年度预算表（BGT_PM_ANNUAL）中的项目代码（PRO_CODE）对应了项目基本信息表（PM_PROJECT_INFO）中的项目代码（PRO_CODE）。

（2）国库集中支付凭证表（PAY_VOUCHER_BILL）中的项目代码（PRO_CODE）

对应了项目基本信息表（PM_PROJECT_INFO）中的项目代码（PRO_CODE）。

（3）总预算会计凭证分录表（GLF_VOU_DETAIL）中的项目代码（PRO_CODE）对应了项目基本信息表（PM_PROJECT_INFO）中的项目代码（PRO_CODE）。

（4）单位会计凭证分录表（GLA_VOU_DETAIL）中的项目代码（PRO_CODE）对应了项目基本信息表（PM_PROJECT_INFO）中的项目代码（PRO_CODE）。

（5）指标账凭证分录表（GLB_VOU_DETAIL）中的项目代码（PRO_CODE）对应了项目基本信息表（PM_PROJECT_INFO）中的项目代码（PRO_CODE）。

2. 实现机制说明

（1）项目编报。

单位编报项目信息，经过部门、财政审核后形成最终批复的项目，存储到部门预算项目年度预算表（BGT_PM_ANNUAL），逻辑库表字段变化示例如表3-474所示。

表3-474　　　　　　　项目基本信息表（PM_PROJECT_INFO）

序号	字段	字段值	备注
1	项目主键	212a530b-74b0-4dd6-8e43-6bdfa5d1735a	数据创建时系统自动生成
2	财政区划代码	110000000（北京市本级）	系统自动处理，值集来源于财政区划管理要素
3	设立年度	2020	手工录入，根据实际情况
4	项目代码	110000200422070000000	系统自动处理，根据项目代码规则生成
5	项目名称	国家科技自然科学基金项目	手工录入，根据实际情况填写
27	是否终止	2（否）	选择录入，值集来源于是否终止管理要素
⋮	⋮	⋮	⋮

（2）预算编报。

预算项目批复后，预算单位根据项目信息编报预算编制信息，数据保存到部门预算项目年度预算表（BGT_PM_ANNUAL）中，逻辑库表字段变化示例如表3-475所示。

表3-475　　　　　　部门预算项目年度预算表（BGT_PM_ANNUAL）

序号	字段	字段值	备注
1	项目年度预算主键	212a530b-74b0-4dd6-8e43-6bdfa5d1735a	数据创建时系统自动生成
2	财政区划代码	110000000（北京市本级）	系统自动处理，值集来源于财政区划业务管理要素
3	预算年度	2020	系统自动生成，根据预算填报年度生成
6	项目代码	110000202021000000001	系统引用项目基本信息表中的项目代码
⋮	⋮	⋮	⋮

(3) 可执行指标。

本级人大批准政府预算后,生成支出预算指标,保存到指标信息表(BA_BGT_INFO),逻辑字段存储示例如表 3-476 所示。

表 3-476　　　　　　　　指标信息表(BA_BGT_INFO)

序号	字段	字段值	备注
1	指标主键	212a530b-74b0-4dd6-8e43-6bdfa5d1735a	数据创建时系统自动生成
2	财政区划代码	110000000(北京市本级)	系统自动处理,值集来源于财政区划代码管理要素
3	预算年度	2020	系统自动生成,根据预算填报年度生成
4	本级指标文号	×财教〔2020〕90 号	手工录入或从 OA 系统获取
10	项目代码	110000200422070000000	系统自动引用项目基本信息表中的项目代码
⋮	⋮	⋮	⋮

(4) 支付申请。

指标批复后,根据指标生成支付申请,支付申请审核后生成国库集中支付凭证信息,保存到国库集中支付凭证表(PAY_VOUCHER_BILL),逻辑库表字段变化示例如表 3-477 所示。

表 3-477　　　　　　　国库集中支付凭证表(PAY_VOUCHER_BILL)

序号	字段	字段值	备注
1	支付凭证主键	212a530b-74b0-4dd6-8e43-6bdfa5d1735a	数据创建时系统自动生成
2	资金性质代码	111(一般公共预算资金)	系统自动引用支付申请中的资金性质代码
3	预算年度	2020	系统自动处理,根据预算填报年度生成
25	项目代码	110000191422070000001	系统自动引用支付申请中的项目代码
26	财政区划代码	110000000(北京市本级)	系统自动处理,值集来源于财政区划管理要素
⋮	⋮	⋮	⋮

(5) 支付凭证信息。

支付完成后,财政和单位根据支付凭证进行记账,财政记账结果保存到总预算会计凭证分录表(GLF_VOU_DETAIL),单位记账结果保存到单位会计凭证分录表(GLA_VOU_DETAIL),逻辑库表字段变化示例如表 3-478 和表 3-479 所示。

表3-478　　　　　财政总预算会计凭证分录表（GLF_VOU_DETAIL）

序号	字段	字段值	备注
1	凭证分录唯一标识	q7344f3d-630f-4a80-flid-202005230001	数据创建时系统自动生成
2	凭证主表唯一标识	q7344f3d-630f-4a80-pzid-202005230000	系统自动引用财政总预算会计凭证主表中的凭证主表唯一标识
3	财政区划代码	110000000（北京市本级）	系统自动处理，值集来源于财政区划管理要素
4	会计年度	2020	系统自动引用财政总预算会计账套表中的会计年度
22	项目代码	110000191422070000001	选择录入或根据上年数据自动生成，自动生成时值来源于本表的上年数据，值集来源于项目代码管理要素，不核算该要素时为空
28	资金性质代码	111（一般公共预算资金）	选择录入或系统自动引用上年数据
⋮	⋮	⋮	⋮

表3-479　　　　　单位会计凭证分录表（GLA_VOU_DETAIL）

序号	字段	字段值	备注
1	凭证分录唯一标识	212a530b-74b0-4dd6-8e43-6bdfa5d1735a	数据创建时系统自动生成
2	凭证主表唯一标识	PZID0000	系统自动引用单位会计凭证主表中的凭证主表唯一标识
3	财政区划代码	110000000（北京市本级）	系统自动引用单位会计账套表中的财政区划
4	会计年度	2020	系统自动引用单位会计账套表中的会计年度
⋮	⋮	⋮	⋮

（6）指标账会计凭证。

在预算批复、支付申请编报过程中记录指标账，指标账信息保存到指标账凭证分录表（GLB_VOU_DETAIL），逻辑库表字段变化示例如表3-480所示。

表3-480　　　　　指标账凭证分录表（GLB_VOU_DETAIL）

序号	字段	字段值	备注
1	凭证分录唯一标识	212a530b-74b0-4dd6-8e43-6bdfa5d1735a	数据创建时系统自动生成
2	凭证主表唯一标识	b2744f3d-632f-4a81-a074-974552	系统自动引用指标账凭证主表中的凭证主表唯一标识
3	账套编号	ZT0001	系统自动引用指标账账套表中的账套编号
4	财政区划代码	110000000（北京市本级）	系统自动引用指标账账套表中的财政区划代码

续表

序号	字段	字段值	备注
18	项目代码	1100000020021111510020	系统自动处理，从传入的指标单据相应字段获取
⋮	⋮	⋮	⋮

（7）项目是否结束。

最后一笔支付完成后，该项目基本信息记录的是否终止字段由否变为是，逻辑库表字段变化示例如表3–481所示。

表 3–481　　　　项目基本信息表（PM_PROJECT_INFO）

序号	字段	字段值	备注
1	项目主键	212a530b–74b0–4dd6–8e43–6bdfa5d1735a	数据创建时系统自动生成
27	是否终止	1（是）	系统自动处理，值集合来源于是否终止管理要素
⋮	⋮	⋮	⋮

（8）指标结转。

年终指标结转后，将实际结转数更新到下一年的该项目预算编报的"申报数"，数据更新到部门预算项目年度预算表（BGT_PM_ANNUAL），逻辑库表字段变化示例如表3–482所示。

表 3–482　　　　部门预算项目年度预算表（BGT_PM_ANNUAL）

序号	字段	字段值	备注
1	项目年度预算主键	212a530b–74b0–4dd6–8e43–6bdfa5d1735a	数据创建时系统自动生成
2	财政区划代码	110000000（北京市本级）	系统自动处理，值集来源于财政区划管理要素
3	预算年度	2020	系统自动处理，根据预算填报年度生成
6	项目代码	1100002020210000000001	系统自动引用财政资金结转指标表中的项目代码
11	申报数	200000.00	指标结转后修改为实际结转金额
⋮	⋮	⋮	⋮

3.9.2　预拨指标核销的实现机制

3.9.2.1　业务描述

预拨指标是指在本级人民代表大会批准年度预算前，可以提前预拨已列入年度预算的各部门的支出和对下级转移支付支出，以及法律规定必须履行支出义务的支出和用于自然灾害等突发事件处理的支出。预拨指标在预算批复后，需要使用正式指标进行核销。预拨核销的功能实现目标是使用正式指标替换预拨指标，并将已经发生的支付数据中的有关信息按照正式指标的内容进行更新。

提前下达下级指标和本级预拨指标的指标类型都是"11 预拨指标"，都需要进行核销，实现机制按指标账实施方案对于提前下达下级指标和本级预拨指标的核销采用不同核算分录分别进行登记和核销。

3.9.2.2　实现思路

预拨指标核销功能可以通过预算批复、支付更正、指标核销等功能组合实现。具体实现思路如图 3-46 所示。

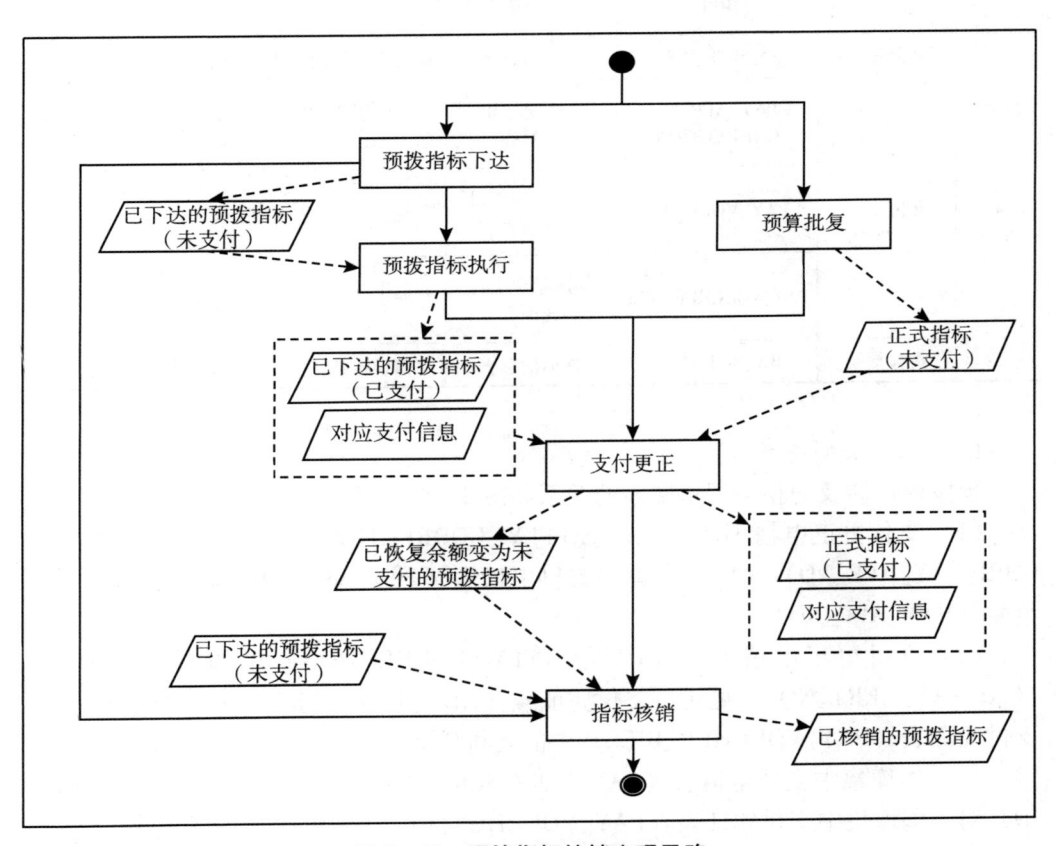

图 3-46　预拨指标核销实现思路

（1）通过预算批复流程批复下达正式指标，对已经下达的预拨指标进行核销处理。

（2）如果对应需要核销的预拨指标已支付，则通过支付更正功能更正有关信息，将已发生的支付信息的来源指标指向正式指标，并根据正式指标的信息更新支付信息中的相关内容。系统正式指标反映为已支付，而预拨指标反映为未支付。

（3）通过指标核销功能核销预拨指标，完成核销工作。

3.9.2.3 库表应用

预拨核销涉及的主要业务活动及逻辑库表应用如表 3-483 所示。

表 3-483　　　　预拨核销涉及的主要业务活动及逻辑库表应用

序号	业务活动	逻辑库表	中文名称	备注
1	预拨指标下达	BA_BGT_INFO	指标信息表	存储下达的预拨指标信息
2	预拨指标执行	PAY_VOUCHER	国库集中支付申请表	存储使用预拨指标形成的支付申请信息
		PAY_VOUCHER_BILL	国库集中支付凭证表	存储使用预拨指标的支付申请生成的支付凭证信息
3	预算批复下达	BA_BGT_INFO	指标信息表	存储下达的用于更正的正式指标信息
4	支付更正	PAY_APPLY_CORRECTION	支付更正申请书表	存储使用正式指标生成的支付更正申请书信息
		PAY_VOUCHER	国库集中支付申请表	存储更正形成的支付申请信息
		PAY_VOUCHER_BILL	国库集中支付凭证表	存储更正生成的支付凭证信息
5	指标核销	BA_BGT_INFO	指标信息表	存储预拨指标核销产生的核销指标信息

1. 逻辑库表间关系

预拨核销涉及的相关逻辑库表的关系如图 3-47 所示。

（1）支付更正申请书表（PAY_APPLY_CORRECTION）中的原支付申请主键（ORI_PAY_APP_NO）对应国库集中支付申请表（PAY_VOUCHER）中的支付申请编号（PAY_APP_NO）。

（2）支付更正申请书表（PAY_APPLY_CORRECTION）中的原支付凭证号（ORI_PAY_CERT_NO）、更正后支付凭证号（NEW_PAY_CERT_NO）对应国库集中支付凭证表（PAY_VOUCHER_BILL）中的支付凭证号（PAY_CERT_NO）。

（3）国库集中支付申请表（PAY_VOUCHER）中的支付凭证主键（PAY_CERT_ID）对应国库集中支付凭证表（PAY_VOUCHER_BILL）中的支付凭证主键（PAY_CERT_ID）。

（4）国库集中支付申请表（PAY_VOUCHER）中的指标主键（BGT_ID）对应指标信息表（BA_BGT_INFO）中的指标主键（BGT_ID）。

2. 实现机制说明

（1）预拨指标下达。

预拨指标经录入、审核后下达，会在指标信息表（BA_BGT_INFO）中存储预拨指标信息，逻辑库表字段变化示例如表 3-484 所示。

第3章 系统功能设计

```
┌─────────────────────┐              ┌─────────────────────┐
│    指标信息表        │              │ 国库集中支付申请表   │
│   (BA_BGT_INFO)     │              │   (PAY_VOUCHER)     │
├─────────────────────┤              ├─────────────────────┤
│ PK │ 指标主键        │──────┐       │ PK │ 支付申请主键    │
│    │ (BGT_ID)       │      │       │    │ (PAY_APP_ID)   │
│────┴────────────────│      │       │────┴────────────────│
│                     │      │       │      指标主键       │
└─────────────────────┘      │       │     (BGT_ID)       │
                             │       │                     │
┌─────────────────────┐      │       │     支付申请编号    │
│   支付更正申请书表   │      │       │    (PAY_APP_NO)    │
│(PAY_APPLY_CORRECTION)│     │       │                     │
├─────────────────────┤      │       │     支付凭证主键    │
│ PK │ 更正申请书主键  │      │       │    (PAY_CERT_ID)   │
│    │(CORRECT_APPLY_ID)│    │       └─────────────────────┘
│────┴────────────────│      │       
│    原支付申请主键    │──────┘       ┌─────────────────────┐
│   (ORI_PAY_APP_NO)  │              │ 国库集中支付凭证表   │
│                     │              │ (PAY_VOUCHER_BILL)  │
│    原支付凭证号      │              ├─────────────────────┤
│  (ORI_PAY_CERT_NO)  │              │ PK │ 支付凭主键      │
│                     │              │    │ (PAY_CERT_ID)  │
│   更正后支付凭证号   │──────────────│────┴────────────────│
│   (NEW_PAY_CERT_NO) │              │     支付凭证号      │
└─────────────────────┘              │    (PAY_CERT_NO)   │
                                     └─────────────────────┘
```

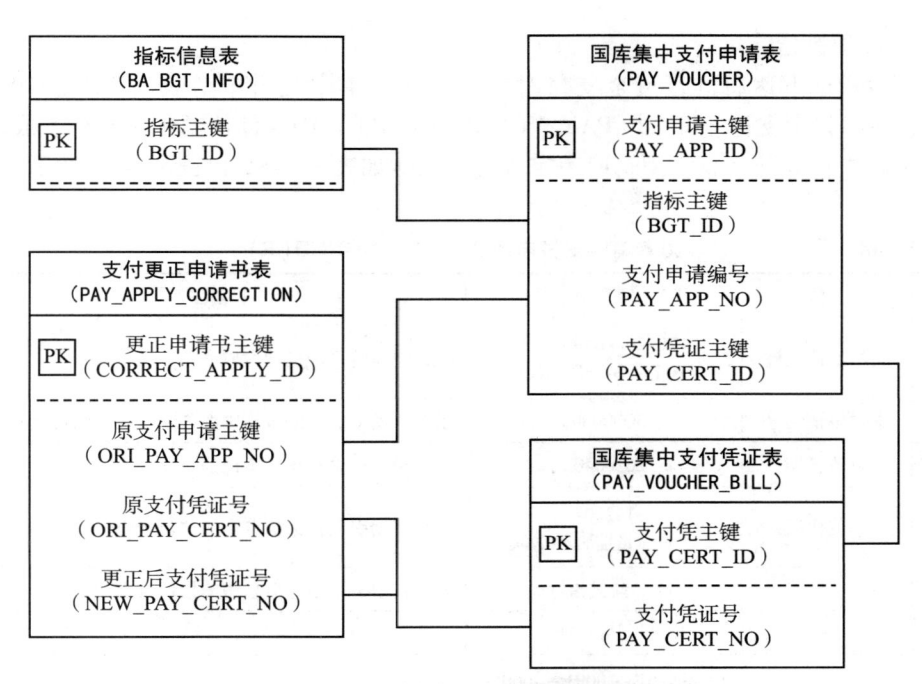

图3-47 预拨核销涉及的相关逻辑库表的关系

表3-484 指标信息表（BA_BGT_INFO）

序号	字段	字段值	备注
1	指标主键	12cbb9c61a-0091-4660-8ba1-27bfb484b7fb	数据创建时系统自动生成
⋮	⋮	⋮	⋮
10	项目代码	1100001914422070000001（质量检验设备维修）	选择录入，值集来源于项目管理要素
14	单位代码	142207（产品质量监督检验院）	选择录入，值集来源于单位管理要素
15	资金性质代码	111（一般公共预算资金）	选择录入，值集来源于资金性质管理要素
18	支出功能分类科目代码	2013815（质量安全监管）	选择录入，值集来源于支出功能分类科目管理要素
19	政府支出经济分类代码	50209（维修（护）费）	选择录入，值集来源于政府支出经济分类管理要素
20	部门支出经济分类代码	30213（维修（护）费）	选择录入，值集来源于部门支出经济分类管理要素
21	指标类型代码	11（预拨指标）	选择录入，值集来源于指标类型管理要素
22	指标金额	500000.00	手工录入，根据下达的预拨指标文填写
⋮	⋮	⋮	⋮

(2) 预拨指标执行。

预拨指标下达后进行资金支付时,会在国库集中支付申请表(PAY_VOUCHER)、国库集中支付凭证表(PAY_VOUCHER_BILL)中存储使用预拨指标生成的支付申请和支付凭证信息,逻辑库表字段变化示例如表3-485和表3-486所示。

表3-485 国库集中支付申请表(PAY_VOUCHER)

序号	字段	字段值	备注
1	支付申请主键	231717b729-64dd-4342-b3af-eb4adf70b2e3	数据创建时系统自动生成
2	支付申请编号	SQ000008	系统自动生成,编号规则由各地财政部门自行制定
3	申请日期	20200403	手工录入,填写支付申请的日期
4	单位代码	142207(产品质量监督检验院)	系统自动引用指标信息中的单位代码
5	指标类型代码	11(预拨指标)	系统自动引用指标信息中的指标类型代码
⋮	⋮	⋮	⋮
11	指标主键	12cbb9c61a-0091-4660-8ba1-27bfb484b7fb	系统自动引用指标信息中的指标主键
12	结算方式代码	5(转账支票)	选择录入,值集来源于结算方式管理要素
13	支付方式代码	1(国库集中支付)	选择录入,值集来源于支付方式管理要素
14	用途	设备维修	手工录入,根据实际资金用途填写
15	支付业务类型代码	1(普通业务)	选择录入,值集来源于支付业务类型管理要素
16	支付申请金额	4210.00	手工录入,根据申请支付金额填写
⋮	⋮	⋮	⋮

表3-486 国库集中支付凭证表(PAY_VOUCHER_BILL)

序号	字段	字段值	备注
1	支付凭证主键	34b3595d77-8572-43ff-aff3-58f71833400b	数据创建时系统自动生成
2	资金性质代码	111(一般公共预算资金)	系统自动引用支付申请中的资金性质代码
3	预算年度	2020	系统自动处理,根据预算填报年度生成
4	凭证日期	20200404	手工录入,根据凭证生成日期填写
5	支付凭证号	PZ000009	系统自动生成,编号规则由各地财政部门自行制定
6	付款人全称	产品质量监督检验院	系统自动引用支付申请中的付款人全称
7	付款人账号	6234585949910030	系统自动引用支付申请中的付款人账号
8	付款人开户银行	工商银行东大街支行	系统自动引用支付申请中的付款人开户银行
9	收款人全称	智能科技公司	系统自动引用支付申请中的收款人全称,批量业务可为空

续表

序号	字段	字段值	备注
10	收款人账号	650000034330321	系统自动引用支付申请中的收款人账号，批量业务可为空
11	收款人开户银行	兴业银行北京支行	系统自动引用支付申请中的收款人开户银行，批量业务可为空
12	支付金额	4210.00	系统自动引用支付申请中的支付金额
⋮	⋮	⋮	⋮

（3）预算批复下达。

预算批复后，生成正式的可执行指标，会在指标信息表（BA_BGT_INFO）中存储正式指标信息，逻辑库表字段变化示例如表 3-487 所示。

表 3-487　　　　　　　　指标信息表（BA_BGT_INFO）

序号	字段	字段值	备注
1	指标主键	450554e5b9-d9c4-49cf-b4da-5c23dc627031	数据创建时系统自动生成
⋮	⋮	⋮	⋮
10	项目代码	1100001914220700000001（质量检验设备维修）	系统自动引用批复预算中的项目代码
14	单位代码	142207（产品质量监督检验院）	系统自动引用批复预算中的单位代码
15	资金性质代码	111（一般公共预算资金）	系统自动引用批复预算中的资金性质代码
18	支出功能分类科目代码	2013815（质量安全监管）	系统自动引用批复预算中的支出功能分类科目代码
19	政府支出经济分类代码	50209（维修（护）费）	系统自动引用批复预算中的政府支出经济分类代码，待分指标可以为空
20	部门支出经济分类代码	30213（维修（护）费）	系统自动引用批复预算中的部门支出经济分类代码，待分指标可以为空
21	指标类型代码	21（当年预算）	系统根据批复预算自动生成
22	指标金额	500000.00	系统自动引用批复预算中的批复数
⋮	⋮	⋮	⋮

（4）支付更正。

如果对应需要核销的预拨指标已支付，则需要使用正式指标对预拨指标支付信息进行支付更正，将已发生的支付信息的来源指标指向正式指标，系统在支付更正申请书表（PAY_APPLY_CORRECTION）中存储生成的更正记录，同时在国库集中支付申请表（PAY_VOUCHER）中存储生成的一正一负两条支付申请，在国库集中支付凭证表（PAY_VOUCHER_BILL）中存储生成的更正凭证，逻辑库表字段变化示例如表 3 - 488 ~ 表 3 - 490 所示。

表 3 - 488　　　　支付更正申请书表（PAY_APPLY_CORRECTION）

序号	字段	字段值	备注
1	更正申请书主键	67cf3a6de8 - f4b4 - 4e34 - a395 - 694a65b6ff59	数据创建时系统自动生成
2	更正申请书编号	GZ000013	系统自动处理，编号规则由各地财政部门自行制定
3	原支付申请主键	SQ000008	系统自动引用待更正原支付申请中的支付申请主键
4	原指标主键	12cbb9c61a - 0091 - 4660 - 8ba1 - 27bfb484b7fb	系统自动引用待更正原支付申请中的指标主键
5	原指标类型代码	11（预拨指标）	系统自动引用待更正原支付申请中的指标类型代码
⋮	⋮	⋮	⋮
11	原支付凭证号	PZ000009	系统自动引用待更正原支付申请中的支付凭证号
12	更正后指标主键	450554e5b9 - d9c4 - 49cf - b4da - 5c23dc627031	系统自动引用更正使用的新指标中的指标主键，如果不涉及指标的变化，此处和原指标主键保持一致
13	更正后指标类型代码	21（当年预算）	系统自动引用更正使用的新指标中的指标类型代码，如果不涉及指标类型的变化，此处与原指标类型代码保持一致
19	更正后支付凭证号	PZ000157	系统自动处理，关联生成的更正支付凭证号
⋮	⋮	⋮	⋮

表 3 - 489　　　　国库集中支付申请表（PAY_VOUCHER）

序号	字段	负的支付申请	正的支付申请	备注
1	支付申请主键	78df047db4 - cfd8 - 44a5 - 8512 - 47e569d38c8d	90f175c58c - fcc7 - 4386 - 8a43 - ac134e255239	数据创建时系统自动生成
2	支付申请编号	SQ000123	SQ000124	系统自动生成，编号规则由各地财政部门自行制定
3	申请日期	20200709	20200709	系统自动处理，填写支付申请的生成日期
4	单位代码	142207（产品质量监督检验院）	142207（产品质量监督检验院）	系统自动引用支付更正申请书表中的单位代码

续表

序号	字段	负的支付申请	正的支付申请	备注
5	指标类型代码	11（预拨指标）	21（当年预算）	系统自动引用支付更正申请书表中的原指标类型代码和更正后指标类型代码
⋮	⋮	⋮	⋮	⋮
11	指标主键	12cbb9c61a-0091-4660-8ba1-27bfb484b7fb	450554e5b9-d9c4-49cf-b4da-5c23dc627031	系统自动引用支付更正申请书表中的原指标主键和更正后指标主键
16	支付申请金额	-4210.00	4210.00	系统自动处理，引用待更正原支付申请中的支付申请金额
17	支付凭证主键	3548845501-2f7f-4884-8ee8-1451b5faa0b5	3548845501-2f7f-4884-8ee8-1451b5faa0b5	系统自动处理，用于与支付凭证主键关联
⋮	⋮	⋮	⋮	⋮

表3-490　国库集中支付凭证表（PAY_VOUCHER_BILL）

序号	字段	字段值	备注
1	支付凭证主键	3548845501-2f7f-4884-8ee8-1451b5faa0b5	数据创建时系统自动生成
2	资金性质代码	111（一般公共预算资金）	系统自动引用原支付凭证中的资金性质代码，如果更正资金性质为空
3	预算年度	2020	系统自动处理，根据预算填报年度生成
4	凭证日期	20200709	系统自动处理，填写支付凭证生成的日期
5	支付凭证号	PZ000157	系统自动生成，编号规则由各地财政部门自行制定
6	付款人全称	产品质量监督检验院	系统自动引用原支付凭证中的付款人全称
7	付款人账号	6234585949910030	系统自动引用原支付凭证中的付款人账号
8	付款人开户银行	工商银行东大街支行	系统自动引用原支付凭证中的付款人开户银行
9	收款人全称	智能科技公司	系统自动引用原支付凭证中的收款人全称
10	收款人账号	650000034330321	系统自动引用原支付凭证中的收款人账号
11	收款人开户银行	兴业银行北京支行	系统自动引用原支付凭证中的收款人开户银行
12	支付金额	0.00	系统自动处理，金额为0
⋮	⋮	⋮	⋮

（5）指标核销。

对已下达未支付的预拨指标以及已支付余额通过支付更正已恢复的预拨指标进行核销，会在指标信息表（BA_BGT_INFO）中存储原预拨指标的核销指标信息，逻辑库表字段变化示例如表3-491所示。

表 3-491　　　　　　　　　指标信息表（BA_BGT_INFO）

序号	字段	字段值	备注
1	指标主键	5806266e47-4c96-46e8-95a5-b1453a0f8e46	数据创建时系统自动生成
2	财政区划代码	110000000（北京市本级）	系统自动处理，值集来源于财政区划管理要素
3	预算年度	2020	系统自动处理，根据预算填报年度生成
⋮	⋮	⋮	⋮
10	项目代码	110000191422070000001（质量检验设备维修）	系统自动引用原预拨指标中的项目代码
14	单位代码	142207（产品质量监督检验院）	系统自动引用原预拨指标中的单位代码
15	资金性质代码	111（一般公共预算资金）	系统自动引用原预拨指标中的资金性质代码
18	支出功能分类科目代码	2013815（质量安全监管）	系统自动引用原预拨指标中的支出功能分类科目代码
21	指标类型代码	11（预拨指标）	系统自动引用原预拨指标中的指标类型代码
22	指标金额	-500000.00	系统自动引用原预拨指标中的指标金额，填写负的核销指标金额
34	指标来源代码	6（指标核销）	系统自动处理，核销业务使用"6 指标核销"
⋮	⋮	⋮	⋮

3.9.3　上下级转移支付动态追踪实现机制

3.9.3.1　业务描述

上下级转移支付动态追踪是反映转移支付资金在中央、省、市、县四级财政间的流动。

以中央下达专项转移支付，省级接收转移支付指标，转移支付资金的省级支出和对市县补助支出为例，纵向重点以中央和省级转移支付进行说明，横向以省级业务说明。

3.9.3.2　实现思路

具体实现思路如图 3-48 所示。

（1）中央从指标环节开始，项目和预算环节不做表述。中央下达预算指标到省级财政，要下达的预算指标会写到中央的转移支付分配表中。

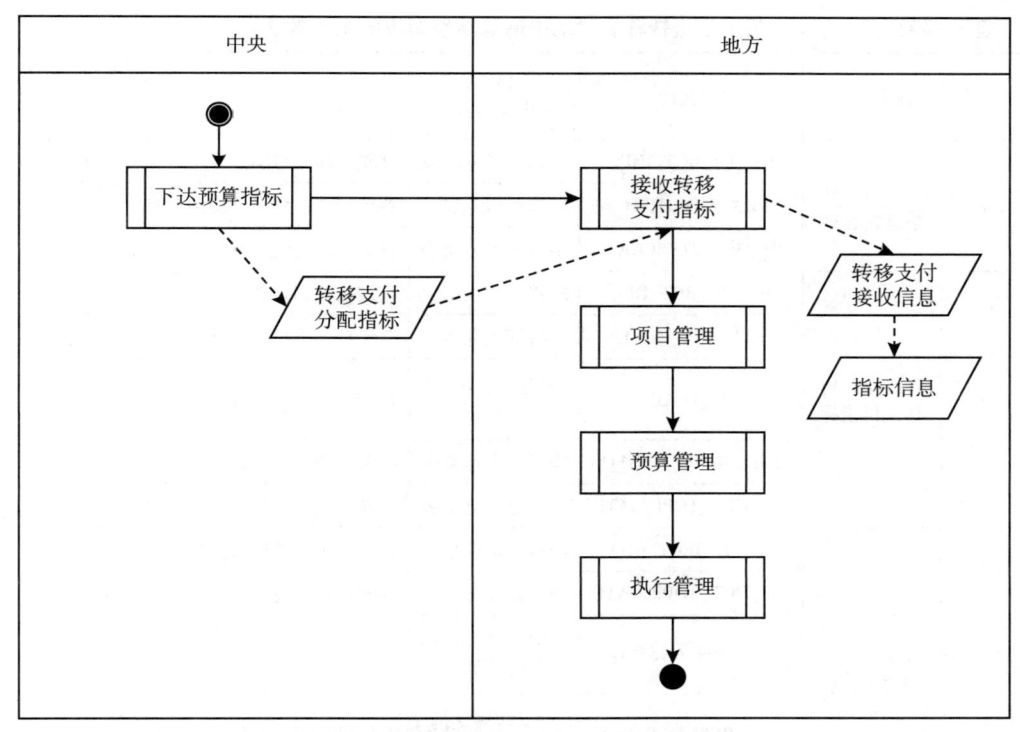

图 3-48　上下级转移支付动态追踪实现机制

（2）省级接收到上级转移支付指标后，登记省级转移支付收入，生成省级项目和待分指标：

①将上级转移支付指标存入"转移支付接收表"，该条记录的"来源指标主键"为该转移支付指标的主键，该条记录的"本级指标主键"为系统自动生成；同时根据指标中的项目信息，在"转移支付项目接收登记表"中自动生成上级转移支付项目信息，若在上级下达前本级已提前研究谋划和储备项目，则可直接从项目库中挑选明细项目与上级下达转移支付项目进行挂接。

②判断该指标的"是否追踪"字段内容，若"是否追踪"字段为"是"，则判断该转移支付项目必须追踪且需要生成相应的本级项目及本级指标；若"是否追踪"字段为"否"，由业务人员自行确定是否需要生成相应的本级项目及本级指标。

③省级财政将转移支付资金进一步细化到本级支出项目或对下转移支付项目，项目年度预算编制批复后，生成本级可执行指标和对下转移支付可执行指标，本级可执行指标下达到预算单位后，预算单位即可进行支付，对下转移支付指标下达到市县，市县的接收和后续处理与省级接收中央转移支付指标的处理流程相同。转移支付指标在项目库管理、预算编制、预算执行等环节的处理，详见具体章节。

3.9.3.3　库表应用

上下级转移支付动态追踪功能对应的主要数据表情况如表 3-492 所示。

表 3-492　　与上下级转移支付动态追踪功能对应的主要数据

序号	业务活动	表名	逻辑库表中文名称	备注
1	中央下达转移支付指标	BA_TR_BGT_INFO	转移支付分配表	存储转移支付预算分配下达的指标信息
		BA_BGT_INFO	指标信息表	存储转移支付待分指标信息
		PM_HOT_TOPICCATE	项目热点分类表	存储转移支付项目热点分类信息
2	省级接收转移支付指标	BA_TR_BGT_REC	转移支付接收表	存储接收到的转移支付指标信息
		BA_BGT_INFO	指标信息表	存储转移支付待分指标信息
		PM_TRAIN	转移支付项目接收登记表	存储本级财政转移收入项目信息
		PM_PROJECT_INFO	项目基本信息表	存储本级财政项目信息
		PM_HOT_TOPICCATE	项目热点分类表	存储转移支付项目热点分类信息
3	省级开展预算编制	PM_PROJECT_INFO	项目基本信息表	存储本级财政项目信息
		PM_HOT_TOPICCATE	项目热点分类表	存储转移支付项目热点分类信息
		BGT_PM_ANNUAL	部门预算项目年度预算表	存储部门预算项目年度预算信息
		BGT_TRA	对下转移支付年度预算表	存储对下转移支付年度预算信息
		BA_BGT_INFO	指标信息表	存储转移支付待分指标信息
4	省级部门执行	PAY_VOUCHER	国库集中支付申请表	存储国库集中支付申请信息
5	省级下达转移支付指标	BA_TR_BGT_INFO	转移支付分配表	存储转移支付预算分配下达的指标信息
		BA_BGT_INFO	指标信息表	存储转移支付待分指标信息
		PM_HOT_TOPICCATE	项目热点分类表	存储转移支付项目热点分类信息
6	市级接收转移支付指标	BA_TR_BGT_REC	转移支付接收表	存储接收到的转移支付指标信息
		BA_BGT_INFO	指标信息表	存储转移支付待分指标信息
		PM_TRAIN	转移支付项目接收登记表	存储本级财政转移收入项目信息
		PM_PROJECT_INFO	项目基本信息表	存储本级财政项目信息
		PM_HOT_TOPICCATE	项目热点分类表	存储转移支付项目热点分类信息
7	市级开展预算编制	PM_PROJECT_INFO	项目基本信息表	存储本级财政项目信息
		PM_HOT_TOPICCATE	项目热点分类表	存储转移支付项目热点分类信息
		BGT_PM_ANNUAL	部门预算项目年度预算表	存储部门预算项目年度预算信息
		BGT_TRA	对下转移支付年度预算表	存储对下转移支付年度预算信息
		BA_BGT_INFO	指标信息表	存储转移支付待分指标信息

续表

序号	业务活动	表名	逻辑库表中文名称	备注
8	市级部门执行	PAY_VOUCHER	国库集中支付申请表	存储国库集中支付申请信息
9	市级下达转移支付指标	BA_TR_BGT_INFO	转移支付分配表	存储转移支付预算分配下达的指标信息
		BA_BGT_INFO	指标信息表	存储转移支付待分指标信息
		PM_HOT_TOPICCATE	项目热点分类表	存储转移支付项目热点分类信息
10	县级接收转移支付指标	BA_TR_BGT_REC	转移支付接收表	存储接收到的转移支付指标信息
		BA_BGT_INFO	指标信息表	存储转移支付待分指标信息
		PM_TRAIN	转移支付项目接收登记表	存储本级财政转移收入项目信息
		PM_PROJECT_INFO	项目基本信息表	存储本级财政项目信息
		PM_HOT_TOPICCATE	项目热点分类表	存储转移支付项目热点分类信息
11	县级开展预算编制	PM_PROJECT_INFO	项目基本信息表	存储本级财政项目信息
		PM_HOT_TOPICCATE	项目热点分类表	存储转移支付项目热点分类信息
		BGT_PM_ANNUAL	部门预算项目年度预算表	存储部门预算项目年度预算信息
		BGT_TRA	对下转移支付年度预算表	存储对下转移支付年度预算信息
		BA_BGT_INFO	指标信息表	存储转移支付待分指标信息
12	县级部门执行	PAY_VOUCHER	国库集中支付申请表	存储国库集中支付申请信息
13	数据汇总分析	……	……	包括上述所有逻辑库表

1. 逻辑库表间关系

上下级转移支付动态追踪涉及的相关逻辑库表的关系如图3-49所示。

（1）指标信息表（BA_BGT_INFO）中的指标主键（BGT_ID）对应转移支付分配表（BA_TR_BGT_INFO）中的指标主键（BGT_ID）。

（2）指标信息表（BA_BGT_INFO）中的指标主键（BGT_ID）对应转移支付接收表（BA_TR_BGT_REC）中的来源指标主键（ORI_ID）。

（3）指标信息表（BA_BGT_INFO）中的项目代码（PRO_CODE）对应了项目基本信息表（PM_PROJECT_INFO）中的项目代码（PRO_CODE）。

（4）指标信息表（BA_BGT_INFO）中的项目代码（PRO_CODE）对应了转移支付项目接收登记表（PM_TRAIN）中的项目代码（PRO_CODE）。

（5）转移支付分配表（BA_TR_BGT_INFO）中的指标主键（BGT_ID）、接收方财政区划代码（REC_DIV_CODE）、本级指标文号（COR_BGT_DOC_NO）对应了转移支付接收表（BA_TR_BGT_REC）中的来源指标主键（ORI_ID）、来源方财政区划（ORI_DIV_CODE）、上级指标文号（SUP_BGT_DOC_NO）。

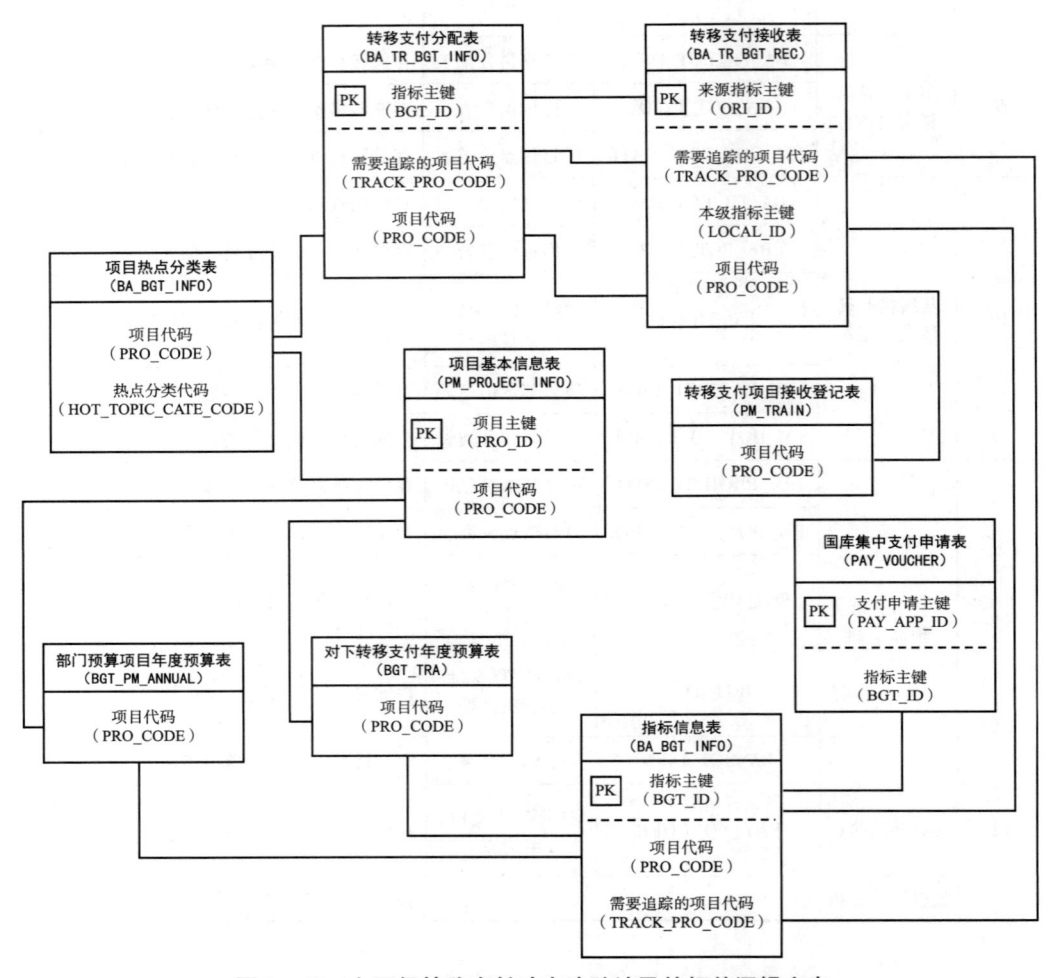

图3-49 上下级转移支付动态追踪涉及的相关逻辑库表

2. 实现机制说明

（1）中央下达转移支付指标。

中央财政下达转移支付指标时，在"转移支付分配表"中生成分配信息，需要将中央指标主键、项目代码、需要追踪的项目代码、预算级次、热点分类等下达至省级财政。本级的指标信息存储在指标信息表中；本级的转移支付分配信息存储在转移支付分配表中，逻辑库表存储示例如表3-493～表3-494所示。

表 3-493　　　　　　　　转移支付分配表（BA_TR_BGT_INFO）

序号	中文名称	要素值	备注
1	指标主键	ZY_0001	此处仅是举例，下同
2	财政区划代码	100000000（中央本级）	系统自动处理，值集来源于财政区划管理要素
3	接收方财政区划代码	110000000（北京市本级）	选择录入，值集来源于财政区划管理要素
9	项目代码	100000200000000000001	系统自动引用指标信息表的项目代码
15	指标金额	600000000.00	手工录入
16	更新时间	20200526130200	数据更新时系统自动生成，数据创建时更新时间与创建时间一致
17	指标管理处室代码	010（行政政法处）	系统自动引用，值集根据各地财政部门情况制定
20	是否追踪	1（是）	选择录入
21	预算级次代码	1（中央）	系统自动处理，值集来源于预算级次管理要素
⋮	⋮	⋮	⋮

表 3-494　　　　　　　　项目热点分类表（PM_HOT_TOPICCATE）

序号	中文名称	要素值1	要素值2	备注
2	财政区划代码	100000000（中央本级）	100000000（中央本级）	系统自动处理，值集来源于财政区划管理要素
4	项目代码	100000200000000000001	100000200000000000001	系统引用项目基本信息表中的项目代码
5	热点分类代码	001（教育补贴）	002（直达资金）	手工录入
⋮	⋮	⋮	⋮	⋮

（2）省级接收转移支付指标。

省级财政接收中央财政下达的转移支付预算指标信息。

接收的指标信息存储在指标信息表中；接收的转移支付接收信息存储在转移支付接收表中，接收的转移支付项目信息存储在转移支付项目接收登记表中，逻辑库表存储示例如下：

一是将中央转移支付指标存储到"转移支付接收表"（如表 3-495 所示）。

表3-495　　　　　　　　转移支付接收表（BA_TR_BGT_REC）

序号	中文名称	要素值	备注
1	来源指标主键	ZY_0001	系统自动引用上级转移支付分配表中的指标主键
2	本级指标主键	SJ_0001	数据创建时系统自动生成
3	财政区划代码	110000000（北京市本级）	系统自动处理，值集来源于财政区划管理要素
9	项目代码	1000002000000000000001	系统自动引用上级转移支付分配表中的项目代码
16	指标金额	600000000.00	系统自动引用上级转移支付分配表中的指标金额
18	来源方财政区划代码	100000000（中央本级）	系统自动引用上级转移支付分配表中的财政区划代码
21	是否追踪	1（是）	系统自动引用上级转移支付分配表中的是否追踪
22	预算级次代码	1（中央）	系统自动引用上级转移支付分配表中的预算级次代码
27	需要追踪的项目代码	1000002000000000000001	引用项目基本信息表中标记为追踪项目的项目代码或转移支付接收表中的需要追踪项目代码，即最源头的需要追踪的转移支付项目代码，不管中间落地几次都保持不变
⋮	⋮	⋮	⋮

二是在"转移支付项目接收登记表"登记中央转移支付项目，在"项目热点分类表"登记转移支付项目热点分类，如中央转移支付指标所对应的项目已存在，则只需更新项目的"已接收金额"，否则需登记生成新的项目（如表3-496所示）。

表3-496　　　　　　　　转移支付项目接收登记表（PM_TRAIN）

序号	中文名称	要素值	备注
2	财政区划代码	110000000（北京市本级）	系统自动处理，值集来源于财政区划管理要素
3	预算年度	2020	系统自动处理，根据预算填报年度生成
4	项目来源区划代码	100000000（中央本级）	系统自动引用上级项目基本信息表中的财政区划代码
5	项目代码	1000002000000000000001	系统自动引用上级项目基本信息表中的项目代码
6	项目名称	2020年××转移支付预算项目	系统自动引用上级项目基本信息表中的项目名称
7	已接收金额	600000000.00	系统自动引用上级项目基本信息表中的项目金额
13	是否追踪	1（是）	系统自动引用上级转移支付分配表中的是否追踪
⋮	⋮	⋮	⋮

三是在"项目基本信息表"中将中央项目落地生成新的省级项目或更新已经落地生成的省级项目,同时在"项目热点分类表"更新落地项目的热点分类信息。中央项目落地生成的省级项目,其项目编码按省级项目编码要求统一生成,在"上级转移支付项目代码"字段中记录中央项目编码,从而实现中央与省级项目间的关联,省级项目其他信息与中央项目保持一致(如表3-497和表3-498所示)。

表3-497　　　　　　项目基本信息表(PM_PROJECT_INFO)

序号	中文名称	要素值	备注
2	财政区划代码	110000000(北京市本级)	系统自动处理,值集来源于财政区划管理要素
4	项目代码	110000200000000000001	系统根据项目代码规则自动生成
8	上级转移支付项目代码	100000200000000000001	非转移支付落地项目可为空
9	项目来源代码	1(本级申报项目)	选择录入,默认值为1(本级申报项目)
15	是否追踪	1(是)	需要追踪的项目则为1,当本项目为上级转移支付落地项目且上级项目状态为1时,系统默认为1且不可更改,其他情况为选择录入
16	是否基建项目	2(否)	选择录入,默认值为2(否)
17	项目总额	600000000.00	手工录入,默认值为0.00,系统测算后自动生成
⋮	⋮	⋮	⋮

表3-498　　　　　　项目热点分类表(PM_HOT_TOPICCATE)

序号	中文名称	要素值1	要素值2	备注
2	财政区划代码	110000000(北京市本级)	110000000(北京市本级)	系统自动处理,值集来源于财政区划管理要素
3	设立年度	2020	2020	手工录入
4	项目代码	110000200000000000001	110000200000000000001	系统引用项目基本信息表中的项目代码
5	热点分类代码	001(教育补贴)	002(直达资金)	手工录入

四是在"指标信息表"中根据中央下达的转移支付指标及其落地生成的省级项目生成省级待分指标(如表3-499所示)。

表3-499　　　　　　指标信息表(BA_BGT_INFO)

序号	中文名称	要素值	备注
1	指标主键	SJ_0001	数据创建时系统自动生成
2	财政区划代码	110000000(北京市本级)	系统自动处理,值集来源于财政区划管理要素

续表

序号	中文名称	要素值	备注
8	预算级次代码	1（中央）	系统自动处理
10	项目代码	110000200000000000001	系统自动引用项目基本信息表中的项目代码
11	指标可执行标志	2（待分）	系统自动处理
12	是否追踪	1（是）	选择录入
13	需要追踪项目代码	100000200000000000001	引用项目基本信息表中标记为追踪项目的项目代码或转移支付接收表中的需要追踪项目代码，即最源头的需要追踪的转移支付项目代码，不管中间落地几次都保持不变，中央财政为空
26	源指标主键	ZY_0001	指标调整调剂或待分指标细化分配时引用来源指标的指标主键，其他情况可为空
27	指标金额	600000000.00	手工录入
28	调剂金额	0.00	手工录入
29	指标余额	600000000.00	系统自动处理，指标金额减调剂金额
⋮	⋮	⋮	⋮

（3）省级开展预算编制。

一是省级进行项目储备，确定要做的项目以及项目所需总金额、对应的热点分类（如表3-500～表3-505所示）。

表3-500　　　　　项目基本信息表（PM_PROJECT_INFO）

序号	中文名称	要素值	备注
2	财政区划代码	110000000（北京市本级）	系统自动处理，值集来源于财政区划管理要素
4	项目代码	110000200000000000002	系统根据项目代码规则自动生成
8	上级转移支付项目代码	—	非转移支付落地项目可为空
9	项目来源代码	1（本级申报项目）	选择录入，默认值为1（本级申报项目）
15	是否追踪	1（是）	需要追踪的项目则为1，当本项目为上级转移支付落地项目且上级项目状态为1时，系统默认为1且不可更改，其他情况为选择录入
16	项目类别	3（特定目标类）	选择录入，值集来源项目类别
17	项目总额	200000000.00	手工录入，默认值为0.00，系统测算后自动生成
⋮	⋮	⋮	⋮

表 3 – 501　　　　　　　　项目基本信息表（PM_PROJECT_INFO）

序号	中文名称	要素值	备注
2	财政区划代码	110000000（北京市本级）	系统自动处理，值集来源于财政区划管理要素
4	项目代码	110000200000000000003	系统根据项目代码规则自动生成
8	上级转移支付项目代码	—	非转移支付落地项目可为空
9	项目来源代码	1（本级申报项目）	选择录入，默认值为1（本级申报项目）
15	是否追踪	1（是）	需要追踪的项目则为1，当本项目为上级转移支付落地项目且上级项目状态为1时，系统默认为1且不可更改，其他情况为选择录入
16	项目类别	3（特定目标类）	选择录入，值集来源项目类别
17	项目总额	450000000.00	手工录入，默认值为0.00，系统测算后自动生成
⋮	⋮	⋮	⋮

表 3 – 502　　　　　　　　项目基本信息表（PM_PROJECT_INFO）

序号	中文名称	要素值	备注
2	财政区划代码	110000000（北京市本级）	系统自动处理，值集来源于财政区划管理要素
4	项目代码	110000200000000000004	系统根据项目代码规则自动生成
8	上级转移支付项目代码	—	非转移支付落地项目可为空
9	项目来源代码	1（本级申报项目）	选择录入，默认值为1（本级申报项目）
15	是否追踪	1（是）	需要追踪的项目则为1，当本项目为上级转移支付落地项目且上级项目状态为1时，系统默认为1且不可更改，其他情况为选择录入
16	项目类别	3（特定目标类）	选择录入，值集来源项目类别
17	项目总额	250000000.00	手工录入，默认值为0.00，系统测算后自动生成
⋮	⋮	⋮	⋮

表 3 – 503　　　　　　　　项目热点分类表（PM_HOT_TOPICCATE）

序号	中文名称	要素值1	要素值2	备注
2	财政区划代码	110000000（北京市本级）	110000000（北京市本级）	系统自动处理，值集来源于财政区划管理要素
3	设立年度	2020	2020	手工录入
4	项目代码	110000200000000000002	110000200000000000002	系统引用项目基本信息表中的项目代码
5	热点分类代码	001（教育补贴）	002（直达资金）	手工录入

表 3-504　　　　　项目热点分类表（PM_HOT_TOPICCATE）

序号	中文名称	要素值1	要素值2	备注
2	财政区划代码	110000000（北京市本级）	110000000（北京市本级）	系统自动处理，值集来源于财政区划管理要素
3	设立年度	2020	2020	手工录入
4	项目代码	110000200000000000003	110000200000000000003	系统引用项目基本信息表中的项目代码
5	热点分类代码	001（教育补贴）	002（直达资金）	手工录入

表 3-505　　　　　项目热点分类表（PM_HOT_TOPICCATE）

序号	中文名称	要素值1	要素值2	备注
2	财政区划代码	110000000（北京市本级）	110000000（北京市本级）	系统自动处理，值集来源于财政区划管理要素
3	设立年度	2020	2020	手工录入
4	项目代码	110000200000000000004	110000200000000000004	系统引用项目基本信息表中的项目代码
5	热点分类代码	001（教育补贴）	002（直达资金）	手工录入

二是省级细化项目年度预算，包括部门预算和对下转移支付预算，从而确定项目在当前预算年度所需资金（如表 3-506~表 3-508 所示）。

表 3-506　　　　　部门预算项目年度预算表（BGT_PM_ANNUAL）

序号	中文名称	要素值	备注
1	项目年度预算主键	b7344f3d-630f-4a80-a074-92459232c35700	数据创建时系统自动生成
2	财政区划代码	110000000（北京市本级）	系统自动处理，值集来源于财政区划管理要素
3	预算年度	2021	系统自动处理，根据预算填报年度生成
4	单位代码	101001（省教育厅本级）	系统自动引用基础信息中的预算单位代码
5	项目类别代码	21（公用经费）	系统自动引用，值集来源于项目类别管理要素
6	项目代码	110000200000000000002	系统自动引用项目基本信息表中的项目代码
17	年初批复数	250000000.00	预算编制阶段为空，预算批复后系统自动生成或手工录入，之后不可再编辑
22	预算级次代码	2（省级）	系统自动引用，值集来源于预算级次代码管理要素
23	资金来源代码	11（本级-年初安排）	选择录入，值集来源于资金来源管理要素
⋮	⋮	⋮	⋮

表 3-507　　　　　　　部门预算项目年度预算表（BGT_PM_ANNUAL）

序号	中文名称	要素值	备注
1	项目年度预算主键	b7344f3d-630f-4a80-a074-92459232c35700	数据创建时系统自动生成
2	财政区划代码	110000000（北京市本级）	系统自动处理，值集来源于财政区划管理要素
3	预算年度	2021	系统自动处理，根据预算填报年度生成
4	单位代码	101001（省教育厅本级）	系统自动引用基础信息中的预算单位代码
6	项目代码	110000200000000000002	系统自动引用项目基本信息表中的项目代码
17	年初批复数	100000000.00	预算编制阶段为空，预算批复后系统自动生成或手工录入，之后不可再编辑
22	预算级次代码	1（中央）	系统自动引用，值集来源于预算级次代码管理要素
23	资金来源代码	21（上级-年初安排）	选择录入，值集来源于资金来源管理要素
⋮	⋮	⋮	⋮

表 3-508　　　　　　　对下转移支付年度预算表（BGT_TRA）

序号	中文名称	要素值	备注
1	项目年度预算主键	b7344f3d-630f-4a80-a074-92459232c35700	数据创建时系统自动生成
2	财政区划代码	110000000（北京市本级）	系统自动处理，值集来源于财政区划管理要素
3	预算年度	2021	系统自动处理，根据预算填报年度生成
4	下级财政区划	（AAA 市）	系统自动引用基础信息中的预算单位代码
6	项目代码	110000200000000000003	系统自动引用项目基本信息表中的项目代码
17	年初批复数	300000000.00	预算编制阶段为空，预算批复后系统自动生成或手工录入，之后不可再编辑
22	预算级次代码	1（中央）	系统自动引用，值集来源于预算级次代码管理要素
23	资金来源代码	21（上级-年初安排）	选择录入，值集来源于资金来源管理要素
⋮	⋮	⋮	⋮

三是根据省级批复预算生成可执行指标，可执行指标需明确资金出处，即项目当年预算所需的资金要从哪里出。通过"源指标主键"记录该可执行指标与来源指标（来源指标可能为省级自有资金形成的省级待分指标或者中央转移支付指标形成的省级待分指标）的关联关系（如表 3-509~表 3-511 所示）。

表 3－509　　　　　　　　　指标信息表（BA_BGT_INFO）

序号	中文名称	要素值	备注
1	指标主键	SJ_00011	数据创建时系统自动生成
2	财政区划代码	110000000（北京市本级）	系统自动处理，值集来源于财政区划管理要素
8	预算级次代码	1（中央）	系统自动处理
9	预算单位	省教育厅本级	系统自动处理
10	项目代码	110000200000000000002	系统自动引用项目基本信息表中的项目代码
11	指标可执行标志	1（可执行指标）	系统自动处理
12	是否追踪	1（是）	选择录入
13	需要追踪项目代码	100000200000000000001	引用项目基本信息表中标记为追踪项目的项目代码或转移支付接收表中的需要追踪项目代码，即最源头的需要追踪的转移支付项目代码，不管中间落地几次都保持不变，中央财政为空
26	源指标主键	SJ_0001	指标调整调剂或待分指标细化分配时引用来源指标的指标主键，其他情况可为空
27	指标金额	100000000.00	手工录入
28	调剂金额	0.00	手工录入
29	指标余额	100000000.00	系统自动处理，指标金额减调剂金额
⋮	⋮	⋮	

表 3－510　　　　　　　　　指标信息表（BA_BGT_INFO）

序号	中文名称	要素值	备注
1	指标主键	SJ_00012	数据创建时系统自动生成
2	财政区划代码	110000000（北京市本级）	系统自动处理，值集来源于财政区划管理要素
8	预算级次代码	1（中央）	系统自动处理
9	预算单位	AAA 市	系统自动处理
10	项目代码	110000200000000000003	系统自动引用项目基本信息表中的项目代码
11	指标可执行标志	1（可执行指标）	系统自动处理
12	是否追踪	1（是）	选择录入
13	需要追踪项目代码	100000200000000000001	引用项目基本信息表中标记为追踪项目的项目代码或转移支付接收表中的需要追踪项目代码，即最源头的需要追踪的转移支付项目代码，不管中间落地几次都保持不变，中央财政为空
26	源指标主键	SJ_0001	指标调整调剂或待分指标细化分配时引用来源指标的指标主键，其他情况可为空

续表

序号	中文名称	要素值	备注
27	指标金额	300000000.00	手工录入
28	调剂金额	0.00	手工录入
29	指标余额	300000000.00	系统自动处理，指标金额减调剂金额
⋮	⋮	⋮	⋮

表3-511　　　　　　　　　指标信息表（BA_BGT_INFO）

序号	中文名称	要素值	备注
1	指标主键	SJ_0002	数据创建时系统自动生成
2	财政区划代码	110000000（北京市本级）	系统自动处理，值集来源于财政区划管理要素
8	预算级次代码	2（省级）	系统自动处理
10	项目代码	110000200000000000004	系统自动引用项目基本信息表中的项目代码
11	指标可执行标志	2（待分）	系统自动处理
12	是否追踪	1（是）	选择录入
13	需要追踪项目代码	—	引用项目基本信息表中标记为追踪项目的项目代码或转移支付接收表中的需要追踪项目代码，即最源头的需要追踪的转移支付项目代码，不管中间落地几次都保持不变，中央财政为空
26	源指标主键	—	指标调整调剂或待分指标细化分配时引用来源指标的指标主键，其他情况可为空
27	指标金额	250000000.00	手工录入
28	调剂金额	0.00	手工录入
29	指标余额	250000000.00	系统自动处理，指标金额减调剂金额

省级配套资金细化到部门和下级财政，形成可执行指标（如表3-512和表3-513所示）。

表3-512　　　　　　　　　指标信息表（BA_BGT_INFO）

序号	中文名称	要素值	备注
1	指标主键	SJ_00021	数据创建时系统自动生成
2	财政区划代码	110000000（北京市本级）	系统自动处理，值集来源于财政区划管理要素
8	预算级次代码	2（省级）	系统自动处理
9	预算单位	省教育厅本级	系统自动处理
10	项目代码	110000200000000000002	系统自动引用项目基本信息表中的项目代码

续表

序号	中文名称	要素值	备注
11	指标可执行标志	1（可执行指标）	系统自动处理
12	是否追踪	1（是）	选择录入
13	需要追踪项目代码	—	引用项目基本信息表中标记为追踪项目的项目代码或转移支付接收表中的需要追踪项目代码，即最源头的需要追踪的转移支付项目代码，不管中间落地几次都保持不变，中央财政为空
26	源指标主键	SJ_0002	指标调整调剂或待分指标细化分配时引用来源指标的指标主键，其他情况可为空
27	指标金额	100000000.00	手工录入
28	调剂金额	0.00	手工录入
29	指标余额	100000000.00	系统自动处理，指标金额减调剂金额
⋮	⋮	⋮	⋮

表 3－513　　指标信息表（BA_BGT_INFO）

序号	中文名称	要素值	备注
1	指标主键	SJ_00022	数据创建时系统自动生成
2	财政区划代码	110000000（北京市本级）	系统自动处理，值集来源于财政区划管理要素
8	预算级次代码	2（省级）	系统自动处理
9	预算单位	AAA 市	系统自动处理
10	项目代码	1100002000000000000003	系统自动引用项目基本信息表中的项目代码
11	指标可执行标志	1（可执行指标）	系统自动处理
12	是否追踪	1（是）	选择录入
13	需要追踪项目代码	—	引用项目基本信息表中标记为追踪项目的项目代码或转移支付接收表中的需要追踪项目代码，即最源头的需要追踪的转移支付项目代码，不管中间落地几次都保持不变，中央财政为空
26	源指标主键	SJ_0002	指标调整调剂或待分指标细化分配时引用来源指标的指标主键，其他情况可为空
27	指标金额	150000000.00	手工录入
28	调剂金额	0.00	手工录入
29	指标余额	150000000.00	系统自动处理，指标金额减调剂金额
⋮	⋮	⋮	⋮

（4）省级部门执行。

省级部门执行国库集中支付申请如表 3－514 所示。

表 3-514　　　　　　　　国库集中支付申请表（PAY_VOUCHER）

序号	中文名称	要素值1	要素值2	备注
1	指标主键	SJ_00011	SJ_00021	
2	项目代码	1100002000000000000002	1100002000000000000002	
3	资金性质	一般公共预算资金	—	
4	预算单位	省教育厅本级	省教育厅本级	
5	支付申请金额	50000000.00	50000000.00	
⋮	⋮	⋮	⋮	⋮

（5）省级下达转移支付指标。

省级下达转移支付指标时，在"转移支付分配表"中生成分配信息，需要将省级指标主键、项目代码、需要追踪的项目代码、预算级次、热点分类等下达至市级财政（如表 3-515 和表 3-516 所示）。

表 3-515　　　　　　　　转移支付分配表（BA_TR_BGT_INFO）

序号	中文名称	要素值1	要素值1	备注
1	指标主键	SJ_00012	SJ_00022	此处仅是举例，下同
2	接收方财政区划代码	110500000（AAA市）	110500000（AAA市）	选择录入，值集来源于财政区划管理要素
3	项目代码	1100002000000000000003	1100002000000000000003	系统自动引用指标信息表的项目代码
4	需要追踪的项目代码	1000002000000000000001	1100002000000000000003	
5	是否追踪	1（是）	1（是）	
6	预算级次	中央	省级	
17	指标金额	300000000.00	150000000.00	
⋮	⋮	⋮	⋮	⋮

表 3-516　　　　　　　　项目热点分类表（PM_HOT_TOPICCATE）

序号	中文名称	要素值1	要素值2	备注
2	财政区划代码	110000000（北京市本级）	110000000（北京市本级）	系统自动处理，值集来源于财政区划管理要素
3	设立年度	2020	2020	手工录入
4	项目代码	1100002000000000000003	1100002000000000000003	系统引用项目基本信息表中的项目代码
5	热点分类代码	001（教育补贴）	002（直达资金）	

(6) 市级接收转移支付指标。

一是将省级转移支付指标存储到"转移支付接收表"(如表 3-517 所示)。

表 3-517　　　　　　　　转移支付接收表(BA_TR_BGT_REC)

序号	中文名称	要素值1	要素值2	备注
1	来源指标主键	SJ_00012	SJ_00022	
2	本级指标主键	DJ_0001	DJ_0002	
9	项目代码	110000200000000000003	110000200000000000003	
	需要追踪的项目代码	100000200000000000001	110000200000000000003	
16	指标金额	300000000.00	150000000.00	
21	是否追踪	1(是)	1(是)	
22	预算级次代码	1(中央)	2(省级)	

二是在"转移支付项目接收登记表"登记省级转移支付项目,在"项目热点分类表"登记转移支付项目热点分类,如省级转移支付指标所对应的项目已存在,则只需更新项目的"已接收金额",否则需登记生成新的项目(如表 3-518 所示)。

表 3-518　　　　　　　　转移支付项目接收登记表(PM_TRAIN)

序号	中文名称	要素值	备注
2	财政区划代码	110000000(北京市本级)	系统自动处理,值集来源于财政区划管理要素
3	预算年度	2020	系统自动处理,根据预算填报年度生成
4	项目来源区划代码	100000000(中央本级)	系统自动引用上级项目基本信息表中的财政区划代码
5	项目代码	110000200000000000003	系统自动引用上级项目基本信息表中的项目代码
6	项目名称	2020年××转移支付预算项目	系统自动引用上级项目基本信息表中的项目名称
7	已接收金额	450000000.00	系统自动引用上级项目基本信息表中的项目金额
13	是否追踪	1(是)	系统自动引用上级转移支付分配表中是否追踪

三是在"项目基本信息表"中将省级项目落地生成新的市级项目或更新已经落地生成的市级项目,同时在"项目热点分类表"更新落地项目的热点分类信息。省级项目落地生成的市级项目,其项目编码按市级项目编码要求统一生成,

在"上级转移支付项目代码"字段中记录省级项目编码,从而实现省级与市级项目间的关联,市级项目其他信息与省级项目保持一致(如表3-519和表3-520所示)。

表3-519 项目基本信息表(PM_PROJECT_INFO)

序号	中文名称	要素值	备注
4	项目代码	110500200000000000001	系统根据项目代码规则自动生成
8	上级转移支付项目代码	110000200000000000003	非转移支付落地项目可为空
9	项目来源代码	1(本级申报项目)	选择录入,默认值为1(本级申报项目)
15	是否追踪	1(是)	需要追踪的项目则为1,当本项目为上级转移支付落地项目且上级项目状态为1时,系统默认为1且不可更改,其他情况为选择录入
17	项目总额	400000000.00	手工录入,默认值为0.00,系统测算后自动生成

表3-520 项目热点分类表(PM_HOT_TOPICCATE)

序号	中文名称	要素值1	要素值2	备注
3	设立年度	2020	2020	手工录入
4	项目代码	110500200000000000001	110500200000000000001	系统引用项目基本信息表中的项目代码
5	热点分类代码	001(教育补贴)	002(直达资金)	手工录入

四是在"指标信息表"中根据省级下达的转移支付指标及其落地生成的市级项目生成市级待分指标(如表3-521所示)。

表3-521 指标信息表(BA_BGT_INFO)

序号	中文名称	要素值1	要素值2	备注
1	指标主键	DJ_0001	DJ_0002	数据创建时系统自动生成
8	预算级次代码	1(中央)	2(省级)	系统自动处理
10	项目代码	110500200000000000001	110500200000000000001	系统自动引用项目基本信息表中的项目代码
11	指标可执行标志	2(待分)	2(待分)	系统自动处理

续表

序号	中文名称	要素值1	要素值2	备注
12	是否追踪	1（是）	1（是）	选择录入
13	需要追踪项目代码	10000020000000000001	11000020000000000003	—
26	源指标主键	SJ_00012	SJ_00022	—
27	指标金额	300000000.00	150000000.00	手工录入
28	调剂金额	0.00	0.00	手工录入
29	指标余额	300000000.00	300000000.00	系统自动处理，指标金额减调剂金额
⋮	⋮	⋮	⋮	⋮

（7）市级开展预算编制。

一是市级进行项目储备，确定要做的项目以及项目所需总金额、对应的热点分类（如表3-522～表3-525所示）。

表3-522　　　　　　项目基本信息表（PM_PROJECT_INFO）

序号	中文名称	要素值	备注
4	项目代码	110500200000000000002	系统根据项目代码规则自动生成
9	项目来源代码	1（本级申报项目）	选择录入，默认值为1（本级申报项目）
15	是否追踪	1（是）	需要追踪的项目则为1，当本项目为上级转移支付落地项目且上级项目状态为1时，系统默认为1且不可更改，其他情况为选择录入
16	项目类别	3（特定目标类）	选择录入，值集来源项目类别
17	项目总额	100000000.00	手工录入，默认值为0.00，系统测算后自动生成

表3-523　　　　　　项目基本信息表（PM_PROJECT_INFO）

序号	中文名称	要素值	备注
4	项目代码	110500200000000000003	系统根据项目代码规则自动生成
9	项目来源代码	1（本级申报项目）	选择录入，默认值为1（本级申报项目）
15	是否追踪	1（是）	需要追踪的项目则为1，当本项目为上级转移支付落地项目且上级项目状态为1时，系统默认为1且不可更改，其他情况为选择录入
16	项目类别	3（特定目标类）	选择录入，值集来源项目类别
17	项目总额	300000000.00	手工录入，默认值为0.00，系统测算后自动生成

表 3-524　　　　　　　　项目热点分类表（PM_HOT_TOPICCATE）

序号	中文名称	要素值 1	要素值 2	备注
3	设立年度	2020	2020	手工录入
4	项目代码	110500200000000000002	110500200000000000002	系统引用项目基本信息表中的项目代码
5	热点分类代码	001（教育补贴）	002（直达资金）	手工录入

表 3-525　　　　　　　　项目热点分类表（PM_HOT_TOPICCATE）

序号	中文名称	要素值 1	要素值 2	备注
3	设立年度	2020	2020	手工录入
4	项目代码	110500200000000000003	110500200000000000003	系统引用项目基本信息表中的项目代码
5	热点分类代码	001（教育补贴）	002（直达资金）	手工录入

二是市级细化项目年度预算，包括部门预算和对下转移支付预算，从而确定项目在当前预算年度所需资金（如表 3-526~表 3-529 所示）。

表 3-526　　　　　　　　部门预算项目年度预算表（BGT_PM_ANNUAL）

序号	中文名称	要素值	备注
4	单位代码	101001（市教育局）	系统自动引用基础信息中的预算单位代码
6	项目代码	110500200000000000002	系统自动引用项目基本信息表中的项目代码
17	年初批复数	600000000.00	预算编制阶段为空，预算批复后系统自动生成或手工录入，之后不可再编辑
22	预算级次代码	1（中央）	系统自动引用，值集来源于预算级次代码管理要素
23	资金来源代码	21（上级-年初安排）	选择录入，值集来源于资金来源管理要素

表 3-527　　　　　　　　部门预算项目年度预算表（BGT_PM_ANNUAL）

序号	中文名称	要素值	备注
4	单位代码	101001（市教育局）	系统自动引用基础信息中的预算单位代码
5	项目类别代码	21（公用经费）	系统自动引用，值集来源于项目类别管理要素
6	项目代码	110500200000000000002	系统自动引用项目基本信息表中的项目代码

续表

序号	中文名称	要素值	备注
17	年初批复数	400000000.00	预算编制阶段为空，预算批复后系统自动生成或手工录入，之后不可再编辑
22	预算级次代码	2（省级）	系统自动引用，值集来源于预算级次代码管理要素
23	资金来源代码	21（上级补助－年初安排）	选择录入，值集来源于资金来源管理要素

表3－528　　　　　对下转移支付年度预算表（BGT_TRA）

序号	中文名称	要素值	备注
4	下级财政区划	（××县）	系统自动引用基础信息中的预算单位代码
6	项目代码	1105002000000000003	系统自动引用项目基本信息表中的项目代码
17	年初批复数	200000000.00	预算编制阶段为空，预算批复后系统自动生成或手工录入，之后不可再编辑
22	预算级次代码	1（中央）	系统自动引用，值集来源于预算级次代码管理要素
23	资金来源代码	21（上级－年初安排）	选择录入，值集来源于资金来源管理要素

表3－529　　　　　对下转移支付年度预算表（BGT_TRA）

序号	中文名称	要素值	备注
4	下级财政区划	（××县）	系统自动引用基础信息中的预算单位代码
6	项目代码	1105002000000000003	系统自动引用项目基本信息表中的项目代码
17	年初批复数	100000000.00	预算编制阶段为空，预算批复后系统自动生成或手工录入，之后不可再编辑
22	预算级次代码	2（省级）	系统自动引用，值集来源于预算级次代码管理要素
23	资金来源代码	21（上级－年初安排）	选择录入，值集来源于资金来源管理要素

三是根据市级批复预算生成可执行指标，可执行指标需明确资金出处，即项目当年预算所需的资金要从哪里出。通过"源指标主键"记录该可执行指标与来源指标（来源指标可能为市级自有资金形成的市级待分指标或者省级转移支付指标形成的市级待分指标，下面以第二种情形进行说明）的关联关系（如表3－530～表3－533所示）。

表 3-530　　　　　　　　　　指标信息表（BA_BGT_INFO）

序号	中文名称	要素值	备注
1	指标主键	DJ_00011	数据创建时系统自动生成
8	预算级次代码	1（中央）	系统自动处理
9	预算单位	市教育局	系统自动处理
10	项目代码	1105002000000000000002	系统自动引用项目基本信息表中的项目代码
11	指标可执行标志	1（可执行指标）	系统自动处理
12	是否追踪	1（是）	选择录入
13	需要追踪项目代码	10000020000000000001	引用项目基本信息表中标记为追踪项目的项目代码或转移支付接收表中的需要追踪项目代码，即最源头的需要追踪的转移支付项目代码，不管中间落地几次都保持不变，中央财政为空
26	源指标主键	DJ_0001	指标调整调剂或待分指标细化分配时引用来源指标的指标主键，其他情况可为空
27	指标金额	600000000.00	手工录入
28	调剂金额	0.00	手工录入
29	指标余额	600000000.00	系统自动处理，指标金额减调剂金额

表 3-531　　　　　　　　　　指标信息表（BA_BGT_INFO）

序号	中文名称	要素值	备注
1	指标主键	DJ_00012	数据创建时系统自动生成
8	预算级次代码	1（中央）	系统自动处理
9	预算单位	XXX 县	系统自动处理
10	项目代码	1105002000000000000003	系统自动引用项目基本信息表中的项目代码
11	指标可执行标志	1（可执行指标）	系统自动处理
12	是否追踪	1（是）	选择录入
13	需要追踪项目代码	10000020000000000001	引用项目基本信息表中标记为追踪项目的项目代码或转移支付接收表中的需要追踪项目代码，即最源头的需要追踪的转移支付项目代码，不管中间落地几次都保持不变，中央财政为空
26	源指标主键	DJ_0001	指标调整调剂或待分指标细化分配时引用来源指标的指标主键，其他情况可为空
27	指标金额	2000000000.00	手工录入
28	调剂金额	0.00	手工录入
29	指标余额	2000000000.00	系统自动处理，指标金额减调剂金额

表 3-532　　　　　　　　　　指标信息表（BA_BGT_INFO）

序号	中文名称	要素值	备注
1	指标主键	DJ_00021	数据创建时系统自动生成
8	预算级次代码	2（省级）	系统自动处理
9	预算单位	市教育局	系统自动处理
10	项目代码	110500200000000000002	系统自动引用项目基本信息表中的项目代码
11	指标可执行标志	1（可执行指标）	系统自动处理
12	是否追踪	1（是）	选择录入
13	需要追踪项目代码	110000020000000000003	引用项目基本信息表中标记为追踪项目的项目代码或转移支付接收表中的需要追踪项目代码，即最源头的需要追踪的转移支付项目代码，不管中间落地几次都保持不变，中央财政为空
26	源指标主键	DJ_0002	指标调整调剂或待分指标细化分配时引用来源指标的指标主键，其他情况可为空
27	指标金额	40000000.00	手工录入
28	调剂金额	0.00	手工录入
29	指标余额	40000000.00	系统自动处理，指标金额减调剂金额

表 3-533　　　　　　　　　　指标信息表（BA_BGT_INFO）

序号	中文名称	要素值	备注
1	指标主键	DJ_00022	数据创建时系统自动生成
8	预算级次代码	2（省级）	系统自动处理
9	预算单位	XXX 县	系统自动处理
10	项目代码	110500200000000000003	系统自动引用项目基本信息表中的项目代码
11	指标可执行标志	1（可执行指标）	系统自动处理
12	是否追踪	1（是）	选择录入
13	需要追踪项目代码	110000020000000000003	引用项目基本信息表中标记为追踪项目的项目代码或转移支付接收表中的需要追踪项目代码，即最源头的需要追踪的转移支付项目代码，不管中间落地几次都保持不变，中央财政为空
26	源指标主键	DJ_0002	指标调整调剂或待分指标细化分配时引用来源指标的指标主键，其他情况可为空
27	指标金额	1000000000.00	手工录入
28	调剂金额	0.00	手工录入
29	指标余额	1000000000.00	系统自动处理，指标金额减调剂金额

（8）市级部门执行。

市级部门执行国库集中支付申请如表3-534所示。

表3-534　　　　　国库集中支付申请表（PAY_VOUCHER）

序号	中文名称	要素值1	要素值2	备注
1	指标主键	DJ_00011	DJ_00021	
2	项目代码	110500200000000000002	110500200000000000002	
3	资金性质	一般公共预算资金	一般公共预算资金	
4	预算单位	市教育局	市教育局	
5	支付申请金额	45000000.00	20000000.00	

（9）市级下达转移支付指标。

市级下达转移支付指标时，在"转移支付分配表"中生成分配信息，需要将市级指标主键、项目代码、需要追踪的项目代码、预算级次、热点分类等下达至县级财政（如表3-535和表3-536所示）。

表3-535　　　　　转移支付分配表（BA_TR_BGT_INFO）

序号	中文名称	要素值1	要素值1	备注
1	指标主键	DJ_00012	DJ_00022	此处仅是举例，下同
2	接收方财政区划代码	110508000（XXX县）	110508000（XXX县）	选择录入，值集来源于财政区划管理要素
3	项目代码	110500200000000000003	110500200000000000003	系统自动引用指标信息表的项目代码
4	需要追踪的项目代码	100000200000000000001	110000200000000000003	
5	是否追踪	1（是）	1（是）	
6	预算级次	中央	省级	
17	指标金额	200000000.00	100000000.00	
⋮	⋮	⋮	⋮	⋮

表3-536　　　　　项目热点分类表（PM_HOT_TOPICCATE）

序号	中文名称	要素值1	要素值2	备注
4	项目代码	110500200000000000003	110500200000000000003	系统引用项目基本信息表中的项目代码
5	热点分类代码	001（教育补贴）	002（直达资金）	

（10）县级接收转移支付指标。

一是将市级转移支付指标存储到"转移支付接收表"（如表3-537所示）。

表3-537　　　　　　转移支付接收表（BA_TR_BGT_REC）

序号	中文名称	要素值1	要素值2	备注
1	来源指标主键	DJ_00012	DJ_00022	
2	本级指标主键	XJ_0001	XJ_0002	
9	项目代码	110500200000000000003	110500200000000000003	
	需要追踪的项目代码	100000200000000000001	110000200000000000003	
16	指标金额	200000000.00	100000000.00	
21	是否追踪	1（是）	1（是）	
22	预算级次代码	1（中央）	2（省级）	—
⋮	⋮	⋮	⋮	⋮

二是在"转移支付项目接收登记表"登记市级转移支付项目，在"项目热点分类表"登记转移支付项目热点分类，如市级转移支付指标所对应的项目已存在，则只需更新项目的"已接收金额"，否则需登记生成新的项目（如表3-538所示）。

表3-538　　　　　　转移支付项目接收登记表（PM_TRAIN）

序号	中文名称	要素值	备注
4	项目来源区划代码	110500000（AAA市）	系统自动引用上级项目基本信息表中的财政区划代码
5	项目代码	110500200000000000003	系统自动引用上级项目基本信息表中的项目代码
6	项目名称	2020年××转移支付预算项目	系统自动引用上级项目基本信息表中的项目名称
7	已接收金额	300000000.00	系统自动引用上级项目基本信息表中的项目金额
13	是否追踪	1（是）	系统自动引用上级转移支付分配表中是否追踪

三是在"项目基本信息表"中将市级项目落地生成新的县级项目或更新已经落地生成的市级项目，同时在"项目热点分类表"更新落地项目的热点分类信息。市级项目落地生成的县级项目，其项目编码按市级项目编码要求统一生成，在"上级转移支付项目代码"字段中记录省级项目编码，从而实现市级与县级项目间的关联，县级项目其他信息与市级项目保持一致（如表3-539和表3-540所示）。

表 3-539　　　　　　　　项目基本信息表（PM_PROJECT_INFO）

序号	中文名称	要素值	备注
4	项目代码	110508200000000000001	系统根据项目代码规则自动生成
8	上级转移支付项目代码	110500200000000000003	非转移支付落地项目可为空
9	项目来源代码	1（本级申报项目）	选择录入，默认值为1（本级申报项目）
15	是否追踪	1（是）	需要追踪的项目则为1，当本项目为上级转移支付落地项目且上级项目状态为1时，系统默认为1且不可更改，其他情况为选择录入
17	项目总额	300000000.00	手工录入，默认值为0.00，系统测算后自动生成

表 3-540　　　　　　　　项目热点分类表（PM_HOT_TOPICCATE）

序号	中文名称	要素值1	要素值2	备注
4	项目代码	110508200000000000001	110508200000000000001	系统引用项目基本信息表中的项目代码
5	热点分类代码	001（教育补贴）	002（直达资金）	手工录入

四是在"指标信息表"中根据市级下达的转移支付指标及其落地生成的县级项目生成县级待分指标（如表 3-541 所示）。

表 3-541　　　　　　　　指标信息表（BA_BGT_INFO）

序号	中文名称	要素值1	要素值2	备注
1	指标主键	XJ_0001	XJ_0002	数据创建时系统自动生成
8	预算级次代码	1（中央）	2（省级）	系统自动处理
10	项目代码	110508200000000000001	110508200000000000001	系统自动引用项目基本信息表中的项目代码
11	指标可执行标志	2（待分）	2（待分）	系统自动处理
12	是否追踪	1（是）	1（是）	选择录入
13	需要追踪项目代码	100000200000000000001	110000200000000000003	
26	源指标主键	SJ_00012	SJ_00022	

续表

序号	中文名称	要素值1	要素值2	备注
27	指标金额	200000000.00	100000000.00	手工录入
28	调剂金额	0.00	0.00	手工录入
29	指标余额	200000000.00	100000000.00	系统自动处理，指标金额减调剂金额

（11）县级开展预算编制。

一是县级进行项目储备，确定要做的项目以及项目所需总金额、对应的热点分类（如表3-542和表3-543所示）。

表3-542　　　　　项目基本信息表（PM_PROJECT_INFO）

序号	中文名称	要素值	备注
4	项目代码	110508200000000000002	系统根据项目代码规则自动生成
9	项目来源代码	1（本级申报项目）	选择录入，默认值为1（本级申报项目）
15	是否追踪	1（是）	需要追踪的项目则为1，当本项目为上级转移支付落地项目且上级项目状态为1时，系统默认为1且不可更改，其他情况为选择录入
16	项目类别	3（特定目标类）	选择录入，值集来源项目类别
17	项目总额	300000000.00	手工录入，默认值为0.00，系统测算后自动生成

表3-543　　　　　项目热点分类表（PM_HOT_TOPICCATE）

序号	中文名称	要素值1	要素值2	备注
4	项目代码	110508200000000000002	110508200000000000002	系统引用项目基本信息表中的项目代码
5	热点分类代码	001（教育补贴）	002（直达资金）	手工录入

二是县级细化项目年度预算，从而确定项目在当前预算年度所需资金（如表3-544）。

表3-544　　　　　部门预算项目年度预算表（BGT_PM_ANNUAL）

序号	中文名称	要素值1	要素值2	备注
4	单位代码	101001（县教育局）	101001（县教育局）	系统引用项目基本信息表中的项目代码

续表

序号	中文名称	要素值1	要素值2	备注
5	项目代码	110508200000000000002	110508200000000000002	—
17	年初批复数	200000000.00	100000000.00	—
22	预算级次代码	1（中央）	2（省级）	—
23	资金来源代码	21（上级-年初安排）	21（上级-年初安排）	—

三是根据县级批复预算生成可执行指标，可执行指标需明确资金出处，即项目当年预算所需的资金要从哪里出。通过"源指标主键"记录该可执行指标与来源指标（来源指标可能为县级自有资金形成的县级待分指标或者市级转移支付指标形成的县级待分指标，下面以第二种情形进行说明）的关联关系（如表3-545和表3-546所示）。

表3-545　　　　　　　指标信息表（BA_BGT_INFO）

序号	中文名称	要素值	备注
1	指标主键	XJ_00011	数据创建时系统自动生成
8	预算级次代码	1（中央）	系统自动处理
9	预算单位	县教育局	系统自动处理
10	项目代码	110508200000000000002	系统自动引用项目基本信息表中的项目代码
11	指标可执行标志	1（可执行指标）	系统自动处理
12	是否追踪	1（是）	选择录入
13	需要追踪项目代码	100000200000000000001	引用项目基本信息表中标记为追踪项目的项目代码或转移支付接收表中的需要追踪项目代码，即最源头的需要追踪的转移支付项目代码，不管中间落地几次都保持不变，中央财政为空
26	源指标主键	XJ_0001	指标调整调剂或待分指标细化分配时引用来源指标的指标主键，其他情况可为空
27	指标金额	180000000.00	手工录入
28	调剂金额	0.00	手工录入
29	指标余额	180000000.00	系统自动处理，指标金额减调剂金额

表3-546　　　　　　　指标信息表（BA_BGT_INFO）

序号	中文名称	要素值	备注
1	指标主键	XJ_00021	数据创建时系统自动生成
8	预算级次代码	2（省级）	系统自动处理

续表

序号	中文名称	要素值	备注
9	预算单位	XXX 县	系统自动处理
10	项目代码	110508200000000000002	系统自动引用项目基本信息表中的项目代码
11	指标可执行标志	1（可执行指标）	系统自动处理
12	是否追踪	1（是）	选择录入
13	需要追踪项目代码	110000200000000000003	引用项目基本信息表中标记为追踪项目的项目代码或转移支付接收表中的需要追踪项目代码，即最源头的需要追踪的转移支付项目代码，不管中间落地几次都保持不变，中央财政为空
26	源指标主键	XJ_0002	指标调整调剂或待分指标细化分配时引用来源指标的指标主键，其他情况可为空
27	指标金额	1000000000.00	手工录入
28	调剂金额	0.00	手工录入
29	指标余额	1000000000.00	系统自动处理，指标金额减调剂金额

（12）县级部门执行。

县级部门执行国库集中支付申请如表 3-547 所示。

表 3-547　　　　　　国库集中支付申请表（PAY_VOUCHER）

序号	中文名称	要素值1	要素值2	备注
1	指标主键	XJ_00011	XJ_00021	—
2	项目代码	110508200000000000002	110508200000000000002	—
3	资金性质	一般公共预算资金	一般公共预算资金	—
4	预算单位	县教育局	县教育局	—
5	支付申请金额	15000000.00	70000000.00	—

（13）数据汇总分析。

根据全国预算数据汇总信息中指标信息表中的需要追踪的项目代码、待分指标和可执行指标信息，以及国库集中支付申请表中的指标主键、项目代码等，可以实时了解转移支付资金在各级的分配和使用情况。

①数据汇总。数据汇总的指标信息具体如表 3-548 和表 3-549 所示。

表 3-548 指标信息表

指标主键	项目代码	需要追踪的项目代码	预算单位	指标金额	源指标主键	是否追踪	预算级次	指标可执行标志	…
SJ_0001	11000020000000000001	11000020000000000001	—	600000000.00	ZY_0001	是	中央	待分	…
SJ_00011	11000020000000000002	11000020000000000001	省教育厅	100000000.00	SJ_0001	是	中央	可执行	…
SJ_00012	11000020000000000003	11000020000000000001	AAA市	300000000.00	SJ_0001	是	中央	可执行	…
SJ_0002	11000020000000000004	—	—	250000000.00	—	是	省级	待分	…
SJ_00021	11000020000000000002	—	省教育厅	100000000.00	SJ_0002	是	省级	可执行	…
SJ_00022	11000020000000000003	—	AAA市	150000000.00	SJ_0002	是	省级	可执行	…
DJ_0001	11050020000000000001	11000020000000000001	—	300000000.00	SJ_00012	是	中央	待分	…
DJ_0002	11050020000000000001	11000020000000000003	—	150000000.00	SJ_00022	是	省级	待分	…
DJ_00011	11050020000000000002	11000020000000000001	市教育局	60000000.00	DJ_0001	是	中央	可执行	…
DJ_00012	11050020000000000003	11000020000000000001	XXX县	200000000.00	DJ_0001	是	中央	可执行	…
DJ_00021	11050020000000000002	11000020000000000003	市教育局	40000000.00	DJ_0002	是	省级	可执行	…
DJ_00022	11050020000000000003	11000020000000000003	XXX县	100000000.00	DJ_0002	是	省级	可执行	…
XJ_0001	11050820000000000001	11000020000000000001	—	200000000.00	DJ_00012	是	中央	待分	…
XJ_0002	11050820000000000001	11000020000000000003	—	100000000.00	DJ_00022	是	省级	待分	…
XJ_00011	11050820000000000002	11000020000000000001	县教育局	180000000.00	XJ_0001	是	中央	可执行	…
XJ_00021	11050820000000000002	11000020000000000003	县教育局	100000000.00	XJ_0002	是	省级	可执行	…

表 3–549　　　　　　　　　　国库集中支付申请表

指标主键	项目代码	资金性质	预算单位	支付申请金额	支出功能分类科目	…
SJ_00011	110000200000000000002	一般公共预算资金	省教育厅	50000000.00	略	…
SJ_00021	110000200000000000002	一般公共预算资金	省教育厅	80000000.00	略	…
DJ_00011	110500200000000000002	一般公共预算资金	市教育局	45000000.00	略	…
DJ_00021	110500200000000000002	一般公共预算资金	市教育局	20000000.00	略	…
XJ_00011	110508200000000000002	一般公共预算资金	县教育局	150000000.00	略	…
XJ_00021	110508200000000000002	一般公共预算资金	县教育局	70000000.00	略	…

②数据分析（设计一张分析表，例如按照中央转移支付项目进行展现，各级财政预算编制、执行、资金配套等情况）。中央转移支付项目执行情况跟踪如表 3–550 所示。

表 3–550　　　　　　　　　中央转移支付项目执行情况跟踪表
中央转移支付项目代码：10000020000000000001　　　　　　　　　　　　　　　单位：亿元

区划	中央资金				省级配套资金			
	总金额	待分配	已分配	已支付	总金额	待分配	已分配	已支付
中央	6.00	2.60	3.40	2.45				
WWW省	6.00	2.60	3.40	2.45	2.50	0.10	2.40	1.70
省级	6.00	2.00	4.00	0.50	2.50	0.00	2.50	0.80
AAA市	3.00	0.60	2.40	1.95	1.50	0.50	1.00	0.90
市级	3.00	0.40	2.60	0.45	1.50	0.10	1.40	0.20
XXX县	2.00	0.20	1.80	1.50	1.00	0.00	1.00	0.70

3.9.4　上下级预算实时汇总和有效衔接实现机制

3.9.4.1　业务描述

上下级预算汇总是一个自下而上的逐级汇总过程。预算汇总包括本级收入、本级支出、预备费、转移性收入、转移性支出、动用预算稳定调节基金、安排预算稳定调节基金、债务转贷支出、债务转贷收入、地方政府债务收入、债务还本支出、上年结转收入、年终结转等汇总。

3.9.4.2　实现思路

上下级预算实时汇总和有效衔接实现机制，可通过政府预算编制、数据冲抵、预算汇总等功能实现，具体实现思路如图 3–50 所示。

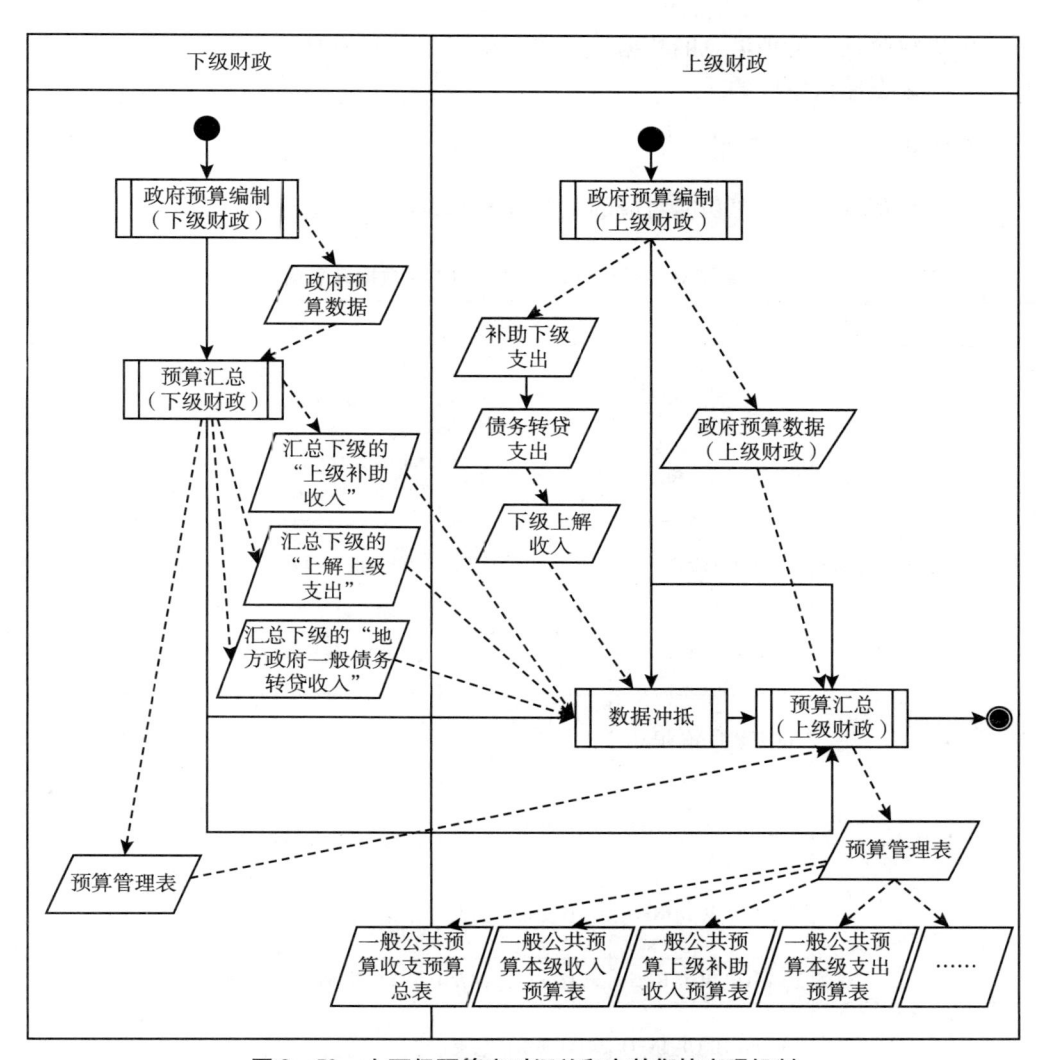

图 3-50　上下级预算实时汇总和有效衔接实现机制

（1）政府预算编制。

财政部门将审核通过的部门预算和财政代编预算进行汇总，生成政府预算。

（2）数据冲抵。

通过对上级的"补助下级支出"和汇总下级的"上级补助收入"相互抵销、上级的"下级上解收入"和汇总下级的"上解上级支出"相互抵销、上级的"债务转贷支出"和汇总下级的"地方政府一般债务转贷收入"相互抵销，实现汇总数据的自动冲抵。

（3）预算汇总。

县、区财政通过政府预算生成预算管理表，市级财政通过对各个县、区财政的预算管理表进行数据实时汇总和数据冲抵生成市级财政的预算管理表汇总数据。

省级财政通过对全省各个市级财政的预算管理表进行数据汇总和数据冲抵生成省级财政的预算管理表汇总数据。

中央财政预算管理汇总的数据是通过对全国各个省级财政的预算管理表进行数据汇总和数据冲抵生成的。

3.9.4.3 库表应用

上下级预算实时汇总功能对应的主要数据库表情况如表 3-551 所示。

表 3-551　　上下级预算实时汇总功能对应的主要数据库表情况

序号	业务活动	逻辑库表	中文名称	备注
1	政府预算编制	PM_PROJECT_INFO	项目基本信息表	存储本级项目、下级上报的转移支付项目、下级上报的债务项目信息
		PM_GOV_BGT	政府预算收支表	存储除转移性收入项目外的收入项目和存储除项目基本信息表中项目外的所有支出项目信息
		PM_TRAIN	转移支付项目接收登记表	存储本级财政转移性收入项目信息
		BGT_TRA	对下转移支付年度预算表	存储对下转移支付预算的主要信息
		BGT_PM_ANNUAL	部门预算项目年度预算表	存储部门预算项目年度预算的主要信息
2	数据冲抵	PM_PROJECT_INFO	项目基本信息表	存储本级项目、下级上报的转移支付项目、下级上报的债务项目信息
		BA_TR_BGT_INFO	转移支付分配表	存储转移支付预算分配下达和预算调剂的单据信息
		BA_TR_BGT_REC	转移支付接收表	存储转移性收入项目相关信息
3	预算汇总	PM_PROJECT_INFO	项目基本信息表	存储本级项目、下级上报的转移支付项目、下级上报的债务项目信息
		PM_GOV_BGT	政府预算收支表	存储除转移性收入项目外的收入项目和存储除项目基本信息表中项目外的所有支出项目信息
		PM_TRAIN	转移支付项目接收登记表	存储本级财政转移性收入项目信息
		BGT_TRA	对下转移支付年度预算表	存储对下转移支付预算的主要信息
		BGT_PM_ANNUAL	部门预算项目年度预算表	存储部门预算项目年度预算的主要信息

1. 逻辑库表间关系

上下级预算实时汇总涉及的相关逻辑库表的关系如图 3-51 所示。

第3章 系统功能设计

```
                    ┌─────────────────────┐
                    │   政府预算收支表     │
                    │   (PM_GOV_BGT)      │
                    ├─────────────────────┤
                    │PK│ 政府预算收支主键  │
                    │  │ (BGTPRO_ID)      │
                    ├──┴──────────────────┤
                    │   财政区划代码      │
                    │   (MOF_DIV_CODE)    │
                    │   项目代码          │
                    │   (PRO_CODE)        │
                    │   财政区划代码      │
                    │   (MOF_DIV_CODE)    │
                    └─────────────────────┘
```

┌─────────────────────┐ ┌─────────────────────┐ ┌─────────────────────┐
│ 部门预算项目年度预算表│ │ 转移支付项目接收登记表│ │ 对下转移支付年度预算表│
│ (BGT_PM_ANNUAL)   │ │   (PM_TRAIN)   │ │   (BGT_TRA)   │
├─────────────────────┤ ├─────────────────────┤ ├─────────────────────┤
│PK│ 项目年度预算主键 │ │PK│ 转移性收入项目主键│ │PK│ 项目年度预算主键 │
│ │ (BGT_PMAN_ID)   │ │ │ (PRO_TRAIN_ID)   │ │ │ (BGT_PMAN_ID)   │
├──┴──────────────────┤ ├──┴──────────────────┤ ├──┴──────────────────┤
│   财政区划代码   │ │   财政区划代码   │ │   财政区划代码   │
│   (MOF_DIV_CODE)   │ │   (MOF_DIV_CODE)   │ │   (MOF_DIV_CODE)   │
│   项目代码   │ │   项目代码   │ │   项目代码   │
│   (PRO_CODE)   │ │   (PRO_CODE)   │ │   (PRO_CODE)   │
│   预算年度   │ │   预算年度   │ │   预算年度   │
│   (FISCAL_YEAR)   │ │   (FISCAL_YEAR)   │ │   (FISCAL_YEAR)   │
└─────────────────────┘ └─────────────────────┘ └─────────────────────┘

                    ┌─────────────────────┐
                    │   项目基本信息表   │
                    │   (PM_PROJECT_INFO) │
                    ├─────────────────────┤
                    │PK│ 项目主键(PRO_ID) │
                    ├──┴──────────────────┤
                    │   财政区划代码   │
                    │   (MOF_DIV_CODE)   │
                    │   项目代码   │
                    │   (PRO_CODE)   │
                    └─────────────────────┘

┌─────────────────────┐   ┌─────────────────────┐
│   转移支付分配表   │   │   转移支付接收表   │
│ (BA_TR_BGT_INFO)   │   │ (BA_TR_BGT_REC)   │
├─────────────────────┤   ├─────────────────────┤
│PK│ 指标主键   │   │PK│ 本级指标主键   │
│ │ (BGT_ID)   │   │ │ (LOCAL_ID)   │
├──┴──────────────────┤   ├──┴──────────────────┤
│   财政区划代码   │   │   上级指标文号   │
│   (MOF_DIV_CODE)   │   │   (SUP_BGT_DOC_NO) │
│   接收方财政区划代码│   │   来源指标主键   │
│   (REC_DIV_CODE)   │   │   (ORI_ID)   │
│   本级指标文号   │   │   来源方财政区划代码│
│   (COR_BGT_DOC_NO) │   │   (ORI_DIV_CODE)   │
└─────────────────────┘   └─────────────────────┘

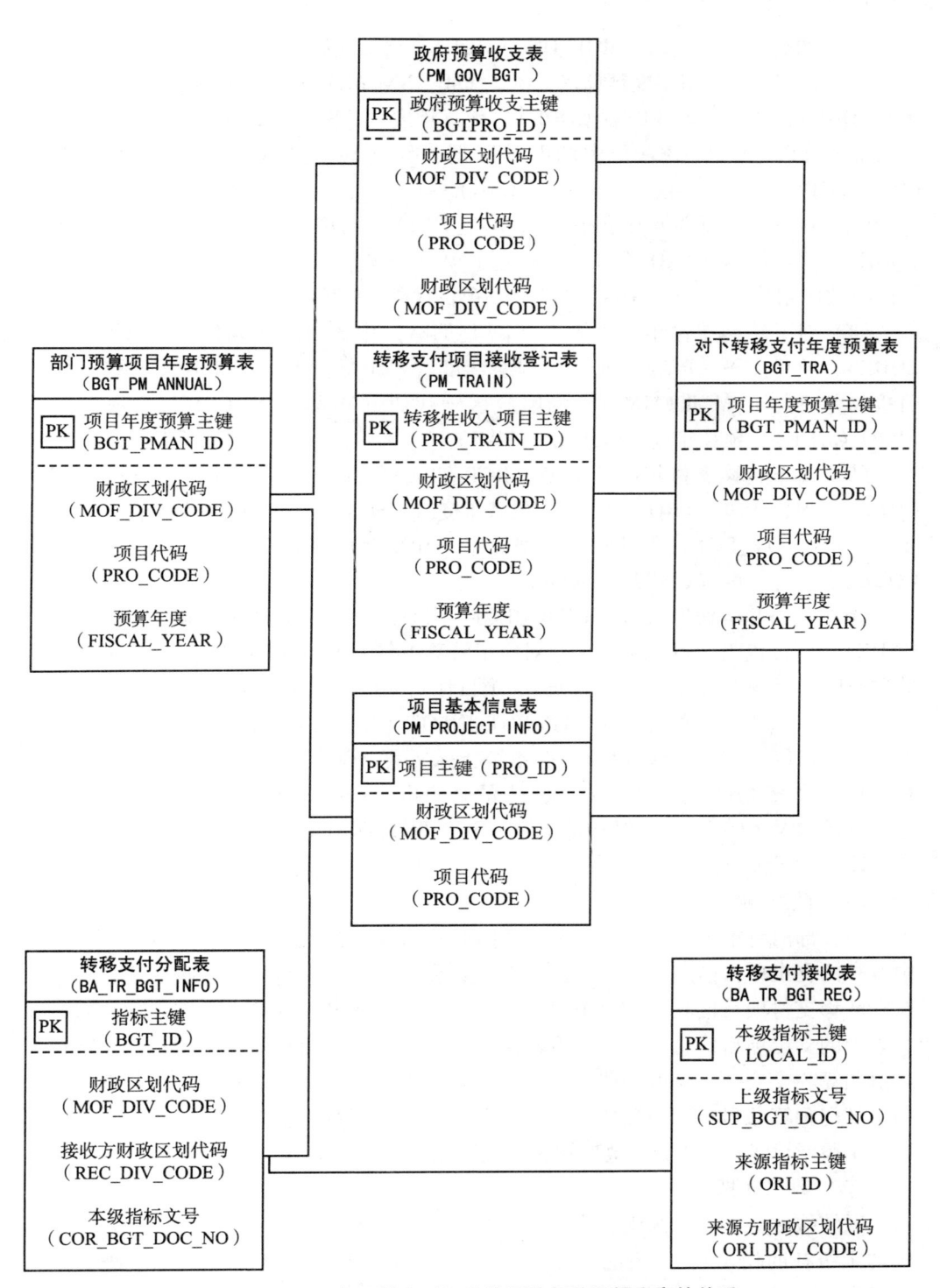

图 3-51 上下级预算实时汇总涉及的相关逻辑库表的关系

（1）部门预算项目年度预算表（BGT_PM_ANNUAL）中的财政区划代码（MOF_DIV_CODE）、项目代码（PRO_CODE）对应了项目基本信息表（PM_PROJECT_

INFO）中的财政区划代码（MOF_DIV_CODE）、项目代码（PRO_CODE）。

（2）部门预算项目年度预算表（BGT_PM_ANNUAL）中的财政区划代码（MOF_DIV_CODE）、项目代码（PRO_CODE）、预算年度（FISCAL_YEAR）对应了政府预算收支表（PM_GOV_BGT）中的财政区划代码（MOF_DIV_CODE）、项目代码（PRO_CODE）、预算年度（FISCAL_YEAR）。

（3）对下转移支付年度预算表（BGT_TRA）中的财政区划代码（MOF_DIV_CODE）、项目代码（PRO_CODE）对应了项目基本信息表（PM_PROJECT_INFO）中的财政区划代码（MOF_DIV_CODE）、项目代码（PRO_CODE）。

（4）对下转移支付年度预算表（BGT_TRA）中的财政区划代码（MOF_DIV_CODE）、项目代码（PRO_CODE）、预算年度（FISCAL_YEAR）对应了转移支付项目接收登记表（PM_TRAIN）中的财政区划代码（MOF_DIV_CODE）、项目代码（PRO_CODE）、预算年度（FISCAL_YEAR）。

（5）对下转移支付年度预算表（BGT_TRA）中的财政区划代码（MOF_DIV_CODE）、项目代码（PRO_CODE）、预算年度（FISCAL_YEAR）对应了政府预算收支表（PM_GOV_BGT）中的财政区划代码（MOF_DIV_CODE）、项目代码（PRO_CODE）、预算年度（FISCAL_YEAR）。

（6）项目基本信息表（PM_PROJECT_INFO）中的财政区划代码（MOF_DIV_CODE）、项目代码（PRO_CODE）对应了转移支付分配表（BA_TR_BGT_INFO）中的财政区划代码（MOF_DIV_CODE）、项目代码（PRO_CODE）。

（7）转移支付分配表（BA_TR_BGT_INFO）中的指标主键（BGT_ID）、接收方财政区划代码（REC_DIV_CODE）、本级指标文号（COR_BGT_DOC_NO）对应了转移支付接收表（BA_TR_BGT_REC）中的来源指标主键（ORI_ID）、来源方财政区划（ORI_DIV_CODE）、上级指标文号（SUP_BGT_DOC_NO）。

2. 实现机制说明

（1）政府预算编制。

财政部门将审核通过的部门预算和财政代编预算进行汇总，生成政府预算。其中本级的支出项目信息存储在项目基本信息表中；本级的转移支付收入项目信息存储在转移支付项目接收登记表中；下级的收支项目信息、本级未存储在项目基本信息表中的支出项目信息、本级的除转移支付收入项目外的其他收入项目信息存储在政府预算收支表中；对下转移支付预算的主要信息存储在对下转移支付年度预算表中；部门预算项目年度预算的主要信息存储在部门预算项目年度预算表中，各数据库表字段示例见"3.3.2.1 政府预算编制"章节。

（2）数据冲抵。

系统按照数据冲抵规则，将财政审核通过的上级"补助下级支出"和汇总下级的"上级补助收入"、上级的"下级上解收入"和汇总下级的"上解上级支出"、上级的"债务转贷支出"和汇总下级的"地方政府一般债务转贷收入"进行相互冲抵。其中，上级的支出项目信息存储在项目基本信息表中；上级的转移支付项目预算分配下达信息存储在转移支付分配表中；下级的转移性收入项目相关信息存储在转移支付接收表中。转移支付分配表中的指标主键、接收方财政区划代码、本级指标文号与转移支付接收表中的来源指标主键、上级指标文号、来源方财政区划进行关联后，可实现上级支出项目和汇总下级收入项目进行数据冲抵，逻辑库表字段变化示例如表 3-552~表 3-554 所示。

表 3-552　　　　　　　　项目基本信息表（PM_PROJECT_INFO）

序号	中文名称	字段值	备注
1	项目主键	x7344f3d-630f-4a80-a074-92459232c357	数据创建时系统自动生成
⋮	⋮	⋮	⋮

表 3-553　　　　　　　　转移支付分配表（BA_TR_BGT_INFO）

序号	中文名称	字段值	备注
1	指标主键	b7344f3d-630f-4a80-a074-92459232c267	数据创建时系统自动生成
⋮	⋮	⋮	⋮
3	接收方财政区划代码	110108000（海淀区本级）	选择录入，值集来源于财政区划管理要素
5	本级指标文号	京财预〔2020〕0002 号	系统自动引用指标信息表中的本级指标文号
⋮	⋮	⋮	⋮

表 3-554　　　　　　　　转移支付接收表（BA_TR_BGT_REC）

序号	中文名称	字段值	备注
1	来源指标主键	b7344f3d-630f-4a80-a074-92459232c267	系统自动引用转移支付分配表中的指标主键
2	本级指标主键	b7344f3d-630f-4a80-a074-92459232c267	数据创建时系统自动生成
⋮	⋮	⋮	⋮
5	上级指标文号	京财预〔2020〕0002 号	系统自动引用转移支付分配表中的本级指标文号
17	来源方财政区划代码	110000000（北京市本级）	系统自动引用转移支付分配表中的接收方财政区划代码
⋮	⋮	⋮	⋮

（3）预算汇总。

通过本级政府预算数据和下级政府预算数据预算进行相互冲抵后，汇总生成本地区的预算汇总数据。其中本级的支出项目信息存储在项目基本信息表中；本级的转移支付收入项目信息存储在转移支付项目接收登记表中；下级的收支项目信息、本级未存储在项目基本信息表中的支出项目信息、本级的除转移支付收入项目外的其他收入项目信息存储在政府预算收支表中；对下转移支付预算的主要信息存储在对下转移支付年度预算表中；部门预算项目年度预算的主要信息存储在部门预算项目年度预算表中，各数据库表字段示例见"3.3.2.1 政府预算编制"章节。

3.9.5 预算管理与政府采购衔接的实现机制

3.9.5.1 业务描述

通过预算管理与政府采购模块的衔接，实现采购与预算管理的数据和信息共享，实时掌握采购项目公告、合同、资金支付等关键活动进展动态，同时实现采购与预算管理的系统化控制，如采购预算控制采购活动，采购活动控制采购资金支付等。

3.9.5.2 实现思路

预算管理与政府采购衔接主要包括采购预算批复、采购预算调整调剂、采购预算执行等环节，具体实现思路如下：

（1）在预算批复后，预算管理一体化系统将采购预算和指标发送给政府采购模块，作为政府采购活动的控制依据。

（2）年中预算调整后，预算管理一体化系统将政府采购预算调整和指标调整发送给政府采购管理模块，作为政府采购活动的控制依据。

（3）单位在采购预算允许的范围内制定政府采购计划，进行政府采购项目采购活动。单位应在政府采购活动开始发布采购公告后，通过政府采购模块向预算管理一体化系统发送公开招标公告、竞争性磋商公告等信息，系统同时认定该项目政府采购活动开始。

（4）单位应在政府采购合同（协议）签订并公示后，在政府采购模块进行合同备案，并通过政府采购模块向预算管理一体化系统发送政府采购合同（协议）的字段信息，系统同时认定该项目政府采购活动结束。如果采购合同执行过程中出现供应商变更、采购合同金额变更等情况，政府采购模块应向预算管理一体化系统发送变更后的政府采购合同（协议）的相关信息，预算管理一体化系统以最新版本信息为依据。

（5）合同备案完成，预算单位根据实际支出进度，在预算管理一体化系统中填报支付申请，进行采购资金支付。

（6）支付申请校验通过后生成支付凭证进行采购资金支付，资金支付完毕后，预算管理一体化系统将支付情况同步给政府采购模块。如果已经支付资金的采购合同发生退款的，预算管理一体化系统将退款情况同步给政府采购模块。

3.9.5.3 库表应用

预算管理与政府采购衔接涉及的主要业务活动及逻辑库表应用如表3-555所示。

表 3-555　预算管理与政府采购衔接涉及的主要业务活动及逻辑库表应用

序号	业务活动	逻辑库表	中文名称	备注
1	生成部门预算指标	BGT_GOVPUR	政府采购预算表	用于存储政府采购预算信息
		BA_BGT_INFO	指标信息表	用于存储政府采购指标信息
2	生成部门预算调整指标	BGT_GOVPUR	政府采购预算表	用于存储调整后的政府采购预算信息
		BA_BGT_INFO	指标信息表	用于存储调整后的政府采购指标信息
3	认定项目政府采购活动开始	GP_PUR_NOTICE	政府采购公告表	用于存储政府采购模块向预算管理一体化系统发送的公开招标公告、竞争性谈判公告信息、单一来源采购公示信息等
4	认定项目政府采购活动结束	GP_PUR_CONTRACT	政府采购合同表	用于存储政府采购模块向预算管理一体化系统传送的政府采购合同主体信息
		GP_PUR_CONTRACT_USEBUDGET	政府采购合同使用指标情况表	用于存储政府采购模块向预算管理一体化系统传送的政府采购合同使用指标的信息
		GP_PUR_CONTRACT_USEPLAN	政府采购合同支付计划表	用于存储政府采购模块向预算管理一体化系统传送的政府采购合同支付计划的信息
		GP_PUR_CONTRACT_CONFIG	政府采购配置表	用于存储政府采购模块向预算管理一体化系统传送的政府采购合同包含的采购项目配置的信息
5	填报支付申请	BA_BGT_INFO	指标信息表	用于存储包含政府采购的指标信息
		PAY_VOUCHER	国库集中支付申请表	用于存储政府采购支付申请信息
6	资金支付、清算	PAY_VOUCHER	国库集中支付申请表	用于存储政府采购支付申请信息
		PAY_VOUCHER_BILL	国库集中支付凭证表	用于存储政府采购支付凭证信息
		GP_PUR_CONTRACT_USEPLAN	政府采购合同支付计划表	用于存储政府采购合同支付计划的实际支付信息
		PAY_FUND_REFUND	国库集中支付资金退回通知书表	用于存储政府采购合同发生退款的信息

1. 逻辑库表间关系

预算管理与政府采购衔接涉及的相关逻辑库表的关系如图 3-52 所示。

（1）政府采购合同表（GP_PUR_CONTRACT）中的公告主键（NOTICE_ID）对应政府采购公告表（GP_PUR_NOTIE）中的公告主键（NOTICE_ID）。

（2）政府采购合同使用指标情况表（GP_PUR_CONTRACT_USEBUDGET）中的采购合同编号（CONTRACT_NO）对应政府采购合同表（GP_PUR_CONTRACT）中的采购合同编号（CONTRACT_NO）、指标主键（BGT_ID）对应指标信息表（BA_

BGT_INFO)中的指标主键(BGT_ID)。

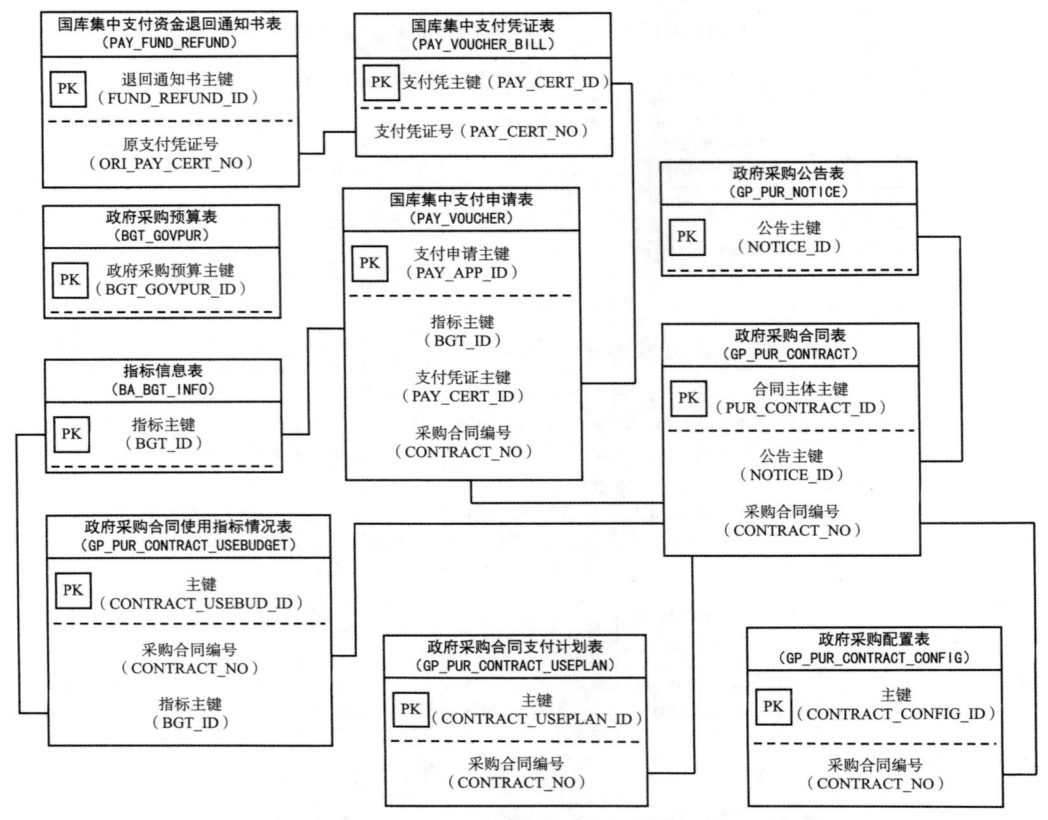

图 3-52 预算管理与政府采购衔接涉及的相关逻辑库表的关系

（3）政府采购合同支付计划表（GP_PUR_CONTRACT_USEPLAN）中的采购合同编号（CONTRACT_NO）对应政府采购合同表（GP_PUR_CONTRACT）中的采购合同编号（CONTRACT_NO）。

（4）政府采购配置表（GP_PUR_CONTRACT_CONFIG）中的采购合同编号（CONTRACT_NO）对应政府采购合同表（GP_PUR_CONTRACT）中的采购合同编号（CONTRACT_NO）。

（5）国库集中支付申请表（PAY_VOUHER）中的采购合同编号（CONTRACT_NO）对应政府采购合同表（GP_PUR_CONTRACT）中的采购合同编号（CONTRACT_NO），指标主键（BGT_ID）对应指标信息表（BA_BGT_INFO）中的指标主键（BGT_ID），支付凭证主键（PAY_CERT_ID）对应国库集中支付凭证表（PAY_VOUCHER_BILL）中的支付凭主键（PAY_CERT_ID）。

（6）国库集中支付资金退回通知书表（PAY_FUND_REFUND）中的原支付凭证号（ORI_PAY_CERT_NO）对应国库集中支付凭证表（PAY_VOUCHER_BILL）中的支付凭证号（PAY_CERT_NO）。

2. 实现机制说明

（1）生成部门预算指标。

在预算批复后，预算管理一体化系统将采购预算和指标发送给政府采购模块，会使用政府采购预算表（BGT_GOVPUR）和指标信息表（BA_BGT_INFO）中存储的信息，逻辑库表字段变化示例如表3-556和表3-557所示。

表3-556　　　　　　　　　　政府采购预算表（BGT_GOVPUR）

序号	字段	字段值	备注
1	政府采购预算主键	3764b9c367-354d-48ab-bd71-10b31c47a9a4	数据创建时系统自动生成
2	财政区划代码	110000000（北京市本级）	系统自动处理，值集来源于财政区划业务管理要素
3	预算年度	2020	系统自动处理，根据预算填报年度生成
4	单位代码	142207（产品质量监督检验院）	选择录入，值集来源于单位业务管理要素
5	项目代码	1100001914220700000001（质量检验设备维修）	选择录入，值集来源于项目业务管理要素
6	资金性质代码	111（一般公共预算资金）	选择录入，值集来源于资金性质业务管理要素
7	政府采购品目代码	C0502（办公设备维修和保养服务）	选择录入，值集来源于政府采购品目业务管理要素
8	计量单位	次	手工录入，填写计量单位
9	单价	215000.00	手工录入，填写单价
10	采购数量	1	手工录入，填写采购数量
11	采购金额	215000.00	系统自动生成，根据单价和数量计算
15	调整批次号	—	系统自动生成，预算调整时填写
⋮	⋮	⋮	⋮

表3-557　　　　　　　　　　指标信息表（BA_BGT_INFO）

序号	字段	字段值	备注
1	指标主键	394c466c9c-4ec2-4b3e-bacd-34f46c475db0	数据创建时系统自动生成
10	项目代码	1100001914220700000001（质量检验设备维修）	系统自动引用批复预算中的项目代码
14	单位代码	142207（产品质量监督检验院）	系统自动引用批复预算中的单位代码
15	资金性质代码	111（一般公共预算资金）	系统自动引用批复预算中的资金性质代码

续表

序号	字段	字段值	备注
16	业务主管处室代码	010（行政政法处）	系统自动引用批复预算中的业务主管处室代码
18	支出功能分类科目代码	2013815（质量安全监管）	系统自动引用批复预算中的支出功能分类科目代码
19	政府支出经济分类代码	50209（维修（护）费）	系统自动引用批复预算中的政府支出经济分类代码，待分指标可以为空
20	部门支出经济分类代码	30213（维修（护）费）	系统自动引用批复预算中的部门支出经济分类代码，待分指标可以为空
21	指标类型代码	21（当年预算）	系统自动引用批复预算中的指标类型代码
22	指标金额	300000.00	系统自动引用批复预算中的批复数
24	是否包含政府采购预算	1（是）	系统自动引用批复预算中的是否包含政府采购预算
26	调整批次号	—	系统自动生成，非调整可为空
⋮	⋮	⋮	⋮

（2）生成部门预算调整指标。

年中预算调整后，预算管理一体化系统将调整后的政府采购预算和指标传送至政府采购管理模块，会使用政府采购预算表（BGT_GOVPUR）和指标信息表（BA_BGT_INFO）中存储的调整后的采购预算和指标信息，逻辑库表字段变化示例如表3-558和表3-559所示。

表3-558　　　　　　　政府采购预算表（BGT_GOVPUR）

序号	字段	字段值	备注
1	政府采购预算主键	3764b9c367-354d-48ab-bd71-10b31c47a9a4	数据创建时系统自动生成
⋮	⋮	⋮	⋮
4	单位代码	142207（产品质量监督检验院）	选择录入，值集来源于单位业务管理要素
5	项目代码	1100001914220700000001（质量检验设备维修）	选择录入，值集来源于项目业务管理要素
7	政府采购品目代码	C0502（办公设备维修和保养服务）	选择录入，值集来源于政府采购品目业务管理要素
8	计量单位	次	手工录入，填写计量单位
9	单价	255000.00	手工录入，填写单价
10	采购数量	1	手工录入，填写采购数量

续表

序号	字段	字段值	备注
11	采购金额	255000.00	系统自动生成，根据单价和数量计算
15	调整批次号	YSTZ0000001	系统自动生成，预算调整时填写
⋮	⋮	⋮	⋮

表3-559 指标信息表（BA_BGT_INFO）

序号	字段	字段值	备注
1	指标主键	845e92d643-c9d1-4a9f-9a61-8d9e3dc2bd9e	数据创建时系统自动生成
⋮	⋮	⋮	⋮
10	项目代码	1100001914220700000001（质量检验设备维修）	系统自动引用批复预算中的项目代码
14	单位代码	142207（产品质量监督检验院）	系统自动引用批复预算中的单位代码
18	支出功能分类科目代码	2013815（质量安全监管）	系统自动引用批复预算中的支出功能分类科目代码
19	政府支出经济分类代码	50209［维修（护）费］	系统自动引用批复预算中的政府支出经济分类代码，待分指标可以为空
21	指标类型代码	21（当年预算）	系统自动引用批复预算中的指标类型代码
22	指标金额	40000.00	系统自动引用批复预算中的批复数
24	是否包含政府采购预算	1（是）	系统自动引用批复预算中的是否包含政府采购预算
26	调整批次号	ZBTZ0000001	系统自动生成，非调整可为空
34	指标来源代码	4（指标追加）	系统自动处理，追加业务使用"4 指标追加"
⋮	⋮	⋮	⋮

（3）认定项目政府采购活动开始。

单位在政府采购活动开始发布采购公告后，通过政府采购模块向预算管理一体化系统发送公开招标公告、竞争性磋商公告等信息，系统会在政府采购公告表（GP_PUR_NOTICE）中存储公告信息，逻辑库表字段示例如表3-560所示。

表3-560 政府采购公告表（GP_PUR_NOTICE）

序号	字段	字段值	备注
1	公告主键	7158ae6729-5abf-4bb3-a2cc-be29a81b02e4	数据创建时系统自动生成

续表

序号	字段	字段值	备注
2	公告类型代码	5（单一来源采购公告）	系统自动引用政府采购模块发送的采购公告信息中的采购类型代码
3	公告日期	20200421	系统自动引用政府采购模块发送的采购公告信息中的公告日期
4	公告标题	产品质量监督检验院质量检验设备维修项目单一来源公示	系统自动引用政府采购模块发送的采购公告信息中的公告标题
5	采购单位名称	产品质量监督检验院	系统自动引用政府采购模块发送的采购公告信息中的采购单位名称
6	项目代码	110000191422070000001（质量检验设备维修）	系统自动引用政府采购模块发送的采购公告信息中的项目代码
7	政府采购代理机构	北京智能咨询有限公司	系统自动引用政府采购模块发送的采购公告信息中的政府采购代理机构
8	预算金额	245000.00	系统自动引用政府采购模块发送的采购公告信息中的预算金额
9	开标时间	20200508143000	系统自动引用政府采购模块发送的采购公告信息中的开标时间
10	开标地点	北京市西三环99号	系统自动引用政府采购模块发送的采购公告信息中的开标地点
11	财政区划代码	110000000（北京市本级）	系统自动处理，值集来源于财政区划业务管理要素
12	更新时间	20200504102050	数据更新时系统自动生成，数据创建时更新时间与创建时间一致
13	是否删除	2（否）	系统自动处理，值集来源于布尔型代码管理要素，默认值为2，删除操作后，字段值由2变为1
14	创建时间	20200504102050	数据创建时系统自动生成

（4）认定项目政府采购活动结束。

单位应在政府采购合同（协议）签订并公示后，在政府采购模块进行合同备案，并通过政府采购模块向预算管理一体化系统发送政府采购合同（协议）的字段信息。系统分别在政府采购合同表（GP_PUR_CONTRACT）、政府采购合同使用指标情况表（GP_PUR_CONTRACT_USEBUDGET）、政府采购合同支付计划表（GP_PUR_CONTRACT_USEPLAN）、政府采购配置表（GP_PUR_CONTRACT_CONFIG）中存储采购合同相关信息，逻辑库表字段示例如表3-561～表3-564所示。

表 3-561　　政府采购合同表（GP_PUR_CONTRACT）

序号	字段	字段值	备注
1	合同主体主键	428e2096ce-ee85-427b-a378-5b2b3a2a96a9	数据创建时系统自动生成
2	采购合同编号	CGHT-20-000001	系统自动引用政府采购模块发送的采购合同信息中的采购合同编号
3	合同备案号	BJ20200514000001	系统自动引用政府采购模块发送的采购合同信息中的合同备案号
4	采购合同名称	"产品质量监督检验院质量检验设备维修项目"服务合同	系统自动引用政府采购模块发送的采购合同信息中的采购合同名称
5	订单号	—	系统自动引用政府采购模块发送的采购合同信息中的订单号，非电子商城订单可为空
6	公告主键	7158ae6729-5abf-4bb3-a2cc-be29a81b02e4	系统自动引用政府采购模块发送的采购合同信息中的公告主键，没有发布招标公告的可为空
7	合同签订日期	20200514	系统自动引用政府采购模块发送的采购合同信息中的合同签订日期
8	合同金额	225000.00	系统自动引用政府采购模块发送的采购合同信息中的合同金额
9	财政性资金金额	225000.00	系统自动引用政府采购模块发送的采购合同信息中的财政性资金金额
10	自筹资金金额	0.00	系统自动引用政府采购模块发送的采购合同信息中的自筹资金金额
11	单位代码	142207（产品质量监督检验院）	系统自动引用政府采购模块发送的采购合同信息中的单位代码
12	供应商名称	智能科技公司	系统自动引用政府采购模块发送的采购合同信息中的供应商名称
13	供应商统一社会信用代码	92222426MA16WF2E7N	系统自动引用政府采购模块发送的采购合同信息中的供应商统一社会信用代码
14	供应商账户名称	智能科技公司	系统自动引用政府采购模块发送的采购合同信息中的供应商账户名称
15	供应商账号	650000034330321	系统自动引用政府采购模块发送的采购合同信息中的供应商账号
16	供应商开户银行	兴业银行北京支行	系统自动引用政府采购模块发送的采购合同信息中的供应商开户银行
17	收款人全称	智能科技公司	系统自动引用政府采购模块发送的采购合同信息中的收款人全称

续表

序号	字段	字段值	备注
18	收款人账号	650000034330321	系统自动引用政府采购模块发送的采购合同信息中的收款人账号
19	收款人开户银行	兴业银行北京支行	系统自动引用政府采购模块发送的采购合同信息中的收款人开户银行
20	政府采购合同	—	系统自动引用政府采购模块发送的采购合同信息中的政府采购合同,合同附件存储,如果一个合同有多个附件,需要压缩成一个文件,压缩格式不限制
21	政府采购方式代码	4（单一来源采购）	系统自动引用政府采购模块发送的采购合同信息中的政府采购方式代码
22	政府采购组织形式代码	11（集中采购机构采购）	系统自动引用政府采购模块发送的采购合同信息中的政府采购组织形式代码
23	财政区划代码	110000000（北京市本级）	系统自动处理,值集来源于财政区划业务管理要素
24	更新时间	20200514102050	数据更新时系统自动生成,数据创建时更新时间与创建时间一致
25	是否删除	2（否）	系统自动处理,值集来源于布尔型代码管理要素,默认值为2,删除操作后,字段值由2变为1
26	创建时间	20200514102050	数据创建时系统自动生成

表3-562　政府采购合同使用指标情况表（GP_PUR_CONTRACT_USEBUDGET）

序号	字段	字段值	备注
1	主键	819a67acb4-2473-4bff-9065-30b9f8c40c27	数据创建时系统自动生成
2	采购合同编号	CGHT-20-000001	系统自动引用政府采购模块发送的采购合同使用指标情况中的采购合同编号
3	项目代码	110000191422070000001（质量检验设备维修）	系统自动引用政府采购模块发送的采购合同使用指标情况中的项目代码
4	预算指标金额	300000.00	系统自动引用政府采购模块发送的采购合同使用指标情况中的预算指标金额
5	指标主键	394c466c9c-4ec2-4b3e-bacd-34f46c475db0	系统自动引用政府采购模块发送的采购合同使用指标情况中的指标主键
6	本次使用金额	245000.00	系统自动引用政府采购模块发送的采购合同使用指标情况中的本次使用金额
7	财政区划代码	110000000（北京市本级）	系统自动处理,值集来源于财政区划业务管理要素

续表

序号	字段	字段值	备注
8	更新时间	20200514102050	数据更新时系统自动生成，数据创建时更新时间与创建时间一致
9	是否删除	2（否）	系统自动处理，值集来源于布尔型代码管理要素，默认值为2，删除操作后，字段值由2变为1
10	创建时间	20200514102050	数据创建时系统自动生成

表3-563　政府采购合同支付计划表（GP_PUR_CONTRACT_USEPLAN）

序号	字段	字段值	备注
1	主键	4689092903-c95e-4079-81fb-5d5fcb1a1b80	数据创建时系统自动生成
2	采购合同编号	CGHT-20-000001	系统自动引用政府采购模块发送的采购合同支付计划中的采购合同编号
3	支付次数	1	系统自动引用政府采购模块发送的采购合同支付计划中的支付次数
4	付款时点	20200521	系统自动引用政府采购模块发送的采购合同支付计划中的付款时点
5	支付金额	24500.00	系统自动引用政府采购模块发送的采购合同支付计划中的支付金额
6	支付比例	0.10	系统自动引用政府采购模块发送的采购合同支付计划中的支付比例
7	实际支付金额	—	系统自动引用银行回单中的实际支付金额，资金实际支付后填写
8	实际支付日期	—	系统自动引用银行回单中的实际支付日期，资金实际支付后填写
9	财政区划代码	110000000（北京市本级）	系统自动处理，值集来源于财政区划业务管理要素
10	更新时间	20200514102050	数据更新时系统自动生成，数据创建时更新时间与创建时间一致
11	是否删除	2（否）	系统自动处理，值集来源于布尔型代码管理要素，默认值为2，删除操作后，字段值由2变为1
12	创建时间	20200514102050	数据创建时系统自动生成

表3-564　　政府采购配置表（GP_PUR_CONTRACT_CONFIG）

序号	字段	字段值	备注
1	主键	38d18f7eb3-c67f-44a6-bdd1-4d35d516bc32	数据创建时系统自动生成
2	采购合同编号	CGHT-20-000001	系统自动引用政府采购模块发送的采购配置表中的采购合同编号
3	政府采购项目名称	质量检验设备维修	系统自动引用政府采购模块发送的采购配置表中的政府采购项目名称
4	政府采购项目描述	进行质量检验仪器、设备的维修、保养、升级等	系统自动引用政府采购模块发送的采购配置表中的政府采购项目描述
5	政府采购品目代码	C0502（办公设备维修和保养服务）	系统自动引用政府采购模块发送的采购配置表中的政府采购品目代码
6	申请数量	1	系统自动引用政府采购模块发送的采购配置表中的申请数量
7	单价	225000.00	系统自动引用政府采购模块发送的采购配置表中的单价
8	财政区划代码	110000000（北京市本级）	系统自动处理，值集来源于财政区划管理要素
9	更新时间	20200514102050	数据更新时系统自动生成，数据创建更新时间与创建时间一致
10	是否删除	2（否）	系统自动处理，值集来源于布尔型代码管理要素，默认值为2，删除操作后，字段值由2变为1
11	创建时间	20200514102050	数据创建时系统自动生成

注：采购项目配置表（GP_PUR_CONTRACT_CONFIG）存储的是最终合同结果采购品目的相关信息，如果有多个品目需要分多条记录存储。

（5）填报支付申请。

合同备案完成，预算单位根据实际支出进度，在预算管理一体化系统中填报采购资金支付申请，系统会使用指标信息表（BA_BGT_INFO）中的指标信息，并在国库集中支付申请表（PAY_VOUCHER）中存储采购资金支付申请信息，逻辑库表字段变化示例如表3-565所示。

表3-565　　国库集中支付申请表（PAY_VOUCHER）

序号	字段	字段值	备注
1	支付申请主键	85cbe52823-06c9-425f-b07e-834de4c5ad82	数据创建时系统自动生成
2	支付申请编号	SQ000034	系统自动生成，编号规则由各地财政部门自行制定

续表

序号	字段	字段值	备注
3	申请日期	20200521	手工录入，填写支付申请的日期
4	单位代码	142207 （产品质量监督检验院）	系统自动引用指标信息中的单位代码
⋮	⋮	⋮	⋮
10	项目代码	110000191422070000001 （质量检验设备维修）	系统自动引用指标信息中的项目代码
11	指标主键	394c466c9c－4ec2－4b3e－ bacd－34f46c475db0	系统自动引用指标信息中的指标主键
16	支付申请金额	24500.00	手工录入，根据申请支付金额填写
18	付款人全称	产品质量监督检验院	系统自动引用账户信息中的零余额账户全称
19	付款人账号	6234585949910030	系统自动引用账户信息中的零余额账户账号
20	付款人开户银行	工商银行东大街支行	系统自动引用账户信息中的零余额账户开户银行
21	收款人全称	智能科技公司	手工录入，根据实际收款人信息填写
22	收款人账号	650000034330321	手工录入，根据实际收款人信息填写
23	收款人开户银行	兴业银行北京支行	手工录入，根据实际收款人信息填写
⋮	⋮	⋮	⋮

（6）资金支付、清算。

①支付申请校验通过后生成支付凭证进行采购资金支付，资金支付完毕后，将支付情况同步给政府采购模块。系统在国库集中支付凭证表（PAY_VOUCHER_BILL）中存储采购资金支付凭证信息，并更新国库集中支付申请表（PAY_VOUCHER）和合同分期支付计划表（GP_PUR_CONTRACT_USEPLAN）中实际支付金额相关信息。

国库集中支付凭证表（PAY_VOUCHER_BILL）库表字段变化示例如表3－566所示。

表3－566　　　　国库集中支付凭证表（PAY_VOUCHER_BILL）

序号	字段	字段值	备注
1	支付凭证主键	8257870f2e－fdb4－4f68－ 8834－9e4f0c3fdd8e	数据创建时系统自动生成
⋮	⋮	⋮	⋮
4	凭证日期	20200521	手工录入，根据凭证生成日期填写
5	支付凭证号	PZ000034	系统自动生成，编号规则由各地财政部门自行制定
6	付款人全称	产品质量监督检验院	系统自动引用支付申请中的付款人全称
7	付款人账号	6234585949910030	系统自动引用支付申请中的付款人账号
8	付款人开户银行	工商银行东大街支行	系统自动引用支付申请中的付款人开户银行

续表

序号	字段	字段值	备注
9	收款人全称	智能科技公司	系统自动引用支付申请中的收款人全称，批量业务可为空
10	收款人账号	650000034330321	系统自动引用支付申请中的收款人账号，批量业务可为空
11	收款人开户银行	兴业银行北京支行	系统自动引用支付申请中的收款人开户银行，批量业务可为空
20	实际支付金额	25400.00	系统自动引用银行回单中的实际支付金额
21	实际支付日期	20200521	系统自动引用银行回单中的实际支付日期
22	单位代码	142207（产品质量监督检验院）	系统自动引用支付申请中的单位代码
⋮	⋮	⋮	⋮

国库集中支付申请表（PAY_VOUCHER）库表字段变化示例如表 3-567 所示。

表 3-567　　国库集中支付申请表（PAY_VOUCHER）

序号	字段	字段值	备注
1	支付申请主键	85cbe52823-06c9-425f-b07e-834de4c5ad82	数据创建时系统自动生成
⋮	⋮	⋮	⋮
17	支付凭证主键	8257870f2e-fdb4-4f68-8834-9e4f0c3fdd8e	系统自动处理，用于关联生成的支付凭证
⋮	⋮	⋮	⋮

合同分期支付计划表（GP_PUR_CONTRACT_USEPLAN）库表字段变化示例如表 3-568 所示。

表 3-568　　政府采购合同支付计划表（GP_PUR_CONTRACT_USEPLAN）

序号	字段	字段值	备注
1	主键	4689092903-c95e-4079-81fb-5d5fcb1a1b80	数据创建时系统自动生成
⋮	⋮	⋮	⋮
7	实际支付金额	25400.00	系统自动引用银行回单中的实际支付金额
8	实际支付日期	20200521	系统自动引用银行回单中的实际支付日期
⋮	⋮	⋮	⋮

②如果已经支付的政府采购合同发生退款的，系统在国库集中支付资金退回通知书表（PAY_FUND_REFUND）中存储退款信息，并将退款信息通过政府采购支付凭证信息报文同步给政府采购模块。国库集中支付资金退回通知书表（PAY_FUND_REFUND）的库表字段变化示例如表3-569所示。

表3-569　　　国库集中支付资金退回通知书表（PAY_FUND_REFUND）

序号	字段	字段值	备注
1	退回通知书主键	76b6ead4bc-842e-45e9-8464-a4e2deaee7a1	数据创建时系统自动生成
2	资金退回日期	20200526	手工录入，填写退回通知书生成的日期
3	预算年度	2020	系统自动处理，根据预算填报年度生成
4	资金退回通知书编号	TH000022	系统自动生成，编号规则由各地财政部门自行制定
5	收款人全称	产品质量监督检验院	系统自动引用银行零余额到账通知书中的收款人全称
6	收款人账号	6234585949910030	系统自动引用银行零余额到账通知书中的收款人账号
7	收款人开户银行	工商银行东大街支行	系统自动引用银行零余额到账通知书中的收款人开户银行
8	退款人全称	智能科技公司	系统自动引用银行零余额到账通知书中的付款人全称
9	退款人账号	65000321	系统自动引用银行零余额到账通知书中的付款人账号
10	退款人开户银行名称	兴业银行北京支行	系统自动引用银行零余额到账通知书中的付款人开户银行
11	资金退回金额	-225000.00	系统自动引用银行零余额到账通知书中的到账金额，金额为负
16	资金退回原因代码	2（收款人主动退回）	选择录入，值集来源于资金退回原因业务管理要素
⋮	⋮	⋮	⋮

3.9.6　资产管理与预算管理衔接的实现机制

3.9.6.1　业务描述

资产是行政事业单位履职的物质基础，资产管理是财政业务的重要组成部分，也是财政部门、行政事业单位之间业务协同的重要内容。资产管理与预算管理的衔接体现在多个方面上，如在项目储备、预算编制、预算执行、会计核算、决算和报告等业务环节均可能涉及到与资产相关的内容，在项目储备阶段，对需要添置资产的单位，要在项目库中填写项目资产配置信息，表明该项目需要配置的资产情况，如资产类别、数量、单价、金额等；在预算编制阶段，需要在资产配置信息的基础上，结合当前的市场情况细化价格等要素，并注明预算科目等，形成项目资产配置预算信息，涉及到政府采购的，还需要为之编制政府采购预算。在预算执行阶段，进行资产构建和购置，归集成本；在资产形成之后，要及时登记资产卡片，并明确资产原值、使用年限、折旧等财务信息；而资产在使用过程中的由于出租出借、对外投资、变动、折旧、摊销、处置、收益等产生的信息，也需要及时更新到资产卡片中去。

3.9.6.2 实现思路

利用基础信息中的资产基本信息表（BAS_ASSET_INFO）、资产扩展信息表（BAS_ASSET_EXT）构建预算管理一体化资产卡片基础信息库，并为其构建资产卡片导入功能，该功能在预算管理一体化系统启用时供单位批量导入资产卡片信息时使用，单位要在核对本单位资产卡片和账务信息一致的基础上，使用导入接口将资产存量信息导入到资产卡片基础信息库中。

除了系统初始化时提供的资产导入功能外，为了保证新增资产的及时入库，地方财政也可直接在资产卡片基础信息库上构建资产登记功能，完成新增资产的登记操作，或者利用后续介绍的卡片登记入库接口服务来实现新增卡片的接收入库。

资产卡片基础信息库中记录的资产信息是资产更新、资产配置、预算编制、折旧/摊销等业务的数据基础，也是财政部门科学化编制实物配置定额、掌握行政事业单位资产构成、资产存量、年限结构、了解行政事业单位资产健康状况的信息来源，还是开展资产共享利用、盘活存量资产、提升资产保障能力、支持资产审批业务、编制决算和报告等重要依据，更是财政资金运作资产化沉淀的关键记录和有效证明，在整个预算管理过程中具有重大价值。

资产使用过程的出租出借、对外投资、资产处置、折旧/摊销计算等业务可以直接构建在资产卡片基础信息库之上，以最大程度的发挥资产卡片基础信息库的价值。

在资产卡片基础信息库的基础上，构建三类在线服务接口，满足预算管理一体化系统各个业务环节与资产卡片基础信息库之间的信息同步，以及对资产信息的查询需求，实现资产管理与预算管理的衔接融合。构建的接口分别如下：

（1）卡片登记入库接口服务：及时完成单位资产的登记入库。卡片登记入库使用在线服务接口接收资产卡片数据，并将其存储到资产基本信息表（BAS_ASSET_INFO）和资产扩展信息表（BAS_ASSET_EXT）中。资产卡片入库时可以完成会计核算，也可以没有完成会计核算。对于已经完成会计核算的，入库时即已经确定了资产的原值、累计折旧/摊销、折旧方法、使用年限等信息。对于没有完成会计核算的，要在会计核算完成后调用资产与单位会计接口服务的方式将相关信息同步到相应的资产卡片中去，完成新增资产的入账价值登记。

（2）资产与单位会计接口服务：建立和单位财务核算系统的接口，以便及时获取资产卡片财务相关信息的变更。如在新增资产入账、资产价值变动入账、资产折旧/摊销入账、资产处置入账等业务完成后，由单位会计核算系统自动调用并将相关信息更新到预算管理一体化的资产卡片中。使用的数据库表为资产卡片的资产基本信息表（BAS_ASSET_INFO）和资产扩展信息表（BAS_ASSET_EXT）。其中新增资产入账涉及到资产原值的确认和变动，对应资产基本信息表（BAS_ASSET_INFO）

和资产扩展信息表（BAS_ASSET_EXT）的记账凭证号、记账日期、资产原值、累计折旧/摊销；资产价值变动入账涉及更新资产基本信息表（BAS_ASSET_INFO）的资产原值字段；资产折旧/摊销入账涉及到资产基本信息表（BAS_ASSET_INFO）的累计折旧/摊销等字段的更新，在其基础上进行累计。资产处置入账则涉及到资产基本信息表（BAS_ASSET_INFO）的处置收益等字段。

（3）资产卡片查询服务接口：提供查询服务接口，使用该查询服务接口，可实时检索查询资产卡片基础信息、不同统计口径的汇总信息，满足项目储备、资产预算编制、单位财务核算、决算和报告等业务环节需要获取资产卡片相关信息时使用，如在项目资产配置时，就可使用该接口获取该类资产的编制数和存量情况，在决算和报告阶段，可以获得各单位的详细资产信息和汇总信息等。

3.9.6.3 库表应用

资产管理与预算管理一体化衔接涉及的数据库表为资产卡片的资产基本信息表（BAS_ASSET_INFO）和资产扩展信息表（BAS_ASSET_EXT），两个库表具体体现在如表 3-570 所示的三个业务活动中。

表 3-570　　　　　　资产管理与预算管理一体化衔接涉及的数据库表

序号	业务活动	逻辑库表	中文名称	备注
1	卡片登记入库接口服务	BAS_ASSET_INFO	资产基本信息表	用于资产卡片基本信息
		BAS_ASSET_EXT	资产扩展信息表	用于资产卡片扩展信息
2	资产与单位会计接口服务	BAS_ASSET_INFO	资产基本信息表	用于资产卡片基本信息
		BAS_ASSET_INFO	资产扩展信息表	用于资产卡片扩展信息
3	资产卡片查询服务接口	BAS_ASSET_INFO	资产基本信息表	用于资产卡片基本信息
		BAS_ASSET_INFO	资产扩展信息表	用于资产卡片扩展信息

1. 逻辑库表间关系

逻辑库表间关系请参阅本教材第 3 章基础信息管理中的"3.1.2.3 资产信息"中的内容，此处不再赘述。

2. 实现机制说明

利用这两个表建立资产卡片基础信息库，并在信息库基础上构建服务接口，来实现与预算管理一体化各个业务模块的衔接。

逻辑库表字段示例如下：

（1）资产登记入库接口服务。

资产登记完成后，通过调用资产登记入库接口服务传入资产卡片信息到预算管理一体化系统中，预算管理一体化系统从传入的参数中解析出资产卡片的数据，并将其插入到资产基本信息表（BAS_ASSET_INFO）和资产扩展信息表（BAS_ASSET_EXT）中。具体如表 3-571 所示。

表 3-571　　　　　　　　资产基本信息表（BAS_ASSET_INFO）

序号	字段	字段值	备注
1	资产主键	11214a530b-74b0-4dd3-8e43-6bdfc5d2845a	数据创建时系统自动生成
2	业务唯一标识	—	启用业务唯一标识，新增时系统自动生成，同一业务主体中业务唯一标识相同
3	资产代码	2020102040100001	系统自动处理，编号规则由各地财政部门自行制定
4	资产名称	办公楼	选择录入，根据资产实际情况手工录入
5	资产分类代码	1020401（办公用房）	选择录入，依据《固定资产分类与代码》（GB/T14885-2010）
6	资产状态代码	1（在用）	选择录入，值集来源于固定资产使用状况，非固定资产可为空
7	权属性质代码	1（国有）	选择录入，值集来源于资产所有权归属
8	产权形式代码	1（有产权）	选择录入，值集来源于资产的所有权形式
9	处置形式代码	—	选择录入，值集来源于资产占用单位转移、变更和核销其占有、使用的资产部分或全部所有权、使用权，以及改变资产性质或用途的形式代码，可为空
10	资产编制数	1	手工录入，依据有关部门批准的资产的编制数量
11	资产数量	1	手工录入，可修改，按实际的资产数量填写
12	数量计量单位	幢	选择录入，可修改，按资产属性填写
13	资产原值	10000000.00	手工录入，可修改，按资产实际原值填写
14	累计折旧/摊销	2000000.00	系统自动处理，通过资产原值、使用年限、折旧方式等信息自动计算生成
15	价值类型代码	3（现值）	选择录入，可修改，按资产实际价值类型填写
16	净值	8000000.00	系统自动处理，通过资产原值、累计折旧、残值等信息自动计算生成
17	经费来源	财政公共预算拨款	手工录入，根据实际情况填写
18	采购实施形式（采购组织形式）	1（新购）	选择录入，值集来源于采购实施形式（采购组织形式）管理要素
19	购置批准单位	×××办公厅	选择录入，值集来源于单位基本信息表中的单位名称
20	取得方式代码	1（新购）	选择录入，值集来源于取得方式管理要素
21	处置收益	0.00	手工录入，资产处置后的收益
22	处置渠道代码		选择录入，值集来源于处置渠道管理要素，未处置时为空
23	使用责任主体代码	1（单位）	选择录入，值集来源于使用责任主体管理要素
24	资产编制情况代码	1（编制内）	选择录入，值集来源于资产编制情况管理要素
25	收益情况		手工录入，无收益可为空

续表

序号	字段	字段值	备注
26	审批状态代码	1（财政部门审批）	选择录入，值集来源于审批状态管理要素
27	单位代码	114001	选择录入，值集来源于单位基本信息表中的单位代码
28	财政区划代码	110000000（北京市本级）	系统自动处理，值集来源于财政区划管理要素
29	启用日期	20200801	手工录入，填写本条记录启用的日期
30	停用日期	20900101	手工录入，填写本条记录停用的日期
31	是否启用	1（启用）	选择录入，值集来源于是否启用管理要素
32	更新时间	20200305120130	数据更新时系统自动生成，数据创建时更新时间与创建时间一致
33	是否删除	2（否）	默认值为2，删除操作后，字段值由2变为1
34	创建时间	20200305120130	数据创建时系统自动生成
35	项目代码	110000209920000000011	选择录入，值集来源于已在执行或已结束的项目列表

资产卡片的资产扩展信息表（BAS_ASSET_EXT）如表3－572所示。需要说明的是，该表是一个将不同类型资产的属性信息集中归集存放的表，表属性的启用与资产类别关系密切，如对于机动车来说，车辆行驶证信息、车辆所有人、车辆注册日期、车辆识别代码、车牌号需要启用并记录；但对于土地类资产，则需要启用土地权属证明、土地发证日期、土地证号、土地权属面积等信息。需要开发商在实现时设定相应的辅助配置信息表。资产扩展信息在导入或者通过接口服务传入的时候，一体化系统也应该对其进行校验，对必须要录入的信息，确保单位已经录入，确保每类资产提交的信息的完整性。

表3－572　　　　　　资产扩展信息表（BAS_ASSET_EXT）

序号	中文名称	字段值	备注
1	资产主键	11214a530b－74b0－4dd3－8e43－6bdfc5d2845a	系统自动引用资产基本信息表的资产主键
2	业务唯一标识	—	启用业务唯一标识，新增时系统自动生成，同一业务主体中业务唯一标识相同
3	面积—占地面积	110000.0000	手工录入，房屋建筑物信息
4	面积—建筑面积	440000.0000	手工录入，房屋建筑物信息
5	面积—使用面积	400000.0000	手工录入，房屋建筑物信息
6	办公用房面积	210000.0000	手工录入，房屋建筑物信息
7	业务用房面积	110000.0000	手工录入，房屋建筑物信息
8	其他用房面积	80000.0000	手工录入，房屋建筑物信息
9	坐落位置	—	手工录入，在建工程信息

续表

序号	中文名称	字段值	备注
10	开工日期	—	手工录入，在建工程信息
11	工程建设情况	—	手工录入，在建工程信息
12	计划投资总额	—	手工录入，在建工程信息：项目总概算数额
13	累计完成投资	—	手工录入，在建工程信息：项目历年累计已到位的投资金额
14	当年投资额	—	手工录入，在建工程信息：项目当年已到位的投资金额
15	投入使用日期	—	手工录入，在建工程信息：资产进入可使用状态的开始时间
16	未转固原因	—	手工录入，在建工程信息：项目未转为固定资产的原因，如未完成项目竣工决算（未及时报送竣工财务决算材料、未完成项目竣工财务决算审计、未完成项目竣工财务审批）、未完成工程结算、未完成项目验收、未取得相关证件（主要是指因无法确权问题及办理手续等原因造成的未取得证件，如房产证、土地证等）、账务处理问题等
17	取得日期	—	手工录入，在建工程信息：单位取得资产的时间，手工录入
18	土地权属证明	—	手工录入，土地信息
19	土地发证日期	—	手工录入，土地信息
20	土地证号	—	手工录入，土地信息
21	土地权属面积	—	手工录入，土地信息
22	房屋权属证明	—	手工录入，房屋信息
23	房屋权属人	—	手工录入，房屋信息
24	房屋所有权证号	—	手工录入，房屋信息
25	房屋权属面积	—	手工录入，房屋信息
26	车辆行驶证信息	—	手工录入，车辆信息
27	车辆所有人	—	手工录入，车辆信息
28	车辆注册日期	—	手工录入，车辆信息
29	车辆识别代码	—	手工录入，车辆信息
30	车牌号	—	手工录入，车辆信息
31	被投资单位代码	—	选择录入，投资信息：接受投资单位的代码，固定资产等可为空
32	被投资项目名称	—	选择录入，投资信息：接受投资的项目名称
33	票面金额	—	手工录入，投资信息：债券票面所载金额
34	本期投资金额	—	手工录入，投资信息：单位本年度实际购买债券金额

第 3 章　系统功能设计

续表

序号	中文名称	字段值	备注
35	期末投资金额	—	手工录入，投资信息：单位投资累计投资金额，依据初始投资额、追加投资额及处置投资额计算
36	持股比例	—	手工录入，投资信息：单位持有股票占被投资单位股本的比例
37	被投资单位组织形式代码	—	手工录入，投资信息：按照财政部印发的《组织形式标识码表》分类
38	被投资单位是否上市	—	手工录入，投资信息：被投资单位是否通过证券交易所公开向投资者发行股票，以期募集用于单位发展资金的过程
39	被投资单位股票代码	—	手工录入，投资信息：若被投资单位为上市公司，是指其在证券交易所的股票代码；若没有上市，则允许为空
40	被投资单位基本情况	—	手工录入，投资信息
41	品牌型号	—	手工录入，车辆信息
42	车辆编制数	—	手工录入，车辆信息
43	公务用车	—	手工录入，车辆信息
44	执法执勤用车	—	手工录入，车辆信息
45	特种专业技术用车	—	手工录入，车辆信息
46	车辆实有数	—	手工录入，车辆信息
47	车辆类型	—	手工录入，车辆信息
48	启用日期	20200801	系统自动处理，本条记录启用时间
49	停用日期	20900101	系统自动处理，本条记录停用时间
50	更新时间	20200305120130	数据更新时系统自动生成，数据创建时更新时间与创建时间一致
51	是否删除	2（否）	默认值为2，删除操作后，字段值由2变为1
52	创建时间	20200305120130	数据创建时系统自动生成
53	是否共享共用	2（否）	选择录入，值集来源于是否共享共用管理要素
54	是否纳入共享共用平台	2（否）	选择录入，值集来源于是否纳入共享共用平台业务管理要素
55	记账凭证号	1	系统自动获取资产记账后的记账凭证号
56	入账状态	1（已入账）	选择录入，值集来源于入账状态管理要素
57	记账日期	20200802	手工录入，发生记账业务后填写
58	折旧方法	1（平均年限法（摊销）)	选择录入，值集来源于折旧方法管理要素

续表

序号	中文名称	字段值	备注
59	使用年限	70	手工录入，根据实际情况填写
60	财务负责人	张某	选择录入，值集来源于人员基本信息表中的姓名

（2）资产与单位会计接口服务。

单位会计完成新增资产入账、资产价值变动入账、资产折旧/摊销入账、资产处置入账等业务完成后，由单位会计核算模块自动调用相关功能，并将资产信息更新到预算管理一体化的资产卡片中，涉及的逻辑库表与前述业务活动相同，根据不同业务需要更新资产原值、累计折旧/摊销、价值类型代码、处置收益等字段。

资产与单位会计接口服务涉及到如下场景，下面对各种场景涉及的字段进行简要说明：

情况1：新增资产登记入账，需要更新资产基本信息表（BAS_ASSET_INFO）中资产原值、累计折旧/摊销、价值类型代码、净值和资产扩展信息表（BAS_ASSET_EXT）中的记账凭证号、入账状态、记账日期等字段。

情况2：资产价值发生变动，需要更新资产基本信息表（BAS_ASSET_INFO）资产原值字段、净值字段。

情况3：确认资产折旧，需要更新资产基本信息表（BAS_ASSET_INFO）累计折旧、摊销字段、净值字段。

情况4：处置资产，需要更新资产基本信息表（BAS_ASSET_INFO）处置收益和处置渠道字段。

逻辑库表字段示例如表3-573和表3-574所示，由于字段使用情况比较明了，本文件不在对上述四种情况进行单独举例。

表3-573　　　　　　　资产基本信息表（BAS_ASSET_INFO）

序号	字段	字段值	备注
1	资产主键	11214a530b-74b0-4dd3-8e43-6bdfc5d2845a	数据创建时系统自动生成
⋮	⋮	⋮	⋮
6	资产状态代码	1（在用）	选择录入，值集来源于固定资产使用状况，非固定资产可为空
9	处置形式代码	—	选择录入，值集来源于资产占用单位转移、变更和核销其占有、使用的资产部分或全部所有权、使用权，以及改变资产性质或用途的形式代码，可为空
⋮	⋮	⋮	⋮
13	资产原值	10000000.00	手工录入，可修改，按资产实际原值填写

续表

序号	字段	字段值	备注
14	累计折旧/摊销	2000000.00	系统自动处理，通过资产原值、使用年限、折旧方式等信息自动计算生成
15	价值类型代码	3（现值）	选择录入，可修改，按资产实际价值类型填写
16	净值	8000000.00	系统自动处理，通过资产原值、累计折旧、残值等信息自动计算生成
⋮	⋮	⋮	⋮
21	处置收益	0.00	手工录入，资产处置后的收益
22	处置渠道代码	—	选择录入，值集来源于处置渠道管理要素，未处置时为空

表 3-574　　资产扩展信息表（BAS_ASSET_EXT）

序号	字段	字段值	备注
1	资产主键	11214a530b-74b0-4dd3-8e43-6bdfc5d2845a	系统自动引用资产基本信息表的资产主键
⋮	⋮	⋮	⋮
55	记账凭证号	1	系统自动获取资产记账后的记账凭证号
56	入账状态	1（已入账）	选择录入，值集来源于入账状态管理要素
57	记账日期	20200802	手工录入，发生记账业务后填写
⋮			

（3）资产卡片查询服务接口。

资产卡片查询服务接口，同样构建在资产基本信息表（BAS_ASSET_INFO）和资产扩展信息表（BAS_ASSET_EXT）的基础上，按照传入的查询请求类型来决定返回值的形式和内容，由于情况较多，本教材不在此过多阐述。

3.9.7　预估预算编制及核销的实现机制

3.9.7.1　业务描述

下级编制转移支付预算时，原则上按照上级提前下达的预计数编列转移支付收入预算；若上级提前下达的转移支付预算无法满足预算编制实际需要，下级可在上级上年实际下达预算内预估编列。预估编列的转移支付预算收入应分转移支付项目单独列示，待上级实际下达后相应冲减预估数，对上级实际下达数低于预估数而形成预估数余额，执行中要调减支出预算。

3.9.7.2 实现思路

预估编列预算业务在预算编制、指标生成以及核销等环节的实现：

1. 预估预算编制

（1）编制预估转移支付收入预算。下级编制转移支付收入预算时，按照《规范》要求原则上应按照上级提前下达的预计数编列转移支付预算收入，不能自行预估编列。

（2）预估编制部门支出预算或对下转移支付预算。财政部门或预算单位根据"一下"控制数中的"预估数"，编制项目的预估支出预算，资金来源在"12 本级财力—预估"及"22 上级补助—预估"中选择，可以二选一，也可以两个都选。

（3）预估指标下达。预估指标下达后，会在指标信息表（BA_BGTINFO）中新增预估指标记录，指标类型为"12 预估指标"。系统登记预算指标账，同时增加"可执行指标"的借方余额和"预估指标"的贷方余额。

（4）预估指标的执行。预估指标填报支付申请时，会在国库集中支付申请表（PAY_VOUCHER）新增支付申请记录，系统登记预算指标账，同时增加"支付申请"的借方余额和"可执行指标"的贷方余额。

2. 预估收支预算记账

人大批复后，系统根据预估收入预算和预估支出预算分别记预算指标账，预估支出预算生成预估指标记预算指标账。

3. 预估预算核销

（1）核销预估收入预算。

系统根据上级转移支付指标的项目代码和项目名称在转移支付项目接收登记表中匹配转移支付预估收入项目（项目的预估金额大于零），业务人员也可以根据需要将系统自动匹配改为手工匹配。

（2）核销预估支出预算。

预算批复下达。预算批复后，生成正式的可执行指标，会在指标信息表（BA_BGTINFO）中新增正式指标记录，指标类型为"21 当年预算"，系统登记预算指标账，同时增加"可执行指标"的借方余额和"年初支出预算"的贷方余额。

3.9.7.3 库表应用

预估预算编制及核销涉及的主要业务活动及逻辑库表应用如表 3-575 所示。

表 3-575　预估预算编制及核销涉及的主要业务活动及逻辑库表应用

序号	业务活动	逻辑库表	中文名称	备注
1	编制预估收入预算	PM_TRAIN	转移支付项目接收登记表	存储本级财政转移性收入项目信息，包括上级下达的转移支付项目信息、下级上解项目信息、接受其他地区援助项目信息、预估的上级转移支付项目信息

续表

序号	业务活动	逻辑库表	中文名称	备注
2	编制预估收入预算	PM_PROJECT_INFO	项目基本信息表	存储本级项目（部门预算项目、对下转移支付项目及其财政待分配项目）、下级上报的转移支付项目、下级上报的债务项目的基本信息、预算概要以及各类状态信息
3	编制预估支出预算	BGT_PM_ANNUAL	部门预算项目年度预算表	存储部门预算项目年度预算的主要信息
4	预估指标下达	BA_BGT_INFO	指标信息表	存储下达的预拨指标信息
5	预估指标执行	PAY_VOUCHER	国库集中支付申请表	存储使用预拨指标形成的支付申请信息
5	预估指标执行	PAY_VOUCHER_BILL	国库集中支付凭证表	存储使用预拨指标的支付申请生成的支付凭证信息
6	核销预估收入预算	PM_TRAIN	转移支付项目接收登记表	存储本级财政转移性收入项目信息，包括上级下达的转移支付项目信息、下级上解项目信息、接受其他地区援助项目信息、预估的上级转移支付项目信息
7	预算批复下达	BA_BGT_INFO	指标信息表	存储下达的用于更正的正式指标信息
8	支付更正	PAY_APPLY_CORRECTION	支付更正申请书表	存储使用正式指标生成的支付更正申请书信息
8	支付更正	PAY_VOUCHER	国库集中支付申请表	存储更正形成的支付申请信息
8	支付更正	PAY_VOUCHER_BILL	国库集中支付凭证表	存储更正生成的支付凭证信息
9	预估支出预算核销	BA_BGT_INFO	指标信息表	存储预拨指标核销产生的核销指标信息
9	预估支出预算核销	BA_BGT_ADJSUB	指标调整明细表	存储指标调整调剂单据和调整调剂的过程数据

1. 逻辑库表间关系

预拨核销涉及的相关逻辑库表的关系如图3-53所示。

（1）支付更正申请书表（PAY_APPLY_CORRECTION）中的原支付申请主键（ORI_PAY_APP_NO）对应国库集中支付申请表（PAY_VOUCHER）中的支付申请编号（PAY_APP_NO）。

（2）支付更正申请书表（PAY_APPLY_CORRECTION）中的原支付凭证号（ORI_PAY_CERT_NO）、更正后支付凭证号（NEW_PAY_CERT_NO）对应国库集中支付凭证表（PAY_VOUCHER_BILL）中的支付凭证号（PAY_CERT_NO）。

（3）国库集中支付申请表（PAY_VOUCHER）中的支付凭证主键（PAY_CERT_ID）对应国库集中支付凭证表（PAY_VOUCHER_BILL）中的支付凭证主键（PAY_CERT_ID）。

（4）国库集中支付申请表（PAY_VOUCHER）中的指标主键（BGT_ID）对应指标信息表（BA_BGT_INFO）中的指标主键（BGT_ID）。

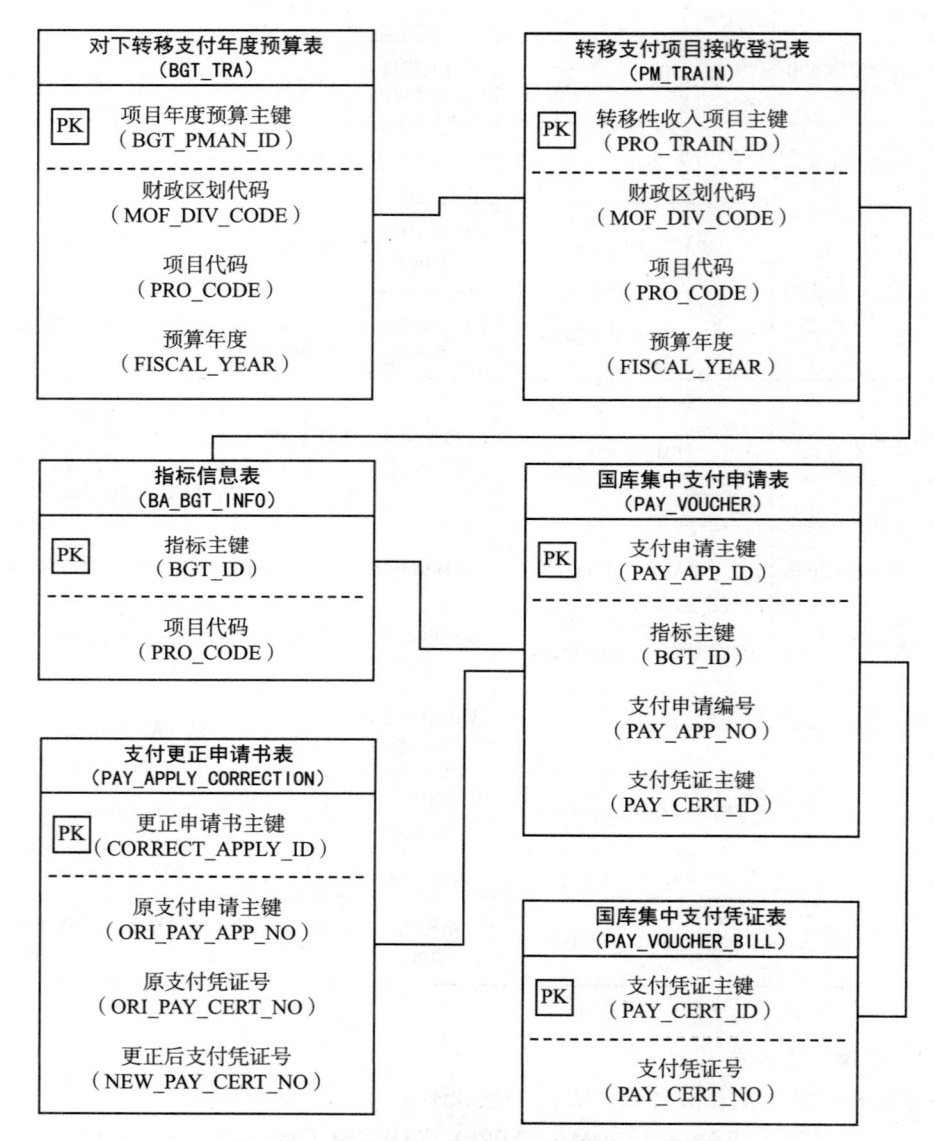

图 3-53　预拨核销涉及的相关逻辑库表的关系

2. 实现机制说明

（1）编制预估转移支付收入预算。

下级编制转移支付收入预算时，《规范》要求原则上应按照上级提前下达的预计数编列转移支付预算收入，不能自行预估编列；若上级提前下达的转移支付预算无法满足预算编制实际需要，下级可在上级上年实际下达预算内预估编列。在编制预估转移支付预算时，系统过滤符合上述条件的上级转移支付项目，财政部门选择其中需要进行预估的项目并在上年上级实际下达预算金额范围内预估金额，系统将上述项目写入转移支付项目接收登记表，收入预算中的上级转移支付预算收入应根据上级实际已接收金额和预估金额生成。逻辑库表字段示例如表 3-576 和表 3-577 所示。

表 3-576　　　　　　　转移支付项目接收登记表（PM_TRAIN）

序号	中文名称	字段值	备注
1	转移性收入项目主键	q7344f3d-630f-4a80-a074-92459232c357	数据创建时系统自动生成
2	财政区划代码	110000000（北京市本级）	系统自动处理，值集来源于财政区划管理要素
3	预算年度	2021	系统自动处理，根据预算填报年度生成
4	项目来源区划代码	100000000（中央本级）	系统自动引用上级项目基本信息表中的财政区划代码
5	项目代码	100000020000000000030	系统自动处理，根据项目代码规则自动生成
6	项目名称	支持学前教育发展资金	手工录入
7	已接收金额	0.00	接收上级财政部门下达金额，不可修改
8	预估金额	100000.00	手工录入，无预估收入金额可不填
9	已核销金额	0.00	手工录入，无核销金额可为空
10	转移支付功能分类科目代码	2300202（均衡性转移支付支出）	选择录入，值集来源于转移支付功能分类科目管理要素
11	支出功能分类科目代码	2050201（学前教育）	选择录入，值集来源于支出功能分类科目管理要素
12	分配方式	1（因素法）	选择录入，值集来源于分配方式管理要素
13	是否追踪	2（否）	选择录入，值集来源于是否追踪管理要素
14	更新时间	202004111120122	数据更新时系统自动生成，数据创建时更新时间与创建时间一致
15	是否删除	2（否）	系统自动处理，值集来源于布尔型代码管理要素，默认值为2，删除操作后，字段值由2变为1
16	创建时间	202004111120122	数据创建时系统自动生成

表 3-577　　　　　　　项目基本信息表（PM_PROJECT_INFO）

序号	中文名称	字段值	备注
1	项目主键	x7344f3d-630f-4a80-a074-92459232c357	数据创建时系统自动生成
2	财政区划代码	110000000（北京市本级）	值集来源于财政区划管理要素

续表

序号	中文名称	字段值	备注
3	设立年度	2020	选择录入
4	项目代码	1100000200000000000030	系统自动处理，根据项目代码规则自动生成
5	项目名称	支持学前教育发展资金	手工录入
6	单位代码	101001	系统自动引用基础信息中的预算单位代码
7	去向单位代码	—	选择录入，上缴上级支出项目、对附属单位补助支出项目必填
8	上级转移支付项目代码	1000002000000000000030	系统自动引用，上级下达转移支付项目时在系统中确定的代码
9	项目来源代码	1（本级申报项目）	选择录入，值集来源于项目来源管理要素
10	项目期限	3	手工录入
11	起始时间	2021	选择录入
12	职能职责代码	—	选择录入（可选）
13	项目类别	3（特定目标类）	选择录入，值集来源于项目类别管理要素
14	分配方式	1（因素法）	选择录入，值集来源于分配方式管理要素
15	是否追踪	1（否）	选择录入，值集来源于是否追踪管理要素
16	是否基建项目	2（否）	选择录入，默认为2（否）
17	项目总额	1000000.00	手工录入
18	其中：社会投入资金	0.00	手工录入，根据项目实际情况填写
19	部门评审意见	通过	手工录入
20	财政评审意见	通过	手工录入
21	部门审核意见	1（审核通过）	选择录入
22	财政审核意见	1（审核通过）	选择录入
23	财政内部机构代码	012（教科文处）	选择录入，值集由各地财政部门自行制定
24	项目概述	略	手工录入
25	编报模板代码	1000000008	选择录入，根据项目支出范围、内容和支出标准等情况，分类制定的用于测算项目支出需求的模板
26	更新时间	20200419120114	数据更新时系统自动生成，数据创建时更新时间与创建时间一致
27	是否终止	2（否）	选择录入，默认值为0
28	是否科研项目	2（否）	选择录入，默认值为0
29	是否删除	2（否）	系统自动处理，值集来源于布尔型代码管理要素，默认值为2，删除操作后，字段值由2变为1

续表

序号	中文名称	字段值	备注
30	是否设置使用范围	2（否）	标识该项目是否需要设置可用部门和地区范围
31	创建时间	20200419120114	数据创建时系统自动生成

（2）预估编制部门支出预算或对下转移支付预算。

财政部门或预算单位根据"一下"控制数中的"预估数"，编制项目的预估支出预算，资金来源在"12 本级财力—预估"及"22 上级补助—预估"中选择，可以二选一，也可以两个都选。本级支出项目预估支出预算写入部门预算项目年度预算表，对下转移支付项目预算写入转移支付预算表。逻辑库表字段示例如表 3-578 所示。

表 3-578　　　　部门预算项目年度预算表（BGT_PM_ANNUAL）

序号	中文名称	字段值	备注
1	项目年度预算主键	b7344f3d-630f-4a80-a074-92459232c357	数据创建时系统自动生成
⋮	⋮	⋮	⋮
6	项目代码	110000020000000000030	系统自动引用项目基本信息表中的项目代码
7	支出功能分类科目代码	2050201（学前教育）	选择录入，值集来源于支出功能分类科目管理要素
8	政府支出经济分类代码	50299（其他商品和服务支出）	选择录入，引用政府支出经济分类管理要素
9	部门支出经济分类代码	30299（其他商品和服务支出）	选择录入，值集来源于部门支出经济分类管理要素
10	资金性质代码	111（一般公共预算资金）	选择录入，值集来源于资金性质管理要素
11	申报数	100000.00	手工录入
12	财政审核数	—	财政部门审核时手工录入
⋮	⋮	⋮	⋮
23	资金来源代码	12（预估）	选择录入，值集来源于资金来源管理要素
24	创建时间	20200101121517	数据创建时系统自动生成

（3）预估指标下达。

预估指标下达后，会在指标信息表（BA_BGTINFO）中新增预估指标记录，指标类型为"12 预估指标"。系统登记预算指标账，同时增加"可执行指标"的借方余额和"预估指标"的贷方余额。逻辑库表字段示例如表 3-579 所示。

表 3-579　　　　　　　　指标信息表（BA_BGT_INFO）

序号	中文名称	字段值	备注
1	指标主键	b7344f3d-639f-4a80-a074-92459232c35700	数据创建时系统自动生成
⋮	⋮	⋮	⋮
10	项目代码	110000020000000000009	系统自动生成，值集来源于项目基本信息表中项目代码
11	指标可执行标志	2（待分）	系统自动生成，值集来源于指标可执行标志管理要素
20	部门支出经济分类代码	—	系统自动引用部门预算项目年度预算表或对下转移支付年度预算表中部门支出经济分类代码
21	指标类型代码	12（预估指标）	系统自动生成，值集来源于指标类型代码管理要素
22	指标金额	1000000.00	系统自动生成，值集来源于部门预算项目年度预算表或对下转移支付年度预算表中年初批复数
29	调剂金额	—	指标调剂时手工录入
30	指标余额	1000000.00	系统自动计算生成
⋮	⋮	⋮	⋮
34	指标来源代码	1（年初批复）	系统自动处理，根据业务场景自动生成，值集来源于指标来源代码管理要素
35	创建时间	20200110120114	数据创建时系统自动生成

（4）预估指标的执行。

预估指标填报支付申请时，会在国库集中支付申请表（PAY_VOUCHER）新增支付申请记录，系统登记预算指标账，同时增加"支付申请"的借方余额和"可执行指标"的贷方余额。

使用预估指标的支付申请进行资金支付时，会在国库集中支付凭证表（PAY_VOUCHER_BILL）新增支付凭证记录，系统登记指标账，同时增加"支付确认"的借方余额和"支付申请"的贷方余额。各数据库表字段示例见"3.6.2.1.5 国库集中支付"章节。

（5）核销预估收入预算。

①接收到上级正式下达的转移支付指标后，系统登记转移支付收入写入转移支付接收表并记预算指标账，同时自动或者手动指定对应项目的方式生成本级支出项目。

②系统根据上级转移支付指标的项目代码和项目名称在转移支付项目接收登记表中匹配转移支付预估收入项目（项目的预估金额大于零），业务人员也可以根据需要将系统自动匹配改为手工匹配；确定需匹配的预估收入项目后，累加项目的已接收金额，累加项目的已核销金额（项目的已核销金额不能大于项目预估金额），同时根据此次核销的预估金额生成预估金额为负的收入项目写入转移支付项目接收登记表，并记预算指标账核销预估收入预算。如果没有自动匹配出收入项目并且不指定本级转移支付收入项目，则根据转移支付指标信息自动在转移支付项目接收登记表登记转移

支付收入项目信息，记录指标账。逻辑库表字段示例如表 3-580 和表 3-581 所示。

表 3-580　　　　　　转移支付项目接收登记表（PM_TRAIN）（新）

序号	中文名称	字段值	备注
1	转移性收入项目主键	q7344f3d-630f-4a80-a074-92459232c357	数据创建时系统自动生成
2	财政区划代码	110000000（北京市本级）	系统自动处理，值集来源于财政区划管理要素
3	预算年度	2020	系统自动处理，根据预算填报年度生成
4	项目来源区划代码	100000000	系统自动引用项目来源地区的财政区划代码
5	项目代码	110000020000000000030	系统自动处理，根据项目代码规则自动生成
6	项目名称	支持学前教育发展资金	手工录入或系统自动生成
7	已接收金额	100000.00	接收上级财政部门下达金额，不可修改
8	预估金额	0.00	手工录入，无预估收入金额可不填
9	已核销金额	0.00	手工录入，无核销金额可为空
10	转移支付功能分类科目代码	1100301（专项转移支付收入——般公共服务）	选择录入，值集来源于转移支付功能分类科目管理要素
11	支出功能分类科目代码	—	选择录入，值集来源于支出功能分类科目管理要素
12	分配方式	1（因素法）	系统自动引用项目基本信息表中的分配方式
13	是否追踪	2（否）	选择录入，默认为 2
14	更新时间	202004111120122	数据更新时系统自动生成，数据创建时更新时间与创建时间一致
15	是否删除	2（否）	系统自动处理，值集来源于布尔型代码管理要素，默认值为 2，删除操作后，字段值由 2 变为 1
16	创建时间	20200101121517	数据创建时系统自动生成

表 3-581　　　　　　转移支付项目接收登记表（PM_TRAIN）（原）

序号	中文名称	字段值	备注
1	转移性收入项目主键	q7344f3d-630f-4a80-a074-92459232c357	数据创建时系统自动生成
2	财政区划代码	110000000（北京市本级）	系统自动处理，值集来源于财政区划管理要素
3	预算年度	2020	系统自动处理，根据预算填报年度生成
4	项目来源区划代码	100000000（中央本级）	系统自动引用项目来源地区的财政区划代码

续表

序号	中文名称	字段值	备注
5	项目代码	110000020000000000030	系统自动处理，根据项目代码规则自动生成
6	项目名称	支持学前教育发展资金	手工录入或系统自动生成
7	已接收金额	0.00	接收上级财政部门下达金额，不可修改
8	预估金额	100000.00	手工录入，无预估收入金额可不填
9	已核销金额	100000.00	手工录入，无核销金额可为空
10	转移支付功能分类科目代码	1100301（专项转移支付收入——一般公共服务）	选择录入，值集来源于转移支付功能分类科目管理要素
11	支出功能分类科目代码	—	选择录入，值集来源于支出功能分类科目管理要素
12	分配方式	1（因素法）	系统自动引用项目基本信息表中的分配方式
13	是否追踪	2（否）	选择录入，默认为2
14	更新时间	202004111120122	数据更新时系统自动生成，数据创建时更新时间与创建时间一致
15	是否删除	2（否）	系统自动处理，值集来源于布尔型代码管理要素，默认值为2，删除操作后，字段值由2变为1
16	创建时间	20200101121517	数据创建时系统自动生成

（6）核销预估支出预算。

预算批复下达。预算批复后，生成正式的可执行指标，会在指标信息表（BA_BGTINFO）中新增正式指标记录，指标类型为"21当年预算"，系统登记预算指标账，同时增加"可执行指标"的借方余额和"年初支出预算"的贷方余额。

①上级实际下达数大于或等于预估数。系统将包含预估预算的项目进行过滤显示，并对其中已与该待分指标关联的项目进行标志，提供用户参考使用。选择上级转移支付待分指标和需要核销的项目，并录入核销金额，完成该预估项目的资金来源调剂，原资金来源为"12 本级财力—预估"或"22 上级补助—预估"预估支出预算做调减，调增对应项目的"11 本级财力—年初安排"或"21 上级补助—年初安排"的预算。逻辑库表字段示例如表3-582~表3-584所示。

表3-582　　　　　指标信息表（BA_BGT_INFO）（原指标）

序号	中文名称	字段值	备注
1	指标主键	b7344f3d-639f-4a80-a074-92459232c35700	数据创建时系统自动生成
⋮	⋮	⋮	⋮

续表

序号	中文名称	字段值	备注
10	项目代码	110000020000000000009	系统自动生成,值集来源于项目基本信息表中项目代码
11	指标可执行标志	2(待分)	系统自动生成,值集来源于指标可执行标志管理要素
21	指标类型代码	12(预估指标)	系统自动生成,值集来源于指标类型代码管理要素
22	指标金额	1000000.00	系统自动生成,值集来源于部门预算项目年度预算表或对下转移支付年度预算表中年初批复数
29	调剂金额	1000000.00	指标调剂时手工录入
30	指标余额	0.00	系统自动计算生成
31	项目年度预算主键	b7344f3d-630f-4a80-a074-92459232c357	系统自动引用项目年度预算表中项目年度预算主键
⋮	⋮	⋮	⋮
34	指标来源代码	1(年初批复)	系统自动处理,根据业务场景自动生成,值集来源于指标来源代码管理要素
35	创建时间	20200110120114	数据创建时系统自动生成

表3-583　　　　指标信息表(BA_BGT_INFO)(新指标)

序号	中文名称	字段值	备注
1	指标主键	b7344f4d-639f-4a80-a074-92459232c35700	数据创建时系统自动生成
⋮	⋮	⋮	⋮
10	项目代码	110000020000000000009	系统自动生成,值集来源于项目基本信息表中项目代码
11	指标可执行标志	2(待分)	系统自动生成,值集来源于指标可执行标志管理要素
21	指标类型代码	21(当年预算)	系统自动生成,值集来源于指标类型代码管理要素
22	指标金额	1000000.00	系统自动生成,来源于部门预算项目年度预算表或对下转移支付年度预算表中年初批复数
29	调剂金额	0.00	指标调剂时手工录入
30	指标余额	1000000.00	系统自动计算生成
31	项目年度预算主键	b7344f3d-630f-4a80-a074-92459232c357	系统自动引用项目年度预算表中项目年度预算主键
⋮	⋮	⋮	⋮
34	指标来源代码	1(年初批复)	系统根据业务场景自动生成,值集来源于指标来源代码管理要素
35	创建时间	20200110120114	数据创建时系统自动生成

表 3-584　　　　　　　指标调整明细表（BA_BGT_ADJSUB）

序号	中文名称	字段值	备注
1	指标调整明细主键	b7344fb5-630f-4a80-a074-92459232c357	数据创建时系统自动生成
⋮	⋮	⋮	⋮
9	调整批次号	000002	指标调整时，系统自动生成
10	指标来源代码	6（指标核销）	系统自动处理，值集引用指标来源代码
11	调整日期	—	指标调整时，系统自动生成
12	调入指标主键	b7344f4d-639f-4a80-a074-92459232c35700	系统自动生成，调入指标ID
13	调入金额	100000.00	选择录入，调入指标金额
14	源指标主键	b7344f3d-639f-4a80-a074-92459232c35700	指标调整调剂或待分指标细化分配时引用来源指标的指标主键，其他情况可为空
19	更新时间	20200119120114	数据更新时系统自动生成，数据创建时更新时间与创建时间一致
24	预算级次代码	2（省级）	系统自动处理，值集来源预算级次代码管理要素
⋮	⋮	⋮	⋮

②上级实际下达数低于预估数而形成预估数余额，执行中要调减支出预算。检查预估指标产生的支付信息，要进行支付信息的更正，支付信息调整为占用正式指标的额度，恢复预估指标的额度。

支付更正时，首先在更正申请书表（PAY_APPLY_CORRECTION）中生成对应更正申请书信息，同时在国库集中支付申请表（PAY_VOUCHER）中生成对应的一正一负支付申请，然后在国库集中支付凭证表（PAY_VOUCHER_BILL）中生成0金额的支付凭证。系统登记指标账，新的支付申请占用正式指标时，首先增加"支付申请"的借方余额和"可执行指标"的贷方余额，然后增加"支付确认"的借方余额和"支付申请"的贷方余额完成支付确认。恢复预估指标额度时，首先在"支付确认"的借方余额和"支付申请"的贷方余额中记负数冲销支付确认，然后在"支付申请"的借方余额和"可执行指标"的贷方余额记负数恢复预估指标额度。逻辑库表字段示例如表3-585～表3-587所示。

表 3-585　　　　　支付更正申请书表（PAY_APPLY_CORRECTION）

序号	中文名称	字段值	备注
1	更正申请书主键	67cf3a6de8-f4b4-4e34-a395-694a65b6ff59	数据创建时系统自动生成
2	更正申请书编号	GZ000013	系统自动生成，编号规则由各地财政部门自行制定

续表

序号	中文名称	字段值	备注
3	原支付申请主键	SQ000008	系统自动引用待更正原支付申请中的支付申请主键
4	原指标主键	12cbb9c61a－0091－4660－8ba1－27bfb484b7fb	系统自动引用待更正原支付申请中的指标主键
5	原指标类型代码	11（预拨指标）	系统自动引用待更正原支付申请中的指标类型代码
11	原支付凭证号	PZ000009	系统自动引用待更正原支付申请中的支付凭证号
12	更正后指标主键	450554e5b9－d9c4－49cf－b4da－5c23dc627031	系统自动引用更正使用的新指标中的指标主键，如果不涉及指标的变化，此处和原指标主键保持一致
13	更正后指标类型代码	21（当年预算）	系统自动引用更正使用的新指标中的指标类型代码，如果不涉及指标类型的变化，此处与原指标类型代码保持一致
19	更正后支付凭证号	PZ000157	系统自动生成，关联生成的更正支付凭证号
⋮	⋮	⋮	⋮

表3－586　国库集中支付申请表（PAY_VOUCHER）

序号	中文名称	负的支付申请	正的支付申请	备注
1	支付申请主键	78df047db4－cfd8－44a5－8512－47e569d38c8d	90f175c58c－fcc7－4386－8a43－ac134e255239	数据创建时系统自动生成
2	支付申请编号	SQ000123	SQ000124	系统自动生成，编号规则由各地财政部门自行制定
3	申请日期	20200709	20200709	系统自动处理，填写支付申请的生成日期
4	单位代码	142207（产品质量监督检验院）	142207（产品质量监督检验院）	系统自动引用支付更正申请书表中的单位代码
5	指标类型代码	11（预拨指标）	21（当年预算）	系统自动引用支付更正申请书表中的原指标类型代码和更正后指标类型代码
11	指标主键	12cbb9c61a－0091－4660－8ba1－27bfb484b7fb	450554e5b9－d9c4－49cf－b4da－5c23dc627031	系统自动引用支付更正申请书表中的原指标主键和更正后指标主键
16	支付申请金额	－4210.00	4210.00	系统自动处理，引用待更正原支付申请中的支付申请金额
17	支付凭证主键	3548845501－2f7f－4884－8ee8－1451b5faa0b5	3548845501－2f7f－4884－8ee8－1451b5faa0b5	系统自动处理，用于与支付凭证主键关联
⋮	⋮	⋮	⋮	⋮

表 3-587　　　　　国库集中支付凭证表（PAY_VOUCHER_BILL）

序号	中文名称	字段值	备注
1	支付凭证主键	3548845501-2f7f-4884-8ee8-1451b5faa0b5	数据创建时系统自动生成
2	资金性质代码	111（一般公共预算资金）	系统自动引用原支付凭证中的资金性质代码，如果更正资金性质为空
3	预算年度	2020	系统自动处理，根据预算填报年度生成
4	凭证日期	20200709	系统自动处理，填写支付凭证生成的日期
5	支付凭证号	PZ000157	系统自动生成，编号规则由各地财政部门自行制定
6	付款人全称	产品质量监督检验院	系统自动引用原支付凭证中的付款人全称
7	付款人账号	6234585949910030	系统自动引用原支付凭证中的付款人账号
8	付款人开户银行	工商银行东大街支行	系统自动引用原支付凭证中的付款人开户银行
9	收款人全称	智能科技公司	系统自动引用原支付凭证中的收款人全称
10	收款人账号	650000034330321	系统自动引用原支付凭证中的收款人账号
11	收款人开户银行	兴业银行北京支行	系统自动引用原支付凭证中的收款人开户银行
12	支付金额	0.00	系统自动处理，金额为 0
⋮	⋮	⋮	⋮

③财政人员对调整情况确认后，系统生成可执行指标，上级转移支付待分指标自动为可执行指标的来源，指标调整明细表中记录分配关系，同时核销预估支出指标。

第 4 章

其 他 说 明

4.1 本地化扩展说明

《标准》全面规范了预算管理的数据结构，包括逻辑库表、库表要素和代码集。地方财政部门在遵循《标准》的基础上，因自身管理和业务需要，可以对逻辑库表、库表字段、库表要素、代码集进行扩展。本章节对地方扩展机制进行了详细说明。

4.1.1 扩展数据生成

4.1.1.1 增加库表

地方财政部门可以根据业务需要在《标准》逻辑库表定义范围外扩充增加新的逻辑库表。

逻辑库表扩展，要明确库表名称。库表名称的命名遵循《标准》中库表的命名规范，格式为：业务分类_自定义内容，详情参考《标准》4.1.2 节。

4.1.1.2 增加库表字段

地方财政部门根据业务需要，可对《标准》中的逻辑库表进行字段扩展。逻辑库表的字段扩展，需要明确字段名称、中文名称、类型、长度、强制/可选、库表要素编号、备注。字段英文名称应遵循统一的命名规则，使用逻辑库表字段中文名称所对应的英文单词或缩写进行命名，不同单词间用下划线分隔。

如：指标信息表增加"是否政府采购"字段，英文短名为 IsPurItem，字段名称为 IS_PUR_ITEM，库表要素为对应新增的"是否政府采购"库表要素，具体示例如表 4-1 所示。

表 4-1　　　　　　　　　　指标信息表（BA_BGT_INFO）

序号	字段名称	中文名称	类型	长度	强制/可选	库表要素编号	备注
1	BGT_ID	指标主键	String	38	M	BE00001	主键
⋮	⋮	⋮	⋮	⋮	⋮	⋮	⋮
36	IS_PUR_ITEM	是否政府采购	NString	1	M	BE06901	标识单位的采购活动是否为政府采购

4.1.1.3　增加库表要素

地方财政部门可以根据业务需要，在《标准》规定的库表要素之外增加新的库表要素。库表要素的扩展，需要明确要素编码、名称、英文短名、类型、长度、值域、字段说明、参考来源。

库表要素英文短名命名规则与《财政业务基础数据规范3.0》保持一致，单词首字母为大写，其余为小写，如 MofDivCode。如果是两个单词的首写字母缩写，则全部用大写，比如：UserID。

库表要素编号规则用7位字母加数字表示，1～2位为基础数据英文（自行定义）的首字母缩写，3～7位为5位基础数据顺序码。

如：库表要素增加"是否政府采购"，英文短名为 IsPurItem，属于基础信息要素类中的政府采购信息要素，编号叠加并从高位开始，具体示例如表4-2所示。

表 4-2　　　　　　　　　　政府采购信息要素

序号	库表要素编号	名称	英文短名	类型	长度	值域	字段说明	参考来源
⋮	⋮	⋮	⋮	⋮	⋮	⋮	⋮	⋮
10	KE90001	是否政府采购	IsPurItem	NString	1	KD90001 是否政府采购代码表的代码列	标识单位的采购活动是否为政府采购	—

4.1.1.4　增加代码集

地方财政部门可以根据业务需要，在《标准》的代码集定义范围外增加新的代码集。

代码集编码命名规则用7位字母加数字表示，1～2位为值域英文（自行定义）的首字母缩写，3～7位为5位基础数据顺序码。

代码集编码方法有顺序码、层次码等。代码集对应的代码表需要明确代码、名称、说明等信息。

如：代码集增加"是否政府采购"，编号叠加并从高位开始，编码为 KD90001，属于基础信息代码集类，编码方法采用顺序码，用1位数字表示。具体示例如表4-3所示。

表 4-3　　　　　　　　　　　　增加代码集的具体示例

代码	名称	说明
1	是	标识单位的采购活动是政府采购
2	否	标识单位的采购活动不是政府采购

4.1.1.5　扩展代码集

地方财政部门可以根据业务需要，在《标准》的代码集基础上进行下级扩展，不允许同级扩展。

代码表扩展需要明确代码（根据代码集的编码方法编码）、名称、说明等信息。

如：代码集扩展"单位类型"，编码为 VD01003，属于基础信息代码集类。《标准》中单位类型不能完全覆盖地方业务的开展，需要进行扩展，具体示例如表 4-4 所示。

表 4-4　　　　　　　　　　　　扩展代码具体示例

代码	名称	说明
…	…	…
9	其他单位	
91	部队	部队类型的单位
92	社会团体	社会团体类型的单位
93	民主党派	民主党派类型的单位

4.1.2　扩展数据上报

扩展数据上报是指地方财政部门根据财政部及自身管理实际需要，通过全国预算管理数据汇总系统及时将自行扩展的信息及数据上报财政部。

1. 实现思路

具体实现思路如图 4-1 所示。

（1）扩展信息登记。

地方财政部门在对《标准》的逻辑库表进行扩展时，要对扩展的逻辑库表、库表要素等信息在预算管理一体化系统中进行登记。

（2）扩展信息报送。

预算管理一体化系统将登记的扩展信息，按照上报数据交换标准组织上报。

（3）扩展数据报送。

预算管理一体化系统将扩展信息对应的数据，按照上报数据交换标准组织上报。

（4）记录上报日志。

预算管理一体化系统记录上报的日志信息，包括更新时间戳、发送日期等，下次数据上报时只获取记录的更新时间戳之后发生变化的数据。

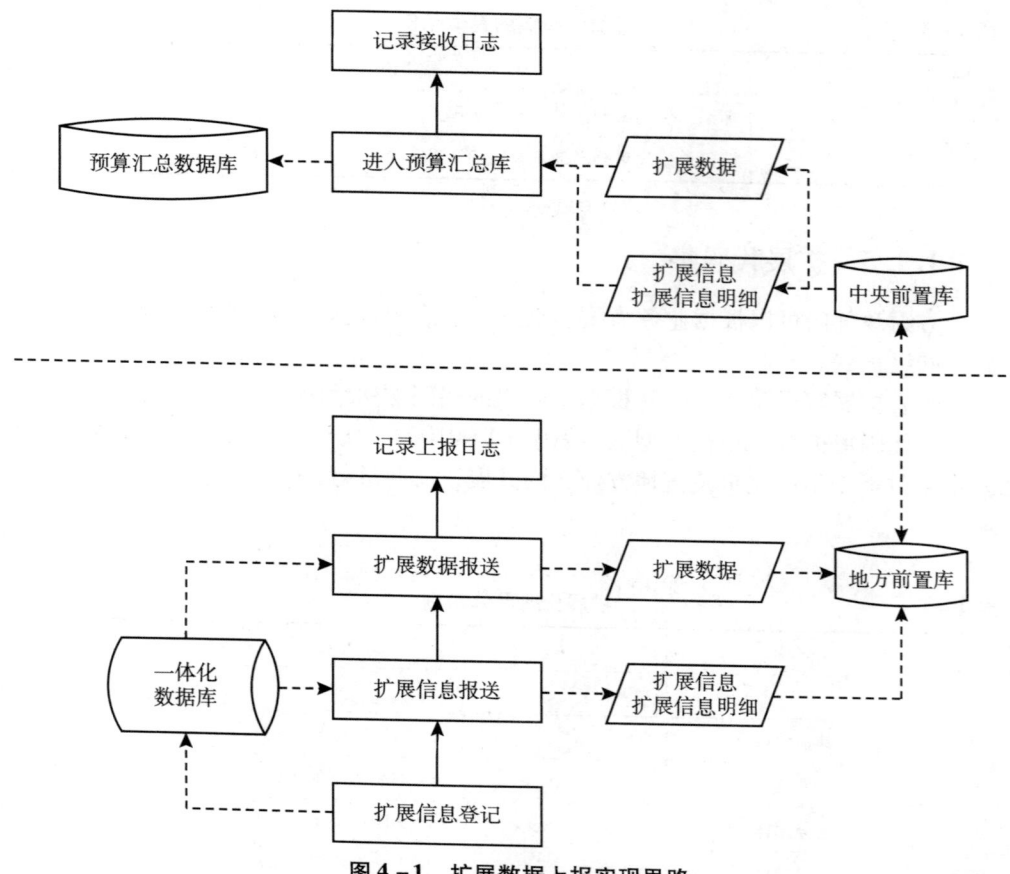

图 4-1　扩展数据上报实现思路

（5）进入预算汇总库。

扩展信息和数据通过全国预算管理数据汇总系统统一数据交换平台交换至中央前置库后，进入全国预算汇总数据库。财政部对地方自行扩展数据进行备案，了解地方财政特色业务情况并进行分析。

（6）记录接收日志。

全国预算管理数据汇总系统记录从中央前置库接收数据的日志信息，包括更新时间戳、接收日期等，下次数据接收时只获取记录的更新时间戳之后发生变化的数据。

2. 库表应用

扩展上报涉及的主要业务活动及逻辑库表应用如表 4-5 所示。

表 4-5　扩展上报涉及的主要业务活动及逻辑库表应用

序号	业务活动	逻辑库表	中文名称	备注
1	扩展信息登记	LFS_REG	地方扩展信息登记表	存储地方自行扩展的表的信息
		LFS_REG_DETAIL	地方扩展信息登记明细表	存储地方自行扩展的表的字段信息

续表

序号	业务活动	逻辑库表	中文名称	备注
1	扩展信息登记	LFS_REP	地方扩展数据报送表	存储地方扩展信息对应的数据信息
2	扩展信息报送	LFS_REG_VX	地方扩展信息登记表	存储地方自行扩展的表的信息，标记了版本和发送时间
		LFS_REG_DETAIL_VX	地方扩展信息登记明细表	存储地方自行扩展的表的字段信息，标记了版本和发送时间
3	扩展数据报送	LFS_REP_VX	地方扩展数据报送表	存储地方扩展信息对应的数据信息，标记了版本和发送时间
4	记录上报日志	LFS_REG_VX	地方扩展信息登记表	存储地方自行扩展的表的信息，标记了版本和发送时间
		LFS_REG_DETAIL_VX	地方扩展信息登记明细表	存储地方自行扩展的表的字段信息，标记了版本和发送时间
		LFS_REP_VX	地方扩展数据报送表	存储地方扩展信息对应的数据信息，标记了版本和发送时间
5	进入预算汇总库	LFS_REG_VX	地方扩展信息登记表	存储地方自行扩展的表的信息，标记了版本和发送时间
		⋮	⋮	包括前一环节所有逻辑库表
6	记录接收日志	LFS_REG_VX	地方扩展信息登记表	存储地方自行扩展的表的信息，标记了版本和发送时间
		⋮	⋮	包括前一环节所有逻辑库表

（1）逻辑库表间关系。

扩展上报涉及的相关逻辑库表的关系如图4-2所示。

①地方扩展信息登记表（LFS_REG）中的唯一标识（LFS_ID）对应了地方扩展信息登记明细表（LFS_REG_DETAIL）中的唯一标识（LFS_ID）、地方扩展数据报送表（LFS_REP）中的地方扩展数据信息登记唯一标识（LFS_ID）。

②地方扩展数据报送表（LFS_REX）中的地方扩展数据信息登记唯一标识（LFS_ID）对应了地方扩展信息登记明细表（LFS_REG_DETAIL）中的唯一标识（LFS_ID）。

（2）实现机制说明

①扩展信息登记。地方财政部门在预算管理一体化系统中对扩展信息进行登记，将逻辑库表、库表要素相关信息存储在地方扩展信息登记表（LFS_REG）、地方扩展信息登记明细表（LFS_REG_DETAIL）、地方扩展数据报送表（LFS_REP）中，逻辑库表字段示例如表4-6～表4-8所示。

```
                      地方扩展信息登记明细表
                       （LFS_REG_DETAIL_XXX）

                      ┌──┐   明细唯一标识
                      │PK│  （LFS_DETAIL_ID）
                      └──┘ ─────────────────
       地方扩展信息登记表           唯一标识
        （LFS_REG_XXX）           （LFS_ID）

       ┌──┐   唯一标识
       │PK│  （LFS_ID）
       └──┘

              地方扩展信息报送表
               （LFS_REP_XXX）

              ┌──┐  地方扩展信息唯一标识
              │PK│   （LFS_REP_ID）
              └──┘ ──────────────────
                   地方扩展数据信息登记唯一标识
                       （LFS_ID）
```

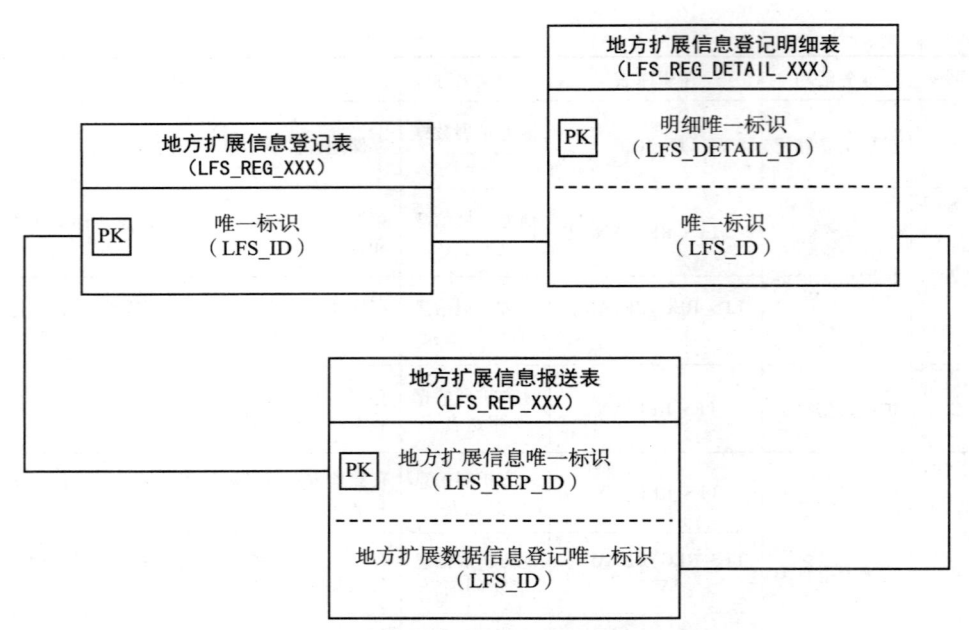

图 4-2　扩展上报涉及的相关逻辑库表的关系

表 4-6　　　　　　　　地方扩展信息登记表（LFS_REG）

序号	字段	字段值	备注
1	唯一标识	4301d4873d-ae57-41db-af48-ccef5dacdf41	数据创建时系统自动生成
2	表名	BA_BGT_INFO	手工录入，填写扩展的逻辑库表名
3	表中文名	指标信息表	手工录入，填写扩展的逻辑库表中文名
4	表描述信息	存储支出待分与可执行的指标信息，如年初预算指标、调整调剂指标等	手工录入，填写扩展的逻辑库表的描述
5	业务主键	预算年度（FISCAL_YEAR）、单位代码（AGENCY_CODE）、项目代码（PRO_CODE）、支出功能分类科目代码（EXP_FUNC_CODE）、政府支出经济分类代码（GOV_BGT_ECO_CODE）、部门支出经济分类代码（DEP_BGT_ECO_CODE）、资金性质代码（FUND_TYPE_CODE）、本级指标文号（COR_BGT_DOC_NO）	手工录入，填写扩展的逻辑库表业务主键
6	备注	增加"核算类型"要素	手工录入，无需备注则为空
7	登记日期	20201101	系统自动处理，记录扩展上报的登记日期
8	登记财政区划	110000000（北京市本级）	系统自动处理，值集来源于财政区划管理要素

续表

序号	字段	字段值	备注
9	更新时间	20201101143015	数据更新时系统自动生成，数据创建时更新时间与创建时间一致
10	是否删除	0（否）	默认值为0，删除操作后，字段值由0变为1
11	创建时间	20201101143015	数据创建时系统自动生成

表4－7　　　　　　　　地方扩展信息登记明细表（LFS_REG_DETAIL）

序号	字段	字段值	备注
1	唯一标识	4301d4873d－ae57－41db－af48－ccef5dacdf41	系统自动处理，用于关联地方扩展信息登记表的唯一标识
2	明细唯一标识	674551cf30－aed3－41bf－9c5d－d27c48670211	数据创建时系统自动生成
3	字段英文名	HOLD1	手工录入，填写扩展字段的英文名，值必须为HOLD1－HOLD200中的某个值
4	字段中文名	核算类型	手工录入，填写扩展字段的中文名
5	字段描述信息	反映预算指标在核算环节的列支处理类型	手工录入，填写扩展字段的描述信息
6	数据类型	NString	手工录入，填写扩展字段的数据类型
7	字段长度	2	手工录入，填写扩展字段的字段长度
8	强制/可选	M	手工录入，填写扩展字段的M强制/O可选
9	备注	增加"核算类型"要素	手工录入，无需备注则为空
10	登记日期	20201101	系统自动处理，记录扩展上报的登记日期
11	更新时间	20201101143015	数据更新时系统自动生成，数据创建时更新时间与创建时间一致
12	是否删除	0（否）	默认值为0，删除操作后，字段值由0变为1
13	创建时间	20201101143015	数据创建时系统自动生成

表4－8　　　　　　　　地方扩展数据报送表（LFS_REP_2020）

序号	字段	字段值	备注
1	地方扩展信息唯一标识	27963fa3e0－0954－4347－a9c3－5f7ea80011f7	数据创建时系统自动生成
2	地方扩展数据信息登记唯一标识	4301d4873d－ae57－41db－af48－ccef5dacdf41	系统自动处理，用于关联地方扩展信息登记表的唯一标识
3	表的唯一标识字段值	BGT_ID	手工录入，填写扩展逻辑库表的唯一标识字段值

续表

序号	字段	字段值	备注
4	预留字段	1为当年预算，2为上年结转，21为结转已列支，22为结转未列支	手工录入，填写扩展字段（HOLD1）的代码集数据
5	财政区划	110000000（北京市本级）	系统自动处理，值集来源于财政区划管理要素
6	更新时间	20201101143015	数据更新时系统自动生成，数据创建时更新时间与创建时间一致
7	是否删除	0（否）	默认值为0，删除操作后，字段值由0变为1
8	创建时间	20201101143015	数据创建时系统自动生成

②扩展信息报送。预算管理一体化系统将登记的扩展信息，按照上报数据交换标准组织上报，上报信息存储在地方扩展信息登记表（LFS_REG_VX）、地方扩展信息登记明细表（LFS_REG_DETAIL_VX）中，这两张表直接引用扩展信息登记中的同名库表，表名称增加了版本信息"VX"，内容增加了"发送日期"字段，逻辑库表字段示例如表4-9和表4-10所示。

表4-9　　　　　　　　地方扩展信息登记表（LFS_REG_V1）

序号	字段	字段值	备注
1	唯一标识	4301d4873d-ae57-41db-af48-ccef5dacdf41	系统自动引用地方扩展信息登记表中的唯一标识
2	表名	BA_BGT_INFO	系统自动引用地方扩展信息登记表中的表名
3	表中文名	指标信息表	系统自动引用地方扩展信息登记表中的表中文名
4	表描述信息	存储支出待分与可执行的指标信息，如年初预算指标、调整调剂指标等	系统自动引用地方扩展信息登记表中的表描述信息
5	业务主键	预算年度（FISCAL_YEAR）、单位代码（AGENCY_CODE）、项目代码（PRO_CODE）、支出功能分类科目代码（EXP_FUNC_CODE）、政府支出经济分类代码（GOV_BGT_ECO_CODE）、部门支出经济分类代码（DEP_BGT_ECO_CODE）、资金性质代码（FUND_TYPE_CODE）、本级指标文号（COR_BGT_DOC_NO）	系统自动引用地方扩展信息登记表中的业务主键
6	备注	增加"核算类型"要素	系统自动引用地方扩展信息登记表中的备注
7	登记日期	20201101	系统自动引用地方扩展信息登记表中的登记日期

续表

序号	字段	字段值	备注
8	登记财政区划	110000000（北京市本级）	系统自动引用地方扩展信息登记表中的登记财政区划
9	更新时间	20201101143015	系统自动引用地方扩展信息登记表中的更新时间
10	是否删除	0（否）	系统自动引用地方扩展信息登记表中的是否删除
11	发送日期	20201102	系统自动处理，填写扩展上报发送的日期
12	创建时间	20201101143015	系统自动引用地方扩展信息登记表中的创建时间

表4-10　地方扩展信息登记明细表（LFS_REG_DETAIL_V1）

序号	字段	字段值	备注
1	唯一标识	4301d4873d-ae57-41db-af48-ccef5dacdf41	系统自动引用地方扩展信息登记明细表中的唯一标识
2	明细唯一标识	674551cf30-aed3-41bf-9c5d-d27c48670211	系统自动引用地方扩展信息登记明细表中的明细唯一标识
3	字段英文名	HOLD1	系统自动引用地方扩展信息登记明细表中的字段英文名
4	字段中文名	核算类型	系统自动引用地方扩展信息登记明细表中的字段中文名
5	字段描述信息	反映预算指标在核算环节的列支处理类型	系统自动引用地方扩展信息登记明细表中的字段描述信息
6	数据类型	NString	系统自动引用地方扩展信息登记明细表中的数据类型
7	字段长度	2	系统自动引用地方扩展信息登记明细表中的字段长度
8	强制/可选	M	系统自动引用地方扩展信息登记明细表中的强制/可选
9	备注	增加"核算类型"要素	系统自动引用地方扩展信息登记明细表中的备注
10	登记日期	20201101	系统自动引用地方扩展信息登记明细表中的登记日期
11	更新时间	20201101143015	系统自动引用地方扩展信息登记明细表中的更新时间
12	是否删除	0（否）	系统自动引用地方扩展信息登记明细表中的是否删除
13	发送日期	20201102	系统自动处理，填写扩展上报发送的日期
14	创建时间	20201101143015	系统自动引用地方扩展信息登记明细表中的创建时间

③扩展数据报送。预算管理一体化系统将扩展信息对应的数据，按照上报数据交换标准组织上报，上报数据存储在地方扩展数据报送表（LFS_REP_VX）中，该表直接引用扩展信息登记中的同名库表，表名称增加了版本信息"VX"，内容增加了"发送日期"字段，逻辑库表字段示例如表4-11所示。

表4-11　　　　　地方扩展数据报送表（LFS_REP_2020_V1）

序号	字段	字段值	备注
1	地方扩展信息唯一标识	27963fa3e0-0954-4347-a9c3-5f7ea80011f7	系统自动引用地方扩展数据报送表中的地方扩展信息唯一标识
2	地方扩展数据信息登记唯一标识	4301d4873d-ae57-41db-af48-ccef5dacdf41	系统自动引用地方扩展数据报送表中的地方扩展数据信息登记唯一标识
3	表的唯一标识字段值	BGT_ID	系统自动引用地方扩展数据报送表中的表的唯一标识字段值
4	预留字段	1为当年预算，2为上年结转，21为结转已列支，22为结转未列支	系统自动引用地方扩展数据报送表中的预留字段
5	财政区划	110000000（北京市本级）	系统自动引用地方扩展数据报送表中的财政区划
6	更新时间	20201101143015	系统自动引用地方扩展数据报送表中的更新时间
7	是否删除	0（否）	系统自动引用地方扩展数据报送表中的是否删除
8	发送日期	20201102	系统自动处理，填写扩展上报发送的日期
9	创建时间	20201101143015	系统自动引用地方扩展数据报送表中的创建时间

④记录上报日志。预算管理一体化系统记录上报的日志信息，包括更新时间戳、发送日期等，以及下次数据上报时只获取记录的更新时间戳之后发生变化的数据。在此过程中，预算管理一体化系统相关逻辑库表无变化，对应的日志信息发生变化。

⑤进入预算汇总库。扩展信息和数据进入全国预算汇总数据库后，财政部对地方自行扩展数据进行备案。

⑥记录接收日志。全国预算管理数据汇总系统记录从中央前置库接收数据的日志信息，包括更新时间戳、接收日期等。

4.2　数据汇总标准应用说明

4.2.1　下发数据交换标准

财政部通过全国预算管理数据汇总系统下发数据至地方财政，下发数据包括《标准》逻辑标准库发布信息、基础数据下发信息、业务数据下发信息和下发数据状态登记信息。

4.2.1.1　逻辑标准库发布信息

1. 实现思路

按照全国预算数据汇总系统要求建立数据汇总前置数据库后，从预算汇总数据库按照《标准》组织下发数据进行下发,同时记录下发日志,具体实现思路如图4-3所示。

(1) 组织数据下发。

财政部依据《标准》变更机制对标准进行维护,《标准》版本更新内容通过全国预算管理数据汇总系统下发至地方财政,第一次下发或者逻辑库表结构发生变化时下发的内容为《标准》版本全量信息,其余情况下发为增量信息。

(2) 登记下发数据状态。

预算管理一体化系统记录下发的日志信息,包括更新时间、发送日期等。

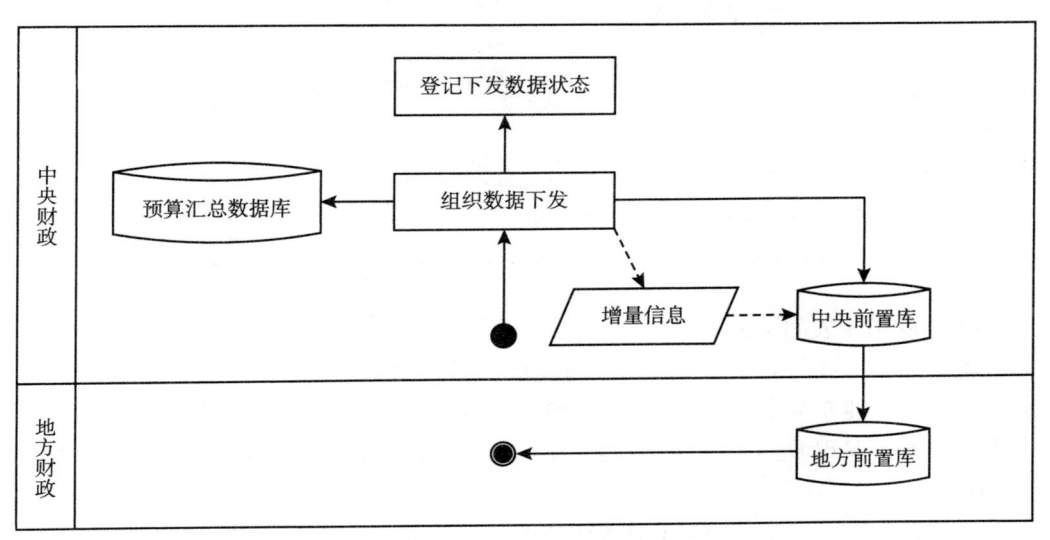

图4-3 标准下发实现思路

(3) 进入地方前置库。

下发数据经全国预算管理数据汇总系统统一数据交换平台交换至地方前置库。

2. 库表应用

逻辑标准库下发涉及的主要业务活动及逻辑库表应用如表4-12所示。

表4-12 标准下发涉及的主要业务活动及逻辑库表应用

序号	业务活动	逻辑库表	中文名称	备注
1	组织数据下发	CFS_VERSION_VX	逻辑标准库版本表	存储逻辑标准库版本信息
		CFS_CHANGE_SCRIPT_VX	逻辑标准库变更脚本表	存储逻辑标准库变更脚本信息
		CFS_CHANGE_LIST_VX	逻辑标准库变更清单表	存储逻辑标准库变更清单信息
		CFS_LTABLE_VX	逻辑库表	存储逻辑库信息

续表

序号	业务活动	逻辑库表	中文名称	备注
1	组织数据下发	CFS_LTABLE_FIELD_VX	逻辑库字段表	存储逻辑库字段信息
		CFS_LT_ELEMENT_VX	逻辑库要素表	存储逻辑库要素信息
		CFS_CATALOG_VX	代码集主表	存储代码集信息
		CFS_CATALOG_DETAIL_VX	代码集明细表	存储代码集明细信息
2	登记下发数据状态	CFS_DOWN_RECORD_VX	中央下发数据状态登记表	存储下发数据状态信息
3	进入地方前置库	CFS_VERSION_VX	逻辑标准库版本表	存储逻辑标准库版本信息
		⋮	⋮	包括"组织数据下发"所有逻辑库表

（1）逻辑库表间关系。

逻辑标准库涉及的相关逻辑库表的关系如图 4-4 所示。

①逻辑标准库版本表（CFS_VERSION_VX）中的版本号（VERSION）对应逻辑库表（CFS_LTABLE_VX）、代码集主表（CFS_CATALOG_VX）等表中的版本号（VERSION）。

②逻辑库表（CFS_LTABLE_VX）中的唯一标识（LTABLE_ID）对应逻辑库表字段表（CFS_LTABLE_FIELD_VX）中的目录唯一标识（LTABLE_ID）；逻辑库表字段表（CFS_LTABLE_FIELD_VX）中的逻辑库表要素编号（LT_ELE_CODE）对应了逻辑库表要素表（CFS_LT_ELEMENT_VX）中的逻辑库表要素编号（LT_ELE_CODE）。

③代码集主表（CFS_CATALOG_VX）中的代码集代码（ELE_CATALOG_CODE）对应代码集明细表（CFS_LTABLE_FIELD_VX）中的代码集目录代码（ELE_CATALOG_CODE）。

（2）实现机制说明。

①组织数据下发。全国预算管理数据汇总系统数据库按照《标准》组织数据下发时，应注意以下事项：

预算管理一体化系统在业务数据作废或删除时不能直接作物理删除，而是应该使用逻辑删除，使用"是否删除（IS_DELETED）"字段进行标识和留痕。

数据下发涉及的逻辑库表字段示例如表 4-13~表 4-20 所示。

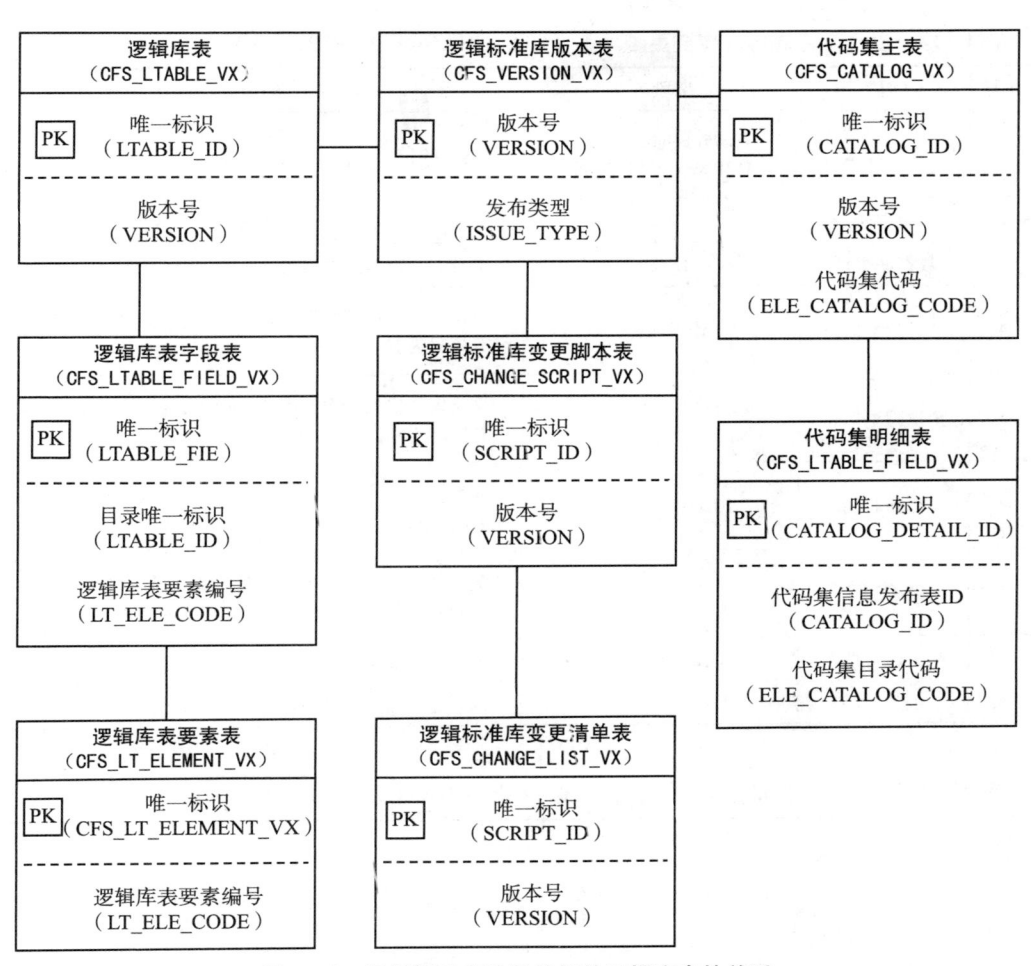

图 4-4 逻辑标准库涉及的相关逻辑库表的关系

表 4-13 逻辑标准库版本表（CFS_VERSION_VX）

序号	字段	字段值	备注
1	版本号	V2	手工录入，版本信息，形式如 V1
2	版本变更说明	更新部分字段	手工录入，版本修改信息
3	更新时间	20200507163537	数据更新时系统自动生成，数据创建时更新时间与创建时间一致
4	发送日期	20200508	系统自动生成，根据发送的日期生成
5	是否删除	2（否）	系统自动处理，值集来源于布尔型代码管理要素，默认值为2，删除操作后，字段值由2变为1
6	发布类型	0（仅发布版本变更信息）	选择录入，值集来源于发布类型管理要素
7	创建时间	20200507163537	创建数据时系统自动生成

表 4-14　　　　逻辑标准库变更脚本表（CFS_CHANGE_SCRIPT_VX）

序号	字段	字段值	备注
1	唯一标识	a1cc05c1bd4d44bca7f3f12f68965d35152365	数据创建时系统自动生成
2	版本号	V2	手工录入，版本信息，形式如 V1
3	数据库类型	Oracle	手工录入，数据库类型名称，例如 ORACLE
4	增量脚本信息	增量.SQL	选择录入，根据下发类型整理脚本信息，全量脚本信息有值时为空
5	全量脚本信息	—	选择录入，根据下发类型整理脚本信息，增量脚本信息有值时为空
6	更新时间	20200507163537	数据更新时系统自动生成，数据创建时更新时间与创建时间一致
7	是否删除	2（否）	系统自动处理，值集来源于布尔型代码管理要素，默认值为2，删除操作后，字段值由2变为1
8	发送日期	20200508	系统自动生成，根据发送日期生成
9	创建时间	20200507163537	数据创建时系统自动生成

表 4-15　　　　逻辑标准库变更清单表（CFS_CHANGE_LIST_VX）

序号	中文名称	字段值	备注
1	唯一标识	bbcc05c1bd4d44bca7f3f13569872f68965d35	数据创建时系统自动生成
2	版本号	V2	手工录入，版本信息，形式如 V1
3	变更主体	3（逻辑库表）	选择录入，值集来源于变更主体管理要素
4	中文名	单位基本信息表	手工录入，根据实际情况填写
5	英文名	BAS_AGENCY_INFO	手工录入，根据实际情况填写
6	变更说明	略	手工录入，根据实际情况填写
7	修改类型	1（新增）	选择录入，值集来源于修改类型管理要素
8	序号	1	系统自动处理，同一版本内唯一
9	更新时间	20200507163537	数据更新时系统自动生成，数据创建时更新时间与创建时间一致
10	是否删除	2（否）	系统自动处理，值集来源于布尔型代码管理要素，默认值为2，删除操作后，字段值由2变为1
11	发送日期	20200508	系统自动生成，根据发送日期生成
12	创建时间	20200507163537	数据创建时系统自动生成

表 4-16　　　　　　　　　　　逻辑库表（CFS_LTABLE_VX）

序号	中文名称	字段值	备注
1	逻辑库表唯一标识	bbcc05c1bd4d44bca7f3f12f68965d35321456	数据创建时系统自动生成
2	版本号	V2	手工录入，版本信息，形式如 V1
3	修改类型	2（修改）	选择录入，值集来源于修改类型管理要素
4	表英文名	BAS_AGENCY_INFO	手工录入，根据实际情况填写
5	表中文名	单位基本信息表	手工录入，根据实际情况填写
6	表描述信息	单位信息是指纳入预算管理的各类单位的基本信息，具体包括：单位代码、单位名称、统一社会信用代码、单位行政级别等。应用于预算管理一体化系统业务各环节。单位基本信息表存储单位名称、单位简称、单位类型等基本信息	手工录入，根据实际情况填写
7	序号	1	系统自动生成，同一版本内唯一
8	业务主键	100002	手工录入，描述在业务中用的主键
9	变更说明	添加字段信息	手工录入，根据实际情况填写
10	更新时间	20200507163537	数据更新时系统自动生成，数据创建时更新时间与创建时间一致
11	是否删除	2（否）	系统自动处理，值集来源于布尔型代码管理要素，默认值为 2，删除操作后，字段值由 2 变为 1
12	是否全量	1（是）	选择录入，值集来源于布尔型代码管理要素
13	发送日期	20200508	系统自动生成，根据发送日期生成
14	创建时间	20200507163537	数据创建时系统自动生成

表 4-17　　　　　　　　　逻辑库表字段表（CFS_LTABLE_FIELD_VX）

序号	中文名称	字段值	备注
1	唯一标识	aacc05c1bd4d44bca7f3f12f68965daa214536	数据创建时系统自动生成
2	版本号	V2	手工录入，版本信息，形式如 V1
3	逻辑库表唯一标识	11cc05c1bd4d44bca7f3f12f6896	系统自动引用逻辑库表中的逻辑库表唯一标识
4	表名	BAS_AGENCY_INFO	手工录入，根据实际情况填写
5	序号	1	系统自动生成，同一版本内唯一

续表

序号	中文名称	字段值	备注
6	字段名	AGENCY_LEADER_PER_NAME	手工录入，根据实际情况填写
7	字段中文名	单位负责人	手工录入，根据实际情况填写
8	数据类型	0（变更信息）	手工录入，根据实际情况填写
9	字段长度	80	手工录入，根据实际情况填写
10	强制/可选	M	手工录入，根据实际情况填写
11	逻辑库表要素编号	BE01017	手工录入，根据实际情况填写
12	字段备注信息	变更信息	手工录入，根据实际情况填写
13	变更说明	修改字段长度，由60变为80	手工录入，根据实际情况填写
14	修改类型	2（修改）	手工录入，根据实际情况填写
15	更新时间	20200507163537	数据更新时系统自动生成，数据创建时更新时间与创建时间一致
16	是否删除	2（否）	系统自动处理，值集来源于布尔型代码管理要素，默认值为2，删除操作后，字段值由2变为1
17	是否全量	2（否）	选择录入，值集来源于布尔型代码管理要素
18	发送日期	20200508	系统自动生成，根据发送日期生成
19	创建时间	20200507163537	数据创建时系统自动生成

表4-18　　　　逻辑库表要素表（CFS_LT_ELEMENT_VX）

序号	中文名称	字段值	备注
1	唯一标识	ddcc05c1bd4d44bca7f3f12f68965dddsss243	数据创建时系统自动生成
2	版本号	V2	手工录入，版本信息，形式如V1
3	序号	1	系统自动生成，同一版本内唯一
4	逻辑库表要素编号	BE01004	手工录入，根据实际情况填写
5	逻辑库表要素名称	统一社会信用代码	手工录入，根据实际情况填写
6	英文短名	UnifSocCredCode	手工录入，根据实际情况填写
7	数据类型	NString	手工录入，根据实际情况填写
8	字段长度	20	手工录入，根据实际情况填写

续表

序号	中文名称	字段值	备注
9	值域	VD00008	手工录入，根据实际情况填写
10	字段说明	依据登记管理部门发放的18位代码填写。未实行统一社会信用代码的，依据各级技术监督部门核发的机关、团体、事业单位代码证书规定的9位代码填列。尚未领取统一社会信用代码（组织机构代码）的单位，应主动与当地相关登记管理部门联系办理核发手续，并编报临时代码	手工录入，根据实际情况填写
11	参考来源	基础数据规范3.0	手工录入，根据实际情况填写
12	修改类型	2	手工录入，根据实际情况填写
13	变更说明	修改长度，由18变为20	手工录入，根据实际情况填写
14	备用字段	—	手工录入，根据实际情况填写
15	备用字段	—	手工录入，根据实际情况填写
16	备用字段	—	手工录入，根据实际情况填写
17	备用字段	—	手工录入，根据实际情况填写
18	更新时间	20200507163537	数据更新时系统自动生成，数据创建时更新时间与创建时间一致
19	是否删除	2（否）	系统自动处理，值集来源于布尔型代码管理要素，默认值为2，删除操作后，字段值由2变为1
20	发送日期	20200508	系统自动生成，根据发送日期生成
21	是否全量	2（否）	选择录入，值集来源于布尔型代码管理要素
22	创建时间	20200507163537	数据创建时系统自动生成

表4-19　　　　　　　　　代码集主表（CFS_CATALOG_VX）

序号	中文名称	字段值	备注
1	唯一标识	66cc05c1bd4d44bca7f3f12f68967412589632	数据创建时系统自动生成
2	版本号	V2	手工录入，版本信息，形式如V1
3	值集代码	VD10001	手工录入，根据实际情况填写
4	值集中文名	资金性质	手工录入，根据实际情况填写

续表

序号	中文名称	字段值	备注
5	编码规则	采用层次码，用数字表示。第1位表示资金大类，第2位表示资金小类	手工录入，根据实际情况填写
6	修改类型	2（修改）	手工录入，根据实际情况填写
7	变更说明	修改规则说明	手工录入，根据实际情况填写
8	序号	1	系统自动生成，同一版本内唯一
9	更新时间	20200507163537	数据更新时系统自动生成，数据创建时更新时间与创建时间一致
10	是否删除	2（否）	系统自动处理，值集来源于布尔型代码管理要素，默认值为2，删除操作后，字段值由2变为1
11	是否全量	2（否）	选择录入，值集来源于布尔型代码管理要素
12	发送日期	20200508	系统自动生成，根据发送日期生成生成
13	创建时间	20200507163537	数据创建时系统自动生成

表4-20　　代码集明细表（CFS_CATALOG_DETAIL_VX）

序号	中文名称	字段值	备注
1	唯一标识	12105c1bd4d44bca7f3f12f689677778896637	数据创建时系统自动生成
2	版本号	V2	手工录入，版本信息，形式如V1
3	代码集信息发布表ID	66cc05c1bd4d44bca7f3f12f6896	系统自动引用代码集主表主键
4	代码集目录代码	资金性质	手工录入，根据实际情况填写
5	代码集代码	1	手工录入，根据实际情况填写
6	代码集名称	政府预算资金	手工录入，根据实际情况填写
7	父级节点主键	—	系统自动引用父级主键，一级节点ID为空
8	级次	1	选择录入，根据当前信息项级填写
9	是否末级	2（否）	选择录入，值集来源于布尔型代码管理要素，选择该代码集明细是否末级
10	说明	除一般债券、外国政府和国际组织贷款、外国政府和国际组织赠款以外的一般公共预算安排的收支预算资金	手工录入，根据实际情况填写
11	修改类型	1（新增）	手工录入，根据实际情况填写
12	变更说明	变更说明信息	手工录入，根据实际情况填写

续表

序号	中文名称	字段值	备注
13	备用字段	—	手工录入，根据实际情况填写
14	备用字段	—	手工录入，根据实际情况填写
15	备用字段	—	手工录入，根据实际情况填写
16	备用字段	—	手工录入，根据实际情况填写
17	序号	1	系统自动生成，同一版本内唯一
18	更新时间	20200507163537	数据更新时系统自动生成，数据创建时更新时间与创建时间一致
19	是否删除	2（否）	系统自动处理，值集来源于布尔型代码管理要素，默认值为2，删除操作后，字段值由2变为1
20	是否全量	1（是）	选择录入，值集来源于布尔型代码管理要素
21	发送日期	20200508	系统自动生成，根据发送日期生成
22	创建时间	20200507163537	数据创建时系统自动生成

②下发数据状态登记。同"4.2.1.4 下发数据状态登记信息"。

③进入地方前置库。下发数据经全国预算管理数据汇总系统统一数据交换平台交换至地方前置库，相关逻辑库表中的数据无变化，对应的工作流状态发生变化。

4.2.1.2 基础数据下发信息

1. 实现思路

同本节"4.3.1.1 逻辑标准库发布信息"中的实现思路。

2. 库表应用

基础数据下发涉及的主要业务活动及逻辑库表应用如表4-21所示。

表4-21　　　基础数据下发涉及的主要业务活动及逻辑库表应用

序号	业务活动	逻辑库表	中文名称	备注
1	组织数据下发	BAS_MOF_DIV	财政区划表	存储财政区划信息
		⋮	⋮	包括预算管理一体化系统其他需要下发的基础数据逻辑库表
2	登记下发数据状态	CFS_DOWN_RECORD_VX	中央下发数据状态登记表	存储下发数据状态信息
3	进入地方前置库	BAS_MOF_DIV	财政区划表	存储财政区划信息
		⋮	⋮	包括"组织数据下发"所有逻辑库表

（1）逻辑库表间关系。

逻辑库表间无关系。

（2）实现机制说明。

①组织数据下发。全国预算管理数据汇总系统数据库按照《标准》组织数据下发，以财政区划表（BAS_MOF_DIV）举例，数据组织下发涉及的逻辑库表字段示例如表4-22所示。

表4-22　　　　　　　　　　财政区划表（BAS_MOF_DIV）

序号	中文名称	字段值	备注
1	财政区划主键	37344f3d-630f-4a80-a074-92459232r666	数据创建时系统自动生成
2	财政区划代码	110000000（北京市本级）	系统自动处理，值集来源于财政区划管理要素
3	财政区划名称	北京市	选择录入，值集来源于财政区划管理要素
4	父级节点主键	37344f3d-630f-4a80-a074-92459232r661	系统自动引用父级主键，一级节点为空
5	级次	2	选择录入，根据当前信息项级填写
6	是否末级	2（否）	选择录入，值集来源于布尔型代码管理要素，选择该财政区划是否末级
7	启用日期	20200101	手工录入，填写本条记录启用的日期
8	停用日期	20201231	手工录入，填写本条记录停用的日期
9	是否启用	1（是）	系统自动处理，值集来源于布尔型代码管理要素，默认值为1，变更等操作后，字段值由1变为2
10	更新时间	20200101000030	数据更新时系统自动生成，数据创建时更新时间与创建时间一致
11	是否删除	2（否）	系统自动处理，值集来源于布尔型代码管理要素，默认值为2，删除操作后，字段值由2变为1
12	行政区划代码	110000000	选择录入，值集来源于行政区划管理要素
13	行政区划类型	2（省）	选择录入，值集来源于行政区划类型管理要素
14	是否行政区划	1（是）	选择录入，值集来源于布尔型代码管理要素
15	上级行政区划代码	—	系统自动生成，无上级行政区划则为空
16	是否标准	1（是）	系统自动处理，值集来源于布尔型代码管理要素，中央新增时为1
17	发送日期	20200102	系统自动生成，根据发送日期生成
18	创建时间	20200101000030	数据创建时系统自动生成

②下发数据状态登记。同"4.2.1.4下发数据状态登记信息"。

③进入地方前置库。下发数据经全国预算管理数据汇总系统统一数据交换平台

交换至地方前置库，相关逻辑库表中的数据无变化，对应的工作流状态发生变化。

4.2.1.3 业务数据下发信息

1. 实现思路

同"4.2.1.1 逻辑标准库发布信息"中的实现思路。

2. 库表应用

业务数据下发涉及的主要业务活动及逻辑库表应用如表4-23所示。

表4-23 业务数据下发涉及的主要业务活动及逻辑库表应用

序号	业务活动	逻辑库表	中文名称	备注
1	组织数据下发	CFS_BA_TR_BGT_INFO_VX	中央转移支付分配表	存储中央转移支付分配信息
		CFS_PM_PERF_GOAL_INFO_VX	中央转移支付项目绩效目标表	存储中央转移支付项目绩效目标信息
		CFS_PM_PERF_INDICATOR_VX	中央转移支付项目绩效指标表	存储中央转移支付项目绩效指标信息
2	登记下发数据状态	CFS_DOWN_RECORD_VX	中央下发数据状态登记表	存储下发数据状态信息
3	进入地方前置库	CFS_BA_TR_BGT_INFO_VX	中央转移支付分配表	存储中央转移支付分配信息
		⋮	⋮	包括"组织数据下发"所有逻辑库表

（1）逻辑库表间关系。

逻辑库表间无关系。

（2）实现机制说明。

①组织数据下发。数据组织下发涉及的逻辑库表字段示例如表4-24~表4-26所示。

表4-24 中央转移支付分配表（CFS_BA_TR_BGT_INFO_VX）

序号	中文名称	字段值	备注
1	指标主键	44c05c1bd4d44bca7f3f12f68965d	数据创建时系统自动生成
2	财政区划代码	100000000（中央本级）	系统自动处理，值集来源于财政区划管理要素
3	财政区划名称	中央本级	系统自动处理，值集来源于财政区划管理要素
4	接收方财政区划代码	110000000（北京市本级）	系统自动生成，根据选择的接收方财政区划名称生成

续表

序号	中文名称	字段值	备注
5	接收方财政区划名称	北京市本级	选择录入，值集来源于财政区划管理要素
6	预算年度	2019	系统自动生成，根据预算填报年度生成
7	本级指标文号	财建发［2019］16号	系统自动引用审核通过的财政资金结转结余核批表中指标主键对应指标信息中的本级指标文号
8	指标文标题	关于提前下达2019年车辆购置税收入补助地方资金的通知	系统自动引用审核通过的财政资金结转结余核批表中指标主键对应指标信息中的指标文标题
9	发文时间	20190106	系统自动引用审核通过的财政资金结转结余核批表中调整后的发文时间
10	指标说明	关于提前下达2019年车辆购置税收入补助地方资金的通知	系统自动引用审核通过的财政资金结转结余核批表中调整后的政府支出指标说明
11	项目代码	110000191422070000001	系统自动引用审核通过的财政资金结转结余核批表中指标主键对应指标信息中的项目代码
12	项目名称	补助地方资金	系统自动引用审核通过的财政资金结转结余核批表中指标主键对应指标信息中的项目名称
13	资金性质代码	11	选择录入，值集来源资金性质管理要素
14	资金性质名称	一般公共预算资金	选择录入，值集来源于资金性质名称管理要素
15	转移支付功能分类科目代码	101	选择录入，值集来源于支出功能分类科目管理要素
16	转移支付功能分类科目名称	税收收入	选择录入，值集来源于支出功能分类科目管理要素
17	支出功能分类科目代码	21406	选择录入，值集来源于支出功能分类科目管理要素
18	支出功能分类科目名称	车辆购置税支出	选择录入，值集来源于支出功能分类科目管理要素
19	政府支出经济分类代码	50209（维修(护)费）	选择录入，值集来源于政府支出经济分类管理要素
20	政府支出经济分类名称	维修(护)费	选择录入，值集来源于政府支出经济分类管理要素
21	指标金额	6000.00	手工录入，根据实际情况填写
22	源指标主键	c05c1bd4d44bca7f3f12f6896	系统自动引用审核通过的单位资金结转结余核批表中指标主键

续表

序号	中文名称	字段值	备注
23	是否追踪	1（是）	选择录入，值集来源于布尔型代码管理要素
24	预算级次代码	1	选择录入，值集来源于预算级次管理要素
25	预算级次名称	中央级	选择录入，值集来源于预算级次管理要素
26	分配方式代码	2	选择录入，值集来源于分配方式管理要素
27	分配方式名称	项目法	选择录入，值集来源于分配方式管理要素
28	更新时间	20200101000030	数据更新时系统自动生成，数据创建时更新时间与创建时间一致
29	是否删除	2（否）	系统自动处理，值集来源于布尔型代码管理要素，默认值为2，删除操作后，字段值由2变为1
30	发送日期	20200102	系统自动生成，根据发送日期生成
31	创建时间	20200101000030	数据创建时系统自动生成

表4-25 中央转移支付项目绩效目标表（CFS_PM_PERF_GOAL_INFO_VX）

序号	中文名称	字段值	备注
1	项目绩效目标主键	55c05c1bd4d44dabca7f3f12f6896	数据创建时系统自动生成
2	财政区划代码	100000000（中央本级）	系统自动处理，值集来源于财政区划管理要素
3	财政区划名称	中央本级	系统自动处理，值集来源于财政区划管理要素
4	预算年度	2020	系统自动生成，根据预算填报年度生成
5	项目代码	1100001914220700000001	系统引用项目基本信息表中的项目代码
6	项目名称	补助地方资金	手工录入，根据实际情况填写
7	单位代码	101	选择录入，值集来源于单位基本信息表中的单位代码
8	单位名称	国务院办公厅	选择录入，值集来源于单位基本信息表中的单位名称
9	绩效目标	—	手工录入，根据实际情况填写
10	下级财政区划代码	110000000（北京市本级）	系统自动生成，根据选择的接收方财政区划名称生成
11	下级财政区划名称	北京市本级	选择录入，值集来源于财政区划管理要素
12	更新时间	20200101000030	数据更新时系统自动生成，数据创建时更新时间与创建时间一致
13	是否删除	2（否）	系统自动处理，值集来源于布尔型代码管理要素，默认值为2，删除操作后，字段值由2变为1
14	发送日期	20200102	系统自动生成，根据发送的日期
15	创建时间	20200101000030	数据创建时系统自动生成

表 4-26　中央转移支付项目绩效指标表（CFS_PM_PERF_INDICATOR_VX）

序号	中文名称	字段值	备注
1	项目绩效指标主键	77c05c1bd4d44bca7f3f12f68965d	数据创建时系统自动生成
2	财政区划代码	100000000（中央本级）	系统自动处理，值集来源于财政区划管理要素
3	财政区划名称	中央本级	系统自动处理，值集来源于财政区划管理要素
4	预算年度	2020	系统自动生成，根据预算填报年度生成
5	项目代码	110000191422070000001	系统引用项目基本信息表中的项目代码
6	项目名称	补助地方资金	手工录入，根据实际情况填写
7	单位代码	101	选择录入，值集来源于单位基本信息表中的单位代码
8	单位名称	国务院办公厅	选择录入，值集来源于单位基本信息表中的单位名称
9	一级指标	—	选择录入，值集来源于绩效指标管理要素
10	二级指标	—	选择录入，值集来源于绩效指标管理要素
11	三级指标	—	选择录入，值集来源于绩效指标管理要素
12	指标内容	补助地方资金	手工录入，根据实际情况填写
13	评（扣）分标准	—	手工录入，根据实际情况填写
14	指标值	—	手工录入，根据实际情况填写
15	备注	—	手工录入，根据实际情况填写
16	下级财政区划代码	110000000（北京市本级）	系统自动生成，根据选择的接收方财政区划名称生成
17	下级财政区划名称	北京市本级	选择录入，值集来源于财政区划管理要素
18	更新时间	20200101000030	数据更新时系统自动生成，数据创建时更新时间与创建时间一致
19	是否删除	2（否）	系统自动处理，值集来源于布尔型代码管理要素，默认值为2，删除操作后，字段值由2变为1
20	发送日期	20200102	系统自动生成，根据发送的日期
21	创建时间	20200101000030	数据创建时系统自动生成

②下发数据状态登记。同"4.2.1.4 下发数据状态登记信息"。

③进入预算管理一体化数据库。下发数据经全国预算管理数据汇总系统统一数据交换平台交换至地方前置库后，相关逻辑库表中的数据无变化，对应的工作流状态发生变化。

4.2.1.4　下发数据状态登记信息

下发数据状态登记信息是指财政部下发基础和业务数据后，登记下发地方的数据状态。

1. 实现思路

具体实现思路如图 4-5 所示。

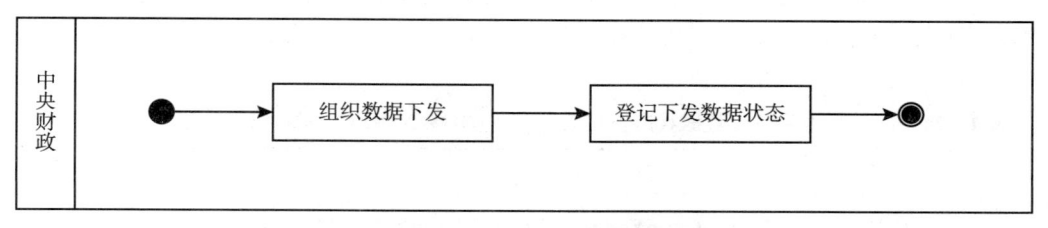

图 4-5 下发数据状态登记信息实现思路

登记下发数据状态。预算管理一体化系统根据地方前置库中的下发数据状态下载中央下发的基础数据和业务数据。

2. 库表应用

登记下发数据状态涉及的主要业务活动及逻辑库表应用如表 4-27 所示。

表 4-27　　　　　接收数据情况反馈涉及的主要业务活动及逻辑库表应用

业务活动	逻辑库表	中文名称	备注
下发中央数据	CFS_DOWN_RECORD_VX	中央下发数据状态登记表	存储中央下发的基础及业务数据状态，地方可根据此状态下载对应的基础及业务数据

（1）逻辑库表间关系。

接收数据情况反馈涉及的相关逻辑库表的关系如图 4-6 所示。

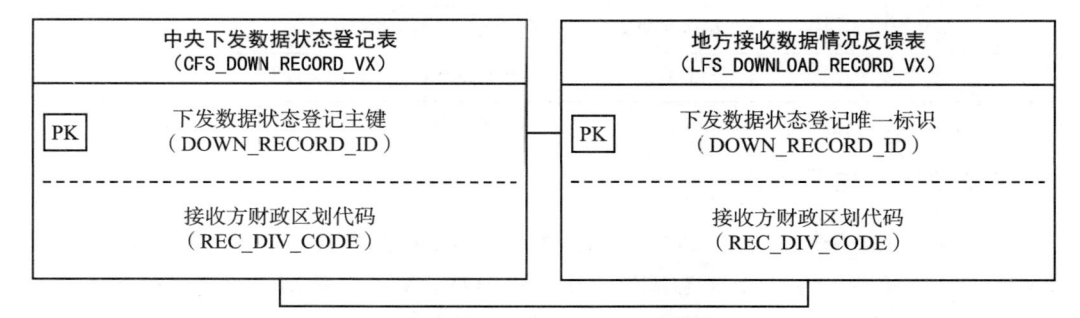

图 4-6　接收数据情况反馈涉及的相关逻辑库表的关系

地方接收数据情况反馈表（LFS_DOWNLOAD_RECORD_VX）中的下发数据状态登记唯一标识（DOWN_RECORD_ID）、接收方财政区划代码（REC_DIV_CODE）对应中央下发数据状态登记表（CFS_DOWN_RECORD_VX）中的下发数据状态登记主键（DOWN_RECORD_ID）、接收方财政区划代码（REC_DIV_CODE）。

(2) 实现机制说明。

登记下发数据状态。地方根据中央下发数据状态登记表（CFS_DOWN_RECORD_VX）数据状态下载对应的数据，表中字段"接收方财政区划代码""发送日期""更新时间"触发下载事件，字段"变更表英文名"确定更新数据范围，逻辑库表字段示例如表4-28所示。

表4-28　　中央下发数据状态登记表（CFS_DOWN_RECORD_V1）

序号	字段	字段值	备注
1	下发数据状态登记主键	68365b6d-5e54-4dcc-899b-d5abee58fb41	数据创建时系统自动生成
2	财政区划代码	100000000（中央本级）	系统自动生成，值集来源于财政区划管理要素
3	财政区划名称	中央本级	系统自动生成，值集来源于财政区划管理要素
4	接收方财政区划代码	110000000（北京市本级）	系统自动处理，值集来源于财政区划管理要素
5	接收方财政区划名称	北京市本级	选择录入，值集来源于财政区划管理要素
6	预算年度	2021	系统自动生成，根据预算填报年度生成
7	变更表中文名	收入分类科目表	手工录入，根据实际情况填写
8	变更表英文名	CFS_BAS_INCOME_SORT_V1	手工录入，根据实际情况填写
9	更新时间	20210101000030	数据更新时系统自动生成，数据创建时更新时间与创建时间一致
10	发送日期	20210101	系统自动生成，根据发送的日期
11	创建时间	20210101000030	创建数据时系统自动生成
12	记录数	1333	系统自动处理，根据相关规则

4.2.1.5　常见问题

（1）代码集主表（CFS_CATALOG_VX）、代码集明细表（CFS_CATALOG_DETAIL_VX）、基础代码目录表（CFS_ELE_CATALOG_VX）、基础代码集（CFS_ELE_XXX_VX）在下发中是如何关联？

代码集主表（CFS_CATALOG_VX）表名中"VX"的"X"代表数字型的版本号，全量下发时版本变动，增量下发时版本不变。从新增、修改、删除三个场景分别说明其数据存储。

①第一次下发为新增，代码集主表（CFS_CATALOG_VX）和代码集明细表（CFS_CATALOG_DETAIL_VX）参考"4.2.1.1 逻辑标准库发布信息"，基础代码目录表（CFS_ELE_CATALOG_VX）和基础代码集表（CFS_ELE_UNION_VX）逻辑库

表字段示例如表 4-29 和表 4-30 所示。

表 4-29　　　　　　基础代码目录表（CFS_ELE_CATALOG_VX）

序号	中文名称	字段值	备注
1	目录主键	12105c1bd4d44bca7f3f12f7000dasa	数据创建时系统自动生成
2	基础代码目录代码	FundTypeCode	手工录入，根据实际情况填写
3	基础代码中文名称	资金性质代码	手工录入，根据实际情况填写
4	财政区划代码	10000000（中央本级）	系统自动处理，值集来源于财政区划管理要素
5	财政区划名称	中央本级	系统自动处理，值集来源于财政区划管理要素
6	库表名称	CFS_ELE_UNION_V1	手工录入，根据实际情况填写
7	扩展类型	1（财政部标准）	选择录入，值集来源于扩展类型管理要素
8	管理方式	1（财政部下发）	选择录入，值集来源于管理方式管理要素
9	启用日期	20200301	手工录入，填写本条记录启用的日期
10	停用日期	20210101	手工录入，填写本条记录停用的日期
11	是否启用	1（是）	系统自动处理，值集来源于布尔型代码管理要素，默认值为1，变更等操作后，字段值由1变为2
12	更新时间	20200507163537	数据更新时系统自动生成，数据创建时更新时间与创建时间一致
13	是否标准	1（是）	系统自动处理，值集来源于布尔型代码管理要素，中央新增时为1
14	是否删除	2（否）	系统自动处理，值集来源于布尔型代码管理要素，默认值为2，删除操作后，字段值由2变为1
15	发送日期	20200512	系统自动生成，根据发送的日期
16	创建时间	20200507163537	数据创建时系统自动生成

表 4-30　　　　　　基础代码集表（CFS_ELE_UNION_VX）

序号	中文名称	字段值	备注
1	代码集主键	12105c1bd4d44bca7f3f12f7000dasa	数据创建时系统自动生成
2	代码集代码	1	手工录入，根据实际情况填写
3	代码集名称	政府预算资金	手工录入，根据实际情况填写

续表

序号	中文名称	字段值	备注
4	目录主键	12105c1bd4d44bca7f3f12f7000dasb	系统自动引用基础代码目录表中的目录主键
5	财政区划代码	10000000（中央本级）	系统自动处理，值集来源于财政区划管理要素
6	财政区划名称	中央本级	系统自动处理，值集来源于财政区划管理要素
7	父级节点主键	—	系统自动引用父级主键，一级节点为空
8	级次	1	选择录入，根据当前信息项级填写
9	是否末级	2（否）	选择录入，值集来源于布尔型代码管理要素，选择该基础代码集是否末级
10	启用日期	20200301	手工录入，填写本条记录启用的日期
11	停用日期	20210101	手工录入，填写本条记录停用的日期
12	是否启用	1（是）	系统自动处理，值集来源于布尔型代码管理要素，默认值为1，变更等操作后，字段值由1变为2
13	更新时间	20200507163537	数据更新时系统自动生成，数据创建时更新时间与创建时间一致
14	是否标准	1（是）	系统自动处理，值集来源于布尔型代码管理要素，中央新增时为1
15	是否删除	2（否）	系统自动处理，值集来源于布尔型代码管理要素，默认值为2，删除操作后，字段值由2变为1
16	发送日期	20200512	系统自动生成，根据发送的日期
17	创建时间	20200507163537	数据创建时系统自动生成

②若"资金性质VD10001"的代码"1 政府预算资金"变为"×政府预算资金"时，基础代码目录表（CFS_ELE_CATALOG_VX）表字段信息无变化，代码集主表（CFS_CATALOG_VX）、代码集明细表（CFS_CATALOG_DETAIL_VX）、基础代码集表（CFS_ELE_XXX_VX）逻辑库表字段变化示例如表4-31～表4-33所示。

表4-31　　　　　　代码集主表（CFS_CATALOG_VX）

序号	中文名称	字段值	备注
1	唯一标识	66cc05c1bd4d44bca7f3f12f68967412589632	数据创建时系统自动生成
⋮	⋮	⋮	⋮

续表

序号	中文名称	字段值	备注
6	修改类型	2（修改）	选择录入，值集来源于修改类型管理要素
9	更新时间	20200807163537	数据更新时系统自动生成，数据创建时更新时间与创建时间一致
12	发送日期	20200820	系统自动生成，根据发送的日期
⋮	⋮	⋮	⋮

表 4-32　　　　　代码集明细表（CFS_CATALOG_DETAIL_VX）

序号	中文名称	字段值	备注
1	唯一标识	12105c1bd4d44bca7f3f12f689677778896637	数据创建时系统自动生成
⋮	⋮	⋮	⋮
5	代码集代码	X	手工录入，根据实际情况填写
11	修改类型	2（修改）	选择录入，值集来源于修改类型管理要素
18	更新时间	20200807163537	数据更新时系统自动生成，数据创建时更新时间与创建时间一致
21	发送日期	20200820	系统自动生成，根据发送的日期
⋮	⋮	⋮	⋮

表 4-33　　　　　基础代码集表（CFS_ELE_UNION_VX）

序号	中文名称	字段值	备注
1	代码集主键	12105c1bd4d44bca7f3f12f7000dasa	数据创建时系统自动生成
⋮	⋮	⋮	⋮
2	代码集代码	X	手工录入，根据实际情况填写
13	更新时间	20200807163537	数据更新时系统自动生成，数据创建时更新时间与创建时间一致
16	发送日期	20200820	系统自动生成，根据发送的日期
⋮	⋮	⋮	⋮

③若"资金性质 VD10001"中的代码"政府预算资金"不再使用，则逻辑删除此条数据，基础代码目录表（CFS_ELE_CATALOG_V1）无变化，代码集主表（CFS_CATALOG_VX）、代码集明细表（CFS_CATALOG_DETAIL_VX）、基础代码集表（CFS_ELE_XXX_VX）逻辑库表字段变化示例如表 4-34～表 4-36 所示。

表4-34　　　　　　　　代码集主表（CFS_CATALOG_VX）

序号	中文名称	字段值	备注
1	唯一标识	66cc05c1bd4d44bca7f3f12f689674125896632	数据创建时系统自动生成
⋮	⋮	⋮	⋮
6	修改类型	3（删除）	选择录入，值集来源于修改类型管理要素
9	更新时间	20200707163537	数据更新时系统自动生成，数据创建时更新时间与创建时间一致
10	是否删除	1（是）	系统自动处理，值集来源于布尔型代码管理要素，默认值为2，删除操作后，字段值由2变为1
12	发送日期	20200720	系统自动生成，根据发送的日期
⋮	⋮	⋮	⋮

表4-35　　　　　　代码集明细表（CFS_CATALOG_DETAIL_VX）

序号	中文名称	字段值	备注
1	唯一标识	12105c1bd4d44bca7f3f12f689677778896637	数据创建时系统自动生成
⋮	⋮	⋮	⋮
18	更新时间	20200707163537	数据更新时系统自动生成，数据创建时更新时间与创建时间一致
19	是否删除	1（是）	系统自动处理，值集来源于布尔型代码管理要素，默认值为2，删除操作后，字段值由2变为1
21	发送日期	20200720	系统自动生成，根据发送的日期
⋮	⋮	⋮	⋮

表4-36　　　　　　基础代码集表（CFS_ELE_UNION_VX）

序号	中文名称	字段值	备注
1	代码集主键	12105c1bd4d44bcaf3f12f7000dasa	数据创建时系统自动生成
⋮	⋮	⋮	⋮
13	更新时间	20200707163537	数据更新时系统自动生成，数据创建时更新时间与创建时间一致
15	是否删除	1（是）	系统自动处理，值集来源于布尔型代码管理要素，默认值为2，删除操作后，字段值由2变为1

续表

序号	中文名称	字段值	备注
16	发送日期	20200720	系统自动生成，根据发送的日期
⋮	⋮	⋮	⋮

（2）地方扩展信息登记表（LFS_REG_XXXX）、地方扩展信息登记明细表（LFS_REG_DETAIL_XXXX）、地方扩展数据报送表（LFS_REP_XXXX）中的XXXX为4位数字形式的预算年度，是否每年都需要新建年度表？

地方扩展信息登记表英文名改为LFS_REG、地方扩展信息登记明细表英文名改为LFS_REG_DETAIL、地方扩展数据报送表英文名改为LFS_REP。另在这三张表中增加预算年度字段，字段名称为FISCAL_YEAR，类型为NString，长度为4，强制/可选为M，库表要素编号为BE00029。

4.2.2 上报数据交换标准

4.2.2.1 标准上报

全国数据汇总标准上报是指省级财政部门按照发布的汇总上报标准数据结构和代码集通过预算管理一体化系统上报全省数据信息。

1. 实现思路

地方财政部门根据全国预算管理数据汇总系统部署要求建立数据汇总前置数据库，并按照上报数据交换标准从预算管理一体化系统数据库中组织数据进行上报，记录上报日志，具体实现思路如图4-7所示。

（1）组织数据上报。

按照上报数据交换标准从预算管理一体化系统数据库中组织数据进行上报，采用更新时间戳增量上报方式，每次只上报发生变化的数据，首次为全量上报。

（2）记录上报日志。

预算管理一体化系统记录上报的日志信息，包括更新时间戳、发送日期等，每次只获取记录的更新时间戳之后发生变化的数据。

（3）进入预算汇总库。

上报数据经全国预算管理数据汇总系统统一数据交换平台交换至中央前置库后，全国预算管理数据汇总系统从中央前置库中获取增量信息至全国预算汇总数据库。

（4）记录接收日志。

全国预算管理数据汇总系统记录从中央前置库接收数据的日志信息，包括更新时间戳、接收日期等，每次只获取记录的更新时间戳之后发生变化的数据。

2. 库表应用

标准上报涉及的主要业务活动及逻辑库表应用如表4-37所示。

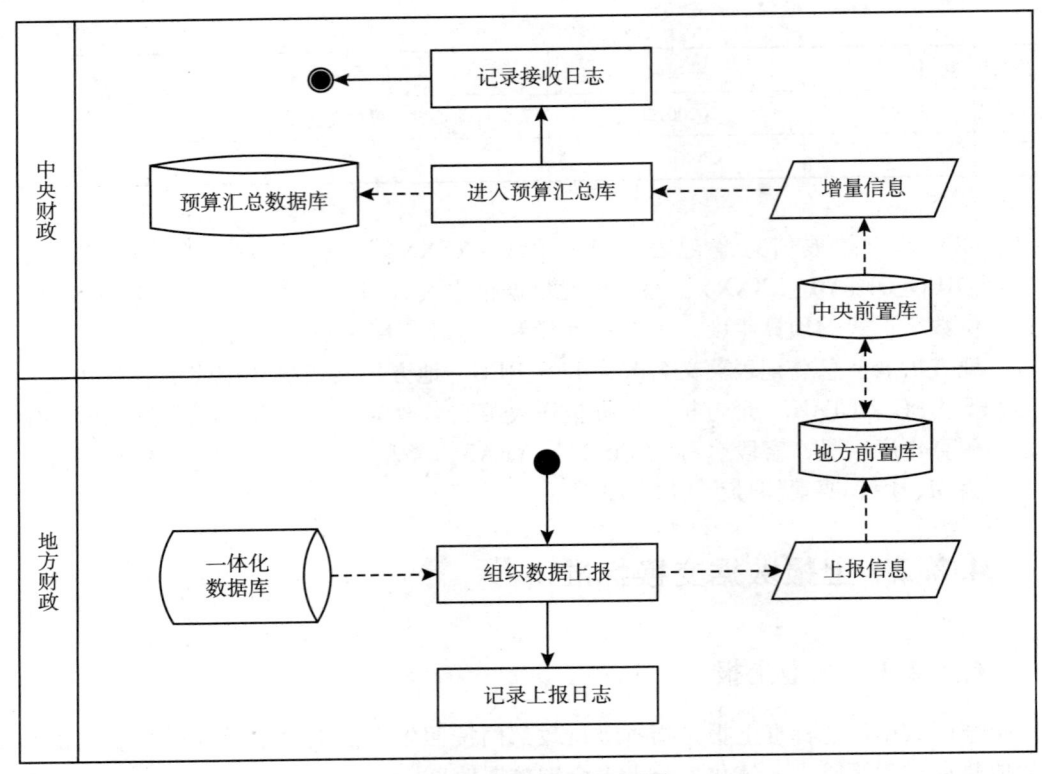

图 4-7 标准上报实现思路

表 4-37　　　标准上报涉及的主要业务活动及逻辑库表应用

序号	业务活动	逻辑库表	中文名称	备注
1	组织数据上报	PAY_VOUCHER	国库集中支付申请表	预算管理一体化系统存储国库集中支付申请信息
		⋮	⋮	包括预算管理一体化系统其他需要上报的标准逻辑库表
		PAY_VOUCHER_VX	国库集中支付申请表	存储上报的国库集中支付申请表数据信息
		⋮	⋮	包括其他需要上报的标准逻辑库表数据信息
2	记录上报日志	—	—	预算管理一体化系统相关逻辑库表无变化
3	进入预算汇总库	PAY_VOUCHER_VX	国库集中支付申请表	存储上报的国库集中支付申请表数据信息
		⋮	⋮	包括其他需要上报的标准逻辑库表数据信息
4	记录接收日志	—	—	预算管理一体化系统相关逻辑库表无变化

（1）逻辑库表间关系。

逻辑库表间无关系。

（2）实现机制说明。

①组织数据上报。按照上报数据交换标准从预算管理一体化系统数据库中组织数据进行上报，需要注意以下事项：

预算管理一体化系统在业务数据作废或删除时不能直接作物理删除，而是应该使用逻辑删除，使用"是否删除（IS_DELETED）"字段进行标识和留痕。

下面以国库集中支付申请表（PAY_VOUCHER）按 T+1 日上报为例，8 月 4 日上报截至 8 月 3 日的数据，数据组织上报涉及的逻辑库表存储示例如下：

A. 预算管理一体化系统数据库数据，具体示例如表 4-38 所示。

表 4-38　　　　　　　　国库集中支付申请表（PAY_VOUCHER）

序号	字段	字段值	备注
1	支付申请主键	821717b729-64dd-4342-b3af-eb4adf70b2e3	数据创建时系统自动生成
2	支付申请编号	SQ000012	系统自动生成，编号规则由各地财政部门自行制定
3	申请日期	20200803	手工录入，填写支付申请的日期
4	单位代码	142207（产品质量监督检验院）	系统自动引用指标信息中的单位代码
5	指标类型代码	21（当年预算）	系统自动引用指标信息中的指标类型代码
6	资金性质代码	111（一般公共预算资金）	系统自动引用指标信息中的资金性质代码
7	支出功能分类科目代码	2013815（质量安全监管）	系统自动引用指标信息中的支出功能分类科目代码
8	政府支出经济分类代码	50209（维修（护）费）	选择录入，值集来源于政府支出经济分类业务管理要素
9	部门支出经济分类代码	30213（维修（护）费）	选择录入，值集来源于部门支出经济分类业务管理要素
10	项目代码	1100001914220700000001（质量检验设备维修）	系统自动引用指标信息中的项目代码
11	指标主键	3687120102-b404-4df1-a1b9-45b0bc200c88	系统自动引用指标信息中的指标主键
12	结算方式代码	5（转账支票）	选择录入，值集来源于结算方式业务管理要素
13	支付方式代码	1（国库集中支付）	选择录入，值集来源于支付方式业务管理要素
14	用途	设备维修	手工录入，根据实际资金用途填写
15	支付业务类型代码	1（普通业务）	选择录入，值集来源于支付业务类型业务管理要素
16	支付申请金额	6000.00	手工录入，根据申请支付金额填写
17	支付凭证主键	79fed3a5cd-f34f-4d42-8b00-b2f304e8a2d0	系统自动引用国库集中支付凭证表中的支付凭证主键
18	付款人全称	产品质量监督检验院	系统自动引用账户信息中的零余额账户全称

续表

序号	字段	字段值	备注
19	付款人账号	6234585949910030	系统自动引用账户信息中的零余额账户账号
20	付款人开户银行	工商银行东大街支行	系统自动引用账户信息中的零余额账户开户银行
21	收款人全称	智能科技公司	手工录入，根据实际收款人信息填写
22	收款人账号	650000034330321	手工录入，根据实际收款人信息填写
23	收款人开户银行	兴业银行北京支行	手工录入，根据实际收款人信息填写
24	资金往来对象类别代码	19（与部门外其他）	选择录入，值集来源于资金往来对象类别业务管理要素
25	单位内部机构代码	1（办公室）	选择录入，值集来源于单位内部机构业务管理要素
26	预算年度	2020	系统自动处理，根据预算填报年度生成
27	财政区划代码	110000000（北京市本级）	系统自动处理，值集来源于财政区划业务管理要素
28	外币金额	—	手工录入，非外币可为空
29	币种代码	CNY（人民币）	选择录入，值集来源于币种业务管理要素，默认为CNY（人民币）
30	汇率	—	手工录入，非外币可为空
31	收款人代码	—	手工录入，获取不到可为空
32	采购合同编号	—	手工录入，政府采购的需要填写
33	更新时间	20200803113012	数据更新时系统自动生成，数据创建时更新时间与创建时间一致
34	是否删除	2（否）	系统自动处理，值集来源于布尔型代码管理要素，默认值为2，删除操作后，字段值由2变为1
35	创建时间	20200803093012	数据创建时系统自动生成

B. 组织上报数据，具体示例如表4-39所示。

表4-39　　　　国库集中支付申请表（PAY_VOUCHER_V1）

序号	字段	字段值	备注
1	支付申请主键	821717b729-64dd-4342-b3af-eb4adf70b2e3	系统自动引用一体化系统支付申请表中的支付申请主键
2	支付申请编号	SQ000012	系统自动引用一体化系统支付申请表中的支付申请编号
3	申请日期	20200803	系统自动引用一体化系统支付申请表中的申请日期
4	单位代码	142207	系统自动引用一体化系统支付申请表中的单位代码
5	单位名称	产品质量监督检验院	系统自动引用一体化系统单位业务管理要素中的单位名称

续表

序号	字段	字段值	备注
6	指标类型代码	21	系统自动引用一体化系统支付申请表中的指标类型代码
7	指标类型名称	当年预算	系统自动引用一体化系统指标类型业务管理要素中的指标类型名称
8	资金性质代码	11	系统自动引用一体化系统支付申请表中的资金性质代码
9	资金性质名称	一般公共预算资金	系统自动引用一体化系统资金性质业务管理要素中的资金性质名称
10	支出功能分类科目代码	2013815	系统自动引用一体化系统支付申请表中的支出功能分类科目代码
11	支出功能分类科目名称	质量安全监管	系统自动引用一体化系统支出功能分类科目业务管理要素中的支出功能分类科目名称
12	政府支出经济分类代码	50209	系统自动引用一体化系统支付申请表中的政府支出经济分类代码
13	政府支出经济分类名称	维修（护）费	系统自动引用一体化系统政府支出经济分类业务管理要素中的政府支出经济分类名称
14	部门支出经济分类代码	30213	系统自动引用一体化系统支付申请表中的部门支出经济分类代码
15	部门支出经济分类名称	维修（护）费	系统自动引用一体化系统部门支出经济分类业务管理要素中的部门支出经济分类名称
16	项目代码	110000191422070000001	系统自动引用一体化系统支付申请表中的项目代码
17	项目名称	质量检验设备维修	系统自动引用一体化系统项目业务管理要素中的项目名称
18	指标主键	3687120102-b404-4df1-a1b9-45b0bc200c88	系统自动引用一体化系统支付申请表中的指标主键
19	结算方式代码	5	系统自动引用一体化系统支付申请表中的结算方式代码
20	结算方式名称	转账支票	系统自动引用一体化系统结算方式业务管理要素中的结算方式名称
21	支付方式代码	1	系统自动引用一体化系统支付申请表中的支付方式代码
22	支付方式名称	国库集中支付	系统自动引用一体化系统支付方式业务管理要素中的支付方式名称
23	用途	设备维修	系统自动引用一体化系统支付申请表中的用途

续表

序号	字段	字段值	备注
24	支付业务类型代码	1	系统自动引用一体化系统支付申请表中的支付业务类型代码
25	支付业务类型名称	普通业务	系统自动引用一体化系统支付业务类型业务管理要素中的支付业务类型名称
26	支付申请金额	6000.00	系统自动引用一体化系统支付申请表中的支付申请金额
27	支付凭证主键	79fed3a5cd－f34f－4d42－8b00－b2f304e8a2d0	系统自动引用一体化系统支付申请表中的支付凭证主键
28	付款人全称	产品质量监督检验院	系统自动引用一体化系统支付申请表中的付款人全称
29	付款人账号	6234585949910030	系统自动引用一体化系统支付申请表中的付款人账号
30	付款人开户银行	工商银行东大街支行	系统自动引用一体化系统支付申请表中的付款人开户银行
31	收款人全称	智能科技公司	系统自动引用一体化系统支付申请表中的收款人全称
32	收款人账号	650000034330321	系统自动引用一体化系统支付申请表中的收款人账号
33	收款人开户银行	兴业银行北京支行	系统自动引用一体化系统支付申请表中的收款人开户银行
34	资金往来对象类别代码	19	系统自动引用一体化系统支付申请表中的资金往来对象类别代码
35	资金往来对象类别名称	与部门外其他	系统自动引用一体化系统资金往来对象类别业务管理要素中的资金往来对象类别名称
36	单位内部机构代码	1	系统自动引用一体化系统支付申请表中的单位内部机构代码
37	单位内部机构名称	办公室	系统自动引用一体化系统单位内部机构业务管理要素中的单位内部机构名称
38	预算年度	2020	系统自动引用一体化系统支付申请表中的预算年度
39	财政区划代码	110000000	系统自动引用一体化系统支付申请表中的财政区划代码
40	财政区划名称	北京市本级	系统自动引用一体化系统财政区划业务管理要素中的财政区划名称
41	外币金额	—	系统自动引用一体化系统支付申请表中的外币金额
42	币种代码	CNY	系统自动引用一体化系统支付申请表中的币种代码
43	币种名称	人民币	系统自动引用一体化系统币种业务管理要素中的币种名称
44	汇率	—	系统自动引用一体化系统支付申请表中的汇率

续表

序号	字段	字段值	备注
45	收款人代码	—	系统自动引用一体化系统支付申请表中的收款人代码
46	采购合同编号	—	系统自动引用一体化系统支付申请表中的采购合同编号
47	更新时间	20200803113012	系统自动引用一体化系统支付申请表中的更新时间
48	是否删除	2（否）	系统自动引用一体化系统支付申请表中的是否删除
49	发送日期	20200804	系统自动处理，填写上报发送日期
50	创建时间	20200803093012	系统自动引用一体化系统支付申请表中的创建时间

如果这条数据在 8 月 10 日作废了，国库集中支付申请表（PAY_VOUCHER）中的是否删除标志和更新时间发生变化，8 月 11 日组织数据上报时库表字段变化示例如下：

A. 预算管理一体化系统数据库数据，具体示例如表 4-40 所示。

表 4-40　　　　　　国库集中支付申请表（PAY_VOUCHER）

序号	字段	字段值	备注
1	支付申请主键	821717b729-64dd-4342-b3af-eb4adf70b2e3	数据创建时系统自动生成
⋮	⋮	⋮	⋮
33	更新时间	20200810093012	数据更新时系统自动生成，数据创建时更新时间与创建时间一致
34	是否删除	1（是）	系统自动处理，值集来源于布尔型代码管理要素，默认值为2，删除操作后，字段值由2变为1
⋮	⋮	⋮	⋮

B. 组织上报数据，具体示例如表 4-41 所示。

表 4-41　　　　　　国库集中支付申请表（PAY_VOUCHER_V1）

序号	字段	字段值	备注
1	支付申请主键	821717b729-64dd-4342-b3af-eb4adf70b2e3	系统自动引用一体化系统支付申请表中的支付申请主键
⋮	⋮	⋮	⋮
47	更新时间	20200810093012	系统自动引用一体化系统支付申请表中的更新时间
48	是否删除	1（是）	系统自动引用一体化系统支付申请表中的是否删除
49	发送日期	20200811	系统自动处理，填写上报发送日期
⋮	⋮	⋮	⋮

②记录上报日志。预算管理一体化系统记录上报的日志信息，包括更新时间戳、发送日期等，每次只获取记录的更新时间戳之后发生变化的数据。预算管理一体化系统相关逻辑库表无变化，对应的日志信息发生变化。

③进入预算汇总库。上报数据经全国预算管理数据汇总系统统一数据交换平台交换至中央前置库后，全国预算管理数据汇总系统从中央前置库中获取增量信息，更新至全国预算汇总数据库。预算管理一体化系统相关逻辑库表无变化。

④记录接收日志。全国预算管理数据汇总系统记录从中央前置库接收数据的日志信息，包括更新时间戳、接收日期等，每次只获取记录的更新时间戳之后发生变化的数据。预算管理一体化系统相关逻辑库表无变化。

4.2.2.2 扩展上报

本部分内容参见"4.1.2 扩展数据上报"。

4.2.2.3 接收数据情况反馈

接收数据情况反馈是指地方在接收中央下发的基础和业务数据后，反馈下载中央下发数据的状态。

1. 实现思路

具体实现思路如图 4-8 所示。

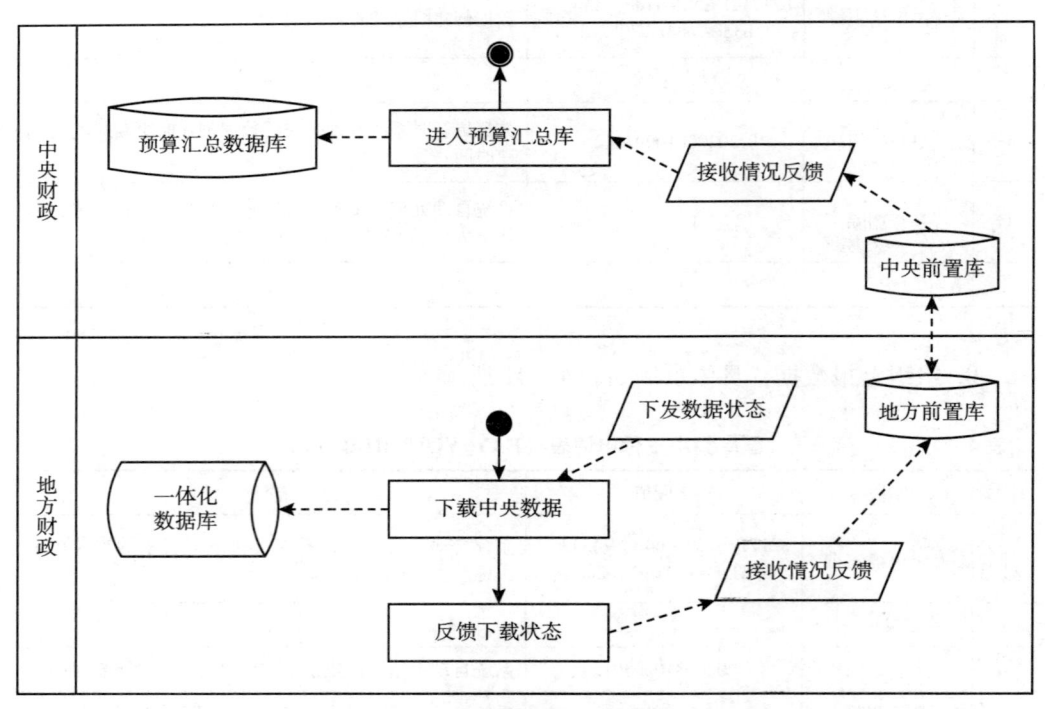

图 4-8 接收数据情况反馈实现思路

（1）下载中央数据。

预算管理一体化系统根据地方前置库中的下发数据状态下载中央下发的基础数据和业务数据。

（2）反馈下载状态。

预算管理一体化系统将接收中央下发数据的状态反馈给全国预算管理数据汇总系统。

（3）进入预算汇总库。

下载状态反馈信息经全国预算管理数据汇总系统统一数据交换平台交换至中央前置库后，全国预算管理数据汇总系统从中央前置库中接收。

2. 库表应用

接收数据情况反馈涉及的主要业务活动及逻辑库表应用如表4-42所示。

表4-42　　　　接收数据情况反馈涉及的主要业务活动及逻辑库表应用

序号	业务活动	逻辑库表	中文名称	备注
1	下载中央数据	CFS_DOWN_RECORD_VX	中央下发数据状态登记表	存储中央下发的基础及业务数据状态，地方可根据此状态下载对应的基础及业务数据
2	反馈下载状态	LFS_DOWNLOAD_RECORD_VX	地方接收数据情况反馈表	存储地方反馈下载中央下发数据的状态
3	进入预算汇总库	LFS_DOWNLOAD_RECORD_VX	地方接收数据情况反馈表	存储地方反馈下载中央下发数据的状态

（1）逻辑库表间关系。

接收数据情况反馈涉及的相关逻辑库表的关系如图4-9所示。

地方接收数据情况反馈表（LFS_DOWNLOAD_RECORD_VX）中的下发数据状态登记唯一标识（DOWN_RECORD_ID）、接收方财政区划代码（REC_DIV_CODE）对应中央下发数据状态登记表（CFS_DOWN_RECORD_VX）中的下发数据状态登记主键（DOWN_RECORD_ID）、接收方财政区划代码（REC_DIV_CODE）。

（2）实现机制说明。

①下载中央数据。预算管理一体化系统根据地方前置库中的下发数据状态下载中央下发的基础数据和业务数据，会使用到中央下发数据状态登记表（CFS_DOWN_RECORD_VX），逻辑库表字段示例详见"4.3.1.4　下发数据状态登记信息"。

②反馈下载状态。预算管理一体化系统将接收中央下发数据的状态反馈给全国预算管理数据汇总系统，会在地方接收数据情况反馈表（LFS_DOWNLOAD_RECORD_VX）中存储反馈信息，逻辑库表字段示例如表4-43所示。

```
┌─────────────────────────────────┐
│      中央下发数据状态登记表      │
│      （CFS_DOWN_RECORD_VX）     │
│ ┌──┐  下发数据状态登记主键       │
│ │PK│  （DOWN_RECORD_ID）        │
│ └──┘ ─────────────────────────  │
│        接收方财政区划代码        │
│        （REC_DIV_CODE）         │
└─────────────────────────────────┘

┌─────────────────────────────────┐
│     地方接收数据情况反馈表       │
│    （LFS_DOWNLOAD_RECORD_VX）   │
│ ┌──┐  下发数据状态登记唯一标识   │
│ │PK│  （DOWN_RECORD_ID）        │
│ └──┘ ─────────────────────────  │
│        接收方财政区划代码        │
│        （REC_DIV_CODE）         │
└─────────────────────────────────┘
```

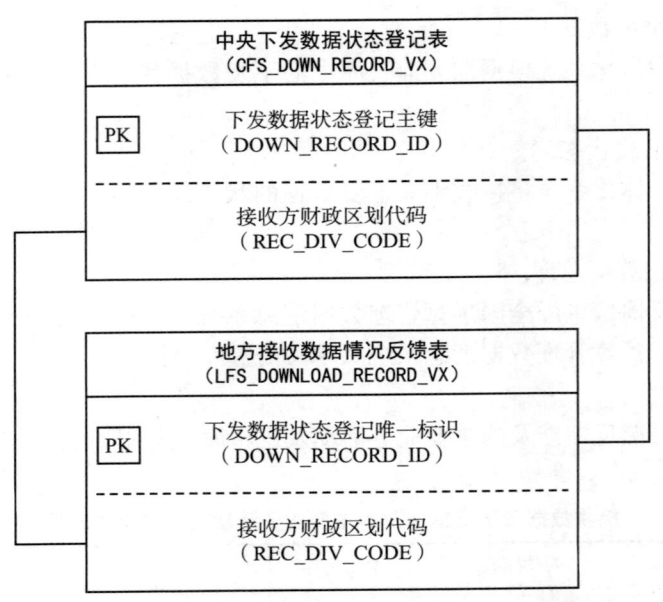

图 4-9　接收数据情况反馈涉及的相关逻辑库表的关系

表 4-43　　地方接收数据情况反馈表（LFS_DOWNLOAD_RECORD_V1）

序号	字段	字段值	备注
1	下发数据状态登记唯一标识	1268365b6d-5e54-4dcc-899b-d5abee58fb41	系统自动引用中央下发数据状态登记表中的下发数据状态登记唯一标识
2	接收方财政区划代码	110000000	系统自动引用中央下发数据状态登记表中的接收方财政区划代码
3	接收方财政区划名称	北京市本级	系统自动引用中央下发数据状态登记表中的接收方财政区划名称
4	预算年度	2021	系统自动引用中央下发数据状态登记表中的预算年度
5	变更表中文名	收入分类科目表	系统自动引用中央下发数据状态登记表中的变更表中文名
6	变更表英文名	CFS_BAS_INCOME_SORT_V1	系统自动引用中央下发数据状态登记表中的变更表英文名
7	更新时间	20210101200030	系统自动引用中央下发数据状态登记表中的更新时间
8	下载时间	20210101	系统自动处理，记录地方从地方前置库下载中央下发数据的时间
9	发送日期	20210101	系统自动处理，记录地方接收数据情况反馈的发送时间
10	创建时间	20210101200030	系统自动引用中央下发数据状态登记表中的创建时间

③进入预算汇总库。全国预算管理数据汇总系统从中央前置库中获取接收数据

反馈信息，了解地方数据下载情况，预算管理一体化系统相关逻辑库表无变化。

4.3 外部接口说明

对外部接口应用技术标准的一些常见问题进行解释。

4.3.1 一体化与非税系统接口

非税系统暂未纳入预算管理一体化的，需要通过预算管理一体化系统与非税系统之间的接口实现非税业务的专户会计核算和总预算会计核算。涉及的业务活动及接口报文应用如表4-44所示。

表4-44　　　　一体化与非税系统接口涉及的业务活动及接口报文应用

序号	业务活动	接口报文	备注
1	专户会计核算	非税收入信息	存储非税收入收缴信息
		非税清分信息	存储非税资金清分信息
		非税缴库信息	存储非税资金缴库信息
2	总预算会计核算	非税缴库信息	存储非税资金缴库信息

实现机制说明具体如下：

（1）专户会计核算。

非税系统收到代理银行缴款成功、清分成功和缴库成功信息并核对一致后，分别向预算管理一体化系统发送非税收入信息、非税清分信息和非税缴库信息，进行财政专户会计核算，接口报文信息示例如表4-45～表4-47所示。

表4-45　　　　　　　　　　　非税收入信息

序号	字段	字段值	备注
1	政府非税收入缴款识别码	11000020000000000013	来源于非税系统，值集遵循《政府非税收入缴款识别码规范》，由6位行政区划码、2位年度标识码、11位顺序码、1位校验码四部分组成
2	缴款日期	20200506	来源于非税系统，填写银行反馈信息中的缴款日期
3	收入日期	20200506	来源于非税系统，填写银行反馈信息中的缴款资金到账日期
4	财政区划代码	110000000（北京市本级）	来源于非税系统，值集参照财政区划业务管理要素
5	收入归属财政区划代码	110000000（北京市本级）	来源于非税系统，值集参照财政区划业务管理要素

续表

序号	字段	字段值	备注
6	执收单位代码	203002	来源于非税系统，值集参照执收单位业务管理要素
7	执收单位名称	车管所	来源于非税系统，值集参照执收单位业务管理要素
8	收入单位代码	203002	来源于非税系统，值集参照单位业务管理要素
9	收入单位名称	车管所	来源于非税系统，值集参照单位业务管理要素
10	主管部门代码	203	来源于非税系统，值集参照部门业务管理要素
11	主管部门名称	市公安局	来源于非税系统，值集参照部门业务管理要素
12	归口业务处室代码	010	来源于非税系统，值集参照财政内部机构业务管理要素
13	归口业务处室名称	行政政法处	来源于非税系统，值集参照财政内部机构业务管理要素
14	收入类别代码	1	来源于非税系统，值集参照非税收入收入类别业务管理要素： 1 非税收入 2 代收资金 3 代管资金 4 其他
15	收入类别名称	非税收入	来源于非税系统，值集参照非税收入收入类别业务管理要素
16	资金性质代码	11	来源于非税系统，值集参照资金性质业务管理要素
17	资金性质名称	一般公共预算资金	来源于非税系统，值集参照资金性质业务管理要素
18	收款银行代码	102001	来源于非税系统，值集参照代理银行业务管理要素
19	收款账户类型	1	来源于非税系统，值集参照收款账户类型业务管理要素： 1 财政专户 2 汇缴专户 3 科目
20	收款账户名称	市财政局非税收入专户	来源于非税系统，值集参照账户信息业务管理要素
21	收款账户账号	2300934340023	来源于非税系统，值集参照账户信息业务管理要素，科目类型账户可为空
22	收款账户开户行名称	建行东大街支行	来源于非税系统，值集参照账户信息业务管理要素，科目类型账户可为空
23	收缴业务类型	1	来源于非税系统，值集参照收缴业务类型管理要素： 1 直缴 2 汇缴
24	非税收入执收项目识别码	000000000292	来源于非税系统，值集遵循《政府非税收入执收项目识别码规范》，由4位行政区划码和8位顺序码组成

续表

序号	字段	字段值	备注
25	非税收入执收项目代码	218041	来源于非税系统，值集参照政府非税收入执收项目业务管理要素
26	非税收入执收项目名称	机动车驾驶考试费	来源于非税系统，值集参照政府非税收入执收项目业务管理要素
27	项目金额	150.00	来源于非税系统，填写项目的收费金额
28	本级收入金额	150.00	来源于非税系统，填写属于本级收入的金额
29	创建时间	20200506110320	来源于非税系统，填写数据创建时间

表 4 – 46　　　　　　　　　　非税清分信息

序号	字段	字段值	备注
1	清分日期	20200507	来源于非税系统，填写非税资金的清分日期
2	清分单号	QF00000001	来源于非税系统，填写非税资金的清分单号
3	财政区划代码	110000000（北京市本级）	来源于非税系统，值集参照财政区划业务管理要素
4	收入归属财政区划代码	110000000（北京市本级）	来源于非税系统，值集参照财政区划业务管理要素
5	执收单位代码	203002	来源于非税系统，值集参照执收单位业务管理要素
6	执收单位名称	车管所	来源于非税系统，值集参照执收单位业务管理要素
7	主管部门代码	203	来源于非税系统，值集参照部门业务管理要素
8	主管部门名称	市公安局	来源于非税系统，值集参照部门业务管理要素
9	收入类别代码	1	来源于非税系统，值集参照收入类别业务管理要素： 1　非税收入 2　代收资金 3　代管资金 4　其他
10	收入类别名称	非税收入	来源于非税系统，值集参照非税收入收入类别业务管理要素
11	资金性质代码	11	来源于非税系统，值集参照资金性质业务管理要素
12	资金性质名称	一般公共预算资金	来源于非税系统，值集参照资金性质业务管理要素
13	付款人全称	市财政局非税收入专户	来源于非税系统，值集参照账户信息业务管理要素
14	付款人账号	2300934340023	来源于非税系统，值集参照账户信息业务管理要素
15	付款人开户行	建行东大街支行	来源于非税系统，值集参照账户信息业务管理要素，科目类型账户可为空
16	收款账户名称	上级财政非税收入专户	来源于非税系统，填写清分收款账户名称
17	收款账户账号	4300959300021	来源于非税系统，填写清分收款账户账号

续表

序号	字段	字段值	备注
18	收款账户开户行名称	工行明静支行	来源于非税系统，填写清分收款账户开户行名称
19	非税收入执收项目识别码	000000000292	来源于非税系统，值集遵循《政府非税收入执收项目识别码规范》，由4位行政区划码和8位顺序码组成
20	非税收入执收项目代码	218041	来源于非税系统，值集参照政府非税收入执收项目业务管理要素
21	非税收入执收项目名称	机动车驾驶考试费	来源于非税系统，值集参照政府非税收入执收项目业务管理要素
22	项目金额	150.00	来源于非税系统，填写项目的收费金额
23	清分金额	50.00	来源于非税系统，填写清分的金额
24	创建时间	20200507110320	来源于非税系统，填写数据创建时间

表4-47　　　　　　　　　　　　　非税缴库信息

序号	字段	字段值	备注
1	缴库日期	20200507	来源于非税系统，填写非税资金的缴库日期
2	缴库单号	JK00000001	来源于非税系统，填写非税资金的缴库单号
3	财政区划代码	110000000（北京市本级）	来源于非税系统，值集参照财政区划业务管理要素
4	执收单位代码	203002	来源于非税系统，值集参照执收单位业务管理要素
5	执收单位名称	车管所	来源于非税系统，值集参照执收单位业务管理要素
6	主管部门代码	203	来源于非税系统，值集参照部门业务管理要素
7	主管部门名称	市公安局	来源于非税系统，值集参照部门业务管理要素
8	收入类别代码	1	来源于非税系统，值集参照非税收入收入类别业务管理要素： 1　非税收入 2　代收资金 3　代管资金 4　其他
9	收入类别名称	非税收入	来源于非税系统，值集参照收入类别业务管理要素
10	资金性质代码	11	来源于非税系统，值集参照资金性质业务管理要素
11	资金性质名称	一般公共预算资金	来源于非税系统，值集参照资金性质业务管理要素
12	预算级次代码	2	来源于非税系统，值集参照预算级次业务管理要素
13	预算级次名称	省级	来源于非税系统，值集参照预算级次业务管理要素
14	收款国库代码	2300934340023	来源于非税系统，填写收款国库代码信息
15	缴库账户账号	市财政局非税收入专户	来源于非税系统，值集参照账户信息业务管理要素
16	缴库账户全称	2300934340023	来源于非税系统，值集参照账户信息业务管理要素

续表

序号	字段	字段值	备注
17	缴库账户开户银行名称	建行东大街支行	来源于非税系统，值集参照账户信息业务管理要素
18	收款人全称	市财政局	来源于非税系统，值集参照账户信息业务管理要素
19	收款人账号	280000001	来源于非税系统，值集参照账户信息业务管理要素
20	收款人开户银行	国家金库市支库	来源于非税系统，值集参照账户信息业务管理要素
21	收入分类科目代码	103040117	来源于非税系统，值集参照收入分类科目业务管理要素
22	收入分类科目名称	驾驶许可考试费	来源于非税系统，值集参照收入分类科目业务管理要素
23	缴库金额	100.00	来源于非税系统，填写缴库的金额
24	创建时间	20200507110320	来源于非税系统，填写数据创建时间

（2）总预算会计核算。

非税系统收到代理银行缴库成功信息并核对一致后，向预算管理一体化系统发送非税缴库信息，进行财政总预算会计核算，非税缴库信息报文示例同表4-47。

4.3.2 一体化与债务系统接口

债务系统暂未纳入预算管理一体化的，需要通过预算管理一体化系统与债务系统之间的接口实现债务基础信息、债务预算编制、债务预算执行相关信息的交互，涉及的业务活动及接口报文应用如表4-48所示。

表4-48　　　　一体化与债务系统接口涉及的业务活动及接口报文应用

序号	业务活动	接口报文	备注
1	维护存量债务	存量债务信息	存储存量债务信息
2	编制债券类预算项目	债券类预算项目信息	存储债券类预算项目信息
3	发送债务限额	债务限额信息	存储债务限额信息
4	债券安排信息登记	债券发行安排信息	存储债券发行计划、债券与项目对应信息、债券承销团信息等
5	债券发行结果维护	债券发行结果信息	存储正式发行的债券基本信息、债券兑付计划信息、债券中标缴款情况等债券发行结果信息
6	维护转贷信息	债务转贷信息	存储债务转贷信息
7	债券类项目资金支出	债券类项目资金支付信息	存储债券转贷资金支出、债券安排的项目支出、债券还本支出、债券付息支出等债券类项目资金支付信息

实现机制说明如下：

（1）维护存量债务。

债务系统将存量债务信息发送给预算管理一体化系统，预算管理一体化系统进行存量债务维护。接口报文信息示例如表4-49所示。

表4-49　　　　　　　　　　　存量债务信息

序号	字段	字段值	备注
1	债务存量信息主键	56212a530b-74b0-4dd6-8e43-6bdfa5d1735a	数据创建时系统自动生成
2	债务存量信息代码	ZJZW210112000434026_0003140125182515	来源于债务系统，填写存量债务信息代码
3	财政区划代码	110000000	来源于债务系统，值集参照财政区划业务管理要素
4	财政区划名称	北京市本级	来源于债务系统，值集参照财政区划业务管理要素
5	单位代码	142207	来源于债务系统，值集参照单位业务管理要素
6	单位名称	产品质量监督检验院	来源于债务系统，值集参照单位业务管理要素
7	签订日期	20131125	来源于债务系统，填写签订日期信息
8	协议号	20120113	来源于债务系统，填写协议号信息
9	协议金额	890000.00	来源于债务系统，填写协议金额信息
10	债务类型代码	2	来源于债务系统，值集参照债务类型业务管理要素
11	债务类型名称	专项债券	来源于债务系统，值集参照债务类型业务管理要素
12	债权人代码	0502（本级事业单位）	来源于债务系统，值集参照债权人业务管理要素
13	债权人全称	规划设计研究院	来源于债务系统，填写债权人全称
14	资金用途	应付工程款	来源于债务系统，填写资金用途信息
15	债务期限	36	来源于债务系统，填写债务期限信息
16	币种代码	CNY	来源于债务系统，值集参照币种业务管理要素，默认为CNY（人民币）
17	币种名称	人民币	来源于债务系统，值集参照币种业务管理要素
18	汇率	1	来源于债务系统，填写汇率信息
19	利率类型	1	来源于债务系统，值集参照利率类型业务管理要素
20	利率类型名称	固定利率	来源于债务系统，值集参照利率类型业务管理要素
21	利率	0.0135	来源于债务系统，填写固定利率信息，如利率类型不为固定时可以为空
22	预算年度	2020	来源于债务系统，填写业务预算年度
23	项目代码	11000019042207000006	来源于债务系统，值集参照项目业务管理要素
24	项目名称	跨江大桥建设项目	来源于债务系统，值集参照项目业务管理要素
25	债务类别	1	来源于债务系统，值集参照债务类别业务管理要素

续表

序号	字段	字段值	备注
26	债务类别名称	政府债务	来源于债务系统，值集参照债务类别业务管理要素
27	创建时间	20200507110320	来源于债务系统，填写数据创建时间

（2）编制债券类预算项目。

预算管理一体化系统完成债券类项目编制后，将债券类预算项目信息发送到债务系统。接口报文信息示例如表4-50所示。

表4-50　　　　　　　　　　债券类预算项目信息

序号	字段	字段值	备注
1	债券项目主键	64xmdy4f3d-630f-4a80-a074-10159662c364	数据创建时系统自动生成
2	项目名称	质量监督自动化	手工录入，填写债券类项目名称
3	项目代码	110000190422070000023	系统根据项目代码规则自动生成
4	财政区划代码	110000000	系统自动处理，值集来源于财政区划业务管理要素
5	财政区划名称	北京市本级	系统自动处理，值集来源于财政区划业务管理要素
6	预算年度	2020	系统自动处理，根据预算填报年度生成
7	立项年度	2020	手工录入，填写项目立项年度
8	单位代码	142207	选择录入，值集来源于单位业务管理要素
9	单位名称	产品质量监督检验院	选择录入，值集来源于单位业务管理要素
10	项目期限	2	手工录入，填写项目的期限
11	项目分类	3（特定目标类）	选择录入，值集来源于项目类别业务管理要素
12	项目总额	30000000.00	手工录入，填写项目的总额
13	起始时间	20200510	手工录入，填写项目的起始时间
14	项目概述	建立质量监督智能机器人	手工录入，填写项目的概述
15	收益平衡方案	略	手工录入，填写项目的收益平衡方案
16	融资平衡方案	略	手工录入，填写项目的融资平衡方案
17	预计基金收入	0.00	手工录入，填写项目的预计基金收入金额
18	预计其他专项收入	10000000.00	手工录入，填写项目的预计其他专项收入金额
19	创建时间	20200110091020	数据创建时系统自动生成

（3）发送债务限额。

预算管理一体化系统接收到财政部下达的债务限额数据后，将债务限额信息发送到债务系统。接口报文信息示例如表4-51所示。

表 4-51　　债务限额信息

序号	字段	字段值	备注
1	债务限额主键	78212a530b-74b0-4dd6-8e43-6bdfa5d1735a	数据创建时系统自动生成
2	接收方财政区划代码	110000000	系统自动引用中央下发债务限额数据中的接收方财政区划代码
3	接收方财政区划名称	北京市本级	系统自动处理，值集来源于财政区划业务管理要素
4	来源方财政区划代码	100000000	系统自动引用中央下发债务限额数据中的来源方财政区划代码
5	来源方财政区划名称	中央本级	系统自动处理，值集来源于财政区划业务管理要素
6	预算年度	2020	系统自动处理，根据预算填报年度生成
7	批次	第一批	系统自动引用中央下发债务限额数据中的批次
8	下达日期	20200117	系统自动引用中央下发债务限额数据中的下达日期
9	专项债务限额	80000000.00	系统自动引用中央下发债务限额数据中的专项债务限额，是专项债务的历年累计限额，根据中央下发数据填写
10	一般债务限额	20000000.00	系统自动引用中央下发债务限额数据中的一般债务限额，是一般债务的历年累计限额，根据中央下发数据填写
11	新增专项债务限额	30000000.00	系统自动引用中央下发债务限额数据中的新增专项债务限额
12	土地储备专项债务限额	10000000.00	系统自动引用中央下发债务限额数据中的土地储备专项债务限额
13	收费公路专项债务限额	15000000.00	系统自动引用中央下发债务限额数据中的收费公路专项债务限额
14	棚改专项债务限额	0.00	系统自动引用中央下发债务限额数据中的棚改专项债务限额
15	其他专项债务限额	5000000.00	系统自动引用中央下发债务限额数据中的其他专项债务限额
16	新增一般债务限额	10000000.00	系统自动引用中央下发债务限额数据中的新增一般债务限额
17	其中外债限额	3000000.00	系统自动引用中央下发债务限额数据中的其中外债限额
18	专项债券到期再融资限额	0.00	系统自动引用中央下发债务限额数据中的专项债券到期再融资限额

续表

序号	字段	字段值	备注
19	其他债券到期再融资限额	0.00	系统自动引用中央下发债务限额数据中的其他债券到期再融资限额
20	置换债务限额	0.00	系统自动引用中央下发债务限额数据中的置换债务限额
21	创建时间	20200117211030	数据创建时系统自动生成

（4）债券安排信息登记。

债务系统编制债券发行计划等相关债券发行安排后，将债券发行安排信息发送至预算管理一体化系统，债券发行安排信息包括债券发行计划信息、债券与项目对应信息、债券承销团信息。接口报文信息示例如表4-52~表4-54所示。

表4-52　　　　　　　　　　债券发行计划信息

序号	字段	字段值	备注
1	债券发行计划主键	64212a530b-74b0-4dd6-8e43-6bdfa5d1735a	数据创建时系统自动生成
2	财政区划代码	110000000	来源于债务系统，值集参照财政区划业务管理要素
3	财政区划名称	北京市本级	来源于债务系统，值集参照财政区划业务管理要素
4	债券代码	1805150	来源于债务系统，填写计划发行债券的代码
5	债券名称	2018年北京市政府一般债券（四期）	来源于债务系统，填写计划发行债券的名称
6	债券简称	18北京债04	来源于债务系统，填写计划发行债券的简称
7	债券类型代码	1	来源于债务系统，值集参照债券类型业务管理要素，区分一般还是专项债券
8	债券类型名称	一般债券	来源于债务系统，值集参照债券类型业务管理要素，区分一般还是专项债券
9	发行方式代码	1	来源于债务系统，值集参照发行方式业务管理要素，区分公开发行还是定向发行
10	发行方式名称	公开发行	来源于债务系统，值集参照发行方式业务管理要素，区分公开发行还是定向发行
11	债券期限代码	01	来源于债务系统，值集参照债券期限业务管理要素
12	债券期限名称	1年	来源于债务系统，值集参照债券期限业务管理要素
13	计划发行额	100000000.00	来源于债务系统，填写计划发行的金额

续表

序号	字段	字段值	备注
14	招标标的代码	2	来源于债务系统，值集参照招标标的业务管理要素： 1 数量招标 2 利率招标 3 价格招标 4 利差招标
15	招标标的名称	利率招标	来源于债务系统，值集参照招标标的业务管理要素
16	招标方式代码	1	来源于债务系统，值集参照招标方式业务管理要素： 1 单一价格 2 多重价格 3 修正的多重价格（即混合式）
17	招标方式名称	单一价格	来源于债务系统，值集参照招标方式业务管理要素
18	承销团代码	201800001	来源于债务系统，填写承销团代码信息
19	承销团名称	2018～2020年政府债券承销团	来源于债务系统，填写承销团名称信息
20	计划发行日期	20180731	来源于债务系统，填写计划发行的日期
21	创建时间	20180517111030	来源于债务系统，填写数据创建的时间

表4-53 债券与项目对应信息

序号	字段	字段值	备注
1	主键	780f89c74a-1ad3-4d03-b8ce-64b51d9de413	数据创建时系统自动生成
2	财政区划代码	110000000	来源于债务系统，值集参照财政区划业务管理要素
3	财政区划名称	北京市本级	来源于债务系统，值集参照财政区划业务管理要素
4	项目代码	110000132107000000005	来源于债务系统，值集参照项目业务管理要素
5	项目名称	医疗服务综合大楼	来源于债务系统，值集参照项目业务管理要素
6	债券代码	1805150	来源于债务系统，填写计划发行的债券代码
7	债券名称	2018年北京市政府一般债券（四期）	来源于债务系统，填写地方政府债券表中的债券名称
8	单位代码	132107	来源于债务系统，值集参照单位业务管理要素
9	单位名称	第一医院	来源于债务系统，值集参照单位业务管理要素
10	发行金额	9000000.00	来源于债务系统，填写债券的发行金额
11	创建时间	20180517111030	来源于债务系统，填写数据创建的时间

表4-54 债券承销团信息

序号	字段	字段值	备注
1	承销团主键	938aae1575-6c50-4572-b364-314a5bb2958d	数据创建时系统自动生成
2	承销团代码	201800001	来源于债务系统,填写承销团的编码
3	承销团名称	1805150承销团	来源于债务系统,填写承销团名称
4	承销机构编码	1002	来源于债务系统,填写承销机构的编码
5	承销机构名称	中国农业银行股份有限公司	来源于债务系统,填写承销机构的名称
6	托管账号	A0002000001	来源于债务系统,填写承销机构的托管账号
7	是否主承机构	2(否)	来源于债务系统,填写该机构是否主承销机构,默认值为2
8	承销机构联系人	梁某某	来源于债务系统,填写承销机构联系人
9	承销机构联系电话	010-81602540	来源于债务系统,填写承销机构联系电话
10	承销比例	0.205	来源于债务系统,填写承销机构的承销比例
11	财政区划代码	110000000	来源于债务系统,值集参照财政区划业务管理要素
12	财政区划名称	北京市本级	来源于债务系统,值集参照财政区划业务管理要素
13	创建时间	20180517111030	来源于债务系统,填写数据创建的时间

(5)债券发行结果维护。

债券发行成功后,债务系统将债券发行结果信息发送至预算管理一体化系统。发行结果信息包含:债券基本信息、债券兑付计划信息、债券中标缴款情况信息。接口报文信息示例如表4-55~表4-57所示。

表4-55 债券基本信息

序号	字段	字段值	备注
1	债券信息主键	61edae6362-9b78-4fce-be87-61f3245ec439	数据创建时系统自动生成
2	财政区划代码	110000000	来源于债务系统,值集参照财政区划业务管理要素
3	财政区划名称	北京市本级	来源于债务系统,值集参照财政区划业务管理要素
4	债券代码	1805150	来源于债务系统,填写债券发行结果信息中的债券代码
5	债券名称	2018年北京市政府一般债券(四期)	来源于债务系统,填写债券发行结果信息中的债券名称

续表

序号	字段	字段值	备注
6	债券简称	18北京债04	来源于债务系统，填写债券发行结果信息中的债券简称
7	债券类型代码	1	来源于债务系统，值集参照债券类型业务管理要素
8	债券类型名称	一般债券	来源于债务系统，值集参照债券类型业务管理要素
9	实际发行额	100000000.00	来源于债务系统，填写债券发行结果信息中的实际发行额
10	发行日期	20180731	来源于债务系统，填写债券发行结果信息中的发行日期
11	债券期限代码	01	来源于债务系统，值集参照债券期限业务管理要素
12	债券期限名称	1年期	来源于债务系统，值集参照债券期限业务管理要素
13	票面利率	0.0311	来源于债务系统，填写债券发行结果信息中的票面利率
14	还本方式代码	1	来源于债务系统，值集参照还本方式业务管理要素
15	还本方式名称	到期一次还本	来源于债务系统，值集参照还本方式业务管理要素
16	创建时间	20180804211030	来源于债务系统，填写数据创建的时间

表4-56　　　　　　　　　　债券兑付计划信息

序号	字段	字段值	备注
1	兑付计划主键	53671264b7-1f00-4a53-aa23-7d347dbb8521	数据创建时系统自动生成
2	财政区划代码	110000000	来源于债务系统，值集参照财政区划业务管理要素
3	财政区划名称	北京市本级	来源于债务系统，值集参照财政区划业务管理要素
4	债券代码	1805150	来源于债务系统，填写债券发行结果信息中的债券代码
5	债券名称	2018年北京市政府一般债券（四期）	来源于债务系统，填写债券发行结果信息中的债券名称
6	兑付类型代码	1	来源于债务系统，值集参照兑付类型业务管理要素
7	兑付类型名称	本金	来源于债务系统，值集参照兑付类型业务管理要素
8	计划兑付日期	20190731	来源于债务系统，填写债券发行结果信息中的计划兑付日期
9	兑付金额	100000000.00	来源于债务系统，填写债券发行结果信息中的兑付金额
10	创建时间	20180804211030	来源于债务系统，填写数据创建的时间

表4-57　　　　　　　　　　　债券中标缴款情况信息

序号	字段	字段值	备注
1	中标缴款主键	288eb7c999-368c-4ffa-b34b-90fc77982aab	数据创建时系统自动生成
2	财政区划代码	110000000	来源于债务系统,值集参照财政区划业务管理要素
3	财政区划名称	北京市本级	来源于债务系统,值集参照财政区划业务管理要素
4	债券代码	1805150	来源于债务系统,填写债券发行结果信息中的债券代码
5	债券名称	2018年北京市政府一般债券（四期）	来源于债务系统,填写债券发行结果信息中的债券名称
6	承销机构编码	1002	来源于债务系统,填写债券发行结果信息中的承销机构编码
7	承销机构名称	中国农业银行股份有限公司	来源于债务系统,填写债券发行结果信息中的承销机构名称
8	中标金额	660000000.00	来源于债务系统,填写债券发行结果信息中的中标金额
9	固定承销额	0.00	来源于债务系统,填写债券发行结果信息中的固定承销额
10	承销额合计	660000000.00	来源于债务系统,填写债券发行结果信息中的承销机构合计承销额：承销额合计=中标金额+固定承销额
11	缴款金额	660000000.00	来源于债务系统,填写债券发行结果信息中的缴款金额
12	缴款日期	20180804	来源于债务系统,填写债券发行结果信息中的缴款日期
13	创建时间	20180804211030	来源于债务系统,填写数据创建的时间

（6）维护转贷信息。

债务系统下达债务转贷信息后,将债务转贷信息发送至预算管理一体化系统,接口报文信息示例如表4-58所示。

表4-58　　　　　　　　　　　债务转贷信息

序号	字段	字段值	备注
1	信息主键	47a902bf83-4fb9-4bf3-987c-ec6277dc08b1	数据创建时系统自动生成
2	债务转贷代码	110000000-1805150-00000002	来源于债务系统,填写债务转贷代码信息

续表

序号	字段	字段值	备注
3	债券代码	1805150	来源于债务系统，填写转贷的债券代码
4	债券名称	2018年北京市政府一般债券（四期）	来源于债务系统，填写转贷的债券名称
5	转贷日期	20180805	来源于债务系统，填写转贷的日期
6	转贷金额	900000.00	来源于债务系统，填写转贷的金额
7	业务年度	2018	来源于债务系统，填写业务年度信息
8	接收方财政区划代码	110108000	来源于债务系统，值集参照财政区划业务管理要素
9	接收方财政区划名称	北京市海淀区	来源于债务系统，值集参照财政区划业务管理要素
10	转贷方财政区划代码	110000000	来源于债务系统，值集参照财政区划业务管理要素
11	转贷方财政区划名称	北京市本级	来源于债务系统，值集参照财政区划业务管理要素
12	新增债券金额	500000.00	来源于债务系统，填写转贷中新增债券金额
13	置换债券金额	0.00	来源于债务系统，填写转贷中置换债券金额
14	转贷再融资债券金额	400000.00	来源于债务系统，填写转贷中转贷再融资债券金额
15	转贷协议号	京财债［2018］45号	来源于债务系统，填写转贷协议号
16	备注	转贷海淀区	来源于债务系统，填写备注信息
17	实际到账日期	20180806	来源于债务系统，填写转贷资金实际到账的日期
18	创建时间	20180806111030	来源于债务系统，填写数据创建的时间

（7）债券类项目资金支出。

预算管理一体化系统根据债券发行结果和年初预算批复的债券类项目信息进行资金支付，包括债券转贷资金支出、债券安排的项目支出、债券还本支出、债券付息支出，并将资金支出凭证信息发送至债务系统。接口报文信息示例如表4-59所示。

表4-59　　　　　　　　债务类项目资金支出信息

序号	字段	字段值	备注
1	支付凭证主键	856a4b332f-28e2-4352-b8f1-d466f4a845ac	数据创建时系统自动生成
2	资金性质代码	11	选择录入，值集来源于资金性质业务管理要素

续表

序号	字段	字段值	备注
3	资金性质名称	一般公共预算资金	选择录入，值集来源于资金性质业务管理要素
4	预算年度	2018	系统自动处理，根据预算填报年度生成
5	凭证日期	20180806	手工录入，填写凭证生成日期
6	支付凭证号	BKPZ00000002	系统自动生成，编号规则由各地财政部门自行制定
7	付款人全称	市财政局	选择录入，填写上级财政付款账户全称，值集来源于账户信息业务管理要素
8	付款人账号	280000001	选择录入，填写上级财政付款账户账号，值集来源于账户信息业务管理要素
9	付款人开户银行	国家金库市支库	选择录入，填写上级财政付款账户开户银行，值集来源于账户信息业务管理要素
10	收款人全称	区财政局	手工录入，填写下级财政收款账户全称
11	收款人账号	280000021	手工录入，填写下级财政收款账户账号
12	收款人开户银行	国家金库区支库	手工录入，填写下级财政收款账户开户银行
13	支付金额	900000.00	手工录入，填写转贷金额
14	支出功能分类科目代码	23011	选择录入，值集来源于支出功能分类科目业务管理要素
15	支出功能分类科目名称	债务转贷支出	选择录入，值集来源于支出功能分类科目业务管理要素
16	政府支出经济分类代码	51303	选择录入，值集来源于政府预算支出经济分类业务管理要素
17	政府支出经济分类名称	债务转贷	选择录入，值集来源于政府预算支出经济分类业务管理要素
18	部门支出经济分类代码	—	选择录入，值集来源于部门预算支出经济分类业务管理要素，拨款凭证可为空
19	部门支出经济分类名称	—	选择录入，值集来源于部门预算支出经济分类业务管理要素，拨款凭证可为空
20	银行交易流水号	—	系统自动引用银行回单中的银行交易流水号，拨款凭证可为空
21	实际支付金额	—	系统自动引用银行回单中的实际支付金额，拨款凭证可为空
22	实际支付日期	—	系统自动引用银行回单中的实际支付日期，拨款凭证可为空
23	单位代码	900001	选择录入，值集来源于单位业务管理要素

续表

序号	字段	字段值	备注
24	单位名称	市财政	选择录入,值集来源于单位业务管理要素
25	用途	债务转贷1805150	手工录入,填写拨款用途
26	结算方式代码	—	选择录入,值集来源于结算方式业务管理要素,拨款凭证可为空
27	结算方式名称	—	选择录入,值集来源于结算方式业务管理要素,拨款凭证可为空
28	项目代码	110000189000010000031	选择录入,值集来源于项目业务管理要素
29	项目名称	债务转贷支出	选择录入,值集来源于项目业务管理要素
30	财政区划代码	110000000	系统自动处理,值集来源于财政区划业务管理要素
31	财政区划名称	北京市本级	系统自动处理,值集来源于财政区划业务管理要素
32	外币金额	—	手工录入,非外币可为空
33	币种代码	CNY	选择录入,值集来源于币种业务管理要素,默认值为CNY(人民币)
34	币种名称	人民币	选择录入,值集来源于币种业务管理要素
35	汇率	—	手工录入,非外币可为空
36	收款人代码	—	手工录入,获取不到可为空
37	回单附言	—	系统自动引用银行回单中的回单附言,拨款凭证可为空
38	创建时间	20180806111030	数据创建时系统自动生成

4.3.3 一体化与资产管理系统接口

资产系统暂未纳入预算管理一体化的,需要通过预算管理一体化系统与资产系统之间的接口实现信息交互。涉及的业务活动及接口报文应用如表4-60所示。

表4-60　一体化与资产管理系统接口涉及的业务活动及接口报文应用

序号	业务活动	接口报文	备注
1	资产信息同步	资产信息	资产系统根据预算管理一体化系统的要求,将资产卡片信息同步至基础信息中
2	资产价值变动信息同步	资产价值变动信息	资产系统在发生资产增加减少、计提折旧摊销等引起资产价值变动的业务时,需要将资产价值变动信息同步至预算管理一体化系统中,单位核算接收到资产变动信息后进行记账处理
3	发送会计凭证信息	会计凭证信息	单位核算记账后,将记账的会计凭证信息发送到资产系统中,资产系统更新资产相关内容

实现机制说明如下：

（1）资产信息同步实现机制参见《教程》"3.9.6 资产管理与预算管理衔接的实现机制"。

（2）资产增加减少、计提折旧摊销等引起资产价值变动的业务时，需要将资产价值变动信息同步至预算管理一体化系统中，单位核算接收到资产变动信息后进行记账处理。接口报文信息示例如表 4-61 所示。

表 4-61　　　　　　　　　　资产价值变动信息

序号	字段	字段值	备注
1	资产变动情况 ID	z7355f3c-630d-4z80-z071-92459232z357	来源于资产系统
2	财政区划代码	110000000（北京市本级）	来源于资产系统，值集参照财政区划管理要素
3	会计年度	2019	来源于资产系统
4	会计期间	1	来源于资产系统，值集参照会计期间管理要素；根据凭证月份自动生成，0 表示期初数
5	单位代码	101001001（北京市海淀区财政局）	来源于资产系统，值集参照单位代码管理要素
6	资产分类	1020000（房屋）	来源于资产系统，值集参照资产分类管理要素
7	金额	10000.00	来源于资产系统
8	创建时间	20200101221105	来源于资产系统，填写数据创建时间

（3）资产价值变动信息同步。

单位核算记账后，将记账的会计凭证信息发送到资产系统中，资产系统更新资产相关内容。接口报文信息示例如表 4-62 所示。

表 4-62　　　　　　　　　　会计凭证信息

序号	字段	字段值	备注
1	资产变动情况 ID	z7355f3c-630d-4z80-z071-92459232z357	主键标识，数据创建时系统自动生成
2	财政区划代码	110000000（北京市本级）	系统自动生成，值集来源于基础信息的财政区划管理要素
3	会计年度	2019	系统自动处理，根据系统的会计年度生成
4	单位代码	101001001（北京市海淀区财政局）	系统自动生成，值集来源于单位代码管理要素
5	资产分类	1020000（房屋）	系统自动生成，值集来源资产分类管理要素

续表

序号	字段	字段值	备注
6	凭证主表唯一标识	a7355f3c-630d-4a80-a071-92459232c357	系统自动引用单位会计凭证主表的唯一标识
7	记账凭证号	0001	系统自动引用单位会计凭证主表的记账凭证号
8	创建时间	20200101221105	数据创建时系统自动生成

4.3.4 一体化与财政社保基金管理接口

社保资金预算管理暂未纳入预算管理一体化系统，需要通过预算管理一体化系统与财政社保基金管理系统的接口实现社保基金预算数据报送和社保基金决算数据报送，涉及的接口报文应用如表4-63所示。

表4-63　一体化与财政社保基金管理接口涉及的接口报文应用

序号	业务活动	接口报文	备注
1	社保基金预算数据报送	社保基金预算数据	社保基金预算数据按照财政部下发的任务和口径完成编审后，使用本接口将数据推送到预算一体化管理系统
2	社保基金决算数据报送	社保基金决算数据	社保基金决算数据按照财政部下发的任务和口径完成编审后，使用本接口将数据推送到预算一体化管理系统

实现机制说明如下：

（1）预算编制与社保基金管理。

社保基金预算数据编审完成后，需要推送数据到预算管理一体化系统，接口报文信息示例如表4-64所示。

表4-64　接口报文信息示例

序号	字段	字段值	备注
1	编报任务ID	t2255f3c-630d-4z80-z071-92459232z357	主键标识，数据创建时自动生成，示例供参考
2	财政区划代码	110000000	来源于社保基金管理系统，值集参照财政区划管理要素
3	财政区划名称	北京市本级	来源于社保基金管理系统，财政区划代码对应的区划名称，值集参照财政区划管理要素
4	预算年度	2020	来源于社保基金管理系统，根据当前任务对应的预算年度填写
5	社会保险基金险种代码	1101	来源于社保基金管理系统，值集参照社会保险基金险种管理要素

续表

序号	字段	字段值	备注
6	社会保险基金险种名称	企业职工基本养老保险基金	来源于社保基金管理系统，社会保险基金险种代码对应的名称，值集参照社会保险基金险种管理要素
7	资金性质代码	14	来源于社保基金管理系统，值集参照资金性质管理要素
8	资金性质名称	社会保险基金预算资金	来源于社保基金管理系统，资金性质代码对应的名称，值集参照资金性质管理要素
9	收入分类科目代码	1020101	来源于社保基金管理系统，对于"收入类"，"上年结余类"需填写本项内容；对于"支出类"，"年终结余类"本项内容为空；值集参照收入分类科目管理要素
10	收入分类科目名称	企业职工基本养老保险基金收入	来源于社保基金管理系统，对于"收入类"，"上年结余类"需填写本项内容；对于"支出类"，"年终结余类"本项内容为空；收入分类科目对应的名称，值集参照收入分类科目管理要素
11	支出功能分类科目代码	—	来源于社保基金管理系统，对于"收入类"，"上年结余类"本项内容为空；对于"支出类"，"年终结余类"需填写本项内容；值集参照支出功能分类科目管理要素
12	支出功能分类科目名称	—	来源于社保基金管理系统，对于"收入类"，"上年结余类"本项内容为空；对于"支出类"，"年终结余类"需填写本项内容；值集参照支出功能分类科目业务管理要素
13	财政审核数	200000000.00	来源于社保基金管理系统，按照财政审批的对应险种和项目的预算数填写，示例供参考
14	创建时间	202001220110320	来源于社保基金管理系统，填写数据创建时间

（2）决算编制与社保基金管理。

社保基金决算数据编审完成后，需要推送数据到预算管理一体化系统，接口报文信息示例如表4-65所示。

表4-65　　　　　　　　　　接口报文信息示例

序号	字段	字段值	备注
1	编报任务ID	t2255f3c-630d-4z80-z071-92459232z357	系统创建时自动生成
2	财政区划代码	110000000	来源于社保基金管理系统，值集参照财政区划管理要素

续表

序号	字段	字段值	备注
3	财政区划名称	北京市本级	来源于社保基金管理系统,财政区划代码对应的区划名称,值集参照财政区划管理要素
4	预算年度	2019	来源于社保基金管理系统,根据当前任务对应的预算年度填写
5	社会保险基金险种代码	1101	来源于社保基金管理系统,值集参照社会保险基金险种业务要素
6	社会保险基金险种名称	企业职工基本养老保险基金	来源于社保基金管理系统,社会保险基金险种代码对应的名称,值集参照社会保险基金险种管理要素
7	资金性质代码	14	来源于社保基金管理系统,值集参照资金性质管理要素
8	资金性质名称	社会保险基金预算资金	来源于社保基金管理系统,资金性质代码对应的名称,值集参照资金性质管理要素
9	收入分类科目代码	1020101	来源于社保基金管理系统,对于"收入类"、"上年结余类"需填写本项内容; 对于"支出类"、"年终结余类"本项内容为空; 值集参照收入分类科目管理要素
10	收入分类科目名称	企业职工基本养老保险基金收入	来源于社保基金管理系统,对于"收入类"、"上年结余类"需填写本项内容; 对于"支出类"、"年终结余类"本项内容为空; 收入分类科目对应的名称,值集参照收入分类科目管理要素
11	支出功能分类科目代码	—	来源于社保基金管理系统,对于"收入类"、"上年结余类"本项内容为空; 对于"支出类"、"年终结余类"需填写本项内容; 值集参照支出功能分类科目管理要素
12	支出功能分类科目名称	—	来源于社保基金管理系统,对于"收入类"、"上年结余类"本项内容为空; 对于"支出类"、"年终结余类"需填写本项内容; 值集参照支出功能分类科目管理要素
13	预算数	1980002730.00	来源于社保基金管理系统,按照该预算年度对应险种和项目的预算数填写,示例供参考
14	决算数	200023056.89	来源于社保基金管理系统,按照财政审批的对应险种和项目的决算数填写,示例供参考
15	创建时间	20200122011 0320	来源于社保基金管理系统,填写数据创建时间

4.3.5 一体化与单位会计核算系统接口

单位会计核算系统暂未纳入预算管理一体化的,需要通过预算管理一体化系统与单位会计核算系统之间的接口实现信息交互,涉及的活动及接口报文应用如

表 4-66 所示。

表 4-66　　一体化与单位会计核算系统接口涉及的活动及接口报文应用

序号	业务活动	接口报文	备注
1	上报单位会计账套	单位会计账套信息	存储上报单位会计账套信息
2	上报单位会计科目	单位会计科目信息	存储上报单位会计科目信息
3	上报单位会计凭证	单位会计凭证信息	存储上报单位会计凭证信息
4	上报单位会计余额发生额汇总	单位会计余额发生额汇总信息	存储上报单位会计余额发生额汇总信息
5	上报单位会计现金流量	单位会计现金流量信息	存储上报单位会计现金流量信息
6	上报单位会计盈余与结余差异	单位会计盈余与结余差异信息	存储上报单位会计盈余与结余差异信息
7	上报单位会计原始凭证关联	单位会计原始凭证关联信息	存储上报单位会计原始凭证关联信息
8	下发支付凭证	支付凭证	发送支付凭证信息
9	下发国库集中支付资金退回通知书	国库集中支付资金退回通知书	发送国库集中支付资金退回通知书信息
10	下发支付更正申请书	支付更正申请书	发送支付更正申请书信息
11	下发非税收入一般缴款书	非税收入一般缴款书	发送非税收入一般缴款书信息
12	下发收入退还书	收入退还书	发送收入退还书信息
13	下发退付凭证	退付凭证	发送退付凭证信息

（1）上报单位会计账套。

上报单位会计账套接口报文信息示例如表 4-67 所示。

表 4-67　　　　　　　　单位会计账套表

序号	字段	字段值	备注
1	账套唯一标识	z7355f3c-630d-4z80-z071-92459232z357	来源于单位会计核算系统，填写账套唯一标识
2	账套编号	99000ZKJ	来源于单位会计核算系统，填写账套编号
3	账套名称	单位会计账	来源于单位会计核算系统，填写账套名称
4	账套类型	10	来源于单位会计核算系统，值集参照于会计科目使用主体类型代码集
5	财政区划代码	990000000	来源于单位会计核算系统，值集参照于基础信息的财政区划
6	单位代码	610000205004	来源于单位会计核算系统，值集参照于基础信息的单位代码

续表

序号	字段	字段值	备注
7	会计年度	2020	来源于单位会计核算系统
8	启用日期	20200101	来源于单位会计核算系统
9	创建人	张三	来源于单位会计核算系统
10	账套状态	1（已启用）	来源于单位会计核算系统，遵循要素1已启用，0停用
11	财务负责人	李四	来源于单位会计核算系统
12	更新时间	20200506221105	来源于单位会计核算系统
13	是否删除	0（否）	来源于单位会计核算系统
14	创建时间	20200101221105	来源于单位会计核算系统，填写数据创建时间

（2）上报单位会计科目。

上报单位会计科目接口报文信息示例如表4-68所示。

表4-68 单位会计科目

序号	字段	字段值	备注
1	科目唯一标识	k7355f3c-630d-4a80-a071-92459232c357	来源于单位会计核算系统，填写科目唯一标识
2	财政区划代码	110000000（北京市本级）	来源于单位会计核算系统，值集参照于基础信息的财政区划
3	账套编号	99000ZKJ	来源于单位会计核算系统，填写账套编号
4	会计年度	2020	来源于单位会计核算系统，填写会计年度
5	单位代码	101001001（北京市海淀区财政局）	来源于单位会计核算系统，值集参照于基础信息的单位代码
6	单位会计科目代码	1001	来源于单位会计核算系统，值集参照于基础信息管理中的会计科目代码或扩展
7	单位会计科目名称	库存现金	来源于单位会计核算系统
8	父级唯一标识	—	来源于单位会计核算系统
9	级次	1	来源于单位会计核算系统
10	是否末级	0	来源于单位会计核算系统
11	是否启用	1（启用）	来源于单位会计核算系统，遵循要素1启用，0停用
12	余额方向	1（借）	来源于单位会计核算系统，从基础信息管理中的会计科目表中获取
13	单位会计科目类型代码	1（记账）	来源于单位会计核算系统，值集参照于基础信息管理中的单位会计科目类型代码

续表

序号	字段	字段值	备注
14	执行会计制度类型	10（企业会计制度）	来源于单位会计核算系统
15	单位类型	1（行政）	来源于单位会计核算系统，值集参照于基础信息的单位类型
16	币种代码	—	来源于单位会计核算系统，不核算外币的科目可为空
17	是否外币核算	2（否）	来源于单位会计核算系统
18	是否数量核算	2（否）	来源于单位会计核算系统
19	备注	—	来源于单位会计核算系统，可为空
20	是否标准	1（扩展代码集）	来源于单位会计核算系统，值集遵循 0 标准值集，1 扩展值集
21	更新时间	20200506221105	来源于单位会计核算系统，填写数据更新时间
22	是否删除	0	来源于单位会计核算系统，填写是否删除
23	创建时间	20200506221105	来源于单位会计核算系统，填写数据创建时间

（3）上报单位会计凭证。

上报单位会计凭证接口报文信息示例如表 4-69 和表 4-70 所示。

表 4-69　　　　　　　　　　　　单位会计凭证主表

序号	字段	字段值	备注
1	凭证主表唯一标识	a7355f3c-630d-4a80-a071-92459232c357	来源于单位会计核算系统，填写凭证主表唯一标识
2	财政区划代码	110000000（北京市本级）	来源于单位会计核算系统，值集参照于基础信息的财政区划
3	会计年度	2020	来源于单位会计核算系统，填写会计年度
4	账套编号	99000ZKJ	来源于单位会计核算系统，填写账套编码
5	会计期间	5	来源于单位会计核算系统，根据凭证月份自动生成，0 表示期初数
6	单位代码	101001001（北京市海淀区财政局）	来源于单位会计核算系统，值集参照于单位基础信息表中的单位代码
7	单位会计记账凭证类型	1	来源于单位会计核算系统，值集参照单位会计记账凭证类型管理要素
8	记账凭证号	0011	来源于单位会计核算系统，应为连续编号
9	凭证摘要	期初数	来源于单位会计核算系统，填写凭证摘要
10	制单人	张三	来源于单位会计核算系统，填写制单人

续表

序号	字段	字段值	备注
11	制单日期	20200102	来源于单位会计核算系统，填写制单日期
12	审核人	—	来源于单位会计核算系统，未审核凭证时可为空
13	审核日期	—	来源于单位会计核算系统，未审核凭证时可为空
14	出纳人	—	来源于单位会计核算系统，未出纳签章凭证时可为空
15	出纳日期	—	来源于单位会计核算系统，未出纳签章凭证时可为空
16	记账人	—	来源于单位会计核算系统，未记账凭证时可为空
17	记账日期	—	来源于单位会计核算系统，未记账凭证时可为空
18	记账凭证日期	20200429	来源于单位会计核算系统，填写记账凭证日期
19	财务负责人	张三	来源于单位会计核算系统，填写财务负责人
20	财务贷方金额	2000.00	来源于单位会计核算系统，填写财务贷方金额
21	财务借方金额	2000.00	来源于单位会计核算系统，填写财务借方金额
22	预算贷方金额	2000.00	来源于单位会计核算系统，填写预算贷方金额
23	预算借方金额	2000.00	来源于单位会计核算系统，填写预算借方金额
24	附件数	0	来源于单位会计核算系统，填写附件数
25	红冲状态	0（未冲红）	来源于单位会计核算系统，值集参照红冲状态管理要素
26	红冲记账凭证唯一标识	—	来源于单位会计核算系统，未冲红时为空
27	是否调整期	2（否）	来源于单位会计核算系统，填写是否调整期
28	凭证状态	0（未审核）	来源于单位会计核算系统，值集参照凭证状态管理要素
29	是否为结转凭证	0（否）	来源于单位会计核算系统，填写是否为结转凭证
30	更新时间	20200429221105	来源于单位会计核算系统，填写数据更新时间
31	是否删除	0（否）	来源于单位会计核算系统，填写是否删除
32	创建时间	20200429221105	来源于单位会计核算系统，填写数据创建时间

表 4－70　　单位会计凭证分录表（GLA_VOU_DETAIL）

序号	字段	分录1字段值	分录2字段值	分录3字段值	分录4字段值	说明
1	凭证分录唯一标识	D6666f3c－630d－4a80－a071－92459232c333	D6666f3c－630d－4a80－a071－92459232c334	D6666f3c－630d－4a80－a071－92459232c335	D6666f3c－630d－4a80－a071－92459232c336	来源于单位会计核算系统，填写凭证分录唯一标识
2	凭证主表唯一标识	a7355f3c－630d－4a80－a071－92459232c357	a7355f3c－630d－4a80－a071－92459232c357	a7355f3c－630d－4a80－a071－92459232c357	a7355f3c－630d－4a80－a071－92459232c357	来源于单位会计核算系统，填写凭证主表唯一标识

续表

序号	字段	分录1字段值	分录2字段值	分录3字段值	分录4字段值	说明
3	财政区划代码	110000000	110000000	110000000	110000000	来源于单位会计核算系统，值集参照于基础信息的财政区划
4	会计年度	2020	2020	2020	2020	来源于单位会计核算系统
5	账套编号	99000ZKJ	99000ZKJ	99000ZKJ	99000ZKJ	来源于单位会计核算系统
6	会计期间	5	5	5	5	来源于单位会计核算系统，遵循根据凭证月份自动生成，0表示期初数
7	单位代码	610000205004	610000205004	610000205004	610000205004	来源于单位会计核算系统，值集参照于单位基本信息表的单位代码
8	记账凭证号	0011	0011	0011	0011	来源于单位会计核算系统，应为连续编号
9	记账凭证分录序号	1	2	1	2	来源于单位会计核算系统，填写记账凭证分录序号
10	会计分录摘要	摘要1	摘要2	摘要3	摘要4	来源于单位会计核算系统，填写会计分录摘要
11	单位会计科目代码	1001	2001	6609	8501	来源于单位会计核算系统，值集参照单位会计科目管理要素
12	单位会计科目名称	库存现金	短期借款	其他预算收入	其他结余	来源于单位会计核算系统，值集参照单位会计科目管理要素

续表

序号	字段	分录1字段值	分录2字段值	分录3字段值	分录4字段值	说明
13	借贷方向	1（借）	2（贷）	1（借）	2（贷）	来源于单位会计核算系统，值集参照借贷方向管理要素
14	金额	2000.00	2000.00	2000.00	2000.00	来源于单位会计核算系统，填写金额
15	外币金额	—	—	—	—	来源于单位会计核算系统，非外币业务可为空
16	汇率	—	—	—	—	来源于单位会计核算系统，非外币业务可为空
17	币种代码	USD	USD	—	—	来源于单位会计核算系统，非外币业务可为空
18	数量	1	1	2	2	来源于单位会计核算系统，填写数量
19	项目代码	—	—	—	—	来源于单位会计核算系统，科目未启用时为空
20	部门支出经济分类代码	—	3010201（岗位津贴）	—	—	来源于单位会计核算系统，科目未启用时为空
21	政府支出经济分类代码	—	50101（工资奖金津补贴）	—	—	来源于单位会计核算系统，科目未启用时为空
22	部门代码	—	—	—	—	来源于单位会计核算系统，科目未启用时为空

续表

序号	字段	分录1字段值	分录2字段值	分录3字段值	分录4字段值	说明
23	人员代码	—	—	—	—	来源于单位会计核算系统，科目未启用时为空
24	资金往来对象类别代码	—	—	13（与同级财政）	—	来源于单位会计核算系统，科目未启用时为空
25	资金往来对象编码	018	018	018	018	来源于单位会计核算系统，科目未启用时为空
26	资金往来对象名称	职业年金	职业年金	职业年金	职业年金	来源于单位会计核算系统，科目未启用时为空
27	到期日	—	20200909	—	—	来源于单位会计核算系统，科目未启用时为空
28	支出功能分类科目代码	—	2010101（行政运行）	—	—	来源于单位会计核算系统，科目未启用时为空
29	资金性质代码	—	112（一般债券）	—	—	来源于单位会计核算系统，科目未启用时为空
30	资金来源代码	—	11（年初安排）	—	—	来源于单位会计核算系统，科目未启用时为空
31	支付业务类型代码	—	1（普通业务）	—	—	来源于单位会计核算系统，科目未启用时为空
32	支付方式代码	—	3（单位资金支付）	—	—	来源于单位会计核算系统，科目未启用时为空

续表

序号	字段	分录1字段值	分录2字段值	分录3字段值	分录4字段值	说明
33	结算方式代码	—	4（现金支票）	—	—	来源于单位会计核算系统，科目未启用时为空
34	政府采购方式代码	—	1（公开招标）	—	—	来源于单位会计核算系统，科目未启用时为空
35	资产分类代码	—	1010100（耕地）	—	—	来源于单位会计核算系统，科目未启用时为空
36	费用经济性质代码	01（工作福利费用）	—	—	—	来源于单位会计核算系统，科目未启用时为空
37	票据日期	—	—	—	—	来源于单位会计核算系统，科目未启用时为空
38	本级指标文号	—	—	—	—	来源于单位会计核算系统，科目未启用时为空
39	预算级次代码	—	2（省级）	—	—	来源于单位会计核算系统，科目未启用时为空
40	上级指标文号	—	—	—	—	来源于单位会计核算系统，科目未启用时为空
41	来源项目代码	—	—	—	—	来源于单位会计核算系统，科目未启用时为空
42	指标类型代码	—	11（预拨指标）	—	—	来源于单位会计核算系统，科目未启用时为空

续表

序号	字段	分录1字段值	分录2字段值	分录3字段值	分录4字段值	说明
43	财政内部机构代码	—	—	—	—	来源于单位会计核算系统，科目未启用时为空
44	部门支出经济分类代码	—	—	—	—	来源于单位会计核算系统，科目未启用时为空
45	备注	—	—	—	—	来源于单位会计核算系统，可以为空
46	单位会计记账凭证类型	1	1	1	1	来源于单位会计核算系统，值集参照单位会计记账凭证类型管理要素
47	更新时间	20200429221105	20200429221105	20200429221105	20200429221105	来源于单位会计核算系统，填写数据更新时间
48	是否删除	0（否）	0（否）	0（否）	0（否）	来源于单位会计核算系统，填写是否删除
49	创建时间	20200429221105	20200429221105	20200429221105	20200429221105	来源于单位会计核算系统，填写数据创建时间

（4）上报单位会计余额发生额汇总。

上报单位会计余额发生额汇总接口报文信息示例如表4-71所示。

表4-71　　　　　　　　　单位会计余额发生额汇总表

序号	字段	字段值	备注
1	余额发生额汇总表唯一标识	q7344f3d-630f-4a80-hzid-202005230001	来源于单位会计核算系统，填写余额发生额汇总表唯一标识
2	财政区划代码	110000000（北京市本级）	来源于单位会计核算系统，值集参照于基础信息的财政区划

续表

序号	字段	字段值	备注
3	会计年度	2020	来源于单位会计核算系统，填写会计年度
4	单位代码	101001001（北京市海淀区财政局）	来源于单位会计核算系统，值集参照于单位基本信息表中的单位代码
5	账套编号	99000ZKJ	来源于单位会计核算系统，填写账套编号
6	会计期间	5	来源于单位会计核算系统，遵循根据凭证月份自动生成，0表示期初数
7	单位会计科目代码	1001（库存现金）	来源于单位会计核算系统，值集参照于会计科目表中的会计科目代码或扩展
8	财务贷方金额	2000.00	来源于单位会计核算系统，填写财务贷方金额
9	财务借方金额	2000.00	来源于单位会计核算系统，填写财务借方金额
10	外币借方金额	2000.00	来源于单位会计核算系统，填写外币借方金额
11	外币贷方金额	2000.00	来源于单位会计核算系统，填写外币贷方金额
12	币种代码	—	来源于单位会计核算系统，非外币业务可为空
13	借方数量	—	来源于单位会计核算系统，科目未启用时为空
14	贷方数量	—	来源于单位会计核算系统，科目未启用时为空
15	项目代码	—	来源于单位会计核算系统，科目未启用时为空
16	部门支出经济分类代码	3010201（岗位津贴）	来源于单位会计核算系统，值集参照部门支出经济分类管理要素
17	政府支出经济分类代码	50101（工资奖金津补贴）	来源于单位会计核算系统，值集参照政府支出经济分类管理要素
18	资金往来对象类别代码	13（与同级财政）	来源于单位会计核算系统，值集参照资金往来对象类别管理要素
19	资金往来对象编码	018	来源于单位会计核算系统，值集参照资金往来对象管理要素
20	资金往来对象名称	职业年金	来源于单位会计核算系统，值集参照资金往来对象管理要素
21	到期日	20200909	来源于单位会计核算系统，填写到期日
22	支出功能分类科目代码	2010101（行政运行）	来源于单位会计核算系统，值集参照支出功能分类科目管理要素
23	资金性质代码	112（一般债券）	来源于单位会计核算系统，值集参照资金性质管理要素
24	资金来源代码	11（年初安排）	来源于单位会计核算系统，值集参照资金来源管理要素

续表

序号	字段	字段值	备注
25	支付业务类型代码	1（普通业务）	来源于单位会计核算系统，值集参照支付业务类型管理要素
26	支付方式代码	3（单位资金支付）	来源于单位会计核算系统，值集参照支付方式管理要素
27	结算方式代码	4（现金支票）	来源于单位会计核算系统，值集参照结算方式管理要素
28	政府采购方式代码	1（公开招标）	来源于单位会计核算系统，值集参照政府采购方式管理要素
29	资产分类代码	1010100（耕地）	来源于单位会计核算系统，值集参照资产分类管理要素
30	费用经济性质代码	01（工作福利费用）	来源于单位会计核算系统，值集参照费用经济性质管理要素
31	单位会计记账凭证类型	1（记账）	来源于单位会计核算系统，值集参照单位会计记账凭证类型管理要素
32	本级指标文号	—	来源于单位会计核算系统，科目未启用时为空
33	预算级次代码	2（省级）	来源于单位会计核算系统
34	上级指标文号	—	来源于单位会计核算系统，科目未启用时为空
35	来源项目代码	—	来源于单位会计核算系统，科目未启用时为空
36	指标类型代码	11（预拨指标）	来源于单位会计核算系统
37	财政内部机构代码	—	来源于单位会计核算系统，科目未启用时为空
38	部门支出经济分类代码	3010201（岗位津贴）	来源于单位会计核算系统，值集参照部门支出经济分类管理要素
39	更新时间	20200505221105	来源于单位会计核算系统，填写数据更新时间
40	是否删除	0（否）	来源于单位会计核算系统，填写是否删除
41	创建时间	20200505221105	来源于单位会计核算系统，填写数据创建时间

（5）上报单位会计现金流量。

上报单位会计现金流量接口报文信息示例如表 4-72 所示。

表 4-72   单位会计现金流量表

序号	字段	字段值	备注
1	现金流量唯一标识	x7355f3c-630d-4x80-x071-92459232x357	来源于单位会计核算系统，填写现金流量唯一标识

续表

序号	字段	字段值	备注
2	凭证主表唯一标识	a7355f3c-630d-4a80-a071-92459232c357	来源于单位会计核算系统，填写凭证主表唯一标识
3	凭证分录表唯一标识	b7355f3c-630d-4a80-a071-92459232c357	来源于单位会计核算系统，填写凭证分录表唯一标识
4	财政区划代码	110000000（北京市本级）	来源于单位会计核算系统，值集参照于财政区划管理要素
5	单位代码	101001001（北京市海淀区财政局）	来源于单位会计核算系统，值集参照于单位管理要素
6	会计年度	2020	来源于单位会计核算系统，填写会计年度
7	账套编号	99000ZKJ	来源于单位会计核算系统，填写账套编号
8	会计期间	5	来源于单位会计核算系统，遵循根据凭证月份自动生成，0表示期初数
9	记账凭证号	0011	来源于单位会计核算系统，填写记账凭证号
10	现金流量代码	206（对外投资支付的现金）	来源于单位会计核算系统，值集参照现金流量管理要素
11	现金流量金额	200.00	来源于单位会计核算系统，填写现金流量金额
12	会计凭证日期	20200505	来源于单位会计核算系统，填写会计凭证日期
13	更新时间	20200505221105	来源于单位会计核算系统，填写数据更新时间
14	是否删除	0	来源于单位会计核算系统，填写是否删除
15	创建时间	20200505221105	来源于单位会计核算系统，填写数据创建时间

（6）上报单位会计盈余与结余差异。

上报单位会计盈余与结余差异接口报文信息示例如表4-73所示。

表4-73　　　　　　　　单位会计盈余与结余差异表

序号	字段	字段值	备注
1	差异项唯一标识	c7355f3c-630d-4c80-c073-92459232c355	来源于单位会计核算系统，填写差异项唯一标识
2	凭证主表唯一标识	a7355f3c-630d-4a80-a071-92459232c357	来源于单位会计核算系统，填写凭证主表唯一标识
3	财政区划代码	110000000（北京市本级）	来源于单位会计核算系统，值集参照于基础信息的财政区划
4	单位代码	101001001（北京市海淀区财政局）	来源于单位会计核算系统，值集参照于基础信息的单位代码

续表

序号	字段	字段值	备注
5	会计年度	2020	来源于单位会计核算系统,填写会计年度
6	账套编号	99000ZKJ	来源于单位会计核算系统,填写账套编号
7	会计期间	5	来源于单位会计核算系统,遵循根据凭证月份自动生成,0表示期初数
8	记账凭证号	0011	来源于单位会计核算系统,填写记账凭证号
9	盈余与结余差异类型代码	10101（应收款项、预收款项确认的收入）	来源于单位会计核算系统,值集参照盈余与结余差异类型管理要素
10	差异金额	100.00	来源于单位会计核算系统,填写差异金额
11	更新时间	20200505221105	来源于单位会计核算系统,填写数据更新时间
12	是否删除	0（否）	来源于单位会计核算系统,填写是否删除
13	创建时间	20200505221105	来源于单位会计核算系统,填写数据创建时间

(7) 上报单位会计原始凭证关联。

上报单位会计原始凭证关联接口报文信息示例如表4-74所示。

表4-74　　　　　　　　单位会计原始凭证关联表

序号	字段	字段值	备注
1	关联表唯一标识	q7344f3d-630f-4a80-vbri-202005230001	来源于单位会计核算系统,填写关联表唯一标识
2	财政区划代码	110000000（北京市本级）	来源于单位会计核算系统,值集参照于财政区划管理要素
3	账套编号	99000ZKJ	来源于单位会计核算系统,填写账套编号
4	账套名称	总会计账	来源于单位会计核算系统,填写账套名称
5	会计年度	2020	来源于单位会计核算系统,填写会计年度
6	会计期间	4	来源于单位会计核算系统,遵循根据凭证月份自动生成,0表示期初数
7	记账凭证号	1	来源于单位会计核算系统,填写记账凭证号
8	原始单据序号	1	来源于单位会计核算系统,填写原始单据序号
9	原始单据类型	JZZF	来源于单位会计核算系统,填写原始单据类型
10	原始单据号	40403300	来源于单位会计核算系统,如发票编号
11	原始单据主单唯一标识	123b17cca6-82b7-4d43-8d5c-d07a3ed1917c	来源于单位会计核算系统,填写原始单据主单唯一标识
12	原始单据明细单唯一标识	—	来源于单位会计核算系统,非主子结构的原始单据为空

续表

序号	字段	字段值	备注
13	凭证主表唯一标识	q7344f3d-630f-4a80-pzid-202005230001	来源于单位会计核算系统，填写凭证主表唯一标识
14	凭证分录唯一标识	q7344f3d-630f-4a80-flid-202005230001	来源于单位会计核算系统，填写凭证分录唯一标识
15	单位代码	101001001（北京市海淀区财政局）	来源于单位会计核算系统，值集参照于单位管理要素
16	更新时间	20200505221105	来源于单位会计核算系统，填写数据更新时间
17	是否删除	0	来源于单位会计核算系统，填写是否删除
18	创建时间	20200505221105	来源于单位会计核算系统，填写数据创建时间

4.3.6 一体化与决算管理系统接口

预算管理一体化系统与决算管理系统有两类接口：获取账簿数据接口、决算数据对接接口。

1. 获取账簿数据接口

此接口包括部门决算和财政总决算两部分接口。财政总决算系统通过账簿数据接口获取预算管理一体化系统的总预算会计核算账簿数据和预算指标会计核算账簿数据生成报表，部门决算系统通过账簿数据接口获取预算管理一体化系统的单位会计核算账簿数据和预算指标会计核算账簿数据生成报表。涉及的活动及接口报文应用如下。

（1）财政总决算涉及的活动及接口报文应用如表4-75所示。

表4-75　　　　　　财政总决算涉及的业务活动及接口报文应用

序号	业务活动	接口报文	备注
1	总预算会计核算	总预算会计核算账簿数据信息	预算管理一体化系统的总预算会计核算模块参照《GB/T24589.3-2011 财经信息技术会计核算软件数据接口第3部分：总预算会计》数据标准对外提供账簿数据
2	预算指标账会计核算	预算指标会计核算账簿数据信息	预算管理一体化系统的预算指标账会计核算模块参照《GB/T24589.3-2011 财经信息技术会计核算软件数据接口第3部分：总预算会计》数据标准对外提供账簿数据

（2）部门决算涉及的活动及接口报文应用如表4-76所示。

表 4-76　　　　　　　　部门决算涉及的业务活动及接口报文应用

序号	业务活动	接口报文	备注
1	单位会计核算	单位会计核算账簿数据信息	预算管理一体化系统的单位会计核算模块按照《GB/T24589.2-2010 财经信息技术会计核算软件数据接口第 2 部分：行政事业单位》数据标准对外提供账簿数据
2	预算指标账会计核算	预算指标会计核算账簿数据信息	预算管理一体化系统的预算指标账会计核算模块参照《GB/T24589.3-2011 财经信息技术会计核算软件数据接口第 3 部分：总预算会计》数据标准对外提供账簿数据

实现机制说明如下：

（1）单位会计核算。

接口报文信息请参照相关标准。

（2）预算指标账会计核算。

接口报文信息请参照相关标准。

2. 决算数据对接接口

独立的决算管理系统将决算报告（含报表）数据推送到预算管理一体化系统中的决算管理模块。涉及的活动及接口报文应用如表 4-77 所示。

表 4-77　　　　　　　决算数据对接接口涉及的活动及接口报文应用

业务活动	接口报文	备注
（独立）财政总决算	财政总决算数据信息	来源于财政总决算系统，独立的财政总决算管理系统将决算报告（含报表）数据推送到预算管理一体化系统中的财政总决算模块
（独立）部门决算	部门决算数据信息	来源于财政总决算系统，独立的部门决算管理系统将决算报告（含报表）数据推送到预算管理一体化系统中的部门决算模块

实现机制说明如下：

接口报文由报文头信息、主体信息、数据信息和报告信息构成，接口报文信息示例如下。

（1）财政总决算，如表 4-78~表 4-81 所示。

表 4-78　　　　　　　　　　财政总决算报文头信息

序号	字段	字段值	备注
1	报表分类	07（财政总决算报表）	来源于财政总决算系统，填写报表分类，值集参照报表类型表业务管理要素

续表

序号	字段	字段值	备注
2	是否单户报送	1（是）	来源于财政总决算系统，填写报送方式，值集为：0 否，1 是
3	报表期间	2020	来源于财政总决算系统

表 4-79　　　　　　　　　　　　财政总决算报文主体信息

序号	字段	字段值	备注
4	报送主体编码	101001001	来源于财政总决算系统，填写报送主体编码，值集参照单位信息表业务管理要素
5	报送主体类型	0（基层预算单位）	来源于财政总决算系统，报送主体类型，值集参照报送主体类型业务管理要素
6	报送主体名称	北京市海淀区财政局	来源于财政总决算系统，填写报送主体名称，值集参照单位信息表业务管理要素
7	上级报送主体编码	101001（北京市财政局）	来源于财政总决算系统，填写上级报送主体编码，值集参照单位信息表业务管理要素。无上级报送主体为空
8	单位负责人	王唯一	来源于财政总决算系统，填写单位负责人，值集参照人员信息表业务管理要素
9	财务负责人	—	来源于财政总决算系统，财政总决算报表无值
10	填报人	牛勤芬	来源于财政总决算系统，填写填报人
11	电话号码	13898765432	来源于财政总决算系统，填写电话号码
12	单位地址	北京市海淀区	来源于财政总决算系统，填写单位地址，参照单位信息表中的单位地址
13	邮政编码	100000	来源于财政总决算系统，填写邮政编码，参照单位信息表中的邮政编码
14	行政区划代码	110108000（北京市海淀区）	来源于财政总决算系统，填写行政区划代码，值集参照行政区划代码表管理要素
15	财政区划代码	110108000（北京市海淀区）	来源于财政总决算系统，填写财政区划代码，值集参照财政区划代码表管理要素
16	财政预算代码	—	来源于财政总决算系统，财政总决算报表无值
17	预算单位级次代码	—	来源于财政总决算系统，财政总决算报表无值
18	报表小类	—	来源于财政总决算系统，财政总决算报表无值
19	单位基本性质	—	来源于财政总决算系统，财政总决算报表无值
20	单位执行会计制度	—	来源于财政总决算系统，财政总决算报表无值
21	隶属关系	—	来源于财政总决算系统，财政总决算报表无值

续表

序号	字段	字段值	备注
22	部门标识代码	—	来源于财政总决算系统，财政总决算报表无值
23	国民经济行业分类	—	来源于财政总决算系统，财政总决算报表无值
24	新报因素	0（连续上报）	来源于财政总决算系统，填写新报因素，值集参照新报因素表中管理要素
25	上年代码	101001001	来源于财政总决算系统，填写上年报送主体编码
26	备用码	—	来源于财政总决算系统，填写备用码
27	是否民族自治地区	2（否）	来源于财政总决算系统，填写是否民族自治地区
28	是否贫困地区	2（否）	来源于财政总决算系统，填写是否贫困地区
29	是否计划单列市	2（否）	来源于财政总决算系统，填写是否计划单列市
30	统一社会信用代码	—	来源于财政总决算系统，财政总决算报表无值
31	报送日期	20200218	来源于财政总决算系统，填写报送日期

表4-80　　　　　　　　　　财政总决算数据信息

序号	字段	字段值	备注
32	报送主体编码	101001001	来源于财政总决算系统，填写报送主体编码，值集参照单位信息管理要素
33	报表编码	YYGGSZ01	来源于财政总决算系统，填写报表编码，与主表决算报表定义表的报表编码保持一致
34	报表名称	一般公共预算收支决算总表	来源于财政总决算系统，填写报表名称
35	报表项目编码	YYGGSZ01_SSSR	来源于财政总决算系统，填写报表项目编码，参照报表项目定义表中的报表项目编码
36	报表项目名称	税收收入	来源于财政总决算系统，填写报表项目名称，参照报表项目定义表中的报表项目名称管理要素
37	显示序号	0	来源于财政总决算系统，如果是固定行，则=0，是浮动行，则>0
38	决算报表项目明细编码	—	来源于财政总决算系统，填写决算报表项目明细编码，值集参照决算报表项目定义表中的明细浮动要素类型字段定义的管理要素。非浮动行为空
39	决算报表项目明细名称	—	来源于财政总决算系统，填写决算报表项目明细名称，值集参照决算报表项目定义表中的明细浮动要素类型字段定义的管理要素。非浮动行为空
40	二级决算报表项目明细编码	—	来源于财政总决算系统，填写二级决算报表项目明细编码，值集参照决算报表项目定义表中的二级明细浮动要素类型字段定义的管理要素。非浮动行为空

续表

序号	字段	字段值	备注
41	二级决算报表项目明细名称	—	来源于财政总决算系统，填写二级决算报表项目明细名称，值集参照决算报表项目定义表中的二级明细浮动要素类型字段定义的管理要素。非浮动行为空
42	三级决算报表项目明细编码	—	来源于财政总决算系统，填写三级决算报表项目明细编码，值集参照决算报表项目定义表中的三级明细浮动要素类型字段定义的管理要素。非浮动行为空
43	三级决算报表项目明细名称	—	来源于财政总决算系统，填写三级决算报表项目明细名称，值集参照决算报表项目定义表中的三级明细浮动要素类型字段定义的管理要素。非浮动行为空
44	四级决算报表项目明细编码	—	来源于财政总决算系统，填写四级决算报表项目明细编码，值集参照决算报表项目定义表中的四级明细浮动要素类型字段定义的管理要素。非浮动行为空
45	四级决算报表项目明细名称	—	来源于财政总决算系统，填写四级决算报表项目明细名称，值集参照决算报表项目定义表中的四级明细浮动要素类型字段定义的管理要素。非浮动行为空
46	金额1	40532500000.00	来源于财政总决算系统，填写金额，报表栏目定义表定义含义。本示例定义为：预算数
47	金额2	40532500000.00	来源于财政总决算系统，填写金额，报表栏目定义表定义含义。本示例定义为：预算调整数
48	金额3	39247000000.00	来源于财政总决算系统，填写金额，报表栏目定义表定义含义。本示例定义为：决算数
⋮	⋮	⋮	⋮

表4-81　　　　　　　　　　财政总决算报告信息

序号	字段	字段值	备注
56	报送主体编码	101001001（北京市海淀区财政局）	来源于财政总决算系统，填写报送主体编码，值集参照单位信息管理要素
57	附件名称	czzjs10108120000.doc	来源于财政总决算系统，填写附件名称，按照附件命名规则生成财政总决算说明文本文件名
58	附件	（Blob）	来源于财政总决算系统，附件Blob值
59	创建时间	20200215105826	来源于财政总决算系统，填写数据创建时间

（2）部门决算，如表4-82~表4-85所示。

表 4-82　　　　　　　　　　　　　　部门决算报文头信息

序号	字段	字段值	备注
1	报表分类	09（部门决算报表）	来源于部门决算系统，填写报表分类，从报表类型表中获取
2	是否单户报送	1（是）	来源于部门决算系统，填写报送方式
3	报表期间	2019	来源于部门决算系统，填写报表定义时的报表期间值

表 4-83　　　　　　　　　　　　　　部门决算报文主体信息

序号	字段	字段值	备注
4	报送主体编码	101001012001	来源于部门决算系统，填写报送主体编码，值集参照单位信息管理要素
5	报送主体类型	0（基层预算单位）	来源于部门决算系统，填写报送主体类型，值集参照报送主体类型管理要素
6	报送主体名称	北京市海淀区财政局本级	来源于部门决算系统，填写上级报送主体名称，值集参照单位信息管理要素
7	上级报送主体编码	101001012	来源于部门决算系统，填写上级报送主体编码，值集参照人员信息表管理要素
8	单位负责人	李强	来源于部门决算系统，填写单位负责人
9	财务负责人	孙五	来源于部门决算系统，财政总决算报表无值
10	填报人	张三	来源于部门决算系统，填写填报人
11	电话号码	13898765432	来源于部门决算系统，填写电话号码
12	单位地址	北京市海淀区	来源于部门决算系统，填写单位地址，参照单位信息表中的单位地址
13	邮政编码	100000	来源于部门决算系统，填写邮政编码，参照单位信息表中的邮政编码
14	行政区划代码	110108	来源于部门决算系统，填写行政区划代码，值集参照行政区划管理要素
15	财政区划代码	110108999	来源于部门决算系统，填写财政区划代码，值集参照财政区划管理要素
16	财政预算代码	110108120001	来源于部门决算系统，填写财政预算代码，值集参照单位信息管理要素
17	预算单位级次代码	3（三级）	来源于部门决算系统，填写预算单位级次代码，值集参照预算单位级次管理要素
18	报表小类	0（单户表）	来源于部门决算系统，填写报表小类，值集参照报表小类管理要素

续表

序号	字段	字段值	备注
19	单位基本性质	1（行政单位）	来源于部门决算系统，填写单位基本性质，值集参照单位基本性质管理要素
20	单位执行会计制度	11（政府会计准则制度）	来源于部门决算系统，填写单位执行会计制度，值集参照执行会计制度管理要素
21	隶属关系	110108111	来源于部门决算系统，中央单位：前六个空格均填零，后三个空格根据国家标准《中央党政机关、人民团体及其他机构代码》（GB/T4657-2009）编制
22	部门标识代码	360	来源于部门决算系统，各级财政部门参照《中央党政机关、人民团体及其他机构代码》（国家标准 GB/T4657）相应设置本级部门的部门标识代码
23	国民经济行业分类	S92（国家机构）	来源于部门决算系统，填写国民经济行业分类，值集参照国民经济分类代码表管理要素
24	新报因素	0（连续上报）	来源于部门决算系统，填写新报因素，值集参照新报因素管理要素
25	上年代码	101001012001	来源于部门决算系统，填写上年报送主体编码
26	备用码	—	来源于部门决算系统，填写备用码
27	是否民族自治地区	2（否）	来源于部门决算系统，填写是否民族自治地区 0 否 1 是
28	是否贫困地区	2（否）	来源于部门决算系统，填写是否贫困地区
29	是否计划单列市	2（否）	来源于部门决算系统，填写是否计划单列市
30	统一社会信用代码	123456789987654321	来源于部门决算系统，填写统一社会信用代码，值集参照社会统一信用代码表管理要素
31	报送日期	20200206	来源于部门决算系统，填写报送日期

表 4-84　　部门决算数据信息

序号	字段	字段值	备注
32	报送主体编码	101001012001（北京市海淀区财政局本级）	来源于部门决算系统，填写报送主体编码，值集参照单位信息表管理要素
33	报表编码	SRZCJSB02	来源于部门决算系统，填写报表编码，与主表决算报表定义表的报表编码保持一致
34	报表名称	收入支出决算表	来源于部门决算系统，填写报表名称，与主表决算报表定义表的报表编码保持一致
35	报表项目编码	SRZCJSB02_ZCGNFL	来源于部门决算系统，填写报表项目编码，参照报表项目定义表中的报表项目编码

续表

序号	字段	字段值	备注
36	报表项目名称	支出功能分类科目	来源于部门决算系统，填写报表项目名称，参照报表项目定义表中的报表项目名称
37	显示序号	0	来源于部门决算系统，如果是固定行，则＝0，是浮动行，则＞0
38	决算报表项目明细编码	—	来源于部门决算系统，填写决算报表项目明细编码，值集参照决算报表项目定义表中的明细浮动要素类型字段定义的管理要素。非浮动行为空
39	决算报表项目明细名称	—	来源于部门决算系统，填写决算报表项目明细名称，值集参照决算报表项目定义表中的明细浮动要素类型字段定义的管理要素。非浮动行为空
40	二级决算报表项目明细编码	—	来源于部门决算系统，填写二级决算报表项目明细编码，值集参照决算报表项目定义表中的二级明细浮动要素类型字段定义的管理要素。非浮动行为空
41	二级决算报表项目明细名称	—	来源于部门决算系统，填写二级决算报表项目明细名称，值集参照决算报表项目定义表中的二级明细浮动要素类型字段定义的管理要素。非浮动行为空
42	三级决算报表项目明细编码	—	来源于部门决算系统，填写三级决算报表项目明细编码，值集参照决算报表项目定义表中的三级明细浮动要素类型字段定义的管理要素。非浮动行为空
43	三级决算报表项目明细名称	—	来源于部门决算系统，填写三级决算报表项目明细名称，值集参照决算报表项目定义表中的三级明细浮动要素类型字段定义的管理要素。非浮动行为空
44	四级决算报表项目明细编码	—	来源于部门决算系统，填写四级决算报表项目明细编码，值集参照决算报表项目定义表中的四级明细浮动要素类型字段定义的管理要素。非浮动行为空
45	四级决算报表项目明细名称	—	来源于部门决算系统，填写四级决算报表项目明细名称，值集参照决算报表项目定义表中的四级明细浮动要素类型字段定义的管理要素。非浮动行为空
46	金额1	12640230.00	来源于部门决算系统，填写金额，报表栏目定义表定义含义。本示例定义为：年初结转和结余_合计
47	金额2	2310000.00	来源于部门决算系统，填写金额，报表栏目定义表定义含义。本示例定义为：年初结转和结余_基本支出结转
48	金额3	10330230.00	来源于部门决算系统，填写金额，报表栏目定义表定义含义。本示例定义为：年初结转和结余_项目支出结转和结余

续表

序号	字段	字段值	备注
49	金额4	0.00	来源于部门决算系统，填写金额，报表栏目定义表定义含义。本示例定义为：年初结转和结余_经营结余
50	金额5	83220300.00	来源于部门决算系统，填写金额，报表栏目定义表定义含义。本示例定义为：本年收入
⋮	⋮	⋮	⋮

表4-85　　　　　　　　　　　部门决算报告信息

序号	字段	字段值	备注
56	报送主体编码	101001012001（北京市海淀区财政局本级）	来源于部门决算系统，填写报送主体编码，值集参照单位信息表管理要素
57	附件名称	dwjs10108120001.doc	来源于部门决算系统，系统按照附件命名规则生成部门决算说明文本文件名
58	附件	（Blob）	来源于部门决算系统，附件Blob值
59	创建时间	20200204105826	来源于部门决算系统，填写数据创建时间

4.3.7　一体化与财务报告系统接口

1. 获取核算账簿数据接口

政府部门财务报告获取预算管理一体化系统的单位会计核算账簿数据生成报表，政府综合财务报告模块获取预算管理一体化系统的总预算会计核算账簿数据生成报表。

预算管理一体化系统的单位会计核算系统按照《GB/T24589.2-2010财经信息技术会计核算软件数据接口第2部分：行政事业单位》数据标准对外提供账簿数据。预算管理一体化系统的总预算会计核算系统参照《GB/T24589.3-2011财经信息技术会计核算软件数据接口第3部分：总预算会计》数据标准对外提供账簿数据。

数据元素和格式，请参照相关标准。

2. 财报数据对接接口

独立的财务报告管理系统将财务报告（含报表）数据推送到预算管理一体化系统中的财务报告管理模块。此接口需求包括政府部门财务报告、政府综合财务报告和地方政府综合财务报告。

涉及的活动及接口报文应用如表4-86所示。

表 4 - 86　　　　　　　　财报数据对接接口涉及的活动及接口报文应用

业务活动	接口报文	用途	备注
发送财务报告数据	政府部门财务报告报表、报告	独立的财务报告系统将财务报告的报表、报告数据发送给预算管理一体化系统	

接口报文信息示例如表 4 - 87 ~ 表 4 - 93 所示。

表 4 - 87　　　　　　　　　　　报文头

序号	字段	字段值	备注
1	报表分类	30（政府部门财务报告）	系统自动填充，值集参照报表类型管理要素
2	是否单户报送	1（是）	选择录入。0 否、1 是
3	会计年度	2019	系统自动处理，根据预算填报年度生成

表 4 - 88　　　　　　　　　报送主体信息

序号	字段	字段值	备注
1	报送主体编码	110108120000	来源于财务报告系统，并检验编码规则
2	报送主体类型	0（基层预算单位）	来源于财务报告系统，值集参照报送主体类型管理要素
3	报送主体名称	北京市××区××局本级	来源于财务报告系统，填写报送主体的名称
4	上级报送主体编码	110108120（北京市××区）	来源于财务报告系统，参照财报报送主体信息表选择报送主体编码
5	编制人	张三	来源于财务报告系统，填写编制人姓名
6	编制人电话	13912345674	来源于财务报告系统，填写编制人的电话号码并检验号码
7	审核人	李四	来源于财务报告系统，填写审核人姓名
8	审核人电话	13912345673	来源于财务报告系统，填写审核人的电话号码并检验号码
9	单位负责人	王五	来源于财务报告系统，参照单位基本信息表中的单位负责人
10	财务负责人	赵六	来源于财务报告系统，填写单位财务负责人姓名
11	行政区划代码	110108000（北京市××区）	来源于财务报告系统，参照单位基本信息表中的单位所在地区划代码
12	财政区划代码	110108999（北京市××区）	来源于财务报告系统，参照单位基本信息表中的财政区划代码
13	财政预算代码	110108120000（北京市××区××局本级）	来源于财务报告系统，参照单位基本信息表选择单位代码

续表

序号	字段	字段值	备注
14	邮政编码	100000	来源于财务报告系统，参照单位基本信息表的邮政代码
15	单位地址	北京市××区××街道8号	来源于财务报告系统，参照单位基本信息表中的单位地址
16	单位基本性质	1（行政单位）	来源于财务报告系统，参照单位基本信息表的单位类型代码
17	统一社会信用代码	123456789012345678	来源于财务报告系统，参照单位基本信息表中的统一社会信用代码
18	报表小类	0（单户表）	来源于财务报告系统，值集参照报表小类管理要素
19	新报因素	0（连续编报）	来源于财务报告系统，值集参照新报因素管理要素
20	上年代码	1234567890123456780	来源于财务报告系统，填写上年代码并检验编码规则
21	是否编制行政事业单位国有资产报表	1（是）	来源于财务报告系统，参照单位基本信息表中的是否编制行政事业单位国有资产报告
22	隶属关系	110108111	来源于财务报告系统，填写隶属关系并检验编码规则
23	国民经济行业分类	S92（国家机构）	来源于财务报告系统，参照单位基本信息表中的国民经济行业分类代码
24	单位预算级次	3（三级预算单位）	来源于财务报告系统，参照单位基本信息表中的预算单位级次代码
25	执行会计制度	1（政府会计制度－行政事业单位）	来源于财务报告系统，值集参照会计科目使用主体分类管理要素
26	人员编制数	70	来源于财务报告系统，参照单位扩展信息表中的人员编制数－行政编制数、人员编制数－事业编制数、人员编制数－工勤人员编制数之和
27	实有人员数	65	来源于财务报告系统，参照单位扩展信息表中的实有人数
28	地区生产总值（亿元）	—	来源于财务报告系统，非综合报表该字段为空
29	本地区GDP增长率（%）	—	来源于财务报告系统，非综合报表该字段为空
30	报送日期	20200506	来源于财务报告系统，上报时生成

表4-89　　　　　　　　　　　　　　　报表数据

序号	字段	字段值	备注
1	报送主体编码	110108120000（北京市××区××局本级）	来源于财务报告系统，参照财报报送主体信息表的报送主体编码
2	报表项目编码	zcfz0107（应收账款净额）	来源于财务报告系统，根据报表定义时的报表项目编码生成
3	显示序号	0	来源于财务报告系统，如果是固定行，则=0，是浮动行，则>0。系统按照数据填报的记录顺序自动保存
4	资金往来对象编码	—	来源于财务报告系统，仅浮动行使用
5	资金往来对象名称	—	来源于财务报告系统，仅浮动行使用
6	金额1	0.00	来源于财务报告系统，由报表栏目定义表定义其含义，本示例定义为：年初数
7	金额2	1000000.00	来源于财务报告系统，由报表栏目定义表定义其含义，本示例定义为：年末数
8	金额3	—	来源于财务报告系统，由财报表栏目定义表定义
9	金额4	—	来源于财务报告系统，由财报报表栏目定义表定义
10	金额5	—	来源于财务报告系统，由财报报表栏目定义表定义
11	金额6	—	来源于财务报告系统，由财报报表栏目定义表定义
12	金额7	—	不使用，由财报报表栏目定义表定义
13	金额8	—	来源于财务报告系统，由财报报表栏目定义表定义
14	金额9	—	来源于财务报告系统，由财报报表栏目定义表定义

表4-90　　　　　　　　　　　　　　　报表数据

序号	字段	字段值	备注
1	报送主体编码	110108120000（北京市××区××局本级）	来源于财务报告系统，参照财报报送主体信息表的报送主体编码
2	报表项目编码	yszkmx0101（应收账款净额明细－应收本部门内部单位）	来源于财务报告系统，根据报表定义时的报表项目编码生成
3	显示序号	0	来源于财务报告系统，如果是固定行，则=0，是浮动行，则>0。系统按照数据填报的记录顺序自动保存
4	资金往来对象编码	—	来源于财务报告系统，仅浮动行使用

续表

序号	字段	字段值	备注
5	资金往来对象名称	—	来源于财务报告系统，仅浮动行使用
6	金额1	1010000.00	来源于财务报告系统，系统根据浮动行自动计算，应收账款原值-年末数，由财报报表栏目定义表定义
7	金额2	0.00	来源于财务报告系统，系统根据浮动行自动计算，减坏账准备-当期补提或冲减数，由财报报表栏目定义表定义
8	金额3	10000.00	来源于财务报告系统，系统根据浮动行自动计算，减坏账准备-年末数，由财报报表栏目定义表定义
9	金额4	1000000.00	来源于财务报告系统，系统根据浮动行自动计算，应收账款净值-年末数，由财报报表栏目定义表定义
10	金额5	—	来源于财务报告系统，由财报报表栏目定义表定义
11	金额6	—	来源于财务报告系统，由财报报表栏目定义表定义
12	金额7	—	来源于财务报告系统，由财报报表栏目定义表定义
13	金额8	—	来源于财务报告系统，由财报报表栏目定义表定义
14	金额9	—	来源于财务报告系统，由财报报表栏目定义表定义

表4-91　　　　　　　　　　　　　　　　报表数据

序号	字段	字段值	备注
1	报送主体编码	110108120000（北京市××区××局本级）	来源于财务报告系统，参照财报报送主体信息表的报送主体编码
2	报表项目编码	yszkmx0101（应收账款净额明细-应收本部门内部单位）	来源于财务报告系统，根据报表定义时的报表项目编码生成
3	显示序号	1	来源于财务报告系统，如果是固定行，则=0，是浮动行，则>0。系统按照数据填报的记录顺序自动保存
4	资金往来对象编码	110108120001	来源于财务报告系统，如果是部门内、部门外、政府间、财政单位，则参照财报送主体信息表选择，否则手工录入
5	资金往来对象名称	北京市××区××局××分局	来源于财务报告系统，如果是部门内、部门外、政府间、财政单位，则参照财报送主体信息表带入，否则手工录入
6	金额1	510000.00	来源于财务报告系统，应收账款原值-年末数，由财报报表栏目定义表定义

续表

序号	字段	字段值	备注
7	金额2	0.00	来源于财务报告系统,减坏账准备－当期补提或冲减数,由财报报表栏目定义表定义
8	金额3	10000.00	来源于财务报告系统,减坏账准备－年末数,由财报报表栏目定义表定义
9	金额4	500000.00	来源于财务报告系统,应收账款净值－年末数,由财报报表栏目定义表定义
10	金额5	—	来源于财务报告系统,由财报报表栏目定义表定义
11	金额6	—	来源于财务报告系统,由财报报表栏目定义表定义
12	金额7	—	来源于财务报告系统,由财报报表栏目定义表定义
13	金额8	—	来源于财务报告系统,由财报报表栏目定义表定义
14	金额9	—	来源于财务报告系统,由财报报表栏目定义表定义

表4-92　　　　　　　　　　　　　报表数据

序号	字段	字段值	备注
1	报送主体编码	110108120000（北京市××区××局本级）	来源于财务报告系统,参照财报报送主体信息表的报送主体编码
2	报表项目编码	yszkmx0101（应收账款净额明细－应收本部门内部单位）	来源于财务报告系统,参照财报报表项目定义表的报表项目编码
3	显示序号	2	来源于财务报告系统,如果是固定行,则=0,是浮动行,则>0。系统按照数据填报的记录顺序自动保存
4	资金往来对象编码	110108120002	来源于财务报告系统,如果是部门内、部门外、政府间、财政单位,则参照财报报送主体信息表选择,否则手工录入
5	资金往来对象名称	北京市××区××局××中心	来源于财务报告系统,如果是部门内、部门外、政府间、财政单位,则参照财报报送主体信息表带入,否则手工录入
6	金额1	500000.00	来源于财务报告系统,应收账款原值－年末数,由财报报表栏目定义表定义
7	金额2	0.00	来源于财务报告系统,减坏账准备－当期补提或冲减数,由财报报表栏目定义表定义
8	金额3	0.00	来源于财务报告系统,减坏账准备－年末数,由财报报表栏目定义表定义

续表

序号	字段	字段值	备注
9	金额4	500000.00	来源于财务报告系统,应收账款净值－年末数,由财报报表栏目定义表定义
10	金额5	—	来源于财务报告系统,由财报报表栏目定义表定义
11	金额6	—	来源于财务报告系统,由财报报表栏目定义表定义
12	金额7	—	来源于财务报告系统,由财报报表栏目定义表定义
13	金额8	—	来源于财务报告系统,由财报报表栏目定义表定义
14	金额9	—	来源于财务报告系统,由财报报表栏目定义表定义

表4－93 报告

序号	字段	字段值	备注
1	报送主体编码	110108120000（北京市××区××局本级）	来源于财务报告系统,参照财报报送主体信息表的报送主体编码
2	附件名称	［110108120000］北京市××区××局本级2019年财务报告.docx	来源于财务报告系统,根据选择的附件带入附件的名称
3	附件	（附件内容）	附件内容以文件流的形式随报文发送。如果是导入导出文件的接口方式,则将附件［110108120000］北京市××区××局本级2019年财务报告.docx也放在压缩文件中

参 考 文 献

［1］ 中华人民共和国财政部：《预算管理一体化规范（试行）》，2020 年。
［2］ 中华人民共和国财政部：《预算管理一体化系统技术标准 V1.0》，2020 年。
［3］ 中华人民共和国财政部：《财政业务基础数据规范 3.0 版》，2019 年。
［4］ 中华人民共和国财政部、中国人民银行：《国库集中支付电子化管理接口报文规范（2019）》，2019 年。
［5］ 中华人民共和国财政部：《政府非税收入收缴电子化管理接口报文规范（2017）》，2017 年。

后 记

《预算管理一体化系统技术标准》是运用信息化手段全面支撑深化预算制度改革、构建"制度+技术"管理机制的重要基础，是实现预算管理一体化工作目标的基本保障，各地必须严格对标技术标准建设预算管理一体化系统。自技术标准印发以来，地方财政部门及相关软件公司非常重视，多次建议我们加强对技术标准的解读和培训工作，也经常就标准应用的具体问题与我们沟通探讨，使我们深刻体会到加快推进技术标准培训工作的必要性和迫切性，以及强化技术标准落地应用的重要性。为此，在部领导的亲自指导下，财政部预算管理一体化建设技术组联合地方财政部门、财政信息化领域技术专家成立了专门的培训教材编写工作小组，组织编写了本书。

本书的编写委员会由财政部相关单位、地方财政部门技术骨干、财政信息化领域技术专家组成，王建勋、王小龙、李敬辉任编写委员会主任，赵彦朝、唐龙生任编写委员会副主任。王建勋负责全书的编研统筹，赵彦朝负责全书的总纂，第1章概述部分由张冠勇、王蜀军、潘海燕负责编写，第2章系统架构设计和第3章系统功能设计的基础信息管理部分由王蜀军、吕黎明、齐佳敏、曾纪才、雷瑞恒、朱支群、杨陈禹、冉大亮等负责编写，第3章系统功能设计的项目库管理、预算编制、预算批复、预算调整和调剂部分由罗彬、石晶、贺超、桂明、王军贺、满达等负责编写，第3章系统功能设计的预算执行部分由朱飞、张奇、吴开兵、王庆刚、姜华伟、乔钦、张广厚等负责编写，第3章系统功能设计的会计核算、决算和报告部分由孙美娟、韩迪、刘述文、于贵锁、万炯、陈宏华、吴晓荣、尹治海、邱胡、赵峰、杨月甫、张园萍等负责编写，第3章系统功能设计中的重要专题说明和第4章其他说明由编写组共同编写。在本书编写过程中，财政部预算司、国库司、信息网络中心和河北、广东、广西、海南、陕西、宁夏等地方财政部门提供了诸多帮助支持和宝贵建议，在此一并致谢。

预算管理一体化系统建设标准先行已迈出坚实一步，与此同时，技术标准也需要在一体化系统建设应用中不断磨合完善。编写本书时，各地一体化系统建设工作正在深入推进，新的问题随时出现，加之编写时间仓促，本书难免有疏漏和错误之处，敬请广大读者批评指正，也希望各位读者在实际工作中，结合具体实践，多提宝贵的意见和建议，推动技术标准不断完善，为全面支撑深化预算制度改革贡献一份力量。

数字化服务平台操作说明

亲爱的读者朋友们：

感谢您使用本套实用教程！

　　欢迎您扫码进入数字化服务平台，走进"博识听书""动漫微课""精讲学堂""延伸阅读""实操演示""意见反馈"等一系列多元、生动、翔实、丰富的数字世界。

扫码进入数字化服务平台

↓充分了解·深入衔接·高效运用↓

打开微信，扫描下方二维码，即可激活

详细流程见下页→

1 手机微信扫描二维码，关注"预算管理一体化规范"公众号

2 开启本书封底防伪标，刮去涂层后获得"数字化服务激活码"

3 进入公众号，首次点选任意菜单进入，会跳转至"注册登录页"

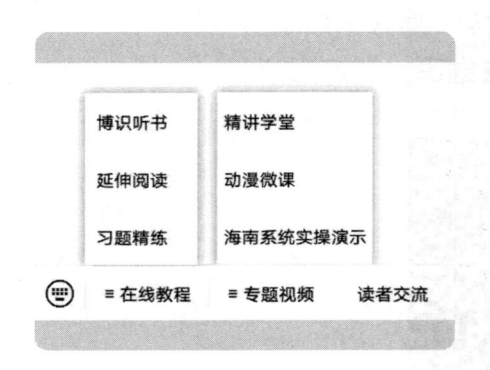

4 上栏输入手机号点"获取验证码"，下栏填入短信收到的验证码后进行注册

5 完成注册后跳转至激活页面，输入封面涂层中刮出的"激活码"后进行激活

6 激活成功后跳转至对应菜单，即可使用数字化服务功能